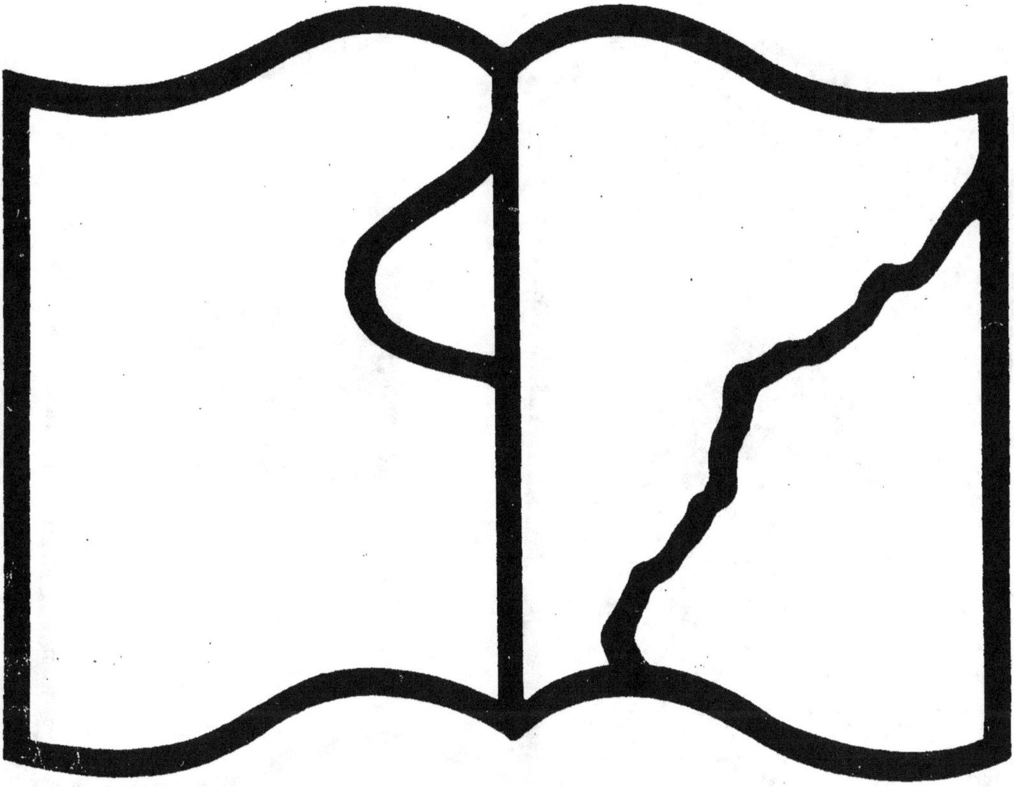

Texte détérioré — reliure défectueuse

NF Z 43-120-11

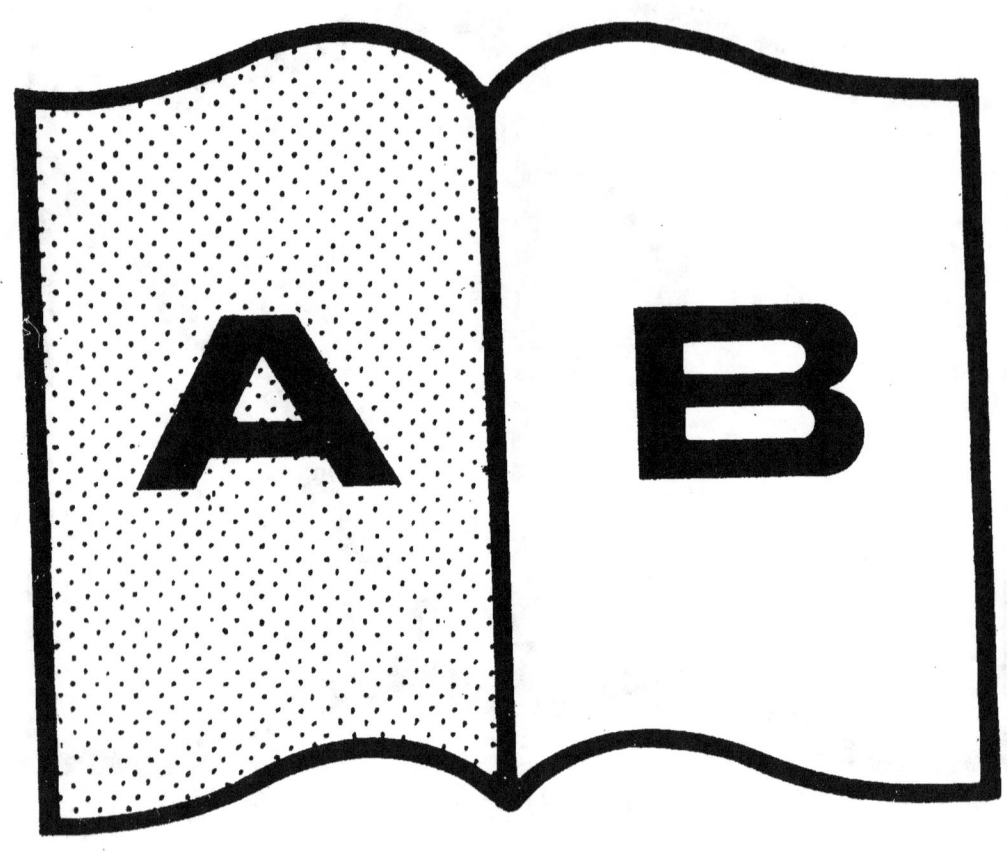

Contraste insuffisant

NF Z 43-120-14

JEAN BRÉHAL

GRAND INQUISITEUR DE FRANCE

ET LA

RÉHABILITATION DE JEANNE D'ARC

Par le R. P. Marie-Joseph BELON, des FF. Prêcheurs,
Professeur de dogme aux Facultés catholiques de Lyon,
et le R. P. François BALME, du même Ordre,
Lecteur en théologie.

PARIS

P. LETHIELLEUX, LIBRAIRE-ÉDITEUR

10, rue Cassette, 10

JEAN BRÉHAL
ET LA
RÉHABILITATION DE JEANNE D'ARC

APPROBATION DE L'ORDRE

Sur la commission qui nous en a été donnée par le T. R. P. fr. Joseph-Ambroise Laboré, provincial des Frères-Prêcheurs de la province d'Occitanie de l'Immaculée Conception, nous avons lu l'ouvrage intitulé : *Jean Bréhal, grand inquisiteur de France, et la réhabilitation de Jeanne d'Arc* par les R.R. P.P. BELON ET BALME, du même Ordre, et nous déclarons l'avoir jugé digne de l'impression.

Le mémoire de Bréhal, composé en vue du procès de réhabilitation de Jeanne d'Arc, va bien au delà du but que poursuivait le grand Inquisiteur. Non seulement il montre l'iniquité de la sentence fulminée contre elle par le tribunal de Rouen ; mais encore — soit dit sans vouloir prévenir le jugement du S. Siège — il met en évidence les vertus héroïques et la sainteté de la pieuse bergère de Domremy. Aussi ce livre vient-il à propos, à cette heure où tant de vœux sont adressés au Souverain Pontife pour le prier d'élever sur les autels la Pucelle d'Orléans.

Nous en approuvons donc la publication, avec l'analyse préliminaire et les notes jointes au travail de Bréhal par les savants éditeurs.

Poitiers, 1er janvier 1893.

fr. M.-Henri Desqueyrous
des FF.-Prêch.

Imprimatur,
Fr. J^h-Amb. Laboré
Prov. FF. Praed.

fr. Denys Mézard
des FF. Prêch.

JEAN BRÉHAL

GRAND INQUISITEUR DE FRANCE

ET LA

RÉHABILITATION DE JEANNE D'ARC

Par le R. P. Marie-Joseph BELON, des FF. Prêcheurs,
Professeur de dogme aux Facultés catholiques de Lyon,
et le R. P. François BALME, du même Ordre,
Lecteur en théologie.

PARIS

P. LETHIELLEUX, LIBRAIRE-ÉDITEUR

10, rue Cassette 10,

1893

— PRÉFACE —

Ce livre est l'histoire d'un procès, œuvre de justice et de réparation accomplie au nom de l'Église et de la France envers Jeanne d'Arc, victime innocente de l'iniquité et de la haine.

Par ses démarches et ses écrits, le dominicain Jean Bréhal, grand inquisiteur de France, a été dans cette œuvre le principal et le plus actif instrument de la divine Providence. Raconter ces démarches, publier ces écrits, les étudier et en faire ressortir la valeur et l'importance est assurément de nature à intéresser les cœurs que passionne tout ce qui touche à la mémoire de l'héroïque Pucelle. Puisque tel est le but et l'objet de ce livre, nous espérons qu'il sera favorablement accueilli.

Il convenait avant tout de faire connaître l'homme dont Dieu s'est servi pour venger l'honneur de Jeanne d'Arc. Les documents que nous avons pu recueillir, si incomplets qu'ils soient, nous en ont fourni le moyen, et nous avons la joie de donner ici la preuve manifeste que Jean Bréhal a été digne de sa mission, qu'il l'a remplie avec un zèle à la hauteur de son noble caractère, et que, durant sa longue existence, il est demeuré toujours égal à lui-même dans son amour de la justice et de la vérité. Cela ressort surtout de ce qu'il a fait pour effacer la flétrissure imprimée par un juge prévaricateur au front de la vierge de Domremy. Guidés par les pièces officielles du procès, nous avons suivi pas à pas le grand inquisiteur : à l'enquête préparatoire, ouverte par l'autorité du cardinal légat, Guillaume d'Estouteville ; auprès du roi et des savants théologiens et canonistes de la France et de l'étranger, pour s'assurer de leur concours et donner à l'affaire une direction utile ; en cour de Rome, où il sollicita l'agrément du souverain pontife ; enfin, pendant la révision de la cause par les commissaires apostoliques, dont il fut le collègue et le collaborateur infatigable et le plus dévoué.

Chemin faisant, nous avons rencontré les écrits qu'il composa : le *Summarium* destiné à fournir aux consulteurs les éléments authentiques de l'appréciation qui leur était demandée, et la *Recollectio*, ou résumé doctrinal des discussions qui devaient éclairer la conscience des juges et former les bases d'une sentence parfaitement motivée. Bien que les deux textes eussent été publiés, il était nécessaire de les éditer de nouveau : le premier avait été mutilé par la suppression d'un chapitre et l'introduction d'un préambule étranger, nous l'avons rétabli dans son intégrité d'après le manuscrit à l'usage de Bréhal ; le second présentait bon nombre de leçons fautives, et avait subi dans ses références des remaniements inadmissibles et parfois erronés, nous avons reproduit avec tout le soin possible le registre des greffiers officiels tel qu'il doit se lire.

Afin de mettre plus en relief la valeur de ces précieux documents, nous avons indiqué dans une analyse raisonnée la trame et la portée des arguments développés par l'inquisiteur ; puis, dans des notes nombreuses, nous avons contrôlé l'exactitude de ses assertions par les procès-verbaux des interrogatoires et les dépositions des témoins, vérifié les citations — textuelles ou non — des autorités alléguées, Écriture, Saints Pères, lois civiles et canoniques, théologiens, jurisconsultes et littérateurs, apporté les éclaircissements désirables sur les aphorismes empruntés à la philosophie, à la théologie, et au droit ; en un mot, nous avons essayé de fournir les éléments d'appréciation qui permettront au lecteur de ne se prononcer qu'à bon escient.

Puissions-nous avoir réussi à montrer avec quelle science, quelle justice et quel dévouement le dominicain Jean Bréhal a rempli son rôle au service de la religion et de son pays ! Puissions-nous aussi — car nos visées vont jusque-là — contribuer à la glorification de Jeanne d'Arc et à son élévation sur les autels ! La *Recollectio* du grand inquisiteur, document ecclésiastique et judiciaire d'une autorité irréfragable et d'une souveraine compétence, a victorieusement prouvé que la Pucelle était innocente des crimes dont on a voulu la flétrir ; elle aidera puissamment, telle est notre conviction intime, à établir aussi qu'elle a été une chrétienne parfaite, un modèle des vertus de son sexe et de son état, une digne messagère du ciel, une vraie fille de Dieu, héroïque dans sa vie et dans sa mort.

Cependant, nous tenons à le déclarer conformément aux décrets du pape Urbain VIII, nous n'entendons point préjuger les décisions de la sainte Église catholique, apostolique et romaine, dont nous sommes et voulons être les enfants toujours fidèles. Lors donc que nous parlons de révélations, de prophéties, de vertus, de sainteté, de martyre, de récompense céleste, ces expressions et plusieurs autres analogues sont le témoignage de notre pensée personnelle, et leur portée ne dépasse pas les limites d'une autorité purement humaine et sujette à défaillir. Au Saint-Siège seul appartient le droit d'accorder aux fidèles trépassés les qualifications surnaturelles dans leur acception rigoureuse et parfaite. Nos désirs, nos espérances, nos sentiments sont subordonnés à son jugement infaillible.

A l'exemple de Jeanne d'Arc, qui avait fait inscrire les deux noms sacrés JHESUS-MARIA sur son étendard comme une sauvegarde et un gage de victoire, à l'exemple aussi de Jean Bréhal qui les a tracés de sa main comme une pieuse dédicace en tête de quelques pièces du procès dans un registre à son usage personnel, nous consacrons les pages qui vont suivre à la gloire du Sauveur et de sa divine Mère, vrais seigneurs et maîtres du beau royaume de France.

JEAN BRÉHAL
GRAND INQUISITEUR DE FRANCE
ET
LA RÉHABILITATION DE JEANNE D'ARC

LIVRE PREMIER

LES PRÉLUDES DU PROCÈS.

CHAPITRE I

ENQUÊTE DE 1450.

Le mercredi 30 mai 1431, Jeanne d'Arc consommait son sacrifice. Elle rendait témoignage à la vérité jusqu'à l'effusion du sang, et, à l'exemple du Rédempteur, elle remettait son âme entre les mains du Père céleste, qui lui avait confié la noble mission de sauver le royaume de France. Aux yeux des hommes sa cause semblait perdue ; l'iniquité s'applaudissait de lui avoir infligé la flétrissure d'une condamnation et d'une mort ignominieuses ; son nom disparaîtrait bientôt de la mémoire des vivants. C'était comme un écho, répercuté à travers les siècles, de la sinistre clameur des conjurés contre le Christ : *Morte turpissima condemnemus eum* (*Sap.* II, 20)... *eradamus eum de terra viventium, et nomen ejus non memoretur amplius.* (*Jerem.* XI, 19).

Mais, comme au jour de la Passion, le triomphe appartenait à la victime. Les cendres du bûcher de Rouen n'étaient pas refroidies que des signes éclatants manifestaient aux plus prévenus l'innocence de la Pucelle. Semblable au centurion qui avait présidé au crucifiement et qui descendit du Golgotha en proclamant Jésus fils de Dieu, le bourreau se frappe la poitrine ; il quitte le lieu du supplice pour aller se jeter aux pieds d'un confesseur, et lui dire, avec ses remords, les merveilles dont il a été le témoin (1). Il nous plaît de trouver ce touchant détail dans la bouche d'un dominicain, fr. Isambard de la Pierre (2), qui fut un ami dévoué de Jeanne pendant le procès et lui prêta assistance et consolation jusque sur le bûcher. « Incontinent après l'exécucion, dit-il, le bourreau vint à luy et à son compaignon, frère Martin Ladvenu, frappé et esmeu d'une merveilleuse repentance et terrible contricion, comme tout désespéré, craingnant de non jamais scavoir impétrer pardon et indulgence envers Dieu, de ce qu'il avoit faict à ceste saincte femme. Et disoit et affirmoit le dict bourreau, que, nonobstant l'huile, le soufre et le charbon, qu'il avoit appliquez contre les entrailles et le cueur de la dicte Jehanne, toutes foys il n'avoit pu aulcunement consomer, ne rendre en cendre, les breuilles ne le cueur; de quoy estoit aultant estonné, comme d'un miracle tout évident » (3).

Cependant, de même que le silence se fit autour du Calvaire durant les trois jours qui précédèrent la résurrection, ainsi Dieu permit que la gloire de sa servante demeura obscurcie plusieurs années avant de resplendir de nouveau aux yeux des hommes. Desseins mystérieux mais toujours justifiés de la Providence qui, sans violer la liberté des créatures, mène les évènements à son gré, avec une énergie aussi efficace que pleine de douceur. Nous n'entreprendrons pas de déterminer la part de responsabilité qui revient à Charles VII ou à ses conseillers dans la prolongation d'un état de choses qui ressemble singulièrement à de l'indifférence, sinon à de l'ingratitude. Les données de l'histoire sur ce point sont trop incomplètes pour autoriser une sentence que la découverte de nouveaux éléments d'information obligerait peut-être à réformer. Il suffit d'ailleurs à notre tâche de raconter les faits tels qu'ils sont parvenus à notre connaissance, dégagés des circonstances fort complexes dont l'appréciation exige une délicatesse et une sûreté de coup d'œil peu ordinaires (4).

Au commencement de 1450, Paris et Rouen étaient aux mains du roi de France. La possession de ces deux villes facilitait l'exécution d'un projet que Charles VII devait avoir à cœur depuis longtemps. Réviser l'odieux procès qui avait abouti à la

---

(1) M. Ch. de Beaurepaire a fait connaître que l'exécuteur de la haute justice de Rouen, « celui-là, sans doute, qui alluma le bûcher de Jeanne d'Arc », s'appelait Geoffroi Therage. — *Recherches sur le procès*... p. 38.

Pour le titre complet des livres que nous citerons dans le cours de cet ouvrage, voir notre index bibliographique.

(2) L'orthographe de ce nom varie suivant les manuscrits et les auteurs: Ysambard (*Ysambardus*, ou sous forme diminutive, *Bardinus de Petra*), Isembard, Isembert, etc. Nous avons adopté celle des procès-verbaux sauf la lettre initiale qu'un usage rationnel a remplacée par un I. — Plusieurs documents le disent de l'Ordre de S. Augustin. C'est une erreur: il était jacobin, selon l'appellation usitée en France, et appartenait au couvent de Rouen. Les Frères Prêcheurs vivent sous la règle de S. Augustin: telle est vraisemblablement l'origine de la confusion que nous venons de signaler. La même erreur a été commise quelquefois à propos de l'inquisiteur Jean Bréhal, ainsi qu'on le verra plus loin.

(3) Cette déposition fut faite le 5 mars 1449 (vieux style, c'est-à-dire 1450), lors de l'enquête commencée au nom du roi Charles VII par Guillaume Bouillé. Nous avons reproduit le texte publié par M. André du Bois de la Villerabel (*Les Procès de Jehanne la Pucelle*, p. 57) d'après le ms. n° 1234 de la bibliothèque de l'Université de Bologne. On le trouve également dans Quicherat: *Procès*... tom. II, p. 7. — Cf. la déposition du même témoin à l'enquête de 1452 (Quicherat: *Procès*... tom. II, pp. 348-353).

(4) On trouvera, croyons-nous, la note vraie dans les judicieuses remarques de M. Marius Sepet (*Jeanne d'Arc*, livre IV chap. 2. — 3e éd. pp. 481 et suiv.) Ce livre, écrit de main de maître, est l'œuvre d'un savant, d'un penseur et d'un chrétien. — Cf. aussi: *Histoire de Charles VII*, par M. de Beaucourt, livre VI, chap. 1, tom. v, pp. 353 et suiv. Les documents qui peuvent élucider la question y sont exposés avec un talent égal à la fidélité scrupuleuse de l'historien.

condamnation et au supplice de Jeanne d'Arc, c'était venger la mémoire d'une innocente victime et affermir du même coup les droits de la couronne hautement proclamés par la mission divine et l'héroïsme de la martyre. Pour atteindre sûrement ce double résultat, il fallait examiner sur place les actes du tribunal et les pièces du dossier, interroger les survivants, témoins ou acteurs dans les diverses péripéties du drame; il fallait aussi le concours de l'Université, dont la rébellion et la passion politique avaient exercé une si néfaste influence sur la marche et sur l'issue de l'affaire. De ce côté, l'obstacle n'existait plus: Charles VII était maître d'agir et de solliciter avec quelque espoir de succès l'agrément du Saint Siège, sans l'autorité duquel nul n'avait le droit de réformer un jugement ecclésiastique de cette nature. Une information préalable était nécessaire : sans temporiser davantage, le roi l'ordonna. A cet effet, des lettres de commission furent délivrées, le 15 février, à maître Guillaume Bouillé par les soins de la chancellerie restée à Rouen (1), tandis que le souverain était à l'abbaye de Jumièges.

Maître Guillaume Bouillé, doyen de la cathédrale de Noyon, était particulièrement apte à remplir les fonctions qui venaient de lui être confiées. Estimé du monarque pour son mérite et son dévouement qui lui avaient valu le titre honorifique d' « amé et féal conseiller », il jouissait auprès de l'Université de Paris de la considération acquise par son aggrégation aux docteurs de la Faculté de Théologie, et par les charges qu'il avait remplies au profit du corps universitaire (2). Aussitôt l'enquête s'ouvrit: sept témoins furent cités à bref délai. Quatre d'entre eux, frère Isambard de la Pierre, frère Jean Toutmouillé, frère Martin Ladvenu, frère Guillaume Duval (3), appartenaient à l'Ordre de S. Dominique et demeuraient au couvent de S.-Jacques de Rouen. Les

___

(1) Elles sont signées: « Par le Roy, à la relacion du grant conseil, Daniel ». Quicherat en a reproduit le texte d'après les manuscrits (*Procès* .... tom. II, p. 4.) Le ms. n° 1234 de Bologne, publié par M. l'abbé André du Bois de la Villerabel, contient aussi cette pièce importante : on peut y relever trois ou quatre légères variantes, par exemple: *traictreusement* au lieu de *très cruellement*, *semblablement* au lieu de *finablement*.

(2) D'abord proviseur du collège de Beauvais à Paris, il avait été procureur de la nation de France de 1434 à 1437, et enfin recteur de l'Université en 1439. — Cf. *Gallia christiana*, IX, col. 1035.

(3) Frère Jean Toutmouillé « n'a point assisté et comparu au procez » de condamnation; dans sa déposition, il constate les sentiments pervers que la rumeur publique attribuait aux juges; il rapporte aussi comme témoin oculaire ce qui se passa dans la prison le jour même du supplice.

Frère Guillaume Duval ne fut pas non plus présent au procès; il se trouva seulement à une séance, où il alla s'asseoir « au parmy de la table auprès de la Pucelle », et fut député pour visiter la prisonnière ce jour-là avec frère Isambard et maître Jean de la Fontaine ; il rapporte la scène de violence qui eut lieu au château contre son compagnon de la part du comte de Warwick.

Frère Isambard de la Pierre et Frère Martin Ladvenu, « espécial confesseur et conducteur de la dicte Jehanne en ses derreniers jours », avaient été mêlés bien davantage aux faits du procès. Ces deux jeunes religieux (ils avaient alors vingt cinq ans) ont été amenés au tribunal par le vice-inquisiteur Le Maistre, qui était prieur de leur couvent et qui les prenait, suivant l'usage monastique, pour l'accompagner. Le premier assista en cette qualité à une quinzaine de séances publiques ou privées, le second à trois ou quatre seulement. Ils ne faisaient point partie du consistoire des juges. Conformément aux coutumes de la procédure inquisitoriale, on leur demanda ainsi qu'à tous les personnages présents d'adhérer aux délibérations de l'Université de Paris : ce qu'ils firent sans doute sous la pression de l'autorité. Mais le rôle dévoué de conseillers et d'amis compatissants qu'ils ont rempli auprès de Jeanne pendant le procès et jusqu'à ses derniers instants, sans se laisser émouvoir par les menaces brutales de Cauchon et des anglais, leur a mérité la reconnaissance de la Saint et l'estime de la postérité. — Cf. Jules Doinel : *Jeanne d'Arc telle qu'elle est*, pp. 64 et suiv.

trois autres, maître Guillaume Manchon, maître Jean Massieu, et maître Jean Beaupère, résidaient dans la ville ou s'y trouvaient momentanément (1). Leurs dépositions, d'une importance considérable, pouvaient servir de base aux déterminations qu'on jugerait à propos de prendre au sujet de cette affaire. Reçues dans les journées du 4 et du 5 mars, elles furent sans retard transmises au roi et à son conseil, qui firent dresser un mémoire, consultèrent plusieurs théologiens et canonistes, et finalement durent attendre une occasion favorable de saisir le Saint Siège.

Nous croyons que le mémoire dont il est ici question eut pour auteur Guillaume Bouillé. C'est le même qui a été inséré plus tard, avec une légère modification du protocole, dans le procès de réhabilitation. Il se trouve dans deux manuscrits : celui de d'Urfé (folio 113 verso), et celui coté 5970 à la Bibliothèque nationale (folio 160 recto à 164 recto). Quicherat n'en a reproduit que l'introduction (2). Le R. P. Ayroles l'a traduit presque intégralement dans son remarquable travail : *La vraie Jeanne d'Arc* (pp. 212 et suiv.). M. Lanéry d'Arc l'a édité d'après le texte du registre 5970 (*Mémoires et consultations...* pp. 323-349).

Dans le ms. de d'Urfé, qui est comme l'on sait une rédaction d'essai du procès, il commence ainsi : « Ad honorem et gloriam Regis regum qui causas defendit innocentium, necnon ad exaltationem *regis Francorum seu domus Franciae, quae nunquam legitur haereticis favorem praebuisse aut quovis modo adhaesisse* hunc codicillum summarie, licet rudi et indigesto sermone, ego Guillelmus Bouillé, decanus Noviomensis, theologorum omnium minimus, *regiae celsitudini* exhibere dignum duxi, continentem brevia quaedam et generalia advisamenta ex originali processu olim facto Rothomagi, contra Johannam, vulgariter Puellam nuncupatam, recollecta, ut ex eis aliqualis praebeatur occasio utriusque juris divini pariter et humani peritissimis doctoribus, latius ac peramplius inquirendi veritatem super iniquo judicio per defunctum D. Petrum Cauchon, tunc Belvacensem episcopum, taliter qualiter facto contra praefatam Joannam Puellam, pro tunc ad defensionem regni adversus violenter usurpantes militantem ». Les mots que nous avons reproduits en italiques, — à savoir l'intention déclarée d'exalter le roi et la maison de France, et l'hommage fait de ce travail à la majesté royale, — montrent assez sous l'empire de quels sentiments il a été composé. Ils ap-

---

(1) Le notaire de la cour archiépiscopale, maître Guillaume Manchon, chanoine de la collégiale de Notre-Dame d'Audely et curé de S.-Nicolas le Painctcur à Rouen, avait été l'un des greffiers du procès. Homme de cœur, d'une loyauté réelle bien qu'elle n'ait pas toujours été inflexible, il était digne de la confiance que Jeanne lui témoigna à diverses reprises. Cf. Doinel, *loc. cit.* p. 67 ; — R. P. Ayroles : *La vraie Jeanne d'Arc.* . . p. 626.

Maître Jean Massieu, curé de S.-Candes à Rouen, avait rempli les fonctions d'appariteur ou d'huissier. Il n'avait pas craint de se compromettre par sa charitable compassion envers la pauvre captive qu'il accompagnait de la prison au tribunal et à l'échafaud. — Cf. Doinel, *loc. cit.* pp. 68-69.

Quant à maître Jean Beaupère (*Pulchri-Patris*, comme disent les pièces latines du dossier), revenu depuis quelques jours de Besançon à Rouen pour y revendiquer sa prébende de chanoine (Cf. Ch. de Beaurepaire : *Notes sur les juges...* pp. 27-30), on sent qu'il a gardé les préventions hostiles dont il était animé lors du procès. Il avait été l'adversaire résolu, parfois même hargneux, de la Pucelle. Sa déposition le montre devenu plus froid avec l'âge, mais toujours défavorable dans ses « conjectures ».

(2) *Procès...* tom. III, pp. 322-326.

partenaient certainement au texte original; ils ont été supprimés dans le ms. 5970, parce qu'ils ne concordaient plus avec la tournure nouvelle donnée au procès de réhabilitation, qui avait dépouillé son caractère politique pour revêtir des apparences d'ordre privé, la personne et les intérêts du roi s'étant effacés devant la requête directe de la famille de Jeanne d'Arc. Si le mémoire eût été écrit seulement après l'enquête de 1452, comme les deux premières consultations de Théodore de Leliis et de Paul Pontanus par exemple, le reste du préambule serait, semble-t-il, rédigé d'autre façon, et la disposition de l'ensemble correspondrait davantage au *Summarium* de Bréhal. Quicherat a remarqué fort judicieusement que « le mémoire de Bouillé précéda tous les autres, même ceux des jurisconsultes romains ». Nous partageons complètement cette manière de voir, et, pour les motifs que nous venons d'indiquer, nous assignons à cet écrit la date de 1450.

En admettant qu'on ait tenté dès lors quelques démarches auprès du pape, on ne pouvait guère compter sur un rapide succès. La diplomatie anglaise, avec la promptitude et l'habileté dont elle est coutumière, s'était efforcée de donner le change à l'opinion dans toute l'Europe. Par la voie officielle des ambassadeurs, elle avait informé les chancelleries étrangères de la capture, du jugement et de la punition de Jeanne d'Arc comme d'un fait de grande portée politique, comme d'un acte de haute justice qui sauvegardait les droits de l'État contre l'imposture et la superstition (1). Elle profita aussi des agissements officieux de ses partisans, parmi lesquels se distinguaient les membres de l'Université de Paris dévoués à la cause bourguignonne; ceux-ci, dans leurs relations avec les personnages ecclésiastiques ou laïques les plus influents, présentèrent les évènements sous un faux jour, et accumulèrent les ombres autour de la mission divine de la Pucelle (2). La cour de Rome, circonvenue par les mêmes procédés de renseignements équivoques et de sollicitations puissantes (3), se défendit d'intervenir dans une question sur laquelle deux nations

---

(1) Le roi d'Angleterre écrivit longuement toute l'histoire à l'empereur Sigismond. Ainsi s'exprime l'illustre inquisiteur dominicain, Jean Nider, dans son *Formicarium* (lib. v, cap. 8): *prout de hac historia rex anglie nostro imperatori Sigismondo satis late scripto tenus historiam innotuit*. Nous citons la phrase d'après un incunable, in-f°, charactères gothiques (*impressum Auguste per Anthonium Sorg; folio s 2 verso*). C'est donc par erreur qu'Echard (*Scriptores Ord. Praed.* tom. I, p. 793ᵇ), dit de l'ouvrage de Nider: *editum bis in incunabilis typogr. fol. absque loco, typographo et anno*. — Hain (*Repertorium*) en fait mention sous le n° 11832, ainsi que de deux autres, 11830 et 11831.

La lettre du roi d'Angleterre fut adressée non seulement à l'empereur Sigismond, mais aux princes de toute la chrétienté. Elle est datée de Rouen, 8 juin 1431. S'il faut appeler les choses par leur nom, c'est un chef-d'œuvre de mensonge et d'hypocrisie. Les prélats de France reçurent également une lettre spéciale du roi d'Angleterre sur le même sujet. Le texte de l'une et de l'autre a été publié par Quicherat: *Procès...* tom. I, pp. 485 et suiv.

(2) On voit en effet, dans le *Formicarium* (*loc. cit.*), que les entretiens du licencié de Paris, Nicolas Lamy, avaient fâcheusement impressionné Jean Nider: la conduite merveilleuse de Jeanne d'Arc et ses apparitions y sont appréciées dans le sens anglais. Néanmoins — et ceci a été trop peu remarqué — le savant et judicieux inquisiteur montre bien que sa conviction à cet égard n'est pas entière. Non seulement il indique ses sources d'information, *prout a magistro nicolao amici licenciato in theologia audivi*, comme pour en décliner la responsabilité, mais, dès le début de son récit, il prend soin d'avertir son interlocuteur qu'il entend réserver son jugement là-dessus, « *meum* in sequentibus suspendo judicium, sed en que publica vox tradit et fama referam » (*ibid.* f° s 1 verso).

(3) L'Université de Paris, ennemie acharnée de la Pucelle après sa mort comme de son vivant, en écrivit au pape, à

catholiques étaient divisées. Suivant les traditions de prudente expectative qu'une expérience séculaire a tant de fois justifiées, elle s'appliquait à tenir la balance égale entre les peuples chrétiens, afin de ne pas compromettre l'œuvre à peine affermie de l'extinction du schisme.

Les documents exhumés jusqu'ici de la poussière des archives ne nous apprennent pas si des négociations furent dès lors engagées directement avec le pape Nicolas V pour obtenir son assentiment à la révision du procès. Il semble pourtant que des ouvertures faites à ce sujet au nom du roi de France auraient dû laisser quelque trace dans la correspondance des ambassadeurs, dans les régestes pontificaux, ou dans les chroniques romaines. Quoi qu'il en soit, les circonstances mêmes qui paraissaient s'opposer à la réalisation de l'entreprise furent celles dont la Providence se servit pour la préparer et la mener à bien. Vivement préoccupé des intérêts majeurs de la chrétienté, le souverain pontife aspirait à rétablir parmi les princes d'Occident la concorde et l'union sans lesquelles il devenait impossible de lutter contre l'invasion musulmane. Il fallait d'abord ménager une paix durable entre la France et l'Angleterre. Tel fut l'objectif principal que se proposa Nicolas V, lorsqu'il résolut d'envoyer un légat à Charles VII.

Pour remplir une mission si délicate, dont les difficultés étaient encore accrues par la nécessité de toucher en même temps à plusieurs autres questions fort complexes, et d'y faire prévaloir la salutaire influence du Saint Siège, le cardinal Guillaume d'Estouteville fut choisi. Son investiture officielle eut lieu par un bref du 13 août 1451 (1). Aucun membre du sacré collège, aucun diplomate de la cour pontificale ne paraissait plus apte à réussir. Par son père, il appartenait à la meilleure noblesse de Normandie. Par sa mère, Marguerite d'Harcourt, il était proche parent de Charles VII (2). Si, comme tant d'autres cadets de famille, il avait embrassé la carrière cléricale par des considérations humaines (3), les éminentes qualités de sa nature et ses mérites personnels contribuèrent plus encore que sa naissance à lui frayer le chemin de la fortune et des dignités ecclésiastiques. Un long séjour auprès du pape Eugène IV lui avait fourni les occasions de prouver un sincère dévouement à sa patrie d'adoption (4). Mêlé à la plupart des grands évènements de l'époque, il avait donné la mesure de son savoir-faire. Les éloges de ses contemporains ne lui ont pas manqué ; et lors même qu'on enlèverait à leur témoignage une part d'exagération ou de flatterie, il resterait l'appréciation des souverains pontifes qu'il a ser-

---

l'empereur, et au collège des cardinaux. — Cf. Quicherat : *Procès* . . . tom. I, p. 496 ; — Du Boulay : *Hist. univers. paris.* tom. v, pp. 407-408.

(1) Le texte intégral de ce document se trouve dans Baronius : *Annal. eccles.* . . tom. xxviij, p. 556. Il n'y est pas question d'autre mission que de procurer la paix. Le pape envoie le cardinal *tanquam pacis angelum et paciarium*. . . *cum potestate legati de latere*.

(2) Son aïeule maternelle était sœur du roi Charles V.

(3) D'abord bénédictin au prieuré de S.-Martin des Champs, l'un des plus riches de l'Ordre de Cluny, il y prit le grade de docteur (*doctor decretorum*, dit Ciaconius), et fut bientôt après nommé prieur du monastère.

(4) Il fut promu au cardinalat dans le concile de Florence, et reçut le titre de cardinal-prêtre des SS. Sylvestre et Martin des Monts.

vis avec un zèle de bon aloi, et qui ne se sont pas fait faute de le combler de leurs faveurs (1).

On avait le droit d'espérer beaucoup de son adresse à manier les affaires. Quoiqu'il n'ait pas répondu sur tous les points à l'attente que l'on avait conçue, et qu'il ait échoué notamment dans ses efforts au sujet de la Pragmatique Sanction, dont Rome souhaitait ardemment l'abrogation, sa légation en France ne demeure pas moins la plus belle page de son histoire. Outre les sages et durables réformes qu'il introduisit dans l'université de Paris (2), il eut la gloire d'attacher son nom aux actes qui préparèrent la réhabilitation de Jeanne d'Arc.

Le légat prit-il de lui-même l'initiative de se renseigner exactement sur tout ce qui concernait la cause de la Pucelle, soit en vertu des instructions secrètes qu'il avait reçues du pape, soit dans le but de se concilier les bonnes grâces du roi qui s'était tout d'abord montré (3) froissé de sa venue ? Faut-il au contraire attribuer à Charles VII les premières ouvertures qui déterminèrent le cardinal à user de ses pouvoirs extraordinaires pour préparer les voies à une solution favorable et vivement désirée ? A défaut de documents démonstratifs, on peut sans invraisemblance préférer l'une ou l'autre opinion (4). Toujours est-il que, quatre mois environ après son arrivée en France (5), Guillaume d'Estouteville se rendait à Rouen, et, de sa

---

(1) Le cumul des bénéfices, archevêchés, évêchés, abbayes, prieurés et autres prébendes, était un abus malheureusement trop commun à cette époque. Le cardinal d'Estouteville eut la déplorable faiblesse de solliciter et d'accepter la collation simultanée ou successive de plusieurs sièges épiscopaux ou abbatiaux, où il ne résidait point. Titulaire de trois prieurés importants, il fut abbé du Mont-Saint-Michel, de Saint-Ouen à Rouen, de Montebourg ; évêque ou archevêque de Digne, de Béziers, de Lodève, et plus tard de Rouen, de Porto et Sainte-Rufine, de S.-Jean de Maurienne, d'Ostie et Velletri. Il faut néanmoins reconnaître à sa décharge qu'il employa ses riches revenus avec une religieuse munificence, et qu'il se fit parfois un devoir de se substituer des prélats capables, afin d'accomplir par procuration les charges dont son absence l'empêchait de s'acquitter.

Pour tout ce qui concerne l'histoire de cet illustre personnage, voir : Le P. Anselme, *Hist. généalog. et chronolog.* ... tom. VIII, p. 90 ; — dom Pommeray, *Hist. des archev. de Rouen*, pp. 563-576 ; — Ciaconius, *Vitæ et res gestæ summ. pontif.* ... tom. II pp. 895-896 et 988 ; — *Gallia christiana*, tom. III, col. 1128-1129 ; tom. VI, col. 360, 455, 562 ; tom. XI, col. 90, 528, 852, etc. ; — Du Boulay, *Hist. univ. paris*, tom. V, p. 56 ; — Crevier, *Hist. de l'univ. de Paris*, tom. IV, p. 70 ; — de Beaucourt, *Hist. de Charles VII*, tom. V, pp. 189 et suiv.

(2) L'ensemble des ordonnances qu'il édicta dans ce but est désigné sous le nom de réforme du cardinal d'Estouteville. Crevier (tom. IV, p. 172) en a esquissé ainsi le caractère général : « C'est d'après ces précédentes lois [les anciens statuts] renouvelées, corrigées, suppléées, qu'implorant le secours du céleste et suprême législateur, il dresse son nouveau code, où brillent la sagesse, une fermeté accompagnée de modération, une grande attention aux mœurs, de sévères précautions contre les exactions indues et contre les fraudes ». — Cf. Du Boulay, tom. v, pp. 552 et suiv.

(3) Sur les raisons du mécontentement royal, et sur les démarches habiles du légat pour le dissiper, cf. M. de Beaucourt : *Hist. de Charles VII*, tom. V, pp. 193-198.

(4) M. Fabre (*Procès de réhabilitation* ... tom. I, p. 17) dit que le légat fut « sollicité par Isabelle Roméo, la mère de Jeanne, qui réclamait auprès des autorités laïques et ecclésiastiques la réhabilitation de sa fille ». Nous mentionnons son affirmation à titre de conjecture plus ou moins vraisemblable ; mais elle ne nous paraît appuyée sur aucun document de l'enquête de 1452, et nous croyons, jusqu'à preuve du contraire, que le fait ne saurait passer pour historique.

(5) Le légat fit, le 14 décembre 1451, son entrée solennelle à Lyon par la porte de la Lanterne (Archives de l'archevêché : *Délibérations du chapitre de Lyon*). Dans un ms. (1484 de la bibliothèque publique de Lyon), qui a pour titre *Recueil sur Lyon*, à l'article *Cardinales legati*, on lit la note suivante : « f° 188v° Cardinalis d'Estouteville, olim canonicus ecclesie lugdunensis, legatus apostolicus Lugduni perhonorifice susceptus est, ex lib. 19 Actorum capituli 1451 »..
— Les évêques de Clermont et de Tulle qui avaient été députés pour le recevoir au nom du roi n'arrivèrent que le 29

propre autorité comme légat du pape, ouvrait suivant les formes canoniques (1) une nouvelle enquête, préambule nécessaire de la révision du procès. Son premier soin avait été de réclamer l'assistance de l'inquisiteur dominicain Jean Bréhal. Celui-ci était l'homme que la Providence avait choisi pour être ici-bas l'instrument d'une juste réparation envers une innocente victime. Disons de suite ce que les faits proclameront éloquemment : il fut l'âme de la réhabilitation, et nous le verrons durant une période de quatre années [1452-1456] déployer un zèle et une activité que les difficultés ni les fatigues ne rebutèrent jamais, et qui lui ont valu, avec la satisfaction du devoir accompli, la joie savoureuse d'avoir bien mérité de l'Église et de la patrie.

CHAPITRE II.

JEAN BRÉHAL.

Au seuil de notre étude sur l'œuvre de Jean Bréhal, nous aurions voulu faire revivre dans sa biographie cet homme digne à plus d'un titre d'occuper une place d'honneur parmi les fils de S. Dominique. Religieux d'une science et d'une vertu peu communes, français ardemment dévoué à la gloire et à la prospérité de son pays, justicier zélé pour la défense des faibles et le triomphe de l'innocence, il a droit à toutes nos sympathies. Il a plaidé la cause de Jeanne d'Arc avec une sollicitude incomparable, il a effacé la flétrissure que des juges indignes de ce nom avaient infligée à l'envoyée de Dieu, il lui a rendu l'estime qui convient à la sainteté, et, tout en fournissant à l'histoire de France des documents précieux sur les faits et gestes de la céleste libératrice, il a conservé les preuves authentiques sur lesquelles l'oracle infaillible de l'Église pourra s'appuyer, pour constater les vertus d'une parfaite chrétienne et la proclamer Bienheureuse. Nous nous sommes donc efforcés de recueillir les détails d'une existence assurément bien remplie, mais trop

---

décembre. Le 17 janvier suivant, les archives municipales de Lyon (BB 5 f° 157v°) signalent encore sa présence dans la ville. Au mois de février, le cardinal rejoint Charles VII à Tours, et entame de suite les négociations avec une souplesse et une dextérité qui lui gagnent la bienveillance du souverain. Vers la fin d'avril, il se transporte à Rouen.

(1) Il faut être d'une incompétence absolue en matière de droit ecclésiastique pour ne pas reconnaître la régularité parfaite de la procédure. Dans les causes de ce genre, on peut agir juridiquement de trois manières différentes : par voie d'accusation, ou de dénonciation, lorsque la justice est saisie par des plaintes directes ; par voie d'enquête, quand la rumeur publique porte certains faits à la connaissance du juge. Tel est le cas ici, comme l'indique le protocole même de l'information préparatoire : « Propter famam currentem et multa quæ quotidie, ejus legatione durante, super dicto processu contra dictam Johannam agitato, ferebantur, assumpto secum prædicto venerabili patre magistro Johanne Bréhal, inquisitore, nonnullas informationes præambulas et præparatorias fecit et fieri ordinavit ». (Quicherat : *Procès*. . . tom. II, p. 292). D'après le *Sexte* de Boniface VIII et les *Clémentines*, le concours de l'inquisiteur était requis pour la validité de la sentence définitive. C'est sans doute la raison légale qui poussa le cardinal-légat à s'adjoindre Bréhal dès

oubliée. A la courte notice écrite par Échard (1), nous avons pu ajouter un petit nombre de faits qu'une main pieusement attentive a glanés çà et là dans les archives où se retrouvent encore quelques fragments épars de l'histoire dominicaine (2). Nos recherches personnelles ne nous ont point procuré la satisfaction de suppléer au silence ou à l'insouciance des anciens chroniqueurs par la découverte de documents dont les vicissitudes sociales ont causé la disparition et souvent la perte.

Bréhal était normand : c'est tout ce que nous savons de son origine. Deux dates cependant permettent de conjecturer que sa naissance remonte aux premières années du XV° siècle : aux termes du droit, il devait avoir trente ans au moins, lorsqu'on lui conféra le titre de maître en théologie (3), et quarante ans lorsqu'il fut investi des fonctions d'inquisiteur (4).

L'Ordre de S. Dominique possédait à Évreux un couvent fondé par le roi S. Louis. La ferveur des Frères Prêcheurs, le zèle qu'ils déployaient pour les intérêts spirituels et temporels des habitants, la précieuse relique vénérée dans leur église (5), la chapelle dédiée à l'archange S. Michel et enrichie d'indulgences, y entretenaient un courant de dévotion populaire, qui n'était pas sans influence sur l'éclosion et le développement des vocations religieuses. Guidé par l'attrait de la vie parfaite, le jeune Bréhal vint frapper à la porte du cloître et demander son admission parmi les novices. Son année de probation accomplie à la satisfaction des supérieurs et de la communauté, il prononça ses vœux solennels, comme fils du couvent d'Évreux (6).

Il avait donné le gage des hautes qualités morales qui devaient plus tard briller d'un vif éclat dans sa vie de Frère Prêcheur, il ne tarda pas à montrer qu'il était richement doué aussi pour les œuvres de l'intelligence. Après avoir suivi avec succès pendant les sept ans règlementaires les cours de logique, de philosophie et de théologie, il fut jugé apte à enseigner les sciences sacrées, et appliqué aux labeurs du professorat. Quoique les circonstances ne lui aient pas permis de prendre ses grades à

---

le début de l'enquête. Il est néanmoins loisible de conjecturer que des motifs de particulière confiance purent aussi déterminer le choix de la personne.

(1) Quétif et Échard : *Scriptores Ord. Praed.* tom. ı, p. 815ᵇ.
(2) R. P. Chapotin, O. P.: *Études hist. sur la prov. dominicaine de France*.
(3) Les Chapitres généraux de l'Ordre de S. Dominique n'avaient pas encore fixé de la sorte l'âge canonique du baccalauréat, ni de la promotion au doctorat ; mais on peut aisément se rendre compte que ce laps de temps était nécessaire. Il fallait avoir terminé le cycle des études philosophiques et théologiques (c'est-à-dire un total de sept années, deux au *Studium artium*, deux au *Studium naturalium*, et trois au *Studium Theologiae*), et le stage ordinaire dans l'exercice de l'enseignement (c'est-à-dire un minimum de quatre ans, continus ou non, de professorat théologique). — Cf. Douais : *Essai sur l'organisation des études dans l'Ordre des Frères Prêcheurs*.
(4) Le chapitre *Nolentes*, au titre de haereticis, dans les *Clémentines*, s'exprime ainsi : « Nolentes splendorem solitum negotii fidei per actus indiscretos et improbos quorumvis Inquisitorum haereticae pravitatis quasi tenebrosi fumi caligine obfuscari, hoc sacro Concilio approbante, statuimus nullis ex nunc, nisi qui quadragesimum aetatis annum attigerint, officium Inquisitionis praedictae committi Inquisitoribus ».
(5) Le cilice de S. Louis y était conservé dans une châsse d'argent.
(6) Dans l'ordre de S. Dominique, chaque religieux appartient à une maison qui a la charge de son entretien ; sauf disposition contraire du Provincial, il y habite et y jouit des droits conventuels à titre de fils de la famille. — Cf. *Constit. Ord. Praed.* dist. ı, cap. vij textu ij (Romae, 1566, p. 29 verso).

l'Université de Paris (1), il fit néanmoins ses preuves canoniques de capacité, remplit à l'ordinaire l'office de bachelier (2), puis fut créé maître en théologie. La date de sa promotion nous a été conservée dans les registres municipaux de la ville d'Évreux. On y trouve la mention suivante : « A religieuse personne et honneste maistre Jehan Bréhal, docteur en théologie, pour don à luy fait par les gens d'église et bourgois d'icelle ville, pour aider à supporter les frais et mises qui lui convinrent fère quand il fut ordonné et fait docteur, pour ce paié par le commandement et ordonnance diceulx gens d'église et bourgois la somme de dix salus d'or, pour ce x l. » (3). En contribuant ainsi aux dépenses que l'usage imposait aux lauréats, la cité prouvait l'intérêt qu'elle portait à leurs succès. N'était-ce pas un honneur qui rejaillissait sur le corps social, dont ils étaient membres?

La dignité, que maître Bréhal venait de recevoir comme une consécration de son talent et de sa science, entourait sa personne d'une auréole qui le désignait à l'estime de ses compatriotes et aux espérances de son Ordre. Désormais il était prêt pour les difficiles fonctions que la Providence lui réservait : la pratique généreuse et constante des vertus avait trempé son caractère et développé dans son cœur toutes les énergies du bien ; la culture intensive de son esprit avait produit une abondante moisson de connaissances, et cette possession de la vérité qui communique aux âmes de sa plénitude, en même temps qu'elle assure la victoire dans les luttes contre l'erreur. Aussi le trouverons-nous bientôt à Paris, investi par la confiance de ses supérieurs (4) de la charge d'inquisiteur général de France (5).

Pour ceux qui n'ont appris la signification de ce titre que dans les romans et les

---

(1) Crevier (tom. iv, p. 135) rapporte que l'Université de Caen « avait obtenu une défense à tous les sujets de la province d'aller étudier à Paris ». Serait-ce le motif qui empêcha Bréhal d'être envoyé au couvent de S.-Jacques de Paris pour y être gradué ? — L'Université de Caen doit son origine à Henry VI, qui en 1432 établit d'abord les facultés de droit canon et de droit civil, puis, le 15 février 1437, y adjoignit une faculté des Arts et une faculté de Théologie. Le 30 Mai suivant, une Bulle du pape Eugène IV confirmait la fondation, et octroyait aux docteurs de Caen le pouvoir d'enseigner partout. — Cf. Marcel Fournier : *Statuts et privilèges des universités françaises*, tom iii, pp. 145 et 148.

(2) Le bachelier, que dans certaines provinces de l'Ordre on désignait sous le nom de *présenté*, était le second des lecteurs chargés de professer la théologie au *Studium solemne*, ou *Studium generale*.

(3) Comptes de la ville, 1443 ; aux Archives de l'hôtel de ville d'Évreux. — La valeur intrinsèque de la livre correspondait, parait-il, à 6 francs 11 ou 12 centimes de notre monnaie actuelle. Mais la valeur relative était beaucoup plus grande, comme le montrent divers exemples que nous empruntons à M. Ch. de Beaurepaire : « les docteurs de l'Université employés au procès, dit-il, ont chacun 20 sous par jour ; le vice-inquisiteur a moins encore, vingt saluts d'or pour toutes ses vacations, ce qui revient à peu près à 15 sous par jour. Mais à la même époque, un président de l'Échiquier recevait 100 sous par jour, en outre de son traitement ordinaire de conseiller du roi, pendant toute la durée des assises, et l'on donnait à de simples ouvriers de 2 à 3 sous » (*Recherches* ... pp. 105-106).

(4) Le Saint Siège avait donné au maitre général, et aux prieurs provinciaux des Frères Prêcheurs dans leurs territoires respectifs, commission de nommer inquisiteurs de la foi les religieux de leur Ordre, dont ils étaient mieux à même de connaître les aptitudes et l'idonéité. — Cf. Bernard Gui : *Practica inquisitionis* .... (ms. 387, bibl. de la ville de Toulouse, f° 956) ; — éd. Douais, p. 174 ; — Eymeric : *Direct. inquisit.* parte iij, quaest. iij, p. 536. — Le commentateur Pegna cite à ce propos les rescrits des souverains pontifes Innocent IV et Alexandre IV qui concernent les dominicains, et ceux de Clément IV et d'Alexandre IV qui sont relatifs aux franciscains.

(5) Les documents de l'époque l'appellent « l'un des deux inquisiteurs de la perversité hérétique dans le royaume de France ». Il y avait en effet sur le territoire français deux inquisiteurs généraux : l'un, pour le Nord, résidait à Paris et portait le titre d'inquisiteur de France ; l'autre, pour le midi, résidait à Toulouse et portait le titre d'inquisiteur du Languedoc.

musées forains, ou dans les ouvrages dont le caractère historique a été étrangement dénaturé par les préjugés et par la passion antireligieuse, il semblera que l'éloge est médiocre. Nous sommes convaincus au contraire que rien n'est plus propre à faire présumer les hautes qualités d'un homme et à les exprimer d'un seul mot lorsque ses actes ont correspondu à l'idéal de la fonction. En instituant le tribunal du Saint Office comme une délégation de son autorité judiciaire dans les causes criminelles qui intéressent la foi, l'Église s'est proposé de sauvegarder la société des fidèles contre les funestes envahissements de l'erreur. La tâche qu'elle confie aux inquisiteurs de la perversité hérétique est ardue et délicate entre toutes. Ne s'agirait-il que de discerner le coupable et de le livrer sans pitié à la rigoureuse vindicte des lois, il y faudrait déjà les aptitudes intellectuelles et morales que la justice humaine exige de ses magistrats, aptitudes d'autant plus relevées que le domaine où elles doivent s'exercer est d'un ordre supérieur. Mais, si le juge des causes de la foi est chargé de réprimer et de punir l'obstination dans le crime, il est avant tout le représentant du pouvoir divin, dont les attributs sont la clémence et la miséricorde aussi bien que la sévérité et la justice. Voilà pourquoi il a mission d'accorder d'abord un temps de grâce, pendant lequel un aveu spontané, un repentir sincère auront droit à une large indulgence ; puis, lorsqu'il est obligé de procéder par autorité, son principal souci sera d'éclairer la conscience, de ramener les égarés aux sentiers de la vérité, et de faire naître au fond des âmes les sentiments surnaturels de componction qui contribuent à effacer la faute devant Dieu et à diminuer les rigueurs d'une expiation nécessaire.

On comprend que les hommes investis de pareilles fonctions doivent posséder un rare assemblage de qualités suréminentes, c'est-à-dire, selon la déclaration expresse des souverains pontifes, une parfaite honnêteté de mœurs, la prudence la plus circonspecte, une fermeté et une constance que rien n'ébranle, une science peu commune de la doctrine sacrée, et le concours fortifiant de toutes les vertus (1).

« Dans sa manière d'agir, dit Bernard Gui avec l'autorité de son expérience personnelle, l'inquisiteur mettra tous ses soins à inspirer l'horreur de l'hérésie et à procurer l'extirpation de cette perversité. Brûlant de zèle pour la défense de la vérité révélée et pour le salut des âmes, il gardera néanmoins le calme au milieu des contretemps et des circonstances adverses, dans la crainte que l'effervescence de l'indignation ou de la colère ne l'emporte jusqu'à la précipitation. Il ne se laissera point non plus aller à l'abattement qui est le propre des lâches et des amis de leur bien-être : l'engourdissement de l'âme envahirait ses œuvres et leur enlèverait toute vigueur et toute efficacité.

---

(1) Nous empruntons ces expressions à la lettre *Prae cunctis* du pape Urbain IV : « Providimus igitur ibidem ad praesens personas aliquas circumspectas pro tanto negotio deputari, quarum honesta conversatio exemplum tribuat puritatis [*alias* : pietatis], et doctrinam fundant erudita labia salutarem, ut sacro ipsarum ministerio praefatae partes ab hujusmodi contagiis expurgentur.... Quatenus in charitate Dei hominum timore postposito, virtutem spiritus induentes ex alto, praedictum officium, etc ». Cette lettre apostolique est datée de Montefiascone [V Kal. Aug.], le jeudi 28 Juillet 1261. Elle est citée intégralement par Nicol. Eymeric: *Direct. inquisit.* 2ª parte (pp. 129-131).

« L'inquisiteur s'armera de constance, afin de ne point défaillir dans les périls et l'adversité, et d'être toujours prêt au sacrifice de sa vie pour la juste cause de la foi. Qu'il sache garder le milieu entre la présomption téméraire de l'audace qui se précipite à travers les dangers, et les tremblements pusillanimes de la timidité qui enlèvent à l'esprit sa décision et sa force. S'il doit être ferme devant les prières et les flatteries des coupables, il n'endurcira point son cœur contre toute condescendance aux demandes qu'on lui adresserait pour obtenir des délais et des atermoiements, ou la mitigation des pénitences imposées : cela dénoterait de la cruauté. Mais d'autre part, qu'une complaisance excessive ne le fasse pas tomber dans la mollesse qui ôterait toute vigueur à ses œuvres...

« Enfin, l'inquisiteur se montrera avisé et circonspect dans les cas douteux. Il n'accordera pas facilement créance à toutes les choses vraisemblables, car elles ne sont pas toujours vraies ; et par contre, il n'éliminera pas absolument les choses invraisemblables, qui peuvent parfois êtres vraies. Il s'appliquera plutôt à écouter, discuter, examiner les informations qui lui parviennent : c'est le moyen de rencontrer la vérité » (1).

Il suffira de suivre Bréhal dans une carrière si noblement parcourue : on reconnaîtra qu'il a réalisé le portrait dont nous avons tout à l'heure esquissé les grandes lignes.

A quelle date eut lieu son assignation au couvent de S.-Jacques de Paris et son institution comme inquisiteur général du royaume, nous ne sommes pas en mesure de le préciser, faute de pièces officielles. Il est vraisemblable néanmoins qu'il occupait sa charge depuis quelque temps déjà, lorsque le cardinal d'Estouteville se l'adjoignit vers la fin d'avril 1452.

Bien que la poursuite de l'affaire importante qui lui était ainsi confiée, sans préjudice de toutes celles qui ressortissaient à son tribunal, semblât de nature à absorber son activité, on avait conçu de lui une telle estime et une opinion si relevée que ses frères du couvent de S.-Jacques n'hésitèrent pas à lui imposer par surcroît le fardeau d'une nouvelle supériorité (2). Ils l'élurent prieur, mettant ainsi sous sa direction une communauté que le nombre, l'observance et le savoir de ses membres ont rendue justement célèbre parmi toutes celles de l'Ordre de S. Dominique. Là se trouvaient réunis des religieux envoyés par leurs provinces respectives pour se perfectionner dans la science sacrée et conquérir les palmes du doctorat à l'Université de Paris. Suppôts de la faculté de théologie, comme on disait alors, ils avaient avec l'*alma mater* des relations quotidiennes, qui furent maintes fois troublées par la jalousie des professeurs séculiers contre les privilèges accordés aux réguliers par les souverains pontifes. Chef

---

(1) Bern. Gui: *Practica inquisit.* ms. 387 de la bibl. de Toulouse, f° 127°-127ᵈ ; éd. Douais, pp. 232-233.

(2) Échard (*Script. ord. Praed.* tom. 1, p. 815ᵇ) a noté ce cumul écrasant pour les forces d'un seul homme : « anno 1455 priorem agebat Parisiis in gymnasio San-Jacobaeo, una et inquisitorem fidei generalem in regno Franciae ». La réunion de ces deux charges sur une même tête ne peut donner prise à un soupçon de cupidité, puisque le religieux élevé à la dignité priorale ne touche aucun émolument à raison de son titre.

de la maison de S.-Jacques et représentant officiel des Frères Prêcheurs, Bréhal dut intervenir très activement, à l'époque même où il était le plus occupé par les travaux qui amenèrent l'heureuse conclusion de la cause de Jeanne d'Arc. Voici à quelle occasion :

Les Ordres mendiants (1) avaient, dès leur fondation, rendu à l'Église des services insignes que les papes récompensèrent et encouragèrent par de nombreuses faveurs spirituelles. Nicolas V, imitant la bienveillance de ses prédécesseurs à leur égard, délivra le 29 juin 1448 une Bulle qui portait confirmation de leurs privilèges (2). Les lettres apostoliques, présentées assez longtemps après par les carmes à l'évêque de Paris (3), vinrent à la connaissance de l'Université. Une furieuse tempête éclata aussitôt. Le samedi 22 mai 1456, le corps académique, sans respect pour l'autorité du Saint Siège, « déclara d'un vœu unanime que cette Bulle lui paraissait scandaleuse, propre à troubler la paix et la concorde, destructive de l'ordre hiérarchique, et subreptice (4) ». S'inspirant des maximes néfastes que le schisme avait introduites dans les habitudes, il « résolut d'en appeler, et de notifier son appel aux Mendiants, à l'évêque de Paris et aux autres prélats, aux Universités dedans et dehors le royaume, au souverain pontife et même aux seigneurs temporels ». Les Mendiants furent cités à comparaître dès le lundi suivant « pour se voir retranchés du corps et privés de tous les droits académiques, s'ils ne renonçaient à la Bulle qu'ils avaient obtenue, et ne s'engageaient à la remettre entre les mains de l'Université, et à en obtenir une autre qui révoquât la première ». Au jour dit, la menace fut mise à exécution, les religieux ayant courageusement maintenu leurs privilèges et refusé de se soumettre aux conditions arbitraires qu'on prétendait leur imposer.

Il y avait à peine quelques jours que Bréhal était de retour d'un voyage à Rouen, où il était allé avec l'évêque de Paris, l'un des commissaires apostoliques du procès de Jeanne d'Arc, pour tenir audience et recevoir les dépositions des témoins.

---

(1) Sous le nom d'Ordres mendiants, il faut entendre les quatre grandes familles monastiques des dominicains, des franciscains, des carmes, et des ermites de S. Augustin.

(2) Cette constitution, qui n'est d'ailleurs que la confirmation de lettres apostoliques données par Eugène IV le 16 Janvier 1447, est mentionnée dans une bulle de Calixte III en date du 23 mars 1457, où le pape raconte avec la plus scrupuleuse exactitude l'origine et les phases de la querelle. Nous nous sommes servis de ce dernier document pour compléter et rectifier les récits de Du Boulay, de Crevier, et surtout du continuateur de Fleury, dont le gallicanisme a troublé la vue jusqu'à lui faire prendre pour des réalités les fantômes de son imagination (*Hist. ecclés.* livre CXI ; tom. XXIII, pp. 9-12).

Pour les trois Bulles dont nous venons de parler, cf. *Bullarium Ord. FF. Praed.* tom. III : Const. CCCIV Eugen. IV, p. 206 ;— Const. XXVI Nicol. V, p. 256 ; — Const. XXVI Calixt. III, p. 362.

(3) Avec un souci minutieux de la vérité historique, Calixte III dit : « Dum pridem in vigilia Pentecostes proxime praeterita praefatae litterae Nicolai Praedecessoris Nostri venerabili Fratri nostro episcopo Parisiensi, seu in ejus episcopali curia, praesentatae forent, dilectus filius Guillelmus Riveti, Rector pro tunc Universitatis Parisiensis, easdem impediri fecit, etc ». *Bull. Ord. FF. Praed.* tom. III, p. 362. — Les documents que nous avons sous les yeux ne nous apprennent pas pour quel motif les carmes se décidèrent à présenter la Bulle de Nicolas V à l'évêque de Paris. Ces religieux savaient sans doute que le pape Calixte III venait de renouveler les mêmes privilèges, le 14 mars 1456. — Cf. *Bull. ord. FF. Praed.* Const. XIV Calixt. III (tom. III, p. 347). — Voir aussi Wadding: *Annal. minor.* tom. VI, in Reg. Calixti III, act. XII, f° 81.

(4) Crevier, tom. IV, pp. 225-226. — Cf. du Boulay, tom. V, pp. 601-602 ; — *Bull. Ord. FF. Praed.* Const. XXVI Calixt. III, tom. III, p. 362.

Rentré dans sa cellule du couvent de S.-Jacques, il s'était mis avec ardeur au grand travail de récapitulation qui lui avait été confié par les prélats ses co-délégués. Cela ne l'empêcha pas pourtant de prendre position, comme c'était le devoir de sa charge. Il résolut aussitôt d'agir sans respect humain contre une décision qui violait les droits de la vérité et de la justice. Tout en continuant de « besoigner pour le faict de la Pucelle », il ne laissa pas de protester au nom de son Ordre et d'entreprendre les démarches convenables pour éclairer les esprits et ramener les cœurs à de meilleurs sentiments. Un théologien de l'université ayant, à cette occasion, soutenu quelques propositions mal sonnantes, l'inquisiteur de la foi ne craignit pas de le faire *ajourner personnellement* devant son tribunal et de lui demander compte de sa doctrine (1). Toutefois il aurait souhaité de rétablir la concorde par les voies de la douceur. Lorsqu'il fut de retour à Paris après avoir terminé l'affaire de la réhabilitation de Jeanne d'Arc, il entama des négociations qui se prolongèrent durant le reste de l'année, mais sans aboutir à la conclusion qu'il espérait.

Sur ces entrefaites, Bréhal qui avait su se concilier les bonnes grâces du connétable Arthur, comte de Richemont, frère du duc de Bretagne, recourut à ce puissant protecteur et le sollicita de s'interposer officieusement dans la querelle. Puisque l'université ne voulait rien entendre aux justes réclamations des Ordres mendiants, elle aurait égard du moins aux instances d'un si haut personnage et consentirait plus volontiers à un accommodement. Après quelques pourparlers, il fut convenu que l'acte de pacification s'exécuterait d'une façon très solennelle.

Du Boulay et Crevier, deux historiens à coup sûr bien informés, nous ont conservé le récit du fait. Mais, s'ils racontent fidèlement les détails de la mise en scène, leurs jugements sont trop manifestement empreints de passion pour être équitables, et l'on ne peut y souscrire sans réserves.

Le 18 février (1457, nouv. style), l'Université se réunit au Chapitre des Bernardins. Le recteur annonça que le connétable, accompagné de l'archevêque de Reims et de l'évêque de Paris (2), était dans l'église et qu'il souhaitait faire des propositions à la compagnie au sujet de l'affaire des religieux. Quelques docteurs furent alors députés pour aller au devant d'eux et les introduire dans l'assemblée. Le comte de Richemont, les deux prélats, et leur cortège parmi lequel se trouvaient le prieur des Jacobins et les autres représentants des Ordres mendiants, vinrent à la salle capitulaire où ils s'assirent. Puis, le connétable prit la parole en français, et, après avoir

---

(1) A une réunion des facultés tenue le 9 juin 1456, le recteur s'en plaignit amèrement comme d'une chose contraire à la coutume et d'ailleurs étrangère aux attributions de l'inquisiteur. Après de vives récriminations et des menaces de citation reconventionnelle contre Bréhal, l'affaire paraît n'avoir pas eu de suites. — Cf. Crevier, tom. IV, p. 241; — Du Boulay, tom. v, p. 604; — Vallet de Viriville : *Vie de Charles VII*, tom. III, p. 358.

Trois mois plus tard, le 31 août 1456, paraissait une bulle du pape Calixte III, qui pouvait servir à justifier la conduite de l'inquisiteur en cette circonstance. *Bull. Ord. FF. Praed.* Const. XIX Calixt. III, tom. III, p. 354.

(2) L'archevêque de Reims, Jean Juvénal des Ursins, et l'évêque de Paris, Guillaume Chartier, avaient été avec Bréhal commissaires apostoliques dans l'affaire de la Pucelle. Il est vraisemblable que l'inquisiteur avait profité de ses relations presque quotidiennes pour les intéresser à la cause des Mendiants.

salué fort honorablement le recteur et toute l'université, il exposa son désir de procurer la paix selon son pouvoir, et fit lire par son conseiller Guillaume Papin les articles du traité qu'il avait rédigé à cette intention. Le principal intéressé, Jean Bréhal, au nom de ses Frères et de tous les Mendiants, se leva à son tour, et, comme il avait été convenu, formula sa demande en ces termes, qui ont été consignés textuellement sur le registre des délibérations : « Présupposé premièrement les conclusions prises et proposées par Monseigneur le connestable chy présent, nous vous requérons et supplions très humblement, tant que faire poons, que à celles requestes et conclusions vous plaise obtempérer à nous recevoir comme supposts et membres » (1). Cette supplique déplut aux docteurs qui ne se firent pas faute d'articuler contre elle divers griefs, inspirés surtout par la susceptibilité et la malveillance : ils avaient été blessés, disaient-ils, d'entendre un prêtre parler français à l'université, avec une sécheresse et une hauteur de ton qui semblait accuser la prétention de donner la loi plutôt que la volonté de se soumettre humblement. Bréhal n'était pas homme à reculer devant l'injure qu'on lui faisait. Soucieux de sauvegarder la double dignité dont il était revêtu, il répondit de telle sorte qu'on ne pût se flatter de rabaisser son caractère, en lui faisant accepter une soumission qui ne serait conforme ni à la justice ni à l'honneur. Néanmoins, afin que la tentative de conciliation ne fut pas irrémédiablement compromise, il consentit, sur les instances du connétable, à ce que le prieur des Augustins montrât plus de souplesse diplomatique dans les expressions par lesquelles il demanderait à l'assemblée de restituer aux Mendiants leurs droits académiques. Cette fois, la supplique fut agréée, et la séance se termina par un accommodement. Bréhal rendit compte de tout au maître général des dominicains. Celui-ci approuva pleinement la conduite de son subordonné. Aussi zélé que lui pour la défense des prérogatives du Saint-Siège, il ne ratifia pas les conditions de la paix et protesta par lettre au recteur qu'il les tenait pour nulles et non avenues. La rupture ne cessa que vers la fin de 1457, époque où les Frères Prêcheurs furent rétablis dans l'intégrité de leurs droits (2).

La victoire était gagnée sur le terrain universitaire ; il fallait la gagner aussi sur le terrain doctrinal, car le litige subsistait dans le domaine des idées. Parmi les privilèges concédés aux religieux mendiants, il y en avait un qui était le point de mire de l'opposition la plus acharnée : le pouvoir d'entendre librement les confessions des fidèles. Les docteurs séculiers, imbus des théories professées jadis par Guillaume de Saint-Amour, ne craignaient pas de soutenir que c'était là un abus intolérable, et que les fidèles devaient sous peine de nullité se confesser à leur curé ou aux prêtres

---

(1) Du Boulay, tom. v, p. 615; — Crevier, tom. iv, pp. 231-232.

(2) Le pape fut obligé d'intervenir par une bulle du 23 mars 1457, où il cassa les décisions de l'université de Paris, et confirma les privilèges des Mendiants relativement aux confessions et aux prédications. — Cf. Archives du Rhône, fonds des dominicains, 1. *Stephanus*, n° 110, une copie de cette bulle vidimée à Lyon à la requête des représentants des quatre ordres mendiants, le 26 avril 1457 par le cardinal Alain de Coëtivy du titre de Ste Praxède, légat en France. Cf. aussi *Bull. Ord. FF. Praed.* Constit. xxvi Calixt. III (tom. iii, pp. 362-363).

par lui autorisés. Il était nécessaire de défendre contre eux les vrais principes, et de rassurer les consciences troublées, sur la validité de l'administration du sacrement de Pénitence. Dans ce but, Bréhal composa un traité *De libera auctoritate audiendi confessiones religiosis mendicantibus concessa*, qui a été de son vivant imprimé deux fois (1).

Après avoir pris connaissance de ce travail, nous ne craignons pas d'affirmer que l'auteur s'y révèle tout entier : son noble caractère, autant que son savoir et sa méthode, ont laissé leur empreinte dans des pages qui mériteraient de n'être point oubliées. Le « prohemium » débute par ces paroles significatives : *Legum edicta jubent, suadet rationis instinctus, ac professe fidei virtus instigat, sacra veritatis, jura tueri...* Les droits sacrés de la vérité, l'intérêt éternel des âmes, voilà les mobiles qui ont déterminé le docte théologien à prendre la plume. Avec ce même esprit de modération qui lui a fait tant d'honneur dans l'exercice de sa charge, il déclare qu'il n'entend pas viser les personnes, et manifester à leur égard des sentiments d'hostilité. S'il doit signaler, flétrir même énergiquement les étranges prétentions de ses adversaires, il veut accomplir sa tâche de polémiste comme il convient à un homme de foi, qui défend l'intégrité de la doctrine catholique et l'autorité du Saint Siège.

Avant tout, il tient à établir sa proposition sur des bases très solides. Formé à l'école des maîtres de la science sacrée, il sait qu'il est d'un sage de recourir aux lumières d'autrui. Aussi s'empresse-t-il de consulter les ouvrages de ses plus illustres devanciers ou de ses contemporains en renom. Depuis S. Thomas d'Aquin et S. Bonaventure jusqu'à maître Jean de Paris « *qui alio nomine vocatur seu cognominatur Pungens-asinum* » (Pointlasne), il ne cite pas moins de vingt quatre théologiens qui soutiennent sa thèse (2). Il invoque ensuite le témoignage des auteurs qui ont traité la question au point de vue juridique, S. Raymond de Pennafort, Jean André, l'Archidiacre, et les plus célèbres commentateurs au nombre de vingt, sans compter les décrétistes qui enseignaient alors à Avignon, et dont il a tenu à recueillir les suffrages (3).

On le voit, il ne néglige aucun moyen d'information ; son attention est toujours en éveil pour rechercher la vérité. Ici, comme dans l'accomplissement de ses fonctions, il a droit au titre de *vigilantissimus inquisitor* que l'éditeur lui a décerné au frontispice de son livre. Mais, par dessus l'enseignement des docteurs, il y a une au-

---

(1) Cf. Quétif et Échard : *Script. Ord. Praed.* tom. I, pp. 815ᵇ-816ᵃ. — Nous avons pu le lire dans l'incunable même qui était à l'usage du P. Jacques Quétif et qui est conservé aujourd'hui à la bibliothèque nationale, Réserve, II-2.120. Échard fait remarquer que l'édition n'indique ni le lieu ni l'année de l'impression, pas plus que le nom du typographe. C'est donc par erreur que cet exemplaire porte la date de 1479, ajoutée à la main ; car c'est celle de la seconde édition due aux presses d'André Boule. En tête du volume se trouve le *Defensorium privilegiorum Mendicantium* Engelberti Cultificis, dominicain hollandais dont le nom de famille, Messmaker, était ainsi traduit selon l'usage du temps.

(2) Cf. cap. IV. — On y remarque Alexandre de Halès, Pierre de Tarentaise, Pierre de la Palud, Durand de S¹ Pourçain, Scot, Noël Hervé, Aureolus, Robert Holcot, et plusieurs autres, dont le nom aujourd'hui ignoré brillait alors d'un vif éclat.

(3) Cf. cap. v. — « Hoc expresse tenent et in suis lecturis ponunt doctores juris canonici nunc actu in Avenione legentes, a quibus etiam super hoc sententias petii, et recepi ; quorum primus est Johannes Payerii... ».

torité irréfragable, celle des souverains pontifes, dont les décisions disciplinaires doivent être acceptées comme si elles émanaient des lèvres mêmes de Dieu, ou de l'apôtre S. Pierre (1). Bréhal les allègue avec la respectueuse confiance du fidèle. Il fait passer tour à tour sous les yeux de ses lecteurs ce qui a été réglé par neuf papes, y compris Calixte III, dont la bulle confirmative des privilèges des Mendiants venait de paraître, le 23 mars 1457.

Cela suffirait sans doute à convaincre ceux qui ont une foi sincère et une dévote obéissance envers la sainte Église Romaine. Mais, ajoute l'auteur, si la vérité que nous défendons n'a nul besoin de nos raisonnements et de notre approbation, il importe néanmoins de faire appel aux arguments scientifiques pour ramener les égarés à une juste appréciation de l'honneur dû au siège de Pierre. Le reste du livre (2) est donc consacré, soit à l'exposé d'une trentaine de raisons théologiques et canoniques qui démontrent la justice et la convenance du privilège accordé aux Mendiants d'entendre les confessions des fidèles pour la liberté et la sécurité de leurs consciences, soit à la solution très nette des objections principales qui ont été soulevées par les adversaires.

Le paragraphe final est digne d'être reproduit comme exemple de l'esprit qui animait Bréhal dans toute cette discussion : « Sic itaque ne nimia disputationis protractio fastidium generet aut nauseam inducat, et quia etiam in fundamentali propositione diu satis insteti, ideo ad ulteriorem aliarum prosecutionem nunc supersedeo, protestans quod in premissis per viam regiam dumtaxat gradiens sicut personas quascumque aut status ficta intentione palpare nolui, sic profecto neque in aliquo cuiquam statui aut persone fusco livore aut obliquo animo derogare institui. Quinymmo soli veritati, sobrietati atque caritati, quantum exigua et fragilis permisit facultas, operam accommodavi, Eum precise, sincero luminis contuitu, ut unicam firmam et infallibilem regulam aspiciens, qui via, veritas et vita est, Benedictus in secula seculorum. Amen ».

Les occupations multipliées, dans lesquelles sa charge d'inquisiteur l'engagea encore durant de longues années, ne lui permettaient guère les travaux de l'écrivain. Cependant il ne laissa pas de rédiger, à titre de délassement intellectuel sans doute, un manuscrit intitulé *Epithema montium,* qui n'a jamais été édité (3).

L'histoire a gardé aussi le souvenir de l'intervention de Bréhal dans une cause qui eut un certain retentissement (4). Des poursuites avaient été exercées à Arras par l'officialité diocésaine contre les hérétiques vaudois, dont la ville était infestée. Vers 1461, un bourgeois d'Arras, Guillaume Le Febvre, cité à comparaître pour se pur-

---

(1) Cf. cap. vi.
(2) Cap. vii ad cap. xvi.
(3) J. Malbrancq (*de Morinis et Morinorum rebus,* tom. ii, p. 808) indique l'existence de ce ms. dans un passage qui a été reproduit par Echard. Il constate qu'on y trouve la description du mont Watou et les origines de l'ancien monastère de Notre-Dame ; mais il ne nous apprend rien de plus sur son contenu, ni sur les circonstances dans lesquelles il a été composé.
(4) Vallet de Viriville (*Vie de Charles VII,* tom. iii, p. 421) raconte le fait de la manière suivante ; « Le roi envoya...

ger du soupçon d'hérésie, ne se présenta point, et fut excommunié comme vaudois avec les autres inculpés du même crime. Il était venu à Paris, et demanda à l'évêque Guillaume Chartier de l'absoudre et de proclamer son innocence. Avant de faire droit à sa demande, on commença par procéder à une enquête sur place. Deux commissaires, l'un « jacobin et inquisiteur de la foy en l'evesquié de Paris » (1), l'autre ancien religieux, furent envoyés à Arras pour entendre les témoins. Pendant leur séjour dans cette ville, les vicaires généraux leur communiquèrent les procès de ceux qui avaient été exécutés ou prêchés comme vaudois, afin de faire connaître à l'instruction comment Guillaume Le Febvre était accusé. Copie fut prise de ces dossiers par les délégués, qui retournèrent ensuite à Paris, où ils la soumirent à l'examen de l'Ordinaire et de l'inquisiteur Bréhal. L'archevêque de Reims, Juvénal des Ursins (2), probablement en sa qualité de métropolitain de la Picardie, faisait partie du tribunal. Guillaume Le Febvre comparut et fit sa purge canonique. Les trois juges, qui avaient travaillé ensemble à la réhabilitation de Jeanne d'Arc, associés aussi pour cette nouvelle cause, eurent la satisfaction de proclamer l'innocence de l'accusé et de le relever de la sentence d'excommunication portée contre lui pour un crime qui lui avait été faussement imputé. Désireux d'accomplir toute justice, ils estimèrent sans doute qu'il y avait eu faute de la part de l'officialité ; car ils accordèrent à Guillaume Le Febvre le droit de poursuivre les vicaires généraux devant la juridiction compétente « pour estre réparé de son honneur, et pour les despends et dommaiges qu'il y avoit mis » (3).

---

dans le pays une haute commission composée de l'archevêque de Reims, métropolitain de la Picardie, Jean Bréhal, supérieur des dominicains, et Guillaume Chartier, évêque de Paris. Ces délégués étaient précisément les promoteurs de la réhabilitation de la Pucelle ... Au milieu d'un conflit qui agitait les populations, ils portèrent, avec l'autorité souveraine du roi, des paroles de paix, de conciliation, d'indulgence. Ces poursuites dirigées contre les Vaudois furent arrêtées, les prévenus mis hors de cause, et des actions civiles s'ouvrirent pour préparer à l'égard des biens les réparations compatibles avec les lois alors existantes ».

Nous avons consulté à notre tour les sources auxquelles l'auteur dit avoir puisé : les *Mémoires de J. Du Clercq*, et la *chronique d'Escouchy* ; mais il nous semble qu'il les a interprétés trop largement, et aux dépens de la vérité historique. D'après les textes, il n'est nullement question d'un voyage fait à Arras par les trois personnages que Vallet de Viriville désigne comme composant la haute commission envoyée par le roi ; c'est à Paris même que ceux-ci ont vu et examiné les pièces du procès, qui leur avaient été rapportées d'Arras par deux délégués. Il ne s'agit pas davantage de la réhabilitation générale des Vaudois condamnés et exécutés ; l'affaire concerne un accusé seulement, qui avait fait défaut et avait été jugé par contumace. Quant au seigneur de Beaufort et à ses consorts, qui avaient appelé par devant le Parlement de Paris, le tribunal de l'inquisiteur n'eut pas à s'en occuper. Notre récit diffère donc sensiblement de celui que nous venons de citer ; mais nous tenions à ce qu'il fût strictement conforme aux données fournies par les *Mémoires de Jacques Du Clercq* (liv. IV, chap. XXVIII, pp. 173-174, édition du Panthéon littéraire). La *Chronique de Matthieu d'Escouchy* tom. II, pp. 420-421), publiée par M. G. du Fresne de Beaucourt, ne parle que de l'affaire du seigneur de Beauffort et de ses consorts.

(1) Cette expression de J. Du Clercq montre bien qu'il ne s'agit pas de Bréhal, qui est qualifié plus loin « inquisiteur de la foy ès marches de France ».

(2) Telle est l'orthographe adoptée par l'archevêque de Reims dans quelques actes publics auxquels il apposa sa signature. Son père signait simplement Jehan Jouvenel, et ses frères Juvenel des Ursins. — Voir à ce sujet un intéressant article de M. Louis Batiffol dans *Biblioth. de l'École des Chartes* (1839, livr. 6, pp. 537-558).

(3) On le voit, l'affaire est individuelle, ainsi que nous l'avons fait remarquer plus haut, et rien dans le texte de Jacques Du Clercq n'autorisait Quicherat à généraliser comme il l'a fait, en écrivant que les commissaires « mirent à néant les

Bien que les fonctions de sa charge aient fixé sa résidence habituelle à Paris, il ne laissait pas, le cas échéant, de prendre les intérêts de son pays d'origine et du couvent dont il était fils. L'attachement au sol natal et le souci du bien commun sont des sentiments naturels, dont le germe, déposé par Dieu au fond des cœurs, se développe et porte des fruits plus parfaits sous l'influence de la grâce. Toute la vie de Bréhal servirait au besoin à l'attester : car cela ressort des faits que nous avons rapportés jusqu'ici, et de plusieurs autres que nous aurons l'occasion d'énumérer. Il nous plaît cependant de signaler en passant un menu détail, dans lequel on peut saisir la trace de ses affections. Le savant religieux qui se contentait volontiers pour lui-même d'une pauvre cellule, d'un vêtement grossier et d'un régime austère, appréciait à leur juste valeur les trésors de l'esprit et ne se faisait pas faute d'accroître les richesses de la bibliothèque conventuelle. Il aimait les livres. Aussi était-ce avec un louable empressement qu'il employait à leur acquisition les ressources de la charité. Le fait nous a été révélé par la note suivante d'un manuscrit : « *Hunc librum emit anno M° CCCC° LXIII° frater Johannes Brehalli pro conventu sancti Ludovici Ebroycensis* » (1).

A la même année se rapporterait un incident signalé par Quicherat (2) en ces termes : « On rencontre le nom de maistre Jean Bréhal, inquisiteur de la foy, sur les registres de l'Échiquier de Rouen, où il est mentionné comme faisant défaut aux assises de 1463 ». Cette cour souveraine de justice pour les sept bailliages de Rouen, Caux, Gisors, Évreux, Alençon, Caen et Cotentin, était composée exclusivement de membres du clergé et de la noblesse (3). Les religieux mendiants n'étaient pas admis à y siéger parmi les prélats et les barons de la province. L'absence dont il est question ici ne peut donc signifier que Bréhal, appelé à faire partie de l'assemblée, ait présenté et fait agréer ses *exoines* (4). Il s'agit au contraire d'une citation à comparaître, à laquelle il aurait dédaigné de répondre devant un parlement qui n'avait sur lui aucune juridiction. Par quel motif avait-il été *ajourné personnellement* ? Quelle a été la suite de cette affaire ? Nous n'avons pu faire la lumière

---

poursuites exercées contre ces malheureux. Plusieurs ayant déjà péri, ils les réhabilitèrent comme ils avaient fait de Jeanne; mais la réhabilitation cette fois entraîna des actions civiles, par suite desquelles le saint office eut à répondre en parlement » (*Aperçus nouveaux*... p. 154). Mais ce travestissement de l'histoire cadrait avec les idées de l'auteur, et fournissait un point de départ à une tirade contre le « joug inquisitorial » !

Quant à l'effroi que Bréhal aurait conçu dès 1456 à la vue des « abus que pouvait enfanter un droit si contraire au droit naturel », il faut avouer qu'il a été assez léger et surtout peu durable, ou bien que l'inquisiteur l'a surmonté avec un courage héroïque et une patience à toute épreuve, puisqu'il a continué pendant vingt ans encore à rendre la justice dans les mêmes conditions.

(1) Ce manuscrit, coté à la Bibliothèque nationale sous le n° 13778, contient le récit des miracles opérés en 1299 par l'intercession de S. Louis, lors de la dédicace de l'église des Frères Prêcheurs d'Évreux. C'est vraisemblablement la meilleure des copies qui restent de cet ouvrage et d'après lesquelles, faute de posséder l'original, on a publié plusieurs éditions. — Cf. *Recueil des historiens des Gaules et de la France*, tom. xx, p. 2.

(2) Quicherat : *Procès* ... tom. II, p. 68, note.

(3) Cf. Floquet : *Histoire du parlement de Normandie*, tom. I, *passim*.

(4) On appelait ainsi les excuses que les prélats et barons empêchés d'intervenir aux séances présentaient à la cour souveraine, afin de ne pas encourir les pénalités qu'elle infligeait à ses membres dont l'absence ne paraissait pas justifiée.

sur ces deux points. Un certain nombre de dossiers ont été conservés aux archives du Palais de justice à Rouen, où il nous a été permis de les consulter. Les quatre registres afférents à l'année 1463 ne nous ont pas offert le nom de Bréhal (1), et nous avons remarqué en outre que les défaillants y sont notés, mais sans que l'objet du procès soit signalé.

Après une longue et active carrière, au cours de laquelle il avait bien mérité de l'Église, Bréhal aspirait au repos de la bienheureuse éternité. N'ayant pas eu à sa disposition les renseignements authentiques qui concernent la dernière période de son existence, Échard s'est borné à dire qu'il a pu atteindre l'année 1466. Mais, s'il n'est pas possible de préciser davantage la date de sa mort, il faut néanmoins la reculer beaucoup au delà, et certainement jusqu'à 1479. Nous savons en effet par une pièce officielle qu'il vivait encore à la fin de 1478.

Les supérieurs de l'Ordre avaient consenti à le décharger d'un fardeau devenu trop lourd pour sa vieillesse. Le 23 décembre 1474, furent rédigées les lettres patentes qui instituaient le frère Jean Watat, du couvent de Châlons, son successeur au Saint Office pour le royaume de France.

Délivré des obligations qui l'avaient si longtemps retenu au milieu de luttes pénibles et d'agitations incessantes, notre fervent religieux allait pouvoir enfin se retirer à son couvent d'affiliation, et y terminer ses jours dans le calme et la prière. Il y retrouverait les joies de sa jeunesse avec les pratiques de l'observance régulière qu'il avait tant aimées et dont il avait gardé le zèle. Mais les temps étaient changés : la communauté de S.-Louis d'Évreux n'avait pas conservé son renom d'autrefois. A la suite des troubles causés par la guerre et le schisme, le relâchement s'était peu à peu introduit ; des négligences d'abord légères s'étaient aggravées à la longue et devenaient la source de coutumes destructives du bon ordre. Une réforme était urgente : le prieur provincial de France, Claude Bruno, n'hésita pas à l'entreprendre. La Providence avait mis sous sa main un utile auxiliaire dans la personne de l'ex-inquisiteur dont il connaissait l'expérience consommée, le prudent savoir-faire, la fermeté inébranlable et les autres qualités si nécessaires au gouvernement des hommes. Comprenant l'avantage qu'il y aurait à employer les services d'un religieux aussi exemplaire que dévoué à la maison d'Évreux, il voulut confier à Bréhal le soin de l'exécution de ses projets. Celui-ci s'empressa d'obéir, et s'acquitta de sa difficile mission avec une fidélité et un zèle que Dieu ne pouvait manquer de bénir.

Le Maître général de l'Ordre, Léonard de Mansuetis, avait été mis au courant des mesures prises pour assurer le succès de l'œuvre, et il les avait approuvées. Par une lettre datée de Rome, 1ᵉʳ avril 1477, il confirma les résultats déjà obtenus, et donna pouvoir à Bréhal de réprimer, dans les limites du territoire conventuel, les religieux

---

(1) Un érudit, pour lequel les archives de Rouen n'ont pas de secrets, M. Ch. de Beaurepaire, a bien voulu nous assurer qu'il n'a pas été plus heureux dans cette recherche ; il estime que la citation est trop peu précise et qu'elle serait autrement formulée si elle eût été relevée par Quicherat lui-même. Le fait de l'erreur proviendrait de ce qu'il a été mal renseigné par un correspondant.

qui abuseraient des lettres apostoliques pour causer du scandale et couvrir l'Ordre de confusion (1).

Durant près de deux ans, Bréhal travailla de toutes ses forces à réveiller dans les âmes le désir de la perfection, à réparer les brèches faites à la régularité, et à faire revivre les observances de la vie dominicaine. Le 5 décembre 1478, il fut institué vicaire du Maître général sur le couvent d'Évreux, et dépositaire de son autorité pour le maintien de la réforme heureusement commencée (2). A ce titre, il était chargé de veiller particulièrement à la pratique exacte de la pauvreté, au dépouillement personnel des frères, et à la parfaite communauté des biens ; il avait pouvoir de confirmer le prieur dans ses fonctions ou de l'en absoudre, d'expulser au besoin les récalcitrants et de les remplacer par des sujets mieux disposés et plus utiles. L'année suivante, le chapitre général de l'Ordre, qui se tenait à Pérouse, put constater la régénération religieuse accomplie par les soins de ce vénérable vieillard, et loua hautement une tentative qui méritait d'avoir des imitateurs.

Tout nous porte à croire que ces éloges ont été ratifiés par le souverain Dispensateur de toute justice, et que Bréhal a été accueilli dans la gloire comme un bon et fidèle serviteur de Dieu. Nul doute qu'aux approches de la mort il ait été réjoui et fortifié par le souvenir de Jeanne d'Arc et des travaux entrepris pour sa cause. La reconnaissance de la sainte martyre lui était acquise. Les hommes à leur tour bénissent sa mémoire, parce qu'il s'est dévoué, plus que personne, à l'œuvre de réhabilitation, dont nous allons maintenant reprendre le récit.

---

(1) Archives de l'Ordre à Rome : Reg. I Magistri Leon. de Mansuetis, f° 286. « *Conventus Ebroicensis, qui fuit reformatus a Provinciali, habuit confirmationem dictae reformationis, et inde omnium secutorum ; et mandatur omnibus quod dictam reformationem observent ; et datur auctoritas Magistro Johanni Brehalli quod possit compescere praedicantes bullas in terminis dicti conventus, non obstantibus litteris eis concessis, si utantur in confusionem Ordinis et in scandalum. Datum Romae, prima aprilis 1477* ». — Il n'est pas nécessaire d'avoir étudié à fond l'histoire des Ordres religieux pour savoir les difficultés de toute sorte que les réformateurs rencontrent dans les entreprises de leur zèle. Sans parler des obstacles que les habitudes invétérées opposent à l'efficacité des meilleures intentions, il faut compter aussi avec la malice des hommes qui se complaisent dans les abus d'une vie relâchée et qui s'insurgent contre l'autorité lorsqu'elle s'emploie au rebours de leur manière de voir. Bréhal aura sans doute — la lettre du Maître général semble l'indiquer — été contraint de sévir et de rappeler au devoir ceux qui tentaient de se prévaloir de concessions apostoliques, vraies ou fausses, afin de se soustraire à la réforme. Que l'un des récalcitrants à l'obéissance soit allé jusqu'à se pourvoir devant une cour de justice séculière, comme l'Echiquier de Normandie, sous prétexte que le bailliage d'Évreux en dépendait, cela n'aurait rien de surprenant. Mais aucun document à notre connaissance n'appuie cette hypothèse, qui nous a été suggérée par la note de Quicherat mentionnée ci-dessus ; celle-ci toutefois ne saurait s'y rapporter, puisque la date de 1463 est antérieure de dix ans au moins aux évènements dont nous parlons.

(2) Archives de l'Ordre à Rome : Reg. II Magistri Leon. de Mansuetis, f° 18. « *Magister Johannes Brehalli fuit factus vicarius super suo conventu Ebroicensi jam reformato, cum plenissima potestate ad manutenendam reformationem, et maxime communitatem camerarum, terminorum, pecuniarum et aliarum rerum, et potest Priorem absolvere et confirmare, et fratres expellere inutiles, et bonos recipere. Datum Romae, 5 decembris 1478* ».

CHAPITRE III

ENQUÊTE DE 1452.

Le cardinal d'Estouteville avait amené en France deux canonistes italiens, Théodore de Leliis (1) et Paul Pontanus (2), le premier comme consulteur, le second comme secrétaire de la légation. Venus l'un et l'autre à Rouen pour informer au sujet d'un différend survenu entre l'archevêque Raoul Rousset et les religieux Cordeliers qui avaient appelé en cour de Rome (3), ils eurent aussi avec Bréhal des relations fréquentes, à l'occasion de l'enquête relative à la cause de la Pucelle, et prirent alors connaissance des pièces originales du procès de condamnation, d'après lesquelles ils rédigèrent plus tard les consultations qui leur furent demandées par l'inquisiteur.

Guillaume Bouillé apporta également son concours (4) : il communiqua le mémoire dont nous avons parlé [p. 4], et les renseignements qu'il avait recueillis en 1450. Il fallait néanmoins procéder comme si l'enquête faite à cette époque par la juridiction civile n'avait pas eu lieu. C'est pourquoi les juges ecclésiastiques, d'Estouteville et Bréhal, citèrent un certain nombre de témoins, dont plusieurs avaient été entendus jadis par Guillaume Bouillé.

Afin de ne pas laisser les dépositions s'égarer dans les détails inutiles ou accessoires, ils convinrent de dresser un questionnaire, qui résumait en douze articles (5) les points d'importance majeure sur lesquels tous devaient être interrogés. Le mardi 2 mai, ils ouvrirent ensemble (6) la première séance, où comparurent cinq personnages, dont trois avaient déposé à l'enquête civile deux ans auparavant. C'étaient :

---

(1) Les manuscrits l'appellent fautivement *Theodoricus*. Ce canoniste, l'un des plus célèbres du XVe siècle, était né d'une famille noble de Teramo (Abruzze ultérieure). A vingt-cinq ans, dit Quicherat (*Procès*... tom. II, p. 22, note) « il tenait les assises de la Rote. Pie II, qui l'appelait *sa harpe* à cause de son éloquence, le fit évêque de Feltre en 1462 ; en 1465, il fut transféré au siège de Trévise. Après avoir été sous trois papes la lumière du tribunal romain, après avoir fait abjurer Georges Podiebrad et rempli les missions les plus importantes, il mourut à l'âge de 38 ans ». — Il fut créé cardinal en 1464, mais il ne put recevoir le chapeau (Cf. Ciaconius : *Vitae* Pontificum, p. 961). Voir la lettre que le card. de Pavie écrivit au card. Bessarion à l'occasion de la mort de Théodore de Leliis ; elle est citée dans Bzovius : *Annal. eccles.* 1466. XI. (tom. XVII, p. 566. col. 2), et dans Ciaconius et Oldoinus (tom. II, col. 1115).

(2) Le ms. n° 1234 de l'Université de Bologne (publié par M. Du Bois de la Villerabel) a francisé son nom et l'appelle à tort *Paul du Pont*. Ce jurisconsulte éminent, né à Coretto en Ombrie, était avocat consistorial dès 1440. — Cf. Jacobilli : *Bibliotheca umbrica*, p. 249. (Fulginae, 1658).

(3) Cf. de Beaurepaire : *Recherches*... pp. 97-98. — Archives de la Seine inf., fonds de l'archevêché, et fonds des Cordeliers.

(4) Cela résulte d'une lettre du légat à Charles VII (22 mai 1452), que nous citerons plus loin.

(5) Ces douze articles, enregistrés au ms. 5970 de la Bibliothèque nationale, ont été publiés par Quicherat : *Procès*... tom. II, pp. 293-295.

(6) «... Examinati fuerunt testes infrascripti per prefatum reverendissimum Patrem in Christo Dominum Cardinalem de Estouteville, tituli Sancti-Martini in Montibus presbyterum cardinalem, Sanctae Apostolicae sedis de latere legatum in regno francie, et venerabilem virum fratrem Johannem Brehal, sacre theologie professorem, in regno francie alterum heretice pravitatis inquisitorem... » Quicherat : *Procès*... tom. II, p. 293.

maître Guillaume Manchon, le greffier du procès de condamnation ; Pierre Miget [*Migecii*], prieur de Longueville, l'un des assesseurs (1) ; le dominicain, frère Isambard de la Pierre ; Pierre Cusquel, bourgeois de Rouen, qui avait vu la Pucelle dans sa prison ; et le dominicain, frère Martin Ladvenu, confesseur de Jeanne d'Arc. Le mercredi 3 mai, ceux d'entre eux qui n'avaient pu être entendus la veille déposèrent à leur tour (2).

Sur ces entrefaites, des affaires urgentes réclamèrent la présence du cardinal légat à Paris : il dut renoncer à l'espoir qu'il avait conçu de procéder par lui-même aux opérations ultérieures de l'enquête. Obligé de consacrer à d'autres devoirs les dernières heures de son séjour à Rouen, il résolut d'abandonner à l'inquisiteur et aux notaires le soin de décerner de nouvelles citations et de compulser les dossiers (3). Sans perdre de temps, Bréhal expédia dès le lendemain (4) dix sept assignations à comparaître pour le lundi 8 mai.

Avant de quitter Rouen, le cardinal d'Estouteville pourvut à la nécessité de compléter le tribunal. Par acte juridique en date du 6 mai, il se donna un substitut dans la personne de Philippe de la Rose, trésorier de la cathédrale. L'ecclésiastique ainsi désigné par le libre choix du légat était digne d'un pareil honneur. Il jouissait parmi les membres du clergé d'une estime qui se traduisit par les suffrages du chapitre, lorsque, peu de mois après, le siège métropolitain devint vacant (5).

De concert avec lui, Bréhal développa aussitôt en vingt sept articles le questionnaire trop restreint dont il s'était servi pour les interrogatoires (6) précédents. Les deux journées du 8 et du 9 mai suffirent aux juges pour recevoir les dépositions (7). Les cinq

---

(1) Cf. Ch. de Beaurepaire : *Notes sur les juges et les assesseurs* ... p. 108. D'autres auteurs écrivent Migier. — Le titre d'*assesseurs*, que les historiens ont coutume d'attribuer à un certain nombre de personnages ayant figuré au procès de condamnation, est la traduction du mot *assidentibus* employé par les greffiers. Mais il ne doit pas être pris ici dans l'acception étroite qu'on lui donne d'ordinaire dans les ouvrages de droit civil. Il ne s'agit pas de membres du tribunal : bien que partageant dans une certaine mesure la responsabilité, il ne leur appartenait pas de fixer le verdict et d'appliquer la loi. C'étaient, selon les usages juridiques de l'époque, des *periti consulti*, qu'on appelait à l'audience pour bénéficier de leurs lumières, surtout dans les questions théoriques. Leur présence à tous les actes du procès n'était pas requise ; ils pouvaient n'assister qu'à une ou à plusieurs séances, et s'ils y prenaient la parole soit pour donner leur avis, soit même pour interroger l'inculpé, ils ne le faisaient point en vertu d'une autorité judiciaire qui leur fût propre ; en d'autres termes, ils n'avaient aucune juridiction, et leurs votes étaient consultatifs, et non décisifs.

(2) Quicherat a publié le procès-verbal des interrogatoires. *Procès* ... tom. II, pp. 297-309.

(3) « Quas quidem informationes, quia, obstante recessu suo, procedere sicut speraverat ad decretum citationis et ad examinationem processus non potuit, censuit apud ipsum inquisitorem et notarios dimittendas ». Quicherat : *Procès* ... tom. II, p. 292.

(4) Le décret de citation est en effet daté du 4 mai : « Datum A. D. 1452 die jovis post Jubilate ». (Biblioth. nat. ms. 5070 f° 83 recto). — La messe dont l'introït commence par Jubilate est celle du 3e Dimanche après Pâques.

(5) « Les voix, dit le R. P. Ayroles (p. 235), se répartirent en nombre égal sur lui et sur Richard de Longueil, destiné à devenir comme évêque de Coutances un des juges apostoliques de la réhabilitation. Le litige fut porté devant le pape Nicolas V, qui le trancha en nommant, du consentement des deux candidats, le cardinal d'Estouteville lui-même à l'archevêché de Rouen ».

(6) Quicherat en a publié le texte. *Procès* ... tom. II, pp. 311-316.

(7) Voir le procès-verbal dans Quicherat : *Procès* ... tom. II, pp. 317-377.

témoins déjà examinés par le légat et l'inquisiteur furent derechef entendus. Les autres, hormis Jean Massieu, l'huissier du procès de condamnation, qui avait été cité à l'enquête de Guillaume Bouillé, comparaissaient pour la première fois. La plupart de ceux-ci avaient participé au procès : Nicolas Taquel, curé de Bacqueville-le-Martel (diocèse de Rouen), en qualité de greffier du vice-inquisiteur ; les chanoines métropolitains Nicolas Caval, Guillaume Du Désert, et André Marguerie, comme assesseurs (1) ; Richard de Grouchet, chanoine de la collégiale de la Saussaye (diocèse d'Évreux), et même Jean Le Fèvre [*Fabri*], de l'Ordre des ermites de S. Augustin, au même titre ; Nicolas de Houppeville, maître ès arts et bachelier en théologie, appelé d'abord à siéger, s'était montré opposé au jugement, et Cauchon l'avait chassé et fait incarcérer. Enfin, Pierre Bouchier, curé de Bourgeauville (diocèse de Lisieux), et Jean Riquier, curé de Heudicourt (diocèse d'Évreux) avaient assisté au prêche et à l'exécution de Jeanne ; ils pouvaient attester certains faits de notoriété publique, de même que Thomas Marie, ancien prieur de S.-Michel près Rouen, de l'Ordre de S. Benoît, et Jean Fave (ou de Favé), maître des requêtes du roi Charles VII.

Sitôt l'enquête terminée, Bréhal s'empressa de regagner Paris afin de soumettre les actes au cardinal d'Estouteville, alors occupé de la réforme universitaire. Après avoir pris connaissance des pièces et délibéré avec l'inquisiteur sur les résultats acquis, le légat pensa faire sa cour au roi en lui expédiant deux messagers qui lui rendraient un compte fidèle de tous les détails et conféreraient avec lui pour la poursuite de l'affaire. Il adressa alors à Charles VII la lettre suivante :

« Mon souverain seigneur, je me recommande très humblement à vostre bonne grâce, et vous plaise sçavoir que vers vous s'en vont présentement l'inquisiteur de la foy et maistre Guillaume Bouillé, doyen de Noyon, lesquelx vous référeront bien au plain tout ce qui a esté fait au procès de Jehanne la Pucelle. Et pour ce que je say que la chose touche grandement vostre honneur et estat, je m'y suys employé de tout mon povoir et m'y employeray toujours, ainsy que bon et féal serviteur doibt faire pour son seigneur, comme plus amplement serez informé par les dessus ditz.

« Non autre chose pour le présent, mon souverain seigneur, fors que me mandiez tousjours vos bons plaisirs pour les accomplir. Au plaisir de Dieu, qui vous ait en sa sainte garde, et vous donne bonne vie et longue.

« Escrit à Paris, le XXII° jour de mai.

« Vostre très humble et très obéissant serviteur,

Le Cardinal d'Estouteville (2) ».

---

(1) Sur ces trois chanoines et sur les deux autres assesseurs, cf. de Beaurepaire : *Notes sur les juges*... pp. 58, 69, 82, 118 et 109.

(2) Original, collection de D. Grenier, 238 (paquet 27, n° 2); publié par Quicherat : *Procès*... tom. v, p. 366.

Bréhal partit donc, accompagné de Guillaume Bouillé, afin de rejoindre le roi dans l'un des châteaux de Touraine, où depuis Pâques il vivait en nomade à la recherche de fêtes et de plaisirs. A leur passage à Orléans, la municipalité les accueillit avec honneur : ils « avoient mandé les procureurs pour le procès de feue Jehanne la Pucelle », et on leur présenta le vin en signe de réjouissance (1). Le cardinal d'Estouteville ne tarda pas à augmenter les espérances qu'ils avaient fait concevoir aux gens de la ville relativement à l'issue de la cause ; car, durant son séjour à Orléans, le lendemain de la Fête-Dieu (9 juin), il accorda en vertu de ses pouvoirs de légat une indulgence d'un an à tous ceux qui suivraient intégralement les exercices de la fête traditionnelle du 8 mai, et une de cent jours pour l'assistance à chacune des cérémonies (2). Le rescrit, délivré à cette occasion, a été contresigné par son secrétaire, l'avocat consistorial Pontanus.

Le savant historien de Charles VII nous apprend que le monarque résidait alors au château de Cissay, chez son trésorier Pierre Bérard (3). Ce fut là vraisemblablement que Bréhal et Bouillé le rencontrèrent et s'acquittèrent de la commission dont ils étaient chargés. Le roi manifesta sa haute satisfaction de voir les choses au point où elles étaient arrivées ; mais il fallait aller de l'avant et amener le pape à prendre la cause en mains. Sur l'avis du légat, qui avait devancé la cour à Bourges, et qui obtint une audience au château de Méhun dans les premiers jours de juillet (4), il fut décidé que l'inquisiteur continuerait son œuvre, et s'occuperait sans relâche de recueillir, soit en France, soit à l'étranger, partout où il le jugerait expédient, les consultations des plus savants théologiens et canonistes (5). Afin de subvenir aux dépenses nécessitées par les voyages et autres travaux qu'il y aurait lieu d'entreprendre dans ce but, le roi donna l'ordre de verser « à maistre Jehan Bréhal » une somme de 100 livres, et peu après au mois d'août un nouveau subside de 27 livres (6).

A cette dernière date, Charles VII se trouvait encore à Bourges, où il était venu dans le courant de juillet ouvrir une assemblée solennelle au sujet de la Pragmatique Sanction. Au nom de Nicolas V, le légat avait instamment sollicité le roi d'abroger un acte qui, sous le fallacieux prétexte des libertés de l'Église gallicane, attentait aux droits du Saint Siège, et fournissait sans cesse matière aux plus déplorables conflits. Les membres de l'épiscopat, les délégués des chapitres et des universités furent convoqués, ainsi que des docteurs en théologie et des conseillers du Parlement pour délibérer là-dessus. La présence de Guillaume Bouillé, constatée aussi par une largesse de vingt livres « pour sa dépense qui luy conviendra faire à Bourges à l'assemblée

---

(1) Archives municipales d'Orléans, Reg. CC. 666 ; comptes de 1450 à 1452.
(2) Quicherat : *Procès*... tom. v, p. 299.
(3) Il y séjourna un mois entier, du 20 mai au 24 juin. — Cf. M. de Beaucourt, tom. v, p. 78 note, et p. 209.
(4) Cf. M. de Beaucourt, tom. v, pp. 209-210.
(5) Bréhal l'atteste dans une lettre que nous reproduirons plus loin. — Cf. Quicherat : *Procès*... tom. ii, p. 71.
(6) Ces deux paiements sont mentionnés dans les comptes de 1452. Bibliothèque nationale, *Cabinet des titres*, vol. relié 685, f° 156 verso.

des prélats et gens d'église » (1) permet de conjecturer que l'inquisiteur général du royaume, son compagnon de route jusque-là, n'était point retourné à Paris, mais s'était arrêté dans la ville, soit pour y participer aux discussions, soit plutôt pour continuer son entreprise sous les yeux du cardinal d'Estouteville et avec le concours des jurisconsultes romains de la légation. En effet, tout nous porte à croire qu'il composa alors, sous le titre de *Summarium* un résumé substantiel des principaux chefs d'accusation pour lesquels Jeanne d'Arc a été condamnée et livrée au feu.

CHAPITRE IV

LE SUMMARIUM.

Cet opuscule, destiné par l'auteur à être communiqué aux docteurs que l'on consulterait, n'est ni une discussion juridique, ni une appréciation motivée des points litigieux. On dirait plutôt une table des matières, divisée en six articles, suivant une disposition uniforme : d'abord, l'énoncé général et très succinct du fait qui a servi de base à l'accusation ; puis, un groupement des réponses qui s'y rapportent, fidèlement extraites des procès-verbaux ; enfin, sous forme de question à résoudre, l'examen des qualificatifs de la sentence au regard des faits constatés.

Le *Summarium* existe, à notre connaissance, dans trois manuscrits de la bibliothèque nationale de Paris.

1° Dans le manuscrit, fonds latin 12722, f°s 62r°-67v° (ancien fonds S.-Germain, de Harlay n° 54), qui est du XV° siècle, il n'a pas de titre. Il commence par ces mots : « *Articuli graviores et principaliores ipsius Johanne Puelle, super quibus est deliberandum, videlicet : primus, quod asseruit...etc.* »; et il se termine par ceux-ci : « *finit Summarium fratris Johannis Brehalli, inquisitoris fidei* ». Cet exemplaire semble avoir appartenu à l'inquisiteur lui-même ; car la signature de Jean Bréhal s'y trouve en plusieurs endroits (2) qu'il a contresignés, notamment à la fin des mémoires de l'avocat consistorial Paul Pontanus [f° 47 v°], et de l'auditeur de Rote Théodo-

---

(1) Cf. M. de Beaucourt. *Hist. de Charles VII*, tom. v, p. 218 note.
(2) Le *Summarium* est sans contreseing ; l'auteur s'est contenté de mettre au colophon le titre de l'opuscule avec son nom, sans y ajouter aucune des qualifications honorifiques employées par les copistes, lorsqu'ils désignent une tierce personne. Nous y avons également remarqué en tête du premier traité de Pontanus [f° 2 r°] et du second mémoire de Théodore de Leliis [f° 49 r°] les mots *Jhesus* et *Jhesus Maria*, placés là suivant l'usage à peu près universel des écrivains religieux comme une sorte d'épigraphe ou de dédicace. Ils paraissent être de la même main que la signature de Bréhal. L'inspection du manuscrit tout entier, et surtout la comparaison des caractères, nous induit à penser que l'inquisiteur l'avait copié lui-même pour son usage personnel.

re de Leliis [f° 62 r°]. Quicherat a connu ce manuscrit : il donne en effet (1), sous le titre de *Summarium*, l'*incipit* du sommaire de Bréhal, l'énoncé de quelques chapitres, et le colophon. Cependant, à la table générale (2), il l'intitule : Questions de théologie proposées par lui [Bréhal] sur le procès. M. Lanéry d'Arc s'est contenté (3) de signaler le ms. 12722 d'après les indications de Quicherat.

2° Dans le manuscrit, fonds latin 13837, f°s 9 v°-12 r°, qui est également du XV° siècle, le *Summarium* de Bréhal est tel que dans le ms. 12722. Il commence et finit de même. M. Lanéry d'Arc fait aussi mention (4) de ce deuxième manuscrit.

3° Une copie d'origine moderne se trouve dans le ms. fonds latin 9790 (ancien 1033 suppl. lat.). Ce registre intitulé *Varia de Joanna d'Arc* est une transcription des mss. 3878 et 2284 du fonds ottobonien, au Vatican, transcription exécutée en 1787 pour la Bibliothèque du roi, par les soins du cardinal de Bernis, de l'Académie des Belles-Lettres, alors ambassadeur auprès du Saint Siège, et d'après les ordres du baron de Breteuil, ministre et secrétaire d'État. Or, le ms. 2284 du fonds Ottoboni appartenait jadis au couvent des dominicains de Vienne (Autriche). Il renferme principalement les pièces envoyées par l'inquisiteur de France au fr. Léonard de Brixenthal, savoir : une lettre explicative dont il sera parlé plus loin, le *Summarium* ou questionnaire sur le procès, et deux mémoires consultatifs, l'un de Théodore de Leliis et l'autre de Paul Pontanus. Mais, loin d'être un original, comme l'affirme à deux reprises M. Lanéry d'Arc (5), c'est une assez mauvaise copie, qui paraît être la besogne d'un écrivain peu soigneux ou peu intelligent : car, avec des erreurs de lecture parfois grossières, on y rencontre des distractions ou des *lapsus* plus que bizarres. Le *Summarium* notamment y est défiguré et incomplet : le copiste allemand a confondu la fin du mémoire de Pontanus avec le commencement du sommaire de Bréhal (6), et il a omis entièrement le chapitre final de celui-ci. Quicherat n'a pas pris garde à

---

(1) Quicherat : *Procès*... tom. II, p. 68.
(2) Quicherat : *Procès*... tom. V, p. 498.
(3) M. Lanéry d'Arc : *Mémoires et consultations*... p. 92 note.
(4) M. Lanéry d'Arc : *Mémoires et consultations*... p. 92 note.
(5) M. Lanéry d'Arc : *Mémoires et consultations*... p. 55 note, et p. 92 note.
(6) On lit en effet au f° 44 verso, ligne 6 : « *Cetera suppleat prudencia consultorum* » puis la signature de Paul Pontanus ; et immédiatement après, tout le paragraphe qui commence par ces mots, « *quia ipsa Johanna in cedula abjuracionis et in sentencia condempnacionis*... », et qui finit par ceux-ci « *an juxta contenta in processu fuerit censenda talis* ». Aucun titre, ni indication quelconque ne sépare ce paragraphe de celui qui est le premier du *Summarium* : « *Principaliora puncta atque graviora, etc*... » — L'examen du ms. 12722 de la Bibliothèque nationale nous a suggéré la cause probable de cette confusion. Le passage commençant par les mots *quia ipsa Johanna in cedula abjuracionis*... n'a pas été inséré à sa vraie place, c'est-à-dire f° 13 v° avant *cetera suppleat*... et la signature de Pontanus. Lorsque le copiste s'est aperçu de l'omission, il avait déjà transcrit sur le f° 14 r° le texte en langue vulgaire de l'abjuration de la Pucelle, et c'est seulement au f° 14 v° qu'il a réparé son oubli ; mais il a eu soin au f° 13 v° d'indiquer le renvoi : *verte f. ad tergum*.
— Un fait analogue a pu se produire dans l'exemplaire, aujourd'hui perdu, que l'inquisiteur envoya à Vienne. Le transcripteur allemand n'ayant pas pris garde au renvoi, ou ne l'ayant pas compris, ne l'a pas mentionné, et a laissé le paragraphe supplémentaire après la signature de Pontanus et en tête du *Summarium* de Bréhal. — Telle est, croyons-nous, l'origine de la confusion qui s'est perpétuée jusqu'ici.

cette erreur, puisqu'il se borne à la remarque suivante (1) : « la leçon du ms. ottobonien est précédée d'une sorte d'argument que voici : *quia ipsa Johanna in cedula abjuracionis*, etc. ». L'étrangeté d'un pareil début aurait dû pourtant éveiller l'attention et provoquer les recherches du savant paléographe, trop dédaigneux à l'endroit des documents théologiques. M. Lanéry d'Arc, sur la foi du maître, a reproduit le texte fautif, sans le contrôler avec les autres manuscrits qu'il connaissait. Sa méprise ici est d'autant plus inexplicable qu'il a édité le mémoire de Paul Pontanus (2), y compris tout le dernier paragraphe. Comment se fait-il qu'il n'ait pas hésité à imprimer de nouveau quelques pages plus loin ce même paragraphe, comme s'il appartenait également au sommaire de Bréhal ? Rien n'indique d'ailleurs qu'il ait remarqué cette singulière répétition.

Quoi qu'il en soit, nous avons voulu éviter ces errements fâcheux. Sachant que le manuscrit ottobonien n'est pas un original et que les fautes y pullulent, tandis que les mss. 12722 et 13837 de la Bibliothèque nationale sont plus corrects, et que l'un d'eux porte la signature de Bréhal auquel il a probablement appartenu, notre devoir était de reproduire le texte dans sa pureté native et dans son intégrité. En éditant le *Summarium* d'après un exemplaire authentique [ms. lat. 12722], nous n'avons pas négligé de le confronter avec les autres copies, et même avec le codex ottobonien du Vatican, afin de pouvoir signaler dans les notes les variantes qui nous sembleraient dignes d'attention (3).

De plus, au lieu d'une simple référence, qui obligerait à feuilleter sans relâche les volumes de Quicherat, nous avons mis au bas des pages les textes mêmes des procès-verbaux qui se rapportent directement aux assertions de ce mémoire. Le lecteur pourra ainsi plus aisément apprécier la parfaite exactitude du résumé soumis à la délibération des consulteurs.

Summarium

fratris Johannis Brehalli, inquisitoris fidei (4).

[f° lxij r°]. — Articuli graviores et principaliores ipsius Johanne, super quibus est deliberandum (5), videlicet :

---

(1) Quicherat : *Procès...* tom. v, p. 429.
(2) M. Lanéry d'Arc : *Mémoires et consultations...* pp. 55-71.
(3) Un élève distingué de l'École française de Rome, M. Jean Guiraud, a bien voulu collationner pour nous le ms. ottobonien 2284. Nous ne saurions trop le remercier de son utile concours et de l'obligeance avec laquelle il s'est empressé de déférer à notre désir.
(4) Dans le ms. 12722, ce titre ne se trouve pas en tête, mais il est indiqué au colophon.
(5) Le cod. ottobonien 2284 est moins concis. On y lit : « Principaliora puncta atque graviora, super quibus Johanna Puella fuit tamquam heretica condamnata et ignis supplicio tradita, secuntur : necnon et ejus responsiones ad illa, subtancialiter de processu perstricta, etc ». Sauf l'*etc*. et quelques légères différences d'orthographe, c'est la leçon éditée par M. Lanéry d'Arc, p. 93.

CHAP. IV. — LE SUMMARIUM 29

PRIMUS : *Quod asseruit se appariciones et visiones corporales sancti Michaelis et sanctarum Katherine et Margarete habuisse, voces spirituum frequenter audivisse, et revelaciones multas accepisse.*

Istud ex processu et confessatis per eam deducitur (1). Nam, ut dicit ipsa, in etate xiij annorum existens, primam vocem audivit in orto patris sui, hora meridiei, et magnum habuit timorem : neque tamen cito credidit quod esset sanctus Michael ; ter enim sibi apparuit antequam crederet ; sed ex post, ipsam in tantum docuit quod bene cognovit eum (2). Cognovit enim ipsum ex doctrina ; quia dicebat ei quod esset bona, et quod Deus illam dirigeret et subveniret calamitatibus Francie (3). Et cum primo habuit confortacionem ab eo, non erat solus, sed bene associatus aliis angelis (4). Ipsaque, prima vice qua vocem audivit, vovit servare virginitatem quamdiu placeret Deo (5).

Non credit in fatis ; ymo [f° lxij v°] credit quod sit sortilegium (6). Fatetur tamen

---

(1) Il nous paraît superflu pour le but que nous poursuivons de spécifier en détail dans les notes à quelle date, à quelle séance, à quel interrogatoire, à quelle déposition de témoin, ou à quelle autre pièce du procès sont empruntées nos citations. Comme d'ailleurs nous renvoyons au volume et à la page de Quicherat, il sera toujours facile au lecteur de se renseigner, s'il le désire, sur divers points de fait. — Par brièveté, nous indiquerons l'éditeur par les premières lettres de son nom.

(2) « Ulterius confessa fuit, quod, dum esset aetatis xiij annorum, ipsa habuit vocem a Deo, pro se juvando ad gubernandum. Et prima vice habuit magnum timorem. Et venit illa vox quasi hora meridiana, tempore aestivo, in horto patris sui ... » (Quich., tom. I, pp. 51-52).

« Item dixit quod ipsa tenet quod erat in aetate tredecim annorum vel circiter, quando prima vox venit ad eam ». (Quich., tom. I, p. 65).

« ... Confessa fuit quod, dum erat aetatis xiij annorum, habuit vocem seu revelationem a Domino nostro, pro juvando eam ad se gubernandam ; et prima vice habuit magnum timorem ; et fuit hora quasi meridiei, tempore aestivali ; et erat in horto patris sui... » (Quich., tom. I, p 216).

« Item respont que, à la première fois elle fist grant doubte se c'estoit sainct Michiel. Et à la première fois oult grant paour ; et si le vist maintes fois, avant quelle sceust que ce fust saint Michiel ».

« Interroguée pourquoy elle congneust plus tost... que c'estoit il, que à la fois première : respont que à la première fois, elle estoit jeune enfant, et oult paour de ce ; depuis luy enseigna et monstra tant qu'elle creust fermement que c'estoit il » (Quich., tom. I, pp. 170-171).

« ... Postquam audivit ter illam vocem, cognovit quod erat vox angeli ». (Quich., tom. I, p. 52).

« ... Quam postquam audivit trina vice, cognovit eam esse vocem angeli. (Quich., tom. I, p. 217).

(3) M. Lanéry d'Arc a lu : quod Deus illam diligeret... — « Item dixit, quod credit quod erat sanctus Michael qui apparebat sibi, propter bonam doctrinam quam sibi ostendebat ». [Quich., tom. I, p. 274].

« Interroguée quelle doctrine il luy enseigna : respond, sur toutes choses il luy disoit qu'elle fust bon enfant, et que Dieu luy aideroit ; et entre les autres choses qu'elle veinst au secours du roy de France... ; et luy racontoit l'ange la pitié qui estoit au royaume de France ». (Quich., tom. I, p. 171 ; et p. 257).

(4) « Item dixit quod habuerat confortacionem a sancto Michaele » (Quich., tom. I, p. 72).

« Interrogata si sanctus Michael primo apparuit ei : respondit quod sic, a quo habuit confortationem ». (Quich. tom. I, p. 218).

« Interrogata quae fuit prima vox veniens ad eam, dum esset aetatis xiij annorum vel circiter : respondit quod fuit sanctus Michael, quem vidit ante oculos suos ; et non erat solus, sed erat bene associatus angelis de coelo ». (Quich., tom. I, p. 73 ; et p. 218).

(5) « Item dit que la première fois qu'elle oy sa voix, elle voa sa vieginité tant qu'il plairoit à Dieu. Et estoit en l'aage de xiij ans, ou environ ». (Quich., tom. I, p. 128).

(6) « Interroguée s'elle sçait rien de ceulx qui vont en l'erre avec les fées : respond qu'elle n'en fist oncques, ou sçoust quelque chose ; mais a bien ouy parler, et que on y aloit le jeudi ; mais n'y croist point, et croist que ce soit sorcerie ». (Quich., tom I, p. 187 ; et p. 211).

se semel audivisse voces ad fontem, qui est juxta arborem dictam l'arbre des Faées, latine Fatalium (1).

Deinceps, prout asseruit, voces frequenter audivit; et vidit predictum angelum et sanctas sibi apparentes corporaliter oculis suis (2). Et ipse sancte apparebant coronate pulcris coronis, cum claritate et magno lumine ab omni parte ubi voces audiebat (3). Figurasque ipsarum sanctarum videbat, praesertim capita, et illas amplexabatur, unamque ab alia cognoscebat, quia se nominabant ei (4). Nescit vero an in illis apparicionibus esset aliquid de brachiis, vel erant alia membra figurata (5). Loque-

---

(1) Cod. ottobonien. 2284 : juxta arborem dez Faées.

« Interrogata fuit de quadam arbore existente prope villam ipsius. Ad quod respondit quod satis prope villam de Dompremi est quaedam arbor vocata arbor Dominarum, et alii vocant eam arborem Fatalium, gallice des Faées, juxta quam est unus fons ; et audivit dici quod infirmi febricitantes potant de illo fonte, et vadunt quaesitum de aqua illius pro habenda sanitate ». (Quich., tom. I, pp. 66-67).

« Interrogata si apud fontem qui est juxta arborem, praedictae sanctae [Katharina et Margareta] locutae sunt cum ea : respondit quod sic, et quod audivit eas ibi ; sed quid sibi tunc dixerunt, nescit ». (Quich., tom. I, p. 87 ; et p. 214).

(2) « Item dixit dicta Johanna quod non est dies quin audiat illam vocem, et etiam bene indiget ». (Quich., tom. I, p. 57).

« Interrogata an vidit sanctum Michaelem et angelos illos corporaliter et realiter: respondit: Ego vidi eos oculis meis corporalibus, aeque bene sicut ego video vos ». (Quich., tom. I, p. 73).

« Dixit etiam quod ipsum sanctum Michaelem et illas sanctas ita bene vidit quod bene scit eas esse sanctos et sanctas in paradiso ». (Quich., tom. I, p. 93).

« Interrogata an credit quod sanctus Michael et sanctus Gabriel habeant capita naturalia : respondit : Ego vidi ipsos oculis meis, et credo quod ipsi sunt, aeque firmiter sicut Deus est ». (Quich. tom. I p. 93).

« Interrogata si viderit sanctum Michaelem et angelos corporaliter et formaliter : respondit quod oculis suis corporeis, aeque bene sicut videbat assistentes in judicio ». (Quich., tom. I, p. 218).

(3) M. Lanéry d'Arc : ab omni parte; usque ad voces audiebat, figurasque . . . . etc.

« ... Et figurae earum sunt coronatae pulchris coronis, multum opulenter et multum pretiose ». (Quich., tom. I, p. 71).

« Interrogata si videt eas semper in eodem habitu: respondit quod videt semper eas in eadem forma ; et figurae earum sunt coronatae multum opulenter ». (Quich., tom. I, p. 85).

« Audivitque vocem a dextro latere versus ecclesiam, et raro eam audit sine claritate; quae quidem claritas est ab eodem latere in quo vox auditur, sed ibi communiter est magna claritas ». (Quich., tom. I, p. 52).

« Interrogata, quando vidit illam vocem quae venit ad ipsam, utrum ibi erat lumen: respondit quod ibi erat multum de lumine ab omni parte, et quod hoc bene decet ». (Quich., tom. I, p. 75).

« Interrogata an ibi erat lumen: respondit: ibi erant plusquam trecenti milites, et quinquaginta taedae seu torchiae, sine computando lumen spirituale; et raro habeo revelationes quin ibi sit lumen ». (Quich., tom. I, p. 75).

« Interrogata si in duobus diebus novissimis quibus audivit voces advenerit ibi aliquod lumen: respondit quod in nomine vocis venit claritas ». (Quich., tom. I, p. 64).

(4) « Interrogata qualem figuram ibi videt: respondit quod videt faciem ». (Quich., tom. I, p. 86).

« Interrogata an illae sanctae apparentes habent capillos: respondit: bonum est ad sciendum ».

« Interrogata an aliquid erat medium inter coronas earum et capillos: respondit quod non ». (Quich., tom. I, p. 86).

« Interroguée s'elle baisa ou accola oncques saintes Katherine et Marguerite: respond : elle les a accolez toutes deux ».

« Interroguée se ilz fleuroient bon : respond : Il est bon à savoir, et sentoient bon ». (Quich., tom. I, p. 186).

« Interrogata qualiter scit quod res sibi apparens est vir vel mulier: respondit quod bene scit, et cognoscit eas ad voces ipsarum, et quod sibi revelaverunt ». (Quich., tom. I, p. 85).

« Interrogata, quomodo scit quod sunt illae duae sanctae; an bene cognoscat unam ab altera: respondit quod bene sci quod sunt ipsae, et bene cognoscit unam ab altera ».

« Interrogata quomodo bene scit unam ab altera: respondit quod cognoscit eas per salutationem quam ei faciunt . . . Dixit etiam quod illas sanctas per hoc cognoscit quod se nominant ei ». (Quich., tom. I, p. 72).

(5) « Dixit etiam quod nescit an ibi aliquid erat de brachiis, vel an erant alia membra figurata ». (Quich., tom. I, p. 86).

bantur clare, et clare intelligebat ; eratque vox pulchra, dulcis et humilis (1).
Pro re magna habuit ipsas revelaciones, videlicet pro rege, pro succursu bonarum gentium de Aurelianis; et quod placuit Deo sic facere per unam puellam simplicem, pro repellendo adversarios regis (2).
Credit firmiter esse bonas voces, sicut credit Christum passum pro nobis, et sicut credit fidem christianam quod Deus est et redemit nos a penis inferni ; quodque veniunt a Deo et ex ordinacione sua (3).
Movetur autem ad credendum propter bonum consilium, bonam confortacionem et bonam doctrinam ; quod vox illa a septem annis elapsis accepit eam gubernandam ; et illam habuit ad se juvandum et gubernandum; dabatque ei monita quod esset bona juvenis et Deus adjuvaret eam. Docuit eam se bene regere, ecclesiam frequentare, sepius confiteri, virginitatem servare. Denunciavit que ei [f° lxiij r°] miseriam Francie et bonarum gencium Francie ; et quod ipsa veniret

---

(1) « Item dicit quod loquebantur optime et pulchre, et eas optime intelligebat ». (Quich., tom. I, p. 86).
« Interrogata qualiter loquebantur, cum non haberent membra : respondit: Ego me refero ad Deum. Item dicit quod vox illa est pulchra, dulcis et humilis, et loquitur idioma gallicum ». (Quich., tom. I, p. 86).
« Dixit etiam quod sibi videbatur esse digna vox ». (Quich., tom. I, p. 52; et p. 217).
« Vox ipsa est bona et digna ». (Quich., tom. I, p. 65).
(2) « Item dixit quod illa nocte, dixit [vox] sibi multa pro bono regis sui, quae vellet ipsum regem tunc scire ». (Quich., tom. I, p. 64).
« Dixit etiam quod bene scit quod rex suus lucrabitur regnum Franciae; et hoc ita bene scit, sicut sciebat quod eramus coram ea in judicio ». (Quich., tom. I, p. 88).
« Interroguée se ce fut par le mérite d'elle que Dieu envoya son angle: respond, il venoit pour grande chose; et fut en espérance que le roy creust le signe, et on laissast à le arguer, et pour donner secours aux bonnes gens d'Orléans, et aussi pour le mérite du roy et du bon duc d'Orléans ». (Quich., tom. I, pp. 144-145).
« .... respond que... Dieu l'a envoyée au secours du roy de France ». (Quich., tom. I, p. 184).
« Interroguée quelle doctrine il luy enseigna: respond, ... et entre les autres choses qu'elle veinst au secours du roy de France .... » (Quich., tom. I, p. 171).
« Dixit etiam .... quod vox illa dicebat sibi quod levaret obsidionem, coram civitate Aurelianensi positam ». (Quich., tom. I, p. 53; et p. 216).
« Dicit etiam quod erat bene secura quod levaret obsidionem Aurelianensem, per revelationem sibi factam : et ita dixerat rex suo antequam illuc veniret ». (Quich., tom. I, p. 79; et p. 251).
« Interroguée pourquoy elle, plus tost que ung autre: respond, il pleust à Dieu ainsi faire par une simple pucelle, pour rebouter les adversaires du roy ». (Quich., tom. I, p. 145).
(3) « Item dit quelle croist aussi fermement les ditz et les fais de saint Michiel, qui s'est apparu à elle, comme elle croist que Nostre Seigneur Jeshu-Crist souffrit mort et passion pour nous ». [Quich., tom. I, p. 173].
« Item, dit qu'elle croist aussi fermement, qu'elle croist que nostre Seigneur Jeshu-Crist a souffert mort pour nous racheter des paines d'enfer, que ce soient sainctz Michiel, Gabriel, sainctes Katherine et Marguerite que Nostre Seigneur luy envoye, pour la conforter et conseiller ». (Quich., tom. I, pp. 274-275).
« Item dixit quod credit firmiter et aeque firmiter sicut credit fidem christianam et quod Deus redemit nos a paenis inferni, quod ista vox venit a Deo et ex sua ordinatione ». (Quich., tom. I, p. 67).
« Interrogata utrum illa vox quam dixit sibi apparere sit unus angelus, vel utrum sit a Deo immediate, vel an sit vox unius sancti, vel sanctae: respondit: illa vox venit ex parte Dei ». (Quich., tom. I, p. 63).
« Et dit oultre que saint Michiel, quant il vint à elle, luy dist que sainctes Katherine et Marguerite vendroient à elle, et qu'elle feist par leur conseil, et estoient ordonnées pour la conduire et conseiller en ce qu'elle avoit à faire, et qu'elle les creust de ce qu'elles luy diroient, et que c'estoit par le commandement de Nostre Seigneur ». (Quich., tom. I, p. 170).
« Interroguée s'elle croist que ses voix soient saincte Marguerite et saincte Katherine: respond que ouil, et de Dieu ». [Quich., tom. I, p. 457].

ad succurrendum ei : unde et ipse voces in suis magnis agendis semper succurrerunt ei ; unde credit signum esse quod sint boni spiritus (1).

Tempore quo jejunat, communiter ipsas audit hora completorii, quando pulsatur pro Ave Maria. Cum apparebant, signabat se signo crucis. Neque aliquod premium unquam petivit ab eis, nisi salvacionem anime sue (2). Et quidquid boni fecit, fecit de precepto vocum suarum; per quas etiam asseruit sibi fuisse preceptum, ne quedam revelaret nisi Karolo regi suo (3). Quandoque etiam ei dicebant quod audacter responderet interrogantibus eam, et Deus ipsam adjuvaret (4).

---

(1) « Et ce qui la meust à le croire, c'est le bon conseil, confort et bonne doctrine qu'il luy a fais et donnés ». (Quich., tom. I, p. 174).

« Dixit etiam quod bene sunt septem anni elapsi, quod ipsam acceperunt [voces] gubernandam ». (Quich., tom. I, p. 72).

« Ulterius confessa fuit quod, dum esset aetatis xiij annorum, ipsa vocem habuit a Deo pro se juvando ad gubernandum ». (Quich., tom. I, p. 52).

« Interrogata quale documentum sibi dicebat illa vox pro salute animae suae : dixit quod docuit eam se bene regere, frequentare ecclesiam . . . » (Quich., tom. I, p. 52; et p. 217).

« Item dit que la première fois qu'elle oy sa voix, elle voa sa virginité, tant qu'il plairoit à Dieu ». (Quich., tom. I, p. 128).

« Et lui raconte l'ange la pitié qui estoit au royaume de France ». (Quich., tom. I, p. 171).

« Et dit oultre que, quelque chose qu'elle feist oncques en ses grans affaires, elles l'ont tousjours secourue, et ce est signe que ce soient bons esperits ». (Quich., tom. I, p. 169).

(2) M. Lanéry d'Arc : quando pulsatur campana pro Ave Maria. — Le texte ms. 13873 [fo 10 ro] est fautif. On y lit : Neque aliquid ab eis unquam petivit in salvacionem anime sue.

« Item interrogata qua hora, hesterno die, ipsam vocem audiverat : respondit, quod ter in illo die ipsam audiverat : semel de mane, semel in vesperis, et tertia vice cum pulsaretur pro Ave Maria de sero ; et multociens audit eam pluries quam dicat ». (Quich., tom. I, pp. 61-62).

« Prima mane, secunda in vesperis, et tertia à l'Ave Maria ». (Quich., tom. I, p. 217).

« Item interrogata an quotiens sanctae Katharina et Margareta veniunt ad eam, ipsa se consignet signo crucis : respondi quod aliquando facit signum crucis, et aliquando non ». (Quich., tom. I, p. 395).

« Interrogée quel garant et quel secours elle se actend avoir de Nostre Seigneur, de ce qu'elle porte abit d'omme : respond que, tant de l'abit que d'autres choses qu'elle a fais, elle n'en a voulu avoir autre loyer, sinon la salvacion de son âme ». (Quich., tom. I, p. 179).

(3) « Respondit quod nihil mundi fecit in his quae egit, nisi de praecepto Dei ». (Quich., tom. I, p. 75).

« . ·. Ego vobis satis dixi quod nihil feci nisi de praecepto Dei ». (Quich., tom. I, p. 78).

« Interroguée se la voix luy commanda qu'elle prinst abit d'omme : respond : tout ce que j'ay fait de bien, je l'ay fait par le commandement des voix ». (Quich., tom. I, pp. 132-133).

« Interroguée s'elle fait et accomplist toujours ce que ses voix lui commandent : respond que de tout son pouvoir elle accomplist le commandement de Nostre Seigneur à elle fait par ses voix, de ce qu'elle en sçait entendre ; et ne luy commandent rien sans le bon plaisir de Nostre Seigneur ». (Quich., tom. I, p. 168).

« Ipsa rursum respondit quod de patre et matre, et his quae fecerat, postquam itor arripuerat in Franciam, libenter jurarct ; sed de revelationibus ex parte Dei nunquam alicui dixerat seu revelaverat, nisi soli Karolo quem dicit regem suum ; nec etiam revelaret si deberet eidem caput amputari ; quia hoc habebat per visiones, sive consilium suum secretum, ne alicui revelaret ». (Quich., tom. I, p. 45).

« Interrogata an vox prohibuerit sibi ne diceret totam quod ab ea peteretur ; dixit : Ego non respondebo vobis de illo. Et habeo revelationes tangentes regem, quas ego non dicam vobis ». (Quich., tom. I, p. 63).

« . . . De hoc quod tangit revelationes tangentes regem Franciae, ipsa non dicet sine licencia vocis suae ». (Quich., tom. I, p. 71.) — Cf. Quich., tom. I, p. 90.

(4) « Item interrogata quid vox dixit sibi, quando fuit excitata : respondit quod ipsa petivit eidem voci consilium de hoc quod ipsa debebat respondere ; dicens eidem voci ut peteret de hoc consilium a Domino ; ei dixit et quod Deus juvaret eam ». (Quich., tom. I, p. 62).

« . . . Et luy a dit plusieurs fois qu'elle responde hardiement aux juges de ce qu'ils demanderont à elle, touchant son procès ». (Quich., tom. I, p. 140).

Voces ipse prohibuerunt ei ne saltaret seu precipitaret se de turre; nichilominus saltavit; et post saltum fuit confortata a beata Katherina; et de hoc quesivit veniam a Deo (1).

Post recessum vocis plorabat, et bene voluisset quod eam secum deportasset (2). Ab ipsis vocibus requisivit quod eam ducerent in Paradisum, et hoc promiserunt ei (3).

A quibus eciam fuit sibi revelatum quod in vexillo suo faceret depingi Regem celi et duos Angelos, et eo libere uteretur (4).

---

(1) Interroguée s'elle fut longuement en celle tour de Beaurevoir: respond qu'elle y fut quatre mois ou environ; et dist, quant elle sçeut les Anglois venir, elle fut moult courroucée; et toutes voies, ses voix luy défendirent plusieurs fois qu'elle ne saillist; et enfin, pour la doubte des Anglois, sailli et se commenda à Dieu et à Nostre-Dame, et fut blecée. Et quant elle eust sailli, la voix saincte Katherine lui dist qu'elle fit bonne chière [quod faceret bonum vultum], et qu'elle gariroit, et que ceulx de Compiègne auroient secours... » (Quich., tom. i, pp. 109-110).

« Interroguée se ce sault, ce fut du conseil de ses voix: respond, saincte Katherine luy disoit presque tous les jours qu'elle ne saillist point, et que Dieu luy aideroit et mesmes à ceulx de Compiègne; et la dicte Jehanne dist à saincte Katherine, puisque Dieu aideroit à ceulx de Compiègne elle y vouloit estre. Et saincte Katherine luy dist: sans faulte, il fault que prenés en grés, et ne serés point délivré, tant que aiés veu le roy des Anglois. Et la dicte Jehanne respondoit: Vrayement ! je ne le voulsisse point veoir; j'aymasse mieulx mourir que d'estre mise en la main des Angloys ». (Quich., tom. i, p. 151).

« Item, dit que, puisqu'elle fut cheue, elle fut deux ou trois jours qu'elle ne vouloit mengier; et mesmes aussi pour ce sault fut grevée tant, qu'elle ne povoit ne boire ne mangier; et toutes voies fut réconfortée de saincte Katherine, qui luy dit qu'elle se confessast, et requérist mercy à Dieu de ce qu'elle avoit sailli; et que sans faulte ceulx de Compiègne auroient secours dedans la saint Martin d'yver ». (Quich., tom. i, pp. 151-152).

« ... Et quant est du sault du dongon de Beaurevoir qu'elle fist contre leur commandement, elle ne s'en peust tenir; et quant elles virent sa nécessité, et qu'elle ne s'en sçavoit et povoit tenir, elles luy secourirent sa vie et la gardèrent de se tuer ». (Quich., tom. i, p. 169).

« Interroguée s'elle croist point grant péchié de courroucer saincte Katherine et saincte Marguerite qui se apparent à elle, et de faire contre leur commandement: dist que ouil, qui le sçait amender; et que le plus qu'elle les courrouçast oncques, à son advis, ce fut du sault de Beaurevoir, et dont elle leur a crié mercy, et des autres offenses qu'elle peust avoir faictes envers elles ». (Quich., tom. i, p. 172).

« ... Et après le sault s'en est confessée, et en a requis mercy à Nostre Seigneur, et en a pardon de Nostre Seigneur. Et croist que ce n'estoit pas bien de faire ce sault, mais fust mal fait. Item, dit qu'elle sçait qu'elle en a pardon par la relacion de saincte Katherine, après qu'elle en fut confessée; et que, du conseil de saincte Katherine, elle s'en confessa ». (Quich., tom. i, pp. 160-161).

(2) « ... Et quando recedebant a me, plorabam; et bene voluissem quod me secum deportassent ». (Quich., tom. i, p. 73).

« Interroguée comme celluy ange se départit d'elle: respond: il départit d'elle en celle petite chappelle; et fut bien courroucée de son partement; et plouroit; et s'en fust voulentiers allée avec luy: c'est assavoir son âme ». (Quich., tom. i, p. 144).

« Interroguée se au partement, elle demoura joyeuse, ou effrée et en grant paour: respond: Il ne me laissa point en paour ne effrée; mais estoie courroucée du son partement ». (Quich., tom. i, p. 444).

(3) « Dicit etiam quod promiserunt ipsam Johannam conducere in paradisum, et ita ab eis requisivit ». (Quich., tom. i, p. 87).

« Et après lui dient ses voix : Pran toutt en gré, ne te chaille de ton martire; tu t'en vendras enfin en royaulme de Paradis. Et ce luy dient ses voix simplement et absoluement, c'est assavoir sans faillir; et appelle ce, martire, pour la paine et adversité qu'elle souffre en la prison, et ne sçait se plus grand souffrira ; mais s'en actend à Nostre Seigneur ». (Quich. tom. i, p. 155).

(4) « ... Respond, tout l'estaindart estoit commandé par Nostre Seigneur, par les voix de sainctes Katherine et Margarite, qui luy dirent: Pren l'estaindart de par le Roy du ciel ;... elle y fist faire celle figure de Nostre Seigneur et de deux angles, et de couleur; et tout le fist par leur commandement ». (Quich., tom. i, p. 181).

« Interroguée se alors elle leur demanda se, en vertu de celluy estaindart, elle gaigneroit toutes les batailles où elle se

Dixit que quod ipsi voci se excusavit quod erat una pauper filia, nec sciret equitare, nec ducere guerram (1).

Eam vocabant Johannam filiam Dei, et non precipiebant ei quin obediret Ecclesie (2).

Post abjuracionem voces increpaverunt eam, quia revocaverat, pro salvando vitam suam, illud quod fecerat de precepto Dei (3).

Voces ipsas, ut [f° lxiij v°] asseruit, non invocabat, sed Deum et Beatam Mariam, quod mictant sibi auxilium, consilium et confortacionem; et hoc sub quadam pia verborum forma in processu expressa (4).

An ex hiis possit debite censeri revelacionum et apparicionum mendosa confixtrix, perniciosa seductrix, presumptuosa, leviter credens, supersticiosa, invocatrix demonum, divinatrix, blasphema in Deum et sanctos et sanctas, sicut in sentencia habetur (5)?

[f° lxiiij r°] SECUNDUS : *Quod aliqua futura predixit.*

Ex processu, asseruit quod rex suus restitueretur in regnum suum et ipsum lucra-

---

bouteroit, et qu'elle auroit victoire : respond qu'ilz luy dirent qu'elle prinst hardiement, et que Dieu luy aideroit ». (Quich., tom. I, p. 182).

« Interroguée qui aidoit plus, elle à l'estaindart, ou l'estaindart à elle : respond que de la victoire de l'estaindart ou d'elle, c'estoit tout à Nostre Seigneur ». (Quich., tom. I, p. 182).

« Interroguée se l'esperance d'avoir victoire estoit fondée en son estaindart ou d'elle : respond : Il estoit fondé en Nostre Seigneur, et non ailleurs ». (Quich., tom. I, p. 182).

(1) « Dixit ulterius vocem praefatam sibi dixisse, quod ipsa Johanna iret ad Robertum de Beaudricuria, apud oppidum de Vallecoloris, Capitaneum dicti loci, et ipse traderet sibi gentes secum ituras: et ipsa Johanna tunc respondit quod erat una pauper filia, quae nesciret equitare, nec ducere guerram ». (Quich., tom. I, p. 53).

(2) « Interroguée se ses voix l'ont point appellée fille de Dieu, fille de l'Église, la fille au grant cuer : respond que au devant du siège d'Orléans levé, et depuis, tous les jours, quant ilz parlent à elle, l'ont plusieurs fois appellée Johanne la Pucelle, fille de Dieu ». (Quich., tom. I, p. 130).

« Interroguée s'elle a commandement de ses voix qu'elle ne se submecte point à l'Église militant, qui est en terre, ne au jugement d'icelle: respond qu'elle ne respond chose qu'elle prengne en sa teste; mais ce qu'elle respond, c'est du commandement d'icelles ; et commandent point qu'elle n'obéisse à l'Église, nostre sire premier servi ». (Quich., tom. I, p. 326).

(3) « Interroguée qu'elles luy ont dit : respond qu'elles luy ont dit que Dieu luy a mandé par sainctes Katherine et Marguerite la grande pitié de la trayson que elle consenty en faisant l'abjuracion et révocacion, pour sauver sa vie ; et que elle so dampnoit pour sauver sa vie... Item, dist que, se elle diroit que Dieu ne l'avoit envoyée, elle se dampneroit ; que vray est que Dieu l'a envoyée. Item, dist que ses voix luy ont dit depuis, que avoit fait grande mauvestié de ce qu'elle avoit fait, de confesser qu'elle n'eust bien fait. Item, dist que de paour du feu, elle a dit ce qu'elle a dit ». (Quich., tom. I, p. 456).

(4) « Interroguée par quelle manière elle les requiert : respond : Je réclame Nostre Seigneur et Nostre Dame qu'il me envoye conseil et confort; et puis le me envoye ».

« Interroguée par quelles paroles elle requiert : respond qu'elle requiert par ceste manière : Très doulx Dieu, en l'onneur de vostre saincte Passion, je vous requier, se vous me aimés, que vous me révélez que je doy respondre à ces gens d'église. Je scay bien, quant à l'abit, le commandement comme je l'ai prins ; mais je ne scay point par quelle manière je le doy laisser. Pour ce plaise vous à moy l'anseigner. Et tantoust ils viennent ». (Quich., tom. I, p. 279).

(5) « ... Dicimus et decernimus te revelationum et apparitionum divinarum mendosam confictricem, perniciosam seductricem, praesumptuosam, leviter credentem, temerariam, superstitiosam, divinatricem, blasphemam in Deum, sanctet tos sanctas... ». (Quich., tom. I, p. 474).

bitur, velint nolint adversarii ; et hoc ita bene sciebat sicut quod presens erat in judicio (1).

Quod levaret obsidionem Aurelianis, et Rex coronaretur Remis (2).

Indicavit ensem absconditum in ecclesia sancte Katherine, signatum tribus crucibus (3).

Quod anglici expellerentur a Francia, exceptis illis qui ibidem decederent ; et quod ante septennium dimitterent majus vadium quod habebant in Francia, et haberent majorem perdicionem quam alias habuissent (4).

Scivit per voces se fore captivandam ; sed diem vel horam ignorabat, quia se non exposuisset periculo : et de post quod hoc scivit, se retulit capitaneis de facto guerre (5).

---

(1) « ... Sibi dixerunt [voces] quod Rex suus restitueretur in regnum suum, velint adversarii ejus aut nolint ». (Quich., tom. 1, p. 87).

« Dixit etiam quod bene scit quod Rex suus lucrabitur regnum Franciae ; et hoc ita bene scit sicut sciebat quod eramus coram ea in judicio ». (Quich., tom. 1, p. 88).

(2) « Dixit etiam quod... vox illa sibi dicebat quod levaret obsidionem coram civitate Aurelianensi positam ». (Quich., tom. 1, p. 53 ; et p. 216).

« Dixit etiam quod erat bene secura quod levaret obsidionem Aurelianensem per revelationem sibi factam ; et ita dixerat regi suo antequam illuc veniret ». (Quich., tom. 1, p. 79 ; et p. 251).

« ... Bene dixit gentibus suis quod non dubitarent et levarent obsidionem ». (Quich., tom. 1, p. 79).

« Item, cum dicta Johanna devenit ad praesentiam dicti Karoli, sic induta et armata ut praemissum est, inter alia tria sibi promisit : primum, quod levaret obsidionem Aurelianensem ; secundum, quod faceret eum coronare Remis ; et tertium, quod vindicaret eum de suis adversariis, eosque omnes sua arte aut interficeret, aut expelleret de hoc regno, tam Anglicos quam Burgundos. Et de istis promissis, pluries et in pluribus locis publice, dicta Johanna se jactavit ». (Quich., tom. 1, pp. 231-232).

« ... Respond qu'elle confesse qu'elle porta les nouvelles de par Dieu à son roy ; que nostre Sire lui rendroit son royaume, le feroit couronner à Reims, et mectre hors ses adversaires. Et de ce on fut messagier de par Dieu ; et qu'il la meist hardiement en œuvre ; et qu'elle lèveroit le siège de Orléans ». (Quich., tom. 1, p. 232).

(3) « Dixit etiam, dum esset Turonis vel in Chaynone, misit quaesitum unum ensem existentem in ecclesia sanctae Katherinae de Fierbois retro altare ; et statim post repertus fuit omnino rubiginosus ».

« Interrogata qualiter sciebat illum ensem ibi esse : respondit quod ille ensis erat in terra rubiginosus in quo erant quinque cruces ; et scivit ipsum ibi esse per voces, nec unquam viderat hominem qui ivit quaesitum praedictum ensem. Scripsitque viris ecclesiasticis illius loci quatenus placeret eis ut ipsa haberet illum ensem ; et ipsi miserunt eum. Nec erat multum sub terra retro altare, sicut ei videtur ; tamen nescit proprie an erat ante altare vel retro, sed existimat se scripsisse tunc quod praedictus ensis erat retro altare... » (Quich., tom. 1, p. 76 ; et p. 235).

(4) « Interroguée se Dieu hait les Angloys : respond que de l'amour ou haine que Dieu a aux Angloys, ou que Dieu leur feit à leurs âmes, ne scait rien ; mais scait bien que ilz seront boutéz hors de France, excepté ceulx qui y mourront ; et que Dieu envoyera victoire aux Francoys et contre les Angloys ». (Quich., tom. 1, p. 178).

« Item dicit quod antequam sint septem anni, Anglici dimittent majus vadium quam fecerint coram Aurelianis, et quod totum perdent in Francia. Dicit etiam quod praefati Anglici habebunt majorem perditionem quam unquam habuerunt in Francia ; et hoc erit per magnam victoriam quam Deus mittet Gallicis ». (Quich., tom. 1, p. 84).

« Item, dit que se les Anglois eussent creu les lectres, ils eussent fait que saiges ; et que avant que soit sept ans, ils s'en apperceveroient bien de ce qu'elle leur escripvoit ». (Quich., tom. 1, p. 239).

« Dicit quod ante septennium Anglici dimittent majus pignus, quam fecerint ante villam Aurelianensem ; et quod totum perdent in Francia. Item dixit quod habebunt majorem perditionem quam unquam habuerint in Francia ; et erit per magnam victoriam quam Dominus noster mittet Gallicis. Et haec scit per revelationem sibi factam ; et quod praemissa evenient ante septennium ; et bene dolens esset quod tantum tardaretur. Item dicit, ut prius, quod hoc scit per revelationem, et aeque bene scit sicut quod nos, episcopus Belvacensis, eramus ante eam, gallice dicendo : Je le sçay aussi bien comme vous estes ici ». (Quich., tom. 1, p. 252).

(5) « Interroguée s'elle fist celle saillie du commandement de sa voix : respond que on la sepmaine de Pasques der-

Predixit se vulnerandam ante Aurelianum et ante Parisius (1).

Quod voces dixerunt ei quod liberaretur a carcere, et haberet succursum a Deo per magnam victoriam. Sed nesciebat utrum hoc esset per liberacionem a carcere, vel per perturbacionem judicii. Tamen sibi postea dicebant : non cures de martirio tuo, quia tu finaliter venies in Regnum Paradisi (2).

Interrogavit voces an esset combusta, seu comburenda. Responsum accepit quod se referret Deo et ipse eam adjuvaret (3).

Quod de sua salute certa erat, ac si jam esset in Paradiso ; quod, ut dixit, intelligebat dummodo servaret juramentum et promissionem [f° lxiiij v°] quam fecit Deo, videlicet quod ipsa bene servaret virginitatem tam anime quam corporis (4).

---

nièrement passé elle estant sur les fossés de Meleun, luy fut dit par ses vois, c'est assavoir saincte Katherine et saincte Marguerite, qu'elle seroit prinse avant qu'il fust la saint Johan, et que ainsi failloit que fust fait, et qu'elle ne s'esbahist, et print tout en gré, et que Dieu luy aideroit ».

« Interroguée se, depuis ce lieu de Meleun, luy fut point dit par ses dictes vois qu'elle seroit prinse : respond que ouil, par plusieurs fois et comme tous les jours. Et à ses vois requéroit, quant elle seroit prinse, qu'elle fust morte tantoust sans long travail de prison ; et ilz luy disrent qu'elle prinst tout en gré, et que ainsi le failloit faire ; mais ne luy disrent point l'eure ; et s'elle l'eust sceu elle n'y fust pas alée ; et avoit plusieurs fois demandé scavoir l'eure et ilz ne lui disrent point ».

« Interroguée, se ses voix luy eussent commandé qu'elle fust saillie, et signifié qu'elle eust été prinse, s'elle y fust alée : respond, s'elle eust sceu l'eure, et qu'elle deust estre prinse, elle n'y fust point alée voulentiers ; toutes voies elle eust fait leur commandement en la fin, quelque chose qui luy dust estre venue ».

« Interroguée se, quant elle fist celle saillie, s'elle avoit eu voix de partir et faire celle saillie : respond que ce jour ne sceut point sa prinse, et n'eust autre commandement de yssir ; mais toujours luy avoit esté dit qu'il failloit qu'elle feust prisonnière ». (Quich., tom. I, p. 115).

« Interroguée du Pont L'Évesque, s'elle eust point de révélacion : respond que, puis ce qu'elle oult révélacion à Meleun qu'elle seroit prinse, elle se raporta le plus du fait de la guerre à la voulenté des capitaines ; et toutes voies ne leur disoit point qu'elle avoit révélacion d'estre prinse ». (Quich., tom. I, p. 147 ; et p. 300).

(1) « Dixit etiam quod, in insultu dato contra bastiliam Pontis, fuit laesa de una sagitta seu viritone in collo; sed habuit magnam confortationem a sancta Katherina, et fuit sanata infra XV dies ; sed non dimisit propterea equitare et negotiari ».

« Interrogata an bene praesciebat quod laederetur : respondit quod hoc bene sciebat, et dixerat suo regi ; sed quod, hoc non obstante, non dimitteret ulterius negotiari. Et fuerat hoc sibi revelatum per voces duarum sanctarum, videlicet beatae Katherinae et beatae Margaretae ». (Quich., tom. I, p. 79 ; et p. 250).

(2) « Interroguée quel est ce péril ou danger : respond que saincte Katherine luy a dit qu'elle auroit secours, et qu'elle ne sçait ce se sera à estre délivrée de la prison, ou quant elle seroit au jugement, s'il y vendroit aucun trouble, par quel moien elle pourroit estre délivrée. Et pense que ce soit ou l'un ou l'autre. Et le plus luy dient ses voix qu'elle sera délivrée par grande victoire ; et après luy dient ses voix : « Pran tout en gré, ne te chaille pas de ton martire ; tu t'en vendras enfin en royaulme de paradis ». Et ce luy dient ses voix simplement et absoluement, c'est assavoir sans faillir ; et appele ce, martire, pour la paine et adversité qu'elle souffre en la prison, et ne sçait se plus grand souffrera ; mais s'en actent à Nostre Seigneur ». (Quich., tom. I, p. 155 ; et p. 254).

(3) Item dit quelle a demandé à ses voix s'elle sera arse, et que les dictes voix luy ont respondu qu'elle se actende à nostre Sire, et il luy aidera ». (Quich., tom. I, p. 401).

(4) « Interroguée se, depuis que ses voix luy ont dit qu'elle ira en la fin en royaume de Paradis, s'elle se tient assurée d'estre sauvée, et qu'elle ne sera point dampnée en enfer : respond qu'elle croist fermement ce que ses voix luy ont dit qu'elle sera saulvée, aussi fermement que s'elle y fust jà. Et quant on luy disoit que ceste response estoit de grant pois : aussi respond-elle qu'elle le tient pour ung grant trésor ».

« Interroguée se, après ceste révélacion, elle croist qu'elle ne puisse faire péchié mortel : respond, « Je n'en scay rien, mais m'en actend du tout à Nostre Seigneur ».

« Et quant à cet article, par ainsi qu'elle tiegne le serement et promesse qu'elle a fait à Nostre Seigneur, c'est à sçavoir qu'elle gardast bien sa virginité de corps et de âme ». (Quich., tom. I, pp. 156-157).

An similiter ex istis possit censeri divinatrix, supersticiosa, leviter credens, presumptuosa, seductrix, perniciosa et mendosa, apparicionum confictrix, ut in sentencia exprimitur (1) ?

TERCIUS: *Quod spiritibus sibi apparentibus et eam alloquentibus reverenciam exhibuit.*

Ex processu, ivit quandoque spaciatum apud quamdam arborem dominarum fatalium cum aliis filiabus, quando erat juvenis ; et ex post quod habuit voces (2), non immiscuit se jocis. Fecit autem tunc quandoque serta, seu capellos, apud predictam arborem pro ymagine Beate Virginis illius loci (3).

Credebat Angelum et Sanctas (4) ei apparentes illosmet esse qui sunt in celis ; in quorum honore offerebat quandoque munera sacerdotibus, candelas in ecclesia, faciebat missas celebrari, et ymaginibus eorum in ecclesiis quandoque capellos apponebat (5).

---

(1) Ce sont en partie les termes de la sentence déjà cités, à la fin du premier article.
(2) M. Lanéry d'Arc : sed ex postquam habuit voces.
(3) « Item dicebat quod aliquando ipsa ibat spatiatum cum aliis filiabus, et faciebat apud arborem serta pro imagine Beatae Mariae de Dompremi ».
« ... Item dixit quod, postquam ipsa scivit quod debebat venire in Franciam, parum fecit de jocis sive spatiamentis, et quantum minus potuit ». (Quich., tom. I, pp. 67-68).
« Item [dixit] quod aliquando ibat spatiatum cum aliis juvenculis, tempore aestivali, et ibi faciebat serta pro Nostra Domina de Dompremi... Dixit ulterius quod, postquam scivit quod debebat venire in Franciam, paucis spatiamentis, seu solatiis, vacavit, et minus quam potuit ». (Quich., tom. I, p. 212).
(4) M. Lanéry d'Arc : Angelos et Sanctos. — Le cod. ottobonien 2284 : credebant Angelos et Sanctas ...
(5) Telle est aussi la leçon du ms. 13837. — M. Lanéry d'Arc : In quorum honore offerebat quandoque munera sacerdotibus candelas. In ecclesia faciebat Missas celebrari et imaginibus eorum in ecclesiis quandoque capillos apponebat.
« Interroguée se, quant ses voix viennent, s'elle leur fait révérence absoluement comme à ung sainct ou saincte : respond que ouil. Et s'elle ne l'a fait aucunes fois, leur en a crié mercy et pardon depuis. Et ne leur sçait faire si grand révérence comme à elles appartient ; car elle croist fermement que ce soient sainctes Katherine et Marguerite. Et semblablement dit de sainct Michiel ».
« Interroguée pour ce que ès saincts de paradis on fait voulentiers oblacion de chandelles etc., se à ces saincts et sainctes qui viennent à elle, elle a point fait oblacion de chandelles ardans ou d'autres choses, à l'église ou ailleurs, ou faire dire des messes : respond que non, se ce n'est en offrant à la messe en la main du presbtre, et en l'onneur de saincte Katherine ; et croist que c'est l'une de celles qui se apparust à elle ; et n'en a point tant alumé comme elle feroit voulentiere à sainctes Katherine et Marguerite, qui sont en paradis, qu'elle croist fermement que ce sont elles qui viennent à elle ».
« Interroguée se, quant elle moiet ces chandelles, devant l'ymaige saincte Katherine, elle les moiet, ces chandelles, en l'onneur de celle qui se apparut à elle : respond : « Je le fais en l'onneur de Dieu, de Nostre Dame et de saincte Katherine qui est en ciel ; et ne fais point de différence de saincte Katherine qui est en ciel et de celle qui se appert à moy ».
« Interroguée s'elle le moiet en l'onneur de celle qui se apparut à elle : respond que ouil ; car elle ne moiet point de différence entre celle qui se apparut à elle, et celle qui est en ciel » (Quich., tom. I, pp. 167-168).
« Interroguée s'elle leur a point donné de chappeaulx : respond que, en l'onneur d'elles, à leurs ymaiges ou remembrance ès églises, en a plusieurs fois donné ; et quant à celles qui se appairent à elle, n'en a point baillé dont elle ait mémoire ».
« Interroguée, quant elle mectoit chappeaulx en l'arbre, s'elle les meictoit en l'onneur de celles qui luy appairoient : respond que non ».
« Interroguée se, quant ces sainctes venoient à elle, s'elle leur faisait point révérence, comme de se agenouillier ou incliner : respond que'ouil ; et le plus qu'elle povoit leur faire de révérence, elle leur faisoit ; que elle sçait que ce sont celles qui sont en royaume de paradis ». (Quich., tom. I, pp. 186-187).

Recedente sancto Michaele et Angelis quos videbat, osculabatur terram per quam transierant (1).

Rogabat voces ut impetrarent ei auxilium a Domino. Tria peciit a vocibus : quod Deus eam liberaret ; quod conservaret existentes in obediencia Regis sui ; et salutem anime sue (2).

Noluisset quod demon eam extraxisset de carcere (3).

An ex istis possit haberi demonum invocatrix et ydolatra, prout fingitur in sentencia, ect. (4) ?

[fo lxv ro] QUARTUS: *Quod habitum virilem gestavit, et bellis se immiscuit.*

Ex processu, affirmat se non fecisse humano consilio, nec aliquem de hoc onerat nec vestem ipsam cepit, vel aliud fecit, nisi ex precepto Dei, credens quod quicquid ex precepto Dei fit licite fit. Et postquam illud faciebat ex precepto Dei et in servicio suo, non credebat male agere ; sed quando placeret Deo precipere, et tempus adveniret dimictendi, et fecerit illud pro quo missa est ex parte Dei, tunc reciperet habitum muliebrem (5).

---

(1) Interroguée se, quant elle vit sainct Michiel et les anges, s'elle leur faisoit révérence : respond que ouil ; et baisoit la terre après leur partement, où ilz avoient reposé, en leur faisant révérence ». (Quich., tom. I, p. 130).

« Item dicta femina dicit et confitetur, quod vocibus et spiritibus praedictis, quos Michaelem, Gabrielem, Katherinam et Margaretam vocat, ipsa reverentiam pluries exhibuit, caput discooperiendo, genua flectendo, osculando terram supra quam gradiebantur ». (Quich., tom . I, p. 335).

« Item . . . interrogata utrum, quando vidit sanctum Michaelem et Angelos, fecerit eis reverentiam : respondit quod sic ; et osculabatur terram, post eorum recessum, per quam transierant, faciendo eis reverentiam ». (Quich., tom. I, p. 277).

(2) « ... Dit qu'elle a demandé à ses voix trois choses : l'une, son expédicion ; l'autre, que Dieu aide aux François et garde bien les villes de leur obéissance ; et l'autre, le salut de son âme ». (Quich., tom. I, p. 154 ; et p. 282).

(3)« Item, dit qu'elle sçait bien que nostre Seigneur a esté tousjours maistre de ses fais, et que l'ennemi n'avoit oncques eu puissance sur ses fais ». (Quich., tom. I, p. 401).

« Respond ... Et quant à la conclusion de l'article, la nye et afferme par son serment qu'elle ne vouldroit point que le déable l'eust tirée dehors de la prison ». (Quich., tom. I, p. 296).

(4) M. Lanéry d'Arc : prout fingitur in processu ?

« Cum itaque... te Johannam vulgo dictam *la Pucelle* in varios errores variaque crimina schismatis, idolatriae, invocationis daemonum, et alia permulta incidisse justo judicio declaraverimus ... » (Quich., tom. I, pp. 471-472).

(5)« Item requisita ut diceret cujus consilio ipsa cepit habitum virilem : . . . dixit quod de hoc non dabat onus cuiquam homini ». (Quich., tom. I, p. 54).

« Interrogata an praeceperit sibi [Deus] assumere vestem virilem : respondit quod de veste parum est, et est de minori ; nec cepit vestem virilem per consilium hominis mundi ; et non cepit ipsam vestem, neque aliquid fecit nisi per Dei praeceptum et Angelorum ».

« Interrogata an sibi videatur quod praeceptum eidem factum, de assumendo vestem virilem, sit licitum : respondit : « totum quod feci est per preceptum Domini, et si aliam praeciperet assumere, ego assumerem, postquam hoc esset per praeceptum Dei ».

« Interrogata si hoc fecit per ordinationem Roberti de Baudricuria : respondit quod non ».

« Interrogata si credit se bene fecisse de assumendo vestem virilem : respondit quod totum id quod fecit per praeceptum Domini, credit se bene fecisse ». (Quich., tom. I, p. 74 ; et pp. 224-225).

« Interroguée se, en prenant abit d'omme, elle pensoit mal faire : respond que non ». (Quich., tom. I, p. 133).

« . . . Puisque je le fais par le commandement de nostre Sire, et en son service, je ne cuide point mal faire ; et quant il luy plaira à commander, il sera tantoust mis jus ». (Quich., tom. I, p. 161).

« . . . Nec voluit aut vult habitum muliebrem resumere, pluries super hoc caritative requisita et monita, dicens quod

Interrogata semel an vellet audire missam in habitu muliebri, respondit supplicando quod dimicteretur in habitu virili audire missam ; et quod non mutaret habitum ad recipiendum viaticum ; peciit vero (1) quod in ipso habitu virili sibi ministraretur ; sed tamen quandoque dixit : « tradatis michi unam vestem longam usque ad terram sine cauda ad eundum ad missam, et deinde reassumam habitum quem habeo » ; item dixit : « detis michi unam houpellandam, ad modum unius filie burgensis, et unum capucium muliebre, et ego accipiam pro eundo ad missam » ; et iterum : « certificetis me de audiendo missam, si debeo accipere habitum muliebrem » (2).

Frequenter communionem accepit in habitu virili, sed nunquam in armis (3).

Post abjuracionem dixit se ideo reassumpsisse habitum virilem, quia decencior erat inter viros quam muliebris (4). Ex informacionibus (5) reperitur, quod ex vi reassumpsit virilem.

---

mallet mori quam habitum virilem dimittere; aliquotiens simpliciter dicendo, et aliquando « nisi esset de mandato Dei ». (Quich., tom. I, p. 382).

« Item, du seurplus qui luy fut exposé d'avoir prins abit d'omme, et sans nécessité, et en espécial qu'elle est en prison, etc. : respond : « Quant je auray fait ce pourquoy je suis envoyée de par Dieu, je prendray abit de femme ». (Quich., tom. I, p. 394).

(1) Les mots : *non . . . ad recipiendum viaticum . . . vero*, ont été omis par M. Lanéry d'Arc.

(2) Au lieu de : *et iterum*, le texte de M. Lanéry d'Arc porte : et ideo certificetis . . .

« Interroguée de prandre du tout l'abit de femme pour aler ouyr messe : respond : « je me conseilleray sur ce, et puis vous respondray ». . . Et aussi le plus instamment qu'elle peust, requiert que on luy lesse cest abit qu'elle porte, et que on la laisse oyr messe sans le changier ». (Quich., tom. I, pp. 165-166).

« Interroguée, puisqu'elle demande à oïr messe, que il semble que ce seroit le plus honneste qu'elle fust en abit de emme ; et pour ce, fut interroguée lequel elle aymeroit [mieulx], prandre abit de femme et ouyr messe, que demourer en abit d'homme et non oyr messe. Respond : « certifflés-moy de oïr messe, je je suys en abit de femme, et sur ce je vous respondray ». A quoy luy fut dit par l'interrogant : « Et je vous certiffie que vous orrez messe, mais que soyés en abit de femme ». Respond : « Et que dictes vous, se je ay juré et promis à nostre roy non meictre jus cest abit ? Toutes voies je vous respond : Faictes moy faire une robe longue jusques à terre, sans queue, et me la baillez à aler à la messe ; et puis au retour, je reprendray l'abit que j'ay » . . . « Et ad ce luy fut dit qu'elle prengne habit de femme simplement et absoluement. Et elle respond : « Baillez moy abit comme une fille de bourgoys, c'est assavoir houppelande longue, et je e prendray, et mesmes le chaperon de femme, pour aler ouyr messe ». (Quich., tom. I, pp. 164-165).

« . . . fuit autem sibi dictum quod loqueretur cum vocibus suis ad sciendum si resumeret habitum muliebrem, ut in Pascha posset percipere viaticum ; ad quod respondit dicta Johanna quod quantum est de ipsa, non perciperet ipsum viaticum mutando habitum suum in muliebrem ; rogabatque quod permitteretur audire missam in habitu virili dicens quod ille habitus non onerabat animam suam ; et quod ipsum portare non erat contra Ecclesiam ». (Quich., tom. I, p. 192). — Le nom de *viatique* est employé ici, non pas comme aujourd'hui dans un sens restreint pour signifier la réception de l'Eucharistie à l'heure de la mort, mais simplement pour désigner la sainte communion ; tel était en effet l'usage des fidèles, comme l'explique S. Thomas, 3. q. lxxiij, art. 4.

(3)« Interroguée, quant elle aloit par le païs, s'elle recepvoit souvent le sacrement de confession et de l'autel, quant elle venoit és bonnes villes : respond que ouil, à la fois ».

« Interroguée s'elle recepvoit les diz sacremens en abit d'omme : respond que ouil ; mais ne a point mémoire de le avoir receu en armes ». (Quich., tom. I, p. 104).

(4) « . . . Respond qu'elle a nagaires reprins le dit abbit d'omme et lessié l'abit de femme. Interroguée pourquoy elle l'avoit prins, et qui luy avoit fait prandre : respond qu'elle l'a prins de sa voulenté, sans nulle contraincte, et qu'elle ayme mieulx l'abit d'omme que de femme... Interroguée pour quelle cause elle l'avoit reprins : respond que, pour ce qu'il luy estoit plus licite de le reprendre et avoir abit d'omme, estant entre les ommes, que de avoir abit de femme ». (Quich., tom. I, p. 455).

(5) Il s'agit des enquêtes de Guillaume Bouillé et du cardinal d'Estouteville.

Dans la première, on trouve à ce sujet les dépositions de trois dominicains : 1° de fr. Johan Toutmouillé, « Et elle se

[f° lxv v°] Quo ad bella dixit : quod venit in Franciam ex precepto Dei, et quod angelus sibi apparens narravit ei miserias et calamitates Regni Francie, quod, ut ipsa dicebat, Deus aliquando permiserat affligi propter peccata sua ; cui se excusavit quod erat una pauper filia, quod nesciret equitare nec ducere guerram ; et Angelus subdebat quod iret, et Deus adjuvaret eam ; unde interrogantibus eam dixit quod ita placuerat Deo facere per unam simplicem puellam pro repellendo adversarios Regis ; tamen subdit quod ipsamet portabat vexillum suum (1), ne aliquem interficeret ; quod nunquam aliquem interfecit (2) ; quod ante Aurelianum, in Gergueau (3), et ubique, licteris et verbis adversarios monebat ad pacem, tractatum et recessum (4).

---

complaignoit merveilleusement en ce lieu, ainsi que dit le déposant, des oppressions et violences qu'on luy avoit faictes en la prison par les geoliers, et par les autres qu'on avoit faict contre elle » (Quich., tom. II, p. 4) ; — 2° de fr. Isambard de la Pierre, « item dit et dépose que, après qu'elle eust renoncé et abjuré, et reprins abit d'omme, luy et plusieurs autres furent présens, quant la dicte Jehanne s'excusoit de ce qu'elle avoit revestu habit d'homme, en disant et afformant publicquement que les Anglois luy avoient faict ou faict faire en la prison beaucoup de tort et de violence, quant elle estoit vestue d'habits de femme ; et de fait, la voit éplourée, son viaire plain de larmes, deffiguré et oultraigié en telle sorte que celui qui parle en eut pitié et compassion » (Quich., tom. II, p. 5) ; — 3° de fr. Martin Ladvenu, « la simple Pucelle luy révéla que, après son abjuracion et renonciacion, on l'avoit tourmentée violentement en la prison, molestée, bastue et deschoullée ; et qu'un milourt d'Angleterre l'avoit forcée ; et disoit publicquement que cela estoit la cause pourquoy elle avoit reprins habit d'homme ». (Quich., tom. II, p. 8).

Dans la seconde enquête, le fr. Isambard de la Pierre dit encore : « Imo, sicut ab eadem Johanna audivit, fuit per unum magnae auctoritatis tentata de violentia ; propter quod, ut illa esset agilior ad resistendum, dixit se habitum virilem, qui in carcere fuerat juxta eam caute dimissus, resumpsisse ». (Quich., tom. II, p. 305) — Le fr. Martin Ladvenu l'atteste également. « Interrogatus utrum sciverit vel audiverit quod aliquis accesserit ad eam occulte de nocte : deponit quod ex ore ejusdem Johannae audivit quod quidam magnus dominus Anglicus introivit carcerem dictae Johannae, et tentavit eam vi opprimere ; et haec erat causa, ut asserebat, quare resumpserat habitum virilem ». (Quich., tom. II, p. 365)

Devant ces odieuses tentatives, on se rappelle pour l'appliquer à la Pucelle captive, la noble réponse de sainte Lucie, vierge et martyre, à son persécuteur le préfet Paschasius : « Si invitam jusseris violari, castitas mihi duplicabitur ad coronam ».

(1) Tel est le texte complet du manuscrit à l'usage de Bréhal ; c'est aussi probablement la rédaction primitive. Dans le cod. ottobonien 2284, et dans le ms. 9790 de la Bibliothèque nationale, cette énumération de faits déjà signalés antérieurement a été supprimée et remplacée par une phrase plus abrégée, que M. Lanéry d'Arc a fidèlement reproduite d'après son exemplaire ; la voici : Quoad bella dixit quod ipsa erat missa ex parte Dei ad subveniendum calamitatibus regni Franciae, et quod ipsamet portabat vexillum suum, etc. — Il faut sans doute attribuer l'abbréviation à Bréhal lui-même ; car il n'est guère vraisemblable que le copiste de Vienne ait pris le souci d'améliorer les documents qu'il transcrivait.

(2) « ... Dixit etiam quod ipsamet portabat vexillum praedictum, quando aggrediebatur adversarios, pro evitando ne interficeret aliquem ; et dicit quod nunquam interfecit aliquem ». (Quich., tom. I, p. 78).

(3) M. Lanéry d'Arc : in Gergonam. — Il s'agit de Jargeau, l'une des places fortes que les Anglais possédaient sur la Loire avant la délivrance d'Orléans par la Pucelle.

(4) M. Lanéry d'Arc : adversarios movebat.

« Item dixit quod ipsa misit litteras Anglicis existentibus coram Aurelianis, continentes quod inde recederent, quemadmodum continetur in copia litterarum, quae sibi fuit lecta in hac villa Rothomagensi ». (Quich., tom. I, p. 55) .

« Interrogata quare non recepit tractatum cum capitaneo de Gergueau : respondit quod domini de parte sua responderunt Anglicis quod ipsi non haberent terminum xv dierum, quem petebant ; sed quod recederent ipsi et equi eorum in hora praesenti. Dicit etiam quod, quantum ad ipsam, dixit quod ipsi de Gergolio recederent in suis gipponibus vel tunicis, vita eorum salva, si vellent ; alioquin caperentur per insultum ». (Quich., tom. I, p. 80).

Dans son réquisitoire, le promoteur formula contre la Pucelle l'accusation suivante : « Item dicta Johanna, quamdiu stetit cum dicto Karolo, totis viribus sibi et suis dissuasit ne attenderent quoquo modo alicui tractatui pacis seu appunctuamento cum adversariis suis, semper eos incitando ad occisionem et effusionem sanguinis humani, asserendo quod pax haberi non posset nisi cum buto lanceae et ensis ; et quod a Deo erat sic ordinatum, quia adversarii regis alias non dimitte-

An ex premissis possit digne reputari sacramentorum contemptrix, legis divine, sacre doctrine et sanctionum ecclesiasticarum prevaricatrix, apostatrix, sediciosa atque crudelis, sicut in sentencia continetur (1)?

[f° lxvj r°] QUINTUS : *Quod judicio militantis Ecclesie se de dictis et factis suis submictere videtur recusasse.*

Ex textu processus, dicit sepius interrogata de fide : quod erat bona christiana et bene baptisata ; et quod sicut bona christiana moreretur (2) ; quod que de dictis et factis suis se referebat ad Deum et Beatam Mariam et omnes sanctos atque Ecclesiam victoriosam in celis ; et quod idem esset de Deo et Ecclesia ; neque de hoc, ut dicit, debet fieri difficultas ; subdens : « quare de hoc facitis difficultatem » (3) ?

Antequam intraret primum examen, peciit quod adhiberentur viri ecclesiastici de partibus Francie, sicut et Anglie ; et iterum alibi, quod vocarentur tres aut quator clerici de sua parte, et coram eis responderet veritatem (4)

Quod alias in Chignone et Pictavis (5) fuerat per prelatos et clericos sue partis diu interrogata et examinata; sed non invenerunt in ea nisi bonum (6).

Episcopo Belvacensi dixit quandoque in judicio: « Vos dicitis vos esse meum

---

rent illud quod occupant in regno ; quod sic debellare erat unum de magnis bonis quod posset contingere toti christianitati, ut dicebat ». — Sur cet article, voici la réponse de Jeanne : « Quant à la paix dit, quant au duc de Bourgogne, elle l'a requis le duc de Bourgogne, par lectres et à ses ambassadeurs, que il y eust paix. Quant aux Angloys, la paix qu'il y fault, c'est qui s'en voysent en leurs pays, en Angleterre. Et du résidu, qu'elle a répondu ; à quoy elle se rapporte ». (Quich., tom. I, pp. 233-234.)

Le promoteur avait dit aussi dans son réquisitoire : « Dicta Johanna, officium angelorum usurpando, se dixit et asseruit fuisse et esse missam ex parte Dei, etiam ad ea quae ad viam facti et sanguinis humani effusionem omnino tendunt ; quod sanctitati penitus alienum est, et omni piae menti horrendum est et abominabile ». Voici là-dessus la réponse de la Pucelle : « Premièrement elle requeroit que on feist paix, et que, au cas que on ne vondroit faire paix, elle estoit toute préte de combattre ». (Quich., tom. I, p. 243).

(1) « . . . Dicimus et decernimus te . . . ipsius Dei in suis sacramentis contemptricem, legis divinae, sacrae doctrinae ac sanctionum ecclesiasticarum praevaricatricem, seditiosam, crudelem, apostatricem . . . » (Quich., tom. I, p. 474).

(2) « Et quant à son instruction, elle a prins sa créance et esté enseignée bien et deument, comme ung bon enfant doit faire ». (Quich., tom. I, p. 209).

« Dit qu'elle est bonne chrestienne ; et de toutes ses charges mises en l'article, qu'elle s'en rapporte à Nostre Seigneur» (Quich., tom. I, p. 324).

« . . . verbis gallicis dictae Johannae exposuit, dicendo eidem finaliter quod, nisi vellet se submittere Ecclesiae et ei obedire, oporteret quod relinqueretur sicut una sarracena. Ad quod dicta Johanna respondit quod erat bona christiana et bene baptizata, et sicut bona christiana moreretur ». (Quich., tom. I, p. 380).

(3) « Interroguée de dire s'elle se rapportera à la déterminacion de l'Église : respond : « Je m'en rapporte à Nostre Seigneur, qui m'a envoyée, à Nostre Dame et à tous les benoicts saincts et sainctes de paradis ». Et luy est advis que c'est tout ung de Nostre Seigneur et de l'Église, et que on n'en doit point faire de difficulté, en demandant pourquoy on fait difficulté que ce ne soit tout ung ». (Quich., tom. I, p. 175).

(4) « Item, interroguée se on lui envoie deulx ou trois ou quatre des chevaliers [cleres] de son party, qui viennent par sauf conduit cy, s'elle s'en vault raporter à eulx de ses aparicions et choses contenues en cest procès: respond, que on les face venir, et puis elle respondra . . . » (Quich., tom. I, p. 397).

(5) Le scribe du codex ottobonien 2284 a défiguré plusieurs noms propres ; ici on lit : in Chimone et Pictonis ; ailleurs Bréhal devient : Braballi.

(6) « Item dixit quod per tres hebdomadas fuit interrogata per clerum apud villam de Chinon et Pictavis ; . . . Et clerici de parte sua fuerunt hujus opinionis quod videbatur eis, in facto suo, non esse nisi bonum ». (Quich., tom. I, p. 75).

judicem ; advertatis bene quid facitis, quoniam vos accipitis magnum onus » (1).

Dixit ulterius quod, quantum ad Ecclesiam, diligit eam, et vellet eam sustinere toto posse suo pro fide nostra christiana ; et ipsa non est que debeat impediri de eundo ad ecclesiam et de audiendo missam (2).

Rursus dixit : « Videantur dicta et facta mea, et examinentur per clericos, et postea dicatur (3) an sit ibi aliquid contra fidem ; et ego sciam per consilium meum vobis dicere quid inde erit. Et certifico vos quod si sit aliquid mali in dictis aut factis meis contra fidem [f° lxvj v°] christianam, quam Dominus stabilivit, quod clerici sciant dicere, ego non vellem sustinere, sed illud a me repellerem » (4). Et quandoque dixit : « Ego essem bene irata de veniendo contra ». Frequenter verba premissa repeciit (5).

Voces non precipiunt ei quin obediat Ecclesie (6).

Dicit eciam : « credo quod hec Ecclesia inferior non potest errare vel deficere »(7).

Frequenter interrogata an vellet se judicio Ecclesie submictere, dixit : « ego me refero Deo, qui fecit michi facere illud quod feci » (8).

---

(1) « Item dixit nobis episcopo predicto : « Vos dicitis quod estis judex meus ; advertatis de hoc quod facitis, quia in veritate ego sum missa ex parte Dei, et ponitis vos ipsum in magno periculo ». (Quich., tom. I, p. 62)

« Interroguée, pour ce qu'elle avoit dit que Monseigneur de Beauvez ce mectoit en dangier de la meictre en cause quar c'estoit, et quel dangier, et tant de Monseigneur de Beauvez que des autres : respond, quar c'estoit, et est, qu'elle dist à Monseigneur de Beauvez : « Vous dictes que vous estes mon juge, je ne scay se vous l'estes ; mais advisez bien que ne jugés mal, que vous vous mectriés en grant dangier, et vous en advertis, afin que se Nostre Seigneur vous en chastie, que je fais mon debvoir de le vous dire ». (Quich., tom. I, p. 154).

(2) « Interroguée, puisqu'elle requiert que l'Église luy baille son Créateur, s'elle se vouldroit submectre à l'Église, et on luy promectroit bailler : respond, que de celle submission, elle n'en respondra autre chose qu'elle a fait ; et qu'elle ayme Dieu, le sert, et est bonne chrestienne, et vouldroit aidier et soustenir saincte Église de tout son povoir ». (Quich., tom. I, pp. 380-381).

« Interroguée s'elle se veut meictre de tous ses diz et fais, soit de bien ou de mal, à la déterminacion de nostre mère saincte Église : respond que, quant à l'Église, elle l'ayme et la vouldroit soustenir de tout son povoir pour nostre foy chrestienne ; et n'est pas elle que on doive destourber ou empescher d'aler à l'église, de ne ouyr messe... » (Quich., tom. I, p. 174).

(3) M. Lanéry d'Arc : dicatur michi an sit...
(4) M. Lanéry d'Arc : expellerem.
(5) M. Lanéry d'Arc : frequenter vero praemissa repetiit.

« Interroguée se de ce qu'elle a dit et fait elle veult [se] submeictre et rapporter en la déterminacion de l'Église : respond que « Toutes mes œuvres et mes fais sont tous en la main de Dieu, et m'en actend à luy ; et vous certiffie que je ne vouldroie rien faire ou dire contre la foy chrestienne ; et se je avoye rien fait ou dit qui fust sur le corps de moy, que les clercs sceussent dire que ce fust contre la foy chrestienne que nostre Sire ait établie, je ne vouldroie soustenir ; mais le bouteroye hors ». (Quich., tom. I, p. 166)

« ... Et toutes voies, s'il n'y a rien de mal contre la foy chrestienne que nostre Sire a commandée, elle ne vouldroit soustenir, et seroit bien courroucée d'aler encontre ». (Quich., tom. I, p. 162).

« ... dit que les deliz proposés par le promoteur contre elle, elle ne les a pas fais ; et du sourplus s'en rapporte à Nostre Seigneur ; et que d'iceulx déliz proposés contre elle, n'en cuide avoir rien fait contre la foy chrestienne ». (Quich., tom. I, p. 322)

(6) M. Lanéry d'Arc : non praecipiunt ei quando obediat...
« Interroguée s'elle a commandement de ses voix qu'elle ne se submecte point à l'Église militante, qui est en terre, ne au jugement d'icelle : respond... [elles] ne commandent point qu'elle ne obéisse à l'Église, nostre Sire premier servi ». (Quich., tom. I, p. 326).

(7) « Item dit : « Je croy bien que l'Église militant ne peust errer ou faillir ; mais, quant à mes dis et mes fais, je les meicts et raporte du tout à Dieu, qui me a fait faire ce que je ay faits ». (Quich., tom. I, p. 392).

(8) « ... Requise s'elle veut s'amender : respond : « Je me actend à Dieu, mon Créateur, de tout ; je l'aime de tout

Semel eciam dixit quod referebat se Ecclesie, dum tamen (1) non preciperet sibi aliquid impossibile, et reputabat impossibile hoc videlicet quod ipsa revocet illa que dixit et fecit ex parte Dei; et quod illud non revocabit pro quacumque re vel pro quocumque vivente ; neque se referret de hoc ad hominem mundi (2).

Asserebat tamen, quod credebat in Papa qui est Rome, et quod erat sibi obediendum, requirens frequenter quod duceretur ad eum (3).

Et in die qua abjuravit, publice peciit quod omnia dicta et facta sua transmicterentur ad Romam penes dominum nostrum Papam, ad quem et ad Deum primo se referebat (4).

An ex istis censenda (5) veniat scismatica, in fide multipliciter errans, in sanctam Ecclesiam temere delinquens, determinacioni, emendacioni, correctioni atque judicio sancte Matris Ecclesie, domini nostri Pape, et sacri generalis Concilii, expresse, indu-

---

mon cueur ». Et interroguée s'elle veult plus respondre à celle monicion générale : respond : « Je m'en actend à mon juge : c'est le Roy du ciel et de la terre » (Quich., tom. I, p. 386).

(1) M. Lanéry d'Arc : dummodo.

(2) « Interroguée s'elle se veult rapporter au jugement de l'Église qui est en terre, de tout ce qu'elle a dit ou fait, soit bien ou mal, espécialement des cas, crimes et déliz que on luy impose, et de tout ce qui touche son procès : respond que, de ce que on luy demande, elle s'en rapportera à l'Église militant, pourveu que elle ne luy commande chose impossible à faire. Et appelle ce qu'elle répute impossible, c'est que les fais qu'elle a diz et fais, déclairez ou procès, des visions et révélacions qu'elle a dictes, qu'elle les a faictes de par Dieu, et ne les révoquera pour quelque chose ; et de ce que Nostre Sire luy a fait faire et commandé, et commandera, et ne le lesra à faire pour homme qui vive, et luy seroit impossible de le révoquer » (Quich., tom. I, p. 324).

(3) M. Lanéry d'Arc : credebat in Papam. C'est en effet la leçon du ms. 13837 ; mais nous suivons le manuscrit de Bréhal [n° 12722], dont l'expression est d'ailleurs plus correcte théologiquement.

« Tenet et credit quod debemus obedire domino nostro Papae in Roma existenti... Credit in dominum Papam qui est Romae » (Quich., tom. I, pp. 82-83

« Respond... qu'elle croist bien que nostre saint père le pape de Romme et les évesques... sont pour garder la foy chrestienne, et pugnir ceux qui défaillent » (Quich., tom. I, p. 205).

« ... Sed quantum ad eam, ipsa tenet et credit quod debetur obedire domino nostro Papae Romano... Ipsa credit in Papa Romano »(Quich. tom. , I, p. 244).

« Interroguée s'elle se veult submeictre à nostre saint père le pape : respond : « Menès m'y, et je luy respondray» (Quich. tom. I, p. 394).

« Interroguée se il luy semble qu'elle soit tenue respondre plainement vérité au Pape, vicaire de Dieu, de tout ce qu'on, luy demanderoit touchant la foy et le fait de sa conscience : respond qu'elle requiert qu'elle soit menée devant luy, et puis respondra devant luy tout ce qu'elle devra respondre» (Quich., tom. I, pp. 184-185).

Cela se trouve aussi dans les dépositions d'Isambard de la Pierre (Quich. tom. II pp. 4, 304 et 349); «... Semper se submisit Papae, dummodo duceretur ad ipsum » (Quich., tom. II, p. 351).

Le frère Martin Ladvenu dépose de même : « Respondit quod se submittebat judicio Summi Pontificis, rogando quod ad eum duceretur » (Quich. tom. II p. 308) ; — «Saepe ex ore dictae Johannae audivit quod se submittebat summo Pontifici, et quod duceretur ad eum » [Quich., tom. II, p. 365].

Richard de Grouchet l'atteste également : «Respondebat... quod se submittebat Papae et Ecclesiae catholicae, petendo quod duceretur ad Papam». (Quich., tom. II, p. 358) — Voir aussi le témoignage de Manchon (Quich., tom. II, p. 12), et celui de De la Chambre (Quich., tom. III, p. 52).

(4) Après la prédication, Jeanne répondit sur les divers griefs articulés contre elle : «... Et à la submission de l'Église, dist : « Je leur ay dit en ce point de toutes les œuvres que j'ay faictes, et les diz, soient envoyées à Romme devers nostre saint père le Pape, auquel et à Dieu premier je me rapporte... Interroguée se les fais et dis qu'elle a fais, qui sont reprouvez, s'elle les veult révoquer : respond : Je m'en rapporte à Dieu et à nostre saint père le Pape ». (Quich., tom. I, p. 445).

(5) M. Lanéry d'Arc : censeri.

rato animo, obstinate et pertinaciter se submictere recusans ; ideo eciam pertinax, obstinata, excommunicata et heretica : quod in sentencia finaliter concluditur (1) ?

[f° lxvij r°] Sextus : *Quod post abjuracionem, seu revocacionem, habitum virilem resumpsit, et apparicionibus suis quibus publice renunciaverat iterum adhesit* (2).

Ex processu, a die abjuracionis reperta est Johanna, quarta die post, induta habitu virili, quem tamen de mandato judicum dimiserat; super quo interrogata, respondit quod nuper ipsum acceperat, et muliebrem dimiserat; et hoc ex sua voluntate, nemine eam compellente; ipsumque habitum virilem magis diligebat quam muliebrem; neque, ut asserebat, intellexit se fecisse juramentum de non recipiendo habitum virilem (3).

Causam vero resumpcionis assignavit, quia erat ei (4) magis licitum vel conveniens habitum virilem habere, dum erat inter viros, quam habere muliebrem (5).

Ex informacionibus habetur, quod fuit coacta resumere propter intemptatam violenciam et eciam propter necessarium corporis beneficium, habitu muliebri eidem sublato (6).

Et iterum, propterea receperat, ut dicit, quia non fuerat sibi observatum promis-

---

(1) M. Lanéry d'Arc : Quod in sentencia finaliter concluditur.

« Dicimus et decernimus te... schismaticam, in fide nostra multipliciter errantem, et per praemissa te in Deum et sanctam Ecclesiam, modis praedictis, temere deliquisse. Ac insuper quia, licet debite et sufficienter, tam per nos, quam parte nostra, per nonnullos scientificos et expertos doctores ac magistros salutem animae tuae zelantes, saepe et saepius admonita fueris, ut de praedictis te emendare, corrigere, necnon dispositioni, determinationi et emendationi sanctae matris Ecclesiae submittere velles; quod tamen noluisti nec curasti ; quin imo expresse, indurato animo, obstinate atque pertinaciter denegasti, nec etiam expresse et vicibus iteratis, domino nostro Papae, sacro generali Concilio submittere recusasti : hinc est quod te tanquam pertinacem et obstinatam in praedictis delictis, excessibus et erroribus, ipso jure excommunicatam et haereticam declaramus... » (Quich., tom. I, pp. 474-475).

(2) Ainsi que nous l'avons expliqué plus haut, tout le chapitre sixième a été omis dans le ms. 2284 du fonds ottobonien au Vatican, et par suite dans la copie de la Bibliothèque nationale (fonds latin 9790,) d'après laquelle M. Lanéry d'Arc a édité le *Summarium* de Bréhal. Nous sommes heureux de publier pour la première fois ce texte important dans son intégrité.

(3) « Interroguée pour quoy elle l'avoit prins, et qui luy avoit fait prandre : respond qu'elle l'a prins de sa voulenté, sans nulle contrainete, et qu'elle ayme mieulx l'abit d'omme que de femme... que oncques n'entendi qu'elle eust fait serement de non le prandre ». (Quich., tom. I, p. 455).

L'abjuration avait eu lieu le matin du jeudi 24 mai ; dans l'après-diner, les juges se rendirent à la prison, et firent à la Pucelle de nouvelles instances pour qu'elle reprit les vêtements de son sexe. Elle y consentit (*Procès...* tom. I, p. 453).

Le registre constate que le lundi suivant, 28 mai, les juges revinrent à la prison, où ils la retrouvèrent vêtue en homme. (*Ibid*, p. 454).

(4) Le manuscrit 13837 porte: quia erat sibi.

(5) « Interroguée pour quelle cause elle l'avoit reprins : respond que, pour ce qu'il luy estoit plus licite de le reprendre et avoir habit d'omme, estant entre les hommes, que de avoir habit de femme » (Quich., tom. I, p. 455).

(6) Dans le manuscrit de Bréhal [n° 12722] ce paragraphe se trouve en marge avec un renvoi. Nous l'avons inséré à sa place dans le texte.

Les tentatives odieuses, dont il est question ici, ont été racontées par divers témoins dans les enquêtes et nous les avons mentionnées plus haut à propos d'une des allégations de l'article IV du *Summarium*. — Voir : Quich., tom. II, pp. 4, 5, 8, 204, 298, 300, 305, 333, 365.

La substitution de vêtements faite par les geôliers est connue par la déposition de l'huissier Jean Massieu à l'enquête de 1450 et à celle de 1452; ce témoin termine ainsi son récit : « finablement pour nécessité de corps fut contraincte de yssir dehors et prendre ledit abit; et après qu'elle fust retournée, ne luy voulurent point en bailler d'autre » (Quich., tom. II, pp. 18 et 333).

sum, videlicet quod iret ad missam, reciperet corpus Christi, et poneretur extra compedes ferreos; preelegit que mori quam esse in compedibus ferreis; sed si promictatur quod vadat ad missam, et ponatur extra compedes ferreos, detur que sibi carcer graciosus, ipsa erit bona, et faciet illud quod ecclesia voluerit; nam si judices velint, ipsa recipiet habitum muliebrem, et de residuo nichil aliud faciet (1).

Ideo que interrogata ulterius de suis revelacionibus, respondit quod Deus mandavit sibi per sanctas Katherinam et Margaretam magnam pietatem illius grandis perdicionis in quam ipsa Johanna [con]senserat (2) faciendo abjuracionem et revocacionem pro salvando vitam suam (3).

Ille eciam voces sibi dixerunt, dum erat in scafaldo seu ambone ubi abjuravit, quod audacter responderet illi predicatori qui tunc predicabat. Unde ipsa [f° lxvij v°] Johanna dixit quod ille erat falsus predicator, et quod plura dixerat eam fecisse que ipsa non fecerat (4).

Asseruit preterea quod, si ipsa diceret quod Deus non misisset eam, ipsa se dampnaret, et quod veraciter Deus eam misit. Unde voces sibi dixerunt quod ipsa fecerat magnam injuriam, confitendo se non bene fecisse illud quod fecerat (5).

Et quecumque tunc dixit revocando, hoc solum fecit et dixit timore ignis; neque ipsa intellexit sic dicere vel facere, ita scilicet quod revocaret suas appariciones; ymo credit quod sunt sancte Katherina et Margarita, et quod sunt a Deo. Unde totum illud quod fecit revocando, ipsa fecit pre timore ignis; et nichil revocavit quin hoc sit contra veritatem (6).

Ymo asserebat constanter quod, quicquid fuerit sibi jussum revocare, nunquam tamen fecit aliquid contra Deum et fidem. Illud autem quod in cedula abjuracionis continebatur ipsa non intelligebat; neque intendebat aliquid revocare, nisi proviso quod hoc placeret Deo (7).

---

(1) « Item, dit qu'elle avoit reprins, pour ce que on ne luy avoit point tenu ce que on luy avoit promis, c'est assavoir qu'elle iroit à la messe et recepvroit son Sauveur, et que on la meetroit hors de fers; ... qu'elle ayme mieulx à mourir que de estre ès fers; mais se on la vault laisser aler à la messe, et oster hors des fers, et meictre en prison gracieuse, et qu'elle eust une femme, elle sera bonne et fera ce que l'Église vouldra... Item, dit que se les juges veuillent, elle reprendra habit de femme; du résidu elle n'en fera autre chose » (Quich., tom. i, pp. 455-456).

(2) La première syllabe du mot a été omise par distraction, dans le ms. 12722; nous avions conjecturé d'abord qu'il fallait lire: se miserat, mais le ms. 13837 nous a donné le vrai texte, conforme à celui du procès-verbal latin de l'interrogatoire.

(3) « Interroguée se, depuis jeudi, elle a point ouy ses voix: respond que oui.

« Interroguée qu'elles luy ont dit : respond qu'elles luy ont dit que Dieu luy a mandé par sainctes Katherine et Marguerite la grande pitié de la trayson qu'elle consenty en faisant l'abjuracion et révocacion, pour sauver sa vie; et que elle se dampnoit pour sauver sa vie ». (Quich., tom. i, p. 466).

(4) « Dit oultre que ses voix luy disrent en l'ercharfault que elle respondit ad ce preschour hardiement ; et lequel preschour elle appelloit faulx preschour, et qu'il avoit dit plusieurs choses qu'elle n'avoit pas faictes ».(Quich., tom. i, p. 457)

(5) « Item, dist que, se elle diroit que Dieu ne l'avoit envoyée, elle se dampneroit; que vray est. que Dieu l'a envoyée. Item, dist que ses voix luy ont dit depuis, que avoit fait grande mauvestié de ce qu'elle avoit fait, de confesser qu'elle n'eust bien fait ». (Quich., tom. i, p. 457).

(6) « Item, dit que de paour du feu elle a dit ce qu'elle a dit ... Item, dit qu'elle n'a point dit ou entendu révoquer ses apparicions, c'est assavoir que ce fussent sainctes Marguerite et Katherine; et tout ce qu'elle a fait, c'est de paour du feu, et n'a rien révoqué que ce ne soit contre la vérité ». (Quich., tom. i, pp. 457-458).

(7) « Item, dit qu'elle ne fist oncques chose contre Dieu ou la foy, quelque chose que on luy ait fait révoquer ; et que ce

Dixit tandem quod prediligebat facere penitenciam suam una vice, videlicet moriendo, quam longius sustinere penam in carcere (1).

An ex istis fuerit ut pertinax et vere relapsa censenda, et tanquam heretica incorrigibilis dampnanda, atque brachio seculari relinquenda (2) ?

Hec sunt super quibus videtur presenter deliberandum.

Summarium fratris Joannis Brehalli, Inquisitoris fidei.

CHAPITRE V

LES JURISCONSULTES ROMAINS.

Après la composition du *Summarium*, Bréhal se mit en devoir de le communiquer aux savants théologiens ou canonistes, afin d'obtenir leur avis, conformément aux intentions du roi. Il songea tout d'abord aux jurisconsultes romains, qui faisaient partie du personnel de la légation. Rien de plus naturel : ils avaient accompagné le cardinal d'Estouteville pendant l'enquête de Rouen ; ils avaient eu entre les mains les dossiers originaux ; et, par leurs relations journalières avec l'inquisiteur, ils étaient à même d'avoir les plus sûres informations. C'est donc vers cette époque, de juillet à décembre 1452, qu'il faut placer la date des deux premiers mémoires rédigés par Théodore de Leliis et par Paul Pontanus (3). Notre affirmation, — il importe de le remarquer, — ne vise point les deux autres traités dus à la plume des mêmes auteurs, mais écrits à une époque postérieure et en cour de Rome.

Théodore de Leliis et Paul Pontanus ont — le fait est certain — donné chacun deux consultations ou avis sur la cause de la Pucelle. Dans quel ordre et dans quelles circonstances ? Ici commence le doute, et notre solution diffère de celle qui a été proposée par Quicherat et acceptée par M. Lanéry d'Arc. Voici le résultat de notre étude et les motifs qui nous ont engagés à l'adopter.

---

qui estoit en la cédule de l'abjuracion, elle ne l'entendoit point. Item, dit qu'elle dist en l'eure, qu'elle n'en entendoit point révoquer quelque chose, se ce n'estoit pourveu qu'il pleust à nostre sire ». (Quich., tom. I, p. 458).

(1) Item, dit qu'elle ayme mieulx faire sa pénitance à une fois, c'est assavoir à mourir, que endurer plus longuement paine en chartre ». (Quich., tom. I, p 458).

(2) « . . . Tuisque erroribus in publica praedicatione propulsatis, te tanquam membrum Satanae ab Ecclesia praecisum, lepra haeresis infectum, ne alia Christi membra pariter inficias, justitiae saeculari relinquendum decernimus et relinquimus . . . » (Quich., tom, I, p. 475).

(3) M. de Beaucourt estime que ces mémoires ont été écrits lorsque le cardinal était « de retour à Rome » (*Hist. de Charles VII*, tom. v, p. 366). Nous avons le regret de ne pouvoir nous ranger sur ce point à l'opinion d'un érudit, dont les consciencieuses recherches ont élucidé tant de problèmes historiques. Au mois de décembre 1452, c'est-à-dire avant le retour de la légation à Rome, les deux mémoires dont il s'agit étaient entre les mains de l'inquisiteur, qui les a expédiés alors de Lyon à Vienne, ainsi que nous le verrons plus loin. Ils ont donc été composés en France.

CHAP. V. — LES JURISCONSULTES ROMAINS

Le premier traité de l'auditeur de Rote est intitulé : *Consultatio ad favorem Johanne vulgo dicte la Pucelle ejusque defensio super capita contenta in processu contra ipsam efformato*. Il commence par ces mots : *Circa articulos elicitos ex confessionibus Joahnnae vulgo dictae la Pulcelle, et per judices illius ad transmittendum consultos...*; et finit par ceux-ci : *in quo attendendum est quod circa hoc quidam testes perhibent quod habitus muliebris* etc.... Il se trouve deux fois [f° 2-25, et f° 45-68] dans le ms. 9790 de la Bibliothèque nationale [ancien 1033, suppl. latin], parce que ce registre est, ainsi que nous l'avons dit plus haut, une copie des manuscrits 3878 et 2284 du Vatican, dans chacun desquels il est contenu (1). Or le texte du codex 3878 du Vatican, écrit sur papier [f° 137-147], est au dire de Quicherat (2) « le brouillon même de l'auteur, plein de ratures » ; le texte du codex 2284 du fonds Ottoboni, écrit sur parchemin et papier in-8° [f° 1-23], est une copie faite à Vienne par les ordres du frère Léonard de Brixenthal. La même consultation existe encore [f° 15 v°-35 v°] dans le ms. latin 12722 de la Bibliothèque nationale [ancien fonds Saint-Germain, de Harlay, n° 51], manuscrit à l'usage de Bréhal. Elle a été éditée par Quicherat (3). Enfin, le ms. 1234 de la bibliothèque de l'université de Bologne, publié par M. l'abbé Du Bois de la Villerabel (4), en renferme une traduction du XVI° siècle, intitulée : *L'opinion de messire Théodore de Leliis, des auditeurs de la Roue*.

La présence de l'autographe de Théodore de Leliis dans le codex 3878 du Vatican ne saurait infirmer la conclusion que nous avons tirée du fait démontré par le manuscrit 2284 du fonds ottobonien. Après avoir rédigé sa consultation, l'auteur remit le texte à Bréhal et garda le brouillon qu'il emporta à Rome avec ses autres papiers. La place que cet autographe occupe en tête du cahier semble un indice suffisant de sa composition antérieure (5). On a, il est vrai, allégué en sens contraire que la consultation fait une mention expresse du *Summarium* par cette phrase incidente : *de quibus habetur in summario processus* », mais ce titre général convient à un résumé quelconque du procès, par conséquent au *Summarium* de Bréhal aussi bien qu'à celui de Théodore de Leliis, et les assertions du contexte se rencontrent de même dans tous les deux.

---

(1) Le copiste du ms. 9790 a pris soin de donner, au bas du f° 68 recto, la raison de cette double reproduction : « Haec eadem defensio occurrit in cod. vaticano 3878, cujus exemplar jam descripsimus ; sed exscribere et hoc quoque placuit, non tantum ob epigraphum seu indiculum initio appositum, quam quod in plerisque, etsi non magni ponderis, a vaticano discrepat ».

(2) Quicherat: *Procès*... tom. v, p. 424. — Le copiste, au service de l'ambassadeur de France, a en effet ajouté la remarque suivante à sa transcription du ms. 3878 : « Summarium hoc una cum praecedenti defensione ex codice vaticano descripta autographa sunt, idque tum e frequentissimis lituris, additionibus, emendationibus, tum ex characteris indole evincitur. Auctorem puto Theodorum de Leliis, sacri palatii apostolici auditorem, cujus multa extant in codicibus vaticanis propria manu, et huic perquam simillima exarata ».

(3) Quicherat: *Procès*... tom. II, pp. 22-58. M. Marius Sepet, le premier, a eu l'heureuse pensée de la faire connaître au grand public par la traduction des passages les plus importants, dans l'édition de sa *Jeanne d'Arc* parue en 1885 (pp. 450 et suiv.) . Le R. P. Ayroles a suivi son exemple (pp. 262-270) .

(4) *Les procès de Jehanne la Pucelle*... pp. 127-187.

(5) Il est également placé le premier dans le ms. 12722 à l'usage de Bréhal [f° 15 v°].

Le second mémoire de l'auditeur de Rote vient immédiatement à la suite [f° 147] dans le codex 3878 du Vatican. Il est intitulé : *Summarium tocius processus habiti contra Janetam vulgo dictam la Pulcelle*. Il débute par ces mots : *Inchoatus fuit processus per dominum Petrum, tunc Belvacensem episcopum*, etc. ; il se termine ainsi : *et quod voces sunt cum adjuncto lumine* (1) ; suit une sorte d'appendice ou de seconde partie : *Capitula incipiunt cum responsionibus*, etc. Comme il n'existe pas dans le codex 2284 du fonds ottobonien, il n'a été copié qu'une seule fois [f° 26 r°] dans le registre 9790 de la Bibliothèque nationale. Mais on le trouve, avec le premier traité, dans le ms. 12722, qui appartenait à Bréhal [f° 49 r°-62 r°]. La Bibliothèque nationale en possède encore, sous le n° 13837 fonds latin, une autre copie [f° 1 r°-9 v°] provenant de la bibliothèque de Saint-Germain des Prés, n° 1421. Quicherat ne l'a pas édité ; il s'est borné (2) à donner quelques lignes du commencement et de la fin. M. Lanéry d'Arc, mieux inspiré, l'a publié *in extenso* (3). Si l'on admet avec lui que la *Consultatio* est postérieure au *Summarium*, il faut alors reconnaître que ces deux mémoires ont été composés durant l'année 1452 et avant le retour du légat à Rome (4). Si au contraire on attribue, comme nous l'avons fait, la priorité à la *Consultatio*, il reste à fixer la date de la rédaction du *Summarium*.

Deux hypothèses peuvent être proposées. L'une consisterait à dire que les deux traités sont à peu près de la même époque, à savoir de 1452. Quoique Bréhal les ait eus alors tous les deux entre les mains et les ait insérés dans son registre personnel [ms. 12722], il jugea inutile d'expédier à Vienne deux sommaires, le sien propre et celui du jurisconsulte romain, et il se contenta de communiquer la *Consultatio*. — L'autre hypothèse, que nous estimons beaucoup plus vraisemblable, placerait environ deux ans plus tard la rédaction du second mémoire de Théodore de Leliis. A cette époque (1454), l'inquisiteur de France est allé à Rome solliciter la révision du procès de Jeanne d'Arc. Avant de se prononcer dans une affaire de cette gravité, le pape aura sans doute voulu s'éclairer ; il a chargé des consulteurs de lui faire un rapport à ce sujet, et naturellement son choix s'est porté sur l'auditeur de Rote et sur l'avocat consistorial, dont la compétence était notoire, puisque, ayant jadis examiné le dossier, ils étaient mieux que personne au courant de la cause et de ses péripéties. C'est ainsi que les deux jurisconsultes romains furent amenés à écrire leurs seconds traités (5).

---

(1) Dans le texte édité par M. Lanéry d'Arc, on lit : *et quod voces sunt circumamicte lumine et claritate*.
(2) Quicherat : *Procès* . . . tom. v, p. 426.
(3) M. Lanéry d'Arc : *Mémoires et consultations* . . . pp. 17-33.
(4) Cette conclusion est d'ailleurs peu vraisemblable : dans cette hypothèse en effet, on ne comprendrait pas bien pour quel motif l'auteur aurait composé simultanément ses deux mémoires.
(5) Au premier feuillet du manuscrit à l'usage de Bréhal [fonds latin n° 12722], se trouve une table des matières, dont l'écriture plus moderne nous paraît être du siècle dernier ou du commencement de celui-ci. Le quatrième des mémoires contenus dans ce registre est indiqué ainsi : « Abrégé du procès de la Pucelle fait par le même Thyerry advocat de la Rotte. Les pièces ont été faittes à Rome lorsqu'on sollicita Calixte III, l'an 1455, de nommer les commissaires pour faire

Quoi qu'il en soit de nos suppositions sur ce dernier point, nous établissons de la même manière l'ordre des deux mémoires de Paul Pontanus. Le premier est celui qui fut envoyé à Vienne avec le *Summarium* de Bréhal et la *Consultatio* de Théodore de Leliis, et qui a été copié dans le codex 2284, fonds ottobonien du Vatican [f° 31-57]. Composé par conséquent à la date de 1452, il comprend deux parties. La première commence par ces mots : *Primus articulus continet quasi summam omnium articulorum, et incipit : quedam femina* etc. ; elle se termine par ceux-ci : *ex his eciam patet cuicumque legenti, quod articuli fuerunt minus fideliter ex processu eliciti, ymo mendose et corrupte depravati*. — Au début de la seconde partie, on lit : *Articuli seu dubia extra premissos danda breviter sunt hujusmodi* ; la phrase finale est : *an juxta contenta in processu fuerit censenda talis. Cetera suppleat sublimis providencia consultorum. Paulus Pontanus, advocatus consistorialis* (1). Le registre 9790 fonds latin de la Bibliothèque nationale, ne donne le texte qu'une seule fois [f° 68 v°-84 r°], parce qu'il n'existe pas dans le codex 3878 du Vatican. Le manuscrit personnel de Bréhal [n° 12722 fonds latin de la Bibliothèque nationale, ancien fonds Saint-Germain, de Harlay n° 51] le contient également [f° 2 r°-13 v°]. Quicherat n'en a publié que des extraits (2), mais M. Lanéry d'Arc l'a édité intégralement (3) sous ce titre : *Consultatio Domini Pauli Pontani*.

Un second traité de Pontanus sur la question, traité dont Quicherat (4) n'a publié que quelques lignes, a été édité par M. Lanéry d'Arc (5) sous ce titre : *Oppinio domini Pauli Pontani*, d'après le ms. 13837 fonds latin de la Bibliothèque nationale, ancien 1424 de la bibliothèque de Saint-Germain des Prés, [f° 12 v°-19 v°]. Il existe aussi

---

revoir le procès ». Cette note est manifestement inexacte, si elle se rapporte sans distinction aux quatre pièces mentionnées auparavant ; elle est vraie au contraire si on l'applique seulement aux deux mémoires précédents, c'est-à-dire à l'*Oppinio* de Paul Pontanus, et au *Summarium* de Théodore de Leliis.

(1) A la table des matières de ce manuscrit, cette consultation de Pontanus est signalée comme hostile à la Pucelle : après avoir mentionné le traité de Théodore de Leliis envoyé par Bréhal, l'auteur de l'index dit avoir reçu en même temps « hunc tractatum et quemdam huic valde contrarium » (Voir plus loin le texte intégral de cette observation reproduite à propos de la lettre de l'inquisiteur de France à Léonard de Brixenthal) ; et il ajoute *infra* : « Folio xxxi incipit tractatus anglicorum predicto tractatui contrarius, etc ». Il est certain néanmoins que le traité de Pontanus, loin d'appuyer l'opinion anglaise, est très favorable à la Pucelle. Aussi le copiste, qui a transcrit à Rome le codex 2284, a-t-il inséré dans son registre (devenu le n° 9790 de la Bibliothèque nationale) la note suivante : « Auctor indiculi..... dicit esse tractatum ab anglicis compositum et superiori valde contrarium ; verum hallucinatur, et fortassis aut non legerat, aut saltem non intellexerat ». Nous croyons que l'erreur commise par le dominicain viennois pourrait être expliquée par une confusion provenant de la lecture d'un document contraire. Le plaidoyer du roi d'Angleterre et les lettres de l'université de Paris lui avaient sans doute été communiquées ; et lorsque, plusieurs années après, il fit copier le traité de Pontanus, dont il n'avait pas gardé un souvenir distinct, une lecture superficielle du premier paragraphe qui énumère les griefs relevés au procès contre Jeanne d'Arc put lui faire imaginer qu'il avait sous les yeux la contre-partie du mémoire justificatif.

(2) Quicherat : *Procès* . . . tom. ii, pp. 61-67.

(3) M. Lanéry d'Arc : *Mémoires et consultations*. . . pp. 55-71. — Le R. P. Ayroles a traduit cette consultation (*La vraie Jeanne d'Arc* . . . pp. 243-260) sous le titre de *Sommaire de Pontanus* ; mais par un mélange que nous ne parvenons pas à nous expliquer, il lui donne comme exorde un abrégé des questions énoncées en tête de l'*Opinion* de Pontanus.

(4) Quicherat : *Procès* . . . tom. ii, pp. 59-60.

(5) M. Lanéry d'Arc : *Mémoires et consultations* . . . pp. 35-54.

[f° 35 v°-47 v°], à une place postérieure par conséquent, dans le registre personnel de Bréhal [ms. 12722] où il commence ainsi : *Domini nostri Jhesu Christi, per quem discernitur et intelligitur ipsa veritas, presidio invocato,* etc.; et finit par la phrase suivante : *Et ita pro prima summaria visione de jure concludendum videtur michi Paulo Pontano, juris utriusque doctori minimo ac sacri consistorii advocato, salvis sancte matris ecclesie determinacione et judicio, ac cujuslibet alterius meliori sentencia.* Le ms. 1234 de la bibliothèque de l'université de Bologne contient une traduction française du XVI° siècle, qui a été publiée par M. l'abbé Du Bois de la Villerabel (1). C'est peut-être la même qu'on lit dans les manuscrits de Soubise et de l'Arsenal, mentionnés par M. Lanéry d'Arc (2), mais que nous n'avons pas examinés.

La formule terminale de l'*Oppinio* nous paraît propre à confirmer l'hypothèse que nous avons proposée. Après l'examen sommaire du procès qu'il s'est attaché à réfuter surtout au point de vue juridique, Pontanus dit que sa conclusion pourrait être adoptée à première inspection et sur ce résumé. Comme pour donner plus de force à son avis, il décline ses titres et qualités : il est docteur *in utroque*, avocat du sacré consistoire ; puis il fait allusion au jugement de notre sainte mère l'Église, dans les termes qui conviennent au plaidoyer d'un consulteur devant la cour romaine. Nous le répèterons donc : les deux premiers mémoires de Théodore de Leliis et de Paul Pontanus ont été certainement composés en France sur la demande de Bréhal ; les deux autres sont très probablement d'une date postérieure, et il semble qu'il faille reporter leur rédaction jusqu'au voyage de l'inquisiteur à Rome en 1454, lorsque la question de la révision du procès fut discutée officiellement par le Saint-Siège.

Entre temps, les démarches du cardinal d'Estouteville auprès de Charles VII et de l'assemblée de Bourges au sujet de la Pragmatique Sanction étaient demeurées infructueuses. Avant de regagner Rome, où il était rappelé par Nicolas V pour lui rendre compte de sa mission, le légat alla au mois de septembre 1452 prendre congé du roi, qui était alors en Forez avec son armée, prêt à s'opposer de vive force aux entreprises du duc de Savoie. Afin de prévenir le conflit, le cardinal offrit sa médiation qui fut agréée. Un mois après, le 27 octobre, la paix était signée à Feurs. Le règlement d'un démêlé survenu dans le Comtat Venaissin entre les officiers du pape et ceux du dauphin retarda encore son départ de quelques semaines ; mais on sait (3) qu'il était à la cour pontificale le 3 janvier 1453.

---

(1) *Les procès de Jehanne la Pucelle*, pp. 80-126.
(2) M. Lanéry d'Arc : *Mémoires et consultations* . . . p. 36 note.
(3) Cf. M. de Beaucourt : *Hist. de Charles VII*, tom. v, pp. 178-181, et p. 217 note 3.

CHAPITRE VI

LA LETTRE AU FRÈRE LÉONARD.

Bréhal continuait de s'occuper de l'affaire qu'il avait prise à cœur : une âme généreuse comme la sienne n'avait pu se dérober au charme divin qui rayonne autour des œuvres de Jeanne d'Arc. En face de ces procès-verbaux, rédigés pourtant par des mains hostiles, il sentait le parfum de sève chrétienne qui avait pénétré jusqu'aux moindres actions d'une vie pleine d'héroïsme et couronnée par le martyre. Il fallait venger la mémoire d'une fille de Dieu, et faire triompher la justice. Ce n'était pas trop de tout son dévouement pour une si noble cause. Il s'y employait sans relâche, et s'efforçait d'y intéresser les hommes d'une science éprouvée, dont il sollicitait les avis.

Au mois de décembre 1452, nous le retrouvons à Lyon, soit qu'il y ait accompagné le cardinal d'Estouteville à son départ de Bourges, soit qu'il y ait été appelé par ses affaires tandis que le roi était encore à Cleppé. Toujours est-il que les registres des comptes royaux mentionnent à cette date, sous la rubrique *dons, récompensations et bienfaits,* le versement d'un nouveau subside à « maistre Jehan Bréhal, docteur en théologie, religieulx de l'ordre de saint Augustin, inquisiteur de la foy catholique, la somme de trente-sept livres dix-sept sols en vint escuz d'or, à luy donnée par le roy nostre sire au mois de décembre MCCCCLII, pour soy aidier à vivre en besoingnant au faict de l'examen du procès de feue Jehanne la Pucelle » (1).

Désireux de consulter un savant étranger dont la renommée était parvenue jusqu'à lui, l'inquisiteur mit à profit le passage à Lyon de l'ambassadeur d'Autriche (2) et lui confia avec les documents utiles (3) la lettre qu'il écrivait à ce propos à un

---

(1) Le texte que nous donnons ici est emprunté à Godefroy (*Hist. de Charles VII*, p. 903), qui avait eu entre les mains l'original du 4ᵉ compte de Matthieu Beauvarlet pour l'année finie en septembre 1453. Il a été reproduit tel quel par Quicherat (*Procès*... tom. v, p. 277), et par le R. P. Chapotin (*Études hist. sur la prov. dom. de France*, p. 283, note). Cependant le volume relié 685, Cabinet des titres à la Bibliothèque nationale [f° 164 v°], qui est une copie faite au XVIIᵉ siècle, contient une leçon assez différente. La voici : « maistre Jehan Bréhal, docteur en théologie, religieux augustin » (*par erreur, au lieu de jacobin*), « inquisiteur de la foy catholique, vint-sept livres dix sous en deniers, pour ses despens en besoingnant au procès de feue Jehanne la Pucelle ». De là vient la remarque de M. de Beaucourt (*Hist. de Charles VII*, tom. v, p. 368 note) au sujet de l'indication fautive de Quicherat. Nous ne pouvons nous expliquer cette divergence, mais nous devions la signaler.

(2) Quicherat (*Procès*... tom. II, p. 1) l'appelle Léonard Wilzkehel. Nous savons par une note du codex ottobonien 2284 qu'il était chancelier de l'archiduc d'Autriche Sigismond. Quicherat ne donne pas d'autres renseignements sur ce personnage.

(3) Il y avait, outre les deux traités récemment composés par Théodore de Leliis et Paul Pontanus, le *Summarium* ou questionnaire de Bréhal. La lettre d'envoi n'indique ces documents qu'en termes généraux, mais ils sont spécifiés par leur insertion au codex 2284 du Vatican, et par la note que le destinataire a pris soin d'introduire dans la table des matières.

de ses frères en religion, le P. Léonard, qui était alors professeur à l'université de Vienne.

« Ce personnage, dit Quicherat (1), n'est connu que par son prénom, sous lequel il se distingua dans son Ordre ». Dans son ouvrage (2) d'ailleurs très érudit, le R. P. Ayroles s'égare en diverses suppositions pour découvrir quel était le destinataire de la lettre de Bréhal. Assurément il ne s'agit ni du Léonard dont parle Trithème, ni du fr. Léonard Mattei d'Udine (3), que Quétif et Échard ont mentionné parmi les écrivains de notre Ordre à cette époque. Mais il pourrait subsister quelque incertitude au sujet du fr. Léonard de Vienne, par suite des renseignements inexacts recueillis par Quétif et Échard. Ces auteurs ont en effet dédoublé une seule et même personne, à laquelle ils ont consacré deux notices et un supplément (4). L'étude des sources nous a permis de rétablir la vérité historique et d'affirmer que le religieux, dont il est ici question, s'appelait, de son nom de famille, fr. Léonard Huntpüchler (5) ou bien du lieu de sa naissance, fr. Léonard de Brixenthal (6).

Né dans la vallée de Brixen en Tyrol (7), vers les dernières années du XIVe siècle, il s'appliqua de bonne heure aux études philosophiques. Dès 1426, il appartenait à l'Université de Vienne : il occupait alors une chaire à la faculté des Arts, et y commentait le livre des Topiques d'Aristote (8). Puis, il quitta l'Autriche pour se rendre à Cologne, où il obtint un canonicat, tandis qu'il se livrait à l'étude des sciences sacrées. A son retour, en 1445, il fut nommé *Sententiaire* (9) à la Faculté de Théologie, sans cesser toutefois — paraît-il — de faire partie de la Faculté des Arts (10).

---

(1) Quicherat : *Procès* . . . tom. ii, p. 70 note.

(2) R. P. Ayroles : *La vraie Jeanne d'Arc* . . . p. 230.

(3) Les actes du Chapitre général de Cologne (1428) le nomment Régent, c'est-à-dire chef et directeur du *Studium generale*, à Bologne : « In primis conventui Bononiensi, provinciae S. Dominici, damus in regentem fr. Leonardum de Utino, sacrae theologiae professorem, cujus lecturam approbamus». Quétif et Échard : *Scriptores ord. Praed.* tom. i, p. 845ᵃ.

(4) Quétif et Échard : *Scriptores ord. Praed.* tom. i, p. 816ᵃ (L. de Valle-Brixinensi, par Quétif) ; et p. 843ᵃ (L. Wiennae, par Échard) ; — tom. ii, p. 823ᵃ (L. de Valle-Brixinensi, par Échard).

(5) C'est ainsi que le Père Léonard orthografiait son nom de famille, comme on le voit, entre autres, dans un autographe conservé au couvent des dominicains de Vienne. Cependant le Dr Aschbach écrit « Leonhard Huntpichler von Brixen, oder vom Brixner Thal, *de valle Brixensi* ». (*Geschichte der Wiener Universitaet* . . . p. 535). Il en est de même du Dr Wappler, (*Geschichte der theolog. Facultaet* . . . p. 369), et de Sébastien Brunner, (*Der Prediger-Orden in Wien* . . . p. 84).

(6) Voici la note élogieuse que lui a consacrée Fontana (*Monumenta dominicana*, part. iij, cap. iv, p. 349) : « Anno 1454, P. Leonardus de Valle Brixinensi in Viennen. Universitate primarius S. Theologiae Doctor, in regulari observantia enutritus, illiusque restitutor in Germania et Hungaria, scripsit librum *De corpore Christi et communione laicali* contra Hussitas haereticos in Boemia vigentes, opus egregium, atque ipsis haereticis invisum ». — Cf. Ferrari : *de rebus Hung. Prov.* part. iv, cap. ix, pp. 589-590.

(7) Brixen en Brixenthal [*in valle brixinensi*], qu'il ne faut pas confondre avec la ville épiscopale de Brixen, est aujourd'hui un doyenné du diocèse de Salzbourg ; la paroisse qui ne compte pas onze cents âmes est consacrée à l'Assomption de Notre-Dame. — Cf. *Personalstand der Saecular-und Regular-Geistlichkeit der Erzbisthums Salzburg auf das Jahr 1888.* — Salzburg, Verlag der F. E. Consistorial-Kanzlei, p. 63.

(8) J. Aschbach : *Geschichte der Wiener Universitaet* : . p. 535.

(9) On donnait ce titre au professeur chargé d'expliquer le livre des Sentences de Pierre Lombard.

(10) Son nom est mentionné dans les registres de l'Université, à propos des affaires engagées entre le pape et l'empereur Frédéric III, avec cette désignation : *membre de la commission des Arts.* — Cf. *Act. fac. Art.* ii, fᵒ 181, à l'année 1447.

Vers la même époque (1), répondant aux appels de la grâce et aspirant à une vie plus parfaite, il avait revêtu les livrées de Saint Dominique (2). Aussi vertueux que savant, il fut bientôt chargé de fonctions importantes par la confiance de ses supérieurs comme par l'estime de ses collègues. Docteur à la Faculté de théologie, il fut cinq fois élu doyen semestriel : avril 1450, octobre 1453, octobre 1460, octobre 1463 et octobre 1468 (3). D'autre part, le P. Pierre Wellen (4), provincial d'Allemagne, rendant hommage « à la pureté de sa foi, à son zèle pour le bien de la religion, à la maturité de sa conduite, à sa science et à ses vertus », lui délivra des patentes d'inquisiteur pour la province ecclésiastique de Salzbourg (5), le 25 avril 1453. L'année précédente, le fr. André, provincial de Hongrie (6), lui avait délégué ses pleins pouvoirs pour la réforme des couvents dominicains de sa juridiction, entreprise difficile que plusieurs magnats ecclésiastiques et laïcs du royaume, et le gouverneur Jean Hunyade lui-même, avaient sollicitée (7). D'autres affaires importantes pour le bien public, comme par exemple les tentatives de réconciliation entre l'empereur Frédéric et son frère Albert VI [1462] et la prédication de la croisade contre les hussites de Bohême (8), occupèrent son activité avec les travaux de l'enseignement jusqu'à un âge assez avancé. Le Dr Aschbach assigne à sa mort la date approximative de 1472 ; mais il faut la reculer de quelques années, car il existe (9) une note autographe de Léonard, qui se termine ainsi : « anno domini m° cccc° lxxvij°, in die S. Gregorii ».

La missive de l'inquisiteur général de France à Léonard Huntpüchler de Brixen-

---

(1) Le Dr Aschbach dit : « nach dem Iahre 1447 » (loc. cit. p. 535). L'entrée de Léonard Huntpüchler dans l'Ordre des Frères Prêcheurs est certainement antérieure à cette date ; car c'est lui qui fut chargé de prononcer le sermon d'usage au Chapitre provincial, tenu à Augsbourg en 1446. Le texte de cette conférence est conservé à la bibliothèque de notre couvent de Vienne, sous ce titre : Collacio fr. leonardi ad capitulum provinciale augustense, anno 46 : De nativitate beate virginis ; avec cette mention à la table des matières : Sermo ad capitulum Augustense M. leon. de valle, . . . quod incipit : Liber generationis. (Cod. 204, non paginé). — Un autre registre (coté aujourd'hui 290) renferme une convention passée entre les couvents réformés d'Allemagne, à la fin d'août 1446. Les trois premières pages et une note au bas de la sixième sont transcrites de la main même de Léonard ; mais il peut se faire qu'il ait copié plus tard ce document sans en être l'auteur.

(2) Au couvent de Vienne. (Aschbach, loc. cit. p. 535).

(3) Dr Wappler : Geschichte der theol. Facultaet. . . pp. 471-472. — Le Dr Aschbach donne 1449 pour la date du premier décanat, au lieu de 1450 (nouveau style).

(4) Échard (Scriptores ord. Praed. tom. I, p. 843^b) l'appelle Wellens. Il était belge. Élu provincial de Teutonie vers 1445, il administra vingt ans cette province. † 1469. — La province dominicaine de Teutonie avait été divisée en 1393 par le Chapitre général de Besançon. La Teutonie proprement dite comprenait l'Autriche, la Bavière, la Souabe, la Franconie jusqu'à Cologne inclusivement avec le Brabant. (Cf. Échard, loc. cit. tom. I, p. ix).

(5) Bibliothèque du couvent de Vienne, cod. 291, f° 79 v°.—La province ecclésiastique de Salzbourg était alors plus étendue que le duché d'Autriche.

(6) Cette commission, octroyée à maître Léonard de Brixenthal, porte la date suivante : « Scriptum Strigonii, feria quinta post festum pasche, anno domini m° cccc° lij° ». (Cod. 291 f° 39).

(7) Un certain nombre de pièces intéressantes, concernant la réforme des couvents d'Allemagne et de Hongrie, sont demeurées inédites. (Bibliothèque du couvent de Vienne, cod. 291). D'autres ont été publiées par Sigismond Ferrari : de rebus hungaricae prov. Ord. Praed.

(8) En 1467. — La Faculté des Arts lui fournit à cette occasion un subside de 30 florins d'or. (Act. fac. art. lib. III, f° 188).

(9) Bibliothèque du couvent de Vienne, ms. 5, f° 2.

thal nous a été conservée. Le destinataire avait pris soin de la faire copier ainsi que le *Summarium* de Bréhal et les deux traités qui l'accompagnaient (1) ; mais ce registre, parchemin et papier de format in-8° plutôt qu'in-4° (2), a été transféré plus tard du couvent des Frères Prêcheurs de Vienne à la bibliothèque du Vatican, où il fait partie du fonds Ottoboni, n° 2284, avec cette mention : « iste liber est conventus wiennensis ordinis fratrum predicatorum in Austria ». La table des matières commence par une note, qui nous fournit quelques détails intéressants à consigner dans leur teneur originale : « Folio primo habetur justificacio Johanne famate per mundum, virginis Francie, que mira gessit (3) in rebus bellicis pro Rege Francie contra Anglicos, qui et finaliter eam ad supplicium mortis condempnarunt. Tractatum hujus justificacionis edidit dominus Theodericus, auditor rote curie romane, et finitur f° xxiij. Hunc tractatum, et quemdam huic valde contrarium, de sua gratia reverendus Pater sacre pagine professor frater Johannes Braballi (4), inquisitor fidei in regno Francie, in magnis sexternis de sua gratia misit michi dudum per nobilem virum dominum leonardum vilszkcher (5) cancellarium atque ambasiatorem illustrissimi principis ducis Sigismundi ad gloriosissimum regem Francie. Et quia idem dominus Leonardus cancellarius petivit sibi per me memoratos sexternos concedi, idcirco procuratum fuit, ut prius rescriberentur ad cautelam pro manuductione fratrum, si forte aliqui similes casus et cause emergerent futuris temporibus ».

La même lettre existe dans un autre registre, coté jadis I 84 sc. IV, et aujourd'hui 101, qui se trouve actuellement au couvent des dominicains de Vienne. Elle occupe, à la fin d'un livre théologique, le f° 146 verso et le f° 147 recto. Le P. Léonard l'y avait fait transcrire avant la fin d'août 1464 ; car, à la page suivante, après un autre document, on lit sa signature : « fr. N. regens studii generalis conventus ejusdem [wiennen]. De anno domini m° cccc° lxiv°. In octava Assumptionis beatissime virginis christifere ». La lettre N., qui remplace le nom propre suivant l'usage adopté dans diverses pièces de ce recueil, paraît avoir été mise par modestie. Quoi

---

(1) Il nous est impossible d'assigner une date précise à cette transcription. Cependant il est vraisemblable qu'elle a été faite à l'occasion même du procès de réhabilitation sous Calixte III, ou peu de temps après. Le manuscrit renferme en outre une lettre du cardinal de Rodez sur la prise de Constantinople, lettre datée du 8 juillet 1453.

(2) Il commence par un feuillet de parchemin, rogné dans le haut, qui appartenait sans doute à un autre codex, et dont le recto n'a pas de rapport avec le contenu du volume. C'est seulement au verso, à la suite de ce texte, qu'on lit la table des matières. — Ces détails, ainsi que les renseignements très précis sur la personne et les actes du frère Léonard de Brixenthal, nous ont été fournis par notre ami, le R. P. Vincent Laporte, O. P., qui a bien voulu mettre à notre disposition ses connaissances paléographiques pour le contrôle des manuscrits de Vienne. Il est de notre devoir de lui rendre ici un témoignage public de notre reconnaissance.

(3) D'après le témoignage très compétent du R. P. Laporte, ces treize premiers mots sont manifestement de la main de Léonard de Brixenthal, et d'un caractère plus gros que le reste, qui a été transcrit par un copiste.

(4) Nous avons déjà fait remarquer que le copiste viennois défigure ainsi le nom de Bréhal. Il a écrit également *Theodericus* au lieu de *Theodorus*. — Au f° xliij r° du ms. 9790 de la Bibliothèque nationale, le transcripteur aux ordres de l'ambassade française a inséré la note suivante dont l'exactitude ne saurait être contestée : « Codex [2284] pertinuit olim ad conventum viennensem ord. Praed., ut ad calcem prioris paginae notatur. Caret interpunctione, scatetque innumeris mendis ».

(5) On ne peut guère lire autrement : les lettres sont bien formées. Tout au plus pourrait-on lire : vilszkeher.

qu'il en soit, les synchronismes ne permettent pas d'élever le moindre doute sur la personne ainsi désignée. Il se pourrait que cette copie, sans ponctuation et dont la correction n'est pas irréprochable, n'ait pas été faite sur l'original, qui à cette époque n'était plus entre les mains du P. Léonard.

Une troisième transcription, d'origine moderne, est celle de la Bibliothèque nationale de Paris, fonds latin ms. 9790 [ancien 1033, suppl. lat.], où elle occupe le dernier feuillet. Elle a été publiée par Quicherat (1). La table des matières contenues dans ce registre la mentionne sous deux titres différents : « Folio lviij (2) habetur copia epistole prefati inquisitoris ad fratrem Leonardum conventus viennensis » ; et ensuite : « Folio lviij epistola inquisitoris fidei in regno Francie ad fratrem inquisitorem fidei per provinciam Salczburgensem » (3).

En voici le texte que nous avons soigneusement relevé à notre tour, avec les variantes fournies par les manuscrits de notre couvent de Vienne, et du fonds Ottoboni (4) :

JHESUS.

Sincere religionis ac preclare fame viro fratri Leonardo (5), sacre theologie eximio professori, lectori que conventus vienne in theutonia, ordinis fratrum predicatorum.

Post sincere veneracionis officium cum devota recommendacione, preclarissime magister et pater, Ignotus ipse vobis scribere audeo, sed tamen ex clara fama noto : suadet etiam materies que christianissimi regis francorum decorem (6) concernit, quam que non mediocriter cordi habet, ut pro honore ordinis vestram auditam solerciam ad aliquid non tam novi quam magni commoveam. Nam majestatis sue decus per hostes suos anglicos in eo permaxime ab olim enormiter lesum existimat, quia quamdam simplicem puellam et virginem, que divino nutu, ut prope irrefraga-

---

(1) Quicherat : *Procès...* tom. II, p. 70 ; — tom. v, p. 431. — Le R. P. Ayroles a donné une élégante traduction de ce document (*La vraie Jeanne d'Arc...* p. 238).

(2) Cette pagination est celle du manuscrit ottobonien que le copiste a omis de changer ; la lettre est en effet à la page 99 v° du registre de Paris [n° 9790], immédiatement après la sentence définitive, dont elle n'est séparée par aucun titre, sauf par l'en-tête dédicatoire : JESUS.

(3) Au point de vue de la correction historique, la formule du premier titre est préférable à celle du second. Lorsque Bréhal écrivit à Léonard, celui-ci n'était point encore inquisiteur de la foi pour la province ecclésiastique de Salzbourg. Ce fut seulement le 25 avril 1453 que le R. P. Pierre Wellen, provincial de Teutonie, lui confia cette charge, comme il conste par les lettres patentes insérées au registre de la bibliothèque des FF. Prêcheurs de Vienne, coté aujourd'hui 291, f° 79 v°.

(4) En tête de la lettre, le ms. 101 du couvent de Vienne porte le titre suivant : *Epistola inquisitoris fidei de francia ad fratrem leonardum*.

(5) Les deux copies faites par les ordres du P. Huntpüchler, c'est-à-dire celle du cod. 101 du couvent de Vienne, et celle du ms. ottobonien 2284 du Vatican, portent suivant la coutume qu'il avait adoptée : *fratri leonardo N*.

(6) Le mot *decorem* manque dans le ms. 101 du couvent de Vienne.

bili comprobatur evidentia, rem bellicam pro ejus sorte pridem gessit (1), sub causa fidei adversus (2) eam processerunt. Quinymo et ad extremum, sub ipso fidei judicio, in regis et regni vituperium ipsam hostiliter incendio (3) extinxerunt. Quocirca regia majestas summopere cupit ipsius sentencie et rei judicate (4) comperire veritatem. Ob quod michi exiguo inquisitori, suo in regno (5), commisit et injunxit quatinus sapientibus universis, ubicumque expedire viderem, legittima communicando super processu documenta fidelia que extracta, ipsorum sentencias percunctarer (6) et exigerem, etiam et ab exteris permaxime, ut favor omnis videatur in peculiari causa (7) exclusus. Unde per strenuum militem dominum Leonardum, illustrissimi principis domini ducis Austrie oratorem, cuncta vestre reverencie mitto, que rei ipsi prima facie congnoveritis (8), ut pro honore ordinis et vestre inclite persone celebri commendacione aliquid scribatis et decidatis. Cetera insinuacione digna quo ad hunc casum supplebit memoratus illustris Leonardus.

De factis ordinis, que nunc, Dei permissione, lugubri procella defluctuant, nil aliud novi nisi quod per dominum nostrum papam conventui nannetensi capitulum generale restitutum est; sed tamen provincialis romanus manet ordinis vicarius. Horum bullam ipse vidi.

In domino Jhesu feliciter valete.

Ex Lugduno, ultimo decembris.

Vester, plena caritate, frater

JOHANNES BREHALLI, inquisitor fidei in regno francie (9).

Malgré l'omission du millésime dans la date de cette lettre, les données du dernier paragraphe concernant les affaires de l'Ordre des Frères Prêcheurs permettent de le fixer avec certitude.

Quicherat (10) parle à ce propos « de la remise des dominicains de Nantes en jouis-

---

(1) Pour que la construction de la phrase fût régulière, il faudrait, comme le propose Quicherat, (Procès... tom. II, p. 70 note 2), suppléer au moins les mots : ceperunt et...
(2) Ms. 101 du couvent de Vienne : adversum.
(3) Par une étrange méprise, le copiste du ms. 101 du couvent de Vienne a écrit très lisiblement : zuccendio.
(4) Le sens exige qu'on lise de la sorte, bien que le ms. 101 du couvent de Vienne porte : judicare. — Le copiste du cod. ottobonien 2284 a lu et écrit correctement : rei judicate.
(5) Le mot suo manque dans le ms. 101 du couvent de Vienne.
(6) Le ms. 101 du couvent de Vienne : percunctare.
(7) Le ms. 101 du couvent de Vienne a interverti : in causapeculiari.
(8) Peut-être y avait-il dans l'original : que rei ipsi prima facie congruere noveritis ; et le copiste par distraction a réuni les deux mots en un seul. Quoi qu'il en soit de cette conjecture, la phrase est manifestement incomplète : il doit manquer une ligne, omise par l'inattention du transcripteur.
(9) Dans le ms. 101 du couvent de Vienne, il n'est fait mention ni du lieu ni de la date.
(10) Quicherat : Procès... tom. v, p. 431. — C'est vraisemblablement sur l'autorité seule de Quicherat que repose l'affirmation de M. Fabre datant cette lettre ; fin décembre 1453 (Procès de réhabilitation ... tom. II, p. 188 note).

sance de leur chapitre provincial », et il « suppose que cela concorde avec l'hiver de 1453 » ; double erreur qu'il aurait évitée, s'il avait interprété littéralement son texte et s'il avait eu quelque connaissance de la législation dominicaine.

Rétablissons d'abord les faits, tels qu'ils se sont passés, très conformément au droit.

Après la mort prématurée du Père Pierre Roschin, qui avait été élu maître général de l'Ordre, à Lyon le 23 mai 1450 (1), le chapitre général fut convoqué à Rome l'année suivante pour lui donner un successeur. Le 12 juin, veille de la Pentecôte (2), les suffrages se portèrent sur le P. Gui Flamosset (3). Celui-ci n'exerça pas longtemps ses hautes fonctions : six mois ne s'étaient pas écoulés qu'il rendait son âme à Dieu, le 19 novembre 1451. Or les Constitutions des Frères Prêcheurs règlent, d'une part, que le chapitre d'élection est différé jusqu'à la Pentecôte de la seconde année suivante, lorsque la vacance vient à se produire après la fête de S. Michel (4) ; d'autre part, que la charge de Vicaire de l'Ordre est dévolue au Provincial dans le territoire duquel se trouve le couvent désigné pour la célébration du prochain chapitre général (5).

En vertu de ces dispositions, la mort du P. Flamosset étant postérieure au 29 septembre 1451, la réunion du chapitre général ne devait avoir lieu qu'à la Pentecôte de 1453, et le pouvoir vicarial appartenait au prieur provincial de France, puisque le couvent de Nantes, qui relevait de sa juridiction, avait été désigné d'office comme le lieu du futur chapitre général.

Toutefois, par un acte de son autorité souveraine, le pape Nicolas V modifia l'état normal des choses : il annula le choix qu'on avait fait du couvent de Nantes, et il créa Vicaire de l'Ordre le P. Dominique Gianni, alors provincial de la province romai-

---

(1) « Anno 1450, convenere Patres nostri apud Lugdunum pro celebratione capituli novique Magistri generalis electione, in quo Magister Ordinis salutatus est P. Petrus de Rochim Gallus, et ipse de provincia Provinciae, ejusdemque Prior Provincialis ». (Fontana : *monumenta dominicana*, part. iij, cap. ij; — p. 344). — Cf. Quétif et Échard : *Script. ord. Praed.* tom. I, p. 807ᵇ.

(2) Les chapitres généraux de l'Ordre de saint Dominique se tiennent normalement durant la semaine de la Pentecôte quand ils doivent procéder à la nomination du Maître général, cette élection a lieu la veille même de la fête.

(3) Les auteurs l'ont appelé Flammochetti : la véritable orthographe de son nom de famille est celle que nous lui attribuons d'après les registres consulaires de la ville de Lyon (Archives municipales de Lyon : Registres consulaires BB 4, fᵒ 90 délibération du 16 mai 1449, fᵒ 93 vᵒ délibération du 7 juin, et fᵒ 99 rᵒ délibération du 21 septembre 1449). — « Anno 1451, congregatum est Romae, Nicolao Pontifice patente, Generale Ordinis Capitulum pro Magistri illius electione... In eo igitur ex majori Patrum voto nominatus est Magister P. Guido Flamochetti Gallus, cum esset ordinis Generalis Procurator et Vicarius ». (Fontana : *Monumenta dominic.* parte iij, cap. ij, pp. 345-346). — Cf. Quétif et Échard : *Script. ord. Praed.* tom. I, p. 808ᵇ.

(4) « Si Magister obierit, vel amotus fuerit, post Pentecosten et ante festum vel in festo S. Michaëlis, in proxima Pentecoste novus Magister eligatur. Si vero post festum S. Michaëlis et ante Pentecosten obierit, exspectetur pro capitulo electionis usque ad alterius anni Pentecosten ». (*Constit. FF. ord. Praed.* dist. II, cap. IV, declar. II. — Paris, 1872, p. 380, n. 753).

(5) « Mortuo vel amoto Magistro, Vicariatus totius ordinis devolvitur ad illum Provincialem, in cujus provincia proximum capitulum generale celebrandum occurrit ». (*Constit. Ord. FF. Praed.* dist. II, cap. IV, declar. VIIJ. — Paris 1872, p. 404, n. 784).

ne (1). Plus tard, il revint sur sa décision première, et, tout en maintenant au provincial romain ses fonctions vicariales et la présidence de l'élection capitulaire, il restitua au couvent de Nantes sa désignation (2).

Tel est le sens véritable de la phrase qui nous occupe : per dominum nostrum papam, etc. Par suite, le Chapitre se réunit effectivement à Nantes (3), et le 19 mai 1453, le P. Martial Auribelli, provincial de Provence, y fut élu Maître général. Il résulte de là que la lettre de Bréhal, datée du 31 décembre, est réellement de 1452, que les décisions pontificales dont elle parle sont antérieures à l'hiver de 1453, et que leur exécution a eu lieu vers le milieu du printemps de cette même année (4).

Quelle fut la réponse de Léonard Huntpüchler au grand inquisiteur de France ? Bréhal ne semble pas l'avoir gardée dans ses dossiers ; il n'en reste pas trace, à notre connaissance, dans les manuscrits de la Bibliothèque nationale de Paris relatifs au procès ; et, — chose plus étonnante, vu la sollicitude singulière du professeur autrichien pour la conservation de ses écrits et des pièces concernant les affaires importantes auxquelles il avait été mêlé, — ni les archives de notre couvent de Vienne, ni celles de la Hofbibliothek, ne contiennent sa lettre ou son mémoire à ce sujet.

Quelques années plus tard, fr. Léonard de Brixenthal, inquisiteur de la foi pour la province de Salzbourg, vint à Paris. C'est lui-même qui l'apprend et qui nous fournit la date de ce voyage dans un traité inédit, dédié à l'archiduc d'Autriche Albert : « Sub anno illo quo obiit dive memorie rex ladislaus (5), vidi habitudinem statuum spiritualium in celeberrima civitate parisiensi et in magna parte francie et burgundie, flandrie, brabantie . . . » (6). Il eut ainsi l'occasion de se rencontrer avec son illustre collègue de France. La sentence de réhabilitation était alors prononcée, mais on peut aisément deviner que la cause de Jeanne d'Arc, si profondément gravée dans le cœur de Bréhal, ne fut pas bannie de leurs entretiens.

---

(1) « Frater Dominicus Gianni a Corella, S. Th. Mag., S Mariae Novellae alumnus ». (Masetti : *Monumenta et antiquates* . . . tom. I, p.425). — Ce religieux, qui gouverna l'Ordre deux fois en qualité de Vicaire général, était un savant théologien, et prit part, avec plusieurs autres dominicains, aux travaux du concile de Florence.

(2) Ces documents n'ont pas été insérés au Bullaire de notre Ordre, bien qu'on y trouve (tom. III, p. 315) une Bulle de Nicolas V, datée du 14 janvier 1453, où il est fait mention du P. Gianni comme vicaire général de l'Ordre ; mais nous croyons qu'ils existent dans les Régestes Pontificaux : le premier a dû suivre de près le décès du maître général, c'est-à-dire qu'il a été rédigé à la fin de novembre ou au commencement de décembre 1451 ; le second, que Bréhal a vu, appartient sans doute à l'année 1452.

(3) « Post excessum Guidonis, convenere in unum Patres nostri pro alterius Generalis Magistri electione anno 1453, apud Nannetas in Britannia, in qua delectus est Magister ordinis P. Martialis Auribellus, Avenionensis, Vicarius Generalis ac provincialis provinciae Provinciae ». (Fontana : *Monumenta dominic.* parte iij, cap. IV ; — pp. 347-348). — Échard dit que l'élection eut lieu : « die sabbati xix maii, vigilia Pentecostes ». (*Script. Ord. Praed.* tom. I, p. 811ª).

(4) Nous ne doutons pas que les données historiques concernant l'ambassade de Léonard Wilzkeher ne fournissent de nouvelles preuves à l'appui de la démonstration que nous venons de faire d'après nos documents de famille. Mais, malgré nos recherches, nous n'avons pas réussi à nous procurer les pièces nécessaires, et il nous a fallu renoncer à résoudre le même problème par une voie où il y a pour nous trop d'inconnues.

(5) Il s'agit du jeune roi Ladislas V, mort inopinément le 23 novembre 1457. — Cf. Aschbach : *Geschichte der Wiener Universitaet* . . . p. 227.

(6) Bibliothèque du couvent des dominicains de Vienne, cod. 264, f° 21 v°.

CHAPITRE VII

LES MÉMOIRES.

Au commencement de l'année 1453, maître Robert Cybole, ancien recteur de l'université et alors chancelier de Notre-Dame à Paris, homme d'une sagesse vraiment supérieure dans le monde des savants et des érudits selon l'expression d'un appréciateur compétent (1), terminait le mémoire qui lui avait été demandé au nom du roi et du cardinal d'Estouteville (2).

Ce travail, qui respire une modestie rare, est fort remarquable par la solidité de sa doctrine et par le courage avec lequel il ne craint pas de censurer les qualificatifs de la sentence, et de rappeler la part blâmable qu'y ont prise les plus hauts dignitaires de l'université. Il méritait l'honneur d'être inséré dans les grandes expéditions du procès de réhabilitation (3). C'est là qu'on l'a retrouvé, au manuscrit latin 5970 de la Bibliothèque nationale, [fº 164 rº-171 rº]. Après un en-tête dans lequel le greffier rappelle le nom et les titres de l'auteur, dont le conseil a été requis de nouveau par les délégués du Siège apostolique depuis l'ouverture des débats, il commence ainsi : *De puella quadam Johanna nuncupata,* etc. . . . On lit au colophon : *Actum Parisiis, in claustro beatae Mariae et in domo habitationis meae, anno Domini MCCCCLII, die secunda mensis Januarii* (4) ; puis la signature : *Robertus Cybole.* M. Lanéry d'Arc l'a édité (5) : autant qu'une lecture rapide nous a permis d'en juger, son texte presque entièrement dépouillé de formes archaïques, nous a semblé néanmoins plus soigné que celui de la plupart des autres mémoires publiés dans le même volume. — Le R. P. Ayroles a donné de ce traité une analyse substantielle ; il a de plus traduit intégralement le chapitre qui a trait à la soumission de Jeanne à l'Église (6).

Une autre *Consideratio,* due à la plume du saint et savant évêque de Périgueux,

---

(1) « Viro sane inter doctos et eruditos sapientissimo » ; cité par le R. P. Ayroles (*La vraie Jeanne d'Arc* . . . p. 272) d'après les *lettres* inédites *de Machet* (Bibliothèque nationale, ms. latin 8577, fº 37-40). — Né à Ourches près de Breteuil (diocèse d'Évreux), Ciboule, comme on l'appelle généralement, a joué un rôle très honorable dans plusieurs affaires où Charles VII l'employa. Il aida de tout son pouvoir le cardinal d'Estouteville à la réforme de l'Université. Animé des sentiments les plus fidèles à l'égard du pape légitime, il s'efforça de combattre les œuvres et les tendances schismatiques d'un grand nombre de ses collègues. Il mourut en 1460, doyen du Chapitre de la cathédrale d'Évreux.

(2) « Quum irrefragabilis auctoritas, cujus jussa mihi capessere fas est, et nefas eidem non obedire, jubeat me aliquid dicere super . . . processu . . . », dit-il lui-même dans le préambule de sa *Consideratio.* — Cf. M. Lanéry d'Arc : *Mémoires et consultations* . . . p. 351.

(3) On voit que nous sommes loin de partager l'opinion de M. Fabre (*Procès de réhabilitation*, tom. II, p. 182), qui déclare ce mémoire « assez médiocre malgré ses allures doctorales ».

(4) Cette date est du vieux style, c'est-à-dire conforme à la computation qui ne faisait commencer l'année qu'à Pâques.

(5) M. Lanéry d'Arc : *Mémoires et consultations* . . . pp 351-393. Quicherat avait seulement reproduit le début et la conclusion (*Procès* . . . tom. III, pp. 326-328). Voir aussi tom. v, p. 467.

(6) R. P. AYROLES : *La vraie Jeanne d'Arc*. . . pp. 274-291.

Élie de Bourdeilles, de l'Ordre des Frères Mineurs (1), fut remise entre les mains de Bréhal.

Avec les sentiments d'une admirable humilité, l'auteur déclare, au début même de son œuvre, qu'il obéit dans la mesure de sa petitesse aux sollicitations que sa majesté le roi a daigné lui adresser par lettres patentes. Le sommaire du Procès lui a été communiqué par l'inquisiteur, et, sur l'examen sérieux de ce seul document dont nos lecteurs ont pu constater la parfaite exactitude, il donne son avis très net et toujours savamment justifié malgré les formules pleines de réserve et de déférence qui l'accompagnent. Prenant à partie tour à tour les vingt qualificatifs articulés contre la Pucelle par la sentence de condamnation, il montre jusqu'à l'évidence que les faits sont insuffisants à établir la justesse de pareils griefs. Si on a le droit, au point de vue de l'art littéraire, de regretter la prolixité des développements que le docte théologien apporte à l'exposition des principes sur lesquels il entend baser ses raisonnements (2), on est forcé de reconnaître qu'il possède pleinement la matière et qu'il se prononce à bon escient. Certaines questions, et spécialement celles qui concernent les apparitions et révélations, c'est-à-dire le point capital du procès, sont traitées de main de maître et accusent une méthode rigoureuse au service d'un savoir très étendu, puisé aux meilleures sources. La *Consideratio* commence par une citation de l'Écriture qui s'applique très heureusement à la circonstance : *Scriptum est, si difficile et ambiguum apud te judicium esse perspexeris*, etc... Elle se termine par les plus sincères protestations de soumission aux décisions du Saint-Siège, *cum omni honore et reverentia ac benigna supportatione antedicti domini nostri regis, ad praesens sufficiant*.

Bréhal a jugé ce mémoire digne d'être inséré dans les grandes expéditions du procès de réhabilitation. Voilà pourquoi il se trouve dans le ms. 5970 de la Bibliothèque nationale ; il y occupe du f° 111 r° au f° 132 r°. M. Lanéry d'Arc l'a édité d'après ce texte (3). Quicherat n'avait imprimé que la préface (4). Le R. P. Ayroles l'a fait connaître au grand public par un abrégé substantiel de l'ensemble et par la traduction des passages les plus importants (5).

A la suite de la Consultation d'Élie de Bourdeilles, le registre 5970 de la Biblio-

---

(1) Ce digne fils du patriarche S. François d'Assise était né vers 1415 au château d'Agonac en Périgord d'une des plus anciennes familles du pays : son père était sénéchal et lieutenant du roi. Sur les instances des chanoines de Périgueux, le pape Eugène IV obligea l'humble religieux malgré sa jeunesse (il n'avait que 24 ans) à accepter le fardeau de l'épiscopat. Sa vie austère autant qu'active, détachée des honneurs et des richesses, a laissé dans l'Église un suave parfum de sainteté. Nommé archevêque de Tours [1468], il ne profita de la confiance et des faveurs de Louis XI que pour augmenter ses bonnes œuvres, et défendre avec une liberté apostolique les droits du Saint-Siège. Créé cardinal par Sixte IV, il mourut huit mois après, le 5 juillet 1484. — Cf. Ciaconius et Oldoinus: *Vitae pontificum*... tom. III, pp. 81-82.

(2) Les érudits ne manqueront pas de relever aussi quelques assertions très contestables, ou même entièrement erronées, qui émaillent son éloge des rois et du royaume de France. Il faut noter à sa décharge que la science historique de l'époque n'était pas fort avancée, et qu'il est simplement l'écho d'un enseignement accepté alors par les plus instruits.

(3) M. Lanéry d'Arc : *Mémoires et consultations* ... pp. 99-185. — Il en existe plusieurs autres copies soit à Paris, soit au Vatican ; mais nous n'avons pas eu le loisir de les étudier.

(4) Quicherat : *Procès* ... tom. III, pp. 306-308. Cf. tom. V, pp. 442 et 464.

(5) R. P. Ayroles : *La vraie Jeanne d'Arc*... pp. 359-402.

thèque nationale renferme l'*Oppinio et consilium* de Thomas Basin, évêque de Lisieux, le faux Amelgard des auteurs (1).

Un passage de son *Histoire de Charles VII* nous apprend que son mémoire a été rédigé à l'instigation du roi (2). La conclusion de son *Opinio et Consilium* indique dans les termes les plus exprès qu'il a reçu par l'intermédiaire de Guillaume Bouillé, les pièces nécessaires à l'examen de la cause : « quatenus de processu et actis causae mihi constare et apparere potuit per quaternum mihi transmissum per venerabilem et circumspectum virum dominum decanum noviomensem, sacrae theologiae professorem egregium, in quo quaterno continentur articuli xij elicili per Anglicos, et consequenter additiones et determinationes excerptae de processu ad veritatem per peritissimum utriusque juris doctorem dominum Paulum Pontanum, una cum scedula, secundum quam judices fecerunt abjurare Johannam, ac etiam certis dubiis per praefatum dominum Paulum conceptis et elicitis pro consilio peritorum desuper inquirendo (3).

Deux choses nous semblent ressortir de ce texte : la fixation approximative de l'époque à laquelle il a été composé, et une nouvelle confirmation des faits avancés au sujet de la *Consultatio* de Paul Pontanus. — Il faut ranger l'évêque de Lisieux parmi les docteurs qui ont été consultés les premiers, c'est-à-dire durant les enquêtes préliminaires et tandis que l'affaire se poursuivait encore directement au nom du roi. L'intervention de maître Guillaume Bouillé et la demande faite par lui de la part de Charles VII, ainsi que l'affirme Thomas Basin, semblent l'indiquer. Il est vrai, — les documents ne laissent aucun doute à cet égard (4), — que le doyen de Noyon a pris, à titre officieux au moins, une part très active aux travaux de la révision du jugement. Toutefois, si le procès de la réhabilitation eût été ouvert lors de la rédaction

---

(1) Issu en 1412 d'une famille riche de la bourgeoisie de Caudebec, il se fit recevoir maître ès arts à l'université de Paris. Il étudia ensuite le droit civil à Louvain, et à Pavie où il prit ses grades. Revenu à Louvain, il y conquit les palmes du doctorat en droit canon. Sa vie très agitée nous est connue par son autobiographie et par un autre de ses opuscules intitulé : *Apologie*. Les services qu'il rendit à Charles VII lors de la conquête de la Normandie lui valurent le titre de conseiller royal. Ayant adhéré à la *ligue du bien public*, il eut à subir les ressentiments de Louis XI, et il mourut dans l'exil à Utrecht [1491], avec le titre d'archevêque de Césarée *in partibus infidelium*. Cf. R. P. Ayroles : *La vraie Jeanne d'Arc* . . . pp. 313-318.

L'évêque de Lisieux est l'auteur d'une histoire de Charles VII, que les historiens avaient attribuée à un certain Amelgard. Cette erreur trop longtemps accréditée embarrassait fort les érudits, et les avait engagés à d'inutiles recherches dans les bibliothèques de l'Europe. Quicherat, dont la sagacité comme paléographe est au dessus de tous les éloges, a fait connaître la vérité et publié pour la société de l'histoire de France une édition des œuvres de Thomas Basin (Paris, J. Renouard, 1855-1859, 4 volumes).

(2) « Poterat processus hujusmodi ex multis capitibus argui vitiosus, quemadmodum ex libello, quem desuper, ab eodem Carolo expetito a nobis consilio, edidimus, si ei ad cujus venerit manus cum legere vacaverit, latius poterit apparere ». (Cité par M. Lanéry d'Arc : *Mémoires et consultations*... p. 188 note). — Bzovius a cité sans nom d'auteur ce passage qu'il dit être d'un contemporain de la Pucelle : *Annal. eccl.* 1430. ix ; tom. xv p. 740 col. 2.

(3) N'ayant pas actuellement sous les yeux le manuscrit de la Bibliothèque nationale, nous citons le texte édité par M. Lanéry d'Arc : *Mémoires et consultations* . . . p. 235. — Deux autres fois, Thomas Basin fait une mention expresse de l'ouvrage de Pontanus (*ibid.* p. 190 et p. 232).

(4) Voir les largesses du roi pour défrayer maître Guillaume Bouillé des voyages et travaux faits à cette occasion : Cabinet des titres, vol. relié 685, f° 188 v°, f° 195 r° et f° 198 r°.

de cet opuscule, l'auteur n'eut pas manqué de mentionner la réquisition des commissaires apostoliques, et il se serait vraisemblablement abstenu de faire allusion au désir du roi, dont la personne ne devait plus être mise en cause. — Quant au traité de Pontanus qui lui a été communiqué, il s'agit manifestement de la *Consultatio*, que nous avons dit être le premier des deux mémoires de l'avocat consistorial : car c'est dans la *Consultatio* que sont discutés par ordre les douze articles du procès de condamnation avec les « additiones et determinationes excerptae de processu ad veritatem » ; c'est aussi dans le même opuscule qu'on rencontre l'énumération de certains doutes « per praefatum dominum Paulum conceptis et elicitis pro consilio peritorum desuper inquirendo ».

On peut supposer que l'auteur a connu aussi le mémoire de Guillaume Bouillé ; mais, si quelques phrases de celui-ci semblent avoir été reproduites telles quelles par Thomas Basin, le plan des deux ouvrages est assez différent. Il n'est pas question du *Summarium* de Bréhal : il est néanmoins vraisemblable que les renseignements sur les interrogatoires et les réponses de la Pucelle y ont été puisés.

Le traité de l'évêque de Lisieux est, sans contredit, des plus remarquables sous le rapport juridique (1) : avec une compétence supérieure, le docteur *in utroque jure* relève les nullités du procès de Cauchon et met à nu les vices énormes qui se cachent sous les apparences d'un formalisme affecté. Ses affirmations là-dessus ont plus d'autorité que celles d'un érudit qui connaît les textes et les livres de droit, mais qui n'a pas pris la peine d'acquérir la science du jurisconsulte. Bréhal a tenu grand compte des observations canoniques et théologiques de Thomas Basin ; par leur insertion à l'instrument authentique du procès de réhabilitation [f° 132 v°-144], il a montré l'estime qu'il en faisait.

Après le titre : *In nomine Domini Jhesu Christi, incipit opinio et consilium Thomae Lexoviensis episcopi, super processu et condemnatione Johannae dictae Puellae*, le mémoire débute par ces mots : *Consulendo in materia condemnationis Johannae Puellae*, etc... ; il se termine ainsi : *subscriptum et signatum per me Thomam, immeritum episcopum Lexoviensem, inter juris doctores minimum.* — M. Lanéry d'Arc (2) a publié le texte du ms. 5970. Le R. P. Ayroles a reproduit la substance des raisonnements, allégés de leurs nombreuses références (3).

Est-ce encore dans le même laps de temps que fut composée « *l'opinion de maistre Pierre l'Hermyte, soubdoyen de l'église de sainct Martin de Tours* » (4), comme

---

(1) M. Fabre, dont la critique ne pèche pas par excès de bienveillance à l'égard des mémoires consultatifs, reconnaît que celui-ci est « remarquable par ses qualités didactiques » (*Procès de réhabilitation*, tom. II, p. 179).

(2) M. Lanéry d'Arc: *Mémoires et consultations...* pp. 187-235. — Une reproduction critique du texte, accompagnée de la vérification des citations et de renvois aux sources, exigerait un travail assez considérable, mais qui ne serait pas sans intérêt.

(3) R. P. Ayroles: *La vraie Jeanne d'Arc*... pp. 319-353.

(4) « *Opinio domini Johannis Heremite* », selon le titre que lui donne M. Lanéry d'Arc : *Mémoires et consultations...* p. 73. — On dit que ce personnage était conseiller intime de Charles VII, et peut-être même son confesseur ; il ne nous est pas connu autrement.

est intitulée la traduction française, contenue dans le ms. 1234 de l'université de Bologne, et publiée (1) par M. l'abbé Du Bois de la Villerabel? Rien ne s'y oppose. Il est certain d'ailleurs que la date de ce mémoire ne saurait guère être antérieure à l'année 1453 ; car il est facile de constater que c'est une réponse aux dix huit articles ou doutes proposés dans la seconde partie de la Consultation de Paul Pontanus, puisque chacun des paragraphes commence par l'énoncé même des questions juridiques, soulevées mais non résolues par l'avocat consistorial.

Quicherat (2) n'a connu de ce document qu'une mauvaise copie d'une traduction française extrêmement défectueuse, identique — semble-t-il — à celle qui existe dans le ms. 1234 de Bologne. Cette dernière, faite par un écrivain peu soigneux, et surtout fort ignorant des termes du droit (3), a perdu presque toute valeur, tellement elle est incorrecte et mutilée : les articles quatrième, dix septième et dix huitième ont été omis, ainsi qu'une partie de plusieurs autres. On comprend que Quicherat ait hésité à reproduire, même comme simple spécimen, le premier et le dernier paragraphes. — Le texte latin, qui avait échappé aux investigations du savant directeur de l'École des Chartes, a été conservé dans le ms. fonds latin 13837 de la Bibliothèque nationale [fo 38 ro-40 vo]. M. Lanéry d'Arc l'a édité (4). Comme l'auteur ne traite pas la question de fond, mais seulement les vices essentiels de la procédure, Bréhal ne l'aura pas jugé assez complet pour l'insérer au registre 5970.

Un autre docteur de Tours, maître Gui de Vorseilles (5) fut aussi consulté sur la cause de Jeanne d'Arc. Son *Écrit sur certains points de la Pucelle*, comme il l'intitule, est fort court et n'offre rien de remarquable. Il n'a pas été inséré au dossier ; mais on le trouve dans le ms. 13837, fonds latin, de la Bibliothèque nationale [fo 40-43], d'après lequel M. Lanéry d'Arc (6) l'a publié. Il commence par ces mots : *Ut detur responsio ad ea puncta principalia quae Johannae Puellae objecta fuerunt, suam condemnationem concernentia* ... ; il se termine ainsi : *Ex his concluditur quod sententia, contra Puellam lata, est injusta, temeraria, Dei offensiva, sacrae doctrinae abusiva et de haeresi suspecta.* Le copiste a ajouté le colophon suivant : *Explicit opinio antedicti spectabilis magistri Guidonis de Vorseilles in praetensum processum Puellae.*

Parmi les docteurs consultés durant les préliminaires de la révision du procès, il faut aussi compter sans aucun doute Jean de Montigny, maître ès arts et docteur en

---

(1) *Les procès de Jehanne la Pucelle.* pp. 187-197.
(2) Quicherat : *Procès* ... tom. v, p. 431 et tom. II, p. 215.
(3) Un exemple suffira pour preuve : la sentence rendue « per metum cadentem in constantem virum » (M. Lanéry d'Arc : *Mémoires et consultations* ... p. 76, ligne première) devient sous la plume du traducteur « une folle et inconstante sentence » que l'inquisiteur « par crainte et grand peur fut contraint de donner » (*Les procès de Jehanne la Pucelle*, p. 189).
(4) M. Lanéry d'Arc : *Mémoires et consultations* ... pp. 73-81.
(5) Nous ne savons rien de lui, si ce n'est qu'il était chanoine de S.-Gatien. Quicherat n'en parle pas, et ne mentionne pas son écrit sur la Pucelle. Nous supposons que Bréhal, passant à Tours pour aller porter au roi l'enquête de 1452, avait eu l'occasion de connaître maître Pierre L'Hermyte et maître Gui de Vorseilles, auxquels il écrivit quelque temps après pour leur demander leur avis.
(6) M. Lanéry d'Arc : *Mémoires et consultations* ... pp. 83-90.

droit canon de l'université de Paris (1). Il avait eu entre les mains le dossier du jugement pendant quatre ou cinq jours (2). L'inquisiteur, dépositaire de l'instrument authentique, lui demanda son avis à bref délai, et lui communiqua, avec les extraits qui constituaient le *Summarium*, la *Consultatio* de Paul Pontanus ; car, de même que Pierre L'Hermyte, Jean de Montigny donne dans les dernières pages de son *Oppinio* sa réponse aux dix huit questions de l'avocat consistorial (3).

Un détail particulièrement intéressant à relever dans ce mémoire, c'est le plan que le célèbre professeur trace de la marche à suivre pour faire aboutir le procès, et surtout le conseil très habile et heureusement exécuté de faire intervenir la famille de la Pucelle comme demanderesse : « Licet plures possint esse partes, cum ii omnes quorum interest sint audiendi, pluriumque intersit et in communi et in particulari, attamen pro praesenti proximiores ejusdem Puellae sic defunctae viderentur prae caeteris praeponendi et ad hujusmodi processum admittendi tanquam suorum injuriam prosequentes in extinctione supradictae Puellae, seu suffocatione miserabili » (4).

Bréhal n'a pas hésité à ordonner l'insertion d'un travail si concluant (5) au grand registre, ms. 5970 [fº **135 vº-159 rº**], où Quicherat l'a retrouvé (6). Le nom de l'auteur ayant été rogné lors de la reliure, le docte paléographe avec son habituelle perspicacité conjectura la véritable reconstitution du titre mutilé. Cette conjecture est devenue certitude par la confrontation du ms. latin 13837 de la Biliothèque nationale, qui renferme [fº **20 rº**] la suscription complète : *Oppinio magistri Johannis de Montigny, decretorum famosi doctoris*. Le texte du ms 5970 a été édité par M. Lanéry d'Arc (7) ; mais la lecture ne paraît pas toujours satisfaisante, ni la ponctuation bien conçue Il débute par ces mots : *Praemissa excusatione, qua summe indigeo, tam ratione arduitatis materiae*, etc... La dernière phrase est celle-ci : *Et quidquid sit, ex praedictis et aliis similibus concludi potest eam non fuisse haereticam, et de haeresi per consequens minime condemnandam.* — Le R. P. Ayroles (8) a reproduit fort judicieusement, avec sa fidélité ordinaire, la substance de ce traité assez long.

---

(1) Quoique sa voix n'ait pas toujours été écoutée au milieu des effervescences universitaires, quand il donnait à ses collègues trop susceptibles des conseils de paix et de modération, il jouissait d'une haute estime, comme l'atteste entre autres, la mission qui lui fut confiée lors de la *ligue du bien public*. — M. de Beaucourt (*Hist. de Charles VII*, tom. v, p. 368) rappelle sa double qualité de chanoine de Paris et de conseiller au parlement. — Cf. Quicherat : *Procès* ... tom. v, p. 466.

(2) « Et excusatus habear, supplico, si in hoc et pluribus aliis ubi bene opus esset quotationes processus, ipsum non quotavi, quia vix quatuor aut quinque diebus cum habere potui, et extracta mihi transmissa non omnia continere possunt ». (M. Lanéry d'Arc : *Mémoires et consultations* ... p. 305) ; ms. 5970 fº **157 rº**.

(3) Il est impossible de le méconnaître à la lecture du passage qui commence ainsi : « Et per supra dicta sit responsum ad quaestiones plures, numero xviij. Ad primam enim respondetur ... etc. ». (M. Lanéry d'Arc : *Mémoires et consultations* ... pp. 314-317).

(4) M. Lanéry d'Arc : *Mémoires et consultations* ... p. 318.

(5) M. Fabre (*Procès de réhabilitation* ... tom. ii, p. 183) apprécie peu ce mémoire qu'il qualifie « prétentieux et banal ». Les commissaires apostoliques ne l'ont point jugé ainsi ; nous préférons nous ranger à leur avis, dont la compétence n'est pas contestable. La direction nouvelle donnée à l'affaire par suite des conseils expérimentés de Jean de Montigny montre assez l'estime que Bréhal et les juristes au service du roi lui ont accordée.

(6) Quicherat : *Procès* ... tom. iii, pp 319-322.

(7) M. Lanéry d'Arc : *Mémoires et consultations* ... pp. 277-322.

(8) R. P. Ayroles : *La vraie Jeanne d'Arc* ... pp. 294-310.

Les personnages dont nous venons de parler ne furent pas les seuls consultés par l'inquisiteur. Il était expédient de rassembler des suffrages en grand nombre, afin de les opposer victorieusement à la sentence des premiers juges et aux adhésions plus ou moins motivées des docteurs de l'université. Bréhal, toujours actif et zélé, ne négligeait aucune occasion de solliciter les avis de ceux qu'il estimait capables d'apporter à la cause de la Pucelle le secours de leurs lumières et de leur autorité. C'était pour ainsi dire le thème favori de ses entretiens avec les théologiens et les jurisconsultes. Les discussions de vive voix s'effacent, il est vrai, de la mémoire des hommes ; néanmoins elles avaient pour résultat de l'éclairer davantage et d'affermir dans son esprit « l'évidence presque irréfragable » de la vérité, selon l'expression de sa lettre à Léonard de Brixenthal. Les écrits qu'il reçut à ce sujet ont pu disparaître aussi, lorsqu'ils n'ont pas été enregistrés au procès de réhabilitation, mais ceux qui nous restent suffisent amplement à démontrer de quel côté se trouvaient la justice et l'honneur.

CHAPITRE VIII

NÉGOCIATIONS AVEC ROME.

La cour pontificale ne pouvait manquer d'être bien informée : le cardinal d'Estouteville, de retour auprès du pape, avait rendu compte de son enquête et des démarches que poursuivait l'inquisiteur de France. Jusqu'au jour où il quitta Rome pour aller prendre possession du siège archiépiscopal de Rouen (1) que Nicolas V lui avait conféré, il fut tenu au courant de tout et s'employa, autant que les circonstances le permirent, à disposer favorablement les esprits et à préparer les voies qui devaient conduire à la révision du procès par l'autorité apostolique. Cependant, en dehors des atermoiements que les règles d'une sage réserve imposent d'ordinaire et imposaient surtout alors au Saint-Siège, indépendamment des hésitations que suscitait la nature même d'une cause où deux princes chrétiens avaient des intérêts si opposés, les préoccupations les plus graves semblent avoir absorbé l'attention de Nicolas V, et entravé ainsi durant deux années la marche de l'affaire.

La prise de Constantinople par les Turcs (29 mai 1453) était connue à Rome le 8 juillet (2). Au premier sentiment de stupeur, que cette nouvelle produisit dans toute la

---

(1) Quoique la nomination de l'archevêque ait eu lieu le 30 avril 1453, ce fut seulement le 28 juillet de l'année suivante que le cardinal fit son entrée solennelle dans la métropole de la Normandie, où il résida quelque temps. Durant cet intervalle, il était resté à Rome et s'était contenté de prendre possession par procureur. — Cf. *Gallia Christiana*, tom XI, col. 90.

(2) Cf. M. de Beaucourt. *Hist. de Charles VII*, tom. v, pp. 390 et suiv.

chrétienté, succédèrent bientôt les agitations des peuples, les uns s'empressant, malgré les sollicitations pontificales, de conclure avec les vainqueurs des traités de paix et d'amitié pour se mettre à l'abri des invasions musulmanes, les autres, à l'appel du Pasteur suprême, cherchant dans les préparatifs d'une croisade les moyens d'arrêter les formidables entreprises de l'ennemi. On comprend que le pape, tout entier aux difficultés du moment et aux négociations qu'il fallait poursuivre activement et de plusieurs côtés à la fois pour amener l'entente des princes et conjurer le danger commun, ait différé par la force des choses, sinon de propos délibéré, l'examen d'une question ardue à coup sûr, et de plus compliquée par les prétentions des deux couronnes de France et d'Angleterre.

Le conseil donné par maître Jean de Montigny permettait de trancher le nœud gordien : il était sage autant qu'habile de s'y conformer. L'inquisiteur fut bientôt convaincu que l'intervention de la famille de Jeanne d'Arc, s'appuyant sur la juste revendication de l'honneur d'un de ses membres, triompherait des hésitations, tandis que les vives instances de Charles VII demeureraient à bon droit suspectes de visées politiques. Il réussit à persuader le roi, qui consentit à s'effacer, au moins en apparence (1). Dès lors, l'affaire s'engagea dans la voie qui devait aboutir au but tant désiré.

Une supplique (2) fut rédigée au nom de la mère et des deux frères de la Pucelle (3). Les demandeurs y rappelaient succinctement les faits et moyens de la cause : accusation fausse, procédure entachée de nullité, sentence injuste ; ils sollicitaient du Saint-Siège, avec l'autorisation de poursuivre la révision de la chose jugée « pour la recouvrance de leur honneur et de celui de Jeanne », la nomination de commissaires chargés de les entendre et de conduire à bonne fin le procès qui annullerait le jugement de condamnation et abolirait la note d'infamie indûment infligée.

Nous ne pouvons admettre le commentaire très succinct, mais dépourvu de bienveillance et peu exact, dont M. Fabre (4) accompagne une des phrases de la supplique : « Quondam Guillelmo de Estiveto referente bonae memoriae Petro episcopo Belvacensi ». Il voit sans doute une énormité dans les deux mots *bonae memoriae*, sur

---

(1) Dans le 5ᵉ compte de Matthieu Beauvarlet, notaire du roi, receveur général de toutes finances au pays de Languedoc, pour l'année finie en septembre 1454 (Cabinet des titres, vol. relié 685, fᵒ 175 vᵒ) on trouve sous la rubrique *Dons, récompensations et bienfaits*, un nouveau subside accordé par le roi au mois de mai à « maître Jehan Bréhal, docteur en décret, religieux de l'ordre des jacobins, inquisiteur de la foy, C. livres pour ses despens, besoingnant au procès de feue Jehanne la Pucelle ». C'est manifestement par distraction que le notaire lui attribue le titre de docteur en décret ; car dans le même compte (au feuillet suivant), comme dans le quatrième et le huitième, il le qualifie exactement de docteur en théologie.

(2) La teneur de ce document nous a été conservée par le rescrit de Calixte III, du 11 juin 1455. Voir le texte latin dans Quicherat : *Procès...* tom II, pp. 95-98. M. de Beaucourt en a donné la traduction : *Hist. de Charles VII*, tom. v, pp. 368-370.

(3) Le père et le frère aîné de Jeanne étaient morts. Sa mère, Isabelle Romée, et ses frères Jean et Pierre étaient seuls survivants ; ils agissaient comme représentant aussi un certain nombre de leurs proches, dont les noms ne figurent pas au rescrit pontifical.

(4) M. Fabre : *Procès de réhabilitation...* tom. I, p. 19 note.

lesquels il appelle l'attention par des caractères italiques suivis d'un point d'exclamation. Ignore-t-il que cette formule de chancellerie n'a pas le moins du monde la signification qu'il croit y découvrir ? Elle ne décerne aucun certificat de sainteté, aucun témoignage de conduite irrépréhensible ; c'est le langage respectueux auquel un évêque décédé dans la communion du Saint-Siège est présumé avoir droit, fût-il accusé d'être un prévaricateur, tant que sa forfaiture n'est pas juridiquement établie. Les rédacteurs de la supplique et Bréhal qui a connu et approuvé le texte, malgré leur opinion personnelle de l'infamie de Pierre Cauchon, connaissaient trop bien la valeur des termes pour avoir à cet égard l'ombre d'une hésitation. — M. Fabre ajoute : « Il y a à remarquer le soin qu'on prend d'attribuer la principale responsabilité au promoteur Jean d'Estivet qui était mort peu de temps après le supplice de Jeanne et sur qui on pouvait dauber sans crainte d'éveiller aucune susceptibilité ». Singulière préoccupation en vérité, si elle avait existé dans l'esprit des hommes de loi. Les trois personnes, contre lesquelles on réclame justice, ont été soustraites par la mort aux revendications humaines (1). Les demandeurs ne l'ont pas oublié, puisqu'ils accompagnent du mot *quondam* [feu], ou de l'expression équivalente *bonae memoriae*, le nom de chacun de ceux qu'ils rendent responsables de l'iniquité commise. Ils pourraient « dauber sans crainte » aussi bien sur Cauchon et sur Le Maistre que sur d'Estivet. Ils n'ont aucun intérêt à s'attaquer à celui-ci plutôt qu'à ceux-là. Ils ont même si peu souci de la question d'individualité qu'ils n'ont pas pris la peine de s'assurer s'il s'appelait Jean ou Guillaume : au procès de condamnation en effet, le promoteur porte le nom de « Johannes de Estiveto » ; ici et aux autres pièces du procès de réhabilitation, il est dit « Guillelmus ». Et afin qu'on ne puisse se méprendre sur leur intention de viser uniquement le fonctionnaire, ils ajoutent : « ou tout autre en ce temps-là investi de la charge de promoteur des affaires criminelles de la cour épiscopale de Beauvais ». Si d'ailleurs d'Estivet est incriminé directement avec les deux juges du procès, il faut bien convenir qu'il a comme eux une responsabilité particulière : il a rempli l'office du ministère public ; rapporteur de la cause, il avait plus que tout autre le devoir strict de ne point se laisser suborner par les ennemis de la Pucelle, et de ne point trahir la justice et la vérité par des allégations au moins partiales et suspectes, sinon sciemment iniques et mensongères. Ces réflexions nous ont paru opportunes pour conserver à une pièce capitale, destinée à engager le procès dans une voie nouvelle, le caractère et la correction dont l'inquisiteur tenait à revêtir tous ses actes.

---

(1) Malgré le texte formel de la supplique, on a révoqué en doute la mort du vice-inquisiteur à l'époque du procès de réhabilitation. D'après les intéressantes recherches de M. Ch. de Beaurepaire (*Notes sur les juges*... p. 25), Jean Le Maistre est mentionné une dernière fois aux registres capitulaires de Rouen comme ayant prêché un sermon le 25 janvier 1452 dans l'église cathédrale. Rien ne prouve qu'il était encore vivant lorsque le cardinal d'Estouteville ouvrit son enquête au mois de mai de la même année. Bréhal d'ailleurs ne devait pas ignorer la mort de son subordonné ; s'il a laissé insérer devant son nom le terme *quondam* (feu) avec cette mention *etiam tunc in humanis degenti*, dans la supplique de la famille d'Arc, c'est que le fait n'était pas douteux.

Les documents ne nous apprennent pas la date précise de la signature par les intéressés, ni celle de la transmission à Rome et de la présentation au Souverain Pontife. Il est probable néanmoins, d'après la concordance des données de l'histoire, que ces divers évènements eurent lieu dans le courant de l'année 1454. Si, comme le pense M. Fabre (1), ce fut le cardinal d'Estouteville qui remit cette supplique à Nicolas V, le fait serait certainement antérieur au mois de juillet, l'archevêque de Rouen ayant pris personnellement possession de son siège le 28 de ce mois. En toute hypothèse, Bréhal semble avoir joué un rôle important dans l'exécution de l'affaire : car, par une coïncidence digne d'être remarquée, il fit vers cette époque un voyage à Rome, qui est noté dans le 5º compte de Matthieu Beauvarlet, sous la rubrique *voyages, chevauchées et grosses messageries* (2) : « Maistre Jehan Bréhal, docteur en théologie, frère prescheur, inquisiteur de la foy, six-vingt dix-sept livres dix sous pour aller à Rome devers N. S. P. le Pape touchant le procès de feue Jehanne la Pucelle ; et pour aller à Rouen devers le cardinal d'Estouteville luy porter ledit procès ». On s'explique d'ailleurs fort bien que ce voyage de l'inquisiteur ait eu lieu au moment où la cause prenait une direction nouvelle, et où il était par conséquent d'une extrême importance de sonder le terrain, de s'y engager à bon escient et d'activer les démarches pour aboutir. Quoique nous soyons réduits là-dessus aux conjectures, on admettra sans peine que Bréhal ait été le messager porteur de la supplique ; qu'il l'ait consignée entre les mains du cardinal d'Estouteville, ou à son défaut entre les mains du pape lui-même ; qu'il ait visité, à l'intention d'obtenir leurs suffrages, les membres du Sacré Collège auxquels Sa Sainteté ne pouvait manquer de demander leur avis en consistoire ; et que, profitant de ses anciennes relations avec Théodore de Leliis et Paul Pontanus, il ait réclamé de nouveau leur concours. C'est à cette circonstance — nous l'avons dit — qu'est due la composition d'un second mémoire par l'auditeur de Rote et par l'avocat consistorial.

Bréhal, auquel les fonctions de sa charge ne permettaient guère de séjourner longuement à la cour romaine (3), n'attendit pas le résultat final des négociations. Laissant aux soins habiles et dévoués de ses procureurs la conduite désormais assurée de l'affaire, il reprit la route de France, et s'empressa de se rendre à Rouen, tant pour renseigner le cardinal d'Estouteville, qui résidait alors dans sa ville archiépiscopale, que pour consigner aux archives de l'officialité le dossier du procès, dont il avait été le dépositaire depuis l'enquête de 1452.

Sur ces entrefaites, le pape Nicolas V vint à mourir [24 mars 1455]. Avait-il mis fin à ses hésitations et accepté l'appel à son autorité souveraine ? La chose n'est pas invraisemblable, mais les preuves font défaut. Le R. P. Ayroles fait

---

(1) M. Fabre : *Procès de réhabilitation*... tom. 1, p. 18.
(2) Extrait du 5ᵉ compte pour l'année finie en septembre 1454. (Cabinet des titres, vol. relié 685, fº 176 vº).
(3) Dans la troisième partie de son *Directorium* (pp. 459-460), Nicolas Eymeric recommande aux inquisiteurs de ne point prolonger leur séjour en cour de Rome ; les raisons d'expérience personnelle et d'ordre pratique qu'il apporte à l'appui de ce conseil sont assez curieuses.

CHAP. VIII. — NÉGOCIATIONS AVEC ROME

remarquer, il est vrai, qu'une pièce du second procès porte le nom de Nicolas V (1) : il paraît croire que rien n'oblige à considérer le fait comme une erreur de transcription, imputable seulement à une distraction du greffier. Si nous interprétons bien sa pensée, ce serait plutôt l'indice révélateur d'un évènement disparu. Nous pensons au contraire avec Quicherat (2) qu'il y a erreur, et qu'il faut substituer le nom de Calixte III à celui de Nicolas V. Ce dernier pourtant a pu mettre l'affaire en délibéré. Devant les plaidoiries des consulteurs et l'avis favorable du consistoire, le père commun des fidèles se laissa émouvoir par l'humble requête ; il sentit qu'il ne pouvait refuser de s'intéresser à l'honneur d'une victime innocente et d'une famille humiliée contre toute justice ; les appréhensions qu'il avait conçues, lorsque la question présentait un caractère politique dont il ne parvenait pas à se dissimuler les redoutables inconvénients, s'évanouirent peu à peu dans son esprit, maintenant que la personne et les prétentions du roi de France demeuraient hors du débat. Il agréa la supplique, et résolut de condescendre à ses conclusions. Peut-être même avait-il déjà institué la commission, quand la mort le surprit. Mais les délégués n'ayant pas encore usé de leur mandat, leurs pouvoirs devenaient caducs, conformément aux principes qui régissent les délégations au for contentieux (3).

Quoi qu'il en soit de ces détails, qui d'ailleurs importent assez peu, l'affaire était certainement en bonne voie, lorsque Calixte III monta sur le trône pontifical. Aussi fut-elle promptement décidée par le nouveau pape. Elu le mardi de Pâques, 8 avril 1455, et couronné le 20 du même mois, ce vieillard de soixante dix sept ans, auquel S. Vincent Ferrier avait longtemps auparavant prédit son élévation au Siège de Pierre (4), n'hésita pas à exécuter le projet soumis à l'approbation de son prédécesseur. Comme membre du Sacré Collège, il avait été appelé à donner son avis. La fermeté de son caractère peu enclin aux tergiversations et peu accessible à des conseils timorés l'avait du premier coup disposé à favoriser une juste cause. Maintenant surtout que les considérations d'ordre public étaient écartées, il n'avait pas à se déjuger, ni à reprendre l'examen de la question. Par un rescrit daté du 11 juin, mercredi dans l'octave de la

---

(1) R. P. Ayroles : *La vraie Jeanne d'Arc* . . . p. 602. — La pièce à laquelle il est fait allusion émane du procureur de la famille d'Arc : il y est dit que les commissaires apostoliques ont été choisis entre tous « a supremo justitiae ministro Nicolao papa V, domino nostro », pour être dans cette cause les ministres de la justice et de la vérité.

(2) Quicherat : *Procès* . . . tom. III, p. 276.

(3) Au premier livre des Décrétales, titre xxix *de officio et potestate judicis delegati*, les chapitres xix (*Relatum*), xx (*Gratum*) et xxx (*Licet*) déclarent que la juridiction déléguée expire à la mort de celui qui l'a concédée, si l'affaire est encore intacte, c'est-à-dire s'il n'y a pas eu prise de possession et exercice du pouvoir octroyé par l'ouverture du procès.

(4) Le grand thaumaturge dominicain était mort le 5 avril 1419. Il fut canonisé en 1455 par son compatriote, Alphonse Borgia, devenu pape sous le nom de Calixte III. Celui-ci, né à Valence (Espagne) le 31 décembre 1378, devait rendre à l'Église d'éclatants services, dont le frère Vincent Ferrier avait reçu la révélation prophétique. Il travailla avec succès à l'extinction du schisme, et eut la joie de ramener à l'unité catholique l'antipape de Paniscola, (Gilles Muñoz), le soi-disant Clément VIII. Évêque de Valence et plus tard cardinal au titre des Quatre-Saints-Couronnés, il acquit de nouveaux mérites par ses soins à procurer la paix et à s'employer aux intérêts de la chrétienté. Nous lui devons l'heureuse conclusion de la cause de Jeanne d'Arc. — Cf. Ciaconius ; *Vitae Pontificum*, tom. II, pp. 929-930.

Fête-Dieu, il fit droit à la supplique de la famille d'Arc (1), et désigna les commissaires qu'il chargeait de « rendre en dernier ressort une juste sentence », avec pouvoir de « la faire observer fermement au moyen des censures ecclésiastiques ».

Le choix des mandataires pontificaux mérite d'être remarqué : l'historien qui connaît le mieux les hommes et les choses du XV° siècle « ne doute pas qu'il n'ait été suggéré par Charles VII lui-même. » (2). A coup sûr leur dévouement à la cause française et à la personne du monarque, non moins que leurs éminentes qualités, leur savoir, leur intégrité, et l'estime générale dont ils jouissaient, les rendaient dignes de la désignation royale et de la confiance que le pape leur accordait. Ils devaient être, à l'heure marquée par Dieu, les fidèles instruments de la Providence, qui ne voulait pas laisser ici-bas le nom de l'héroïque Pucelle couvert d'opprobre par le triomphe passager de l'iniquité.

Le premier des délégués auxquels est adressé le rescrit de Calixte III est Jean Juvénal des Ursins, archevêque de Reims (3). Sa haute dignité lui valait cette place d'honneur. A ce motif de préséance canonique, il convient d'ajouter les raisons d'ordre divers qui pouvaient l'appuyer. D'abord, il comptait Beauvais parmi les évêchés suffragants de sa province ecclésiastique, et, en sa qualité de métropolitain, il connaissait des appels qui n'avaient point été directement déférés au Saint-Siège. Par suite du recours au pape, le cas actuel ne ressortissait plus de droit à son tribunal, néanmoins il y avait une certaine convenance à investir de ce mandat le réformateur naturel des sentences mal rendues par les officialités de son territoire. Avant sa promotion à l'archevêché de Reims, il avait occupé pendant près de douze ans le siège de Beauvais comme successeur immédiat de Cauchon. Tant qu'il était demeuré l'Ordinaire de ce diocèse, il avait la même juridiction que son prédécesseur et ne pouvait par conséquent constituer, au sens juridique du mot, un tribunal différent et supérieur devant lequel il fût loisible à la partie lésée d'appeler. Maintenant cet empêchement légal n'existait plus ; mais Jean Juvénal des Ursins conservait le souvenir d'une église dont il avait jadis pris les intérêts, et il était naturel qu'il eût à cœur de lui rendre le bon renom obscurci par la prévarication d'un de ses pasteurs. On a lieu de croire également qu'il résidait à Poitiers en 1429, lorsque Jeanne d'Arc y fut examinée ; si donc il avait été quelque peu mêlé à cet évènement, il aurait eu encore de ce chef un titre d'idonéité à faire partie de la commission. De plus, il était devenu le successeur de S. Remy : il était destiné par là à prendre place dans le plan harmonieux des mi-

---

(1) «Humilibus supplicum votis libenter annuimus », dit-il dans le rescrit. — Cf. Quicherat : *Procès* . . . tom. ii, p. 95.

(2) M. de Beaucourt : *Hist. de Charles VII*, tom. v, p. 371.

(3) Né en 1388, il était l'aîné des onze enfants de Jean Jouvenel, prévôt des marchands sous Charles VI. Après avoir conquis ses grades en droit civil et canonique, il fit d'abord sa carrière dans la magistrature et fut nommé en 1429 procureur général au parlement de Poitiers. Il abandonna bientôt cette charge pour se donner à l'Église. Évêque de Beauvais en 1432, puis transféré à Lyon (1443), il fut promu à l'archevêché de Reims, qu'il occupa jusqu'à sa mort (1473). Sa vie est remplie d'œuvres, dont la postérité a conservé un souvenir élogieux. — Cf. *Gallia Christiana*, tom. ix, col. 137, 552 et 758.

séricordes de Dieu envers la France, par la réhabilitation de l'humble vierge, née dans un village dont le nom rappelle le saint pontife *père du royaume*, et envoyée du ciel pour faire sacrer à Reims le « gentil dauphin ».

Les deux autres prélats, moins élevés dans la hiérarchie, étaient semblablement recommandés au choix du Souverain Pontife. Guillaume Chartier (1) était très apte à remplir un devoir de réparation envers l'innocente victime des haines de l'université et du parti anglais. Normand d'origine, il avait fait ses études à la faculté de droit de Paris, où il fut « escolier premier» de Charles VII, alors dauphin. Reçu docteur *in utroque*, il ne se laissa point entraîner par les déplorables exemples de beaucoup de ses collègues : il demeura toujours fidèle à son bienfaiteur et légitime souverain. Il enseignait à Poitiers en 1432 ; peut-être y était-il déjà lorsque la Pucelle comparut devant les examinateurs chargés de contrôler sa mission. Appelé en 1447 au siège épiscopal de Paris par l'élection unanime du Chapitre, il fut bien accueilli par l'université, qui avait d'ailleurs, sur la proposition de Robert Cybole, adressé à ce sujet des lettres de recommandation au pape, aux cardinaux et au roi. S'il eut ensuite à lutter vigoureusement durant plusieurs mois contre les abus et les turbulences du corps universitaire, ses relations redevinrent assez cordiales pour qu'il ait pu en 1457 — nous l'avons dit — être l'un des médiateurs dans la querelle des Ordres mendiants. Aussi vertueux que savant, il était l'édification de son peuple et de son clergé. Nul ne pouvait mieux représenter Paris et l'université dans l'œuvre de la réhabilitation.

Richard Olivier, évêque de Coutances, appartenait à la famille de Longueil et à la noblesse de Normandie (2). Avec Chartier et Bréhal ses compatriotes, il était digne de représenter les véritables sentiments d'une province qui avait été la victime de l'invasion anglaise et le théâtre de l'iniquité commise contre la Pucelle. Membre du Chapitre de la cathédrale de Rouen, il avait pris une part très active aux négociations pour la reddition de la place et son retour à la France. Le zèle dont il faisait preuve dans l'administration de son diocèse et l'attachement qu'il professait aux prérogatives de l'Église catholique, engagèrent Calixte III à le revêtir de la pourpre cardinalice, l'année même où il avait si bien contribué à la gloire de Jeanne d'Arc.

Tels étaient les trois destinataires du rescrit pontifical, « trois hommes de bien »,

---

(1) Il était originaire de Bayeux. Frère du secrétaire de Charles VII, le célèbre littérateur Alain Chartier, il fut pourvu successivement ou simultanément de plusieurs bénéfices avant son élévation à l'épiscopat. Vers la fin de sa carrière, il encourut la disgrâce de Louis XI, pour s'être sacrifié au bien de ses ouailles pendant la ligue du bien public. Il est mort le 1er mai 1470, digne des regrets de son église. — Cf. *Gallia Christiana*, tom. VII, col. 150-152.

(2) Cf Ciaconius et Oldoinus : *Vitae pontificum* . . . tom. II, pp. 995-997 ; — *Gallia Christiana*, tom. XI, col. 893-894. — Lors de la vacance du siège archiépiscopal de Rouen (1452), il était archidiacre d'Auge. Les suffrages de ses collègues s'étant divisés par moitié entre lui et le trésorier Philippe de la Rose, tous les deux renoncèrent à leur élection. Nicolas V nomma alors Richard Olivier à l'évêché de Coutances. Disgrâcié plus tard par Louis XI, il résida près du pape durant les dernières années de sa vie; il mourut à Pérouse en 1470, pendant qu'il y exerçait les fonctions de légat. Le cardinal de Pavie disait de lui : « Quis... in dicendo sententia justior? Quis in interpretationibus juriùm verior ? Quis denique in suum cuique reddendo minus personarum acceptor » ? Et il rappelait les paroles élogieuses de Pie II : « Utinam Constantienses haberemus plures, bene consultum esset Ecclesiae : vir gravis, vir bonus, vir mitis, vir doctus, in suis sententiis liber ».

comme parle l'éminent éditeur des procès de Jeanne d'Arc (1). Afin que l'exécution de leur mandat ne fut pas entravée par la mort ou par des empêchements imprévus, ils avaient pouvoir de procéder, soit ensemble, soit même par deux ou par un seul d'entre eux ; mais, conformément aux règles ordinaires, il leur était commandé de s'adjoindre « un inquisiteur de l'hérésie résidant en France » (2). C'est aussi pour laisser aux juges le moyen de remplir cette condition essentielle, dans le cas d'une impossibilité adventice, que le pape n'a pas inscrit ici le nom de Bréhal : il n'ignorait certes pas la part considérable qu'il était juste d'attribuer au grand inquisiteur de France dans la réussite des enquêtes préliminaires et des négociations poursuivies à la cour de Rome ; il présumait à bon droit — et son attente n'a pas été trompée — que toutes les lèvres s'ouvriraient d'elles-mêmes pour assigner ce poste de dévoument et d'honneur au vaillant dominicain d'Évreux, qui avait si heureusement préludé à son rôle de justicier par l'infatigable persévérance de ses efforts en faveur de la vierge de Domremy.

Nous avons vu maître Jean Bréhal à l'œuvre comme pionnier de la cause de réhabilitation ; nous allons le suivre dans les travaux de la révision du procès, et, au spectacle de son incomparable activité, nous constaterons qu'il a été, selon l'expression si vraie de M. Fabre (3), « l'âme de toute la procédure ».

---

(1) Quicherat : *Aperçus nouveaux* . . . p. 154.
(2) « Fraternitati vestrae per apostolica scripta mandamus, quatenus vos, vel duo vel unus vestrum, assumpto per vos aliquo pravitatis hujusmodi in regno Franciae deputato inquisitore . . . etc ». (Quicherat : *Procès* . . . tom. II, p. 97).
(3) M. Fabre : *Procès de réhabilitation* . . . tom. II, p. 189.

LIVRE DEUXIÈME

LES ACTES DU PROCÈS

LIVRE DEUXIÈME

LES ACTES DU PROCÈS.

CHAPITRE I

LES PREMIÈRES AUDIENCES.

Au cours de l'instruction qu'il dirigeait contre Jeanne d'Arc, prisonnière des Anglais, Pierre Cauchon, aveuglé par la haine de parti et par une présomption vaniteuse de son savoir, avait maintes fois déclaré qu'il voulait faire un *beau procès*. « Dans la langue judiciaire de l'époque », M. Charles Beaurepaire le fait remarquer avec raison (1), « le mot *beau* accolé à celui de procès est synonyme de régulier ». L'évêque de Beauvais s'est étrangement mépris ; mais son erreur, volontaire ou inconsciente, n'aurait jamais dû obtenir droit de cité auprès d'hommes qui ne se contentent pas de regarder à la surface (2). Pour qu'une procédure soit régulière, il ne suffit pas d'une certaine affectation de formalisme, d'un ordonnancement qui satisfasse l'œil, d'une méthode tout extérieure et d'apparence à peu près correcte, d'une précision enfin qui consiste à dégager le dossier par la suppression de pièces essentielles, ou par la réticence des constatations favorables à l'accusé.

Non, le procès de condamnation n'est pas un beau procès. Ce qualificatif convient au contraire, dans toute l'ampleur du mot, à l'œuvre juridique dont nous entrepre-

---

(1) M. Ch. de Beaurepaire : *Recherches sur le procès*... p. 95.

(2) Nous avons quelque peine à nous expliquer comment Quicherat a pu se faire illusion au point de réserver son admiration pour l'œuvre juridique de Cauchon, au préjudice de celle qui en a démontré l'iniquité et les vices essentiels. Comparant les deux procès, il écrit : « Autant l'un est rapide, clair, dégagé, autant l'autre est diffus et confus » (*Procès*... tom. v, p. 434). Et après lui, M. Joseph Fabre n'a pas craint de formuler ce jugement plus exorbitant encore : « L'exposé officiel du procès de réhabilitation, mal ordonné et diffus, ne supporte pas la comparaison avec l'exposé officiel du procès de condamnation, chef-d'œuvre de méthode et de précision » (*Procès de réhabilitation*, tom. I, p. 12). Nous tenons à protester, dès le début, contre une sentence aisément réformable pour ceux qui ne sont pas inexpérimentés en fait de jurisprudence canonique, mais décevante à cause de l'autorité du maître, auquel on nous permettra d'appliquer une judicieuse réflexion que nous lui empruntons à lui-même : « Le danger de tels hommes est que leur opinion, très considérable dans les matières de leur compétence, est réputée d'égale valeur dans les autres où ils ne sont que l'écho d'autrui » (*Aperçus nouveaux*... p. 28).

nons de dépouiller le dossier. Elle est en effet parfaitement régulière : émanant de l'autorité souveraine du chef de l'Église, la juridiction n'est pas contestable ; les dépositaires du mandat pontifical ne sauraient être récusés pour défaut de savoir ou pour légitime suspicion ; versés dans la science du droit, ils sont d'une intégrité à toute épreuve, « la probité même », selon l'expression de Quicherat (1) ; les prescriptions spéciales qui accompagnent la délégation ont été observées avec une fidélité scrupuleuse, aussi bien que les règles communes de la jurisprudence ecclésiastique et inquisitoriale ; les légistes les plus retors n'allègueraient que des arguties contre tel ou tel incident sans importance ; quant à certains *desiderata* qui ont été signalés (2), ils correspondent uniquement aux vues personnelles de leurs auteurs, nullement aux exigences de la cause. Que les greffiers aient éprouvé plus d'une difficulté (3) à coordonner une pareille quantité de pièces, réunies de divers côtés dans des audiences multiples, qu'ils aient même éprouvé — dans une mesure qu'il ne faut pourtant pas exagérer — les défaillances trop ordinaires aux copistes quant à la notation des dates par exemple, nous n'y voulons point contredire ; il faut avouer toutefois qu'ils n'ont point manqué d'habileté pour la rédaction de leurs procès-verbaux et qu'une attention soutenue est la seule condition requise aussi bien pour se reconnaître au milieu de l'enchevêtrement de leur énorme dossier que pour constater la marche régulière de la procédure. Pas n'est besoin d'être grand clerc.

Si nous ajoutons que c'est surtout un *beau procès* par son objet et par la splendeur de la vérité, personne à coup sûr ne voudra s'inscrire en faux contre une assertion dont l'évidence s'impose aux esprits les plus hasardeux. Revendiquer les droits de la faiblesse injustement opprimée, faire briller à tous les yeux l'innocence d'une humble victime, établir sur preuves irrécusables l'héroïque fidélité d'une chrétienne à son Dieu, l'amour d'une pauvre fille pour son roi et pour son peuple, effacer de la mémoire des hommes une flétrissure imméritée, n'est-ce pas là une belle tâche à remplir, un beau spectacle à considérer ? Il y a plus, et nous aimons à le répéter après M. de Beaucourt (4), « le procès de réhabilitation, c'est en quelque sorte la Cause de Béatification qui s'ouvre en présence des contemporains de la Pucelle ». Au moment où la France catholique se tourne vers le Siège de Pierre pour implorer l'oracle infaillible de la foi qui seul a mission de donner l'autorité surnaturelle et la certitude absolue à l'objet de notre créance humaine, rien n'est plus propre à encourager nos

---

(1) Quicherat : *Aperçus nouveaux*... p. 150.
(2) A propos de ces prétendues lacunes, M. Fabre fait une observation de bon sens, qui montre l'inanité d'une critique en dehors de la question : « une enquête judiciaire n'est pas une enquête historique. Il ne s'agissait pas d'approvisionner d'informations les futurs biographes de Jeanne. Il s'agissait uniquement de réviser son procès » (*Procès de réhabilitation*... tom. i, p. 149).
(3) Deux volumes in-8° ont été presque entièrement consacrés par Quicherat à éditer la plupart des documents du procès de réhabilitation ; les pièces qu'il a dédaignées suffiraient, de son aveu, à remplir un troisième volume. La *Recollectio* de Bréhal, à elle seule, équivaut à tout un dossier. Si les greffiers l'avaient élaguée de leur registre, sous prétexte de le débarrasser des longueurs et de lui donner une allure plus dégagée, ne serait-on pas en droit de leur reprocher cette suppression ?
(4) M. de Beaucourt : *Hist. de Charles VII*, tom. v, p. 359.

CHAP. I. — LES PREMIÈRES AUDIENCES 77

espérances que le récit des actes accomplis au nom de l'Église par les commissaires de Calixte III.

Le rescrit pontifical, daté du 11 juin, n'avait pas tardé d'être expédié en France. Toutefois, la nécessité de communiquer cette pièce aux divers intéressés, le départ de l'évêque de Coutances que le roi avait chargé d'une mission auprès du duc de Bourgogne (1), l'entente préalable des commissaires au sujet de certains détails d'ordre pratique, tels que l'ouverture des débats, le lieu des séances, la marche à suivre pour satisfaire les intentions du pape et se conformer pleinement aux conditions qu'il avait lui-même fixées, ces raisons et d'autres encore ne permirent pas d'abréger davantage les atermoiements.

La première audience solennelle eut lieu le 7 novembre au matin, dans l'église de Notre-Dame de Paris. Les greffiers ont consigné au procès-verbal les incidents qui nous mettent sous les yeux la physionomie de l'assemblée : c'est un tableau d'histoire, vrai et vivant, devant lequel on s'arrête volontiers comme pour jouir à son aise d'un touchant spectacle (2).

L'archevêque de Reims et l'évêque de Paris, accompagnés de Jean Bréhal, l'inquisiteur de France, vinrent occuper leurs sièges à l'entrée du sanctuaire dans la grande nef. La mère de Jeanne d'Arc, Isabelle Romée, âgée de soixante sept ans, vêtue de deuil et soutenue par ses deux fils Jean et Pierre, comparut devant eux (3). Autour d'elle se pressait tout un cortège d'ecclésiastiques et de laïques, parmi lesquels on distinguait un groupe d'habitants d'Orléans et un certain nombre d'« honnêtes femmes ». Tenant à la main le rescrit du pape, elle s'approcha humblement des prélats auxquels il était adressé, et se prosterna à leurs pieds. D'une voix entrecoupée par les gémissements et les soupirs, et dans l'attitude éplorée d'une suppliante, elle exposa l'objet de sa requête (4), qui fut ensuite lue en son nom. Après cette lecture, elle renouvela ses instances aux délégués apostoliques, ne cessant de tendre

---

(1) Les négociations de Richard Olivier de Longueil avec le duc de Bourgogne se prolongèrent durant plusieurs mois, de sorte que le prélat fut empêché d'assister à la plupart des actes de la procédure. Son absence d'ailleurs, conformément à la teneur du rescrit, n'apportait aucun préjudice à l'exécution du mandat apostolique. C'est seulement lorsque l'affaire touchait à sa fin qu'on voit l'évêque de Coutances apparaître au tribunal. Pendant tout le mois de juin 1456, il a étudié le dossier par lui-même et avec les autres commissaires. Depuis l'audience du 2 juillet jusqu'à la sentence définitive, il siège avec ses collègues et montre l'intérêt qu'il prend à l'heureuse conclusion de la cause.

(2) Personne n'a songé à se plaindre d'y rencontrer plusieurs détails sans utilité juridique, ni à taxer de prolixité un texte qui n'aurait pas cessé d'être exact, s'il avait été abrégé. Nous nous plaisons à le remarquer, non pas pour critiquer les greffiers, mais pour demander qu'on leur rende justice, même lorsqu'ils ne satisfont pas pleinement une curiosité d'ailleurs légitime. Par contre, on peut leur reprocher quelques oublis ou fautes de transcription, qu'il est facile néanmoins de rectifier à l'aide de la rédaction primitive, telle que nous la possédons dans le manuscrit de d'Urfé. — Cf. M. Joseph Fabre : *Procès de réhabilitation*, tom. I, p. 24 notes.

(3) Son avocat, maître Pierre Maugier, docteur en décrets, ancien recteur de l'université, était-il venu ce jour-là assister sa cliente ? Le procès-verbal est muet sur sa présence.

(4) « Humiliter accedens, et cum magnis gemitibus atque suspiriis eorum pedibus se prosternens.... lacrimabili insinuatione et lugubri deprecatione exposuit». Quicherat : *Procès*, tom. II, p. 82. — Voir l'exposé de sa requête, *ibid.* pp. 83-85. — Cf. tom. III, pp. 368-369, la rédaction du manuscrit de d'Urfé.

à tous et à chacun d'eux tour à tour l'acte pontifical dont elle était dépositaire, les sollicitant à genoux de procéder sans retard à l'examen de la cause que le mandat du Saint Père leur confiait, et de déclarer la nullité d'une sentence qui avait infligé à la Pucelle et à sa famille un irréparable dommage et une note d'infamie.

Il y avait là des hommes doctes et lettrés, tant séculiers que religieux, qui avaient étudié le procès ; ils prirent la parole, firent vivement ressortir l'innocence et les vertus de la Pucelle, non moins que les multiples iniquités commises par ses juges (1), et joignirent leurs instantes prières à celles de la pauvre veuve.

Cependant la foule grossissait, attirée par l'éclat des voix, et remplissait l'église ; soulevée par l'émotion de cette scène, elle devint trop bruyante dans les manifestations de sa sympathie (2). Il n'était plus possible de délibérer avec calme et de se faire entendre au milieu d'une pareille agitation. Les commissaires apostoliques se retirèrent à l'écart dans la sacristie, où ils appelèrent la suppliante et ses conseils.

Après avoir adressé à la malheureuse mère quelques paroles de consolation, ils l'interrogèrent assez longuement sur elle-même et sur sa fille Jeanne ; puis, ayant pris connaissance en particulier du rescrit pontifical, ils ordonnèrent la lecture publique de cet acte qui les constituait juges au nom du Saint-Siège. Par l'organe de l'archevêque de Reims, ils déclarèrent alors qu'ils acceptaient le mandat, et firent la promesse solennelle de se conformer aux ordres de Rome et d'instruire la cause en toute justice. Comme pour donner un gage de leur impartialité et de la rectitude de leurs intentions, ils ne dissimulèrent pas à la plaignante les difficultés et les périls de son entreprise, les longueurs et les éventualités de la discussion, la nécessité de ne consulter que des hommes d'une science éprouvée, incapables surtout de se laisser entraîner par un zèle indiscret, d'autant plus qu'il s'agissait d'annuler une sentence prononcée depuis longtemps en matière de foi par des juges, dont la gravité, la doctrine et le caractère lui conféraient une présomption de droit et la ressemblance de la vérité (3).

Isabelle et ses conseils répondirent qu'ils ne voulaient dire ou faire quoique ce fût au préjudice de la foi, de la vérité et de la justice, mais qu'ils se portaient garants de l'innocence de Jeanne, quant aux crimes dont elle était accusée sous le prétexte de la foi, et qu'ils démontreraient par les actes eux-mêmes et par tous autres documents de droit l'iniquité et la nullité de la procédure. Confiants dans la bonté de leur cause, ils étaient prêts à comparaître et à requérir un jugement solennel. — En conséquence, assignation fut donnée aux demandeurs de se présenter le 17 novembre, à la salle des audiences de l'évêché de Paris, afin d'y accom-

---

(1) « Multiplicia referebant », dit le procès-verbal. — Quicherat : *Procès*... tom. II, p. 86.

(2) « Vociferantibus cum ea assistentibus multis ;... magna tunc multitudine ad voces eorum occurrente ». — Quicherat : *Procès*... tom. II, p. 87.

(3) « Cum enim praedicta Johanna... jam a longo tempore in causa fidei, quae favorabilis est dicenda, judicialiter tracta extiterit, et per graves, doctos et solemnes judices condemnata, est verisimiliter pro sententia eorum praesumendum ». — Quicherat : *Procès*... tom. II, p. 88.

plir la formalité de la remise des lettres apostoliques devant les notaires et les magistrats convoqués à cet effet, et de voir introduire l'affaire, si, après mûre réflexion, ils persistaient dans leur dessein (1).

Au jour et au lieu fixés, Isabelle Romée comparut : elle était comme la première fois accompagnée de ses deux fils, de plusieurs notables bourgeois de Paris et d'honnêtes femmes de la ville d'Orléans (2). L'un des avocats les plus réputés du temps, maître Pierre Maugier, lui prêtait assistance. Bien connu par ses sentiments dévoués au corps universitaire, dont il était d'ailleurs un des membres les plus distingués, il avait été choisi dans la pensée que sa présence au procès calmerait les appréhensions de ceux de ses collègues encore vivants qui avaient participé à l'œuvre néfaste de Cauchon.

Une affluence considérable d'ecclésiastiques et de gens du peuple remplissait la grande salle des audiences de l'évêché de Paris. Jean Juvénal des Ursins, Guillaume Chartier et Jean Bréhal prirent leurs places au milieu de l'assemblée ; autour d'eux se rangèrent les abbés de Saint-Denis, de Saint-Germain des Prés et de Saint-Magloire, l'abbé de Saint-Lô au diocèse de Coutances, l'abbé de Saint-Crespin au diocèse de Soissons, l'abbé de Cormeilles au diocèse de Lisieux, et plusieurs docteurs et personnages de marque, parmi lesquels on comptait maître Guillaume Bouillé, toujours prêt à offrir ses services pour le succès d'une cause particulièrement chère à son cœur. Les greffiers présents le 7 novembre à la séance de Notre-Dame, maîtres Denis Le Comte et François Ferrebouc, tous deux gradués en droit canon, se tenaient à leur table, afin de noter les incidents d'audience et de dresser les actes nécessaires.

La parole fut donnée à l'avocat de la demanderesse. Celui-ci déposa respectueusement entre les mains des délégués apostoliques le rescrit de Calixte III. Les signes d'authenticité furent reconnus par les prélats, par l'inquisiteur et par plusieurs hommes expérimentés ; puis, lecture du contenu fut faite à haute et intelligible voix par maître de Cruisy, greffier de la cour épiscopale de Paris (3), et les notaires constatèrent l'accomplissement des formalités relatives à l'acceptation de cette pièce fondamentale.

Maître Pierre Maugier voulut alors prononcer un discours en français sur le fond de l'affaire. Les commissaires s'y opposèrent d'abord : cette plaidoirie leur semblait hors de propos, puisque le procès n'était pas ouvert, et que la partie adverse n'était

---

(1) Cf. Quicherat : *Procès...* tom. ii, pp. 90-92.

(2) Nous ferons observer avec M. Joseph Fabre (*Procès de réhabilitation...* tom. i, p. 25 note), que ces détails explicites sur les personnes qui accompagnaient Isabelle Romée nous ont été conservés par le texte suivant de la rédaction primitive : « comparentes Petrus et Johannes d'Arc, assistentibus sibi pluribus notabilibus burgensibus Parisiensibus, probisque mulieribus villae Aurelianensis ». Le procès-verbal définitif nomme seulement Pierre d'Arc, et se tait sur la présence de Jean. — C'est encore à la rédaction primitive que nous empruntons l'énumération des personnages marquants de l'assemblée.

(3) Le R. P. Ayroles (p. 618) l'appelle Craisy, mais le texte publié par Quicherat porte *de Cruisy*, et dit qu'il était prêtre du diocèse d'Auxerre. — Cf. Quicherat : *Procès...* tom. ii, pp. 92 et 120.

pas citée. Mais, voyant que l'assistance appuyait la requête, ils finirent par y consentir, à la condition pourtant que l'avocat serait bref. Celui-ci profita aussitôt de la permission pour protester qu'il n'entendait point mettre en cause les consulteurs, qui avaient été trompés par une communication infidèle des pièces, et qu'il accusait uniquement les trois auteurs principaux de la condamnation, c'est-à-dire les deux juges et le promoteur. Ayant ainsi dissipé les inquiétudes de certains coupables et écarté toute velléité d'opposition de leur part, il exposa avec éloquence les conclusions qu'il développerait devant la partie adverse, et sollicita les délégués du Saint-Siège de procéder à la citation et à une prompte expédition de la cause (1).

Le discours terminé, l'archevêque de Reims et l'évêque de Paris déclarèrent le tribunal définitivement constitué par l'adjonction du « révérend professeur de sacrée théologie, et religieux maître Jean Bréhal, de l'Ordre des Frères Prêcheurs, l'un des deux inquisiteurs de la perversité hérétique au royaume de France » (2), présent à tous les actes déjà accomplis, et désigné par eux nominativement pour être au même titre qu'eux dépositaire de l'autorité apostolique, conformément à la clause qui le concernait dans le rescrit de Calixte III.

Il fut décidé enfin, après délibération, que les parties seraient citées à Rouen, où l'instruction du procès aurait lieu. En conséquence, l'assignation à comparaître du 12 au 20 décembre fut rédigée et envoyée aux personnes intéressées dans la cause ou à leurs représentants, et notamment à l'évêque de Beauvais ainsi qu'au promoteur et au vice-inquisiteur de son diocèse, comme le prescrivaient les lettres apostoliques (3). Isabelle Romée et ses deux fils, légitimement empêchés de se déplacer, ne tardèrent pas à constituer leurs procureurs par acte public, en date des 18 et 24 novembre (4).

Dès l'arrivée des commissaires à Rouen, l'introduction de la cause fut notifiée solennellement par voie d'affiches et de proclamation aux portes des églises (5) : sommation générale, sous les peines canoniques, était adressée aux ayant-droit ou se croyant tels, et à tous ceux, laïques ou clercs, qui en seraient requis, d'avoir à se présenter et à faire valoir leurs raisons.

Les sommations particulières, ordonnées par le rescrit pontifical, ne furent point omises. Maître Jean de Frocourt, chanoine de Beauvais, chargé par les délégués

---

(1) Voir Quicherat : *Procès*... tom. II, pp. 98-106.
(2) Dans le protocole des lettres de citation publiées à Rouen le 11 décembre 1455, les juges le rappellent en ces termes : « Suscepto itaque per nos cum ca qua decuit reverentia apostolico mandato,... ut secundum debitam juris formam ad ejusdem executionem valide procedamus... assumpto tamen et assistente nobiscum ex cadem mandati forma, altero inquisitorum haereticae pravitatis in hoc regno Franciae deputato, auctoritate cadem, reverendo scilicet sacrae theologiae professore, religioso magistro Johanne Brehal, ordinis fratrum praedicatorum, mandatum ipsum apostolicum palam ex integro perlegi fecimus et in aperto publicari ». — Cf. Quicherat : *Procès*... tom. II, pp. 116-117.
(3) Voir la teneur des citations dans Quicherat : *Procès*... tom. II, pp. 113 et 125.
(4) Quoique Guillaume Prévosteau ait été le principal et le plus assidu de ces fondés de pouvoirs, plusieurs autres furent constitués par le même acte. — Voir Quicherat : *Procès*... tom. II. pp. 108 et 112.
(5) L'édit, affiché le 11 décembre aux portes des églises, y demeura jusqu'au 19. — Cf. Quicherat : *Procès*... tom. II, pp. 123-124.

pontificaux de remettre une première citation à son évêque, ainsi qu'au promoteur et au vice-inquisiteur du lieu, s'acquitta fidèlement de sa mission (1). Le prélat qui occupait alors le siège épiscopal, Guillaume de Hellande (2), et le promoteur de son diocèse, maître Réginald Bredouille, successeur de d'Estivet dans cet office, se promenaient sous une galerie du palais avec le prieur des dominicains, frère Germer [ou Germain] de Morlaines, qui se trouvait là par hasard, lorsque l'officier judiciaire se présenta et leur donna lecture de la pièce qu'il devait leur signifier. Ils l'écoutèrent en silence. Ils répondirent ensuite sans hésiter que l'affaire ne les concernait point, et qu'ils ne croyaient avoir aucun intérêt à défendre leurs prédécesseurs. Le prélat ajouta simplement qu'il chargeait l'huissier de saluer de sa part les commissaires apostoliques. Quant au prieur des dominicains, il déclara qu'il ne connaissait aucun vice-inquisiteur de son Ordre, ni dans le couvent de cette ville, ni dans le diocèse (3), et que d'ailleurs il en écrirait à l'inquisiteur général de Paris. Se crurent-ils par là dégagés de l'obligation de comparaître, ou plutôt attribuèrent-ils aux citations un caractère conditionnel, subordonné à la décision qu'ils avaient prise de se désintéresser de l'affaire? Toujours est-il qu'ils ne tinrent pas davantage compte des assignations ultérieures : ils ne se présentèrent pas à la barre du tribunal, et n'envoyèrent aucun fondé de pouvoirs.

Nonobstant l'accomplissement de ces formalités, l'ouverture du débat judiciaire ne put avoir lieu à la première audience, tenue le 12 décembre par les deux prélats et l'inquisiteur dans la grande salle du palais archiépiscopal. Le représentant de la famille d'Arc comparut seul (4). Il fallut prononcer le renvoi au lundi suivant [15 décembre].

A cette nouvelle séance du tribunal, pour laquelle une nombreuse assistance s'était réunie, les personnes nommément assignées firent encore défaut. Le procu-

---

(1) Il écrit qu'il a reçu les lettres de citation le 29 novembre à l'heure de vêpres, et il raconte comment il a exécuté son mandat. — Voir Quicherat : *Procès*... tom. II, pp. 132-134.

(2) Sur ce personnage, voir : *Gallia Christiana*, tom. IX, col. 759.

(3) On a voulu voir dans la déclaration du supérieur des Jacobins de Beauvais un subterfuge, sinon un mensonge, pour sauvegarder un de ses frères, accablé par l'âge et la maladie, contre les ennuis d'une comparution qui l'aurait couvert de honte. Il n'en est rien pourtant : la réponse du prieur est l'expression de la plus exacte vérité. Le diocèse de Beauvais n'avait ou depuis longtemps, n'avait alors et n'a même eu dans la suite aucun titulaire du Saint-Office. Lors du procès de Jeanne d'Arc, Le Maistre était vice-inquisiteur de Rouen ; ses patentes ne lui conféraient point de juridiction sur Beauvais. Il allégua même ce motif pour ne pas siéger avec Cauchon qui prétendait instruire la cause comme Ordinaire de ce diocèse ; mais à la sollicitation de l'évêque, l'inquisiteur général de France maître Jean Graverend lui accorda une délégation spéciale, en vertu de laquelle on put le considérer comme s'il était vice-inquisiteur de Beauvais. C'est pour cela que les actes du procès de réhabilitation, et notamment la *Recollectio* de Bréhal, lorsqu'ils donnent à Le Maistre le titre de vice-inquisiteur, ont soin d'ajouter l'épithète de soi-disant ou prétendu : *praetensus vice-inquisitor belvacensis*. Les documents étudiés par M. Ch. de Beaurepaire montrent qu'il résidait au couvent des Frères Prêcheurs de Rouen, dont il paraît avoir été prieur durant plusieurs triennats. — Cf. *Notes sur les juges*... pp. 24-25. — A partir du 25 janvier 1452, nous le répétons, on ne trouve plus trace de son existence. Nous sommes autorisés par les termes du rescrit de Calixte III à affirmer qu'il était mort en 1455. — Il faut remarquer encore que la citation n'était pas adressée à Le Maistre personnellement, mais au titulaire de cette fonction, quel qu'il fût, au même titre que la citation de l'évêque et du promoteur également impersonnelle.

(4) Ce jour-là, c'était maître Jacques Foucques, chanoine de Rouen. — Cf. Quicherat : *Procès*... tom. II, p. 136.

reur d'Isabelle Romée et de ses deux fils, maître Guillaume Prévosteau, conseiller à l'Échiquier de Rouen, déposa des conclusions à l'effet d'obtenir une déclaration de contumace contre les non-comparants. Là-dessus, l'avocat de la famille d'Arc, maître Pierre Maugier, plaida longuement en français (1). Les juges toutefois ne consentirent pas à leur requête : maintenant la règle juridique d'une troisième citation, qui serait *péremptoire* selon le terme consacré, ils ajournèrent les défaillants pour le 20 décembre, dernier délai accordé. Puis, prenant acte de ce qu'il n'avait été fait aucune opposition au rescrit de Calixte III, ils affirmèrent leur compétence, et procédèrent à la désignation définitive du promoteur de la cause (2) et des deux notaires greffiers. Les fonctions du ministère public furent dévolues à maître Simon Chapitault, licencié en droit canon. François Ferrebouc, également licencié, clerc du diocèse de Paris, et Denys Le Comte, bachelier en droit canon, prêtre du diocèse de Coutances, furent confirmés dans la charge qu'ils avaient remplie jusque là. Tous les trois prêtèrent aussitôt, dans les formes légales, le serment de s'acquitter fidèlement de leur office.

Malgré les atermoiements nécessaires, l'affaire marchait : un autre incident se produisit au cours de cette même audience, et dégagea davantage le terrain. Le procureur Prévosteau et le promoteur ayant aperçu au milieu de l'assistance les greffiers du procès de condamnation, et notamment le principal d'entre eux maître Guillaume Manchon, demandèrent qu'on les interpellât s'ils entendaient se porter parties dans la cause et entreprendre la justification de l'œuvre judiciaire à laquelle ils avaient prêté leur concours. Ceux-ci s'en excusèrent. On les invita néanmoins à remettre les documents par eux conservés. Séance tenante, maître Guillaume Manchon déposa la minute française écrite de sa main, et reconnut, par le contrôle des signatures et des sceaux, l'authenticité de l'original latin qu'on lui présenta.

Sur la requête concordante du promoteur et du procureur, les juges annexèrent au dossier et s'approprièrent à titre d'information préparatoire les pièces de l'enquête de 1452, dont la valeur officielle au for ecclésiastique n'était pas contestable (3).

Cependant les fêtes de Noël approchaient et devaient amener une suspension pro-

---

(1) Son discours, traduit en latin par les greffiers, se trouve dans Quicheral : *Procès*... tom. II, pp. 139-149.

(2) « Si l'avocat et les procureurs cherchent à faire triompher la partie qu'ils sont chargés de défendre, le promoteur représente la justice et la loi. Son office est de faire produire tout ce qui peut éclairer les juges, de veiller à ce que les règles de la procédure soient observées, de presser les conclusions. Il fait serment de ne se laisser guider que par l'amour de l'équité et du droit » (R. P. Ayroles : *La vraie Jeanne dArc*... p. 624).

(3) Quelques auteurs reprochent aux commissaires apostoliques de n'avoir pas agi de même à l'égard de l'enquête de 1450. Cette critique est mal fondée en droit et en fait. Les actes accomplis par Guillaume Bouillé au nom du roi émanaient d'une autorité sans compétence et sans juridiction dans une cause de cette nature qui était du ressort exclusif de l'Église ; ils étaient donc radicalement nuls au point de vue juridique, et le devoir des juges était de les traiter comme non avenus. Aussi les demandeurs ne songèrent-ils même pas à solliciter de la part des délégués du saint-siège une acceptation si extraordinaire, qui, par une fiction de droit, aurait pour ainsi dire conféré à ces actes le bénéfice d'une validité rétrospective. On ne voit pas d'ailleurs ce qu'il y aurait à regretter par suite de cette omission : sur les sept témoins interrogés par Guillaume Bouillé, les cinq plus importants avaient déposé de nouveau à l'enquête de 1452, et furent entendus également au procès. Seuls, les deux dominicains, fr. Jean Toutmouillé et fr. Guillaume Duval, ne comparurent plus ; mais leurs témoignages sont amplement compensés par un grand nombre d'autres.

longée des audiences. Il fallait autant que possible se prémunir contre les inconvénients de ces retards. Le promoteur de la cause et le procureur de la famille d'Arc, craignant que l'âge ou les infirmités ne fissent disparaître d'un moment à l'autre plusieurs témoins, pressèrent les juges de procéder sans délai à l'audition de ceux qui résidaient à Rouen ou aux environs. La requête, datée du mardi 16 décembre, reçut aussitôt satisfaction par l'envoi à Pierre Miget, prieur de Longueville, d'une assignation immédiate à comparaître. Ce vieillard de soixante-dix ans habitait à l'hôtel de Longueville devant l'archevêché : il se présenta sur le champ, et renouvela ses déclarations antérieures. Le tribunal résolut de mettre à profit le laps de temps qui restait jusqu'au 20 décembre, et de se réunir chaque jour, soit pour recueillir les dépositions de seize autres personnes qu'on avait également citées (1), soit pour entendre le mémoire des demandeurs.

La journée du lendemain fut consacrée à recevoir des témoignages d'une importance majeure : trois officiers du procès de condamnation, l'huissier Jean Massieu, et les deux greffiers, Guillaume Manchon et Guillaume Colles [dit Boscguillaume], vinrent fournir des renseignements sur l'œuvre d'iniquité, dont on voulait sonder les procédés ténébreux (2).

Le jeudi 18 décembre, maître Prévosteau, qui prenait avec beaucoup de zèle les intérêts des demandeurs, occupa toute la séance par la remise et la lecture d'un long mémoire, où il avait assemblé les preuves les plus décisives pour établir d'une part l'innocence de la Pucelle, et de l'autre l'injustice et la nullité de la sentence dont il poursuivait la cassation (3).

Le vendredi eut lieu devant l'archevêque de Reims, l'évêque de Paris et l'inquisiteur de France, l'interrogatoire de sept autres témoins : Martin Ladvenu, Nicolas de Houppeville, Jean Le Fèvre [*Fabri*], Jean Lemaire, Nicolas Caval, Pierre Cusquel et André Marguerie. Tous avaient déjà été entendus à l'enquête de 1452, sauf messire Jean Lemaire, curé de la paroisse Saint-Vincent, dont la déposition est fort courte et de peu de portée ; nous les retrouvons en mai 1456, convoqués pour confirmer leur témoignage.

La journée du 20 décembre, terme de rigueur accordé aux défaillants, n'amena pas les résultats qu'on espérait. Malgré les assignations renouvelées à Beauvais (4), aucun des trois intimés ne comparut. Seuls, les héritiers de Cauchon se préoccupèrent de la sommation qui leur était faite (5) ; la mémoire de leur oncle n'était pas

---

(1) Voir le décret de citation édicté le 16 décembre par les commissaires apostoliques, avec la désignation nominative des dix sept témoins. Quicherat : *Procès*... tom. II, p. 159 et 162 ; tom. III, p. 40.

(2) Les dépositions recueillies les 16, 17, et 19 décembre ont été publiées par Quicherat : *Procès*... tom. III, pp. 129-185.

(3) Voir le texte dans Quicherat : *Procès*... tom. II, pp. 163-191.

(4) Le notaire de l'Église de Rouen, R. de Saincte-Maréglise, affirme qu'il a exécuté l'ordre de citation le 18 décembre 1455. — Cf. Quicherat : *Procès*... tom. III, p. 40.

(5) On ne trouve pas trace d'un seul acte fait par les héritiers de d'Estivet [dit *Benedicite*] pour la défense de sa mémoire.

défendable, et du reste leur importait assez peu, semble-t-il ; mais il fallait sauvegarder sa succession contre des revendications éventuelles. Un chanoine de Rouen, maître Jean de Gonnys (1), vint à leur place lire une requête (2), par laquelle Jacques de Rivel, l'aîné des petits-neveux de feu l'évêque de Beauvais, au nom de ses ascendants et des collatéraux de sa famille, déclarait renoncer à toute velléité de soutenir le bien fondé d'un procès qui ne les concernait pas, et surtout réclamait pour leurs personnes et pour leurs biens le bénéfice des traités et amnisties promulgués par Charles VII, lors de la réduction de la Normandie. L'attitude était trop piteuse pour provoquer l'opposition. Le procureur de la famille d'Arc, satisfait de voir que personne ne prenait le parti de Cauchon, abandonné même par les siens, laissa volontiers mettre hors de cause des gens qui s'avouaient vaincus, et demanda aux juges de constater la contumace contre les autres intéressés non-comparants, afin que l'affaire pût désormais suivre son cours.

De son côté, le promoteur Chapitault prononça son réquisitoire : il y soutint que le procès de la Pucelle était vicié dans ses documents, dans ses préliminaires et dans tout son ensemble (3) ; et à l'appui de ses affirmations, il précisa un certain nombre de faits sur lesquels une enquête approfondie était nécessaire. Il ajouta qu'il lui semblait utile de faire procéder aussi, dans le pays natal de Jeanne, à une information sur sa vie et sur ses mœurs.

En vertu du mandat apostolique, dont la validité n'avait pas trouvé de contradicteur, Jean Juvénal des Ursins, Guillaume Chartier et Jean Bréhal firent droit à ces diverses conclusions : le tribunal demeurait valablement saisi, et la cause serait examinée au fond ; les intimés, réputés contumaces, seraient néanmoins cités derechef à comparaître le 16 février prochain, afin de contester les articles, au nombre de cent-un, déposés par les demandeurs comme moyens à l'appui de leur instance pour la cassation du procès (4) ; enfin, une enquête s'ouvrirait à Domremy et à Vaucouleurs par le ministère de maître Réginald de Chichery, doyen de Notre-Dame de Vaucouleurs, et de maître Wautrin Thierry, chanoine de la cathédrale de Toul. Des lettres de commission à cet effet furent rédigées le même jour et confiées aux soins de Jean d'Arc, prévôt séculier de Vaucouleurs, qui les remit à leurs destinataires, en même temps que le questionnaire de douze articles dont ils devaient se servir (5).

---

(1) Quicherat lui-même (*Procès...* tom. v, p. 215) a rectifié ainsi l'orthographe de ce nom qu'il avait, dans les volumes, II et III, souvent imprimé sous la forme Gouys et Gouvis.
(2) Cette pièce, signée seulement le lendemain de l'audience, fut insérée au dossier. — Cf. Quicherat : *Procès...* tom. II, pp. 193-196.
(3) Voir Quicherat *Procès...* tom. II, pp. 198-205.
(4) Voir Quicherat : *Procès...* tom. II, pp. 205 et 270. — Les cent-un articles, dont il est ici question, ont été également publiés par Quicherat : tom. II; pp. 213-259 ; les trente-trois premiers ont servi de formulaire pour l'enquête de 1456. L'auteur des *Aperçus nouveaux* avait sans doute perdu de vue ce détail, lorsqu'il écrivait la phrase suivante (p. 151) : « Quant au formulaire d'après lequel eurent lieu les interrogatoires tant à Orléans qu'à Paris et à Rouen, il manque au procès ». Un oubli aussi singulier vaut la peine d'être signalé.
(5) Cf. Quicherat : *Procès...* tom. II, pp. 382-386.

CHAPITRE II

LES DÉPOSITIONS DES TÉMOINS.

Un intervalle de deux mois environ allait s'écouler avant la reprise des audiences à Rouen, mais ce laps de temps ne fut point perdu pour la cause de la réhabilitation. Les juges pontificaux, revenus à Paris pour les fêtes de Noël, durant lesquelles il est interdit de siéger, se réunirent le 10 janvier 1456 à la cour épiscopale, et ordonnèrent l'assignation de quatre témoins (1). Deux se présentèrent le jour même, les médecins Jean Tiphaine et Guillaume De La Chambre (2) : ils avaient participé à contre-cœur au procès, et donnèrent des détails caractéristiques sur les interrogatoires et la captivité de la Pucelle, ainsi que sur les incidents d'une maladie de la prisonnière pour laquelle ils avaient été consultés. Les deux autres, — Jean de Mailly, évêque de Noyon, et l'universitaire Thomas de Courcelles que Du Boulay qualifie *insignis doctor theologus* (3) — avaient été les amis et les auxiliaires dévoués de Cauchon et du parti anglais ; le rôle qu'ils avaient joué dans le drame de Rouen les mettait dans un cruel embarras. Après des hésitations fort compréhensibles, ils vinrent néanmoins déposer le 14 et le 15 janvier. Malgré les réticences et les habiletés dialectiques dont ils ont enveloppé leur témoignage pour voiler, s'il était possible, leur responsabilité personnelle, il ressort de leurs réponses plus d'une preuve convaincante de l'iniquité qui avait présidé aux actes du premier jugement (4).

L'enquête sur la vie et les mœurs de Jeanne d'Arc commença le 28 janvier au pays d'origine, et dura jusqu'au 11 février : elle devait remplacer celle que l'évêque de Beauvais y avait fait faire avant l'ouverture de son *beau procès*, mais qu'il avait supprimée, parce qu'elle était trop favorable à l'accusée (5). Trente quatre témoins, entendus à Domremy, à Vaucouleurs et à Toul apportèrent à la cause des informations aussi sûres que sincères. C'étaient le parrain de Jeanne d'Arc, ses trois marrai-

---

(1) Cf. Quicherat : *Procès...* tom III, p. 43. — Un cinquième témoin, Gérard de Chiché, est aussi nommé dans la citation, mais nous ignorons s'il a comparu.

(2) Jean Tiphaine, docteur en médecine, était prêtre et chanoine de la Sainte-Chapelle à Paris. — Guillaume De La Chambre [*de Camera*] était laïque, maître ès arts et licencié en médecine. — Voir M. Ch. de Beaurepaire : *Notes sur les juges...* pp. 41-43.

(3) Du Boulay : *Hist. univ. paris.*, tom. v pp. 912 et 920. — Sur ces deux témoins, voir M. Ch. de Beaurepaire : *Notes sur les juges...* pp. 126 et 30-31.

(4) Voir les dépositions des quatre témoins dans Quicherat : *Procès...* tom. III, pp. 46-62.

(5) Une simple mention que la pièce a été lue devant six assesseurs est la seule trace qui en soit restée au dossier. On avouera que cette façon de « dégager » la procédure n'est pas fort régulière. C'est aussi le cas, ou jamais, de regretter une suppression qui nous priverait des détails historiques sur l'enfance de la Pucelle, si l'enquête de 1456 n'avait réparé le mal. — Cf. Quicherat : *Procès...* tom. I, pp. 27 et 28 ; — R. P. Ayroles : *La vraie Jeanne d'Arc*, pp. 627-628.

nes, onze de ses compagnons d'enfance, les anciens de son village, les curés de Domremy et des paroisses voisines, son oncle Durand Laxart qui l'avait conduite à Vaucouleurs, des habitants de cette ville et divers gentilshommes du pays. L'enfance de Jeannette, comme l'appelaient ces braves gens, nous apparaît dans ces dépositions comme dans un miroir où se reflètent les vertus de son âge et les qualités primesautières d'une nature que la grâce divine a marquée de son sceau (1). Si attachant que soit ce spectacle, devant lequel les instructeurs du procès de béatification s'arrêteront — nous n'en doutons pas — avec autant de complaisance et plus encore que les commissaires apostoliques de la réhabilitation, nous avons hâte de revenir à Rouen, où l'évêque de Paris, Guillaume Chartier et l'inquisiteur de France Jean Bréhal s'étaient de nouveau transportés pour la réouverture des actes judiciaires (2).

L'audience solennelle eut lieu ponctuellement au jour fixé (3), le lundi 16 février. Les sommations réitérées (4), que le tribunal avait décidé de continuer à Beauvais, avaient enfin ému les personnages interpellés. Maître Réginald Bredouille se présenta à un double titre, comme successeur de d'Estivet dans la charge de promoteur diocésain, et comme procureur de son évêque Guillaume de Hellande. Le dominicain Jacques Chaussetier [*Calciatoris*], prieur du couvent d'Evreux (5), vint au nom de ses frères de Beauvais, qui lui avaient confié cette mission (6). On les ajourna au lendemain pour entendre lecture des articles déposés à la barre le 20 décembre précédent.

Le débat judiciaire allait s'ouvrir entre les demandeurs et les intimés selon les prescriptions du droit. Au début de la séance, les cent-une allégations de la famille d'Arc au sujet des moyens de nullité qu'elle comptait faire valoir contre le procès et la sentence de condamnation furent lues à haute et intelligible voix ; puis on invita le promoteur de Beauvais à les contester. Celui-ci, sans vouloir entrer au cœur de la question, déclara simplement qu'il n'admettait pas la vérité des accusations portées contre feu Pierre Cauchon ; il niait même, dans la mesure du devoir que lui imposait sa fonction et pour faire acte de contradicteur au litige, que la preuve

---

(1) Voir ces dépositions dans Quicherat : *Procès*... tom II, pp. 387-463.
(2) L'archevêque de Reims, retenu sans doute par d'autres affaires, ne les accompagna pas cette fois ; il se proposait d'ailleurs de présider l'enquête d'Orléans, dont nous parlerons bientôt.
(3) La citation indiquait le premier jour juridique après le premier dimanche de Carême, dont l'Introït commence par le mot : *Invocavit*. — Voir Quicherat : *Procès*... tom. II, p. 207.
(4) On les avait affichées à la porte des églises, le lundi 9 février. Cf. Quicherat : *Procès*... tom. II, p. 277. — Le porteur des citations à Beauvais dit qu'il s'est présenté au couvent des dominicains le 12 février et qu'il a parlé au prieur en personne, fr. Germain de Morlaines (Quich. *ibid.* p. 279).
(5) C'est par erreur que le R.P. Ayroles (*La vraie Jeanne d'Arc*... p. 623) l'appelle Sabatier. Son nom de famille était Chaussetier, comme l'a écrit le R. P. Chapotin dans sa liste des prieurs du couvent d'Évreux (*Études hist. sur la prov. dom. de France*, p. 90).
(6) Les documents ne nous expliquent pas les motifs qui déterminèrent les religieux de Beauvais à donner procuration au prieur d'Évreux plutôt qu'à leur propre supérieur ou à l'un des membres de leur chapitre conventuel. Toutefois, si on se rappelle que Bréhal était fils du couvent d'Évreux, il est naturel de supposer qu'ils espéraient par ce choix désigner un intermédiaire particulièrement agréé de l'inquisiteur et obtenir ainsi plus aisément d'être laissés en paix.

eût été fournie ou pût l'être par la suite ; pour toute défense, il s'en référait aux pièces du dossier. Il ajouta que ni l'évêque ni lui ne se prétendaient intéressés dans l'affaire, qu'ils avaient l'intention de ne plus intervenir, et qu'ils consentaient à l'audition des témoins en leur absence, avec une confiance entière dans la conscience des juges (1).

Le prieur des Frères Prêcheurs d'Évreux prit à son tour la parole. Il se plaignit du trouble et du scandale que causaient à la communauté de son Ordre à Beauvais les citations qu'on ne cessait d'y expédier à l'adresse d'un prétendu vice-inquisiteur de la perversité hérétique. Il supplia les juges de mettre un terme à un état de choses qui n'avait pas de raison d'être : car il n'existait dans lo couvent, et cela depuis de longues années, aucun religieux titulaire ou vicaire du Saint-Office (2).

La requête néanmoins ne fut pas admise. Les délégués pontificaux ne voulurent pas davantage consentir aux intentions manifestées par maître Réginald Bredouille. Ils persévérèrent jusqu'à la sentence définitive à édicter des citations à l'adresse de l'évêque, du promoteur et du vice-inquisiteur de Beauvais, tant pour se conformer rigoureusement à la teneur de leur mandat, que pour donner plus de relief à l'œuvre de la justice par de fréquents appels à la contradiction qui ne tenta même pas de se produire (3). Avant de lever la séance, ils déclarèrent encore que les cent-un articles acquis aux débats serviraient de base aux enquêtes d'Orléans et de Paris, et que le rapport à faire là-dessus serait présenté à l'audience du 7 avril suivant (4), pour laquelle ils donnèrent assignation aux parties.

Bréhal, obligé par les affaires de sa charge de retourner à Paris, ne put à son grand regret accompagner l'archevêque de Reims pour assister à l'enquête qui allait s'ouvrir à Orléans : il voulut du moins y être représenté, et délégua comme vice-inquisiteur un religieux de son Ordre, le frère Jean Patin, qui fut en effet présent aux trois ou quatre premières séances (5). Jean Juvénal des Ursins s'était adjoint officiellement maître Guillaume Bouillé, peut-être pour suppléer les commissaires absents, car les feuilles d'audience signalent son nom avant celui du mandataire de Bréhal.

---

(1) Voir Quicherat : *Procès*... tom. II, p. 267.

(2) Cf. Quicherat : *Procès*... tom. II, p. 268. — Si, comme on l'a prétendu, Le Maistre vieux et malade avait besoin d'une retraite inconnue pour se dérober aux recherches et aux poursuites des commissaires apostoliques, il faut avouer qu'il aurait été bien peu avisé et fort mal conseillé de choisir précisément le couvent de Beauvais, plus exposé que tout autre aux sommations dans une cause où l'on devait attaquer les agissements de l'ancien évêque et de l'officialité de ce diocèse.

(3) Qu'il nous soit permis, à cette occasion, de signaler encore une fois la fermeté de caractère de Bréhal et son amour inflexible de la justice sans acception de personne. Ni le désir d'être agréable au prieur de son couvent d'affiliation, ni la considération des ennuis éprouvés par ses frères de Beauvais, n'ont fait dévier un instant sa volonté de la ligne du devoir.

(4) C'est-à-dire le mercredi de Quasimodo, Pâques tombant le 28 mars cette année-là. L'assignation est « ad diem primam juridicam post Quasimodo ». — Cf. Quicherat : *Procès*... tom. II, p. 269.

(5) Outre le procès-verbal authentique, nous avons une preuve de ce fait dans l'Extrait du premier compte de Robert De Molins pour l'année finie en septembre 1457, où il est mentionné sous la rubrique *Voyages et grosses messageries* : « maître Jehan Patin, de l'ordre des frères prescheurs, docteur en théologie, pour avoir esté en la compagnie de monseigneur l'archevesque de Reims, et le dit inquisiteur, [*il s'agit de Guillaume Bouillé*] pour le dit fait, viij livres v sous » (Cab. des titres, vol. relié 685, f° 195 r°).

Le 22 février, l'audition des témoins commença. Le comte de Dunois comparut le premier : il fit une assez longue et intéressante déposition. Par suite de nous ne savons quelles circonstances, les séances subséquentes eurent lieu à des intervalles plus ou moins éloignés. Le 16 mars seulement, un bon nombre d'habitants d'Orléans vinrent apporter leurs témoignages devant l'archevêque de Reims, assisté de maître Guillaume Bouillé et d'un nouveau vice-inquisiteur qui, par délégation de Bréhal, remplaçait son confrère empêché (1). Les détails qu'ils fournissent au procès concernent surtout les exploits de Jeanne d'Arc, ses vertus et le merveilleux ascendant qu'elle exerçait (2).

Retenus par d'autres devoirs urgents, les commissaires demeurés à Paris n'avaient pas eu le loisir de procéder de leur côté à la continuation de l'enquête qu'ils avaient inaugurée dans cette ville au mois de janvier. Il devenait évident que la date du 7 avril, fixée pour la reprise des audiences à Rouen, était à trop brève échéance : outre le rappel des témoins déjà entendus pour vérifier leurs dépositions et leur poser des questions supplémentaires d'après le formulaire adopté, il y avait de nouvelles citations à faire, des informations importantes à recueillir. Les demandeurs se préoccupèrent de cette éventualité. D'accord avec le promoteur, ils se présentèrent le 31 mars devant Guillaume Chartier et Jean Bréhal, afin de solliciter un atermoiement que les circonstances rendaient nécessaire. Les juges admirent leur légitime requête, et renvoyèrent l'audience de Rouen au mercredi après le dimanche *Jubilate* [21 avril]. Vu l'insuffisance de ce premier délai, une nouvelle prorogation fut bientôt accordée jusqu'au 13 mai, mercredi après la fête de l'Ascension (3).

Cependant, les 2, 3 et 5 avril, l'évêque de Paris et l'inquisiteur de France avaient pu se réunir quelques heures et rappeler les quatre témoins qui avaient déjà prêté serment et déposé devant eux au mois de janvier. A cette occasion, ils entendirent aussi Louis de Contes, page de la Pucelle, le chanoine Jean Monnet qui avait été clerc au service de Beaupère pendant le procès de condamnation, et Gobert Thibault, écuyer de la suite de Jeanne, dont les témoignages renferment plus d'un détail de grand intérêt (4). L'archevêque de Reims était de retour : on résolut de profiter de sa présence. Maître Bréhal, voyant ses journées absorbées par les obligations croissantes de sa charge, se substitua le frère Thomas Vérel en qualité d'inquisiteur délégué à l'assistance des commissaires pontificaux dans la continuation de l'enquête (5),

---

(1) Le nom de maître Jean Martin figure après celui de maître Jean Patin et sous la même rubrique à l'Extrait du premier compte de Robert De Molins (*loc. cit.* f° 195 r°) : « maître Jehan Martin, dudit ordre [des frères prescheurs], docteur en théologie, pour ledit fait en la ville d'Orléans, viij livres v sous ». Ce dominicain du couvent d'Orléans eut l'honneur de prononcer deux fois le panégyrique du 8 mai, en 1458 et 1460.

(2) Cf. Quicherat : *Procès* ... tom. III, pp. 2-35.

(3) La nouvelle prorogation fut demandée et obtenue le 18 avril. — Cf. Quicherat : *Procès*... tom. II, pp. 281 et 284.

(4) Cf. Quicherat : *Procès* ... tom. III, pp. 62-77.

(5) A l'Extrait du premier compte de maître Robert De Molins pour l'année finie en septembre 1457, on trouve une gratification accordée par le roi à cette occasion : « maître Thomas Vérel, du dit ordre [des frères prescheurs], docteur

ainsi que le mentionnent les procès-verbaux des séances des 20 et 30 avril, 3, 4, 7 et 11 mai, qui furent consacrées à l'audition du duc d'Alençon et de douze autres témoins (1).

À l'approche du dernier délai assigné pour la réouverture des audiences, l'évêque de Paris et l'inquisiteur général se transportèrent à Rouen. Ils y étaient dès le dix mai, car le dossier contient, à ce jour, la déposition d'un bourgeois de la ville, nommé Jean Moreau, qui donna, entre autres détails, des indications fort utiles sur l'information que Cauchon avait fait faire au pays natal de la Pucelle. Le onze, deux autres témoins furent examinés (2) : l'un d'eux, le greffier Nicolas Taquel avait comparu à l'enquête de 1452. — Le douze, eut lieu la reprise de la cause, quoique l'archevêque de Reims et l'évêque de Coutances fussent encore absents. Le promoteur empêché avait constitué un suppléant (3), maître Jean Vieil [*Veteris*]. Le procureur de la famille d'Arc se présenta seul, et requit le tribunal de prononcer le défaut contre les intimés non-comparants. On préféra, selon la méthode adoptée à plusieurs reprises et généralement suivie au cours du procès, proroger au lendemain et octroyer ainsi aux intimés une sorte de délai de grâce.

Le 13 mai, l'absence de contradicteurs fut derechef constatée. Cette fois, les juges déclarèrent la contumace, admirent aux débats les procès-verbaux des enquêtes et ordonnèrent que communication desdites pièces serait faite à quiconque demanderait à les contester. Puis, après avoir, sur les instances communes du promoteur suppléant et du procureur, rappelé divers témoins déjà examinés en décembre, ils recueillirent la déposition intéressante de Pierre Daron, lieutenant du bailli de Rouen, qui avait assisté à plusieurs épisodes du procès de condamnation et qui savait par ouï-dire certains détails dignes d'une attention spéciale (4).

Le lendemain, un vieillard de soixante-douze ans, maître Seguin, de l'Ordre des Frères Prêcheurs, venu de Poitiers où il était doyen de la faculté de théologie, apporta à son tour un témoignage particulièrement précieux. Il avait fait partie de la commission de docteurs que le roi avait chargés d'examiner Jeanne d'Arc lors de son arrivée à la cour. *La Chronique de la Pucelle* prétend que c'était « un bien aigre homme ». Quelle que fût la tendance naturelle de son caractère, on ne peut nier sa ver-

---

en théologie pour avoir vacqué avec les dessus dits audit fait, viij livres v sous » (Cab. des titres, volume relié 685, f° 195 r°).

(1) Ces dispositions sont relatées dans Quicherat : *Procès...* tom. III, pp. 77-128.

Il faut noter une particularité afférente à l'audience du 3 mai. Le duc d'Alençon s'y présenta avec le religieux augustin frère Jean Pasquerel, qui avait été l'aumônier de Jeanne d'Arc. Ces deux personnages prêtèrent serment ; mais leur interrogatoire, d'extrême importance, fut à cause de sa longueur remis au lendemain. Le duc fut donc entendu le 4 par les commissaires, tandis que le frère Pasquerel était examiné par les notaires *de mandato dominorum commissariorum*. Ce dernier écrivit sa déposition ; il y apposa sa signature le vendredi 7 mai, lendemain de l'Ascension.

(2) Voir Quicherat : *Procès...* tom. III, pp. 191-199.

(3) L'acte notarié de cette procuration porte la date du 15 mai (Quicherat : *Procès...* tom II, p. 287). Mais les feuilles d'audience du 12 et du 13 mai mentionnent la suppléance exercée par Jean Vieil (*loc. cit.* pp. 286 et 288).

(4) Quicherat : *Procès...*, tom. III, pp. 199-202.

tu et le souci qu'il avait de la vérité au mépris de son amour-propre. Nous devons à l'humilité du vénérable religieux la connaissance des réparties vives et piquantes que lui attira parfois l'importunité de ses interrogations (1). Ce fut sans doute avec une pieuse satisfaction du cœur que Bréhal recueillit de la bouche d'un fils de S. Dominique, non seulement l'expression des sentiments éprouvés par les examinateurs de Poitiers, mais aussi l'attestation des quatre prophéties que l'envoyée de Dieu leur avait faites, et dont l'accomplissement était la marque certaine d'une mission providentielle.

L'archevêque de Reims avait songé à réclamer aussi le témoignage du chevalier Jean d'Aulon, membre de la maison militaire de Jeanne et son intendant. Dès le 20 avril, il lui avait adressé une lettre où il le priait de lui envoyer « par escript signé de deux notaires apostoliques et ung inquisiteur de la foy » ce qu'il savait au sujet de la vie et des mœurs de la Pucelle pendant qu'elle vécut sous les armes. Nul ne pouvait être mieux informé là-dessus que cet homme d'honneur, à la sagesse et à la bravoure duquel Charles VII avait confié le soin de veiller sur l'héroïque jeune fille : toujours auprès d'elle, au camp, dans les chevauchées guerrières, sur les champs de bataille, à l'assaut, il l'avait suivie de même dans les détails de sa vie intime, et il savait pertinemment « qu'elle estoit remplie de tous les biens qui peuvent et doivent estre en une bonne chrestienne » (2). Afin de donner à ce document le caractère juridique dans les formes requises, le témoin fit recevoir sa déposition par un dominicain du couvent de Lyon, maître Jean Després [*de Pratis*], que Bréhal avait nommé vice-inquisiteur (3). Le 28 mai, il se rendit à la maison conventuelle de notre Ordre, exhiba les lettres rogatoires de l'archevêque de Reims, prêta serment entre les mains du religieux que nous venons de désigner, et s'entretint fort longuement avec lui devant les deux notaires qui recueillirent et nous ont conservé, sous une forme indirecte mais fidèle, ses récits pleins d'intérêt par leur objet comme par le charme naïf du langage. Le procès-verbal fut ensuite transmis aux commissaires pontificaux, muni du sceau pendant, dont le vice-inquisiteur avait accoutumé de se servir dans son office (4). Ainsi se trouva dignement close la série de cent-quinze témoins qui furent entendus à Rouen, à Paris, à Domremy et à Orléans durant le procès de réhabilitation.

---

(1) Il avait demandé à Jeanne quel idiome parlait sa voix. — « Un meilleur que le vôtre », répliqua-t-elle. — « En effet, messeigneurs, ajouta le digne homme, je parle limousin ». — Voir sa déposition aussi attachante qu'instructive dans Quicherat : *Procès...* tom III, pp. 202-206.

(2) Voir cette déposition, publiée dans son texte français par Quicherat : *Procès ...* tom. III, pp. 209-220.

(3) Dans un ouvrage fort curieux, intitulé *Flagellum fastinariorum*, dont le manuscrit inédit est conservé à la bibliothèque de la ville de Lyon, l'auteur dominicain maître Nicolas Jacquier, alors sous-inquisiteur en fonctions dans le nord de la France, raconte que le P. Després, célèbre par son expérience consommée dans la pratique des exorcismes, vint à son aide en 1452 à Saint-Omer et à Calais, où il luttait contre la secte de ces hérétiques. Il est probable que Bréhal avait apprécié le mérite du religieux lyonnais pendant le séjour qu'il fit à Lyon vers cette époque, et qu'il l'avait alors délégué à un office qui exige les plus hautes qualités.

(4) « Attestor et certifico per hujus modi instrumentum signatum cum appensione sigilli mei proprii, quo utor in meo vice-inquisitoris officio... » (Quicherat : *Procès...* tom. III, p. 220).

CHAPITRE III

L'ÉTUDE DU DOSSIER.

En même temps que les délégués du Saint-Siège, réunis ensemble à Paris vers le milieu de mai, acquéraient ainsi par les dossiers des enquêtes une connaissance très sûre des faits de la cause, ils s'efforçaient d'éclairer leur conscience par l'examen minutieux des pièces du premier procès et par les avis des hommes expérimentés dans la science de la théologie et du droit. Ils convoquaient fréquemment au palais épiscopal des consulteurs avec lesquels ils délibéraient sur les points difficiles ou obscurs et sur le jugement qu'il en fallait porter. Ils étudiaient aussi à tête reposée, dans le silence du cabinet, les mémoires et documents recueillis par les soins de Jean Bréhal et de Guillaume Bouillé ; au besoin, ils demandaient de nouvelles réponses par écrit. Puis, après avoir reconnu la valeur des pièces soumises à leur examen, ils décidaient s'il y avait lieu de les enregistrer dans l'instrument authentique du procès. Nous avons déjà énuméré la plupart des traités composés par l'ordre du roi et à la sollicitation de l'inquisiteur. Il nous reste à signaler ici ceux dont nous n'avons pas encore parlé.

Entre tous, une mention spéciale est due à l'opuscule de Jean Charlier, plus connu sous le nom de Gerson (1). Ce mémoire, daté du 14 mai 1429, a été écrit aussitôt après la délivrance d'Orléans. Sans être une œuvre achevée, on n'y trouve — quoiqu'en dise M. Vallet de Viriville — aucune trace « de l'affaiblissement intellectuel que cause le poids des années ». L'auteur établit par de très solides raisons la divinité de la mission de la Pucelle, et il justifie son usage de porter des habits d'homme, répondant ainsi par avance aux objections qui devaient être si cruellement exploitées contre Jeanne au procès de Rouen. On comprend que Bréhal ait été heureux de présenter aux juges apostoliques et de leur faire agréer pour être inséré au dossier un document d'un pareil intérêt. L'opuscule se lit au f° 110 du Ms. latin 5970 de la Bibliothèque nationale. Il commence par ces mots : *Incipit opusculum magistri Johannis de Jarsonno . . . . Super facto Puellae et credulitate ei praestanda, praesupponendum est in primis . . . .* ; et il se termine par ceux-ci : *Deus enim, etsi*

---

(1) Né dans le hameau de Gerson, près de Rethel (Ardennes) le 14 décembre 1363, (c'est la date mentionnée par les chanoines de la collégiale de S. Paul de Lyon, dans un acte de fondation qui a été rédigé quelques mois avant sa mort), il fit ses études à Paris au collège de Navarre, sous la direction du célèbre Pierre d'Ailly. Chancelier de Notre-Dame et de l'université, il a joué un rôle considérable dans l'Église et dans l'État. Si l'on doit reprocher à ses œuvres doctrinales de renfermer des propositions téméraires, malsonnantes et subversives de l'unité ecclésiastique par l'esprit gallican dont elles sont imprégnées, il ne faut pas méconnaître les excellentes qualités qui distinguent les travaux composés à Lyon pendant les dix dernières années de sa vie. Il était venu se fixer dans cette ville auprès de son frère, prieur des Célestins ; il y mourut (d'après son épitaphe) le 12 juillet 1429. — Cf. R. P. Ayroles: *La vraie Jeanne d'Arc*, pp. 20-24.

non consilium, sententiam tamen mutat pro mutatione meritorum. Explicit consideratio magistri Johannis de Jarsonno . . . — Quicherat en a publié le texte (1), et le R. P. Ayroles l'a traduit (2).

Vers le même temps, mai 1429, l'archevêque d'Embrun, Jacques Gélu (3), écrivait aussi un traité sur les questions que soulevait la mission de Jeanne d'Arc. Il l'adressa au roi Charles VII avec des conseils pleins de sagesse, qui malheureusement n'ont pas été suivis. Malgré ses longueurs, ses digressions inutiles, et son style embrouillé surchargé d'incidentes, ce mémoire n'est pas dépourvu d'intérêt : les parties historiques notamment méritent d'être consultées, parce qu'elles sont l'écho fidèle de nombreuses relations ; sauf une assertion inexacte sur la date de la lettre que la Pucelle adressa aux Anglais pour les sommer de quitter la France, elles portent l'empreinte de la vérité. On ne peut guère douter que les juges de la réhabilitation n'aient connu cet écrit : maître Guillaume Bouillé et Jean Bréhal l'avaient vraisemblablement reçu des mains mêmes du souverain, tandis qu'il conféraient avec lui au sujet des préliminaires de la cause. Toutefois son insertion avec les autres pièces de ce genre dans l'instrument du procès n'a pas été ordonnée. La Bibliothèque nationale en possède deux manuscrits, l'un du fonds latin Cangé, n° 6199, 36 folio ; l'autre de la collection Dupuy, n° 639. Cette *Dissertation*, comme elle est intitulée, commence par une épître dédicatoire, dont les premiers mots sont : *Christianissimo principi domino Karolo septimo, Francorum regi serenissimo* . . . . Elle se termine par la phrase suivante : *Per hoc debitum fecerit ac eum per quem reges regnant meritorie placaverit; cui sit honor et gloria in sempiterna saecula. Amen.* — Quicherat n'en a publié que des fragments, y compris la lettre et les considérations préliminaires, mais M. Lanéry d'Arc l'a éditée dans son entier (4). Le R. P. Ayroles l'a analysée et partiellement traduite (5).

Le 7 avril 1456, Martin Berruyer, évêque du Mans (6), terminait et signait un mémoire qui lui avait été demandé peu de temps auparavant par les commissaires pon-

---

(1) Quicherat : *Procès* . . . tom. III, pp. 298-300.
(2) R. P. Ayroles : *La vraie Jeanne d'Arc* . . . pp. 25-29.
(3) Natif d'Ivoy, dans le Luxembourg, (diocèse de Trèves), il fit ses études à Paris, où il fut reçu maître ès arts en 1391, puis gradué en droit canon (1395). Sept ans plus tard, il prit la licence-ès-lois civiles à Orléans. Après avoir enseigné dans les hautes écoles, comme il dit dans son autobiographie, il obtint au concours une place de conseiller au Parlement. Pourvu de diverses charges importantes dans l'État, il se donna ensuite à l'Église, et fut préconisé archevêque de Tours le 7 novembre 1414 au concile de Constance par Jean XXIII. Transféré par Martin V au siège archiépiscopal d'Embrun (1427), il mourut en 1432. — Le R. P. Ayroles a réuni sur ce personnage des détails pleins d'intérêt. Cf. *La vraie Jeanne d'Arc.*: pp. 32-38.
(4) Quicherat : *Procès...* tom. III, pp. 393-410. — M. Lanéry d'Arc : *Mémoires et consultations...* pp. 565-600.
(5) R. P. Ayroles : *La vraie Jeanne d'Arc...* pp. 39-52.
(6) Ce prélat, l'un des plus doctes de son temps, était originaire de Touraine. Il avait étudié à la faculté des Arts de l'université de Paris, où il prit le grade de licencié et enseigna la rhétorique ; il étudia ensuite la théologie étant membre du collège de Navarre. En 1449, il fut élu évêque du Mans par le Chapitre de cette ville. Il y mourut en 1467. — Le R. P. Ayroles donne quelques détails intéressants sur sa vie, et indique une source inédite, les lettres de Machet, qu'il est utile de consulter. — Cf. *La vraie Jeanne d'Arc*... p. 403-404.

tificaux. Il est évident qu'il a eu, pour le composer, le *Summarium* de Bréhal entre les mains : car, au chapitre quatrième, il dit expressément qu'il procède « juxta ordinem articulorum extractorum de processu qui mihi fuerunt exhibiti » ; or, il suit l'ordre même du sommaire composé par l'inquisiteur, et il répond seulement aux six articles qui y sont contenus. Cette *Opinio* est loin d'être « à peu près insignifiante » (1) ; elle est au contraire très complète quant à la question de fond. Sa division en cinq chapitres, dont le sujet est nettement précisé, facilite l'attention. On ne saurait lui reprocher « son appareil de citations » qui est à coup sûr beaucoup plus réduit que dans la plupart des consultations que nous avons parcourues. L'auteur s'attache surtout aux faits et montre fort bien comment les doctrines qu'il vient d'énoncer leur sont applicables. Le mémoire, inséré au grand registre du procès, ms. latin 5970 de la Bibliothèque nationale, f° 144 r° — 151 r°, a été publié par M. Lanéry d'Arc (2). Il porte comme devise dédicatoire : *Ad gloriam Dei*, et il commence par ce texte du Deutéronome : *Juste quod justum est persequeris* ; il se termine ainsi : *Haec autem scripta sunt non in cujusquam suggillationem sed zelo veritatis et justitiae absque temeraria assercione, etc... Scriptum et signatum per me... Berruyer.* — Le R. P. Ayroles l'a traduit presque dans son entier (3).

Sur ces entrefaites (4), les délégués apostoliques furent informés de la présence à Paris de Jean Bochard, évêque d'Avranches (5), qui était venu traiter quelques affaires de son diocèse. Il parut expédient de consulter ce prélat qui comptait parmi les docteurs de l'université et jouissait d'une certaine réputation. On lui enjoignit donc de donner son opinion tant sur la valeur des actes que sur les incriminations articulées contre la Pucelle. Pressé par le temps et n'ayant eu sous les yeux qu'un extrait abrégé du procès (6), l'auteur ne répondit pas à l'attente qu'on

---

(1) Tel est le jugement sommaire que porte M. Fabre : *Procès de réhabilitation...* tom. II, p. 183. — Sans nous livrer à un examen approfondi de ce mémoire, nous l'avons parcouru assez attentivement pour être frappés de certaines réflexions très favorables à la mission divine et à la sainteté de la Pucelle. Il nous suffit de citer comme exemple une des dernières phrases qui est ainsi conçue : « Et revera puto eos qui suas responsiones inspexerint valde mirari super prudentia et responsis ejus, ita ut attentis ipsius simplicitate, sexu et aetate, dicant quod non erat ipsa loquens, sed quod in ea loquebatur Spiritus sanctus... ».
(2) M. Lanéry d'Arc : *Mémoires et consultations*... pp. 237-268.
(3) R. P. Ayroles : *La vraie Jeanne d'Arc*... pp. 405-436.
(4) A quelle date eut lieu le voyage de l'évêque d'Avranches ? Le mémoire ne le dit pas ; nous sommes donc réduits là-dessus à des conjectures. Les commissaires pontificaux se trouvèrent à trois reprises réunis à Paris, en janvier, en avril et en juin. Il n'est guère vraisemblable qu'il faille reporter le fait au mois de juin : à ce moment, les juges étaient sur le point de conclure et devaient avoir entre les mains toutes les pièces sur lesquelles ils délibéraient après les avoir étudiées en particulier. Quant à janvier et avril, nous n'avons aucune raison plausible de préférer l'un à l'autre. En l'absence de données certaines, il nous a paru convenable de signaler simultanément les deux mémoires de Bochard et de Berruyer.
(5) On ajoute ordinairement de Vaucelles à son nom patronymique, parce qu'il est né à Vaucelles, faubourg de Saint-Lô (diocèse de Coutances). Les chroniques de l'Abbaye du Bec, dont il a été commendataire, l'appellent Boucart. — Après avoir étudié, puis enseigné à Paris, il devint recteur de l'Université en 1447. Il était archidiacre d'Avranches, lorsque le choix du chapitre le désigna pour le siège épiscopal (avril 1453). Il est mort le 28 novembre 1484. — Cf. *Gallia Christiana* tom. XI, col. 493-494 ; — Du Boulay : *Hist. univ. paris.* tom. V, p. 706.
(6) Bochard dit expressément que cet « extrait sommaire » est l'œuvre de Paul Pontanus. Quicherat prétend qu'il s'est trompé parce qu'il « est prouvé que ce sommaire est de Théodore de Leliis » (*Procès*... tom V, p. 466). L'erreur de l'évêque d'Avranches est admissible, mais la raison donnée par le savant directeur de l'École des Chartes ne nous paraît pas pé-

avait de son savoir. Son mémoire, intitulé *Opinio*, est fort succinct, mais de style assez lourd. A part un passage intéressant relatif au mont Saint-Michel, il n'offre rien de nouveau sur les faits du procès. Cependant il a été inséré au dossier à côté de celui de Martin Berruyer, (ms. latin 5970 de la Bibliothèque nationale, f° 151-152). Il commence par ces mots : *Cum citra paucos dies, propter nonnulla meae Abrincensis ecclesiæ agenda, ad hanc Parisiensem civitatem venissem* .... Il se termine ainsi : *Et haec sunt quae sub praemissa correctione et protestatione et submissione, de praesenti materia per modum opinionis solum et probabiliter mihi Joanni, episcopo Abrincensi, sunt visa conjectanda*. Il a été publié par M. Lanéry d'Arc (1). Le R. P. Ayroles l'a traduit presque intégralement (2).

Le 30 mai, l'Archevêque de Reims et l'évêque de Paris se voyant dans l'impossibilité d'aller tenir l'audience qui avait été fixée au premier juin donnèrent délégation à l'évêque de Démétriade Jean Le Fèvre et à maître Hector de Coquerel, official de Rouen, pour siéger à leur place (3). Au jour marqué, le procureur de la famille d'Arc se rendit au palais archiépiscopal avec Jean Vieil [*Veteris*], substitut du promoteur, et y trouva le tribunal ainsi constitué. L'absence des deux commissaires apostoliques n'était pas un obstacle à la reprise des débats. Les demandeurs sollicitèrent donc les délégués d'accepter leur mandat et de procéder aux actes judiciaires annoncés par les citations publiques et privées. Leur requête fut agréée, et l'audience prorogée au lendemain, à cause de la non-comparution des intimés. Le 2 juin, après la production de diverses pièces par Guillaume Prévosteau, les défaillants furent déclarés forclos, c'est-à-dire qu'ils ne seraient plus admis à contester les témoignages recueillis au cours des enquêtes (4). Le 4, nouvelle séance avec la remise d'usage au jour suivant. Le 5, les demandeurs renouvelèrent la présentation de tous les documents relatifs à l'affaire, depuis les informations préparatoires de 1452 et le rescrit de Calixte III jusqu'aux dépositions récemment enregistrées, y compris le témoignage de Jean d'Aulon qui venait de leur être transmis de Lyon (5). Les juges édictèrent alors pour le 9 une troisième et dernière assignation des intimés, mais celle-ci n'obtint pas plus de résultat que les précédentes. A l'audience prorogée, le 10, on déclara définitivement acquis à la cause l'ensemble des documents déposés par les partis, et on renvoya aux commissaires apostoliques le soin de déterminer la

---

remptoire. Si le mot *Summarium* est un substantif, le sommaire dont il est question pourrait tout aussi bien être celui de Bréhal, dont le mémoire de Jean Bochard se rapproche beaucoup par son ordonnancement. Si au contraire le mot est pris adjectivement, ainsi que la contexture de la phrase semble l'indiquer, on ne voit pas pourquoi il ne s'agirait pas d'un des mémoires de Pontanus,

(1) M. Lanéry d'Arc : *Mémoires et consultations*... pp. 269-276.
(2) R. P. Ayroles : *La vraie Jeanne d'Arc*... pp. 439-446.
(3) La pièce officielle de cette délégation se lit dans Quicherat : *Procès*... tom. III, pp. 234-226. — La feuille d'audience (*ibid.* pp. 222-223) constate le fait, et mentionne l'absence de l'évêque de Paris et de l'inquisiteur.
(4) Quicherat : *Procès*... tom. III, pp. 226-227.
(5) Bréhal l'avait probablement apporté lui-même à Rouen ; car sa présence au tribunal est constatée à deux reprises sur la feuille d'audience du 5 juin. Quicherat : *Procès*... tom. III, pp. 246-247.

date à laquelle ils pourraient se réunir et convoquer les intéressés pour entendre les conclusions du ministère public (1).

Aussitôt Bréhal s'empressa de quitter Rouen et de rentrer à Paris : il rendit compte à ses collègues de ce qui s'était passé et leur remit le dossier complété et surabondamment pourvu de pièces concluantes. Les originaux du procès accompagnés de la minute du greffier Manchon, les dépositions très nombreuses des témoins les mieux informés, les mémoires de grande valeur commandés ou agréés par le tribunal, fournissaient tous les éléments nécessaires à une appréciation consciencieuse et répondaient à toutes les exigences des prescriptions canoniques. Les critiques soulevées à ce sujet par Quicherat, et répétées après lui sans contrôle, ne tiennent pas devant les faits. Aucun texte de la loi n'oblige les juges ecclésiastiques à consulter « *le plus grand nombre possible de canonistes et de théologiens en renom* » ; nulle part, il ne leur est enjoint de réclamer les avis par écrit, plutôt que de se contenter des opinions émises de vive voix (2). Rien n'autorise donc à affirmer que les délégués du Saint-Siège se montrèrent « moins sévères formalistes » que Cauchon, ou « plus coulants sur la formalité des consultations ». Il faut au contraire reconnaître qu'ils ont poussé jusqu'au scrupule l'accomplissement de leur tâche, lisant et relisant, — le procès-verbal authentique en fait foi, — examinant et comparant, conférant entre eux et délibérant avec plusieurs hommes très dévots et versés dans ces matières (3).

De ces discussions approfondies et maintes fois réitérées, il se dégageait deux conclusions. L'une concerne les opinions formulées au cours même du procès de condamnation : ces opinions sont mal fondées et divergentes ; mal fondées, puisque d'une part elles ont pour base des articulations peu conformes et parfois contraires aux réponses et aux aveux de Jeanne, et que d'autre part elles n'allèguent pas de preuves ou se contentent d'en apporter un nombre trop restreint dans une matière aussi délicate ; — divergentes, puisque certains consulteurs demandaient qu'on leur communiquât d'abord tout au long les actes du procès, tandis que d'autres affirmaient qu'il fallait renvoyer la cause au siège apostolique, et que plusieurs, se plaignant de la précipitation et de la contrainte qu'ils subissaient, voulaient avant de passer outre qu'on fît à Jeanne une nouvelle admonition de se soumettre à l'Eglise. D'où il est naturel de conclure à leur insuffisance et à leur manque de pertinence sur la plupart

---

(1) Quicherat : *Procès*... tom. III, p. 254.

(2) Le chapitre xij (*Ut commissi*) du titre *De haereticis*, dans le *Sexte*, donne simplement aux inquisiteurs le pouvoir d'appeler devant eux, selon qu'il sera expédient, des hommes compétents quels qu'ils soient (c'est-à-dire sans acception de personne), et de les obliger en vertu de l'obéissance à leur prêter conseil : « Advocandi quoque, prout expedierit, peritos quoslibet ut vobis assistant, et hujusmodi ferendis sententiis praebeant consilium opportunum, ac eis quod super his vobis humiliter pareant in virtute obedientiae injungendi... plenam concedimus potestatem ». (*Liber Sextus Decretalium*...; p. 632). — Voir Nicolas Eymeric : *Directorium*.. (3 parte, qq. 77-79); pp. 629-631.

(3) « Lectis igitur, recitatis, et examinatis, recollectisque ad invicem, et collatis inter dominos delegatos..., pluribus etiam viris devotissimis et peritis eisdem assistentibus et condeliberantibus » (Bibl. nat. ms. latin 5970, f° 174). Comment Quicherat a-t-il pu oublier un texte si concluant ? Il l'avait pourtant publié : *Procès*... tom. III, p. 333.

des points (1). — L'autre observation regarde aussi bien les mémoires composés avant l'ouverture du procès de révision, que les consultations écrites ou orales qui ont été données depuis : beaucoup de détails et d'arguments leur étant communs, une récapitulation générale de leurs appréciations offrait une réelle utilité.

Tel est le motif qui engagea les commissaires pontificaux à ordonner ce travail d'ensemble. Ils en confièrent la rédaction à leur collègue, maître Jean Bréhal (2). Le grand inquisiteur était plus apte que personne à s'acquitter parfaitement d'une tâche aussi importante. Appelé par une disposition spéciale à siéger comme membre du tribunal, il avait suivi de près tous les actes de la procédure ; il était d'autant mieux préparé qu'il avait été pour ainsi dire le bras droit du cardinal légat Guillaume d'Estouteville dans la conduite des enquêtes, et qu'il n'avait pas cessé d'étudier l'affaire et de recueillir les documents convenables. On espérait de sa science théologique et de son expérience dans les causes de foi, qu'il saurait grouper méthodiquement les questions fort nombreuses, condenser les délibérations des juges et des consulteurs, et y ajouter au besoin de brèves annotations qui élucideraient la matière (3).

Nous ne craignons pas d'affirmer que l'œuvre est magistrale et répond pleinement à ce qu'on attendait de son auteur.

---

(1) Nous ne faisons pas ici de simples conjectures, mais nous suivons à la lettre le procès-verbal du ms. 5970, f° 174 v° : « ... Apparuit opiniones predictas, in et super istis articulis superius prenotatis confessioni et dictis Johanne prefate dissonis atque contrariis fundatas esse, et sine allegationibus vel saltem cum paucis ad tantam materiam datas fuisse ; ipsos que deliberantes nondum concordasse, aliis petentibus totum sibi processum sibi communicari ad longum, aliis dicentibus eumdem processum ad Sedem Apostolicam transmittendum, aliis coactos et se precipitatos refferentibus in hac parte, aut saltem pro majori parte dicentibus eamdem Johannam de se submittendo Ecclesie iterum admonendam...; ideo prefatis dominis delegatis, consiliariis ab eis convocatis, visum est prefatas opiniones ad elucidacionem materie minime sufficere et in plerisque eidem materie videri impertinentes ». — Quicherat : *Procès*... tom. III, p. 333.

(2) La date précise de ce travail ne nous est pas connue : le procès-verbal, qui mentionne l'accomplissement des formalités concernant l'étude du dossier, a groupé ensemble toutes les opérations du tribunal sans se préoccuper autrement de la chronologie ; il parle en dernier lieu de l'ordre donné à l'inquisiteur par ses collègues relativement à la récapitulation des consultations verbales, de telle sorte que, s'il fallait interpréter le texte à la lettre, on serait contraint de renfermer la composition et l'examen de ce mémoire considérable dans des limites trop étroites pour la possibilité matérielle des faits. Nous sommes enclins à croire que Bréhal avait reçu cette commission dès le milieu du mois de mai et qu'il mit à l'exécuter au moins quinze jours ou trois semaines d'une activité peu commune.

(3) Tout cela nous est indiqué de la manière la plus expresse par le procès-verbal (ms. 5970, f° 174 v°) : « ... prefati domini delegati recollectionem preceperunt omnium predictorum per venerabilem magistrum Johannem Brehal ex ordinatione speciali per eos in conjudicem et condelegatum vocatum et assumptum juxta et secundum rescriptum apostolicum et mandatum eis directum, ac cum Reverendissimo in Christo Patre Domino Guillelmo... pro tunc Apostolice Sedis legato, in informacionibus et aliis circa hanc materiam jam pridem adjunctum, ordinantes specialiter, ad pleniorem elucidacionem materie faciendam, questiones ipsas quam plurimas inter predictos delegatos et condeliberantes pretactas breviter adnotando, sicut et inferius in sequenti deductione continetur tam circa materiam quam eciam circa formam per singula capitula dicta recollectio ad longum est descripta ». — Quicherat : *Procès*... tom. III, p. 334. Par une méprise inexplicable, M. Lanéry d'Arc (*Mémoires et consultations*... p. 395 note) attribue au cardinal d'Estouteville l'ordonnance par laquelle Bréhal fut chargé de composer ce résumé des avis doctrinaux. Le texte de Quicherat auquel il renvoie est celui-là même que nous venons de citer.

LIVRE TROISIÈME

ANALYSE DE LA RECOLLECTIO

LIVRE TROISIÈME

ANALYSE DE LA RECOLLECTIO

CHAPITRE I

INTRODUCTION ET DIVISION.

Un docteur de Sorbonne, Edmond Richer, qui avait le dessein de publier le procès de la Pucelle, a singulièrement déprécié la *Recollectio* de Bréhal et les autres mémoires consultatifs. « Ne seroit besoin, écrivait-il, de les faire imprimer pour ce qu'ilz sont trop peu élabourez et polis et tumultuairement escrits, mesme en un siècle auquel la barbarie triomphoit » (1). Ce jugement sommaire doit être réformé. Il paraîtra suspect à ceux qui n'ignorent pas combien d'idées fausses ont été préconisées par le théologien qui l'a prononcé ; l'étude des documents eux-mêmes en démontrera l'injustice. Sans doute il ne faut pas chercher dans ces mémoires les agréments du style et les artifices d'une composition « élabourée et polie » : leurs auteurs n'avaient ni le temps ni la volonté de faire œuvre littéraire ; ils avaient souci de la vérité et du droit, sans guère se préoccuper de les formuler en paroles élégantes. Le langage des scholastiques et des canonistes, qu'on a trop longtemps considéré comme un « triomphe de la barbarie », n'est d'ailleurs pas dépourvu de correction, et, s'il ne possède pas les charmes du latin classique, on ne saurait lui dénier la netteté, la précision et plusieurs autres qualités maîtresses, qui le rendent merveilleusement apte à servir d'instrument à une discussion doctrinale. Enfin l'écrit de Bréhal — pour nous borner au rapport judiciaire que nous allons reproduire — n'a rien de « tumultuaire » : sagement ordonnancé sous deux chefs principaux, il résume, avec le calme qui convient à l'œuvre d'un juge, les considérants les mieux appropriés à la nature du procès.

C'est donc à tort que Quicherat a essayé de se couvrir de l'autorité d'Edmond Richer, pour justifier sa détermination d'exclure la *Recollectio* du nombre des pièces à publier intégralement (2). Il n'est pas mieux inspiré lorsqu'il méconnaît le caractère

---

(1) Ms. 10448 fonds français, collection de Fontanieu, f° 285 ; à la Bibliothèque nationale.
(2) Quicherat : *Procès...* tom. v p. 469. — M. Joseph Fabre s'est cru autorisé à employer des expressions moins mesurées : « Le caractère commun des mémoires sur le procès de Jeanne d'Arc, dit-il, est d'être très érudits et point vivants ; Tout y est jurisprudence ou théologie. Dans leurs interminables dissertations, ces auteurs pérorent sur la foi, sur la soumission à l'Église et sur le surnaturel ; parlent volontiers de la magie comme d'une science véritable qui a ses règles ; multiplient les citations, ou se perdent en subtilités scholastiques. On s'étonne, en lisant leurs consultations indigestes,

historique de cet ouvrage, et ne veut y voir qu'un mémoire de jurisprudence ou de théologie. Dans un sujet tel que l'histoire de Jeanne d'Arc, et surtout quand il s'agit de se prononcer sur la valeur morale de sa personne et sur les mobiles intimes de sa conduite, il importe manifestement de ne négliger aucun élément d'information, et de demander aux sciences sacrées la lumière qu'elles sont capables de projeter autour des évènements de ce monde. En récapitulant avec un soin consciencieux les détails de la procédure et les accusations portées contre la Pucelle, en les discutant d'après les principes du droit canon et de la théologie, Bréhal fournit à l'historien des matériaux authentiques — les faits consignés au dossier, contrôlés par conséquent avec une rigoureuse exactitude, — et une appréciation solidement motivée, dont il est loisible d'éprouver la justesse, mais qu'on peut accepter de prime-abord, au moins sous bénéfice d'inventaire. A ce double titre, la *Recollectio* avait sa place marquée dans une publication comme celle de Quicherat : personne assurément n'aurait eu le droit de lui reprocher de l'avoir « grossie mal à propos ».

Remercions M. Lanéry d'Arc d'avoir réparé cette défaillance du savant éditeur et comblé une lacune de tous points regrettable. Inspiré sans doute par les judicieuses réflexions de M. Marius Sepet (1), il a pris la généreuse initiative d'une publication dont il comprenait mieux la portée : *Mémoires et consultations en faveur de Jeanne d'Arc*. Toutefois, sans préjudice des éloges qui lui sont dûs pour avoir ainsi facilité au public des érudits l'étude de pièces fort intéressantes mais peu abordables sous leur forme originelle, nous avons été contraints de constater que son œuvre est défectueuse au point de vue paléographique et qu'elle ne saurait satisfaire pleinement les justes exigences de ceux qui aiment la pureté native des sources de l'histoire. Parfois en effet une lecture inexacte du manuscrit a introduit dans le texte des mots ou des phrases inintelligibles, voire même des contresens qui déroutent le lecteur; la transcription est aussi fautive, soit parce que l'orthographe de l'auteur n'a pas été fidèlement repro-

---

d'y trouver une si extrême sécheresse. Point de détails sur la vie de Jeanne, sur ses vertus, sur ses patriotiques élans, sur son œuvre héroïque. Ces pédants se bornent à ergoter dogmatiquement sur l'orthodoxie de la Pucelle, et à démontrer à coup de *distinguo* l'illégalité de sa condamnation » (*Procès de réhabilitation*... tom. II p. 185). — Nous protestons contre cette indignation de mauvais aloi. Les docteurs consultés n'avaient pas à se prononcer sur les points qu'on leur reproche d'avoir omis. On leur avait demandé, non pas des faits nouveaux, mais l'appréciation de la valeur dogmatique et morale de faits dûment constatés, non pas des tirades sentimentales ni une éloquence passionnée, mais l'expression calme et réfléchie de ce qu'ils estimeraient être la vérité et la justice, dans une cause de la plus haute gravité, où les divers intérêts qui étaient en jeu réclamaient une impartialité absolue. Ces hommes, qui étaient la probité même, se seraient fait un scrupule de sortir de leur rôle et de chercher à émouvoir le cœur par des artifices littéraires et par « des raisons que la raison ne connaît pas ». Plus d'une fois d'ailleurs, — nous aurons l'occasion de le montrer en analysant la *Recollectio* de Bréhal, — à côté de discussions nécessairement arides, ils rendent à l'innocente victime des témoignages très chaleureux ; plus d'une fois, un cri d'enthousiasme ou de compassion s'échappe de leur poitrine au spectacle d'une vie héroïquement vertueuse entremêlée de tant de gloire et de douleur, et la flamme de leur patriotisme lance de vives étincelles. Lorsqu'on les traite d'ergoteurs et de pédants, n'auraient-ils pas le droit de répondre comme le divin Maître au valet du Pontife ? « *Si male locutus sum, testimonium perhibe de malo; si autem bene, quid me caedis* » ? (Joan. xviii, 23).

(1) C'est en effet à M. Sepet que revient l'honneur d'avoir le premier signalé l'importance du mémoire de Bréhal pour l'étude de l'histoire de Jeanne d'Arc. — Voir l'édition de Tours, 1885, de sa *Jeanne d'Arc*. p. 475.

duite suivant les règles aujourd'hui adoptées pour les publications de ce genre (1), soit parce que des références ont été modifiées et soi-disant rectifiées à la suite d'un contrôle insuffisant, dont le résultat est d'égarer parfois les recherches. Voilà pourquoi nous n'avons pu nous contenter d'un travail bien méritant à d'autres égards, et auquel il serait injuste de refuser nos suffrages, puisqu'il nous a ouvert la voie d'une entreprise hérissée de difficultés.

Simultanément, le R. P. Ayroles, de la compagnie de Jésus, songeait de son côté à faire connaître au grand public les documents précieux qui retracent la physionomie de *La vraie Jeanne d'Arc*. En 1890, paraissait ce travail de longue haleine, qui lui assure la reconnaissance de tous les amis de la Pucelle. Il a consacré une attention spéciale, nous pourrions presque dire fraternelle, au mémoire de Bréhal, dont il a traduit intégralement un bon nombre de passages, et analysé le reste avec une scrupuleuse exactitude (2).

Avant de présenter à notre tour l'œuvre de notre grand inquisiteur dans son texte latin soigneusement collationné sur un manuscrit authentique, nous croyons utile d'en examiner la trame avec quelque détail : cette analyse raisonnée ne dispensera point de recourir aux développements du texte ; mais elle fera mieux ressortir la méthode qui a présidé à la rédaction, le choix et l'enchaînement des preuves, l'attention particulière que méritent certaines d'entre elles ; elle servira par là même de fil conducteur et de guide aux lecteurs pour lesquels ce genre de considérations serait moins familier.

Dans une courte introduction, — elle occupe à peine le premier feuillet du registre, — l'auteur de la *Recollectio* expose les motifs qui le portent à plaider la cause de la vérité : c'est la tendance naturelle de l'esprit humain, c'est aussi le devoir du juge et du docteur.

Le vrai est à l'intelligence ce que l'existence est à un être quelqu'il soit : son bien, sa perfection. De cet axiome philosophique, si souvent proclamé par Aristote, il résulte qu'un même instinct de la nature nous pousse à rechercher la possession de la vérité et la conservation de l'existence. Comme le mal qui ne se fait agréer que sous une apparence de bien, le faux a besoin d'emprunter les dehors du vrai pour s'insinuer dans notre esprit. S. Augustin le constate en des termes quelque peu subtils sans doute, mais fort saisissables grâce à son procédé habituel de déduction par les antithèses. La raison et l'autorité s'accordent ainsi à attester la tendance naturelle de l'homme vers la vérité, et, par une conséquence nécessaire, son éloignement de tout ce qui s'y oppose.

Toutefois cet ordre peut être violé : c'est le fait d'une volonté perverse, qui accueille de son plein gré la fausseté et l'injustice, pourvu qu'à l'aide du sophisme elle

---

(1) Pour qu'on n'attribue pas à cette critique un sens qui dépasserait notre pensée, il convient de faire remarquer, à la décharge de l'éditeur, qu'il avait pris soin d'avertir les lecteurs de sa décision de rajeunir les formes archaïques des manuscrits du XVe siècle (*Mémoires et consultations...* préface p. 14) et qu'il pouvait dans une certaine mesure s'autoriser de l'exemple de Quicherat.

(2) Voir R. P. Ayroles : *La vraie Jeanne d'Arc*. pp. 451-598.

parvienne à leur donner l'aspect de la droiture et de la véracité. Une telle manière d'agir est digne de blâme ; elle l'est plus encore, lorsqu'elle se rencontre chez le juge ou le docteur, dont la mission est de manifester ce qu'il sait et de confondre le mensonge.

Conformément à ces principes, empruntés à la philosophie autant qu'à la science juridique, Bréhal déclare son intention de rendre hommage à la vérité ; et, après avoir humblement protesté de sa soumission parfaite au Saint-Siège, il aborde l'étude du procès qu'il est chargé de réviser (1).

Ici, comme partout, deux éléments constitutifs se présentent : la matière d'abord, c'est-à-dire les faits ou les accusations qui sont le fondement de la sentence ; la forme ensuite, c'est-à-dire la procédure et les défauts substantiels qui en dénaturent le caractère. De là une répartition aussi simple que lumineuse. La première partie, principalement doctrinale [f° 175 r°-190 r°], a pour objet la discussion des griefs articulés par les ennemis de Jeanne d'Arc afin de motiver la condamnation : elle comprend neuf chapitres, qui justifient pleinement l'accusée et démontrent l'orthodoxie de ses sentiments et la correction parfaite de sa conduite. Il nous sera permis d'ajouter que la portée de ce document est plus haute encore : l'inquisiteur qui l'a rédigé songeait à réhabiliter l'innocence ; la Congrégation des Rites y trouvera par surcroît une information officielle, bien propre à servir de base à un examen approfondi des vertus qui doivent être l'apanage de la sainteté. — La seconde partie, surtout juridique [f° 190 r°-202 r°], a trait aux moyens de droit qu'on peut faire valoir dans la cause contre une sentence viciée par plusieurs nullités : de ce chef, on compte douze allégations, soit douze chapitres. A la suite de Bréhal nous passerons en revue les uns et les autres.

CHAPITRE II

LE FOND DE L'AFFAIRE.

§ 1

LES APPARITIONS.

Le premier point, et assurément le plus important, sur lequel s'engage la contestation, est relatif aux visions et apparitions que la Pucelle prétend avoir eues. De leur

---

(1) On voit, dès ce début, l'élévation d'esprit dont Bréhal fait preuve dans sa manière d'envisager les questions, et en même temps la méthode qu'il suit dans tous son mémoire. C'est par le recours continuel aux principes premiers et aux considérations les plus hautes qu'il éclaire sa route ; c'est à leur lumière qu'il discute les points douteux, qu'il résout les difficultés qu'on lui oppose et qu'il juge de la valeur des actes.

nature, bonne ou mauvaise, divine ou superstitieuse, dépend en effet le caractère de la mission qui lui a été confiée et qu'elle s'est efforcée de remplir. Si Jeanne n'a pas été le jouet d'une illusion, si elle a eu raison de croire que « ses voix » venaient de Dieu et lui intimaient les ordres du ciel, il faut reconnaître dans cette humble fille des champs une ambassadrice du Très-Haut, une messagère de la Providence qui veille avec amour au salut des royaumes.

Cependant quelle que soit l'évidence de la déduction ainsi formulée, — il est nécessaire de le remarquer une fois pour toutes, afin de n'être pas exposé à se méprendre sur la valeur du raisonnement, — ce n'était point cette vérité que visait directement et toujours l'inquisiteur de la foi. Son rôle, à lui, consistait surtout à peser les considérants de la sentence : il lui suffisait d'établir d'abord que les premiers juges étaient mal fondés à flétrir de leur réprobation les faits d'ordre mystérieux au sujet desquels les dires de l'accusée ne pouvaient laisser aucun doute. Quant aux conclusions ultérieures, il les signale parfois d'une façon assez précise pour révéler le fond de sa pensée, comme par exemple lorsqu'il parle (dans ce même chapitre premier) du temps où les visions ont eu lieu, mais il compte bien qu'elles se dégageront suffisamment de l'ensemble et des détails du procès.

Après avoir rappelé que la bonté morale de toute action humaine dépend principalement de sa fin, et que les circonstances sont pour ainsi dire la mesure de la proportion qui doit exister entre la fin et les moyens de l'atteindre, Bréhal passe de suite à l'application de ces principes généraux : il étudie tour à tour quatre circonstances (le temps, le lieu, le mode et le résultat) des apparitions, afin de constater qu'elles n'offrent rien de répréhensible, et qu'elles conviennent fort bien à des envoyés du ciel.

D'abord, le temps des apparitions. C'est vers l'âge de 13 ans que la Pucelle en a été favorisée pour la première fois. On peut y découvrir deux raisons de convenance : l'une mystique, empruntée à la signification des nombres ; l'autre basée sur les prescriptions du droit et les concordances de l'histoire. Personne n'ignore que les Pères et les Docteurs de l'Église n'ont pas dédaigné, à l'occasion, de rechercher le sens caché sous les chiffres qu'ils regardaient comme des lettres scellées où Dieu avait déposé la connaissance de certaines vérités. Il est permis de suivre leur exemple, sans tomber dans les exagérations et la puérilité de la Cabale juive. Les expressions mêmes, dont Bréhal se sert ici et plus loin, témoignent de sa discrétion à cet égard ; mais une sage réserve n'annule pas la valeur relative de son interprétation. Si l'on décompose le nombre treize en ses deux facteurs, trois et dix, on y trouve le symbole des conditions qui prédisposent l'âme aux visites de Dieu : la foi de la Trinité, et l'observation du décalogue. A ce point de vue mystique, il existe donc un rapport de convenance qu'il n'est pas inutile de signaler.

La raison canonique paraîtra plus solide, bien qu'elle ne dépasse pas non plus les limites de la simple vraisemblance. A partir de cet âge, la jeune fille devient l'arbitre de sa destinée, et les lois ecclésiastiques lui reconnaissent le droit de disposer d'elle-même, sans être contrainte de suivre la volonté de ses parents. L'histoire sacrée, de son côté, fournit bon nombre d'exemples qui nous montrent des vierges se consacrant à Dieu dès l'époque de leur puberté et recevant alors la visite des anges. Faut-il donc trouver étrange, conclut Bréhal, que pareille grâce ait été accordée à une adolescente, dont la piété et la conduite ont mérité les plus grands éloges ? Et il ajoute, sans y insister davantage, qu'on pourrait de même attribuer à l'heure des apparitions un sens mystérieux, puisqu'elles ont eu lieu par une disposition providentielle, aux trois moments de la journée que l'Église a spécialement assignés à la louange du Seigneur.

Mais ce qu'il tient surtout à faire remarquer, c'est le synchronisme des visions consolatrices et des dures extrémités auxquelles la France était réduite. Il y a là une marque si évidente de la protection divine, qu'il ne peut contenir un cri de reconnaissance : Jeanne d'Arc est vraiment une nouvelle Judith, envoyée au peuple d'Israël lorsqu'il fallait presque désespérer de son salut ! Sous les accents émus par lesquels Bréhal exprime les malheurs de son pays, on sent vibrer la fibre du patriotisme. Cette note ajoute un charme de plus à la vigueur de l'argumentation. A ce propos, une vieille prédiction attribuée au Vénérable Bède est aussi invoquée ; elle n'est peut-être pas authentique, et son texte semblera quelque peu étrange, néanmoins l'interprétation cadre assez bien avec les faits pour qu'il soit permis de l'accepter.

Ensuite, le lieu des visions. — Cette circonstance n'est pas d'un grand poids, observe l'inquisiteur ; il faut pourtant en tenir compte, puisque les auteurs du procès ont fait fond sur elle. Les saintes Écritures et les annales hagiographiques montrent par mille exemples que les endroits les plus divers conviennent à la manifestation des anges, et que, par conséquent, on ne saurait tirer de là aucune difficulté sérieuse contre la vérité des apparitions.

Le lieu de naissance de Jeanne mériterait plutôt d'attirer un instant l'attention : car son village s'appelle Domremy, et il a été fondé, assure-t-on, par le saint évêque Remi que l'on considère comme le père du royaume (1) ; puis, il avoisine le Bois-Chenu que d'anciennes prophéties ont rendu fameux. Double coïncidence, ménagée à coup sûr par le gouvernement providentiel de Dieu.

Troisièmement, le mode des apparitions. — Jeanne affirme avoir vu fréquemment les esprits bienheureux sous des formes corporelles et au milieu d'une grande clarté ; la première fois, ils se tenaient à droite du côté de l'église ; elle n'en a pas eu tout de suite le dicernement, c'est-à-dire une connaissance distincte ; elle ne leur a point accordé créance à la légère ; les voix qu'elle entendait étaient claires, humbles et douces ; néanmoins elle éprouvait une grande frayeur. Autant de points soigneusement discutés par Bréhal, qui les déclare plutôt favorables à l'accusée, parce qu'ils sont conformes aux enseignements de la théologie.

---

(1) Le texte latin, tel qu'il se lit dans le ms. 5970, ne comporte pas la signification que nous lui donnons ici. La traduction littérale ne ferait allusion qu'au nom du village et à sa position sur les confins du royaume, mais du côté de la France.

A la suite de S. Augustin, tous les mystiques distinguent trois sortes de visions : la vision intellectuelle, où le regard de l'âme se fixe sur les choses spirituelles sous leur forme propre, c'est-à-dire sans aucun corps ni figure; la vision imaginaire, où les sens intérieurs prennent part et perçoivent des symboles ou images dans l'extase et le sommeil ; la vision corporelle enfin, dont le nom même indique l'objet. Les anges peuvent se manifester sous des formes sensibles et corporelles, et c'est ainsi d'ailleurs qu'ils se sont toujours montrés aux hommes. — Comme il n'y avait rien à redire au fond contre l'assertion de Jeanne, on a épilogué sur les détails. Aussi Bréhal suit-il pas à pas pour les réfuter les arguties des premiers juges. Après leur avoir reproché l'inexactitude avec laquelle ils rapportent les expressions de l'accusée, il montre que celles-ci sont faciles à justifier par des exemples tirés de l'Écriture ou de la vie des saints; et que ses réserves au sujet de certaines particularités sur lesquelles on l'avait interrogée ont bien leur raison d'être. Il confirme ses dires, en déclarant selon la doctrine de S. Thomas, comment le corps pris par les anges doit représenter leurs propriétés spirituelles. Il expose enfin que la lumière est ordinairement l'indice de l'apparition des bons esprits, et qu'il leur convient aussi de se tenir du côté droit. Tout cela résulte des textes sacrés et de l'interprétation des saints docteurs.

Passant ensuite à la question du discernement, Bréhal fait remarquer que l'hésitation en pareille matière est chose naturelle à l'homme surpris par la vue d'un objet insolite, et qu'elle est une marque de gravité religieuse et de prudence chrétienne, très conforme à la recommandation de l'apôtre S. Jean. Au cours du procès, Jeanne a d'ailleurs indiqué qu'elle apprit à connaître et à discerner les esprits parce que ceux-ci la saluaient, la dirigeaient et lui disaient leurs noms, comme cela est raconté des bons anges dans l'Écriture. Leurs voix avaient des qualités qui, suivant les témoignages les plus autorisés, ne conviennent point aux esprits mauvais ; leur langage était exempt de duplicité. S'ils lui parlaient français plutôt qu'anglais, cela n'a aucun rapport avec la manifestation de leurs propriétés, mais c'était afin de s'accommoder à son intelligence. — Une autre objection, tirée de ce que l'émission vitale et intelligente des sons articulés n'appartient pas aux êtres dépourvus d'organes corporels, n'a pas plus de fondement ; il est aisé de le comprendre pour peu qu'on veuille réfléchir au sens véritable de la doctrine de S. Thomas et des scholastiques sur ce point.

Enfin, la stupéfaction et l'épouvante que Jeanne dit avoir éprouvées au début de ses visions sont précisément l'indice de leur bonne origine. Les Pères et les Docteurs fournissent à ce propos le témoignage le plus favorable ; leur doctrine unanime, bien fondée en raison et autorisée par les expressions formelles de l'Écriture, est admise par tous les mystiques, comme un principe facile et très sûr du discernement des esprits.

Quatrièmement, la fin ou l'issue des apparitions. — Si en se manifestant les bons anges causent d'abord une certaine frayeur, ils ne tardent pas à révéler leur caractère céleste par les sentiments de force, de paix, de consolation et de joie qu'ils font ensuite éprouver à l'âme. Des citations appropriées, que Bréhal emprunte à divers auteurs, établissent d'une façon très nette la ligne de démarcation entre l'action des bons et celle des mauvais esprits, et amènent la justification complète des dires de la Pucelle relativement à la jubilation qu'elle ressentait et aux douces larmes qu'elle versait après le départ de ses bienheureux interlocuteurs.

La conclusion s'impose : rien dans les visions de Jeanne, rien dans ses expressions à leur sujet, ne trahit la moindre incorrection de doctrine ou de jugement pratique ; au contraire, on y relève à chaque détail les précieuses marques du vrai et du bien. Le premier grief articulé contre l'accusée ne subsiste plus ; ce n'est pas assez dire, il change de face et nous apparaît avec son importance capitale quant à la constatation d'une mission divine. Afin qu'on ne puisse ignorer sa conviction intime à cet égard, l'inquisiteur de France ne veut point clore ce chapitre, avant d'avoir appelé l'attention sur le rôle de l'archange S. Michel, auquel une pieuse croyance attribue la protection et la défense du royaume. En lisant cette page empreinte de foi autant que de fierté nationale, on sent que la cause est gagnée, et qu'il faut considérer la Pucelle comme l'intermédiaire des bons offices dont le prince des armées célestes s'acquitte providentiellement envers notre pays.

§ 2

LES RÉVÉLATIONS.

Le second chapitre se rattache au précédent par son sujet : il s'agit encore des apparitions, mais sous un aspect nouveau bien propre à mettre en lumière tout à la fois l'excellence de leur nature et la sainte vie de Jeanne d'Arc. Bréhal y examine à fond les révélations reçues de Dieu par le ministère des esprits.

Par manière de préambule, il rappelle et confirme avec des exemples empruntés à l'Écriture, que les visions, même divines, n'apportent pas toujours avec elles l'intelligence des secrets qu'elles renferment. Lorsqu'il plaît au Seigneur de lever aussi ces voiles, la gloire et la dignité des visions sont accrues. Tel est le cas des apparitions dont il est question ici : elles sont accompagnées de révélations. Une enquête approfondie à cet égard est par conséquent d'une souveraine importance.

En cette matière, trois points méritent surtout de fixer l'attention : l'auteur, l'intention et la certitude. Bréhal suit la règle ainsi tracée par S. Thomas, dont il résume et applique la doctrine dans la triple répartition du chapitre actuel.

D'abord, l'auteur des révélations. — C'est Dieu qui les distribue aux hommes par le ministère des anges selon l'ordre admirable de sa providence et au gré de son bon vouloir. Mais, à ne considérer que le mode naturel de transmettre la connaissance, on ne saurait discerner pleinement les bons des mauvais esprits. Il faut recourir plutôt aux résultats : séduire par le mensonge et pousser au vice caractérise l'œuvre des démons, tandis que les anges du ciel ont le souci constant de la vérité et de la vertu.

Est-ce à dire pour cela que les révélations prophétiques soient exclusivement l'apanage des âmes droites et unies à Dieu par la charité ? Non, sans doute ; car ce sont des lumières qui perfectionnent l'intelligence sans dépendance nécessaire des dispositions de la volonté; ce sont des grâces gratuitement données, destinées de soi à l'utilité d'autrui, et conférées parfois — l'Écriture l'atteste — même à des ennemis de Dieu. Cependant il n'est pas moins vrai qu'il existe une étroite affinité entre l'esprit de prophétie et la pureté des mœurs, et qu'une vie vertueuse contribue à manifester l'autorité de ceux qui sont les instruments de l'opération divine pour l'avantage du prochain. Voilà pourquoi remettant à un examen ultérieur les révélations faites à Jeanne d'Arc au profit d'autrui, Bréhal s'attache à celles dont la pieuse fille retirait une utilité personnelle. Dans un tableau très vivant, il met sous nos yeux, d'après les interrogatoires du procès, les excellents conseils qu'elle a reçus et le soin avec lequel elle s'y est conformée.

Les esprits lui inculquaient la fréquentation de l'église et des sacrements, la pratique des vertus et des bonnes mœurs, la conservation de la virginité et de l'humilité chrétienne, une conduite exempte de tout reproche et vraiment digne d'éloges. Elle a suivi leurs recommandations avec une fidélité à laquelle ses confesseurs et des témoins, aussi nombreux qu'irrécusables, ont rendu hommage. N'est-ce pas la marque d'une action céleste, et la preuve péremptoire que les révélations de la Pucelle ne sauraient être attribuées à des auteurs réprouvés et pervers ?

Il faut considérer ensuite l'intention, c'est-à-dire l'acte de la volonté qui ordonne les actions humaines à une fin. — Après avoir résumé l'enseignement de S. Thomas sur l'influence exercée, au point de vue de la moralité, par le but qu'on se propose, Bréhal applique ces principes aux révélations prophétiques.

D'accord avec les Écritures et les saints Docteurs, il montre d'une part que le mobile de la vaine gloire ou de la cupidité chez les soi-disant inspirés, ou du moins le désir de tromper chez leurs inspirateurs, caractérise leur fausseté ; et d'autre part qu'une révélation véritablement divine tend toujours à une fin droite et bonne, comme la confirmation de la foi et l'utilité de l'Église. A ce propos, il s'étend avec une certaine complaisance sur les manifestations de la Providence à travers les âges pour le sage gouvernement des États et des affaires humaines. Mais, si les prémisses sont quelque peu prolixes, la conclusion se dégage très nette et empreinte d'un légitime sentiment de fierté nationale: le relèvement d'un royaume aussi illustre, aussi glorieux que la France, est une intention digne de Dieu, un bien divin qui a été le mobile de Jeanne et de ses révélations.

Un troisième point reste à examiner : la certitude des révélations en elles-mêmes, et par rapport à celui qui les reçoit. En elles-mêmes, les révélations divines sont certaines, comme la science même de Dieu, dont elles émanent; celui qui les reçoit est, de son côté, pleinement assuré de leur vérité, ainsi que l'enseignent les Pères et les Docteurs. Au contraire, les devins et les faux prophètes appuient leurs dires sur la science des démons ; or celle-ci est conjecturale et ne peut produire que l'illusion. Le contraste est frappant, et il n'est pas besoin de longs détours pour amener une conclusion favorable à la cause de Jeanne d'Arc.

§ 3

LES PRÉDICTIONS.

Le chapitre troisième, qui a trait aux prédictions de la Pucelle, confirme amplement cette conclusion ; il est d'ailleurs le corollaire naturel des deux chapitres précédents, puisque ce sont les apparitions et les révélations qui ont procuré à la voyante la connaissance de l'avenir.

Suivant toujours la même méthode, Bréhal débute, à la manière des scholastiques, par un exposé substantiel des vérités empruntées à la théologie, qui serviront de contrôle aux faits de la cause et permettront non seulement de justifier l'accusée, mais d'établir le caractère surnaturel de sa mission. C'est presque un traité de la prophétie et des moyens de discerner les vrais des faux prophètes. En voici le résumé :

La prophétie est une manifestation de la prescience divine ; elle participe par conséquent à la vérité et à la certitude infaillible de celle-ci. Elle a pour objet l'annonce des évènements futurs qui ne sont aucunement déterminés dans leurs causes, tels que les cas fortuits, et surtout les faits dépendants de la volonté libre des hommes et des anges, ou d'une libre disposition de la Providence. Dieu seul les connaît dans son éternité à laquelle les diverses phases de la durée sont présentes à la fois, comme les rayons d'un cercle qui aboutissent tous ensemble au point central. Lorsque le Seigneur communique aux hommes cette connaissance, il se sert du ministère des bons anges, qui ne disent jamais rien que de vrai, et sont les fidèles instruments d'une action toute divine. Si parfois les démons, instruits par ceux-ci, reçoivent la permission de transmettre à leur tour quelques vérités relatives à l'avenir, ils se proposent de tromper l'esprit par l'apparence du vrai, de la même façon que la volonté est séduite par l'apparence du bien. Aussi ne doit-on pas leur accorder le nom de prophètes sans y ajouter, conformément à l'usage des saintes Écritures, un qualificatif qui indique la perversité de leur intention.

De là cependant résulte une difficulté qui n'est pas médiocre, dit Bréhal : comment discerner entre le vrai et le faux prophète ? A l'aide de quatre caractères, dont le savant inquisiteur s'attache à faire ressortir l'importance.

Le premier caractère, conséquence immédiate de la définition donnée plus haut, c'est que la prédiction ne contienne rien qui ne doive se réaliser dans le sens entendu par

Dieu, inspirateur de la prophétie, et par celui qui reçoit communication de son infaillible prescience. Le faux prophète au contraire, disciple du démon qui se trompe et qui veut tromper, participe à l'erreur fallacieuse de son maître; ses paroles ne s'accomplissent point. Pour compléter l'intelligence de cette doctrine, et résoudre en même temps une objection spécieuse, Bréhal rappelle ici les explications données par S. Thomas au sujet de la prophétie dite de *prédestination* et de celle qu'on appelle *comminatoire*: la première, absolue et littérale, manifeste le fait même qui se produira ; la seconde, conditionnelle ou relative, le présente tel qu'il se produirait à coup sûr par suite de la disposition actuelle de ses causes. L'une et l'autre n'expriment donc que la vérité.

Le deuxième caractère se vérifie dans les cas où il s'agit de prophéties comminatoires. Afin que le prophète ne soit pas accusé d'erreur ou de tromperie, lorsque l'évènement annoncé par lui n'a pas lieu, Dieu prend soin de l'instruire du sens qu'il faut attacher à ses paroles. Les faux prophètes au contraire, étrangers à l'action du Saint Esprit, demeurent sous l'influence de la fausseté.

Le troisième caractère d'une véritable prophétie, c'est de ne renfermer rien de vain ou d'inutile, rien de contraire aux bonnes mœurs ou à la pureté de la foi : il s'agit en effet de Dieu qui communique sa lumière, des anges qui sont les ministres de la Providence, et de l'Église à l'avantage de laquelle la révélation est ordonnée. Les démons et les devins se proposent un but diamétralement opposé : leurs artifices sans utilité sont mêlés de paroles mensongères qui induisent à l'infidélité et au vice. — On objectera peut-être certains commandements que la Bible assure émaner de Dieu, bien qu'ils paraissent en désaccord avec les préceptes de la loi naturelle ; mais il faut se rappeler que Dieu est le souverain maître de la vie et des biens des hommes, et que, dans ces matières, il confère son propre droit à celui qui exécute ses ordres, de telle sorte que les actes accomplis ne peuvent plus être une violation du devoir. Ici sans doute l'illusion est facile : on l'évitera pourtant, si les circonstances de la révélation apportent avec elles la certitude et le don de discernement.

Tel est en effet, comme l'enseigne S. Thomas appuyé sur l'autorité de S. Grégoire, de S. Augustin, de S. Bernard, et de l'Évangile lui-même, le quatrième caractère qui distingue le véritable prophète : la mission qu'il reçoit est accompagnée d'une clarté intérieure et d'un instinct secret qui ne permettent en aucune façon de méconnaître la source divine d'où elle émane, ni la parfaite conformité de son objet avec les prescriptions de l'Écriture, des saints et de la droite raison.

Après s'être quelque peu attardé dans ces préliminaires, dont il voulait faire la base d'une solide argumentation, Bréhal aborde l'examen des prédictions faites par Jeanne. Les chroniqueurs et les témoins entendus au procès en ont rapporté un grand nombre : l'inquisiteur ne retient que les plus importantes ; celles-ci suffisent amplement aux besoins de la cause.

Ce sont d'abord les trois évènements que, dès son arrivée à la cour, la Pucelle prédit avec assurance : la levée du siège d'Orléans, la blessure qu'elle y recevrait sans discontinuer pour cela les opérations militaires, et le couronnement du roi à Reims. N'est-ce pas là une preuve effective de la vérité de sa mission, à l'exemple du prophète Samuel, lorsque Dieu l'envoya conférer l'onction royale à Saül ?

Jeanne apprit aussi par ses voix sa future captivité, mais sans désignation précise du jour et de l'heure ; car, disait-elle, si elle les avait sus, elle ne se serait pas exposée au danger, à moins d'un ordre de ses voix ; et à partir de cette révélation elle s'en remettait aux capitaines pour les faits de guerre.

Durant son jugement, elle prédit publiquement que le roi de France recouvrerait son royaume malgré ses ennemis ; que Dieu donnerait grande victoire aux français ; que les anglais seraient expulsés de France, excepté ceux qui y mourraient ; et qu'avant sept ans ils lâcheraient le plus grand gage qu'ils avaient en France. Il s'agit, fait remarquer Bréhal, de la ville de Paris ramenée dans cet intervalle à l'obéissance du roi ; ce qui causa aux anglais plus de dommages que les pertes éprouvées par eux devant Orléans.

Elle révéla aussi l'existence d'une épée marquée de croix, enfouie dans l'église de de Sainte-Catherine de Fierbois.

Enfin, quand elle demanda à ses voix si elle serait brûlée, il lui fut répondu de s'en remettre à Dieu qui lui donnerait son aide.

Tout cela s'est réalisé, conclut l'inquisiteur : les faits sont évidents et de notoriété publique. Chose plus digne de remarque, on ne saurait y découvrir rien de vain, de téméraire ou de peu sensé, rien de contraire aux bonnes mœurs et à la foi catholique. Il faut en outre admirer l'assurance de ses affirmations : elle était aussi certaine de leur vérité que de sa présence actuelle au jugement. Ses prophéties sont donc véritables, conclurons-nous à notre tour, et leur caractère divin ne peut faire l'objet d'un doute.

Il reste néanmoins quelques objections à résoudre au sujet de certaines prédictions qui ne se sont pas vérifiées : Bréhal y consacre le surplus du chapitre.

Jeanne avait dit qu'elle délivrerait le duc d'Orléans alors captif ; ce qui n'a pas eu lieu. Mais elle-même a fourni une explication satisfaisante qui a été consignée au dossier : sa prédiction se serait réalisée, si durant trois ans il n'était point survenu d'obstacle ; car il suffisait, soit de faire assez de prisonniers anglais pour l'échange, soit de passer la mer avec des forces capables de mener à bien l'entreprise. Tel était le sens vrai de la promesse : le temps seul a manqué pour l'effectuer.

Autre difficulté : lorsque Jeanne était en jugement, elle affirma tenir de ses voix qu'elle serait délivrée de sa prison. Or l'évènement n'a pas confirmé son dire, puisqu'elle a été brûlée. — La réponse est fournie par les expressions même dont elle s'est servie : car ses voix avaient ajouté qu'elle ne prît pas de souci au sujet de son martyre et qu'elle viendrait enfin les rejoindre au paradis. Ici, d'après les principes exposés plus haut, il ne faut pas s'arrêter à la surface et prendre les mots à la lettre, mais l'interprétation véritable est au sens mystique : comme dans les textes similaires de S. Paul et de David, il s'agit de la délivrance finale qui a lieu par la dissolution du corps et l'obtention du salut éternel. — Jeanne le donna encore à entendre, lorsqu'elle prophétisa à ses juges qu'avant trois mois elle leur ferait la même réponse. On était alors au premier mars, et l'avant-dernier jour du troisième mois suivant, c'est-à-dire de mai, elle fut livrée au supplice et délivrée par la mort.

Cependant, objectera-t-on, les voix promettaient à Jeanne le secours de Dieu « par grande victoire ». — Sans doute; mais elle a déclaré en même temps qu'elle ne savait ce qu'il fallait entendre par là: serait-ce par délivrance de sa prison, par quelque trouble survenu au jugement, ou de tout autre manière, elle l'ignorait.

A ce propos, et afin d'élucider les faits analogues, Bréhal rappelle avec les théologiens que les prophètes peuvent se comporter de trois manières par rapport à leurs prédictions : s'ils parlent avec la conscience qu'ils sont sous l'impulsion de l'esprit divin, ils annoncent infailliblement la vérité, ainsi qu'il a été suffisamment expliqué ci-dessus ; — s'ils parlent par une secrète inspiration, par une sorte d'instinct qui, d'après S. Thomas, est une communication imparfaite de la prophétie, ils n'ont pas la connaissance certaine de son origine et peuvent la croire tirée de leur propre fonds ; — si enfin ils parlent comme les autres hommes par les lumières naturelles de leur esprit, leurs prédictions sont sujettes à faillir, et on aurait tort de les estimer réellement prophétiques par le seul motif qu'elles ont pour auteur un prophète dont la réputation de Voyant est acquise.

Cette troisième hypothèse, avec la solution qu'elle fournit, est appuyée sur l'enseignement des Docteurs et sur les faits de ce genre que les saintes Écritures rapportent de Samuel, d'Élisée et de Nathan. Aussi Bréhal est-il autorisé à conclure que la cause de Jeanne ne recevrait aucun préjudice, alors même qu'on prouverait — et à son avis cela n'a pas été fait — la non-réalisation de quelqu'une des prophéties qui lui sont attribuées (1).

Il ressort également de tout ce qui a été dit jusqu'ici que les inculpations, formulées contre la Pucelle par les premiers juges au sujet de ses apparitions et révélations, sont fausses et injustes. Mais ce n'est pas le lieu de les discuter en détail, et Bréhal renvoie, pour le faire plus amplement, au onzième chapitre de la seconde partie, où il est question des imputations juridiques insérées dans la sentence de condamnation.

---

(1) Les contemporains de Jeanne d'Arc lui reconnaissaient le don de prophétie : ils en avaient pour gages les évènements qu'elle avait annoncés avec assurance et dont la réalisation éclatante avait vivement frappé les esprits. Aussi n'est-il pas surprenant qu'ils aient été enclins à voir des prédictions véritables dans certaines paroles qui étaient l'expression de ses sentiments et de ses désirs personnels. On a même été plus loin, en lui prêtant des prophéties qu'elle n'a point faites et qui ne se sont point vérifiées, telles que l'annonce de la délivrance de la Terre-Sainte, et autres semblables. Il est clair qu'elle ne saurait être responsable des inventions de la crédulité populaire, et que le caractère divin de sa mission ne reçoit aucune atteinte par le fait d'une attribution fausse ou gratuite. — Sur les prophéties attribuées à Jeanne d'Arc, voir: *Manuscrits français de la Bibliothèque du roi*, par Paulin Paris, tom. vi, p. 379, etc; — *Folk-Lore*, par M. de Puymaigre; p. 184.

§ 4

LES HOMMAGES RENDUS AUX ESPRITS.

Le quatrième chapitre de la *Recollectio* s'occupe encore des visions de Jeanne d'Arc, mais à un point de vue différent. Il ne s'agit plus de leur objet, de leur nature, de leur origine manifestée par les révélations et les prédictions ; le débat roule sur une question de conduite personnelle : comment l'accusée s'est elle comportée vis-à-vis des esprits qui lui apparaissaient, et comment faut-il apprécier les hommages qu'elle leur a rendus ? Des déclarations faites là-dessus par elle au procès, les premiers juges et d'autres personnes ont pris occasion d'entacher ses actes de superstition, d'idolâtrie, et de recours aux démons. Bréhal au contraire n'hésite pas à la disculper ; car, dit-il, une saine intelligence des faits ne permet pas même de soupçonner qu'elle ait été induite dans une erreur dangereuse.

Procédant méthodiquement comme à l'ordinaire, le savant dominicain établit d'abord les principes professés par S. Thomas relativement aux hommages qu'une religion sincère rend à Dieu à cause de son excellence, et que, pour ce même motif, mais à un moindre degré, elle étend à certaines créatures. Le culte de latrie, l'adoration proprement dite, et particulièrement le sacrifice, est l'apanage exclusif de Dieu ; les créatures, si excellentes soient-elles, ne sauraient y prétendre, et on ne doit leur accorder que le culte de dulie, c'est-à-dire des témoignages d'une vénération subordonnée et restreinte, d'une adoration relative et imparfaite. Avec ces données, qui s'appuient sur plusieurs passages de l'Écriture et en expliquent le sens véritable, il est aisé de comprendre qu'il n'y eut rien de coupable ni de superstitieux dans les marques de respect données par Jeanne aux esprits qui lui apparaissaient.

Que la Pucelle soit allée se divertir autour de l'arbre des fées, comme les fillettes de son âge, ce n'est qu'une action d'enfant. Qu'elle y ait coupé des rameaux pour tresser des guirlandes à la statue de la Sainte Vierge, est-ce donc là une pratique superstitieuse ? Il faut y voir plutôt le fait d'une piété sincère, que l'usage commun des catholiques a consacré, et que S. Jérôme louait dans Népotien. — Enfin, qu'elle ait, une fois au moins, entendu ses voix à la fontaine qui est auprès de l'arbre, l'endroit importe peu, comme il a été dit plus haut (chap. I) ; d'autant mieux qu'elle a souvent assuré ne pas croire aux fées ni aux sortilèges, et qu'elle a toujours montré son horreur pour les personnes adonnées aux superstitions, témoin sa conduite envers une certaine Catherine de la Rochelle, dont il est question au procès.

Quant aux marques extérieures de son respect envers les esprits célestes, il n'y a pas davantage matière à l'incriminer : l'attitude du corps, humble et révérentielle, est le signe de la dévotion intérieure de l'âme ; elle est un hommage rendu principalement à Dieu dans la personne des Bienheureux qui sont ses enfants et ses amis, nos patrons et nos intercesseurs. — L'Église catholique entoure de sa vénération les cendres et les ossements des saints, leurs tombeaux, et les objets matériels qu'ils ont honorés de leur contact ; Dieu lui-même se plaît à autoriser par des miracles les hommages rendus à ces fragiles dépouilles, qui ont été les temples du Saint Esprit. A combien plus forte raison ne doit-on pas vénérer les bienheureux Esprits qui jouissent maintenant de la gloire et de l'union éternelle avec Dieu, puisque c'est à cause d'eux que les fidèles vénèrent leurs reliques ? — Tel est du reste le motif qui portait Jeanne à agir de la sorte : elle a en effet déclaré, expressément et sur bonnes preuves, qu'elle croyait avoir devant elle l'ange et les saintes qui sont en paradis. Par conséquent, s'écrie Bréhal, aucune raison sérieuse, pas même une présomption légitime, n'autorise à qualifier sa conduite de superstitieuse et d'idolâtrique, encore moins à la condamner comme telle.

D'ailleurs, ajoute-t-il, supposons, si l'on veut, que les esprits auxquels elle a rendu hommage fussent en réalité des démons : ses actes ont eu lieu dans de telles conditions qu'ils n'offrent rien de préjudiciable à sa cause et que son erreur n'aurait pas été dangereuse.

A l'appui de cette conclusion subsidiaire, Bréhal invoque l'autorité de la glose et l'enseignement commun des théologiens ; il cite particulièrement Pierre de Tarentaise, S. Thomas, et le Décret de Gratien, qui montrent comment on est excusé de tout péché et à l'abri du péril, lorsque Satan, feignant d'être un ange de lumière ou le Christ lui-même, agit et parle comme il convient à ces personnes dignes de foi et de respect.

Plus d'une fois le fait s'est produit dans la vie des saints ; mais Dieu, par un don de sa grâce, leur a dévoilé l'artifice du démon et les a préservés de rendre au tentateur un culte criminel. Il est donc possible, il est même vraisemblable d'après quelques paroles consignées au procès, que Jeanne avait reçu d'en haut le don du discernement des esprits. Mais ne l'eût-elle pas reçu, que son erreur ne serait ni pernicieuse ni dangereuse, puisque les esprits ne lui suggéraient rien de mal et la poussaient au contraire entièrement au bien.

Poursuivant l'accusation jusque dans ses derniers retranchements, Bréhal fait ressortir la sainteté et le bel ordre des trois prières principales que la Pucelle avait coutume d'adresser à Dieu : elle sollicitait pour elle-même d'abord aide et délivrance ; puis, en témoignage d'une vraie charité envers le prochain, protection pour les fidèles sujets du roi ; et enfin le salut de son âme. Ému par un si touchant souvenir, le religieux dominicain laisse échapper quelques mots qui trahissent une passion contenue, mais qui demeurent l'expression de l'impartiale justice. Sont-ce là, s'écrie-t-il, les prières d'un ami et d'un adorateur des démons ? On est stupéfait vraiment que les juges aient osé qualifier ainsi l'accusée, après l'avoir entendue au cours du procès affirmer avec serment qu'elle ne voudrait pas accepter le secours de Satan, même pour être délivrée de la prison où elle endurait les vexations les plus cruelles.

Prétendront-ils que la présomption d'idolâtrie est basée sur deux faits : Jeanne invoquait les esprits, elle leur avait fait vœu de virginité. — Allégations fausses, répond Bréhal ; allégations sans portée, fussent-elles vraies. Elles sont fausses, et en contradiction avec les termes formels des interrogatoires : maintes fois la pieuse fille a déclaré qu'elle priait le Seigneur de lui envoyer aide et conseil, et qu'elle a voué sa virginité à Dieu. Et d'ailleurs, qui oserait la condamner d'avoir invoqué les anges et les saints, selon la pratique journalière de l'Église catholique ? Qui oserait même la condamner d'avoir promis aux saints, et pour ainsi dire entre leurs mains comme l'expliquent si bien S. Thomas et Pierre de Tarentaise, de garder la virginité qu'elle consacrait à Dieu ? Lui faire un crime de ces choses et d'autres semblables, c'est une impiété ; et, suivant le langage de Notre Seigneur (1), on la lapide pour ses bonnes œuvres. Ses réponses, conclut encore Bréhal, sont si prudentes et si pleines de sagacité qu'elles suffisent à effacer jusqu'au soupçon d'erreur et de magie ; toutes ses paroles sont embaumées de piété et de religion.

La vérité de cette conclusion n'échappera à aucun de ceux qui voudront, comme nous l'avons fait nous-mêmes, relire avec l'attention qu'ils méritent les nombreux interrogatoires du procès. Les échos affaiblis, parfois même dénaturés, des réponses adressées par la sainte fille à ses juges conservent malgré tout un charme pénétrant auquel une âme loyale ne saurait se soustraire. Ses paroles, empreintes d'un esprit naturel très vif et primesautier, d'une franchise et d'une simplicité qui fait le fond de son caractère, sont manifestement inspirées par les vertus que la grâce fait vivre dans son cœur ; elles excitent l'admiration instinctive qu'on éprouve en présence d'un chef-d'œuvre divin. Bréhal, lui aussi, a ressenti les atteintes de l'enthousiasme ; mais il n'a rien exagéré.

§ 5.

LA CONDUITE VIS-A-VIS DES PARENTS.

Le cinquième chapitre roule sur la conduite de Jeanne vis-à-vis de ses parents. Est-elle coupable de désobéissance, parce qu'elle les a quittés sans avoir pris congé d'eux ? Question de moindre importance que les précédentes, qui d'ailleurs contribueront à la résoudre, mais pourtant d'une certaine gravité, même au point de vue du procès, puisque la pratique des vertus est aussi une marque du bon esprit. Il faut donc examiner si en cette circonstance Jeanne n'aurait pas agi contrairement à son devoir et donné par là quelque droit de soupçonner qu'elle subissait une influence mauvaise.

Rien n'est plus propre à éclairer la conscience du juge et à fournir les éléments d'une sage décision, que l'exposé lumineux des principes sur lesquels repose l'obéissance due aux parents. A la suite de S. Thomas son maître, Bréhal se fait l'écho des

---

(1) *Joan.* x, 32.

docteurs chrétiens et païens qui ont approfondi les raisons et les règles de la vertu. Il nous montre la religion et la piété filiale, appartenant toutes les deux à la vertu cardinale de justice, et rendant par l'obéissance, l'une à Dieu et l'autre aux parents, l'hommage qui leur est dû en vertu de leur supériorité et de leurs bienfaits. Il ne saurait par conséquent y avoir contradiction entre elles, mais elles sont subordonnées de telle sorte que l'obéissance due à Dieu, souverain suprême et source universelle de tous les biens, prime l'obéissance due aux parents, dépositaires de son autorité et principes particuliers de l'être. La piété filiale n'impose aucune obligation contraire aux droits de Dieu ; lorsque celui-ci commande, elle s'efface. Son domaine ne s'étend point non plus aux mouvements intérieurs de la volonté, ni aux droits naturels du corps, (par exemple l'entretien du corps, le choix d'un état de vie, mariage ou virginité, et autres choses semblables) ; ici en effet tous les hommes sont égaux, et Dieu seul est maître. Aussi la jurisprudence canonique reconnaît-elle, expressément et maintes fois, qu'une action accomplie par l'inspiration divine ne relève pas de la loi commune, mais d'un privilège qui octroie une souveraine liberté. L'hagiographie, ajoute Bréhal, en fournirait de nombreux exemples dans la personne des saints qui, sous l'empire de cette loi spéciale, ont abandonné patrie, parents, et même le foyer domestique.

Sur ces notions fondamentales, il est aisé d'établir la complète justification de Jeanne d'Arc : elle avait reçu de Dieu mandat de se rendre auprès du roi de France pour secourir le royaume (on l'a démontré au chapitre qui concerne ses révélations); elle devait donc exécuter l'ordre qui d'une part émanait de la volonté souveraine, et de l'autre regardait la paix et le salut du pays, bien supérieur et divin, selon l'expression si vraie d'Aristote. La prudence lui interdisait de communiquer son dessein à ses parents, ou à d'autres qui auraient pu y mettre obstacle. Nul doute que la vertueuse Judith eût agi de la sorte, si elle avait eu un mari pour lui défendre d'aller au camp d'Holopherne.

Les réponses de la Pucelle, consignées au procès, montrent qu'elle l'entendait bien ainsi ; elle ajoutait d'ailleurs que, sauf en cette circonstance, elle avait toujours obéi à son père et à sa mère, et qu'après son départ, elle leur avait écrit, et avait obtenu pardon. — Cela suffit et au delà pour constater que, dans le cas présent, elle n'a point forfait aux devoirs de la piété filiale, et surtout qu'elle n'était pas animée de l'esprit de révolte et d'opiniâtreté contre lequel Dieu avait, dans l'ancienne loi, édicté de terribles châtiments (1).

---

(1) « Si genuerit homo filium contumacem et protervum, qui non audiat patris aut matris imperium, et coërcitus obedire contempserit :
Apprehendent eum et ducent ad seniores civitatis illius, et ad portam judicii,
Dicentque ad eos : Filius noster iste protervus et contumax est, monita nostra audire contemnit, comessationibus vacat, et luxuriae atque conviviis :
Lapidibus cum obruet populus civitatis : et morietur, ut auferatis malum de medio vestri, et universus Israël audiens pertimescat » (*Deuter.* xxi, 18-21).

§ 6.

LES HABITS D'HOMME.

Avec le sixième chapitre, s'ouvre une série d'accusations qui concernent la conduite de Jeanne d'Arc, soit durant l'accomplissement de sa mission (chap. vi et vii), soit au cours même du procès (chap. viii et ix).

On lui fait d'abord un grief d'avoir adopté l'usage des habits d'homme, de s'être fait couper les cheveux, et d'avoir pris part en armes aux opérations de guerre. Est-elle vraiment répréhensible sur ces trois points ? La question mérite l'examen, et Bréhal y apporte sa diligence habituelle.

Prenant comme toujours S. Thomas pour guide, le docte inquisiteur remonte aux principes d'après lesquels les moralistes apprécient la bonté ou la malice des actions humaines. Avec le concours des circonstances, il faut surtout considérer la fin, qui est la raison d'être des moyens employés à l'obtenir, et qui leur communique par conséquent sa propre nature, bonne ou mauvaise. Or la fin de Jeanne et de sa mission était le salut du royaume, c'est-à-dire un bien d'ordre divin (on l'a dit au chapitre précédent). Il s'ensuit qu'un moyen utile pour atteindre ce but ne saurait être présumé mauvais; d'autant plus que les conditions déplorables dans lesquelles se trouvait la France auraient suffi à le rendre légitime par l'excuse de la nécessité.

Il importe d'ailleurs de ne pas oublier qu'une action humaine peut, sans cesser d'être bonne par rapport à son objet principal et à la fin dont elle dépend, contracter quelque défectuosité à raison d'une circonstance accessoire ; dans ce cas, on ne dit point d'une façon absolue qu'elle est bonne, mais on ne la répute pas non plus simplement vicieuse. L'œuvre de Jeanne ne devrait pas recevoir pareille qualification pour le motif qu'elle a été accomplie par une femme sous des vêtements d'homme. Par nature, ce fait n'est ni vertueux, ni vicieux ; il appartient plutôt à la catégorie des choses indifférentes que la loi permet et qui tiennent pour ainsi dire le milieu entre les bonnes que la loi commande et les mauvaises que la loi défend. L'interpréter en mal de prime-abord et le condamner sans tenir compte de l'esprit qui fait agir, c'est un jugement téméraire et contraire à l'équité. Les principes, professés d'accord par Quintilien et par S. Augustin, autorisent cette première conclusion favorable à l'accusée.

Mais la question mérite d'être examinée à un autre point de vue : s'agit-il, dans le cas présent, d'un acte de vertu qui tombe par lui-même sous le commandement de la loi ? Ici encore Bréhal remonte aux vérités rationnelles, dont la lumière doit guider les décisions du moraliste. L'obligation d'accomplir les actes de vertu prescrits par la loi comprend nécessairement et toujours ce qui appartient essentiellement à l'objet propre de cette vertu. Mais elle ne s'étend pas de la sorte aux détails secondaires qui n'ont avec cette même vertu que des rapports accessoires ou de pure conséquence; elle ne les atteint qu'incidemment, c'est-à-dire selon les temps et les lieux. La modestie, qui appartient à la vertu de tempérance, peut bien par certaines raisons d'honnêteté régler le port de tel vêtement plutôt que de tel autre ; mais comme cela n'est pas l'objet essentiel de la vertu, l'observation de cette particularité secondaire n'a pas avec la loi les mêmes rapports de nécessité et d'universalité.

La question ainsi résolue au point de vue théorique, l'inquisiteur ajoute qu'en fait Jeanne avait d'excellentes raisons — souvent invoquées par elle au cours du procès — pour se justifier d'avoir adopté l'usage d'un costume masculin. Obligée par sa mission à vivre au milieu des soldats, elle protégeait sa pudeur et celle des autres, que sa jeunesse et les vêtements de son sexe auraient exposée à des violences ou à des désirs coupables. Les lois civiles, aussi bien que les lois ecclésiastiques, proclament la suffisance de ces motifs, et par conséquent l'honnêteté de sa conduite.

On allègue, il est vrai, contre elle deux textes qui au premier abord semblent lui être défavorables : l'un tiré du Décret de Gratien ; l'autre emprunté au Deutéronome. Mais comme le font remarquer des jurisconsultes éminents, l'Archidiacre et Hugucion, les termes mêmes du canon *Si qua mulier* indiquent assez clairement que la défense faite aux femmes de se travestir s'applique à celles qui ont recours à ce déguisement dans une intention licencieuse, et non à celles qui ont en vue la sauvegarde de leur chasteté ou l'accomplissement d'une bonne œuvre. — D'autre part, la loi du Deutéronome avait pour but de préserver le peuple hébreu des pratiques païennes qui favorisaient le libertinage, la superstition et l'idolâtrie ; tel est l'enseignement exprès des docteurs, S. Thomas et Alexandre de Halès, qui appuient leurs dires sur plusieurs faits bien connus.

S. Thomas ajoute que cette loi avait aussi une signification figurative : elle rappelait aux femmes qu'elles ne doivent point usurper les fonctions réservées aux hommes ; elle rappelait aux hommes qu'ils doivent s'abstenir d'une vie molle et efféminée. C'était donc une prescription cérémonielle ou légale, plutôt qu'un précepte moral annexé au décalogue et s'y rattachant comme une déduction plus ou moins éloignée ; car, s'il fallait lui reconnaître ce caractère, elle obligerait de la même façon que les autres commandements négatifs, c'est-à-dire toujours et dans tous les cas, contrairement à ce qui a été dit ci-dessus, tandis que les dispositions légales ou cérémonielles de la loi mosaïque ont été abrogées par la loi de grâce, à moins d'une ratification spéciale qui n'existe pas ici. Enfin, alors même qu'il s'agirait d'un précepte du décalogue, il n'y aurait point de péché à porter les vêtements d'un autre sexe par l'inspiration et la volonté de Dieu, régulateur suprême de la loi qu'il a établie. Les exemples déjà cités d'Abraham, des enfants d'Israël et du Prophète Osée, montrent bien comment les préceptes, immuables dans leurs rapports essentiels avec la justice, sont susceptibles de changement dans leur application à des cas particuliers. De même que Dieu ne fait rien de contraire à la nature lorsqu'il ne lui laisse pas suivre son cours accoutumé, ainsi il ne suggère rien de contraire à la vertu lorsqu'il commande quelque chose à l'encontre du mode habituel de la pratiquer ; car la nature des choses est précisément d'agir selon la détermination divine, et la vertu comme la rectitude de la volonté consiste principalement à se conformer aux ordres de Dieu. Cette considération, qui justifie pleinement la conduite de la Pucelle, est confirmée par l'autorité des canons du Décret de Gratien, qui attestent et expliquent de la sorte la non-culpabilité de faits nombreux consignés dans les saintes Écritures.

Tout cela s'applique encore à la coupe des cheveux, à l'armure, et aux autres choses nécessaires ou convenables à l'accomplissement de sa mission.

Sans doute, l'Apôtre commande aux femmes d'être voilées et il ne leur permet point de se tondre : c'est la loi ordinaire, conforme aux exigences de l'honnêteté. Par une raison de modestie et de sainteté, il leur interdit également une parure exagérée et l'arrangement pompeux de leur chevelure. Néanmoins il autorise en certains cas un sage emploi des ornements, afin que les femmes plaisent à leurs maris et les préservent ainsi des occasions de péché. Pourquoi donc l'obéissance à une inspiration divine et la nécessité de servir le bien public ne suffiraient-elles pas à légitimer pareille manière de faire ? L'exemple de Judith nous fournit la réponse. L'usage des choses extérieures sans excès ni abus n'est pas un vice ; lorsqu'il est dirigé, comme dans le cas présent par l'humilité, la chasteté et la nécessité, il n'a rien de blâmable. Et à l'appui de ces raisons, l'inquisiteur cite, d'après le *Miroir historique* de Vincent de Beauvais, plusieurs saintes femmes qui, en vertu du privilège de l'inspiration divine, ont rasé leur chevelure et adopté le costume masculin pour vivre inconnues au milieu des hommes.

De tout cela, conclut Bréhal, il résulte qu'il n'y a aucun motif légitime d'incriminer sur ce point cette fille d'élection, comme si elle était coupable d'apostasie et de prévarication contre la loi divine, ou comme si elle était suspecte d'idolâtrie et d'exécration d'elle-même. L'évidence contraire est acquise. On objecte bien qu'elle a préféré ne pas recevoir la sainte communion au temps fixé par l'Église, plutôt que de quitter ses habits d'emprunt. L'allégation est manifestement fausse : les actes du procès constatent qu'elle a maintes fois réclamé une robe pour aller à l'église entendre la messe, etc. Quant à renoncer définitivement à ses habits d'homme, elle ne l'a point voulu, parce que, disait-elle, ordre lui avait été donné par Dieu de les porter. Elle ne devait donc pas agir contre sa conscience : cette conclusion est conforme à la jurisprudence canonique.

Reste la question de son étendard, de ses armes et des batailles où elle s'est mêlée. Voilà vraisemblablement — selon la judicieuse réflexion de Bréhal — la raison de la haine avec laquelle on a instruit le procès. Mais ici la foi n'est pas en cause, et jamais on n'aurait dû taxer Jeanne de trahison, de dol, de cruauté et d'autres méfaits, comme on l'accuse à ce propos. Ce sont là des calomnies que dément l'histoire de sa vie : lorsque sa mission lui fut confiée, elle s'excusa humblement ; devant les instances de ses voix qui lui rappelaient les malheurs de sa patrie et lui promettaient le secours de Dieu, elle résolut d'obéir aux ordres du ciel ; sur le champ de bataille, elle portait sa bannière et non pas son épée, afin de ne tuer personne ; elle s'est toujours montrée miséricordieuse vis-à-vis des anglais, les exhortant à faire la paix, compatissant aux prisonniers et maintes fois les renvoyant sans rançon. Rien dans sa conduite n'est en désaccord avec les règles de la guerre telle qu'elle est permise aux serviteurs de Dieu.

Elle était femme, dira-t-on ; elle agissait donc illicitement. — Non, répond aussitôt Bréhal : faire ce qui est juste est licite ; et par juste on entend ce qui n'est pas contraire à la loi. Or, je n'ai pas souvenance que la loi interdise aux femmes de prendre les armes. Lors même qu'il faudrait, avec quelques docteurs, interpréter dans ce sens le texte hébreu du Deutéronome, dont il a déjà été question, cela ne prouverait rien : car la raison de cette défense, qui visait des actes superstitieux et idolâtriques, a cessé, et par suite la défense cesse également, conformément aux axiomes juridiques les mieux fondés. — D'ailleurs les exemples de Débora, de Jahel, et de Judith, trois femmes inspirées par Dieu, montrent assez que les actions guerrières ne leur sont pas interdites au cas de nécessité et pour le salut de la patrie. Les histoires profanes présentent aussi à notre admiration des traits analogues. Pourquoi donc n'approuverait-on pas les faits et gestes de cette fille d'élection, dont la mission comme celle de Judith a été examinée à fond et favorablement jugée par les docteurs, puis miraculeusement exécutée dans tous ses détails ? Ici encore l'âme du dominicain français tressaille sous le souffle du patriotisme ; elle chante les louanges de Jeanne et les merveilles accomplies par elle, pour aboutir à cette conclusion : « Point de doute, nous le voyons ; afin de confondre les ennemis et de réprimer l'orgueil, Dieu a mis le salut du royaume dans la main d'une femme ».

A la suite de ces preuves bien déduites et fondées en raison, Bréhal croit devoir les appuyer encore par l'étude des prédictions populaires qui semblent se rattacher à la mission de la Pucelle et aux évènements contemporains. Il rappelle pour mémoire la prophétie attribuée au Vénérable Bède ; puis il cite et explique de son mieux diverses vaticinations d'un astrologue siennois, de l'anglais Merlin, et d'Engelida fille d'un roi de Hongrie, qui avaient été l'objet des délibérations orales, et auxquelles certains docteurs de cette époque paraissent avoir attaché beaucoup d'importance. Cependant, malgré l'attention qu'il leur accorde pour remplir fidèlement son rôle de rapporteur, malgré le soin qu'il prend de faire ressortir leurs moindres détails, il ne dissimule pas que ce sont là, à ses yeux, des arguments de moindre valeur « *ad qualemcumque probationem* » ; qu'il faut les accepter avec une certaine réserve « *non omnino respuendum aut despiciendum* » ; et qu'il est loisible à chacun d'abonder dans son propre sens, d'autant plus que la question d'authenticité demeure douteuse. Il n'y a donc pas lieu d'y insister.

§ 7.

LES PAROLES RÉPRÉHENSIBLES.

Le septième chapitre est consacré à la justification des paroles que les premiers juges estimaient répréhensibles au point de vue de la foi.

D'abord, Jeanne a dit qu'elle était certaine du caractère divin de ses apparitions, et qu'elle croyait fermement à ses voix comme au mystère de la Rédemption. — La réponse à cette difficulté a déjà été donnée en partie ; la foi catholique et la révélation prophétique s'appuient sur une seule et même base, la vérité immuable de la lumière divine ; toutes deux par conséquent participent à la même certitude, qui se manifeste par deux signes principaux : la promptitude dans les actes (on le voit par l'exemple d'Abraham prêt à immoler son fils), et l'intrépidité dans la parole (ainsi que Jérémie en a fait preuve devant les menaces de mort). Telles sont précisément les qualités qui caractérisent l'action de Jeanne, prompte à exécuter les ordres de Dieu et courageuse jusque dans sa captivité et son jugement à maintenir ses prédictions. — D'ailleurs on pourrait aisément répondre que le mot *comme*, dont elle s'est servi, dénote la ressemblance et non pas l'identité ; plusieurs phrases de l'Écriture ou des saints Pères ne laissent aucun doute à cet égard. — Enfin, elle a souvent répété qu'elle était certaine de la bonté de ses voix, à cause de leurs enseignements et de leurs encouragements au bien. C'est là assurément un motif suffisant de certitude ; car, d'après la glose de S. Paul dont il a été fait mention plus haut, le démon se propose toujours de conduire au mal.

Une autre parole de Jeanne a été incriminée : elle affirmait être aussi certaine de son salut que si elle était déjà en paradis. Mais — cela est constaté au procès — cette persuasion avait pour base la promesse que lui avaient faite les esprits bienheureux qui lui apparaissaient. Or la certitude est proportionnée à la cause qui la produit ; et selon la doctrine de S. Augustin, de S. Jean Chrysostôme et du Vénérable Bède, dans le cas présent Jeanne ne devait pas douter de la parole des esprits. — La fermeté de sa conviction était celle que donne la vertu d'espérance. Au dire de S. Thomas, cette vertu théologale qui incline l'homme vers la vie éternelle et l'y conduit infailliblement autant que cela dépend d'elle s'appuie sur la souveraine libéralité de Dieu qui ne saurait défaillir. — Une réponse très satisfaisante ressort de ses propres explications : à son sentiment, la certitude dont elle parlait était subordonnée à la condition qu'elle garderait fidèlement la promesse faite à Dieu de conserver la virginité de son âme et de son corps. Son langage est donc parfaitement correct.

On l'accuse encore d'avoir manifesté de la cruauté et formé un souhait contraire à la charité, lorsqu'elle a dit une fois d'un Bourguignon de sa connaissance qu'elle aurait voulu qu'on lui coupât la tête. Mais elle avait pris soin d'ajouter : si tel était le bon plaisir de Dieu ; ce qui enlève à sa parole toute signification coupable. A l'exemple de Judith demandant que l'orgueil d'Holopherne tombe sous son glaive, à l'exemple des prophètes lorsqu'ils annoncent l'exécution des jugements de Dieu, à l'exemple de S. Paul prédisant au grand-prêtre un châtiment mérité, Jeanne parlait ainsi par amour de la justice.

Elle eut aussi à subir les plus étonnantes vexations, à cause du récit qu'elle fit à ses juges de la visite d'un ange au roi de France. Les détails consignés au procès ont été qualifiés d'absurdes et de dérogatoires à la dignité angélique. Pourtant il n'en est rien, si on les examine soigneusement et si on les rapproche, comme on le doit, de ce qui peut les expliquer. Il s'agissait en effet d'un mystère qui regardait directement le roi de France et le salut du royaume. Jeanne, prisonnière de l'ennemi, employa dans ses réponses une industrieuse prudence : elle manifesta certains détails propres à terrifier ses adversaires ; elle eut soin de dissimuler les autres sous le voile de paraboles ; enfin elle protesta toujours avec serment qu'elle ne dirait pas la vérité sur les points qui concernaient le roi son seigneur. Or, reprend Bréhal, elle avait le droit d'agir ainsi pour trois raisons : 1° l'importance du secret, qui n'était pas de nature à être pleinement dévoilé ; 2° la fidélité à la promesse jurée de le taire ; 3° la licéité d'une feinte qui n'est pas un mensonge. Les deux premiers motifs sont tellement manifestes qu'il suffisait de les énoncer. Mais le troisième demandait quelques développements pour en faire saisir toute la valeur. Aussi l'inquisiteur y insiste-t-il davantage. Il montre d'abord, que c'est la doctrine expresse de S. Augustin et de S. Thomas, qu'elle est fondée sur l'autorité de l'Écriture comme sur les exemples des saints et de Notre Seigneur lui-même, et que les lois canoniques, loin d'y contredire, admettent les fictions de droit. Puis il expose d'une manière fort plausible, le symbolisme ingénieux des expressions dont la Pucelle s'est servie pour répondre à des interrogations indiscrètes et hostiles sans se parjurer ni trahir la vérité.

On prétend aussi que Jeanne s'est vantée de n'avoir jamais commis de péché mortel. Le fait est absolument faux. On lui a demandé si elle savait être en état de grâce. Les réponses qu'elle fit à cette interrogation captieuse respirent la piété la plus humble et les sentiments les plus conformes à la foi.

Enfin on lui reproche, et quelques-uns vont jusqu'à y voir une faute mortelle, d'avoir dit, en se rétractant, qu'elle s'était damnée pour sauver sa vie, parce qu'elle avait consenti à l'abjuration, ou — comme elle l'appelait — à cette grande trahison. Mais, répond Bréhal, cette parole peut s'entendre dans un bon sens et ne saurait lui porter aucun préjudice. D'abord, Jeanne peut avoir nommé *damnation* la peine de mort que sa rétractation devait lui faire encourir (1). Cette façon de parler est correcte, et usitée dans plusieurs passages des Écritures. — Peut-être aussi entendait-elle par là la peine due au péché qu'elle aurait commis en se soumettant à l'abjuration par crainte des hommes ; car elle ajoutait qu'elle se damnerait si elle avouait n'avoir pas bien agi, ou n'avoir pas reçu de Dieu sa mission.

Et en effet, remarque à bon droit l'inquisiteur, rien ne saurait autoriser à nier ou à diminuer une vérité que Dieu a révélée ; telle est la doctrine de S. Thomas, basée sur les paroles formelles des Livres saints. La raison païenne et la jurisprudence canonique proclament à l'envi qu'on ne doit pas s'écarter de la justice sous prétexte d'éviter au corps un dommage dont l'instinct naturel a horreur, et qu'il vaut mieux subir tous les châtiments que de consentir au mal. — Il est donc possible, conclut Bréhal, que Jeanne ne soit pas complètement excusable sur ce point ; mais notre but

---

(1) Les mots *damner* et *condamner*, *damnation* et *condamnation*, dérivent d'une même racine et ont dans la langue latine une signification identique et générale qui permet de les employer indifféremment. C'est l'usage chrétien qui a restreint le sens du verbe *damner* et du substantif *damnation*, en les réservant spécialement à désigner la réprobation éternelle, qui est la condamnation par antonomase.

n'est nullement de montrer son inculpabilité absolue ; il nous suffit de l'innocenter quant à la gravité de cette accusation principale. Or, si nous admettons qu'elle ne puisse être totalement justifiée, il faut du moins lui accorder trois excuses qui atténueraient beaucoup sa faute : 1° une longue et cruelle détention, rendue plus pénible encore par la fréquence, la continuité et les circonvolutions captieuses des interrogatoires, comme aussi par les souffrances et l'affaiblissement de la maladie ; 2° les artifices déloyaux, les conseils hypocrites et les promesses mensongères, par lesquels on l'a circonvenue pour la faire abjurer ; 3° la crainte de la mort dont on la menaçait. Est-il surprenant qu'une faible femme, dans de pareilles conjonctures, ait éprouvé quelque défaillance de langage, que les forts et les parfaits eux-mêmes ne sauraient presque éviter ? Est-il surprenant qu'elle ait été victime de la déception, comme le fut un homme de Dieu, un saint prophète du Seigneur, dont l'histoire est racontée au troisième livre des Rois ; et ne faut-il pas reconnaître, aux termes mêmes du droit, que la volonté est nulle où il y a tromperie, et que les manœuvres dolosives sont pires que la violence et la contrainte ? Enfin est-il surprenant qu'elle ait cédé à la terreur du supplice, devant laquelle fléchissent les plus courageux, et que, dans le trouble de son esprit, elle ait proféré des paroles qui, d'après la jurisprudence ecclésiastique, ne lui seraient pas imputables ?

Bréhal complète l'excuse, en rappelant quelques enseignements de S. Thomas sur la révélation prophétique. L'Esprit Saint est l'auteur principal de cette révélation ; il se sert de l'âme humaine comme d'un instrument, qui saisit son objet, parle ou agit, mais qui reste parfois très défectueux. Le prophète peut connaître qu'il est poussé par l'Esprit Saint à concevoir tel sentiment et à l'exprimer par parole ou par action, ainsi que l'ont fait David et Jérémie : c'est la prophétie proprement dite. L'âme peut aussi ignorer le mouvement que lui imprime l'Esprit Saint, et la signification de sa parole ou de son action ; alors ce n'est plus la prophétie parfaite, mais seulement l'instinct prophétique. — D'autre part, connaître appartient à la prophétie de plus près qu'agir ; voilà pourquoi l'instinct secret qui, comme dans le cas de Samson, pousse à l'accomplissement d'un acte extérieur doit être rangé au dernier degré de la prophétie. A la lumière de ces principes, il est aisé de comprendre que Jeanne ait pu, sans tomber dans l'erreur, proférer par crainte de la mort ou autrement les paroles incriminées ; car elle assurait avoir reçu sa mission uniquement pour travailler au soulagement et à la restauration du royaume ; du reste, elle ne s'est jamais mêlée de prêcher ou d'enseigner, pas plus qu'elle ne s'est vantée d'avoir été envoyée pour cela.

§ 8.

LA SOUMISSION A L'ÉGLISE.

Le huitième chapitre se rapporte à un point qui a fourni matière aux interrogatoires les plus difficiles, aux embûches les plus astucieuses que les meneurs du procès ont tendues à l'accusée. On voulait qu'elle soumît sa conduite au jugement de l'Église, et on prétendait, par le seul fait de son refus ou même d'une simple hésitation, la convaincre d'erreur dans la foi et de sentiments contraires à l'autorité de l'Église catholique (1).

À l'encontre des premiers juges, Bréhal déclare que les réponses de Jeanne à cet égard sont vraiment pieuses et correctes. Pour donner la pleine et entière démonstration de ce qu'il affirme, il rappelle tout d'abord, d'après les enseignements de S. Thomas, d'Innocent IV, de Pierre de Tarentaise et du Maître des sentences, la règle qui détermine l'obligation des simples fidèles. Si les supérieurs ecclésiastiques, chargés providentiellement d'enseigner les vérités révélées, doivent avoir une connaissance plus étendue et une foi plus explicite, il suffit aux laïques de confesser expressément plusieurs articles qui sont nécessaires au salut, et de croire simplement pour le reste tout ce que croit l'Église catholique. Voilà dans quelle mesure les fidèles sont tenus de se soumettre en matière de foi.

Ce principe posé afin d'éclairer le débat, le savant inquisiteur insiste sur trois points qui réduiront à néant toute l'accusation : la question, ardue par elle-même, était enveloppée d'équivoques ; elle s'adressait à une fille des champs dont on voulait exploiter la simplicité ; les réponses de la Pucelle attestent la pureté de sa croyance.

L'interroger si elle consentait à soumettre ses paroles et ses actes au jugement de l'Église, c'était lui adresser une demande hérissée de difficultés, eu égard surtout à la matière à propos de laquelle on l'a si souvent molestée : il s'agissait des paroles qui ont trait à ses apparitions, à ses révélations, et à ses prédictions, et des actes politiques qui concernent le relèvement du royaume et l'expulsion des ennemis. Or rien de tout cela n'est du domaine de la foi proprement dite : car il est évident que ce ne sont là ni des vérités premières dont la confession plus ou moins explicite est de nécessité de salut, ni des vérités secondaires, consignées dans les Écritures et définies par l'Église, que l'on doit croire au moins par la disposition de l'esprit à les accepter. Quant aux vérités d'un autre ordre, qui ne se rattachent à l'objet de la foi que d'une manière indirecte, telles que les légendes, les problèmes controversés entre théologiens, l'authenticité de certaines reliques, etc., il est libre à chacun de penser ce qu'il lui plaît, surtout quand il existe pour et contre des raisons probables, et que la pureté de la foi n'y est pas intéressée ; une erreur là-dessus ne rend pas suspect dans la foi. Par conséquent, alors même que Jeanne aurait refusé de se soumettre, la foi ne courait aucun danger ; nul passage de l'Écriture, nulle décision de l'Église n'oblige à croire que des révélations de ce genre procèdent des malins esprits.

Une autre difficulté venait de son intime et indubitable conviction que tous les points, sur lesquels on la sollicitait de se soumettre au jugement de l'Église, avaient leur source dans une inspiration divine. Or, d'après la parole de l'Apôtre, l'inspira-

---

(1) Tel est en effet le point précis de la question : il ne faut pas le perdre de vue, sous peine de s'égarer dans des conclusions qui n'ont rien de commun avec celles de Bréhal. — Voir plus loin (p. 88*) la note qui accompagne le début même du chap. VIII de la première partie.

tion divine apporte avec elle la liberté ; les canons ecclésiastiques reconnaissent que toutes les obligations humaines cessent devant cette loi supérieure. L'Écriture enseigne par de nombreux exemples et les docteurs proclament avec S. Thomas qu'on ne doit pas obéissance au pouvoir inférieur, lorsqu'il est en désaccord avec l'autorité suprême, et qu'il ne faut jamais, contrairement à la conscience, acquiescer à un ordre en opposition avec la loi publiquement promulguée par Dieu, ou avec une inspiration secrète qui émanerait certainement de lui. Jeanne parlait donc avec une entière correction, lorsqu'elle se déclarait soumise à l'Église, *Dieu premier servi*. Elle avait parfaitement le droit d'ajouter cette réserve : *pourvu qu'on ne lui commandât rien d'impossible ;* car, dans un esprit conforme aux termes exprès de la jurisprudence civile et canonique, elle estimait illicite, c'est-à-dire moralement impossible, de rétracter ce qu'elle avait fait de la part de Dieu. Sachant l'origine indubitable de ses révélations, elle n'aurait pu les abjurer sans mentir et sans forfaire à sa conscience. Les conclusions favorables de l'examen prolongé et rigoureux que les prélats et les docteurs de Poitiers lui avaient fait subir par l'ordre du roi ont eu pour résultat de l'affermir dans sa conviction, et elle devait d'autant moins y renoncer sur les instances de ses nouveaux juges que l'église de Beauvais, au nom de laquelle le procès était censé s'instruire, ne possède pas une autorité supérieure à l'église de Poitiers.

Outre les difficultés inhérentes — nous venons de le voir — à la question elle-même, il y a lieu de remarquer encore l'ambiguïté et la rudesse des expressions, dont les juges se servaient vis-à-vis d'une fille sans instruction et sans malice. D'abord, le mot *Église* prête à l'équivoque par les diverses significations qu'il revêt dans le langage canonique : tantôt il désigne l'évêque seul, tantôt le clergé de la cathédrale, ici la majorité du chapitre, ailleurs une église quelconque de la province, ou bien la collection des fidèles. Faut-il s'étonner après cela des hésitations que Jeanne éprouvait à répondre par crainte de tomber dans les pièges d'un interrogatoire dolosif ?

On insistera peut-être, en prétendant que les docteurs du procès ont suffisamment exposé leur pensée, puisqu'ils ont indiqué que l'Église militante est ici-bas et que l'Église triomphante est là-haut. — Mais ces expressions, encore plus difficiles à comprendre pour une simple fille des champs, étaient de nature à jeter dans son esprit la confusion plutôt que la clarté. Contrairement aux sages recommandations de Quintilien et de S. Augustin, on expliquait l'inconnu par un plus inconnu ; on augmentait l'ombre au lieu d'apporter la lumière.

Enfin plusieurs termes de cette question posée en plein tribunal sont empreints d'une dureté capable de terrifier une personne innocente, et s'écartent de la forme moins austère et du langage modéré que le Siège Apostolique prescrit aux inquisiteurs et aux évêques, quel que soit le caractère de leur juridiction. Car, abstraction faite des qualifications de délits, de crimes et d'autres semblables, et sans même relever ici l'inimitié et la haine des juges, il est évident que parler à un détenu, et surtout à une femme, de se soumettre à un jugement, c'est éveiller dans son esprit l'idée de justice et d'exécution, et par conséquent la crainte d'un danger qui menace sa personne ou ses biens ; crainte considérée par le droit civil comme suffisante pour qu'on doive en tenir compte à la décharge de l'accusée.

Après ces diverses raisons qui établissent amplement le premier point de sa thèse, Bréhal résume son sentiment par une double remarque : pareille demande n'avait point de rapport légal avec le procès et n'était qu'un moyen détourné de circonvenir une pauvre fille, dont toutes les réponses avaient été fort sensées et orthodoxes ; pareille demande était d'ailleurs superflue, puisque la sujétion de l'hérétique à l'Église est de plein droit et qu'il est inutile de questionner là-dessus celui qui fait, comme Jeanne, profession publique de sa dépendance. Une interrogation de ce genre, si souvent réitérée avec une insistance malveillante, est absurde ; ce n'est pas assez dire, elle est impie et inhumaine.

Il convient de relever aussi ce qui a trait à la simplicité de la Pucelle et à la pureté de sa créance dont les juges auraient dû faire grand cas pour l'absoudre. On connaît son humble extraction : pauvre paysanne, elle gardait les troupeaux et n'avait appris qu'à filer et à coudre. Quand bien même — supposons-le un instant contre la vérité — ses réponses à cette question difficile et ambigüe auraient été quelque peu défectueuses, elle était certes bien excusable. Elle manifeste sa simplicité précisément à l'occasion des instances qui lui sont faites de se soumettre à l'Église : pour l'amour de Dieu, qu'on lui permette d'aller à l'église, répond-elle, montrant ainsi qu'elle entendait principalement ce mot du temple matériel suivant la coutume générale des gens du peuple. Et une autre fois, à propos de la distinction entre l'Église militante et l'Église triomphante, elle disait à ses juges : « Dieu et l'Église, à mon avis, c'est tout un ; pourquoi donc faites-vous difficulté là-dessus ? » Elle était donc guidée par la foi simple et droite qui suffit pour le salut.

Les paroles citées tout-à-l'heure prouvent encore qu'elle avait sur l'unité de l'Église des sentiments de la piété vraie et de la saine doctrine. Ici le savant dominicain rappelle l'enseignement catholique tel qu'il l'a appris de S. Thomas. Ceux qui règnent dans les cieux et ceux qui combattent ici-bas forment une seule société, un seul corps mystique, comprenant à la fois les anges et les hommes, dont la multitude est ordonnée avec des fonctions diverses à une même fin, c'est-à-dire à jouir de la gloire divine. Entre l'Église militante et l'Église triomphante, toute la distinction vient de la différence d'état ; l'une est dans la voie, l'autre est au terme. Celle-ci est la plus noble à cause de son union actuelle avec Dieu dans la patrie ; et voilà pourquoi Jeanne s'en remettait surtout à Dieu et à ce tribunal suprême comme au juge principal et nécessaire — on le verra plus loin — des révélations qu'elle avait reçues d'en haut.

Cependant on ne doit pas omettre de mentionner les pièges tendus à la simplicité de Jeanne par la perfidie de certains clercs qui lui suggéraient frauduleusement, si elle voulait éviter une condamnation à mort, de refuser toute soumission à l'Église. C'était là se jouer de la simplicité des ignorants, contre la défense de l'Écriture et des saints canons. Et si pareille tromperie l'eût fait dévier de la rectitude de la foi, il n'y aurait pas lieu de l'incriminer ou de la condamner pour erreur périlleuse ; le texte du Décret est formel à cet égard, elle serait pleinement excusée.

Le reste du chapitre est consacré à recueillir les déclarations sincères et très nettes de Jeanne sur l'infaillibilité de l'Église, l'inspiration des Écritures, son amour envers Dieu, sa ferme volonté de vivre et de mourir en bonne chrétienne, et sa résolution bien arrêtée de ne rien faire ni dire contre la foi.

Mais, dira-t-on, ses paroles et ses actes ont été soigneusement examinés à Paris et ailleurs par un grand nombre de clercs qui les ont réprouvés à divers titres ; elle a néanmoins refusé de céder à leur jugement. — A cette objection, Bréhal répond d'une façon péremptoire. Les articles soumis à la délibération des docteurs étaient tronqués et falsifiés. De plus, Jeanne demandait des juges non suspects de partialité en faveur des anglais, un tribunal de gens d'église, parmi lesquels on compterait ceux de France aussi bien que ceux d'Angleterre. Enfin elle a donné la meilleure preuve de sa soumission, quand elle a réclamé, dans des termes qui attestent son sens catholique et son respect de l'autorité légitime, qu'on déférât sa cause au pape et au concile général.

De la discussion qui précède il ressort : 1° que la Pucelle a rempli son devoir de soumission en tout ce qu'exige la foi chrétienne ; — 2° qu'elle s'est lavée de toute imputation d'erreur ; — 3° que ses adversaires, sous le nom d'Église, n'entendaient point l'église romaine ou universelle, mais leurs propres personnes, à l'autorité desquelles Jeanne n'était point tenue de se soumettre ; — 4° que l'évêque de Beauvais et ses complices se sont rendus coupables de mépris envers le Saint-Siège, d'attentat contre l'église romaine, et même d'hérésie, en jugeant une cause que les canons réservent au pape, et cela sciemment, malgré les remontrances de maître Jean Lohier, célèbre docteur dans l'un et l'autre droit.

A ces conclusions surabondamment justifiées, Bréhal n'ajoute qu'un mot : rappelant la mort si pieuse et si catholique de la victime, il pourrait, dit-il, y trouver une preuve manifeste de l'intégrité de sa foi et de sa tendre dévotion pour la sainte Église ; mais il préfère réserver ce sujet au chapitre suivant.

§ 9.

LA RÉCIDIVE.

Dans celui-ci, qui est le neuvième et dernier de la première partie, l'auteur justifie l'accusée des griefs relevés contre elle à l'occasion de deux faits qui ont suivi sa rétractation : elle a repris des habits d'homme, après les avoir quittés sur les injonctions des juges ; elle a derechef donné créance à ses apparitions et révélations après y avoir renoncé par une abjuration publique.

D'abord, en ce qui concerne le costume, on peut alléguer trois motifs qui suffisent amplement à autoriser sa manière d'agir : l'ordre du ciel, la pudeur et la nécessité.

— C'était en effet par le commandement de Dieu qu'elle avait adopté cette manière de se vêtir. Or ce commandement n'ayant pas été révoqué, Jeanne devait craindre d'avoir, par déférence à la volonté des juges, contrevenu aux révélations du Saint Esprit, dont l'obligation est supérieure à celle de la loi humaine et de la coutume ; le droit ecclésiastique le reconnaît expressément. — Elle avait aussi pour but de sauvegarder sa pudeur : exposée comme elle l'était dans sa prison aux insolences continuelles de trois soldats, ses geôliers, gens débauchés et vraisemblablement sans retenue, dont elle s'est plainte plus d'une fois, il lui était loisible et bienséant d'agir ainsi, pour les raisons déjà discutées ailleurs (chap. vi), et confirmées ici par quelques textes du droit civil, et par l'exemple d'une sainte. On sait d'ailleurs par l'enquête qu'un seigneur anglais avait tenté de lui faire violence, lorsqu'elle portait ses habits de femme. Sous un autre vêtement, elle était plus apte à se défendre contre de pareilles agressions. — Il est probable d'ailleurs qu'elle fut contrainte par la nécessité. Des témoins entendus à l'enquête ont raconté comment ses gardiens avaient à son insu opéré une substitution de costume, et comment à son réveil, après des réclamations très vives mais inutiles, elle s'était vue obligée par un pressant besoin de reprendre l'habit d'homme qu'on avait intentionnellement placé près de son lit. La scène, concertée d'avance, qui eut lieu alors, est retracée par Bréhal dans une page superbe d'indignation, où il montre l'innocente victime, toujours maîtresse d'elle-même devant les outrages, et gardant le silence autant par une délicatesse virginale que par une prudente réserve. Voilà certes une justification péremptoire : d'une part, la nécessité n'a pas de loi ; et de l'autre, la malice des bourreaux ne doit pas porter préjudice à la simplicité de la victime. — Il sera démontré plus loin (dans la seconde partie) que ce fait ne rend point Jeanne relapse, ainsi qu'on l'a prétendu.

Le reproche d'avoir cru derechef à ses révélations après y avoir publiquement renoncé n'est pas mieux fondé. Le procès atteste qu'elle n'a jamais eu pareille intention, et que son abjuration prétendue n'a aucune valeur, pour trois motifs : elle ne comprenait pas le contenu de la cédule ; elle agissait par contrainte ; elle cédait à la crainte du feu. La discussion détaillée de ces nullités juridiques est renvoyée au chapitre septième de la seconde partie, où l'on examinera les caractères de cette rétractation. Pour le moment, il suffit de constater que Jeanne s'est fermement attachée à ses révélations et que, conformément à son devoir, elle ne les a jamais répudiées.

Mais, dira-t-on, le jour de sa mort, elle a renié ses voix, en déclarant qu'elle avait été trompée par leurs promesses de délivrance et que dès lors elle ne les croyait plus. — A cette objection, Bréhal présente des solutions diverses. Il la repousse d'abord, parce que les dépositions de témoins peu suspects entendus à l'enquête finale du procès n'établissent pas clairement la réalité du fait, mais constatent plutôt que la condamnée a persisté jusqu'au bout à affirmer l'existence de ses révélations, dont elle laissait à l'Église le soin de juger si l'origine était bonne ou mauvaise. — Il lui oppose ensuite une fin de non-recevoir : les informations dont il s'agit ont été recueillies — la date le prouve — après l'exécution de la sentence, alors par conséquent que les soi-disant juges avaient terminé leurs fonctions et que le registre était clos. Consignées en dehors des actes, sans signature ni paraphe, on doit les tenir pour nulles et non-avenues. — Subsidiairement, et dans l'hypothèse même d'une renonciation véritable, les circonstances expliqueraient bien une défaillance d'un instant chez une douce et simple fille, épuisée par les longues et cruelles tortures de sa captivité, et terrifiée par les approches d'une mort qu'elle redoutait entre toutes, par l'appréhension du feu qui allait la dévorer. Et si elle s'est lamentée d'avoir été trompée par ses voix qui lui avaient promis la délivrance, n'est-ce pas là, suivant l'expression de S. Hilaire, un cri de la nature humaine, analogue à celui du divin Crucifié, se plaignant d'avoir été abandonné par son Père ? — Enfin il ne faut pas oublier la continuité des exhortations, ou pour mieux dire des vexations qu'elle eut à subir de la part de tant de personnages acharnés à la détacher de ses voix : la conviction de l'homme le plus docte en aurait été ébranlée, tandis que la Pucelle s'est bornée à consentir, comme on le lui demandait avec des intentions évidemment captieuses, à se soumettre au jugement de l'Église.

Pour clore cette victorieuse défense, le pieux dominicain s'arrête avec émotion devant le tableau de la sainte mort qui a couronné une sainte vie. Oui vraiment, s'écrie-t-il, Jeanne a bien fait de croire aux esprits célestes et à leurs promesses : elle a été en effet délivrée de la prison de son corps par le martyre et par une grande victoire, la victoire de la patience ! Puis, retraçant à grands traits les touchants témoignages de dévotion qui ont accompagné le trépas de cette âme prédestinée, et arraché des larmes de compassion à ses ennemis eux-mêmes, rappelant aussi quelques-uns des prodiges par lesquels Dieu a fait éclater aux yeux les plus prévenus la sainteté de sa servante, il affirme, avec une entière conviction basée à la fois sur l'expérience et sur l'autorité, que telle n'est pas d'ordinaire la fin d'une illusion satanique, et qu'une si pieuse mort caractérise fort bien une existence passée dans la droiture et la vérité. Toutefois, par un sentiment de respectueuse déférence, il déclare soumettre l'ensemble et le détail de ses considérants à la correction du seigneur pape et de l'Église universelle, voire même à l'amendement charitable de quiconque aurait un meilleur jugement.

Ainsi se termine la première partie du mémoire : le fond du procès y est discuté de telle sorte qu'il ne subsiste rien des charges dont on aurait voulu accabler l'innocence. C'est maintenant la procédure elle-même, qui s'écroulera sous les coups du justicier. Les douze chapitres que nous allons analyser résument les nombreux vices de forme qui rendent nécessaire la révision de la sentence.

CHAPITRE III

LA PROCÉDURE.

§ 1.

INCOMPÉTENCE DU JUGE.

En premier lieu, il est question de l'incompétence du juge, Pierre Cauchon, évêque de Beauvais, qui a été le principal meneur du procès.

Avant de porter le débat sur le point de fait, Bréhal commence, selon sa méthode habituelle, par établir solidement avec S. Thomas les principes qui régissent la matière. Le juge est la justice vivante ; un jugement, pour être licite, doit être un acte de justice : l'étymologie elle-même des mots le donne suffisamment à entendre. Mais il n'en est ainsi qu'aux trois conditions suivantes : il faut que le juge procède par autorité, par des motifs certains, par amour de la justice.

La juridiction est nécessaire : car édicter une sentence, c'est interpréter la loi, c'est aussi disposer de la force qui en assure l'exécution ; deux droits qui appartiennent à l'autorité, ordinaire ou déléguée, et qui s'exercent uniquement sur ses propres sujets. Il y a donc d'abord usurpation et incompétence du juge, lorsque celui-ci prétend remplir cette fonction, soit en dehors du territoire qui lui est assigné, soit vis-à-vis d'un sujet étranger. Cette doctrine de S. Thomas et les raisonnements qui l'appuient sont confirmés par nombre de textes que le savant inquisiteur emprunte à la législation civile et canonique. Et maintenant il est facile de voir comment cela s'applique à l'évêque de Beauvais : celui-ci n'avait de juridiction ni sur la personne de l'accusée, ni même dans le territoire où il se l'attribuait. En effet Jeanne, étrangère au diocèse par son origine, n'y avait pas transporté son domicile ; elle avait d'ailleurs été jadis examinée par de nombreux prélats du royaume, dont la sentence favorable devait, aux termes du droit, être tenue pour bonne et intègre, et ne pouvait être réformée que par une autorité supérieure ; elle n'avait enfin commis dans le diocèse de Beauvais aucun crime qui la rendît justiciable de ce tribunal ; le fait d'avoir été prise en habit d'homme et les armes à la main ne constituant pas une faute grave de schisme, d'hérésie ou d'erreur dans la foi, base de la condamnation ; et d'autre part, la simple qualification d'hérétique — fût-elle prouvée, ce qui n'a pas lieu dans le cas présent — n'ayant pas pour effet de confondre les juridictions. L'évêque était de plus incompétent sur un territoire ne dépendant ni de sa ville épiscopale, ni de son diocèse. Sans doute Beauvais était alors au pouvoir des français ; mais Cauchon transfuge volontaire et félon envers son prince légitime, ne pouvait se prévaloir des constitutions pontificales qui visent l'évêque injustement et violemment expulsé de son siège et lui accordent l'autorisation de procéder ailleurs. Encore faudrait-il remarquer, avec les éminents commentateurs des Clémentines, qu'il aurait pu et dû choisir dans son diocèse même un lieu convenable parmi ceux qui étaient soumis à la domination anglaise, ou à défaut d'un tel lieu subroger quelqu'un à sa place pour faire comparaître l'accusée à Beauvais, où elle aurait trouvé sécurité sous l'obéissance du roi, tandis que Rouen était aux mains tyranniques de ses ennemis. Pour tous ces motifs, conclut Bréhal, le jugement est substantiellement vicié, et le dit évêque a commis une usurpation de pouvoir aussi injuste que téméraire.

La deuxième condition requise pour faire un acte de justice, c'est d'avoir la certitude du crime et de procéder selon les règles de la prudence. Il y a jugement téméraire, dit S. Thomas, à se prononcer d'après de légères conjectures et de simples présomptions sur des choses douteuses ou cachées. La juridiction n'est donc pas seulement limitée quant aux lieux et aux personnes ; elle l'est aussi quant aux affaires, dont les données incertaines ou ignorées ne fournissent pas au juge les éléments nécessaires à l'accomplissement de son rôle d'interprète de la justice. Or parmi les causes qui par leur élévation et leur obscurité échappent au jugement de l'esprit humain, il faut ranger les inspirations divines. L'Église elle-même a coutume de s'abstenir en pareille matière, suivant les déclarations expresses des saints canons ; à Dieu seul qui connaît le fond des cœurs elle abandonne le soin de juger ce qu'elle ne peut pas deviner, ne voulant s'exposer ni à se tromper ni à tromper autrui ; comme le prouvent les exemples empruntés au livre de la *Cité de Dieu* et au *Miroir historique*, elle se conforme à la règle de conduite tracée par S. Augustin et S. Hilaire, lorsqu'ils expliquent aux fidèles la défense portée par Notre Seigneur contre le jugement téméraire. — A la lumière des principes et des faits qui viennent d'être rappelés, il est aisé de voir que l'évêque et son assesseur avec lui ont dérogé présomptueusement à la loi qui réserve au suprême tribunal de Dieu les causes relevées et mystérieuses, telles que les révélations divines. Cette nouvelle incompétence entraînerait à elle seule la nullité du procès.

En dernier lieu, il est nécessaire que le juge procède par amour de la justice ; faute de cette disposition, ses actes sont empreints de partialité et viciés dans leur source même. Mais, comme cela concerne l'état d'âme du juge plutôt que sa juridiction, il semble opportun d'y consacrer un chapitre spécial.

§ 2.

ANIMOSITÉ DU JUGE.

Au début de ce chapitre, (deuxième de la seconde partie) Bréhal appuie sommairement l'assertion précédente sur l'autorité de l'Écriture et du droit tant civil que canonique ; puis il s'attache surtout à réunir les preuves nombreuses et évidentes de la passion haineuse avec laquelle l'évêque de Beauvais a mené le procès, et de la barbare sévérité qu'il a déployée contre son innocente victime. Il faut lire dans le texte les allégations de fait, au nombre de dix-sept, qui démontrent la partialité de Cauchon, et celles au nombre de vingt-huit, qui fournissent l'irrécusable témoignage d'une férocité inspirée par la haine. Les résumer ici ne ferait que les affaiblir. Ces détails historiques, dont l'exactitude est garantie par les pièces du procès, sont d'un intérêt poignant. L'âme du patriote et du juge intègre se révolte devant les agissements indignes d'un homme, auquel l'honneur d'être français et évêque catholique imposait le devoir de traiter avec bienveillance et équité la douce et sainte prisonnière, fidèle à son roi et à son Dieu. Mais, si profondément ému que soit Bréhal en retraçant les péripéties du long et douloureux martyre infligé à la Pucelle, personne ne saurait l'accuser d'avoir forcé la note. Toujours maître de lui-même, il n'a rien exagéré, ni les faits, ni leur appréciation, et il le prouve. Les faits sont empruntés aux dépositions authentiques des témoins, dont la véracité est hors de doute. Et pour les apprécier ainsi qu'il l'a fait, il n'a eu qu'à répéter les déclarations mêmes des lois civiles et ecclésiastiques. Le droit romain flétrit comme exécrable la conduite du juge qui se laisse dominer par des sentiments tels que ceux de Cauchon ; il interdit toute manifestation de haine, de colère ou d'indignation contre un accusé, toute affectation de sévérité et de rigueur dans l'interprétation de la loi. Les prescriptions du droit canonique à cet égard ne sont pas moins pressantes, surtout quand il s'agit des causes de foi, où les prélats et les gens d'église doivent se proposer l'amendement des coupables plus encore que leur punition.

Dira-t-on que l'évêque de Beauvais a souvent protesté n'avoir d'autre mobile que le zèle de la foi et l'amour de la justice ? L'excuse est insuffisante ; elle met le comble à l'odieux. Le vice qui se couvre du manteau de la vertu, la cruauté qui se pare du nom de zèle, l'iniquité qui se dissimule sous les dehors de la justice, sont doublement criminels : tel est le verdict rendu par Bréhal, d'accord avec les auteurs tant sacrés que profanes.

Parmi les faits qui ont servi de preuves pour établir l'animosité de Cauchon envers sa prisonnière, il en est un qui mérite d'être rappelé à part et examiné à un autre point de vue, parce qu'il constitue une irrégularité dont les conséquences juridiques sont fort importantes. Il s'agit de la prison et des geôliers : ce sera l'objet du chapitre troisième.

§ 3.

PRISON ET GEOLIERS.

Pendant toute la durée de son procès, Jeanne a été détenue, contrairement aux prescriptions des lois civiles et ecclésiastiques, dans un local qui ne convenait ni à son sexe et à sa jeunesse, ni à la nature spéciale de sa cause. Le droit romain, jaloux de sauvegarder la faiblesse et l'honneur des femmes, fussent-elles accusées d'un crime, interdit de les emprisonner avec les hommes, et veut qu'on les renferme dans un monastère, ou qu'on les confie à des gardiennes. D'autre part, l'évêque de Beauvais feignait de procéder contre la Pucelle, en matière de foi et pour crime d'hérésie crime qui relève seulement du for ecclésiastique ; il ne devait donc pas jeter l'accusée dans une sombre et horrible geôle affectée par le pouvoir séculier à la détention des prisonniers de guerre, alors surtout qu'il y avait à Rouen des prisons d'église régulièrement aménagées sur sa demande pour ce cas particulier.

Cauchon a aussi violé diverses dispositions légales qui concernent la détention des hérétiques. Les constitutions pontificales ont réglé que, faute de prisons hérétiques (comme on les appelle), les prisons diocésaines serviraient à l'usage commun de l'Ordinaire et de l'inquisiteur. Il n'avait donc pas le droit d'en assigner d'autres. Les plaintes de Jeanne sur ce point étaient fort justes, et l'évêque encourait manifestement les réprimandes canoniques.

De plus, contrairement aux termes formels de la loi, il a osé procéder à l'incarcération, longtemps avant de requérir le concours de l'inquisiteur, avant même la citation et l'instruction de la cause. — Il a fait pis encore, au mépris de la justice et de l'humanité qui interdisent d'infliger à l'accusé, fut-il coupable d'un crime capital, une peine à laquelle il n'est point encore condamné, ou des traitements barbares, tels qu'un enchaînement trop étroit et la privation d'air et de lumière. Plus d'une fois Jeanne a fait entendre au tribunal ses légitimes doléances contre les intolérables tortures qu'elle endurait dans son cachot : elle aimait mieux la mort, disait-elle, que la continuation d'une pareille existence. Tout cela entraîne, comme conséquence juridique, la nullité des aveux qu'elle aurait pu faire à son détriment : les textes du Digeste ne laissent aucun doute à cet égard.

Les constitutions pontificales ont tracé des règles de sage prévoyance relativement au choix et aux devoirs des geôliers : elles n'ont pas davantage été observées. Au lieu de confier ces fonctions à deux gardiens discrets, diligents et fidèles, nommés l'un par l'évêque, l'autre par l'inquisiteur, munis chacun d'une clef différente, astreints par serment à fournir le nécessaire aux détenus et à se conformer de tout point aux ordonnances communes de l'évêque et de l'inquisiteur, on a remis la Pucelle entre les mains de soldats anglais, ses ennemis acharnés, gens de mœurs suspectes, capables de toutes les violences. Loin de réprimer leurs excès qui lui étaient connus, et de sévir comme le veut la loi contre ces hommes perfides, le juge leur a laissé l'impunité. Le droit romain le déclare infâme et passible d'une peine sévère, à la volonté du supérieur.

§ 4.

CAUSES DE RÉCUSATION ET D'APPEL.

Une autre conclusion se dégage des faits exposés jusqu'ici, et fournit le sujet du quatrième chapitre : Jeanne avait des raisons légitimes de récuser son juge et d'interjeter appel.

Tout le monde sait — car c'est là en droit une vérité élémentaire — qu'un ennemi capital, ou soupçonné tel, ne peut ni ne doit être juge ; et que personne ne saurait être contraint de défendre sa cause devant un tribunal suspect. La jurisprudence, sans entrer dans le détail des motifs de récusation, se borne à cette expression générale qui les comprend tous. On peut néanmoins, comme le dit Bréhal, réduire ces motifs à six principaux, qui ont laissé leurs traces manifestes dans ce jugement usurpé : l'ambition de la louange, la crainte, la colère, l'amour, la haine et la cupidité.

L'évêque de Beauvais agissait par une ambition vénale de plaire aux anglais ; disposition hautement réprouvée par les canons. — Contrairement au devoir imposé au juge d'assigner un lieu sûr aux parties, il retenait Jeanne au pouvoir de ses ennemis mortels, causant ainsi à sa prisonnière une crainte trop justifiée ; motif légitime de récusation et d'appel. — Au cours du procès, il a donné des marques nombreuses de colère ; passion qui, au témoignage du Digeste, permet de suspecter la valeur du jugement. — Partisan dévoué des anglais et vivant avec eux dans une intime familiarité, il était par là même récusable, selon les déclarations très nettes des Décrétales et du Décret de Gratien. — Il était animé contre Jeanne d'une haine mortelle, qui se traduisait ouvertement par des actes de persécution ; c'était là assurément, d'après les lois civiles et ecclésiastiques, un juste motif de le récuser. — Le Code permettait aussi à un autre titre de repousser sa juridiction : il était ennemi du roi de France, véritable et légitime seigneur de la personne qu'il prétendait juger. — Quant à sa cupidité, elle est notoire, puisqu'il a réclamé et obtenu l'évêché de Lisieux comme prix de sa conduite dans cette affaire. N'est-ce pas là une flagrante violation de la justice ?

Dès le début des interrogatoires et à maintes reprises, Jeanne a protesté qu'elle ne voulait pas se soumettre au jugement d'un ennemi. Cauchon était donc tenu de surseoir à la poursuite du procès.

Deux raisons d'ailleurs légitimaient l'appel au souverain pontife : l'injuste oppression de l'accusée et l'importance de la cause. En présence des vexations intolérables qu'on lui faisait subir, les craintes de la Pucelle touchant la conclusion définitive de l'affaire n'étaient que trop fondées. Lorsqu'elle se plaignait au tribunal des procédés injustes de l'évêque ou de ses assesseurs, et des charges excessives qu'on faisait peser sur elle, ne cherchait-elle pas dans l'appel le seul remède contre l'oppression ? Ainsi avait fait S. Paul appelant du proconsul Festus à César. Qu'elle n'ait pas employé le terme propre, le terme juridique, cela importe peu : les subtilités ne sont pas de mise dans les causes spirituelles ; le droit condescend à la simplicité des parties, il accorde dispense des formes solennelles, et tient que les faits ont un langage plus expressif que les mots.

Sans parler de l'intérêt majeur d'une affaire qui touchait de si près le roi de France non convoqué, circonstance dont les jurisconsultes tireraient plus d'un argument en faveur de l'appel, il suffit de faire valoir ici la nature élevée et ardue de la cause elle-même : les visions et les révélations que ces prétendus juges s'acharnaient à faire renier par Jeanne contre son devoir. A l'exemple de S. Paul racontant devant le roi

Agrippa, pour justifier son appel, la céleste vision à laquelle il avait donné créance, et maintenant ses dires avec fermeté contre les railleries du président Festus, cette fille prédestinée s'est montrée constante dans l'affirmation de la vérité, et après avoir longtemps supporté des vexations nombreuses et pénibles, auxquelles elles ne pouvait se soustraire autrement, elle demanda instamment d'être conduite vers le pape et d'être jugée par lui ou par le concile général. Il fallait donc déférer à son appel, puisque la doctrine catholique et les lois de l'Église réservent à Dieu seul la connaissance des faits mystérieux de cet ordre, et au Saint-Siège les questions ardues ou obscures en matière de foi.

Avant de terminer, Bréhal résout deux objections. La première se base sur l'autorité du Sexte, qui refuse aux hérétiques le droit d'appel. Mais, comme le fait remarquer un éminent jurisconsulte, l'Archidiacre de Bologne, le texte désigne manifestement les criminels dont l'hérésie est constatée, car il les appelle des enfants d'iniquité. A eux seuls, et non à ceux qui sont simplement accusés, est refusé le bénéfice du droit d'appel. Lorsqu'il s'agit d'ailleurs d'une inculpation aussi grave, il faut procéder avec beaucoup de circonspection. — On peut dire encore que l'interdiction de l'appel doit s'entendre de ceux qui sont frappés d'une sentence définitive, puisque dans le texte il est question de condamnés.

La seconde objection consisterait à prétendre que Jeanne elle-même a porté préjudice à la récusation et à l'appel, parce qu'elle a répondu à ses juges et à leurs interrogatoires. — Il n'en est rien, reprend Bréhal ; la crainte, la contrainte et la simplicité lui servent d'excuse. Les lois impériales établissent nettement que des réponses ou des promesses obtenues par une pression à laquelle on ne peut résister ne sauraient conférer la juridiction, ni créer une obligation.

Une autre conclusion ressort de la discussion qui précède : une grave erreur a été commise par le fait de ceux qui ont osé, surtout après l'appel interjeté, connaître d'une cause majeure et usurper un jugement réservé au souverain pontife.

§ 5.

LE SOUS-INQUISITEUR.

Le cinquième chapitre traite de la part prise au procès par le sous-inquisiteur (1). Était-il compétent dans la cause ? Question délicate, dont Bréhal abandonne la discussion aux jurisconsultes mieux éclairés. Les mémoires qui lui ont été remis disent

---

(1) Bréhal semble éviter de prononcer le nom du pusillanime Jean Le Maistre. Celui-ci était mort, avons-nous dit. Cependant quelques auteurs supposent qu'il était encore vivant, quoi qu'il n'ait pas comparu à l'enquête, ni aux débats, malgré les citations qui lui avaient été adressées. Dans cette hypothèse purement imaginaire, il faudrait reconnaître qu'il sentait la honte du rôle joué par lui dans le procès de condamnation, et qu'il répugnait au grand inquisiteur dominicain de lui infliger une flétrissure personnelle. Mais, en tout cas, aucune considération ne devait porter atteinte à l'impartialité du juge, dont le noble et loyal caractère est au dessus de la suspicion. — La conduite de Le Maistre est donc examinée ici au point de vue des conséquences qu'elle entraîne dans l'ordre juridique. Les faits sont exposés consciencieusement tels qu'ils résultent des pièces conservées au dossier, et il est aisé de voir que Bréhal les apprécie comme ils le méritent, et qu'il n'a nulle intention d'en atténuer la culpabilité aux dépens de la vérité.

à peine quelques mots là-dessus, et les avis sont partagés. Mais on peut relever au dossier certaines articulations relatives au sous-inquisiteur, qui rendent le jugement suspect et susceptible de cassation.

Lorsqu'au début de la cause le concours de Le Maistre fut requis par l'évêque qui prétendait agir en vertu de l'autorité ordinaire de l'église de Beauvais, le sous-inquisiteur protesta d'abord qu'il n'avait point de pouvoirs, sa délégation ne s'étendant qu'à la ville et au diocèse de Rouen. Or, nonobstant cette déclaration, Cauchon insista et le détermina à s'adjoindre au procès. On peut tirer de là une double conclusion. De la part de l'évêque, le désir violent de poursuivre, sans s'inquiéter de l'existence ou du manque de pouvoirs chez son collègue, rend manifeste l'erreur originelle qui nuit à la valeur de tout le reste ; car, selon l'expression du Décret, faute de fondement, l'édifice ne tient pas. — De la part du sous-inquisiteur, l'assentiment conditionnel et illicite, donné à la procédure de l'évêque après avoir comme il le devait protesté de son manque de pouvoirs, était nul de plein droit, suivant la juste remarque d'un glossateur des Décrétales.

Dira-t-on que Le Maistre a validé cet acte par une ratification postérieure, en vertu de l'autorité transmise plus tard par l'inquisiteur général de France ? — Sans doute, répond Bréhal, la ratification a, d'après les règles juridiques, un effet rétroactif, mais elle ne peut se faire que par celui qui avait à l'origine le pouvoir de déléguer ; les déclarations du Digeste et des Décrétales ne laissent aucun doute à cet égard.

Le registre du procès constate aussi que, du 9 janvier au 13 mars, l'évêque a procédé seul à divers examens et à plusieurs actes substantiels. Il est vraisemblable, et cela résulte assez clairement de l'enquête, que le sous-inquisiteur, considérant la grandeur de la cause et les vices du procès, a cherché des échappatoires autant qu'il l'a pu. Dès lors, tous les actes deviennent suspects, et ceux-mêmes auxquels il a prêté son concours apparaissent contraires à sa conscience et par conséquent à son devoir.

Enfin les dépositions des témoins nous apprennent que le sous-inquisiteur fut sommé à plusieurs reprises de s'adjoindre à l'évêque, qu'il n'aurait pas osé contredire Cauchon, et qu'il s'est plus d'une fois laissé dominer par la frayeur devant les menaces des anglais. Voilà certes de quoi invalider la procédure et la sentence. La violence et la crainte pervertissent le jugement de l'homme et l'empêchent de dire la vérité ; si, comme le dit S. Thomas, elles ne rendent pas son action totalement involontaire, puisqu'il y a toujours volonté même sous l'empire de la contrainte, elles enlèvent le caractère de liberté qui consiste à être maître et à ne pas dépendre du vouloir d'autrui. Telle est la doctrine des philosophes, et les lois ne parlent pas autrement. Une sentence émise dans ces conditions n'a aucune valeur, ou du moins elle peut être annulée. Bréhal estime qu'elle est nulle de plein droit, et il ajoute, nonobstant l'autorité du canoniste Jean André, que cela lui paraît plus conforme à la vérité et au texte même de plusieurs canons. Les causes de foi surtout, dit-il en terminant, exigent que la crainte des hommes cède la place à la crainte de Dieu, et que la liberté des inquisiteurs demeure entière et inviolable.

§ 6.

ALTÉRATION DES ARTICLES.

Le sixième chapitre a pour objet la nullité qui résulte des altérations et faussetés introduites dans les articles au nombre de douze qu'on a soumis à l'examen des prélats et des docteurs pour obtenir leur avis.

Bréhal commence par rappeler que la rédaction de cette pièce est infidèle et vicieuse. Amplification ou suppression frauduleuse des paroles de Jeanne, transposition confuse de ses réponses, attribution aux mots d'un sens différent de celui qu'elle entendait, prolixité superflue et inepte, tels sont en résumé les défauts substantiels qu'il relève par une comparaison attentive de chacun des articles avec le registre des interrogatoires. Cet exposé ne comporte pas l'analyse : il doit être lu dans le texte. Fort intéressant pour l'historien auquel il fournit des documents irréfragables, il constitue ici la preuve du fait qui sert de base à l'argumentation juridique de l'inquisiteur, savoir : les articulations sur lesquelles on a délibéré et prononcé sont erronées, et leur auteur s'est rendu coupable du crime de faux.

Il s'ensuit que les consulteurs ont été trompés par les pièces incomplètes, inexactes et embrouillées qui ont passé sous leurs yeux, que leur opinion n'est pas appuyée sur les données véritables du procès, et que la sentence prononcée d'après leurs décisions se trouve par là même substantiellement viciée, suivant les déclarations expresses des lois civiles et canoniques, surtout dans les affaires du ressort inquisitorial.

§ 7.

L'ABJURATION.

Le septième chapitre est consacré à l'abjuration que les prétendus juges du procès ont imposée à la Pucelle. Dès le début, Bréhal indique la contexture de son argumentation : quelles sont les causes dans lesquelles le droit prescrit l'abjuration ? de quelle façon celle de Jeanne a-t-elle eu lieu ? L'examen de ces deux questions nous apprendra si l'acte a été légitime et valable.

L'abjuration a lieu principalement, lorsque quelqu'un a été convaincu d'erreur contre la foi catholique. Cela revient à dire qu'il faut deux conditions : une erreur en matière de foi, et le propos délibéré qui constitue l'hérésie. Il ne s'agit pas d'une erreur quelconque : l'Écriture donne ce nom, il est vrai, à toute action mauvaise et à la convoitise du péché, mais la vertu des sacrements répare les désordres de cette sorte, sans qu'il soit nécessaire de recourir à l'abjuration. — Il ne suffit pas non plus que l'erreur soit en matière de foi : l'ignorance, la simplicité, le manque de délibération, le scrupule peuvent parfois faire douter de la vérité ; c'est alors faiblesse plutôt que faute ; la lutte contre des hésitations

involontaires est une source de mérites, comme la résistance aux aiguillons de la chair.
— Il y a hérésie selon le langage des docteurs et des lois, quand la volonté s'opiniâtre dans l'égarement de l'intelligence ; et c'est contre les hérétiques proprement dits que sont décrétées les peines de l'abjuration et de l'emprisonnement.

Pourtant, dira-t-on, le Code ne déclare-t-il pas qu'on peut être réputé hérétique pour un petit article ? — Assurément, répond Bréhal ; mais il faut saisir le vrai sens de cette expression. Il s'agit ici de celui qui refuse obstinément de croire l'un des articles du symbole ; si petit qu'il soit, cet article appartient à l'essence de la foi, et, comme le prouve S. Thomas, la négation d'un seul point entraîne la perte de cette vertu théologale et constitue l'hérésie proprement dite.

D'après le texte des Décrétales, pour obliger quelqu'un à l'abjuration, il faut qu'il ait été manifestement convaincu d'erreur, soit par l'évidence du fait, soit par une preuve canonique. Une faible présomption, un soupçon même grave ne suffisent pas. Telle est la jurisprudence que le docte inquisiteur établit par de nombreuses citations. Puis donc que Jeanne n'est tombée dans aucune erreur condamnée, et qu'elle n'a pas été convaincue d'obstination hérétique, on a commis une injustice et une impiété en l'obligeant à abjurer.

On alléguerait mal à propos qu'il y avait contre elle présomption violente par le fait notoire d'une mauvaise renommée. Car il est aisé de répondre qu'il y a deux sortes de renom : l'un, provenant d'une vie irréprochable, contre lequel la présomption ne peut être admise qu'après une enquête sérieuse ; l'autre, simple fruit du soupçon et d'une vaine rumeur sans autorité, qui ne prouve rien et ne saurait être admis par un tribunal. Or, dans son pays d'origine et partout où elle a passé, Jeanne a été renommée pour sa conduite vertueuse, pour sa religion et sa foi. Par conséquent il n'y a pas contre elle l'*infamie* légale qui constituerait la présomption. — D'ailleurs, dans le cas même où des allégations graves à sa charge se seraient produites de la part d'un certain nombre de personnes bonnes et sérieuses, le droit ne prescrit pas l'abjuration, mais seulement la purge ou justification canonique ; et encore faut-il pour cela que la diffamation ne soit pas l'œuvre de jaloux et d'ennemis mortels, comme l'étaient les anglais. On n'avait donc pas le droit de lui imposer une rétractation. — Il y a bien aussi une infamie qui résulte de la familiarité avec les hérétiques ; mais cela ne concerne point le cas de la Pucelle qui a toujours écarté d'elle avec horreur les gens suspects de sortilège et d'hérésie.

A cette première nullité, qui dérive de ce que l'abjuration a été infligée sans droit, il faut en ajouter une seconde qui enlèverait toute valeur à cet acte et lui ferait perdre le caractère d'un aveu juridique : c'est qu'il a eu lieu sous l'empire de l'ignorance, de la coaction et de la crainte.

Jeanne l'a dit au procès : elle n'avait pas conscience de se rétracter, et elle ne comprenait pas le contenu de la cédule d'abjuration ; allégation fort vraisemblable, si l'on considère le trouble extrême où avaient dû la jeter les circonstances de son exposition ignominieuse devant la foule, la rédaction embrouillée d'une pièce qu'on ne lui avait pas expliquée, les cruelles fatigues de sa détention, de son procès, et d'une grave maladie dont elle n'était pas remise. L'acte est donc nul et sans valeur par défaut de volonté ; car les philosophes et les lois proclament d'un commun accord que l'ignorance engendre l'involontaire, et que sans connaissance il n'y a point de consentement, ni par conséquent d'obligation.

Jeanne a parlé aussi de contrainte : on lui avait enjoint de se rétracter ; elle avait cédé à la nécessité et aux vives instances des gens d'église. Le droit reconnaît là une sorte de violence à laquelle on ne peut se soustraire ; et, comme l'explique S. Thomas, la volonté qui subit l'influence d'un principe extérieur cesse d'être la cause responsable de son acte.

Jeanne a souvent protesté que sa rétractation lui a été arrachée par la crainte du feu. Le fait est constaté au registre du procès. Par des citations nombreuses, empruntées aux écrivains profanes comme aux lois civiles et canoniques, Bréhal établit surabondamment qu'un aveu extorqué par l'effroi ne saurait préjudicier à son auteur. D'où il suit que la rétractation exigée dans de pareilles conditions doit être tenue pour nulle et non avenue. Ceux qui l'ont imposée ont commis une œuvre d'iniquité.

§ 8.

LA RÉCIDIVE.

Le chapitre huitième concerne la prétendue récidive de Jeanne dans l'hérésie. Les discussions précédentes ont déjà démontré en partie la fausseté de ce grief. Toutefois un examen direct sera utile aux intérêts de l'accusée ; voilà pourquoi Bréhal n'hésite pas à aborder ici une double question de droit et de fait : Quand et comment peut-on dire de quelqu'un qu'il est relaps dans l'hérésie ? Sur quoi se sont basés les juges pour décerner à la Pucelle cette qualification ?

Suivant la remarque d'éminents canonistes, une rechute suppose une chute antérieure, et, aux termes des Décrétales, cela peut avoir lieu de trois manières : premièrement, lorsque l'inculpé, contre lequel existait une violente présomption pleinement prouvée par les dires des témoins, commet l'hérésie après avoir fait l'abjuration judiciaire, il est censé relaps par une fiction de droit, lors même qu'il n'aurait pas été auparavant convaincu de ce crime ; — secondement, par suite de l'unité de la foi, la récidive existe si, après avoir été convaincu d'erreur sur un article et avoir abjuré l'hérésie, quelqu'un devient hérétique sur un autre point ; — troisièmement, on estime relaps celui qui, après contatation de l'hérésie et son abjuration, se montre fauteur et complice des hérétiques, une telle conduite étant la conséquence indubitable de l'approbation donnée à l'erreur.

Évidemment, ajoute Bréhal, aucun de ces cas n'est applicable à la cause : ni en réalité, ni même par une fiction de droit, Jeanne n'a encouru pareil grief. Ce n'est pas assez dire, et l'inquisiteur ne se fait pas faute de rendre ici à sa sainte cliente le témoignage d'une admiration bien justifiée pour les sentiments très catholiques d'une fidélité supérieure à son âge, à sa condition, à la faiblesse de son sexe, et pour la persévérance dont elle a fait preuve jusqu'à son dernier soupir.

Mais, objectera-t-on, si elle n'a pas erré, pourquoi s'est-elle rétractée? pourquoi a-t-elle souscrit la formule d'abjuration? — Qu'on lise le chapitre précédent, on y trouvera une réponse satisfaisante. — Au surplus, on peut alléguer deux excuses juridiques, admises par le Digeste : le manque de science et l'insuffisance d'âge.

Les faits relatés au procès-verbal qui ont servi de fondement à l'inculpation sont de nature à fournir une seconde preuve de son inanité. On a prétendu que Jeanne était relapse, parce qu'elle a repris un costume d'homme et quelle a gardé une croyance constante en ses visions et révélations. Est-ce donc là une rechute dans l'hérésie ? Il y aurait absurdité flagrante à l'affirmer; car ainsi qu'il a été amplement démontré plus haut, cela n'a rien à voir avec la foi catholique, et l'orthodoxie ne court aucun risque. La malice seule peut feindre d'y voir une chute ou une rechute, tandis que les réponses de Jeanne sur ces deux points dénotent une admirable piété et l'amour du bien public. A ce propos, Bréhal rappelle certaines explications déjà données pour la justification de l'innocente prisonnière. Il flétrit derechef les procédés brutaux et les manœuvres dolosives des geôliers et des juges ; puis, avec l'autorité qui lui appartient, il déclare que les révélations de la Pucelle étaient vraies, solides et saintes et qu'elle a bien fait de leur accorder une ferme et persévérante créance : c'était pour elle chose louable et non criminelle, vertu et non témérité, religion et non erreur, piété et non perversité !

§ 9.

LES INTERROGATOIRES.

Les trois chapitres qui suivent sont destinés à faire ressortir davantage le caractère inique du jugement. Les actes des personnes qui sont intervenues au procès, soit pour interroger (chap. ix), soit pour donner des conseils (chap. x), soit enfin pour prendre part aux délibérations (chap. xi), y sont discutés dans ce but, avant d'aborder la dernière question (chap. xii), celle de la nullité de la sentence.

En premier lieu, l'injustice des procédés adoptés par les interrogateurs apparaît manifestement à la lecture du registre et des enquêtes. On y voit le tribunal composé de nombreux prélats et docteurs qui posent chacun leurs questions, tantôt disparates et sans ordre, tantôt confuses, lancées de divers côtés à la fois comme une nuée de javelots et avec une précipitation qui ne laisse pas le temps d'achever les réponses. Il y aurait là certes de quoi invectiver contre les personnes qui ont agi d'une façon si peu humaine, si contraire à l'équité, si éloignée de la modération que réclamait la gravité d'une telle affaire. Mais Bréhal déclare qu'il ne lui convient pas d'insister sur ce point ; il préfère s'occuper des interrogatoires eux-mêmes, auxquels il reproche d'avoir été trop subtils, captieux et superflus.

Le simple énoncé de six ou sept questions, faites à Jeanne et rappelées à titre d'exemples entre beaucoup d'autres semblables, manifeste la difficulté des interrogatoires : un homme d'une instruction assez étendue aurait été embarrassé pour y répondre sur le champ. Or des questions dépassant la portée de celui auquel on les adresse sont incompatibles avec un jugement vraiment digne de ce nom ; plus étranges encore dans un tribunal ecclésiastique, où les lois canoniques et civiles interdisent les subtilités, elles doivent être absolument bannies de la procédure inquisitoriale. S. Thomas en montre fort bien la raison, quand il expose pourquoi et dans quelle mesure les simples fidèles, accusés d'hérésie, peuvent être soumis à l'examen touchant certains articles de foi, qu'ils ne sont pas tenus de croire explicitement. Ici la difficulté des interrogatoires était d'autant moins justifiable que Jeanne n'était pas suspecte d'accointance avec les hérétiques, et que la plupart des questions qui lui furent posées ne concernaient directement ni la foi, ni ses dépendances.

Bréhal cite ensuite plusieurs demandes manifestement captieuses, embrouillées, obscures et capables de jeter l'esprit dans la perplexité. C'est une indignité, s'écrie-t-il de nouveau : la vérité n'aime pas les paroles tortueuses et ambiguës ; les causes de foi se traitent sans ambages, avec clarté, en termes usités et connus ; on n'y doit pas tendre des pièges aux âmes simples, ni donner lieu par des questions mal comprises à des réponses erronées, dont la malice du juge se servira comme d'un prétexte pour édicter une cruelle condamnation contre l'innocence et la simplicité. Les canons sont formels là-dessus, et leurs défenses sont sanctionnées par les peines les plus graves.

Enfin un grand nombre d'interrogatoires ont roulé sur des objets absolument étrangers à la cause de foi qu'on prétendait juger. Bréhal cite plusieurs exemples de ces questions inutiles et frivoles, dont quelques-unes concernaient les secrets du roi. Ni importunités, ni perfidies n'ont pu ébranler la constance de la Pucelle. Mais tous ces agissements n'en étaient pas moins une violation flagrante du droit, et les juges ne pouvaient ignorer que la procédure inquisitoriale a ses limites bien déterminées et qu'il est interdit de les franchir au détriment des fidèles et au préjudice des innocents.

§ 10.

DÉFENSEURS ET ASSESSEURS.

Le chapitre dixième s'occupe des personnes ordinairement appelées à jouer un rôle important, soit dans la défense de l'accusé, soit dans l'assistance du juge.

Nulle part les actes du procès ne mentionnent les défenseurs de Jeanne, et pourtant les témoins déposent qu'elle en a souvent demandé. Or c'est une règle générale qu'on ne doit refuser à personne les moyens de légitime défense. La loi veut qu'on les accorde surtout dans les causes criminelles aux simples qui ignorent la procédure des tribunaux et aux mineurs dont l'inexpérience ou la fougue juvénile ont besoin d'être dirigées et retenues afin d'éviter une condamnation. — Le texte des Décrétales qui interdit aux hérétiques toute défense aussi bien que l'appel, ne contredit point les dispositions qui viennent d'être rappelées ; car le contexte et les annotations des jurisconsultes indiquent assez que cette interdiction regarde uniquement ceux qui ont confessé leur crime et ont été convaincus d'hérésie, principalement s'ils sont retombés dans les erreurs qu'ils avaient abjurées. Ces hommes pestilentiels ne sont pas admis à défendre leur crime ; il ne reste plus qu'à prononcer la sentence et à l'exécuter. Il en est autrement, d'après Henri Boich et les autres glossateurs, si le crime est occulte et si le coupable ne peut être convaincu : il faut alors écouter l'accusé et admettre sa défense, puisque l'Église ne juge pas des choses occultes. Et même lorsque le crime d'hérésie n'est pas tout-à-fait occulte et que le coupable n'a pas fait un aveu légitime ou n'a pas été convaincu, la procédure inquisitoriale ne refuse ni la défense, ni l'appel contre une injuste oppression. Par conséquent, conclut Bréhal, l'objection n'a rien à voir avec notre cas ; cela résulte clairement de tout ce qui a été démontré jusqu'ici. — Mais, dira-t-on peut-être, les actes mentionnent qu'on a fait à Jeanne l'offre de lui donner des conseillers pour la diriger. — Oui, répond Bréhal, et les actes constatent aussi que la Pucelle accepta avec reconnaissance, en protestant néanmoins qu'elle n'entendait pas pour cela se départir du conseil de Dieu. Malgré cela, on n'y voit pas qu'il lui ait été donné un défenseur. On sait au contraire par les témoins que personne n'osait la diriger, sinon au péril de sa vie, et que de faux conseillers furent plus d'une fois introduits près d'elle pour essayer de la tromper et de la faire dévier de la vérité. Se jouer ainsi de l'ignorance des simples est un crime réprouvé par l'Ecriture comme par les lois humaines.

A défaut d'autres défenseurs, estimerait-on que ce rôle a été convenablement rempli par les deux hommes de science qui vinrent après un long intervalle exposer à la prisonnière les chefs principaux de l'accusation et l'admonester sur ce qu'elle devait faire ? Leurs exhortations sont enregistrées au procès ; de prime abord on pourrait les croire inspirées par la douceur et la charité, mais si on y regarde de plus près, on reconnaît que leur véritable caractère est le dol et la tromperie. En effet, 1° elles sont entremêlées de faussetés, car elles se basent précisément sur les extraits des procès-verbaux, extraits défectueux et falsifiés (on l'a montré ailleurs), à la teneur desquels Jeanne refusait à bon droit son assentiment. La sainte fille n'a pas suivi l'exemple de l'homme de Dieu qui, trompé par un faux prophète, se laissa détourner de sa mission et fut dévoré par un lion en punition de son infidélité ; elle a justement obéi à la recommandation que l'Apôtre adressait aux Galates de ne point se rendre à ceux qui voudraient les persuader contre l'appel divin. — 2° Ces exhortations sont pleines d'équivoques et de subtilités, à propos de l'Église militante et triomphante, de la juridiction concédée à l'apôtre S. Pierre et aux papes ses successeurs, et d'autres questions analogues. Une expression captieuse entre toutes, — celle de soumission à l'Église, — y est sans cesse répétée. Jeanne a toujours déclaré se soumettre à l'Église universelle et au souverain pontife ; mais lorsque les juges la pressaient de se soumettre à l'Église, c'était d'eux-mêmes et de la soumission à leur tribunal qu'ils entendaient parler. Jeanne ne le voulait à aucun prix, et son refus était justifié non seulement par l'excuse légale de la simplicité, mais encore par l'obscurité calculée des expressions : on ne saurait donner une réponse convenable à ce qu'on ne comprend pas. Une exhortation embrouillée, subtile et ambiguë, est d'ailleurs insuffisante ; suivant la remarque de S. Augustin, elle n'existe pas pour celui qui n'en a pas saisi le sens. — 3° Ces exhortations sont entachées de frivolité, à raison des artifices de style et des recherches de langage, dont le but est l'ostentation plutôt que l'édification. Un aphorisme de Sénèque et divers textes des canons confirment l'appréciation de Bréhal. — 4° Enfin ces exhortations doivent être réputées incapables d'obtenir un résultat à cause de leur prolixité confuse qui surcharge l'intelligence et enlève le pouvoir de se souvenir. Telle est la pensée de Cicéron quand il dit que la longueur plus encore que l'obscurité d'un récit empêche de le bien comprendre. Là-dessus Bréhal fait remarquer qu'on ne laissait pas Jeanne répondre avec ordre à chacun des points, ce qui aurait été d'un grand secours pour sa mémoire et son intelligence ; il lui fallait attendre la fin d'une longue tirade, et démêler d'un seul coup cet écheveau d'accusations embrouillées. Cependant au dire d'Aristote, l'esprit ne peut saisir qu'une chose à la fois, et la mémoire se confond par la complication de nombreux détails. — Pour tous ces motifs, conclut l'inquisiteur, les susdites exhortations ont peu de valeur à mes yeux.

Quant aux assesseurs, il faut considérer brièvement leur nombre et leurs intentions. Les registres du procès constatent l'intervention active aux interrogatoires de trente, quarante, et jusqu'à cinquante-cinq prélats, docteurs et dignitaires, qu'on avait, uniquement pour cette cause, appelés de Paris et de plusieurs autres villes de l'obédience anglaise, et qu'on comblait d'honneurs et de présents. On renouvelait ainsi en quelque sorte la dispute organisée jadis par le tyran Maxence contre la bienheureuse Catherine. Une si nombreuse assemblée, peu convenable d'ailleurs dans une pareille cause, ne pouvait conférer au jugement plus de droiture et d'équité : en la convoquant, les prétendus juges ont recherché l'apparat plus que la justice, et selon la parole de S. Chrysostôme, ils se sont fait une arme de leur multitude, afin de remporter une victoire qu'ils ne pouvaient obtenir par la force de la vérité.

Relativement à leurs dispositions, il n'est pas nécessaire de rappeler que la plupart étaient partisans notoires des anglais ; mais il importe de remarquer qu'ils n'ont montré, au cours du procès, aucun zèle pour la droiture et la justice. Lorsque, interrogée sur des points manifestement étrangers à la foi, comme par exemple sur le signe qu'elle avait donné au roi, Jeanne répondait que cela ne concernait pas le procès et faisait appel au témoignage des assistants, ceux-ci affirmaient le contraire malgré l'évidence. Leur intention n'était pas droite, et leur nombre, au lieu de leur servir d'excuse, aggrave leur forfait, suivant la juste remarque de Remy d'Auxerre.

Par ordre des juges, il y eut à quelques jours d'intervalle deux sermons solennels pour publier les crimes dont on chargeait la Pucelle : il faut aussi en parler brièvement. Les prédicateurs se sont basés sur les articles falsifiés dont il a été question plus haut ; ils ont encouru le reproche de fausseté que Jeanne adressait à l'un d'eux devant le tribunal ; ils ont agi comme ces maîtres, que la glose de l'Évangile blâme de ne pas enseigner la vérité pour des motifs coupables. Leur iniquité est flagrante.

Ici Bréhal relève avec indignation les outrageuses paroles prononcées par trois fois contre le roi de France. Jeanne leur a infligé un démenti très ferme. Comment les gentilshommes d'Angleterre ont-ils souffert ces odieux discours, injurieux à la majesté royale, et à leur souverain lui-même uni au roi de France par les liens du sang ? Leur unique souci était l'extermination de la Pucelle. Mais ce n'est pas leur conduite qui est actuellement en cause : il s'agit des prédicateurs. S'appuyant sur de nombreux textes des lois ecclésiastiques, le loyal Frère Prêcheur expose l'excellence de la prédication, son but qui est la gloire de Dieu et le salut des âmes, sa règle qui, d'une part, commande de proférer des paroles vraies, utiles et édifiantes, et, de l'autre, interdit sous peine de graves et justes châtiments les réprimandes inconsidérées, les excès de langage et toute indiscrétion. Il faut donc s'étonner de la témérité, ou pour mieux dire de l'emportement effréné, avec lequel ces hommes ont osé, contre la défense expresse des saintes Écritures, outrager la majesté royale par d'exécrables blasphèmes devant une si haute et si nombreuse assemblée, et dans l'accomplissement d'une fonction qui requiert la plus exacte sobriété de langage. C'est trop peu dire que de les taxer de faute manifeste, conclut énergiquement Bréhal ; ils ont commis une énormité.

§ 11.

QUALIFICATEURS DE LA CAUSE.

Le chapitre onzième concerne les actes des qualificateurs de la cause. Par une disposition du Sexte, la sentence ne doit être prononcée dans les affaires de foi qu'après délibération de personnes prudentes, honnêtes et religieuses sur la communication intégrale des pièces. Les qualificateurs diront peut-être avec quelque apparence de raison qu'ils ont suivi la teneur des articles soumis à leur examen, et que les vices et défectuosités de ceux-ci ne leur sont pas imputables. Néanmoins Bréhal ne craint pas d'affirmer, sans faire injure à qui que ce soit, que les conclusions de la plupart d'entre eux sont trop sévères, trop dures et indignes d'une telle cause. Afin de ne pas s'engager dans une discussion interminable, il se borne à relever deux délibérations des docteurs de Paris, celle des théologiens et celle des juristes, auxquelles d'ailleurs presque tous les autres consulteurs ont adhéré.

Les théologiens énoncent à propos de chaque article une série de qualificatifs terribles, comme s'il s'agissait de condamner Arius ou un autre hérésiarque. Il serait superflu de revenir ici sur plusieurs points discutés précédemment, et d'insister sur ceux qui sont faux ou sans gravité ; aussi ne sera-t-il question que de ceux qui ont excité davantage leur étrange courroux, savoir, les apparitions et la soumission à l'Église.

Au sujet des apparitions, ils prétendent que, vu le mode et la matière des révélations, la qualité de la personne, le lieu et les autres circonstances, ce sont ou des fictions mensongères, séductrices et pernicieuses, ou des révélations superstitieuses et d'origine diabolique dont les auteurs sont les esprits mauvais Bélial, Satan et Béhémoth. Laissant ici de côté les autres circonstances, (il les a discutées assez longuement dans la première partie de son mémoire), Bréhal ne veut s'occuper que de l'affirmation relative à la qualité de la personne.

Cette expression comporte trois sens : on peut l'entendre du sexe, de la naissance et du genre de vie. Or il n'est guère croyable que ces docteurs aient eu la pensée de désigner le sexe : car ils n'ignoraient pas l'enseignement des saintes Écritures que l'esprit de prophétie est commun aux hommes et aux femmes ; ils savaient aussi les nombreux exemples de prophétesses citées dans l'ancien et le nouveau Testament, dans S. Augustin, S. Jérôme et S. Isidore, et dans le *Miroir historique* de Vincent de Beauvais. — S'ils ont voulu par là signifier la naissance et la famille, ils se sont jetés dans un grand embarras. Qui ne sait en effet que les prophètes les plus éminents et les apôtres eux-mêmes ont été généralement choisis par Dieu dans les rangs du peuple ? S. Paul insiste là-dessus, et S. Bernard ajoute que la bassesse de leur extraction glorifie la puissance divine et fait briller son action miraculeuse. La même remarque a passé dans les commentaires des Décrétales par le cardinal d'Ostie et par Jean André. — Il y a donc lieu de supposer qu'ils ont plutôt visé le genre de vie, c'est-à-dire l'existence guerrière de la Pucelle avec ses entreprises qui sont au-dessus de la condition d'une femme. Mais il est indubitable que rien de tout cela ne s'oppose aux révélations divines ; parfois même, ces actions extraordinaires et d'autres plus merveilleuses encore s'accomplissent par l'inspiration de Dieu. — Il aurait fallu considérer plutôt la vie très innocente que Jeanne menait nonobstant les difficultés de sa mission. D'une main pieuse, Bréhal esquisse à grands traits le tableau admirable des vertus de la sainte héroïne ; puis, prenant à partie les docteurs qui ont affecté de les ignorer malgré l'éclatante renommée qui les publiait partout, tandis que les ennemis déclarés de cette fille de bénédiction étaient les seuls à l'incriminer, l'inquisiteur est tenté de se demander quel a pu être le témoignage de leur conscience et le mobile de leurs décisions. Mais, ajoute-t-il, c'est le secret de Dieu qui n'ignore rien, qui pénètre de son regard le fond des cœurs et les juge avec une incorruptible droiture. Toutefois il est permis de s'étonner que des hommes faisant profession d'enseigner les divines Écritures et la céleste sagesse aient agi de la sorte, sans prendre garde que la théologie est une science de souveraine gravité, comme aussi d'équité parfaite et de très pieuse charité. Était-il donc besoin de leur rappeler l'interdiction des jugements téméraires, les règles de conduite en cette matière exposées avec tant de sagesse par S. Thomas, et les recommandations juridiques d'après lesquelles on doit toujours présumer le bien plutôt que le mal ?

Après ces observations préliminaires sur le motif que les théologiens ont prétendu trouver dans la qualité de la personne, Bréhal en vient aux conclusions de leur délibération. Il leur reproche tout d'abord le ton d'assurance avec lequel ils décident une question qui dépasse la portée de la science humaine ; toutefois, ajoute-t-il, la difficulté de connaître les révélations n'autorise pas à les juger fausses ou mauvaises. Cette double affirmation de l'inquisiteur est appuyée sur la doctrine de S. Thomas et sur les témoignages de l'Écriture et des Pères. Tel est sans doute le motif qui a engagé quelques docteurs à suspendre leur jugement. Mais les autres, beaucoup plus nombreux, prononcent dans la première partie de leur disjonctive (1) que les révélations de Jeanne sont des impostures pernicieuses. Bréhal repousse avec indignation un qualificatif immérité.

Quatre raisons justifient sa manière de voir. La première est tirée de la simplicité de Jeanne : il n'est pas croyable que ses œuvres et ses paroles soient le fruit de la feinte et des artifices qui font partie de la sagesse mondaine. — La seconde consiste dans l'accomplissement de ses prédictions : on juge la valeur de l'acte par ses résultats. — La troisième, c'est la persévérance de sa merveilleuse conduite : une fiction ne saurait durer ainsi. — La quatrième se déduit de la concordance parfaite de ses réponses : les examens rigoureux qu'elle subit à Poitiers et à Rouen n'ont pu la faire varier, ce qui exclut toute hypothèse de dissimulation.

Dans la seconde partie de leur disjonctive, les docteurs disent que les révélations de Jeanne, si elles ne sont une imposture, sont au moins superstitieuses et d'origine diabolique. Ils insistent sur ce point et, malgré la règle juridique d'après laquelle les questions douteuses doivent être interprétées dans un sens favorable, ils manifestent leurs préférences pour cette manière de voir. Il y a lieu de s'en étonner, d'autant plus que des signes évidents, et non pas de simples conjectures — on l'a démontré ailleurs — autorisent à attribuer ces révélations aux bons esprits.

A dessein d'aggraver les soupçons contre la Pucelle, ils donnent jusqu'aux noms des démons inspirateurs, Bélial, Satan et Béhémoth ; mais ils n'obtiennent par là d'autre résultat que de prouver la perversité de leurs sentiments et leur inaptitude à juger une pareille cause. Les insinuations qu'ils voudraient tirer de la signification de ces noms sont contraires à la réalité des faits et à une vie d'obéissance, de charité et de vertus publiques et privées comme celle de la sainte fille. — Quant à la conséquence qu'il faille y voir un danger pour la foi, elle est opposée aux déclarations de la glose et aux enseignements de S. Augustin et de S. Thomas. Il est certain d'ailleurs que les apparitions dont Jeanne a été favorisée l'ont toujours portée à la piété et à la foi.

Bréhal examine ensuite les qualifications des théologiens relatives à l'article de la soumission à l'Église : quelques brèves observations lui suffisent pour rappeler les

---

(1) Cette expression technique désigne la phrase dans laquelle les théologiens proposent une double appréciation, afin de faire admettre l'une ou l'autre.

raisons qui justifient la conduite de Jeanne sur ce point, et pour montrer la dureté et l'injustice qu'il y avait à l'incriminer de schisme, d'apostasie et d'erreur opiniâtre dans la foi.

Puis, passant à la détermination des juristes qu'il trouve plus mesurée et plus douce, à raison des restrictions préliminaires qu'on y assure pouvoir être invoquées à la décharge de l'accusée, l'inquisiteur discute assez longuement les deux assertions principales de cette décision. — La première accuse Jeanne de s'être séparée de l'Église et d'avoir contredit l'article du symbole par lequel on fait profession de croire à l'unité de la sainte Église catholique. Ce grief ne tient pas devant les actes du procès. On y voit en effet qu'elle a refusé de se soumettre à l'église de Beauvais et au jugement de l'évêque, mais qu'elle a été constamment soumise de cœur au souverain pontife et à l'Église universelle, c'est-à-dire catholique, conformément aux prescriptions du symbole, telles que les entendent les saints canons et les docteurs dont Bréhal indique ou cite les textes.

Le second reproche adressé à la Pucelle par les juristes est relatif à l'affirmation de sa mission divine : elle n'aurait point, comme le veulent les Décrétales, donné une preuve suffisante de son mandat, ni par le miracle, ni par le témoignage de l'Écriture. Le savant inquisiteur fait remarquer tout d'abord que le passage qui sert de base à leur décision ne s'applique pas au cas présent; car il y est question de celui qui se prétendrait envoyé par Dieu pour gouverner le peuple comme Moïse, ou pour le prêcher comme Jean-Baptiste. Lorsqu'il s'agit de ces deux ministères et surtout de la prédication, œuvre d'importance capitale puisqu'elle a pour objet l'exposition des vérités de la foi, œuvre privilégiée puisqu'elle n'est pas de la compétence de toutes les conditions mais qu'elle est réservée aux hommes et spécialement aux prélats ou à leurs délégués, il serait périlleux d'acquiescer à la légère. Il n'en est pas de même si quelqu'un affirme avoir une mission qui concerne les intérêts de ce monde. D'après S. Thomas, l'esprit de prophétie a pour objet propre la connaissance plutôt que l'action ; cet esprit par conséquent est à son degré inférieur lorsqu'il pousse à l'accomplissement d'une entreprise quelconque, comme l'Écriture rapporte que cela eut lieu pour Samson. Or telle a été la mission de la Pucelle : pour travailler au relèvement du royaume aucun signe miraculeux n'était requis. Ainsi agirent Samuel, Nathan, Élisée et d'autres encore dans les circonstances racontées par la Bible ; ils ne firent pas de miracles pour prouver qu'ils étaient envoyés de Dieu. — D'ailleurs, ajoute Bréhal, Jeanne était envoyée au roi de France, et non pas aux Anglais ni aux gens hostiles qui la détenaient captive et qui réclamaient d'elle un signe ; elle avait le droit de le leur refuser avec les paroles mêmes de Notre Seigneur (*Luc*. xi). — Enfin, de deux choses l'une : ou bien celui qui se dit envoyé du ciel demande qu'on fasse une œuvre essentiellement mauvaise, et l'on doit alors, suivant la déclaration des lois canoniques, attribuer cette révélation au mauvais esprit ; ou bien il demande qu'on fasse une œuvre bonne ou indifférente par elle-même, et dans ce cas l'ensemble des circonstances permet d'acquérir promptement la conviction que cette révélation provient d'une source divine. Bréhal se contente de poser les termes de ce dilemme, dont les conclusions trouvent ici une application facile. Au surplus, il n'omet pas de rappeler les faits de guerre prodigieux accomplis par une faible fille sans expérience, et ses prédictions justifiées par les évènements : voilà sans doute des signes qui ne sont pas hors de propos en pareille matière.

À la fin de cette longue discussion, le savant dominicain proteste contre le nom de décisions doctrinales qui a été donné à ces délibérations par leurs auteurs. S'appuyant sur l'autorité de Cicéron, de S. Jérôme et de S. Augustin, il déclare que la science séparée de la vérité et de la justice ne mérite point un si noble titre : elle n'est pas sagesse et doctrine, mais astuce et perversité. Puis, sans amoindrir l'impartiale sévérité de ses conclusions, Bréhal prend soin d'attester la pureté de ses sentiments envers l'université de Paris, qu'il n'entend nullement dénigrer. Les coupables seuls doivent porter la peine canonique de leur crime, qui ne saurait rejaillir sur les innocents. Il incline d'ailleurs à croire que les délibérations sont l'œuvre d'un fort petit nombre de docteurs, partisans à outrance des anglais, et qu'elles ont été extorquées par des voies obliques, sans que le corps universitaire tout entier ait eu conscience de cet échafaudage d'impiété.

§ 12.

LA SENTENCE.

Il ne reste plus qu'à examiner la sentence et la conclusion du procès : c'est la matière du chapitre douzième et dernier de la seconde partie. Après tout ce qui a été exposé sur les vices de la procédure dans ses points essentiels, il est aisé de se convaincre que la sentence est nulle, ou doit être annulée pour six raisons principales.

1° L'incompétence des juges, c'est-à-dire le défaut de juridiction chez l'évêque de Beauvais et l'intimidation de son collègue le sous-inquisiteur. — 2° La malveillance évidente et la partialité de Cauchon. — 3° L'arrêt prononcé après récusation et appel. — 4° La falsification des actes. — 5° Les suspicions qui ont servi de base au procès. — 6° L'iniquité manifeste et l'erreur intolérable que renferme la sentence. — Les quatre premières raisons de nullité sont brièvement établies par le rappel des faits énoncés et des prescriptions du droit. Bréhal insiste davantage sur les deux dernières.

Prononcer un jugement par suite de soupçons est un acte illicite, comme l'explique fort bien S. Thomas. Les Décrétales l'interdisent formellement, surtout lorsqu'il s'agit d'une condamnation pour un crime aussi grave que l'hérésie. Un certain nombre de textes, empruntés à S. Bernard et aux recueils de jurisprudence canonique, montre quelle aurait dû être la conduite des juges. Puisqu'il était question de révélations et de manifestations de la volonté divine, il fallait recourir à l'autorité du siège suprême, au lieu de juger d'après de simples soupçons et sur des indices incertains. Puisqu'on prétendait y voir une affaire d'hérésie, on devait suivre exactement les dispositions si sages des canons, et ne donner après examen la décision définitive qu'avec l'assentiment de l'Église romaine. Or rien de tout cela n'a été observé et l'on est en droit de conclure que la sentence, loin d'être le fruit du discernement, a été dictée par la précipitation et l'esprit de vengeance.

Il est de plus manifestement contraire à l'équité et aux prescriptions légales d'imputer à des innocents un crime énorme, surtout le crime d'hérésie. Tel est pourtant le fait des trois sentences qui ont été enregistrées contre Jeanne. La première, qui était censée définitive et qui a été lue partiellement avant l'abjuration, accumule contre la Pucelle les imputations les plus graves d'imposture, de superstition, de blasphème, d'apostasie, etc., et affirme son opiniâtreté et son refus de se soumettre au pape et au concile général. La seconde, promulguée aussitôt après l'abjuration, lui inflige la peine de la prison perpétuelle, pour tous ces crimes qui lui sont derechef attribués en termes exprès. La troisième, qui fut prononcée quelques jours plus tard sous prétexte de relaps et de rétractation hypocrite, l'abandonne définitivement au bras séculier. Or l'innocence de la Pucelle a été surabondamment démontrée, ainsi que la fausseté de toutes ces allégations. La sentence est donc inique et sans valeur.

Bréhal ajoute qu'elle contient d'inexcusables erreurs. En effet, elle déclare Jeanne excommuniée, tandis que, le matin même et avec l'autorisation formelle des juges — l'enquête l'a constaté — la prisonnière avait reçu très dévotement les sacrements de Pénitence et d'Eucharistie. Il y a là une contradiction manifeste. — Le registre du procès mentionne qu'on avait décrété contre Jeanne la privation de toute grâce et communion ; pareille détermination est opposée à la prévoyante sollicitude des lois ecclésiastiques. — Aucun document n'atteste que les juges aient relevé la condamnée de cette prétendue sentence d'excommunication ; au contraire il résulte de leurs propres paroles que leur intention formelle était de lui refuser le bienfait de l'absolution, au lieu de le lui offrir comme c'est l'usage prescrit et fidèlement observé dans les procès inquisitoriaux ; ce qui témoigne d'une erreur évidente, et par surcroît d'une extrême cruauté. — Ils déclarent faussement la Pucelle hérétique ; car elle a toujours été catholique fidèle : cela ressort de l'estime publique, aussi bien que des examens rigoureux et multipliés qu'on lui a fait subir. Or l'instruction donnée aux inquisiteurs porte qu'on ne doit pas qualifier d'hérésie ceux qui reviennent à la foi après s'en être écartés. — Enfin il y a erreur juridique inexcusable, lorsqu'on rend une sentence après de fréquentes, publiques et légitimes récusations.

Pour ces motifs, Bréhal conclut que le procès tout entier, fond et forme, est un tissu d'iniquités. Ce sentiment du grand justicier a été partagé par les juges ; et la postérité applaudit aux arguments vengeurs qui ont amené la réhabilitation solennelle de Jeanne d'Arc.

CHAPITRE IV

ÉTUDE CRITIQUE DU MANUSCRIT.

L'analyse que nous venons de faire suffirait, à elle seule, à établir la haute valeur de la *Recollectio*. L'étude du texte lui-même montrera encore mieux l'œuvre personnelle de l'inquisiteur général de France. A ne lire que le titre du mémoire, on pourrait s'imaginer qu'il s'agit d'une vulgaire compilation, empruntée par pièces et morceaux aux consultations qui avaient été discutées devant les juges, de vive voix ou par écrit. On se tromperait étrangement. Tout en remplissant sa tâche de rapporteur, Bréhal y a mis sa propre marque. Il ne copie point, il est auteur original. Sans doute les sujets traités ramènent sous sa plume des pensées qui ont été développées par les docteurs consultés ; mais le plus ordinairement, sinon toujours, l'expression lui appartient, et, en dehors des phrases où l'auteur s'attache à reproduire les procès-verbaux, on trouverait fort peu de passages qui puissent être considérés comme de simples extraits.

Plus d'une fois, la lecture de son travail si remarquable par la solidité de sa doctrine théologique et canonique, par la sûreté de ses appréciations et de ses raisonnements, par la richesse et l'abondance des citations de toute sorte dont il est émaillé, nous a rappelé les élégantes paroles que le cardinal de Pavie (1) écrivait à l'illustre Bessarion, à propos de la mort récente de Théodore de Leliis : « Adducere ex sacris libris egregios locos ; sive jus pontificium, sive scripta veterum et novorum requiras, non plus in labore erat, quam in quotidianis sermonibus agere. Tenax ingensque memoria subministrabat affatim quod erat necesse » (2). L'éloge, croyons-nous, est aussi vrai de l'inquisiteur de France que du jurisconsulte romain. Quiconque aura étudié la *Recollectio*, comme elle le mérite, demeurera convaincu que cette application n'a rien d'exagéré.

Nous nous sommes fait une loi de vérifier scrupuleusement les citations — au nombre de neuf cents environ — contenues dans cet écrit. Cependant nous n'avons rien voulu changer au texte donné par Bréhal, pas même les indications fautives qu'il suffisait de rectifier au bas des pages (3). Lorsque le manuscrit de la *Recollectio* s'éloi-

---

(1) « Jacobus Amanatus, Lucensis, Etruscus, episcopus Papiensis, presbyter cardinalis tituli S. Chrysogoni » (Ciaconius : *Vitae pontificum*... p. 944) — Cf. *ibid.* p. 956.

(2) Voir cette lettre dans Bzovius : *Ann. eccl.* 1466, XI ; tom. XVII, p. 566, col. 2. — Elle est également citée dans Ciaconius et Oldoinus : *Vitae pontif.* tom. II, col. 1115.

(3) D'après le conseil de personnes compétentes, nous avons adopté l'usage de placer entre parenthèses les nombreuses références qui viennent souvent interrompre le raisonnement et dérouter la pensée. Cette disposition typographique aura l'avantage de permettre la lecture suivie du texte, sans se préoccuper des allégations et des chiffres, sur lesquels il sera loisible de revenir après coup, soit pour les contrôler, soit pour en étudier les rapports avec le texte lui-même. C'est également dans le but de faciliter la lecture que nous avons employé les italiques, les guillemets et autres signes de ce genre, qui n'ont pas leur équivalent dans le manuscrit.

gne assez notablement des imprimés, nous reproduisons en note la différence de leçon, ou bien nous nous bornons à mentionner que le passage n'est pas littéralement transcrit. Tel est fort souvent le cas pour les citations empruntées à la Bible et à S. Thomas. Nourri de l'étude de notre illustre Docteur, et habitué, suivant les traditions de l'Ordre, à confier à sa mémoire les articles de la Somme Théologique, Bréhal n'avait pas besoin de recourir au livre pour y puiser les doctrines du Maître. La phrase elle-même arrive comme naturellement sous sa plume, avec quelques légères transpositions ou modifications qui n'altèrent point la pensée de S. Thomas, et qui parfois sont intentionnelles afin de lui donner plus de relief, ou de mieux l'adapter au sujet.

Désireux de faciliter à tous nos lecteurs la recherche des sources et le contrôle des documents, nous n'avons pas cru devoir nous contenter, dans les notes, des renvois et abbréviations qui ont cours parmi les théologiens et les canonistes lorsqu'ils citent les ouvrages de jurisprudence. Au risque d'être accusés de superfluité, il nous a paru convenable de fournir des explications plus détaillées, et d'indiquer le volume et la page même de l'édition que nous avons eue sous les yeux : cette méthode épargnera, nous l'espérons, beaucoup de tâtonnements et d'erreurs à ceux qui n'ont pas l'habitude de se diriger à travers le labyrinthe des lois civiles et ecclésiastiques.

Nous avions tout d'abord songé à reproduire intégralement au bas des pages les textes de droit, auxquels Bréhal fait allusion dans le cours de la discussion. Ils auraient fourni une preuve palpable de l'activité intellectuelle de l'inquisiteur qui, sans appartenir à la faculté de Droit, était néanmoins très versé dans une science nécessaire à l'accomplissement de sa charge. Mais ils sont si nombreux (on en compte plusieurs centaines), et parfois leur étendue est si considérable qu'ils donneraient aisément la matière d'un gros volume. Il a fallu y renoncer.

Quelques-unes seulement des citations de Bréhal n'ont pu, malgré nos investigations, être confrontées avec le texte des auteurs auxquels elles ont été empruntées. Sans doute elles leur ont été faussement attribuées. Indépendamment des distractions du greffier, qui a parfois omis ou modifié la véritable référence, une pareille erreur d'allégation était assez commune à une époque où l'imprimerie n'avait pas encore mis à la disposition des savants les grandes collections de patrologie, les gloses ou commentaires des livres saints, des lois civiles et ecclésiastiques, et les ouvrages classiques de littérature. Souvent on citait de mémoire, et alors on était exposé à une reproduction plus ou moins infidèle, ou bien à une méprise au sujet de la source qu'il aurait fallu indiquer. On n'évitait pas toujours ce double danger en recourant à certains recueils, dont l'usage était fréquent parmi les érudits : les compilateurs s'étaient peu préoccupés des questions de critique, s'en remettant sans examen au témoignage douteux d'un manuscrit, et se contentaient d'un à peu près, rapprochant par exemple, pour en former une seule sentence, des périodes parfois éloignées entre elles, ou élaguant les mots du contexte qui leur paraissaient voiler la pensée saillante d'un chapitre ou d'une phrase. Il n'y a donc pas lieu de s'étonner si Bréhal n'a pas échappé à ces inconvénients dans la rédaction nécessairement hâtive de sa *Recollectio*. Nous signalerons en note, le cas échéant, les observations de ce genre qui nous ont été suggérées par le contrôle des textes. Le lecteur aura ainsi sous les yeux toutes les pièces, qui lui permettront d'apprécier le vaste savoir de l'inquisiteur dominicain et son incontestable autorité dans la question.

Nous avons cru également devoir mettre au bas des pages quelques éclaircissements au sujet de certaines expressions, maximes ou théories scholastiques, dont la signification échapperait aux lecteurs peu familiers avec ce langage spécial. Cependant nous nous sommes abstenus de cette annotation, lorsque la contexture même de notre analyse nous a paru suffisante à faire saisir le sens des termes et la portée des raisonnements.

Au dire de M. Lanéry d'Arc (1), plusieurs manuscrits nous ont conservé le texte plus ou moins incomplet de ce précieux document. Le plus authentique sans contredit, et le seul complet à notre connaissance, est le n° 5970 de la Bibliothèque nationale. D'après une note marginale qui accompagne la préface du ms. latin 17013 (ancien n° 138 du fonds de Notre-Dame), les mémoires (2), vu leur prolixité, n'ont été insérés intégralement que dans deux grandes expéditions du procès : « in duobus magnis processibus, propter eorum prolixitatem ». Le manuscrit 5970 est précisément l'une de ces grandes expéditions.

Le volume est un très grand in-folio vélin, de 526 millimètres de hauteur sur 323 de largeur. Il se compose de deux-cent-sept feuillets, écrits en belle cursive du temps de Charles VII, qui contiennent toutes les pièces relatives à la réhabilitation de Jeanne d'Arc. La *Recollectio* y occupe vingt-sept feuillets [**clxxv r°-ccij r°**], d'une écriture serrée et abrégée. Chaque feuillet porte, au recto, la signature des deux greffiers, Le Comte [*Comitis*] et Ferrebouc. Autant que nous avons pu en juger par la comparaison des écritures et la différence de l'encre que chacun d'eux a employée, le texte de la première partie est de la main de Le Comte et a été collationné par Ferrebouc, qui a suppléé à la marge les quelques omissions faites par son collègue. Cependant nous avons constaté, à partir du f° cxcviij r°, un changement de main qui s'accuse par la modification des caractères et surtout par certaines différences d'orthographe (3).

A la marge et vis-à-vis de l'en-tête : *Sequitur recollectio predicta*, etc., nous remarquons la mention suivante qui est ainsi disposée sur trois lignes :

---

(1) M. Lanéry d'Arc : *Mémoires et consultations*... p. 306 note. — En ce qui concerne le ms. latin 9790, l'assertion est inexacte. La *Recollectio* ne s'y trouve pas même partiellement. C'est le *Summarium* de Bréhal qu'on lit au f° 84, auquel nous renvoie l'indication de l'éditeur des *Mémoires*.

(2) Il s'agit des mémoires de Bréhal, de Guillaume Bouillé, d'Élie de Bourdeilles et autres, dont l'index-préface du registre 5970 fait mention en ces termes : « Octavo, inseruntur ad longum plures tractatus plurium episcoporum, prelatorum, sacre theologie et jurium professorum, et aliorum, qui super materia dicti processus transcripti fuerunt solempniter ad plenum ».

(3) Ainsi, par exemple, le mot *etiam* écrit jusque-là avec un *c* ; ainsi encore le mot *submictere*, que le greffier traçait ordinairement avec deux *t*. Il nous a paru utile de signaler la cause de ces divergences, que nous nous sommes efforcés de reproduire scrupuleusement.

frater Johannes Brehal[li, ordinis]
predicatorum, sacre theol[ogie professor,]
et in regno francie in[quisitor].

Le relieur a rogné le parchemin, de sorte que plusieurs mots ou fragments de mots ont disparu ; ce sont vraisemblablement ceux que nous avons suppléés entre crochets. L'examen comparatif des écritures montre que l'inscription n'est pas le fait des greffiers. Elle nous paraît être un contre-seing autographe de l'inquisiteur ; car elle ressemble beaucoup à la signature que nous avons remarquée dans le ms. 12722, manuscrit personnel de Bréhal. Est-ce une simple attestation d'authenticité, ou bien faut-il y voir en outre l'indice que ce volume appartenait à l'inquisiteur ? Quicherat pense (1) — et son autorité nous engage à adopter de préférence son opinion — que ce registre était destiné à Charles VII. Ce prince l'aurait fait déposer à la chambre des comptes, d'où Louis XI l'a retiré pour le consigner au trésor des chartes. Nous savons d'ailleurs par une note insérée aux comptes des largesses royales que l'ordre avait été donné aux greffiers Denis Le Comte et François Ferrebourg (*sic*) de « notablement escrire » l'instrument du procès, et de le « multiplier en six livres ou volumes, desquels les deux seront pour le Roy et les autres quatre pour les quatre juges » (2).

A défaut de ces exemplaires disparus, qui auraient peut-être fourni quelques variantes et facilité le contrôle des citations, nous avons mis tous nos soins à reproduire ici le texte du ms. 5970.

---

(1) Quicherat : *Procès* . . . tom. v, p. 449.
(2) Cabinet des titres, vol. relié 685, f° 198 r°. — Il leur est alloué pour ce travail une somme assez forte : « Lesdits Le Comte et Ferrebourg ordonnés à escrire le procès et sentence en six volumes ou livres — ccc livres » (Extrait du 2e compte de maître Robert De Molins . . . pour l'année finie en septembre 1458).

LIVRE QUATRIÈME

TEXTE DE LA RECOLLECTIO

LIVRE QUATRIÈME

TEXTE DE LA RECOLLECTIO

[f° clxxv r°] *Sequitur recollectio predicta, continens novem capitula circa materiam processus et duodecim circa formam ejusdem.*

Secundum philosophum, (libro secundo *Methaphysice*) (1), unumquodque sicut se habet ad esse, ita et ad veritatem. Ob quod, sicut unaqueque res naturali instinctu appetit esse et conservari in esse, sic et naturali impetu inclinatur (2) ad veritatem ; et permaxime creatura rationalis, quia perfectio sui (3) intellectus est verum, falsum vero est quoddam malum ejus. Unde et quecumque opinio falsa intellectum hominis occupet, ei tamen proprie non assentit nisi in racione veri. Quod sic in x° libro *Confessionum* deducit beatus Augustinus : « Sic amabilis est veritas ut quicumque aliud amant hoc quod amant velint esse veritatem ; nam et falsi nolunt convinci quod falsi sint, itaque propter eam rem oderunt veritatem quam pro veritate amant. Amant eam lucentem, oderunt eam redarguentem. Quia enim falli nolunt et fallere volunt, amant eam cum se ipsam indicat, et oderunt eam cum seipsa eos judicat. Inde retribuit eis, ut qui se ab ea manifestari nolunt et eos nolentes ipsa manifestet, et eis propterea non sit manifesta » (4). Quibus sane enunciata plerumque odium parit, et eam

---

(1) D'après l'usage généralement adopté pour citer cet ouvrage d'Aristote, il faudrait lire : libro secundo *Metaphysicorum*. Il est probable que Bréhal avait écrit en abrégé : *metaphysic*. et le greffier a ajouté l'*e* terminal. — L'ancienne traduction d'Aristote, qui a servi de texte au commentaire de S. Thomas (lect. II) porte : « Unumquodque sicut se habet ut sit, ita et ad veritatem ». — Cf. S. Th. *Opera omnia* . . . tom. I, p. 64, col 1.
(2) Lan. : inclinat. — Pour abréger, nous citerons les variantes de M. Lanéry d'Arc par les premières lettres de son nom.
(3) Lan. : seu.
(4) Ce texte de S. Augustin (lib. x *Conf.* cap. xxiii, n. 34) offre un certain nombre de variantes, soit dans M. Lanéry d'Arc, soit dans les éditions diverses de la Patrologie. Voici la leçon adoptée par Migne : « Sic amatur veritas, ut quicumque aliud amant, hoc quod amant velint esse veritatem : et quia falli nolunt, nolunt convinci quod falsi sint. Itaque propter eam rem oderunt veritatem quam pro veritate amant. Amant eam lucentem, oderunt eam redarguentem. Quia enim falli nolunt et fallere volunt, amant eam cum se ipsa indicat, et oderunt eam cum eos ipsos indicat [*ed. Lovan.* : judicat]. Inde retribuit eis, ut qui se ab ea manifestari nolunt, et eos nolentes manifestet, et eis ipsa non sit manifesta ». — P. L. tom. xxxii, col. 794.

predicans ipsis fit inimicus. Eadem itaque racione quis amat veritatem, et expugnat seu reprobat oppositam falsitatem, quia ejusdem est unum contrariorum prosequi et aliud repellere, sicut medicina que sanitatem inducit egritudinem excludit (1).

Quod tamen de amore veritatis dictum est, hoc quidem secundum naturalem ordinem humane mentis accipiendum est ; quoniam ex perversa voluntatis deordinatione contingere potest, ut quis in opinione sua aut judicio rectus et verax cupiat videri, qui tamen quod iniquum est aut falsum ultro amplectitur, et per sophisticas raciocinaciones falsitatem et injusticiam prosequitur. Quod equidem plurimum vituperabile est, ut *supra Marcum* Beda ait, sic inquiens : « Qui veritatis et caritatis jura spernunt, Deum utique, qui caritas et veritas est, produnt, maxime cum non infirmitate vel ignorancia peccant, sed in similitudinem Jude querunt oportunitatem qualiter, arbitris absentibus, mendacio veritatem et virtutem crimine mutent » (2). (Et allegatur in capitulo « Abiit », xj, q. iij,) (3).

Unde, quia in judice et doctore potissimum debet veritas irrefragabiliter inveniri, idcirco summum ex eo infertur detrimentum si judicio iniquitas aut doctrine falsitas admisceatur. Quod ubi constiterit, nulla profecto dissimulacione transigi seu pretermicti debet ; (ut in c. « Quisquis », xj, q. iij ; et c. « Nemo » ; ac in eadem questione fere per totum) (4).

Unde et philosophus in libro *Elenchorum* distinguit duo esse opera sapientis, scilicet : veritatem dicere de quibus novit, et mentientem seu veritati repugnantem manifestare (5).

---

(1) Lan. : qui amat... ejusdem et. Mais ce ne sont peut-être que des fautes d'impression, qui rendent le texte peu compréhensible. Nous nous abstiendrons de signaler désormais ces petites divergences qu'on peut attribuer au typographe plutôt qu'à une erreur de lecture.

(2) Le texte du V. Bède [lib. IV *Exposit. in Marci Evangel.* cap. xiv] est exactement cité, sauf les premiers mots, qui sont : « Qui ergo charitatis et veritatis jussa spernunt, Deum utique, qui est charitas, et veritas, produnt... », — Migne : P. L. tom. xcii, col. 270. Telle est également la leçon du *Décret de Gratien*. Par une interprétation fautive d'une abbréviation, M. Lanéry d'Arc a rendu le sens très différent. Il lit : non infirmitate vel ignorantia peccant, sed infidelitate ; inde quaerunt opportunitatem etc.

(3) Lan. : in canone « Abiit », Caus. XI, quaest. iii. La citation est correcte, mais non conforme au manuscrit, qui porte : capitulo ; et omet le mot *causa*. Les anciens auteurs employaient indifféremment le mot *capitulum* pour désigner soit les canons du *Décret*, soit les chapitres des *Décrétales*. Un certain nombre d'éditions imprimées du *Corpus juris* inscrivent expressément le titre *capitulum* en tête des canons de Gratien. Voir entre autres l'édition de Bâle (Coloniae Munatianae, apud Verhuysen 1773) et celle de Lyon (Barbier et Girin, 1661). Mais, suivant l'usage adopté aujourd'hui assez généralement par les canonistes, les citations du *Décret* sont indiquées par le mot *canon*, tandis que le mot *chapitre* est réservé aux allégations des *Décrétales* (Cf. Bouix: *de principiis juris canonici*, partie 3ª, cap. xvii, § 2, ; ed. 2, Parisiis, p. 490). Nous nous conformerons à cette coutume dans les notes, sans toucher à la référence du manuscrit. — Il s'agit ici du canon lxxxiij de la question iij, cause onzième dans la seconde partie du *Décret de Gratien*... p. 1191.

(4) Les deux canons cités ici sont les lxxx et lxxxj de la question iij, cause onzième dans la seconde partie du *Décret de Gratien*... p. 1189 et p. 1191. Ils sont très explicites pour stigmatiser le crime de celui qui trahit la vérité.

(5) L'ouvrage d'Aristote : *Elenchorum sophisticorum libri duo*, a été traduit par Boèce ; on y lit au chap. 2 : « Est autem... in unoquoque opus sapientis, non mentiri quidem ipsum de quibus novit, mentientem autem manifestare posse ». — Migne : P. L. tom. lxiv, col. 1009.

Propterea cum eodem Aristotele sanctum existimans in omnibus pérhonorare veritatem, suppositis tamen ac premissis debite humilitatis protestacionibus atque submissionibus, presertim sacrosancte sedis apostolice, cui universa dicta aut qualitercumque descripta obedientissime subjicio emendanda, et salvo preterea cujuslibet melius sencientis judicio, videtur michi in causa olim contra Johannam dictam *la Pucelle* mota, deducta et conclusa, veritatem in duobus supradictis satis evidenter et enormiter fuisse lesam, videlicet in justicia quo ad pretensos judices, et in doctrina quo ad deliberantes, consulentes et alios coassistentes.

In toto itaque decursu rei veniunt duo in genere consideranda, videlicet supra quid illi judicantes se ut procederent fundaverunt, et deinde quatenus in procedendo atque concludendo seu diffiniendo se habuerunt; ita quod primum horum materiam processus concernit, reliquum vero formam seu ordinem ejusdem. Circa autem hec duo puncta presens qualecumque consilium sigillatim ac distincte versabitur.

Primum vero punctum novem capitula habebit, ea ponendo secundum verba adversariorum.

I. Quod Johanna frequenter spirituum corporales visiones seu appariciones habuit, ut dixit.

II. Quod multas revelaciones et consolaciones ab eisdem spiritibus se accepisse asseruit.

III. Quod aliqua futura contingentia prenunciare seu predicere visa fuit.

IV. Quod illis spiritibus apparentibus et ipsam alloquentibus sepe reverenciam exhibuit.

V. Quod a patre et matre non licenciata clamculo recessit.

VI. Quod habitum virilem diu portavit, comam amputavit et arma gestans bellis se immiscuit.

VII. Quod multa verba temeritatis et jactancie, ut videtur, protulit.

VIII. Quod judicio militantis ecclesie de dictis suis se submictere recusavit.

IX. Quod post abjuracionem seu revocacionem virilem habitum ab ea dimissum resumpsit, et apparicionibus ac revelacionibus suis, quibus publice renunciaverat, iterum adhesit.

PRIMUM CAPITULUM.

De visionibus et apparicionibus quas Johanna pretendit se habuisse.

De istis namque visionibus et apparicionibus, an bone vel male sint, non est facile dijudicandum. Sunt enim secreta misteria Dei; ut tangitur in *glossa* (1) super illo verbo : veniam ad visiones et revelaciones Domini, (ij *ad Cor.* xij). Nam et ipse Paulus apostolus, spiritu sancto plenus, non potuit, ut homo, secreta divini consilii agnoscere ; (ut patet in c. « Beatus », xxij.

---

(1) Il ne s'agit pas ici de la *glose ordinaire*, dont l'auteur est Walafrid Strabon ; car elle n'a rien sur ce premier Verset du chapitre douzième. — Une *glose interlinéaire* de la Bible (Lugduni, 1589) contient cette explication, à laquelle Bréhal fait allusion : « Visiones [id est] secreta quae vidi et plene intellexi, non ut Pharao qui vidit et non intellexit ; et revelationes Domini [id est] quae de Domino vel quas Dominus aperuit ».

q. ij.) (1); et *Danielis* ij legitur : « Est Deus in celo revelans misteria ». Verumptamen quia, in hac causa de qua hic agimus, constat super ipsarum visionum reprobacione publicum et diffinitivum datum fuisse judicium, ideo non pudebit ex opposito aliquid de eis probabiliter pertractare (2).

Sciendum itaque quod actiones humane bonitatem moralem habent potissime ex fine a quo deppendent (3). Omne autem quod ordinatur ad finem opportet esse proporcionatum fini. Actus vero proporcionatur fini secundum commensuracionem quamdam, que fit per debitas actionis circumstancias (4). Ideo de hiis apparicionibus pro meo [f° clxxv v°] captu loquendo, quatuor potissime que illas circumstant videntur attendenda, videlicet tempus, locus, modus et exitus seu finis.

Tempus autem, quo ipsa Johanna visionem primo habuit, juxta suas asserciones fuit dum adhuc tenelle etatis esset, videlicet tredecim annorum (5).

Que siquidem etas in proposito isto ex proprietate ipsius numeri tanquam commendabilis ponderanda videtur. Nam tredecim ex (6) tribus et decem resultat, ut per tria beatissime Trinitatis fides, per decem vero decalogi perfectio intelligatur. Equidem ista duo ad divinas visitaciones maxime disponunt. De primo enim habetur, (*Sapientie* primo) : « Apparet Dominus hiis qui fidem habent ». De secundo autem, (*Johannis* xiiij) : « Si quis diligit me, sermonem meum servabit » ; sequitur : « Ad eum veniemus, et mansionem apud eum faciemus ».

Preterea ista est etas in qua, communi lege seu eciam ordine nature, puella liberum racionis arbitrium et usum assequitur, ita quod deinceps secundum jura tamquam pubes effecta in electione proposii constituitur, ut de se melius atque salubrius disponat, neque in eo parentum imperium ulterius sequi cogitur ; (ut in c. « Puelle », xx, q. j.) (7).

---

(1) La phrase de Bréhal, sauf l'interversion des mots, se trouve tout entière dans le canon qu'il cite: c'est le cinquième de la question seconde, cause XXII du 2e livre du *Décret* de Gratien, p. 1561.

(2) Quicherat a publié tout l'exorde de la *Recollectio*, et le début du premier chapitre jusqu'ici (*Procès* ... tom III, pp. 334-338).

(3) Ce principe général, qui sert de base au raisonnement de Bréhal, est démontré par S. Thomas, 1. 2, q. 18, art. 4, in corp. — Cf. *Opera omnia*... tom. XXI, p. 38, col. 1.

(4) Ces deux phrases sont empruntées textuellement à S. Thomas, 1. 2, q. VII, art. 2 in corp. — Cf. *Opera omnia* ... tom. XXI, p. 19, col. 2.

(5) Nous avons donné au bas des pages du *Summarium* les textes des interrogatoires qui confirment les assertions de Bréhal au sujet des réponses de Jeanne. Il nous suffit maintenant d'y renvoyer le lecteur par la simple indication de l'article où elles sont citées. — *Summ.* art. I.

(6) Lan.: tridecim est tribus et decem.

(7) Ce canon est le huitième de la question première, cause XX du 2e livre du *Décret* de Gratien. A la suite de ce canon est ajouté un commentaire, dans lequel se trouvent les paroles mêmes employées ici par Bréhal : « Cum ergo in principio hujus capituli dicatur [*Puellae, quae non coactae imperio parentum*] datur intelligi, quod si coactae habitum virginitatis sumpserint, sine praevaricatione ipsum deserere possunt. Sed puella hic nubilis intelligitur, cujus (ut in sequentibus demonstratur) post duodecimum annum est liberum arbitrium ; nec in electione proposii

Unde et in hac circiter etate, secundum Jeronimum (1), beata virgo pontifici et parentibus affirmavit se virginitatem devovisse; eoque tempore vel prope, ab angelo Gabriele visitari atque mirifice salutari, necnon et Dei presencia ineffabiliter sublimari, promeruit.

In hoc eciam recte annorum evo plures sacras virgines reperimus nupcias contempsisse, angelorum miras et gratas visitaciones ac consolaciones habuisse, Deo que soli et Regi Christo adhesisse, ut Agnes, Prisca, Christina, et alie quam plurime Deo dedicate virgines (2).

Hoc denique pubertatis tempore propheta Daniel videtur fuisse illustratus, et Johannes evangelista nubere volens a Christo vocatus et ad apostolatum assumptus; qui ambo miras, ut in eorum scriptis patet, celestes habuerunt visiones (3).

Idcirco, etsi aliquatenus mirum eo quod rarum, minime tamen absurdum reputari debet quod hec puella electa illo adolescentie sue evo visiones de super habuerit, presertim cum a parentibus suis, utique honestis et probis, multa de ejus puericie moribus laudabilia sane ac devota fuerint attestata.

De horis autem, quibus asserit se has visiones accepisse, non facio ad presens magnam vim, eo quod Dei providencia semper mirifice operans, et sub cujus ordine hujuscemodi

---

cogitur sequi parentum imperium ». C'est donc ce texte de Gratien qui est visé dans la *Recollection* plutôt que le canon lui-même. — *Decretum*... p. 1519.

(1) Nous avons inutilement fouillé les œuvres authentiques de S. Jérôme pour contrôler ce détail qui intéresse l'histoire de la Très Sainte Vierge : il ne s'y rencontre aucune allégation similaire. Il est probable que Bréhal fait allusion ici à une lettre intitulée : *De nativitate sanctae Mariae* (Epist. 50, n. 8), que les manuscrits de son temps attribuaient à S. Jérôme, et que la critique a justement rejetée *inter opera suppositilia*. Cf. Migne : P. L. tom. xxx, col. 302. Plusieurs des particularités qui y sont racontées sont tirées des Apocryphes, et entre autres du *Protoevangelium Jacobi*.

(2) S. Ambroise (lib. I *de Virginibus*, cap. 2 n. 7) dit de sainte Agnès : « Haec duodecim [*alias* tredecim] annorum martyrium fecisse traditur ». Migne : P. L. tom. xvi, col. 190. — Et ailleurs (*Epist.* I, n. 1) il dit : « Tertio decimo aetatis suae anno mortem perdidit, et vitam invenit, quia solum vitae dilexit authorem ». Migne : P. L. tom. xvii, col. 735.

Le martyrologe de Gabrinius dit de sainte Prisque : « Romae, sanctae Priscae, virginis et martyris. Haec patre consulari nata, tertium et decimum annum agens, christianae fidei accusata... » Cf. *Acta Sanctorum*, II Januar. (ed. Palmé) p. 547, col. 1.

Enfin le martyrologe d'Adon, au 24 juillet, dit de sainte Christine : « Martyrii cursum consummavit, anno aetatis suae undecimo ». Migne : P. L. tom. cxxiii, col. 308.

Ces exemples de jeunes filles de 11, 12 et 13 ans nous font croire que le mot *recte* placé au début du paragraphe est une faute de copiste, et qu'il devait y avoir : in hoc eciam *circiter* annorum evo...

(3) Le grand évêque martyr S. Ignace (*Epist. interpolat. ad Magnesianos* cap. III) dit que Daniel avait 12 ans lorsqu'il prophétisa en faveur de Suzanne. Migne : P. G. tom. v, col. 759. — Théodoret (*in cap.* I *Ezech*) l'a également affirmé. Migne : P. G. tom. lxxxi, col. 814. Bréhal semble suivre cette même opinion. Mais les autres Pères et les commentateurs n'admettent pas que Daniel fût alors si jeune; ils croient plutôt qu'il était déjà adolescent et âgé d'une vingtaine d'années.

Ce qui est dit ici de l'apôtre S. Jean est moins certain encore. Le Vén. Bède paraît avoir emprunté cette assertion aux apocryphes. Voici son texte tiré d'une *homélie sur la fête de S. Jean* : « Tradunt namque historiae, quod eum de nuptiis volentem nubere vocaverit ». Migne : P. L. tom. cxiv, col. 494.

appariciones cadunt, nullis momentorum aut horarum designacionibus coartatur; quamvis forte non careat misterio, quod eas communiter habuit mane, hoc est hora misse, in meridie et in vesperi, hora complectorii potissimum, ut dixit, dum cantabatur Salve regina (1). Hee enim hore divinis laudibus ex ecclesiastica institucione pre ceteris coaptantur, juxta illud *Psalmi* : « Vespere, mane et meridie, narrabo et annunciabo, etc » (2).

Prima eciam vice, prout asseruit, visionem habuit hora meridiana in fervore diei (3) ; cujus simile legitur de Abraham, (*Genesis* xviij): in quo, secundum doctores, fervor et affectus boni desiderii ostenditur (4).

Sed precipue in hac re actendendum puto (5), quod ille summus rerum omnium sapientissimus ac clementissimus provisor Deus, qui in sua potestate temporum momenta quibus ad nutum universa dispensat posuit, tunc ipsi puelle earum visionum consolacionem voluit dare, quando hostilis et semper inimica Francis gens Anglorum sue ferocitatis extreme supercilium erigebat, et rex christianissimus Karolus ac percelebre regnum Francie turbini guerrarum, ut credebatur, prope irremediabiliter succumbebat, anno videlicet m° cccc° xxix°, universo regno fere desolato et Gallorum quasi omnium animo prostrato, Aurelianis inclita civitas vipereo exercitu districtissime circumteneretur obsessa.

De quo quidem tempore asserunt nonnulli venerabilem Bedam longe ab ante sic pronunciasse :

> VI CVM VI CVLI bis ter septem se sociabunt,
> Gallorum pulli tauro nova bella parabunt.
> Ecce beant bella, tunc fert vexilla puella (6).

---

(1) Cf. *Summarium*, art. I. — Voir aussi les deux dépositions de Pierre Maurice et du dominicain Jehan Toutmouillé; (Quich., *Procès*... tom. I, pp. 480-481). Bien que ces dépositions aient été insérées au registre de condamnation après la mort de la Pucelle, il n'y a pas lieu de révoquer en doute leur véracité sur ce point spécial.

(2) C'est le verset 18 du Psaume LIV.

(3) Cf. *Summarium*, art. I.

(4) La *glose interlinéaire* d'une Bible incunable de la bibliothèque de Lyon dit en effet sur le premier verset du chap. XVIII : « id est, in affectu boni desiderii ».

(5) Quicherat a reproduit tout ce passage, relatif à la prophétie qu'on attribue au Vén. Bède. Cf. *Procès*... tom. III, pp. 338-340.

(6) Dans une note sur ce passage, Quicherat proposait d'améliorer le texte du premier vers, en le lisant ainsi : Vivae vi chalybis ter septem se sociabunt. M. Lanéry d'Arc, adoptant cette correction, a cru devoir l'éditer dans le texte même et rejeter au bas de la page la leçon authentique du manuscrit 5970, sous prétexte que celle-ci donnerait deux chiffres trop forts pour le millésime signifié par le chronogramme. Un pareil procédé ne parait pas admissible : le changement substantiel qu'il introduit est opposé à l'exactitude requise dans une publication de ce genre ; il a, de plus, l'inconvénient de détruire la concordance établie entre le vers et les interprétations qui le suivent. Quant au prétexte allégué, il n'a pas de valeur, car l'explication de Bréhal montre assez clairement de quelle manière on doit faire la supputation, et en se conformant à ses recommandations, on arrive exactement au total de MCCCCXXIX, comme il est facile de le voir par le tableau suivant :

Nam consueto more intelligendo per I unum, per V quinque, per L quinquaginta, per C centum, per M mille, et in supputacione bis repetendo illam dictionem CVLI, inveniuntur recti anni prescripti quibus ipsa Johanna, hiis admonicionibus seu apparicionibus inducta, ad

VI [quinque + unum]	= 6
CVM [centum + quinque + mille]	= 1105
VI [quinque + unum]	= 6
CVLI [centum + quinque + quinquaginta + unum]	= 156
bis	= 156
Total	1429

Si au contraire on admet le texte soi-disant amélioré : VIVæ VI ChaLybIs ter septeM se soCIabVnt, il devient impossible d'obtenir ce total par l'addition de toutes les lettres numérales du vers, alors même qu'on doublerait la somme fournie par ChaLybIs, c'est-à-dire 151. — D'ailleurs, le calcul fût-il exact, il y aurait encore lieu de se demander si une telle rédaction serait conforme aux procédés, bizarres sans doute, mais assez réguliers, qu'on employait jadis pour composer les chronogrammes.

Nous n'avons pu retrouver ces vers parmi les œuvres du Vén. Bède ; il est d'ailleurs fort probable qu'ils ne sont pas de lui. Dom Calmet les rapporte, il est vrai, dans les preuves de son *Histoire de Lorraine* (partie seconde, p. ccij), mais il ne les attribue point à un auteur déterminé : il se borne à citer un vieux texte où il est question des exploits de la Pucelle ; l'écrivain de cette *Chronique*, doyen de Saint-Thiébaud de Metz, après avoir raconté les faits, ajoute : « Et dixoit on que ces choses avoient été pronostiquées par certains mètres trouvés ès anciens livres de France ». Le chronogramme y est donné sous cette forme : « Bis sex cuculli bis septem se sociabunt ». Malgré la modification apportée à la contexture du vers, on arrive au même résultat numérique, si on fait seulement l'addition des lettres-chiffres, sans se conformer à la double supputation recommandée par Bréhal, ainsi qu'il suit :

bIs seX [unum + decem]	= 11
CVCVLLI [centum + quinque + centum + quinque + quinquaginta + unum]	= 311
bIs septeM [unum + mille]	= 1001
se soCIabVnt [centum + unum + quinque]	= 106
Total	1429

De son côté, le R. P. Ayroles (*La vraie Jeanne d'Arc...* p. 455) a transcrit le vers prophétique d'une autre façon : « Ut cum viculi bis, ter septem se sociabunt ». Mais le procédé d'interprétation à employer pour y découvrir le chiffre fatidique de 1429 nous paraît purement fantaisiste, comme on le verra par le tableau explicatif suivant :

ut CuM VI [centum + mille + quinque + unum]	= 1106
CuLI bis [centum + quinquaginta + unum] bis	= 302
ter septem	= 21
Total	1429

L'ingéniosité de ces calculs est évidente, mais là n'est pas la question. Il faudrait savoir si le chronogramme a été réellement fait avant les évènements qu'il est censé annoncer. Les consulteurs qui ont apporté cet argument dans leurs délibérations croyaient la chose certaine, et Bréhal l'a probablement cru comme eux, malgré la formule dubitative dont il se sert : *asserunt nonnulli*. Nous n'avons aucun motif de contredire leur affirmation. Ceci posé, il est permis de voir dans cette prédiction un signe de la providence divine, et c'est la seule conclusion que l'inquisiteur entend tirer de leur allégation.

regem venit et regno succurrere efficacissime laboravit. Subduntur vero ter septem, hoc est xxj anni : quod quidem tempus est in quo, largiente Deo et ipsa electa puella cooperante, Regi glorioso Karolo septimo adversus Anglicos hostes in reductione Normanie et oppugnacione Aquitanie semper cessit victoria. Unde ipse pius adjutor Deus in tribulacione tunc clementer et in opportunitate succurrit, quando maxime et ad extremum sibi necesse fuit ; sicuti populo israelitico de salute desperanti, in Bethulia crudeliter obsesso, concessa est probissima Judith (1) in summo necessitatis articulo, ut eum ab oppressione cui succumbebat liberaret, (*Judith* viij° et xiij° ac ceteris intermediis capitulis). Quibus clare patet quoniam forciora mundi per infirma Deus confundit,« et quod infirmum est Dei forcius est hominibus », (*prime ad Cor.* j°); quod que « de celo est fortitudo », (*primi Machab.* iij°); quod « non salvatur rex per multam virtutem », (in *psalmo*) (2); et denique quod regnorum et principatuum in Deo est universa disposicio, (*Danielis* iiij°) (3).

Porro attendendus est harum visionum locus. Que quidem circumstancia, etsi parum facere videatur ad veritatem hujusmodi apparicionum comprobandam, tamen quia in processu ab adversariis ponderatur sumentibus forte occasionem quia ab Aristotele (in tercio *Ethicorum*) (4) et a Tullio (*in Rethorica*) (5) locus inter circumstancias annumeratur, et eciam beatus Thomas, (prima secunde, q. vij, art. iij°) (6) ; dicit quod locus et tempus circumstant actum per modum mensure extrinsece ; ideo advertendum quod quamvis, ut Chrisostomus ait (super illo verbo *Johannis* c. iij° *Spiritus ubi vult spirat*) : « si ventum nullus detinet, sed quo vult fertur, multo magis actionem spiritus nature leges detinere non poterunt » (7) ; tamen ex quo consulentes in hac causa hoc ponderant, potest utique et a nobis ex opposito ponderari.

---

(1) Ici s'arrête la reproduction que Quicherat a faite de ce passage.

(2) C'est le verset 16 du *Psaume* XXXII.

(3) Ce n'est pas une citation du texte ; mais c'est une pensée exprimée deux fois dans le chap. IV de *Daniel*.

(4) Cf. Commentaire de S. Thomas sur le troisième livre des *Ethiques*, leçon III, d. — *Opera omnia*... tom. V, p. 80, col. 1.

(5) Il est maintes fois question de la circonstance de lieu dans les œuvres rhétoriques de Cicéron, et faute d'indication plus précise, il est impossible de savoir quel passage est spécialement visé ici. On peut citer : *ad Herennium*, lib. II, cap. 4) tom. II, p. 52) ; ou bien : *de inventione*, lib. I, cap. 26 (tom. III, p. 76) ; et encore : *de inventione*, lib. II, cap. 12 (tom. III, p. 204).

(6) Cette phrase se trouve en effet à l'endroit cité, dans la réponse ad 1ᵐ . — *Opera omnia*..... tom. XXI, p. 20, col. 1. — Bréhal ajoute le mot *extrinsece*, qui manque dans les textes imprimés mais qui rend bien la pensée de notre saint docteur.

(7) Ce passage de S. J. Chrysostome est tiré de l'*homélie* 26 *in Joan*. n. 2 : « Illud enim : ubi vult spirat, de Paracleti potestate dictum est, et sic explicandum : Si ventum nemo cohibet, sed quo vult ille fertur, multo magis Spiritus operationem nec naturae leges quaelibet, nec corporeae generationis termini, nec quaevis alia hujusmodi poterunt cohibere ». Migne : P. Gr. tom. LIX, col. 155. — Bréhal applique ici à l'esprit humain ce que le saint Docteur dit du Saint Esprit.

Ce même texte a été cité par S. Thomas dans la *Chaîne d'or* (in Joan. 3) *Opera omnia*..., tom. XVII, p. 38, col. 2. Il est probable qu'il a été puisé à cette source, de même qu'un certain nombre d'autres allégués dans la *Recollectio*.

Nam reperitur quod prima vice Johanna visionem habuit in orto patris sui (1) ; aliis autem vicibus nunc in campo, nunc in domo, nunc in via, nunc in carcere, ut patet in processu. Que omnia convenientia sunt. Nam et Christo apparuit angelus in orto, (*Luce* xxij°) ; similiter et mulieribus, [f° **clxxvj** r°] (*Johannis* xix°, *Mathei* xxviij° et *Marci* ultimo) (2) ; Abrahe vero et Loth in tabernaculo et hospicio, (*Genes.* xviij° et xix°) ; Agar ancille apparuit in solitudine, (*Genesis* xvj° et xxj°) ; Gedeoni in torculari, (*Judic.* vj°) ; parentibus Sampsonis in agro, (*ibid.* xiij°) ; Jacob in itinere, (*Genesis* xxxij°) ; David regi juxta aream seu ornam Jebusei (3), (secundo *Regum* xxiiij° et primi *Paralipomenon* xxj°) ; Thobie juniori in via, (*Thobie* v°) ; pueris in fornace, (*Danielis* iij°) ; Abachuch prophete eunti in campum, (*ibidem* xiiij°) ; Joseph inlectulo, (*Mathei* j°) ; Zacharie in templo, (*Luce* primo) ; Marie in thalamo, (*ibidem*) ; Petro in carcere, et aliis apostolis, (*Actuum* v° et xij° capitulis). Similiter in gestis sanctorum leguntur angeli boni nunc hic, nunc alibi, indifferenter apparuisse ; ideo que istud nullam inducit difficultatem.

Sed multo magis actendendum esse puto (4) locum unde ipsa originem sumpsit, ubi et primo eciam appariciones habuit.

Oriunda namque fuit ex confinibus regni Francie et ducatus Lotharingie, de vico aut villagio quodam dicto *Dompremy*, a parte ipsius regni constituto (5) ; in quo, non longe a paterna domo ipsius Johanne, cernitur nemus quoddam quod vetusto nomine Canutum dicitur. De quo vulgaris et antiqua percrebuit fama, puellam unam ex eo loco debere nasci, que magnalia faceret ; prout eciam in processu reffertur.

Ad quod videtur non parum suffragari id quod in hystoria Bruti legitur, Merlinum va-

---

(1) Cf. *Summarium*, art ɪ, pour le lieu de la première vision. Les autres sont fréquemment mentionnées dans les interrogatoires.

(2) L'indication : *Johannis* xix°, pour l'apparition de l'ange aux saintes femmes est fautive ; il faut lire : xx°.

(3) Le mot *orna* ou *horna* a été employé par quelques auteurs pour signifier la paille d'une année. Voir Ducange : *Glossarium*... tom. ɪɪɪ, p. 698 et tom. ɪᴠ, p. 735. C'est évidemment le sens de notre texte : il s'agit de l'apparition d'un ange à Ornan le Jébuséen dans son aire au temps où il dépiquait le blé (1 *Paralip.* xxɪ,). Mais on peut se demander si le texte original ne portait pas : juxta aream Ornan Jebusei, conformément au verset des *Paralipomènes*. Dans cette hypothèse, le copiste aurait méconnu le nom propre du Jébuséen, et, trompé par la similitude du mot, aurait de son chef ajouté la particule explicative : 'seu.

(4) Quicherat a édité aussi ce passage relatif au pays natal de Jeanne. *Procès*... tom. ɪɪɪ, p. 339.

(5) Le dessein qu'avait Bréhal de manifester les harmonies providentielles du lieu et des visions nous fait conjecturer qu'il avait écrit : *a patre ipsius regni ;* on appelait en effet S. Remy le *père du royaume* de France. Loin de s'y opposer, la contexture de la phrase paraît plutôt justifier cette leçon. Mais, quoi qu'il en soit, le greffier a indubitablement écrit : *a parte.* L'expression est d'ailleurs fort exacte : « Le village de Domremy, quoique foncièrement Lorrain par le terroir, se trouvait dans les appartenances de la France, non de la Lorraine, et était au point de vue administratif une dépendance de la Champagne » (M. J. Fabre : *Procès de réhabilitation*... tom. ɪ, p. 103, note).

tem anglicum sic predixisse : « Ex nemore canuto puella eliminabitur, ut medele curam (1) adhibeat », et cetera que alibi subjicientur.

Exstat et alia prophecia Engelide, Hungarie regis filie (2), incipiens sic : « O insigne lilium roratum principibus », etc. Sequitur : « Sed a puella oriunda unde primum brutale venenum effusum est ». Quod quidem venenum quidam intelligunt rebellionem antiquam sive substractionem factam ab obediencia regis Francie ab incolis illius partis Gallie que dudum Belgica dicebatur ; sed si hoc ita vel aliter intelligi debeat, relinquo perspicaciori ingenio et Francorum preclarissima gesta solercius prescrutanti (3). Illud vero Merlini dictum, per expressam illius nemoris designacionem, clarum apparet et manifestum.

Modus preterea ipsarum apparicionum juxta dicta et asserta Johanne diligenter consideran-

---

(1) Lan. : eliminabitur quae medelae curam... — Robert Wace, poète anglo-normand du XIIe siècle, né à Jersey, est l'auteur du *Brut d'Angleterre* ou *Artus de Bretagne*, en rimes françaises, dont il existe plusieurs manuscrits, et qui a été publié deux fois à Paris, 1543 et 1584 in-4°. Des notices sur la vie et les ouvrages de ce poète se trouvent dans Bréquigny (*Notice des manuscrits de la bibliothèque royale*, tom. v) et dans l'*Histoire littéraire de la France*, tom. xiii.

On attribue à Merlin (écrivain anglais qui vivait vers l'an 480 dans les montagnes de l'Écosse), des prophéties, sur lesquelles Alain de Lille et Geoffroy de Monmouth, entre autres, ont fait des Commentaires. L'*histoire de Merlin* et ses *Prophéties* ont été publiées à Paris en 1498, 3 vol. petit in-f°. — Geoffroy de Monmouth [*Galfridus Monemutensis*] surnommé *Arturus*, était archidiacre de Monmouth, en Angleterre [vers 1152]. Il a laissé : *Commentaria in prophetias Merlini*, et plusieurs autres ouvrages, dont le plus célèbre est une histoire de la grande Bretagne.

Le passage de Merlin cité ici par Bréhal se trouve dans l'opuscule *de prophetiis Merlini* par Geoffroy de Monmouth. Mais, comme le fait remarquer Quicherat (Procès... tom. III, p. 340), c'est en vain qu'on chercherait cette prédiction dans le roman du Brut, où Wace s'est précisément abstenu d'introduire les prophéties de Merlin, ainsi qu'il en avertit ses lecteurs :

> Dont dist Merlins les profesies
> Que vous avez souvent oïes
> Des rois qui à venir estoient,
> Qui la terre tenir devoient.
> Ne voil son livre tranlater,
> Quant jo nel sai entepetrer.

La référence indiquée par Bréhal est donc inexacte. Il est possible que le consulteur qui lui a fourni ce renseignement ait été induit en erreur par un de ces manuscrits de Brut, semblable à ceux trouvés en Angleterre par M. Francisque Michel, où l'on avait interpolé les prophéties de Merlin, traduites par un trouvère nommé Guillaume. — Ainsi que l'annonce le texte de la *Récollection*, il sera question plus bas de cette prophétie : chap. VI de la première partie.

(2) Quelle est cette Engelida ou Eugelida (le ms. permet cette double lecture), fille d'un roi de Hongrie ? Ni Quicherat, ni M. Lanéry d'Arc n'ont pu recueillir aucun renseignement sur elle. Nous n'avons pas été plus heureux, malgré beaucoup de recherches dans plusieurs bibliothèques importantes. La prophétie dont il s'agit ici est donnée intégralement au chap. VI de la *Recollectio*.

(3) On le voit, Bréhal n'est pas convaincu de la vérité de l'interprétation qu'il rapporte : il n'est ici que l'écho de ce qui a été dit par quelques consulteurs dans les délibérations. — Quant à la prophétie de Merlin, il la trouve claire et manifeste, parce qu'il ne considère que le texte mis sous ses yeux.

dus est (1). Asserit enim visiones corporales spirituum frequenter accepisse, et cum multo lumine, primaque vice a dextro latere versus ecclesiam; non autem cito vel faciliter illos spiritus discrevisse, seu distincte cognovisse; neque eciam statim aut leviter eis credidisse; voces denique dulces et humiles et claras sepe et intelligibiliter audivisse; nichilominus stuporem ac timorem magnum habuisse. Hec quidem summa videtur esse assercionum Johanne quo ad qualitatem et modum suarum apparicionum, ut ex processu constat.

Sed certe omnia ista diligenter inspecta ad bonum pocius quam ad malum retorqueri possunt.

Pro quo notandum quod beatus Augustinus distinguit triplicem spiritualium substanciarum visionem (2). Una est intellectualis ac spiritualis, omnibus aliis excellentior, qua scilicet nec corpora nec corporum ymagines videntur, sed in rebus incorporeis et intelligibilibus, mira Dei potencia (3), intuitus mentis figitur. Ad hanc enim raptus est Paulus, secundum eumdem Augustinum, ut Deum in se non in alia figura aut speculo videret. Secunda est sensibilis et ymaginaria, quando scilicet aliquis Dei revelacionem (4) videt in extasi vel in sompno rerum ymagines aliquid signantes, ut Petrus vidit discum, (*Actuum* x°), et Johannes mirabilia (in *Apocalipsi*) ; et sic de aliis. Tercia est corporalis, qua videlicet Deus ostendit corporaliter aliqua secreta aliquibus, que tamen plerumque alii videre non possunt, ut quando Helyas raptus est, vidit Helyseus currus ignitos, (quarti *Regum* ij°), et Balthazar manum scribentem in pariete, (*Danielis* v°). Et has appariciones faciunt spiritus in corporibus assumptis et ab eisdem formatis. Quod quidem facile eis est; quia, cum spiritualis creatura sit superior omni natura corporali, oportet quod omne corpus sibi obediat ad nutum, non tamen quo ad informacionem, sed presertim quo ad motum localem (5). Unde omnes

---

(1) Cf. *Summarium*, art. 1.

(2) Cette doctrine des trois sortes de visions est enseignée par S. Augustin (lib. XII *de Genesi ad litteram*) principalement dans les chapitres VI (n. 15), VII (n. 16) et XIV (n. 50-51). Migne : P. L. tom. XXXIV, col. 458, 459 et 474. — Le texte de Bréhal n'est pas une citation, mais un résumé.

(3) Les scholastiques enseignent que, dans son état d'union avec le corps, l'âme humaine n'a pas l'intuition directe et immédiate des substances spirituelles, et qu'elle les connaît seulement *per conversionem ad phantasmata*, c'est-à-dire par abstraction et au moyen des images sensibles. Cf. S. Th. I, q. LXXXVIII art. 1 ; *Opera omnia*... tom. XXI, p. 286, col. 2. La vision intellectuelle a donc lieu, comme dit Bréhal, par la puissance admirable de Dieu, qui élève l'âme à un mode supérieur d'opération.

(4) Il y avait sans doute dans le texte de Bréhal : per Dei revelacionem, ou bien plutôt : per rerum ymagines ; la préposition aura été omise par le greffier.

(5) La puissance des purs esprits sur la matière ne va pas jusqu'à devenir la forme, c'est-à-dire le principe vital et constitutif des corps, qu'ils ont mis en mouvement et façonnés à leur guise pour se manifester aux hommes. C'est ce que Bréhal exprime par les termes usités dans l'École : *obedire ad nutum, non quoad informacionem, sed... quoad motum localem.* — A ce sujet on peut consulter S. Thomas : I. q. CX, art. 2 et 3 (*Opera omnia*... tom. XXI, p. 224, col. 2) ; lib. 3 *cont. Gent.* cap. 103 (tom. XIV, p. 354, col. 2) ; Quaest. *de Potentia*, q. 6, art. 3 (tom. XII, pp. 113-114), et ailleurs. — Dans le texte de M. Lanéry d'Arc, les mots *nutum* et *motum* ont été intervertis, ce qui rend la phrase inintelligible.

hujuscemodi appariciones de quibus fit mencio in sacra scriptura aut eciam in quacumque hystoria, sive sit apparicio mediantibus angelis facta, sive angelorum ipsorum, semper facte sunt in formis seu figuris corporalibus, ut in tercio *de Trinitate* (1) beatus Augustinus dicit. Qui preterea, (in quodam *sermone*), introducit beatam virginem de apparicione angeli ita loquentem : « Venit ad me Gabriel archangelus, facie rutillans, veste coruscans, incessu mirabilis » (2). Ista autem nonnisi ad visionem corporalem referri possunt.

Objicitur tamen contra ipsam Johannam quod nonnulla de suis apparicionibus asserit, que proprietati spirituum presertim bonorum non videntur convenire, ut est quod sancti Michaelis et sanctarum sibi apparentium vidit capita coronata pulchris coronis et multum opulenter. De brachiis vero aut aliis membris figuratis, de capillis et vestibus eciam, et de statura dicti sancti Michaelis expresse interrogata, nichil respondere voluit ; ymo pocius se nescire astruxit. Quod quidem absurdum videtur, ut videlicet illos sic frequenter viderit, quinymo familiariter eos amplexando, ut affirmat, tetigerit, et tamen figurales ipsorum partes distincte non perspexerit (3).

Ad hoc dicitur quod, licet ex vicio compositorum articulorum reperiatur sibi fuisse objectum et impositum quod asserit spirituum ei apparentium capita vidisse, tamen numquam in assertis per eam istud reperitur, videlicet quod capita, sed pocius quod facies viderit. Et hoc consonat qualitati apparicionum quas sacra scriptura commemorat, in quibus de sola visione faciei communiter refertur ; ut patet de Jacob qui, postquam cum angelo diu luctam habuisset, ait : «Vidi Dominum facie ad faciem » (*Genesis* xxxij°) (4) ; et Gedeon, post multa cum angelo sibi apparente gesta, dixit : « Vidi angelum Dei facie ad faciem », (*Judicum* vj°, cum multis similibus). Est autem facies pars superior corporis et elegantior, que sapienciam designat ; ut habetur *Proverbiorum* xvij° (5). In apparicionibus vero istis sapiencie divine misteria dispensantur.

De aliis autem membris et partibus, necnon de aliis particularibus circumstanciis investigare, plus vanum aut curiosum quam utile aut fructuosum videtur, cum scripture sacre vel quecumque hystorie superflua hujusmodi non commemorent. Nam, ut ait sanctus Doctor (in ij° *sententiarum* scripto, dist. viij art. ij°), cum in corpore assumpto angelus se visibilem offert, sufficit ut appareant alique proprietates visibiles, invisibilibus ejus proprieta-

---

(1) Voici le texte de S. Augustin (lib. 3 *de Trin.* cap. xi, n. 27) : « Antiquis patribus nostris ante incarnationem Salvatoris, cum Deus apparere dicebatur, voces illae ac species corporales per angelos factae sunt ; sive ipsis loquentibus vel agentibus aliquid ex persona Dei, sicut etiam prophetas solere ostendimus, sive assumentibus ex creatura quod ipsi non essent, ubi Deus figurate demonstraretur hominibus ». Migne : P. L. tom. xlii, col. 886.

(2) Ce sermon n'est pas de S. Augustin ; il a été avec raison rejeté par les critiques *inter opera supposititia*, où il porte le titre suivant : Sermo cxcv *de annuntiatione dominica*. On y lit les paroles mêmes citées par Bréhal. — Migne : P. L. tom. xxxix, col. 2108.

(3) Cf. *Summarium*, art. i.

(4) La Vulgate lit : Vidi Deum facie ad faciem (*Gen.* xxxii, 30) ; tandis que (*Judic.* vi, 22) elle lit : Vidi angelum Domini facie ad faciem.

(5) On lit en effet au verset 24 de ce chapitre des *Proverbes* : « In facie prudentis lucet sapientia ».

tibus congruentes, [f°clxxvj v°] ut quando apparet in forma hominis vel leonis et hujusmodi, per quorum proprietates intelliguntur alique virtutes spirituales angelorum (1). « Quantum vero ad finem apparicionis angelorum, sufficit ut proprietates corporis assumpti sint in eo secundum similitudinem tantum » (2).

Quo autem ad coronas et alium pulchritudinis ornatum, nichil absurdum Johanna inducit. Videantur enim sanctorum gesta, et multa similia, ymo et mirabiliora plane, invenientur; ut de beata Agnete, cum choro virginum miro ornatu fulgencium, parentibus ad tumulum ejus vigilantibus apparente (3); de beata Cecilia duas coronas ex rosis et liliis implexas per manus angeli suscipiente (4); et sic de aliis similibus quasi infinitis.

De familiaritate preterea et amplexibus, nichil a veritate aut a recta racione alienum in dictis ejus apparet, ut, brevitatis causa, quedam pauca, sed tamen auctentica et multo mirabiliora propter hoc exempla adducamus. Quis enim non magis miretur gratissimam angelorum cum Abraham et Loth familiaritatem, apud eos ut puta more peregrinorum domestice hospitando, et ut commensales peculiariter comedendo, (*Genesis* xviij° et xix°); cum Jacob magno temporis spacio certatim luctando, et tandem femur ejus ita ut aridum seu marcidum fieret contrectando, (ejusdem *Genesis* xxxij°); cum Gedeone humanissime fabulando, ei mirandum sacrificium injungendo, (*Judicum* vj°) : cum Thobia juniore sodaliter peregrinando, (*Thobie* a vj° capitulo usque ad xiij°); et sic de multis similibus in sacra scriptura et gestis sanctorum diffuse enarratis.

Nec quempiam moveat cotidiana spirituum apparicio quam Johanna refert; quoniam simile habetur de Tiburcio, in legenda beate Cecilie (5).

Addit proinde quod semper cum multo lumine eas visiones habuit : quod nimirum ad illarum approbacionem bene facit. Lumen enim acceptum secundum communem usum loquendi ad omnem manifestacionem extenditur, ut ait apostolus (*ad Ephesios* vj°) (6);

---

(1) La citation n'est pas tout à fait textuelle. Voici en effet ce qu'on lit à l'endroit allégué, quest. I, art. 2 à la fin du corps de l'article : « Quando Angelus hoc corpus motum format per motum in praecedentibus dictum, ut appareant in eo aliquae proprietates visibiles invisibilibus ejus proprietatibus congruentes, tunc dicitur illud corpus assumere ; unde quandoque apparet in figura hominis vel leonis, et hujusmodi, per quorum proprietates intelliguntur ipsae virtutes spirituales angelorum » (*Opera omnia* . . . tom. VIII, p. 76 col. 1). — Voir aussi I, q. LI, art. 3 ad 1ᵐ (*Opera omnia*. . . tom. XXI, p. 111, col. 1).

(2) Cette phrase a été probablement citée de mémoire ; car Bréhal n'indique pas de référence. Elle est empruntée textuellement à S. Thomas (in 2m *Sent.* dist. VIII, q. I, art. 3 in corp.) — *Opera omnia* . . .tom. VIII, p. 80, col. 1.

(3) Le fait est rapporté par S. Ambroise dans la *vie de Sᵗᵉ Agnès* : (*Epist.* I, n. 16).—Migne : P. L. tom. XVII, col.741.

(4) Le fait est raconté dans la *vie de Sᵗᵉ Cécile* par Métaphraste (cap. V versius medium) Migne : P. G. tom. CXVI, col. 165.

(5) On lit en effet dans la *vie de Sᵗᵉ Cécile* (chap. XIV vers la fin) par Métaphraste : « Tantam autem gratiam a Christo est consecutus Tiburtius ut etiam Dei angelos videret quotidie ». Migne : P. G. tom. CXVI, col. 166.

Au lieu de : quoniam simile habetur ; M. Lanéry d'Arc a lu : quin omnino simile habetur.

(6) Cette référence est fautive, c'est au chapitre V, verset 13, qu'on lit : Omne quod manifestatur, lumen est.

ideo proprie in spiritualibus dicitur, secundum beatum Thomam, (prima parte, q. lxxij art. primo) (1). Et beatus Augustinus, (iiij° *super Genesim ad litteram*), dicit quod in spiritualibus melior et certior lux est (2). Propterea angeli lucis dicuntur boni spiritus, (*secunda ad Cor.* xj°); e contra vero maligni ac reprobi tenebrarum principes potestates atque rectores vocantur, (*ad Ephesios* vj°). Idcirco claritas circumstans boni angeli apparentis indicium est, presertim hoc tempore gracie revelate. Dicit namque (3) Beda (super illo verbo *Luce* primo, *Claritas Dei circumfulsit illos*) : « Hoc privilegium recte huic tempori servatum est, quando exortum est in tenebris lumen rectis corde (4). Sic enim apparuit Paulo in sua conversione et Petro in carcere, (*Actuum* ix° et xij° cap).

Ceterum id quod dicit se prima vice potissimum vidisse angelum a dextro latere versus ecclesiam utique nonnisi ad bonum retorqueri potest. Nam, (*Ezechielis* x°), legitur : « Cherubim stabant a dextris domus » ; ubi *glossa* : « ut sancte superneque virtutes dextram partem domus Dei tenere videantur, ille autem que mictuntur ad supplicia, de quibus dicitur immissiones per angelos malos, sinistras partes » (5) ; boni namque a dextris collocantur, (ut patet *Mathei* xxv°). Habetur eciam (*Marci* ultimo) quod mulieres viderunt juvenem angelum sedentem a dextris ; et plurimum expresse, (*Luce* primo), dicitur : « Apparuit Angelus Domini stans a dextris altaris incensi ». Super quo verbo dicunt Ambrosius et Beda : « Ideo apparuit a dextris, quia signum divine misericordie proferebat, scilicet prospera nunciando, et celestis doni gaudium quod per dexteram designatur (6).

---

(1) La transcription du greffier est défectueuse ; il faut lire : S. Th. 1, q. lxvii, art. 1. — *Opera omnia* ... tom. xxi, p. 139, col. 2.

(2) S. Augustin expose cette doctrine (lib. iv *de Gen. ad litt.* cap. xxviii, n. 45). Voici quelques-unes de ses paroles : « Nec quisquam arbitretur illud quod dixi de luce spirituali ... non jam proprie, sed figurate atque allegorice convenire ad intelligendum diem... Ubi enim melior et certior lux, ibi verior etiam dies ». Migne : P. L. tom. xxxiv, col. 314.

(3) Lan. : Dicit enim Beda.

(4) Le verset de S. Luc cité ici est le neuvième du second chapitre. — La glose du V. Bède n'est pas empruntée à son *Exposition sur l'Évangile de S. Luc*, comme on le croirait en lisant la référence de Bréhal ; mais elle se trouve dans une de ses *homélies* (*in Aurora Natalis Christi*). On y lit : « Nusquam in tota Veteris Instrumenti serie reperimus Angelos, qui tam sedulo apparuere patribus, cum luce apparuisse ; sed hoc privilegium recte hodierno tempori servatum est, quando exortum est in tenebris lumen rectis corde, misericors et justus Dominus ». Migne : P. L. tom. xciv, col. 35. — Ce même texte se trouve également dans la *Chaîne d'or* de S. Thomas (in Lucam. II) ; *Opera omnia* tom. xvii, p. 23. C'est là probablement que Bréhal l'a puisé, comme semble l'indiquer l'identité de la variante.

(5) Nous avons trouvé dans une Bible incunable de la bibliothèque de Lyon cette *glose marginale* sur Ezéchiel ; mais l'auteur n'y est pas indiqué, et nos recherches dans la Patrologie pour le découvrir sont demeurées infructueuses.

(6) Le texte est composé de deux passages, l'un emprunté à S. Ambroise, l'autre au Vén. Bède. Dans l'*Expositio Evang. secundum Lucam*, lib. i, 28, S. Ambroise dit : « Apparuit autem a dextris altaris incensi ; quia divinae insigne misericordiae deferebat ». Migne P. L. tom. xv, col. 1545. Il est cité par S. Thomas dans la *Chaîne d'or* (in Luc. i) : *Opera omnia* tom. xvii, p. 6.

Le reste de l'allégation a été tiré du passage suivant : « Bene angelus et in templo, et juxta la-

Quod denique illos spiritus non cito cognoverit aut discreverit (1), profecto et humane condicionis seu infirmitatis ac religiose gravitatis indicium fuit : humane quidem condicionis, quia, ut dicit sanctus Doctor, (secundi scripti dist. x^a art. primo), appariciones visibiles angelorum, eo quod sunt supra cursum nature, stuporem quemdam incutiunt, et quodam modo ad consensum violenter inducunt ; in quo perit aliquod bonum hominis quantum ad condicionem nature, quod est inquisicio racionis (2). Unde idem ait, (eodem scripto, dist. vIIj art. iiij°) : Non est, inquit, inconveniens quod Abraham in principio latuerit eos esse angelos quibus cibos apposuit, quamvis illos postea et in fine cognoverit (3). Nam et Gedeon post solum multa gesta et indicia angelum cognovit, ibi : « Videns Gedeon quod esset angelus Domini », etc. (*Judicum* vj°). Similiter et multum expresse de eo qui apparuit parentibus Sampsonis, ubi post quedam habetur : « Statim intellexit Manue angelum Dei esse » ; *glossa* : « quem prius credebat hominem » (4), (*Judicum* xiij°). De Petro eciam in carcere visitato per angelum legitur, (*Actuum* xij°) : « Nesciebat quia verum esset quod fiebat per angelum » ; et post pauca : « Ad se reversus ait : Nunc scio vere quia misit Dominus angelum suum, etc » (5). Unde et Johanna dixit quoniam ter audivit et vidit, priusquam cognosceret. Cui plene consonat illud quod habetur de propheta Samuele, (primi *Regum* iij°) (6). Et simile contigit presbytero Luciano in invencione reliquiarum sancti prothomartiris Stephani (7). De tarditate vero credendi et difficultate discernendi nil aliud existimari debet, nisi quod istud sincere religionis gravitatem continet. Nam, (prima *Johannis* x°) (8), dicitur : « Nolite omni spiritui credere, sed probate an spiritus ex Deo sint ».

In processu autem, (folio xix f,) (9) ipsa tres vias assignat, quibus illos spiritus potuit deinceps discernere : primo, quia illam salutabant ; secundo, quia eam gubernandam acceperant ; et tercio, quia ei se expresse nominabant.

---

tare, et a dextris apparet, quia videlicet et veri sacerdotis adventum, et mysterium sacrificii universalis, et celestis doni gaudium praedicat. Nam, sicut per sinistram praesentia, sic per dexteram saepe bona praenuntiantur aeterna ». V. Bède (*Exp. in Luc. Evang.* lib. I, cap. 1). — Migne : P. L. tom. xcii, col. 341.

(1) Cf. *Summarium*, art. I.

(2) La citation est presque textuelle, mais la référence est inexacte ; il faut lire : in 2^m Sent. dist. xi, q. 1 art. 1 ad 6^m. *Opera omnia*..... tom. viii, p. 104, col. 1.

(3) C'est une citation probablement faite de mémoire. Voici le texte même de S. Thomas (in 2^m *Sent.* dist. viii, q. 1, art. 4 ad 1^m) : « Abraham autem etsi in fine cognoverit eos esse angelos, non tamen est inconveniens quod hoc eum in principio latuerit ». *Opera omnia...* tom. viii, p. 81, col. 1.

(4) La *glose* d'une Bible incunable renvoie à S. Augustin, q. 53 in *Judic.* xIII. Sur le verset 16 de ce chapitre, le saint docteur dit en effet (lib. vii *Quaestionum in Heptateuchum*) : « Quod dicit Scriptura quoniam ignoravit Manue quia Angelus Dei est, manifestum est etiam ejus uxorem hominem credidisse ». Migne : P. L. tom. xxxiv, col. 822.

(5) La Vulgate lit : quia verum est..... ad se reversus dixit.

(6) C'est en effet après trois appels successifs que le prophète connut la voix du Seigneur.

(7) Cf. *Epist. Luciani ad omnem Ecclesiam*, de revelatione corporis Stephani, martyris primi, et aliorum, n. 2, dans les Œuvres de S. Augustin. Migne : P. L. tom. xli, col. 810.

(8) Indication inexacte ; il faut lire : I *Joan.* iv, 1. — La Vulgate a : probate spiritus si ex Deo sint.

(9) Lan. : In processu autem Johannae ipsa tres vias..... — Cf. *Summarium*, art. I.

Primum namque istorum bono angelo vel spiritui, quidquid ab aliquibus senciatur, non derogat. Nam angelus salutavit Gedeonem dicens : « Dominus tecum, virorum fortissime », (*Judicum* vj°) ; Raphael Thobiam et parentes ejus, (*Thobie* xij°) ; Danielem angelus suus, (*Danielis* x°) ; Mariam archangelus, (*Luce* primo). Quinymo legimus Deum aliquos salutasse, ut Gedeonem, (ubi prius *Judicum* vj°), mulieres eum querentes, (*Mathei* ultimo), et discipulos suos, (*Johannis* xx°).

Denique potuit ex secundo cognoscere, scilicet ex gubernacione seu directione. Sic enim Petrus angelum cognovit qui eum a carcere liberavit, et extra custodias militum et queque pericula eduxit, (*Actuum* xij). Nam scriptum est (1) : « Spiritus tuus bonus deducet me in terram rectam » ; *glossa* : « Non malus spiritus, qui ducit in terram perversam ».

Ex tertio etiam agnoscere angelum potuit vel spiritus ei apparentes, quia se ei nominabant ; quoniam sic angelum Jacob cognovit, (*Genesis* xxxij°) ; similiter Manue pater Sampsonis, (*Judicum* xij°) ; ad idem, Thobias junior et parentes sui, (*Thobie* xij°) ; ac etiam Zacharias sacerdos, (*Luce* primo) (2). Quatenus autem ipsa Johanna illos spiritus discernendo agnoverit, signa efficaciora, ut patebit aliunde, tradit.

Asseruit preterea voces dulces claras ac intelligibiles audivisse (3) ; quod quidem malignis spiritibus nullatenus convenit. Nam de dyabolo scriptum est, (*Job* xl°) : « Numquid loquetur tibi mollia » ? quasi dicat : non. Intelligibiliter enim aut clare demones loqui non solent, ut in *practica inquisicionis* (4) reperitur ex confessionibus eorum qui demones consulunt et ab eis responsa accipiunt ; quinymo rauce, dissone ac secundum Augustinum involute, capciose et obscure, ut, si verum non dicant, possint [f° **clxxvij** r°] eciam sub mala interpretacione obscuri verbi auctoritatem suam apud cultores suos retinere ; (et habetur in canone « Sciendum », xvij° », q. iiij) (5).

---

(1) *Psalm.* cxlii, 10. — La *gloze interlinéaire* d'une Bible incunable ajoute : « Non meus malus, qui duxit me in terram perversam ».

(2) Les deux premiers exemples sont moins exacts que les deux derniers. L'ange en effet répondit à Jacob qui lui demandait son nom : Cur quaeris nomen meum ? La même réponse fut faite à la demande de Manue, tandis que Raphaël et Gabriel se nommèrent à Tobie et à Zacharie.

(3) Cf. *Summarium*, art. i.

(4) Les inquisiteurs avaient entre les mains des espèces de Manuels, rédigés par des hommes expérimentés, qui servaient à les guider dans la connaissance des causes de foi et dans la procédure à suivre pour l'accomplissement convenable de leur office. A ces ouvrages on donnait le nom de *Practica inquisitionis*. Bernard Gui en avait composé une, qui a été éditée par M. le chan. Douais d'après le manuscrit conservé à la Bibliothèque de Toulouse. Nous avons vainement cherché dans celle-ci et dans plusieurs autres l'indication donnée ici par Bréhal, dont la référence est trop générale pour nous faire découvrir quel était l'auteur de cette *Practica*.

(5) Citation fautive : le canon « Sciendum » est le second de la quatrième question, cause xxvi dans la seconde partie du *Décret* de Gratien (p. 1807). Le passage de S. Augustin, auquel Bréhal fait allusion, et qui est cité dans le canon « Sciendum », est tiré du livre *de divinatione daemonum*, (cap. vi n. 10). Il est ainsi conçu : « Fallunt, et studio fallendi, et invida voluntate qua hominum errore laetantur. Sed ne apud cultores suos pondus auctoritatis amittant, id agunt, ut interpretibus suis, signorumque suorum conjectoribus culpa tribuatur, quando vel decepti fuerint, vel mentiti ». Migne : P. L. tom. lx, col. 587.

Ad quod pro parte Johanne bene facit illud quod asserit, videlicet quod numquam illas voces in dupplicitate reperit; quod certe boni spiritus evidentissimum signum est. Malus enim angelus spiritus mendacii vocatur, (tercii *Regum* ultimo); et (*Johannis* viij°) dicitur : « Cum loquitur mendacium, ex propriis loquitur, quia mendax est ».

Neque premissis obstat illud quod addit, quod voces ille loquebantur gallicum et non anglicum (1); quia hoc referendum est, non ad proprietatem spiritus loquentis, sed pocius ad descensum pro capacitate audientis, secundum quam proporcionari oportet actum spiritus apparentis, ut vult beatus Dyonisius, (primo capitulo *Celestis Jerarchie*) (2).

Sciendum tamen, secundum beatum Thomam, (2° scripto dist. viij, art. iiij° in fine) (3), quod loqui proprie est per formacionem vocum ex percussione aeris respirati et determinatis organis, ad exprimendum concepcionem intellectus. Et ideo locucio corporalis angelis proprie in corporibus assumptis convenire non potest secundum completam significacionem, cum non habeant vera organa corporalia; sed est ibi aliqua similitudo locucionis in quantum angeli intelligunt et intellectum exprimunt quibus (4) sonis, qui proprie non sunt voces sed similitudines vocum, sicut eciam quedam animalia non respirancia dicuntur vocare, et eciam quedam monstra, (ut habetur in 2° *De anima*) (5). Intenciones autem intellecte ab angelo efficiuntur in illis sonis, non quidem eedem numero, sed secundum similitudinem significacionis, per motus determinatos ab intelligencia, sicut similitudo artis in mente existens efficitur in materia, ut domus et hujusmodi (6).

---

(1) « Interrogata an sancta Margareta loquiturne idioma anglicum : respondit : « Qualiter loqueretur anglicum, cum non sit de parte anglicorum » ? — Immédiatement auparavant, Jeanne avait dit : « Loquitur idioma gallicum ». Quich. tom. i, p. 86.

(2) Au § 2 du premier chapitre *De coelesti hierarchia* (interprete Balthazaro Corderio), S. Denys s'exprime ainsi : « Neque enim potest aliter divino-principalis ille radius nobis illucescere, nisi sacrorum varietate operimentorum anagogice obvelatus, nobis quoque paterna providentia connaturaliter ac proprie sit accommodatus ». Migne : P. G. tom. iii, col. 131.

(3) Tout ce paragraphe est presque textuellement emprunté à S. Thomas (in 2m *Sent*. dist. viii, q. 1, art. 4) in fine, c'est-à-dire : quaestiunculae v solutione v. — *Opera omnia* . . . t. viii, p. 81, col. 2.

(4) Par distraction, le greffier a omis la moitié du mot : il devait y avoir *quibusdam* ou bien *aliquibus*. — Au lieu de : in quantum, M. Lanéry d'Arc a lu : in qua tamen . . .

(5) M. Lanéry d'Arc a omis : et eciam quedam monstra. — Le texte édité de S. Thomas porte : Et etiam quaedam instrumenta, ut dicit Philosophus (in 2° *de anima*, textu 87). — Cf. le commentaire de S. Thomas (in lib. 2 *de Anima* lect. xviii) ; *Opera* . . . tom. iii, pp. 82 et seq. Aristote parle des instruments et non des monstres. Dans cette leçon, S. Thomas expose toute cette théorie aristotélicienne sur la voix. — Cf. i, q. li, art. 3 ad 4m ; *Opera omnia* . . . tom. xxi, p. 141, col. 1.

(6) L'édition de M. Lanéry d'Arc porte : ab angelo efficiuntur nullis sonis ; mais ce doit être une faute d'impression.

Parler, au sens propre et rigoureux du terme, c'est exprimer une conception de l'intelligence au moyen de mots ou de sons articulés, qui sont produits par certains organes déterminés en frappant l'air qu'on respire. Cette définition ne peut s'appliquer intégralement aux anges, puisque le corps qu'ils prennent n'est ni véritablement organisé ni pourvu d'un principe vital. Si donc on a coutume de leur attribuer le langage corporel, c'est dans un sens plus restreint et à raison d'une ressemblance incomplète : ils pensent et expriment leur pensée par des sons ; mais ceux-ci, ne procédant pas du jeu naturel des organes respiratoires, ont l'apparence et non pas les propriétés

Subinfert denique Johanna quod, in primitivis suarum visionum, magnum stuporem ac timorem habuit (1); quod siquidem boni spiritus est evidens signum. Nam primo aspectu terrorem quemdam incutit. Unde Chrysostomus : « Non potest homo, quantumcumque sit justus, absque timore cernere angelum; unde et Zacharias aspectum non tollerans presencie angeli, nec fulgorem illum valens sufferre, turbabatur » (2). Et Beda dicit : « Nova quippe facies humanis se obtutibus prebens turbat mentem animum que consternat » (3). Hujus vero due cause assignantur. Una, in *glosa super Lucam*, in qua dicitur quod hec est infirmitas humana ex prima corrupcione exorta, quod non sustinemus angelicam visionem; unde Gregorius : « In quantam miseriam cecidimus, qui ad bonorum angelorum presenciam formidamus » (4). Secunda racio assignatur a beato Thoma, (in tercia parte, q. xxx, art iij°,) dicente quod, « ex hoc ipso quod homo supra seipsum elevatur, quod ad ejus pertinet dignitatem, pars ejus inferior debilitatur; ex quo venit turbacio predicta, sicut calore naturali ad interiora reducto exteriora tremunt » (5). Unde Ambrosius, *super Lucam* : « Perturbamur et a

---

caractéristiques de la voix humaine. De même on dit de certains animaux, des insectes par exemple, qu'ils donnent de la voix et qu'ils poussent un cri, lorsqu'ils causent des bruits similaires par la percussion mécanique de l'air extérieur et par le frottement de quelques-uns de leurs membres; on dit aussi la voix des instruments de musique. Il n'y a pas là identité de signification, mais analogie : cela suffit à écarter tout reproche de fausseté. Il en est ainsi des idées perçues par les anges : elles sont reproduites identiquement dans les sons que forment les mouvements commandés et déterminés par l'intelligence ; mais ici encore, l'identité qu'on affirme entre l'idée et son expression s'entend de la similitude de signification, et nullement de l'identité numérique. Tel est également le sens, lorsqu'on dit par exemple qu'un architecte reproduit dans une construction matérielle la même maison, dont son esprit avait conçu le modèle. — Malgré leur apparente subtilité, ces explications empruntées à S. Thomas étaient nécessaires pour résoudre le sophisme qui consisterait à prétendre que le langage corporel, articulé à la manière des hommes, ne saurait sans mensonge être attribué aux anges, qu'il n'est pas propre par conséquent à caractériser les bons esprits, et que, de ce chef, les visions de Jeanne trahissent une origine mauvaise.

(1) Cf. *Summarium*, art. I.

(2) Cette phrase est alléguée par S. Thomas, dans sa *Chaîne d'Or* (in Luc. I) ; c'est de là probablement que Bréhal l'a tirée. (*Opera omnia* ... tom. XVII, p. 6). Nicolaï indique S. Jean Chrysostôme (hom. 2 *de incomprehensibili Dei natura* n. 2) ; mais à cet endroit, on trouve seulement l'exposition suivante : « Zacharias vir quidam erat admirandus et magnus, summo sacerdotio ornatus, cui a Deo totius populi praefectura commissa fuerat... Vidit angelum intus stantem, et quia hic aspectus virum in stuporem conjecit, ait ille : Ne timeas, Zacharia... » Migne : P. G. tom. XLVIII, col. 711.

(3) Citée dans la *Chaîne d'Or* de S. Thomas (in Luc. I. — *Opera omnia*... tom. XVII, p. 6), où Bréhal peut l'avoir prise, cette phrase n'est pas du Vén. Bède, mais d'Origène (hom. IV *in Luc.*). Migne : P. Gr. tom. XIII, col. 1810. Le texte latin est de S. Jérôme, qui a traduit les homélies d'Origène. Migne : P. L. tom. XXVI, col. 227.

(4) Parmi les nombreuses gloses que nous avons consultées, aucune ne nous a mis sous les yeux cette allégation, dont nous ignorons l'auteur. Quant au texte sur lequel elle s'appuie, nous n'avons trouvé qu'une phrase analogue dans les œuvres de S. Grégoire le Grand : *Hom. in Ezech.* lib. I, hom. VIII, n. 32. « In quantam miseriam et infirmitatem cecidimus, qui et ipsum bonum ferre non possumus ad quod videndum creati sumus ». Migne : P. L. tom. LXXVI, col. 869.

(5) La citation est littérale, sauf le mot *provenit* qui, dans les éditions imprimées, remplace le *venit* de notre manuscrit. — S. Th. III, q. xxx, art. 3 ad 3m (*Opera omnia* ... tom. XXII, p. 72, col. 2);

nostro alienamur affectu, quando perstringimur alicujus potestatis superioris occursu » (1). Nam ea visione angelica Ezechiel cecidit, (*Ezechielis* ij°): « Vidi et cecidi in faciem meam »; Daniel debilitatem incurrit, (*Danielis* x°): « Vidi et non remansit in me fortitudo »; Zacharias turbatur, (*Luce* primo): « Zacharias turbatus est videns, et timor irruit super eum »; beata virgo verecundatur, (*ibidem*): « Cum audisset, turbata est »; id est verecundata, secundum Bernardum (2). Et hoc contingit non solum in corporali, sed eciam in ymaginaria visione; nam (*Genesis* xv°) dicitur : « Sopor irruit super Abraham (3), et horror magnus et tenebrosus invasit eum ». Sed proinde bonus angelus, postquam terruit in principio, confortat in medio. Unde Origenes *super Lucam* : « Angelus apparens, sciens hanc esse humanam naturam, primum perturbacioni humane medetur » (4). Unde tam Zacharie quam Marie dixit : « Ne timeas ».

Hoc autem ipsi Johanne contigisse manifestum est ex processu, ubi frequenter testatur se semper a spiritibus ei apparentibus magnas confortaciones in suis necessitatibus habuisse (5); quod quidem bonum angelum fuisse indicat, secundum illud Athanasii (in *Vita beati Antonii magni heremite*) : « Non est difficilis bonorum spirituum malorum que discrecio. Si enim post timorem successerit gaudium, a Domino sciamus venisse auxilium, quia securitas anime presentis majestatis indicium est. Si autem incussa formido permanserit, hostis est qui videtur » (6). Demum vero ipse spiritus bonus, timore illo quem veniens incusserat per submissam confortacionem penitus excusso, in maxima jocunditatis atque securitatis consolacione personam, cum recesserit, dimittit.

Et iste est exitus seu finis in hiis apparicionibus, ut premittebatur, attendendus. Nam ex processu constat quod, spiritibus ab ipsa Johanna recedentibus, in tante exultacionis jubilum rapiebatur (7) ut ipsa, que totis precordiis cum eis abire suspirabat quando illam dimittebant, in affluentissimum atque dulcissimum ymbrem lacrimarum mox resolveretur; quod similiter boni spiritus evidentissimum signum est.

Nam Guillermus Parisiensis (8), (in libro *de Universo*), ait quod « supremi spiritus ami-

---

(1) Cette glose, reproduite par Wal. Strabon, sur le verset 12 du chap. I de S. Luc, (Migne : P. L. cxiv, col. 245) est de S. Ambroise (*Expos. Evang. sec. Luc.* lib. I, n. 28)avec une légère variante : « Solemus turbari et a nostro affectu alienari, etc. ». Migne : P. L. tom. xv, col. 1545.

(2) Bréhal fait allusion ici à ce texte de S. Bernard (hom. 3 *sup. Missus est*. n. 9): « Quod turbata est, verecundiae fuit virginalis ». Migne : P. L. tom. CLXXXIII, col. 75.

(3) Vulgate : Abram. — Dieu n'avait pas encore changé le nom d'Abram en celui d'Abraham.

(4) Origène (hom. iv *in Luc.*), Migne : P. G. tom. xiii, col. 1810. C'est la traduction de S. Jérôme : « Angelus, sciens hanc esse humanam naturam, primum perturbationi medetur dicens : Noli timere, Zacharia ; et trepidantem refocillat, novoque laetificat nuntio ». Migne : P. L. tom. xxvi, col. 227. — Cité aussi dans la *Chaîne d'Or* de S. Thomas : *Opera omnia* ... tom. xvii, p. 6.

(5) Cf. *Summarium*, art. I.

(6) Les trois phrases citées ne sont que des fragments choisis par Bréhal dans l'ouvrage de S. Athanase (version d'Evagrius, n. 35-36 et 37) Migne : P. G. tom. xxvi col. 893-895 et 897. S. Thomas a reproduit plus complètement ces passages, dans sa *Chaîne d'Or* (in cap. I Luc). *Opera omnia*... tom. xvii, p. 6.

(7) Lan. : reperiebatur.

(8) Appelé aussi Guillaume d'Auvergne (il était né à Aurillac), ce docteur célèbre fut élu évê-

cabiles sunt nature animarum nostrarum. Cujus signum est, quod spiritus nostri ad presenciam hujusmodi supercelestium substanciarum quandoque pro parte corpora ipsa deserunt, et hoc vel ex toto, ut in raptu ac in extasi apparet, et eciam in eo statu qui in spiritu vocatur. Unde, quemadmodum ferrum ad presenciam magnetis ex amore naturali rapida velocitate currit ad illum, sic et spiritus nostri quadam prona inclinacione angelicis applicacionibus gratulantur » (1). Cujus per exemplum simile legitur (in quarto libro *Dialogorum*) de puella quadam, cui beata Virgo cum splendidissimo aliarum plurium virginum choro in albis apparuit; cum que juvencula, tante dulcedinis felicitate illecta, earum consorcio se omnino adjungere vellet, respondens beata Virgo imposuit ei, ut nil deinceps leve aut puellare ageret, sed ab effuso atque dissoluto risu et jocis prorsus abstineret; quod et fecit, et post dies paucos vitam feliciter finivit (2). Ait namque Johanna quod, postquam visiones habuit, numquam deinceps ludis aut jocis se immiscuit. Et iterum dixit quod, cum illi spiritus ab ea recedebant, multum flebat, et voluisset abire cum eis.

Hic ergo tante consolacionis influxus, presenciam boni spiritus (3) indicat. Nam Athanasius (ubi supra), ait: « Sanctorum angelorum amabilis et tranquillus est aspectus. Tacite enim et leniter properantes gaudium et exultacionem ac fiduciam infundunt mentibus, siquidem cum illis est Dominus, qui fons est [et] origo leticie. Tunc enim mens nostra, non turbida sed lenis et placida, angelorum luce radiatur; tunc enim anima celestium premiorum aviditate flagrans, effracto si poterit humani corporis domicilio, et membris exonerata mortalibus, cum hiis quos videt festinat abire in celum. Horum tanta benignitas est ut, si quis pro condicione fragilitatis humane miro fuerit eorum fulgore perterritus, omnem ex corde continuo aufferat metum [f° clxxvij v°]. Pessimorum vero spirituum truces vultus sonitus que horrendi cognoscuntur ac sordidi cogitatus. Non enim refovere sciunt, ut Gabriel virginem; nec ut non timeantur jubent, sicut nuncii nativitatis Christi sunt pastores con-

---

que de Paris en 1228, il mourut le 30 mars 1249. Ses œuvres ont été éditées en deux volumes in-f°. Bréhal le cite probablement de mémoire, comme on le verra par la comparaison avec le texte même que nous transcrirons ci-après.

(1) Voici le texte même de Guillaume de Paris (2 partis principalis *de Universo* pars 2 cap. 152): « Attendendum est... de appropinquationibus et applicationibus istis sublimium istarum substantiarum ad animas nostras, quod valde concordant, valdeque amicabiles sunt naturis animarum nostrarum, ut ita dicantur: hujus autem indicium est, quod ipsae animae nostrae ad praesentiam hujusmodi substantiarum ipsa corpora quandoque pro parte deserunt, quandoque etiam ex toto, sicut apparet in raptu et extasi, et in eo statu qui dicitur esse in spiritu. Quemadmodum igitur ferrum ad praesentiam adamantis, vel lapidis magnetis, deserit locum suum: et currit rapida velocitate ad illum, ac si raperetur de loco suo ab ipso adamante: sic est et de animabus nostris, non enim violentiae est iste raptus, quo rapiuntur ad praesentiam hujusmodi substantiarum, quin potius amoris naturalis, quemadmodum raptus ferri ad adamantem, qui indubitanter ex amore naturali est, quo ferrum naturaliter amat illum ». *Opera omnia*... tom. I, p. 1002^b-1003^a.

(2) Le trait est emprunté au quatrième livre des *Dialogues* de S. Grégoire le Grand (cap. XVII *de transitu Musae puellae*). — Migne: P. L. tom. LXXVII, col. 548.

(3) Lan.: bonorum spirituum.

solati. Quinymo pavorem dupplicant, et usque ad profundam impietatis foveam, scilicet ut ibi prosternantur, impellunt » (1). Hec ibi.

Et rursus Guillermus Parisiensis, (ubi supra) : « A principio maligni spiritus suam occultantes maliciam sine ullo terrore accedunt et transfigurant se in angelum lucis ; tamen non permittuntur diucius illam abscondere, hoc faciente et illam ostendente atque eos quandoque prohibente ab hominum decepcione divina clemencia. Sentitur enim tandem eorum noxietas atque malicia, et propter hoc sentitur horror et terror, et relinquunt pavidum ac trementem illum cui se applicuerunt ; ymo eciam coguntur quandoque suam immundiciam revelare, cum fetore intollerabili recedentes. Beatissimi vero spiritus e contrario faciunt applicacionibus suis ad animas nostras. Ab inicio enim timorem ingerunt reverencie sue simul et novitatis magnitudine ; in recessu autem suo relinquunt animas confortatas, consolatas atque jocundas, et vestigia contraria vestigiis antedictis » (2). Hec ille.

De aliis vero, que magis intrinsece finem missionis ipsius Johanne concernunt, plenius loco suo et statim apparebit.

Unum tamen super isto suarum apparicionum articulo estimo non usquequaque pretereundum, scilicet quia dixit se in primis, et postmodum frequenter, beati archangeli Michaelis confortacionem habuisse (3) ; quod revera fini missionis ejus bene congruit, quoniam, ut videbitur, ad sublevacionem regni Francie tunc hostiliter atque crudeliter oppressi mittebatur.

Ideo advertendum quod officia et prelaciones, que ad communitates hominum et que ad provincias et regna se extendunt, convenit custodiri ac dirigi, non per angelos inferioris ordinis quorum est minima nunciare, ut ait Gregorius (4), sed per superiores, hoc est per archangelos et principatus qui sunt superiores gradu nature, et per consequens universaliores virtute ac operacione. Unde illi duo principes, Persarum videlicet et Grecorum, qui angelo Danielis restiterunt, (ut legitur *Danielis* x°), boni angeli fuerunt secundum eumdem Gregorium de ordine principatuum, qui illis regnis dirigendis prefecti a Deo fuerunt ; quamvis alio modo senciat Jeronimus (5). Beatus vero Michael in ordine principum seu principatuum ponitur, secundum seriem scripture, ut ait sanctus Doctor, (secundo scripto dist. decima post ultimum articulum in exposicione littere) (6), et iste qui populo israeli-

---

(1) Sauf quelques légères variantes et omissions, ce long texte est reproduit littéralement, (*loc. cit.*) — Nous avons mis entre crochets, pour le suppléer, un *et* qui manquait par une distraction manifeste du greffier. — M. Lanéry d'Arc a lu à tort : nec ut timeantur jubet.

(2) Le texte imprimé et la citation de Bréhal sont substantiellement identiques ; il serait superflu d'en relever ici les variantes. — Voir : *loc. cit.* p. 1003ª.

(3) Cf. *Summarium*, art. I.

(4) S. Grégoire le Grand (hom. 34 *in Evang.* n. 8) dit en effet : « Hi autem qui minima nuntiant, Angeli ; qui vero summa annuntiant, Archangeli vocantur ». Migne : P. L. tom. LXXVI, col. 1250.

(5) Cf. S. Greg. Magn. (*Moral.* lib. XVII, cap. 12, n. 17) ; Migne : P. L. tom. LXXVI, col. 19. — S. Hieron. (lib. *Comment. in Dan.* cap. X, vers. 13) ; Migne : P. L. tom. XXV, col. 555.
Sur cette dissidence d'opinion entre les deux Docteurs, voir S. Thomas, I, q. CXIII, art. 8 in corp. — *Opera omnia* ... tom. XXI, p. 231, col. 1.

(6) S. Thomas (in 2m *Sent.* dist. X, q. I, art. 4 post finem) expose le texte de Pierre Lombard : « Et putant quidam Michaelem ... de superiori ordine fuisse ». Le docteur angélique ajoute : « Hoc

tico olim prefuit, (ut habetur in glosa *Judicum* vj° et *Danielis* x°). Nunc vero, sepulta Judeorum synagoga et fide Christi revelata, quinymo et populo illo sua exigente malicia per mundum disperso, pie credendum est beatissimum Michaelem christianorum communitati prefici, et permaxime regno Francie, in quo Dei gracia fidei lumen splendidissimum et pia Christi religio potissime viget. Unde et ipse archangelus, quasi in titulum conservande Francie ab Anglorum impetu, in ruppe forti et excelsa que antiquo vocabulo Tumba dicitur intermediam sedem sibi proprie elegit ac constituit; que siquidem hostium incursibus numquam succubuit; sed, quod multo magis est, licet multiplex fuerit conspirancium inimicorum extructa artificiosa fabrica, vi tamen aut dolo numquam dedi potuit vel subjici, ut juste congratulando cum angelo Danielis, id est cum nuncio sibi misso, dicat felix rex : « Ecce Michael, unus de principibus primis, venit in adjutorium meum » (1).

Et ista de hujusmodi visionibus ad presens sufficiant, quamvis tamen quedam ipsi Johanne in hac parte objiciantur. Sed, quia vel indigna relacione videntur, parvipendo (2) ; aut si que digna sint pondere, ad alterum tempus et locum dimitto.

---

expresse contradicit Scripturae : quia Michael (*Dan.* x) ponitur in ordine Principum ». *Opera omnia* ... tom. VIII, p. 96, col. 2. — *La glose interlinéaire* de la Bible incunable déjà citée dit (*Dan.* x) : « Michael enim populo qui in Judaea remanserat praeerat. ».

(1) Sur le sommet d'un rocher qui, à la marée haute, formait une île, et qu'on appelle Tombe, S. Aubert, évêque d'Avranches, avait bâti en 709 une église où il établit des clercs pour chanter l'office divin. Cette collégiale fut remplacée en 966 par une abbaye de l'Ordre de saint Benoît. Le monastère devint par la suite très considérable, et il a joué un rôle important dans notre histoire. L'ordre militaire de S. Michel, institué par Louis XI le 1er août 1469, en l'honneur de l'archange protecteur de la France, tenait son Chapitre dans cette abbaye. Les anciennes chroniques appellent ce lieu *Tumba*, ou *S. Michael ad duas Tumbas*, à cause de deux rochers voisins, dont le plus haut a environ trois cents pieds d'élévation ; le plus petit se nomme *Tombelaine*, c'est-à-dire petite Tombe. — En 1622, les religieux de la congrégation de S.-Maur devinrent les gardiens de la sainte montagne et y demeurèrent jusqu'en 1789. Depuis lors, l'abbaye a servi de prison d'État et de maison de correction. Vers 1864, des missionnaires y avaient été installés par l'évêque diocésain pour le rétablissement des anciens pèlerinages ; mais, il y a quelques années, l'État a résilié le bail et a repris possession du monument historique.

Voici dans quels termes l'évêque d'Avranches Jean Bochard, sollicité en 1456 par Bréhal et par les prélats commissaires du Saint Siège de donner son avis dans la cause de réhabilitation, s'exprime au sujet du lieu dédié dans son diocèse au culte de S. Michel archange : « Eumdem archangelum quamdam rupem in medio mari in mea Abrincensi diocesi in qua coleretur sibi quondam elegisse veteres nostrae tradunt historiae, ubi a beatissimo Auberto, Abrincensi tunc episcopo, ex speciali revelatione per eumdem archangelum sibi facta in honore ejusdem archangeli percelebris fundata est ecclesia, quae hactenus dicta est ecclesia beati Michaelis in Tumba. Hic locus, quamvis ex integro totus Normanniae ducatus praeter ipsum fuerit violentae Anglorum potestati subjugatus, et omnes circumvicinae regiones sibi guerrarum durante saevitia contrariae, grandes durissimaeque obsidiones, machinae, mirabiles insidiae et proditiones tentatae, machinatae et applicatae, nunquam tamen potuit saevo dictorum Anglorum dominio subjugari, ipso beatissimo Archangelo locum suum peculiari quadam protectione defendente » (*Opinio domini Joannis Abrincensis episcopi*). M. Lanéry d'Arc : *Mémoires et consultations* ... p. 273.

(2) Lan. : perimpendo.

SECUNDUM CAPITULUM.

Quod multas revelaciones et consolaciones a spiritibus sibi apparentibus Johanna se habuisse asseruit.

Circa materiam de revelacionibus, quas Johanna dixit se a Deo per ministerium spirituum habuisse, notandum est quod non semper ad visionem seu apparicionem celestem sequitur divina revelacio. Nam rex Pharao vidit septem boves et septem spicas, (*Genesis* xlj°); sed quid significarent nescivit : unde quod fuit sibi sompnium fuit patriarche Joseph prophetica revelacio, qui quidem sompnium illud spiritualiter et ex divina inspiracione intellexit ac perfecte exposuit. Similiter Nabugodonozor vidit lapidem de monte cadentem sine manibus precisum, et Balthazar manum scribentem in pariete (1) ; que quidem fuerunt istis ymaginarie visiones, ut habetur in *Prologo psalmorum* (2), sed fuerunt prophecie Danieli. Et sic de aliis multis qui, prout legimus, visiones habuerunt, sed tamen visionum intelligenciam per revelacionem non acceperunt. Alii vero utrumque habuerunt : sicut Jeremias ollam succensam vidit ; Ezechiel sartaginem ferream (3) ; Johannes miranda, prout in *Apocalipsi* refert; et sic de similibus. Isti namque, non solum visiones sed et visorum ac sibi ostensorum sensum et revelacionem perceperunt. Et istud tanquam dignum atque gloriosum apostolus Paulus enunciat dicens, (2ª *ad Cor.* xij) : « Veniam, inquit, ad visiones et revelaciones Domini » ; et paulo post subdit : « Pro hujusmodi enim gloriabor » (4).

Preterea sciendum quod, ut ait beatus Thomas, (secundo *Sentenciarum* scripto dist. vij°, art. ij°) revelaciones sunt ex triplici habitudine specialiter considerande : scilicet ex auctore, ex intencione, et ex certitudine (5). Auctor enim bonarum revelacionum est Deus ; quas quidem, secundum providencie sue mirum ordinem ac sui beneplaciti propositum, angelorum ministerio hominibus dispensat, ut Dyonisius probat, (iiij° capitulo *Celestis Jerarchie*) (6). Quod quomodo fieri habeat, sic juxta sanctum Doctorem accipi debet : Angelus enim ea que cognoscit potest homini revelare per applicationem sui luminis ad fantasmata, sicut et ad illa applicatur lumen intellectus agentis, ut videlicet ex eis intenciones quedam per intellectum eli-

---

(1) Voir *Daniel*, chap. II et V.

(2) Bréhal n'indique pas de quel auteur est ce prologue des psaumes. S. Jérôme, Cassiodore et d'autres écrivains ecclésiastiques ont laissé des opuscules ainsi intitulés. Ceux que nous avons parcourus ne nous ont pas offert la pensée exposée ici.

(3) Voir *Jérémie*, chap. I; et *Ezéchiel*, chap. IV.

(4) La Vulgate n'a point : enim.

(5) A l'endroit cité ici de mémoire par Bréhal (in 2ᵐ *Sent.* dist. VII, q. 2, art. 2 ad 2ᵐ) on lit entre autres phrases : « Falsi prophetae distinguuntur a veris quantum ad tria ad minus : 1° quantum ad revelationis auctorem . . . ; 2° quantum ad intentionem . . . ; 3° quantum ad certitudinem . . . » (*Opera omnia* . . . tom. VIII, p. 72, col. 2). — Il peut se faire néanmoins que le texte de Bréhal, ainsi que la phrase suivante dont la facture paraît bien celle de S. Thomas, soit extrait littéralement de quelque autre ouvrage du saint Docteur ; nous n'avons pu le vérifier.

(6) Au § 2 du chap. IV (*De coelesti hierarchia*), S. Denys dit des phalanges angéliques : « Ipsæ primum a Deo illuminantur, et per ipsas nobis nostrae revelationes transmittuntur ». Migne : P. G. tom. III, col. 179.

ciantur, et quanto lumen fuerit forcius et perfectius tanto plures et cerciores cogniciones elicientur ; et ita ex fantasmatibus illustratis lumine angelico resultat quorumdam cognicio in intellectu possibili hominis, ad quam eliciendam illustracio intellectus agentis non sufficeret, cum lumen ejus sit debilius lumine angelico (1).

Sed quoniam hoc modo illustrandi seu revelandi non differt plene bonus angelus a malo, ideo advertendum quod illi, qui a malo spiritu quamcumque revelacionem accipiunt, vel mendaciorum confictionem, tandem seducuntur vel ad aliquid vicium committendum ab eodem impelluntur ; quoniam demonum perversitas ad hoc maxime tendit, ut scilicet mentes hominum ab ordine divino valeant abducere. Econtra vero boni spiritus homines quibus applicantur de constanti veritate informant, [f° clxxviij r°] et ad actus virtutum suaviter inclinant. Quod plurimum dilucide beatus Bernardus, (in quodam *Sermone*), exponendo illud *psalmi* : « Audiam quid loquatur in me dominus Deus », sic tractat : « Quociens enim de affligendo corpore, humiliando corde, servanda virtute et caritate exhibenda, seu ceteris virtutibus acquirendis, conservandis, amplificandis, salubris cogitacio in mentem versatur, divinus sine dubio spiritus est, aut per seipsum sane, aut per angelum suum. Nec facile est quis loquatur discernere, nec ignorare periculosum, presertim cum certum sit angelum bonum numquam loqui a semetipso, sed Deum esse qui loquitur in seipso » (2). Hec ille.

Neque tamen ex istis putandum est quod ad revelaciones eciam propheticas simpliciter et de necessitate requiratur bonitas morum, maxime illa que attenditur secundum interiorem radicem bonitatis que consistit in caritate seu gracia gratum faciente, per quam scilicet mens hominis Deo conjungitur (3). Equidem sine illa potest revelacio eciam prophetica esse, quia

---

(1) Toute cette phrase est empruntée presque textuellement à S. Thomas (*loc. cit.* in fine corporis). — Les juges, auxquels s'adressait le mémoire de Jean Bréhal, étaient parfaitement au courant des théories de l'École sur l'origine des idées. Ils connaissaient le rôle de l'intellect actif vis-à-vis des représentations sensibles, ou fantômes, qu'il éclaire afin que l'homme puisse percevoir la vérité abstraite. Quelques mots suffisaient donc à leur remettre sous les yeux l'enseignement de S. Thomas et l'explication qu'il propose de ce problème psychologique. Si nous voulions essayer le commentaire de la doctrine résumée ici dans une seule phrase, nous serions entraînés trop loin, et — hâtons-nous d'ajouter — sans grand profit pour le but principal de notre étude ; car, ainsi que Bréhal lui-même en fait l'aveu aussitôt après, le mode naturel de transmettre la connaissance ne saurait fournir le moyen de discerner pleinement si l'ange révélateur est bon ou mauvais. Le péché n'a point changé la nature angélique, ou pour employer la formule des théologiens, *in daemonibus naturalia remanserunt integra*. D'où il suit que le mode intrinsèque et essentiel de la communication des intelligences avec l'homme est demeuré identique chez les esprits célestes et chez les démons, et n'est pas par lui-même apte à caractériser les uns plutôt que les autres. Voilà pourquoi il faut recourir à des marques mieux appropriées, comme l'ont fait tous les mystiques et Bréhal à leur suite.

(2) S. Bernard commente le verset 9 du psaume 84 dans un sermon intitulé : *De discretione spirituum*, serm. XXIII, n. 5 (alias : *de septem spiritibus*). Les éditions imprimées renferment un assez bon nombre de variantes que nous nous abstenons de reproduire. Il faut probablement attribuer à une distraction du greffier l'omission de deux mots; par suite une des phrases devrait se lire ainsi : « divinus sine dubio spiritus est qui loquitur, aut per seipsum sane, aut per angeum suum ». Migne : P. L. tom. CLXXXIII, col. 602.

(3) La révélation prophétique et la charité se rapportent à la perfection de deux puissances dif-

caritas pertinet ad affectum, revelacio vero ad intellectum ; et iterum, quia revelaciones dantur ad utilitatem aliorum, sicut et cetere gracie gratis date, (ut patet prime *ad Corinthios* xij°); non autem ordinantur per se ad hoc quod mens illius qui eas accipit conjungatur Deo, ad quod de se caritas ordinatur. Unde et (*Mathei* vij°) legitur de hiis qui dixerunt : « Domine, nonne in nomine tuo prophetavimus »? quibus respondetur : « Numquam novi vos ». « Novit autem Dominus eos qui sunt ejus, » (ut dicitur 2ª *ad Thim.* ij°) (1). Nam constat ex litteris sacris quod aliqui mali ac mendosi spiritum prophecie habuerunt (2), ut Balaam, (*Num*, xxij°), et Cayphas, (*Johannis* xj°). « Talium enim, (ut dicit Chrysostomus), ore solum divina gracia utitur, cor vero illorum contaminatum non tangit » (3).

Si tamen bonitas morum attendatur quantum ad passiones anime et exteriores actiones, secundum hoc potest quis impediri ab hujusmodi revelacionibus per morum maliciam ; quoniam ad talium spiritualium contemplacionem requiritur pura et vehemens elevacio mentis, que quidem impeditur per passionum perturbacionem ac per inordinatam rerum exteriorum occupacionem. Nam et de filiis prophetarum legitur, (quarti *Regum* iiij°), quod filii habitabant cum Helyseo, quasi solitariam vitam ducentes, ne mundanis occupacionibus impedirentur a dono prophecie. Et ad ista maxime confert pudicicia seu castitas quia, secundum commentatorem (in vij° *Phisicorum*) (4), per eam inter ceteras morales virtutes corpus anime seu racioni maxime obediens redditur.

Ex premissis itaque patet quod divina revelacio potissime datur homini ad aliorum utilita-

---

férentes : la première a son siège dans l'intelligence, la seconde dans la volonté. On conçoit dès lors qu'elles puissent exister l'une sans l'autre. Et de fait, il n'est pas rare de trouver des hommes, dont l'entendement possède la connaissance de la vérité, tandis que leur cœur est le jouet des passions et du désordre moral.

La même conclusion se dégage d'une autre considération que Bréhal emprunte à la diversité du but auquel sont ordonnées la révélation prophétique et la grâce sanctifiante. La première, comme les autres grâces qu'on appelle *gratuitement* données, telles que le don des langues, celui des guérisons et des miracles, etc., est accordée passagèrement pour l'utilité d'autrui. La seconde, qui est une participation habituelle de la vie surnaturelle et divine, est toute à l'avantage de celui qui la reçoit. D'où il suit qu'il n'y a pas de lien nécessaire entre elles, et que Dieu peut, lorsqu'il le juge convenable, octroyer l'esprit de prophétie à des hommes qui ne sont point devenus ses amis par la charité. En d'autres termes, la bonté morale n'est pas une condition nécessairement requise dans tous les cas pour qu'il y ait révélation divine ; ce qui résout l'objection soulevée ici.

(1) Le texte de la Vulgate est : Cognovit Dominus qui sunt ejus (II. *Timoth.* II).

(2) M. Lanéry d'Arc a omis les deux mots : ac mendosi.

(3) S. Thomas, dans la *Chaîne d'Or* (in Joan. XI), cite ainsi le texte : « Ore enim solum usa est gratia, contaminatum autem cor non tetigit ». *Opera omnia*... tom. XVII, p. 127. — Dans les œuvres de S. Jean Chrysostome (hom. 65 *in Joan.* n. 1) on lit : « Gratia ejus tantum ore usa est, impurum vero cor non tetigit ». Migne : P. Gr. tom. LIX, col. 361.

(4) Sous le nom de Commentateur les scholastiques désignent le fameux Averroès, (Ibn-Rochd) philosophe arabe du XII° siècle, qui a traduit en arabe et commenté Aristote. Dans le septième livre de sa Physique, celui-ci explique comment l'exercice des vertus morales, qui servent de frein aux passions, contribue à l'acquisition de la science. — S. Thomas le cite également (in 2ᵐ *Sent.* dist. VII, q. 2 art. 2 ad 6ᵐ) *Opera omnia*... tom. VIII, p. 73, col. 2.

tem, cum sit donum a Deo gratis datum; et ille cui datur est quasi instrumentum divine operacionis. Unde Jeronimus, (*super Matheum*): « Prophetare, virtutes facere et demonia ejicere, interdum non est meriti ejus qui operatur ; sed vel invocacio nominis Christi hoc agit; vel ob condempnacionem eorum qui invocant, ad utilitatem eorum qui vident et audiunt, conceditur » (1).

Certum est quod et quandoque datur revelacio aliquibus ad proprie mentis sue illustracionem ; et isti sunt in quorum animas divina sapiencia se transfert et quos Dei amicos ac prophetas constituit, (ut habetur *Sap.* vij°). Ubi namque de morali bonitate persone constat, verum est quod auctentica magis et solida revelatorum denunciacio apud alios habetur. Unde et ob hanc causam satis visibile est sanctos prophetas non solum videntes, sed et viros Dei hactenus fuisse appellatos, ut de Helya et Helyseo patet, (quarti *Regum* primo et iiij° capitulis, aliisque pluribus locis ejusdem libri). Et hec digne consonant premisso verbo beati Bernardi ; quinymo et presenti nostro proposito proprie videntur accommodari.

Quatenus autem Johanna pro utilitate aliorum revelaciones susceperit, inferius dicetur. Sed quod eciam ad meritorum suorum amplificacionem et mentis illustracionem eas habuerit, ex multis patet que in diversis examinacionibus constanter illa asseruit. Dixit enim quod revelaciones habuit ad se juvandum et gubernandum ; que quidem monebant quod esset bona juvenis et Deus adjuvaret eam, quod se bene regeret et frequentaret ecclesiam, quodque virginitatem anime et corporis custodiret ; faciebantque eam libenter et sepe confiteri (2). Unde, ut dixit, movebatur ad credendum eis propter bonum consilium, bonam confortacionem et bonam doctrinam quam dabant ei ; et multa similia. Que omnia tanquam virtuosa, ac bonis revelacionibus et divinis inspiracionibus dignissima, censeri debent ; et utique ad illas promerendum et habendum animam bene dispositam prebent.

Nam bona indoles juventutis in Johanna modestam simplicitatem indicat, de qua scriptum est, (*Proverbiorum* iij°): « Cum simplicibus sermocinacio ejus »; et (*Mathei* xj°): » Abscondisti hec a sapientibus et prudentibus, et revelasti ea parvulis ». Quod quidem fit ad Dei providenciam manifestandam et hominis superbiam reprobandam. Et licet illud plerumque apud impericiam hominum mirandum sit, tamen propter id absurdum aut indignum reputari non debet, quoniam per simplices et ydiotas viros altitudinem seculi Christus efficacissime subjugavit ; quod, inter cetera virtutis opera que Dominus fecit in terris, precipuum miraculum beatus Bernardus reputat, (ut per Hostiensem et Johannem Andree refertur in capitulo « Venerabilis », *de prebendis*)(3). Et ad hoc bene facit quia Johanna semel

---

(1) Avec de très légères variantes, c'est le texte même de S. Jérôme. (Migne : P. L. tom. xxvi, col. 49). S. Thomas le cite également dans la *Chaîne d'Or* (in Matth. vii), *Opera omnia* . . . tom. xvii, p. 92.

(2) Cf. *Summarium*, art. i.

(3) Le chapitre « Venerabilis » est le xxxvii du titre v (*de Praebendis*) au 3° livre des *Décrétales ;* — p. 1057. Il a pour objet d'établir que le manque de noblesse ou d'une science éminente n'est pas un empêchement à l'obtention d'une prébende. — Hostiensis et Jean André, deux canonistes célèbres, l'ont commenté dans leurs ouvrages sur le droit ecclésiastique. Le premier, connu sous le nom d'Hostiensis, parce qu'il était cardinal-évêque d'Ostie, s'appelait du nom de sa fa-

interrogata quare pocius hanc graciam habuerit quam una alia, respondit quod hoc placuit Deo ita facere per unam simplicem puellam pro repellendo adversarios (1); (et hoc patet in processu fº 3 linea c.

Quod autem se bene regeret et virginitatem servaret, hoc pertinet ad sui corporis integritatem; quam quidem, sicut Deo promiserat, ita et semper absque reprehensione servavit. Hec autem virtus est, que hominem Dei templum efficit, ut vult Ambrosius (2), (et habetur in c. « Tollerabilius », xxxij, q. v). « Spiritibus eciam angelicis cognata est et propinqua », ut ait Ciprianus (3).

Quod vero subdit de virginitate anime, designare videtur perfecte humilitatis virtutem. Et illa est, secundum Gregorium, que de presencia Spiritus Sancti efficax et dignum reddit testimonium (4).

---

mille Henri de' Bartolommei, ou du nom de son pays Henri de Suze. Il est mort à Lyon le 6 novembre 1271 — Le second, né à Florence, est un des jurisconsultes les plus éminents du XIVᵉ siècle; il était professeur de droit à Bologne. — Dans leur glose sur le chap. « Venerabilis », tous les deux allèguent le texte de S. Bernard, auquel Bréhal fait allusion : « Licet magna et divina plane fuerint miracula, quae Dominus gessit in terris, hoc tamen unum super omnia alia enituit, et cetera cuncta illustravit, quod, sicut dictum est, in paucis simplicibus totam mundum et omnem sapientiae ejus altitudinem sibi subjugavit ». Ce texte, longtemps attribué à S. Bernard, est de Guigues, cinquième prieur de la Grande Chartreuse, qui est l'auteur de la lettre ou traité *ad Fratres de Monte Dei* (lib. I, cap. I, n. 1) Migne : P. L. tom. CLXXXIV, col. 309.

(1) Cf. *Summarium*, art. I.
(2) C'est du livre second (*De virginibus*, cap. IV) qu'est tiré le canon « Tolerabilius » de la question cinquième, cause XXXIIᵃ, dans la 2ᵐᵉ partie du *Décret*; — p. 1997. Voici le texte auquel Bréhal fait allusion : « Ubicumque Dei virgo est, templum Dei est ». Migne; P. L. tom. XVI, col. 214.
(3) Ce texte est cité comme de S. Jérôme dans la *Chaîne d'or* de S. Thomas (in cap. 1 *Luc.*) : « Et bene Angelus ad Virginem mittitur, quia semper est angelis cognata virginitas ». *Opera omnia*... tom. XVII, p. 9. L'éditeur, Nicolaï, a noté en marge : « habetur quidem inter opera Hieronymi, quasi scriptus ad Paulam et Eustochium, a verbis illis incipiens : Cogitis me ; sed in ipsa inscriptione notatur Sophronii potius esse, ut etiam agnoscit Possevinus (*in Apparatu*, tom. I) ubi de Hieronymi scriptis. Quod hic tamen citatur habet expresse Chrysologus, serm. 143, qui est quartus *de Annuntiatione* ». Cf. Migne : P. L. tom. LII, col. 583. — La lettre attribuée à S. Jérôme est intitulée : *Epist.* IX *ad Paulam et Eustochium* : *de assumptione beatae Mariae Virginis* ; le texte dont il s'agit s'y trouve au n. 5. Migne : P. L. tom. XXX, col. 126. — Il est impossible que cette lettre soit de S. Jérôme ; car il y est fait mention de la fête solennelle célébrée en l'honneur de l'Assomption, et l'institution de cette fête ne remonte qu'au VIIIᵉ ou au IXᵉ siècle.

Quoi qu'il en soit du premier auteur de ce texte, que plusieurs théologiens allèguent sous le nom de S. Cyprien ou de Tertullien, mais sans référence précise de l'ouvrage auquel il serait emprunté, il semble appartenir à la tradition liturgique ; car Paul diacre mentionne dans son *Homiliaire* (hom. XLIV) que l'homélie du Bréviaire pour le jour de l'Assomption est un fragment de l'épître hiéronymienne (Voir Migne : P. L. tom. XCV, col. 1490) ; mais ce n'est plus celle qu'on lit actuellement au bréviaire romain, à cette fête.

La phrase reproduite ici par Bréhal se retrouve également dans un sermon de S. Laurent Justinien (*de Annunt. B. M. V.* serm. 10), dont un extrait sert de troisième leçon à l'office du 3ᵉ jour pendant l'octave de l'Annonciation (*Bréviaire dominicain*).

(4) S. Grégoire le Grand (lib. I *Dialog.* cap. I) s'exprime ainsi : « Mens, quae divino spiritu im-

Unde, (*Isaïe* lxvj°, secundum aliam litteram) : « Requiescet spiritus meus super humilem » (1). Humilitas quippe virginitati conjuncta cum admiracione laudatur, (ut patet in capitulo « Hec dixerunt », xxx̅ᵃ dist.) (2). Nam et Johanna, cum de missione sua in Franciam per voces instrueretur, humiliter excusavit se, dicens quod erat simplex puella, que neque equitare neque arma portare sciret aut posset (3). Quippe et in suis operibus numquam visa est propriam gloriam querere, sed pocius summe (4) bonitati [f° **clxxviij v°**] omnia tribuere.

Alia vero que secuntur aperte videntur religiosam bonorum operum justiciam ac laudabilis vite sinceritatem ostendere, ut est quod se bene regeret, ecclesiam frequentaret, libenter et sepe confiteretur, missam cotidie ac devote audiret, frequenter communionem dominicam perciperet, jejunia observaret, a juramentis caveret, jurantes compesceret, blasphemantes acriter increparet ac argueret, in pauperes pia et misericors esset, et multa similia ; que universa tenuisse et observasse tam ex processu quam ex suorum confessorum et aliorum quam plurimorum fide dignorum testium atque omni exceptione majorum, qui ejus mores ac vitam curiose ac studiose explorarunt, attestacione comprobantur (5). Ex quibus colligitur hujusmodi revelaciones a reprobis et malignis spiritibus non potuisse procedere.

Secundo vero, ut premittebatur, revelacio, (secundum beatum Thomam loco preallegato) (6), considerari potest et attendi ex intencione, que sane nichil aliud est quam actus voluntatis in ordine ad finem. Unde in iis qui revelaciones habent, aut qui futura prenunciant et hujusmodi, sicut et in ceteris actionibus humanis oportet considerare operantis intencionem. Ordo enim [ad] finem accipitur ut quedam racio bonitatis in objecto volito (7) ; cum itaque

---

pletur, habet evidentissima signa sua : virtutes scilicet et humilitatem ; quae si utraque perfecte in una mente conveniunt, liquet quod de praesentia sancti spiritus testimonium ferunt ». Migne : P. L. tom. LXXVII, col. 156.

(1) C'est la version que cite S. Bernard (hom. I *Super missus est*, n. 5) : « Super quem, inquit (*Isaï.* LXVI, 2) requiescet spiritus meus nisi super humilem et quietum ? Super humilem dixit, non super virginem, etc ». Migne : P. L. tom. CLXXXIII, col. 59.

(2) La pensée exprimée ici se trouve dans le canon XVI « Haec autem scripsimus » de la trentième distinction, dans la 1ʳᵉ partie du *Décret* ; — p. 181. — L'indication du manuscrit est manifestement erronée ; car il n'existe pas de canon *haec dixerunt*.

(3) Cf. *Summarium*, art. 1.

(4) Lan : divinae.

(5) Ces détails sur la conduite et la dévotion de Jeanne se retrouvent dans la déposition de tous les témoins entendus à l'enquête de Domremy en 1456. Cf. Quich., tom. II, pp. 387-461. — Sans faire mention de plusieurs autres témoignages entendus aux enquêtes de Paris et de Rouen, il suffit de rappeler la déposition du fr. Jean Pasquerel, confesseur de Jeanne, (Quich., tom. III, pp. 104 et 111).

(6) In 2ᵐ *Sent.* dist. VII, q. 2, art. 2 ad 2ᵐ ; *Opera omnia...* tom. VIII, p. 72, col. 2. — Il s'agit seulement de l'indication donnée par S. Thomas sur les considérations à faire. Mais la doctrine exposée ici a été empruntée par Bréhal à la *Somme théologique* : 1. 2. q. XIX, art. 7 in corp. ; *Opera omnia...* tom. XXI, p. 43, col. 1.

(7) Nous avons suppléé, entre crochets, le mot *ad*, qui est nécessaire à l'intelligence de la phrase, et qui manquait dans le manuscrit par une distraction évidente du greffier.

Les principes rappelés dans ce paragraphe montrent l'influence que la fin exerce sur la moraté des actions humaines. Vouloir une chose bonne en soi, et l'ordonner comme après coup à

bonitas voluntatis deppendeat ex bonitate voliti, necesse est quod deppendeat ex intencione finis, sicut et mala voluntas deppendet ex inordinata intencione finis. Et hoc maxime accipiendum est quando intencio causaliter precedit voluntatem, ut cum aliquid volumus propter intencionem alicujus finis, verbi gracia, jejunare propter Deum causat bonam voluntatem, jejunare vero propter inanem gloriam causat voluntatem malam.

Sic utique in proposito potest contingere, quod videlicet revelacionem accipiens et futura prenuncians intendit vanam gloriam aut turpem questum, vel aliquid hujusmodi. Unde falsorum prophetarum finis est lucrum temporale, (ut dicitur *Ezechielis* xiij°): « Violabant me ad populum meum propter pugillum ordei et fragmen panis ». De quibus ait Jeronimus, (et allegatur c. « Numquam », prima q. prima) (1) : « Videbantur quidem sibi prophete esse, sed quia pecuniam accipiebant, prophecia eorum facta est divinacio » ; id est, secundum *glosam* : « Divinacio eorum, que credebatur esse prophecia, declarata est non esse prophecia » (2). Quod etsi intencio falsi prophete mala forte non esset, tamen demonis revelantis utique perversa est qui decepcionem semper intendit. Bonorum autem prophetarum ac celestes revelaciones accipiencium tota intencio in finem rectum ordinatur (3).

Unde notandum quod revelaciones et spirituales manifestaciones precipue fiunt ad confirmacionem fidei et utilitatem ecclesie, secundum illud, (*ad Romanos* xij°) : « Habentes donaciones secundum graciam, sive propheciam secundum racionem fidei ». Tamen, prout (in 2ᵃ 2°. q. clxxiij articulo ultimo) sanctus Doctor ait : « Non solum in fide instruimur ex contemplacione veritatis per revelacionem accepte, sed eciam in nostris operibus gubernamur, secundum illud *Psalmi* : Emitte lucem tuam et veritatem tuam, ipsa me deduxerunt » (4). Clarum est enim quod politica hominum conversacio sub ordine divine providencie cadit, juxta illud (prima *Petri* v°) : « Ipsi cura est de vobis » ; et maxime quo ad illa que principatum et salutem reipublice administrancium jura prospiciunt.

Propterea omni tempore instructi fuerunt homines divinitus de agendis, secundum quod

---

une fin mauvaise, par exemple faire l'aumône à un pauvre, et se servir de ce moyen pour obtenir son consentement à un crime, c'est enlever sa bonté morale à l'action ainsi ordonnée. Il faut juger de même, et à plus forte raison, lorsque l'intention précède et cause la volonté, c'est-à-dire lorsqu'on se propose d'abord une fin mauvaise, et que, sous l'empire de ce mobile, la volonté se détermine à une œuvre qui serait par elle-même bonne ou indifférente.

(1) Le canon 24 « Nunquam » de la question première, cause première, se trouve dans la seconde partie du *Décret* de Gratien ; — p. 630. — Le texte de S. Jérôme (in cap. 3ᵐ *Micheæ*) y est cité. La reproduction de Bréhal est littérale, mais il citait probablement de mémoire, car les mots sont intervertis. — Migne : P. L. tom. xxv, col. 1183.

(2) C'est la glose marginale de l'édition du *Décret* ; p. 640.

(3) Ces deux phrases, à partir de : tamen demonis..., sont presque textuellement de S. Thomas (in 2ᵐ *Sent.* dist. vii, q. 2 art. 2, ad 2ᵐ). — *Opera omnia*... tom. viii, p. 72, col. 2.

(4) Le greffier a omis un chiffre dans la référence : la question est en réalité la 174ᵉ art. 6. — Nous remarquons aussi qu'il a, ici et plusieurs autres fois, employé des chiffres arabes, comme nous l'avons reproduit. — Le texte du *Psaume* est le verset 3 du Ps. cxlii.

M. Lanéry d'Arc a transcrit : veritatis revelationem acceptae ; cependant le mot *per*, sans lequel la phrase n'a pas de sens, peut encore se lire sur le manuscrit, quoique à demi effacé.

erat expediens ad salutem electorum (1). Verumptamen, quo ad directionem humanorum actuum inveniuntur revelaciones olim diversificate, non quidem secundum processum temporis, ita videlicet quod usque ad finem mundi aliquando cessare habeant, juxta illud (*Proverbiorum* xxix°) : « Cum defecerit prophecia, dissipabitur populus ».

Singulis namque temporibus preteritis non defuerunt prophete aliqui spiritum Dei habentes, non utique ad novam fidei doctrinam promovendam, sed pocius ad humanorum actuum directionem providendam, sicut Augustinus refert, (v° *de Civitate Dei*) (2), quod Theodosius Augustus ad Johannem in heremo Egypti constitutum, quem prophetandi spiritu preditum fama crebrescente didicerat, misit, et ab eo nuncium victorie certissimum accepit. Non enim manus Domini abbreviata est, ut hodie sicut olim revelare non possit. Nam et beatus Jeronimus exponens illud (*Mathei* xj°) : « Lex et prophete usque ad Johannem », vult quod hoc non dicitur, ut post Johannem Christus excludat prophetas. Legimus enim in *Actibus apostolorum* Agabum prophetasse, et quatuor virgines filias Philippi (3). Johannes eciam librum propheticum scripsit de fine ecclesie.

Denique, et per pauca ante tempora, in hystoriis repperiuntur alique mulieres spiritum propheticum habuisse, ut Alpays virgo, corpore deformis omninoque impotens, adeo ut resuppina continue jaceret, et solum caput et dextrum brachium elevaret ; toto insuper sic corpore saniem emittebat, ut cunctis aspicientibus esset in horrorem ; sed tamen divino spiritu ita agebatur, ut frequentissime ad superna raperetur, et mira in contemplacione videns, absencia plerumque et futura cum stupore omnium prenunciaret ; et multa alia de virgine ista referuntur per fratrem Vincentium, (quarta parte *Speculi hystorialis*, lib. xxx°, capitulo xxiij°) (4). Amplius, (*ibidem*, ac eisdem parte et libro, capitulo vero tercio), narratur de quadam Elizabeth, sanctimoniali ex partibus Saxonie, que mirabiles visiones atque revelaciones habuit ; inter quas eciam angelus familiaris ei librum qui dicitur *Viarum Dei* an-

---

(1) Tout ce paragraphe, ainsi que le suivant, est encore emprunté à S. Thomas (*loc. cit.*) ; *Opera omnia*... tom. XXI, p. 310, col. 1. Mais il y a interversion ; la phrase : propterea omni tempore, etc. termine le corps de l'article, après la phrase suivante : quoad directionem actuum ... — A partir de : singulis namque temporibus, jusqu'à : scripsit de fine ecclesiae, c'est la réponse ad 3ᵐ du même article 6.

(2) La citation de S. Augustin (lib. V *de Civ. Dei*, cap. XXVI, n. 1) est à peu près littérale. Migne : P. L. tom. XLI, col. 172.

(3) S. Jérôme (lib. 2 *in Evang. Matth.* cap. XI, vers. 13) dit en effet : « Non quod post Johannem excludat prophetas. Legimus enim in *Actibus Apostolorum* (XI, 21) et Agabum prophetasse, et quatuor virgines filias Philippi ». Migne : P. L. tom. XXVI, col. 72.

(4) Il s'agit du grand ouvrage du dominicain Vincent de Beauvais.

Dans les *Anecdotes historiques tirées du recueil d'Étienne de Bourbon, dominicain*, publiées par M. Lecoy de la Marche (Paris, Renouard. 1877 ; p. 26) il est aussi question de la B. Alpaix ou Alpaïde, originaire de Cudot, près de Villeneuve-sur-Yonne, et appelée quelquefois Alpaix de Tonnerre. — Vincent de Beauvais a consacré quelques lignes au récit des visions qu'avait cette servante de Dieu. Il rapporte, entre autres, (*Spec. hist.* p. 1193) que la terre lui apparut un jour sous la forme d'une sphère légèrement aplatie, et le soleil sous celle d'un globe plus grand que la terre. Ces particularités ne lui avaient pas été fournies par la science astronomique de son époque.

nunciavit, ymo et diem translacionis corporis beatissime virginis Marie in celum demonstravit. Rursus, et de quadam virgine in Alemania provecte etatis, layca et illitterata, que tamen, sepius ad summa mirabiliter rapta, non solum didicit quod verbis effunderet, sed eciam quod scribendo latine dictaret, quinymo et dictando catholice doctrine libros conficeret. Hec autem dicitur fuisse Hyldegardis, ad quam beatus Bernardus scripsisse fertur, et de futuris eciam multa predixisse asseritur, presertim ad cives colonienses, de futura clericorum tribulacione : (hec ubi prius, lib. xxviij° cap. lxxxiij°). Denique, (et *ibidem,* signanter libro xxxj° in diversis capitulis), secundum attestacionem magistri Jacobi de Vitriaco, de domina Maria de Oegnies et aliis quibusdam devotis ac sanctis mulieribus dyocesis Leodiensis, | f° **clxxix r°** | multa miranda narrantur quo ad revelaciones sibi factas, et raptum earum, et hujusmodi.

Quo autem ad negociorum humanorum disposicionem, certum est divinam providenciam in hujusmodi revelacionibus non tam mirabilem quam rectum et decentem ordinem prestituisse, maxime quo ad principatuum et regnorum directionem ostendens (1) quod in ejus manu sunt universe potestates et omnium jura regnorum, quodque hominum civilis et politica societas, non mediarum seu fatalium causarum connexione aut inopinate emergentium casuum disposicione agitur, juxta supersticiosam quorumdam insipientum vesaniam, qui fato vel fortune queque hic inferius geruntur attribuunt, sed pocius per providentissimam Dei sapienciam quicquid ad honestum et civile regimen hominum pertinet certa diffinicione prestituitur. Nam, ut beatus Augustinus tradit (in quinto libro *de Civitate Dei* capitulo xxj°), unus et verus Deus nec adjutorio nec judicio deserit genus humanum, qui quando voluit et quantum voluit Romanis olim regnum dedit, sicut Assiriis dederat et Persis. Hec omnia plane unus et verus Deus regit et gubernat, prout ei placet (2). Et idem, (xviij° libro ejusdem *de Civitate Dei*), multum diffuse tractans quomodo regna multis et variis prophetarum oraculis Deus olim direxit, tandem ait quod tempore regum semper misit Deus prophetas ad eos instruendum de agendis. Nam tempore regni Assyriorum, ut idem Augustinus prosequitur, exstitit Abraham cui promissiones apertissime facte sunt ; eodemque tempore fuit Moyses prophetarum eximius ad Pharaonem regem Egypti et pro ducatu populi israelitici missus. Cui quidem populo numquam fere defuerunt prophete ex quo ibi reges esse ceperunt, et hoc in usum tantum eorum, non autem gencium. Nam, ut idem subdit, maxime tempore regum oportuit prophetas in illo populo habundare, quia tunc populus opprimebatur ab alienigenis et proprium regem habebat. Ideo oportebat eum per prophetas instrui de agendis : unde, cum ab hostibus premebantur, solebant tunc reges et principes populi prophetas consulere, (ut ex libris *Regum* patet et aliis multis *Veteris Testamenti* locis) (3).

---

(1) Pour que la phrase fût correcte, il faudrait : ostendendo.
(2) Ces deux phrases de S. Augustin, légèrement modifiées, se trouvent l'une vers le milieu, l'autre à la fin du chapitre XXI (lib. v *de Civ. Dei*) Migne : P. L. tom. XLI, col. 168.
(3) Dans tout le livre XVII, ainsi que dans le XVIII, (*de Civitate Dei*), S. Augustin traite des prophètes. Bréhal ne fait ici qu'un résumé très court de cette doctrine ; cependant, vers la fin du chap. 27 du livre XVIII de S. Augustin, on trouve deux ou trois phrases qui sont reproduites presque textuellement. — Migne : P. L. tom. XLI, col. 584.

Absurdum itaque reputare non debet. si ex occulo Dei multo ad aublevacionem regni Francie tunc desolatissimi, et ad ejus consolationem seu eciam qualemcumque respiracionem aliqua persona, quantumcumque eciam sexu aut conditione infirma, fuerit que pro salute regni revelaciones celitus acceperit. Qualitas namque persone, presertim quo ad sexum, nichil hujusmodi spiritualibus instinctibus derogat, ut magis inferius videbitur et jam patet ex premissis (1). Unde dijudicandum non est quare pocius huic quam illi contingant, maxime cum ex mera et sola Dei voluntate deppendeant. « Spiritus enim ubi vult spirat », (ut dicitur *Johannis* 3º); id est, secundum *glosam*: « In ejus potestate est cujus cor illustret » (2). Sed finis in istis, sicut et in aliis omnibus que per homines vel circa homines aguntur, permaxime attendendus est. Unde, cum bonum gentis divinum esse testetur, idcirco tam il[lustris et] gloriosi regni instaurandi (3) ministerium atque presidium non mediocriter celebre atque divinum censeri debet. Sed de hoc postea aliquantulum magis.

Demum et tercio, ut premisi, oportet attendere ad certitudinem revelatorum, ut in loco superius allegato innuit sanctus Doctor. Et obmisso pro nunc, quia latius infra discucietur, qualem alii de istis et hujuscemodi revelacionibus possunt accipere certitudinem; notandum est ad presens quod bonorum prophecia et revelacio eis facta innititur divine presciencie, que omnium futurorum et quorumcumque contingentium eventus intuetur, secundum quod diffinit Cassiodorus quod prophecia est inspiracio seu revelacio divina rerum eventus immobili veritate denuncians (4). Unde ille cui talis inspiracio fit pro certo novit quod hec sibi sunt divinitus revelata, sicut eciam (*Jeremie* xxvjº) dicitur: « In veritate misit me Dominus ad vos, ut loquerer in aures vestras omnia verba hec » (5). Alioquin, si ipse de hoc certitudinem non haberet, ut beatus Thomas ait (6), fides nostra que dictis pro-

---

(1) Lan. : ex processu.

(2) C'est la *glose ordinaire* de Walafrid Strabon ; Migne : P. L. tom. cxiv, col. 367 Elle est aussi du Vén. Bède (*Expos. in S. Joan. Evang.* cap. 3) : « Ipse habet in potestate, cujus cor gratia suae visitationis illustret ». Migne : P. L. tom. xcii, col. 669.

(3) Le greffier Le Comte avait écrit : Unde regni instaurandi ministerium ; oubliant ainsi tous les mots intermédiaires. Lorsque le manuscrit fut collationné, le greffier Ferrebouc s'aperçut de l'omission, et la répara à la marge, où nous lisons son addition ainsi disposée sur trois lignes, dont les deux premières sont complètes, et la troisième n'a qu'un mot :
        Cum bonum gentis divinum esse
        esse testetur, idcirco tam illustris et
        gloriosi

Puis, il a barré le mot *esse*, de la seconde ligne, parce qu'il l'avait répété sans y prendre garde. A la reliure du volume, la marge du parchemin a été rognée ; ce qui a causé la suppression des mots que nous avons indiqués entre crochets. Cette restitution nous paraît évidente, et, en tous cas, bien préférable à la leçon de M. Lanéry d'Arc : tam illius regni instaurandi.

(4) Cette définition de Cassiodore se trouve dans le *Prologue des psaumes*, chap. 1 : « Prophetia est aspiratio divina, quae eventus rerum, aut per facta, aut per dicta quorumdam, immobili veritate pronuntiat ». Migne : P. L. tom. lvii, col. 12. — S. Thomas l'a cité plus d'une fois. Voir, entre autres : 2. 2, q. clxxi, art. 6 sed contra ; (*Opera omnia* ... tom. xxi, p. 302, col. 2).

(5) Au lieu de : in aures vestras, la Vulgate porte : in auribus vestris (*Jerem.* xxvi, 15).

(6) Bréhal cite de mémoire, et ne donne pas de référence. La phrase se trouve dans la *Somme théologique*: 2. 2, q. clxxi, art. 5 ; (*Opera omnia* ... tom. xxi, p. 302, col. 2).

phetarum innititur certa non esset; quod sentire impium est et erroneum. Signum namque prophetice certitudinis accipere possumus ex hoc, quod Abraham ammonitus in prophetica visione se preparavit ad filium unigenitum ymolandum; quod nullatenus fecisset, nisi de divina revelacione certissimus fuisset.

Unde et propheta veniens de Juda in Bethel in sermone Domini, id est missus a Domino, eo quod cuidam pseudoprophete falsa ei persuadenti pocius quam Deo mittenti adhesit, divino ulciscente judicio, a leone in via oppressus fuit, (tercii *Regum* xiijº). Nam, ut concorditer dicunt Durandus de Sancto Porciano et Petrus de Palude, (secundo *Sententiarum* scripto, dist. xxv) : « Deo revelanti non acquiescere peccatum infidelitatis est » (1). Et Chrysostomus, (super illo verbo *Luce* primo : « Unde hoc sciam ? ») ait : « Quandocumque enim Deus aliquid indicat, oportet in fide suscipere; nam super hujusmodi disceptare contumacis est anime » (2). Ad idem et Beda : « Si homo esset qui mira promitteret, impugne signum flagitare liceret; at, cum angelus promittit, jam dubitare non decet » (3). Simile omnino tradit Augustinus, (exponens illud *Genesis* xxxijº : « Timuit Jacob valde », etc.). Quomodo, inquit, fidem habuit qui timuit, cui facta erat promissio per angelum, cui et credere tenebatur. Respondet quod, licet Jacob timuerit, tamen de promissione non est diffisus; potuit enim promissio illa angelica stare, et Esau interim multa mala sibi inferre (4).

Iste namque celestes ac divine illustraciones prescientie Dei, ut habitum est, innituntur, que omnino infallibilis est; ideo ipse certissime sunt. Revelaciones vero malorum prophetarum innituntur prescientie demonum, que solum conjecturalis est; et ideo false sunt et illusorie, ut in sequenti capitulo magis apparebit (5).

---

(1) Les deux docteurs dominicains, Durand de Saint-Pourçain et Pierre de la Palud, emploient les mêmes expressions dans leurs *Commentaires sur le livre des Sentences*. Mais l'indication du second livre est inexacte. Le texte est emprunté au troisième livre, dist. xxv, q. 1. — Durand : p. 258b, col. 1, n. 8; — Pierre de la Palud : fº 132b, col. 3.

(2) Le texte de S. Jean Chrysostôme est cité par S. Thomas dans la *Chaine d'Or* (in Luc. 1), d'où Bréhal l'a probablement tiré : *Opera omnia* ... tom. xvii, p. 8. — On le trouve dans l'homélie deuxième (*de incomprehensibili Dei natura*, n. 2) : « Nam cum Deus aliquid sancit, quod non debeat curiosius explorari, fide accipiatur oportet. Etenim de hujusmodi rebus curiose perquirere, et rationes exposcere, modumque sciscitari, audacissimi et temerarii animi est ». Migne: P. Gr. tom. xlviii, col. 710.

(3) Ces paroles sont presque textuellement du Vén. Bède (*in Luc. Evang. exposit.*). Migne : P. L. tom. xcii, col. 313. Elles sont citées également dans la *Chaine d'Or* de S. Thomas, au même endroit que le passage de S. Jean Chrysostôme. On les rencontre aussi dans plusieurs commentateurs, par exemple dans Alcuin, Raban Maur, Strabon et Remi d'Auxerre.

(4) Bréhal ne donne que le sens de S. Augustin. Voici le texte même (Lib. i *quaest. in Heptateuchum*, q. cii) : « Turbatus est quidem et mente confusus, quoniam timuit valde ... Ubi quaeri potest, quomodo habuerit fidem promissis Dei, quandoquidem dixit : Si venerit ad castra prima frater meus, et exciderit ea, erunt secunda in salutem. Sed etiam hoc fieri potuit ut everteret castra ejus Esau, et tamen Deus post illam afflictionem adesset, et liberaret eum, et quae promisit impleret ... Satis in his verbis et humana infirmitas, et fides pietatis apparet ». Migne : P. L. tom. xxxiv, col. 574.

(5) Ces deux dernières phrases se retrouvent à peu près dans S. Thomas (in 2m *Sentent.* dist. vii, q. 2, art. 2 ad 2m; (*Opera omnia* ... tom. viii, p. 72, col. 2).

TERCIUM CAPITULUM.

Quod aliqua futura et contingentia prenunciare seu predicere visa fuit.

Post illa que de apparicionibus ac revelacionibus dicta sunt, nunc videndum est de ipsa predictione seu prenunciacione futurorum. Istud enim ex illis deppendet.

Pro cujus declaracione sciendum quod, (secundum beatum Thomam in questionibus *de veritate*) (1), illorum que divino lumine manifestantur principium est prima et infallibilis veritas. Unde quia, ut ait Jeronymus, inspiraciones [f° clxxix v°] occulte et quelibet divina oracula sunt signa quedam divine presciencie, ideoque immobili veritati innituntur, a qua deppendent quemadmodum exemplatum ab exemplari et effectus a causa; idcirco sicut divina presciencia immobilis est, ita et divina revelacio. Et exinde habetur quod, quemadmodum revelacio ideo continet infallibilem veritatem quia innititur immobilitati divine presciencie, ita oportet quod enunciacio revelatorum, que est signum intellectus per inspiracionem edocti et informati, habeat necessariam veritatem. Eadem est omnino veritas divine revelacionis, seu prophecie, et divine presciencie.

Ulterius sciendum quod cum prenunciacio sit precipue de futuris, tria esse genera futurorum. Quedam enim sunt que habent causam omnino determinatam et infallibilem, ut accidentia corporum superiorum; et ista tam boni quam mali angeli sciunt noticia certitudinali. Unde cum illa revelaverint alicui qui ea prenunciet, non tamen ideo dicetur propheta vel divinator, sicut nec astrologus propter scientiam talium dicitur propheta; ista enim jam quodam modo presencia sunt in sue cause necessitate (2).

Alia sunt que causam habent ut in pluribus determinatam sed tamen fallibilem, ut effectus causarum naturalium inferiorum. Cause enim naturales, quamvis sint determinate ad unum, tamen recipiunt impedimentum; et ista per certitudinem angeli non cognoscunt, sed solum per conjecturam. Unde si quis per revelacionem ista predixerit, non ideo dicetur

---

(1) La doctrine ici exposée par Bréhal est empruntée en majeure partie à S. Thomas : *Quaest. disp. De veritate*, q. xii, art. 11 in corp. : (*Opera omnia...* tom. xii, p. 732, col. 2). Le texte de S. Jérôme dont il est question n'y est pas cité ; il l'a déjà été à l'art. 2 (ibid. p. 717, col. 1). On le trouve aussi allégué dans la *Somme théologique* : 2. 2, q. clxxi, art. 6 in corp. (*Opera omnia...* tom. xxi, p. 302, col. 2). A la marge de ce passage on lit la note suivante de Nicolaï : « Quod autem subjungitur ex Hieronymo prophetiam esse *signum quoddam praescientiae divinae*, non occurrit expresse... sed colligitur aequivalenter ex illius *Commentario in Danielem* (cap. ii, vers. 10) ». Voici en effet les paroles de S. Jérôme en cet endroit : « Confitentur praescientiam futurorum non esse hominum, sed Dei. Ex quo probatur prophetas Dei spiritu locutos, qui futura cecinerunt ». Migne : P. L. tom. xxv, col. 499.

(2) Sur la connaissance de l'avenir, on peut consulter divers endroits des ouvrages de S. Thomas, dont la doctrine est ici exposée : S. Th. 1., q. xiv, art. 13 (*Opera omnia...* tom. xxi, p. 36, col. 1) ; — 1., q. lvii, art. 3 (*ib.* tom. xxi, p. 118, col. 2) ; — 2. 2., q. clxxii, art. 1 (*ib.* tom. xxi, p. 303, col. 1) ; — *Quaest. disput.* q. ii *de Veritate.* art. 12 (*ib.* tom. xii, p. 590, col. 1) ; et ailleurs encore.

propheta aut divinus, sicut nec medicus propheta dicitur qui per signa probabilia mortem infirmi predicit.

Alia vero sunt que non habent causam ullo modo determinatam et raro seu in paucioribus eveniunt, ut sunt casualia et fortuita, et eciam que deppendent ex voluntate humana vel angelica aut ex providencia. Que ad hujusmodi actus spectant, et que maxime de genere casualium atque divinorum, sunt divina ; unde angeli ista non cognoscunt nisi per distantem et valde incertam conjecturam, sed pocius per revelacionem. Angeli namque boni divino nutu ordinantur ad hominum instructionem, directionem, defensionem atque custodiam ; ideo illa que ad hujusmodi actus spectant, et que maxime de genere casualium sunt atque divinorum, percipiunt quandoque per revelacionem a Deo, ut homines informent, que tamen solus in eternitate sua videt (1). Nam cum eternitas ejus sit simplicissima, omnia complectitur, totique tempori adest et ipsum concludit. Et ideo unus Dei intuitus fertur in omnia que aguntur vel excogitantur per omne tempus, et illa videt in seipsis tanquam presencia. De hujusmodi namque contingentibus effectibus intelligitur illud, (*Ysaie* xlj°) : « Que ventura sunt annunciate nobis, et dicemus quia dii estis vos » (2). Ista enim non habent causam determinatam nisi in mente divina ; unde ab ipso solo vel per ipsum presciri possunt. Idcirco divina dispensacione et per ministerium angelorum noticia istorum, ut dictum est, ad homines quandoque deducitur.

Quod quidem etsi angelis mediantibus fiat, revelacio tamen aut prophecia divina dicitur, quia angelus dumtaxat minister est et instrumentum (3). Instrumenti autem operacio principali agenti semper attribuitur ; ideoque divina pocius quam angelica dicitur, et qui aliqua hoc modo percipiunt et illa enunciando predicunt veri prophete Dei dicuntur.

Mali vero angeli, si forte ista cognoscunt, hoc est per revelacionem bonorum spirituum, (ut tradit beatus Augustinus, 2° *super Genesim ad litteram*) (4). Unde, quia demonibus cognicionem hujusmodi contingencium accipiunt et ea predicunt, nichilominus prophete proprie non dicuntur, quia non sunt divinitus illuminati, sed quasi quodam modo edocti ; sicut nos per scripturas edocti predicere possumus diem judicii futuram, neque tamen ideo prophete dicemur.

Quandoque autem contingit demones, vel ab eis ostensa seu oracula suscipientes, veritatem aliquam predicere ; et hoc, vel virtute proprie nature cujus actor est Spiritus sanctus, sicut ait Ambrosius : « Omne verum a quocumque dicatur a Spiritu sancto est » (5) ; aut eciam

---

(1) Sur la vue que Dieu a des futurs contingents dans son éternité, cf. S. Th. 1., q. xiv, art. 13 (*Opera omnia*... tom. xxi, p. 36, col. 1) ; — 1., q. lvii, art. 3 (*ibid.* p. 110, col. 1) ; et ailleurs.

(2) La Vulgate lit (*Is.* xli, 23) : Annuntiate quae ventura sunt in futurum, et sciemus quia dii estis vos.

(3) Voir aussi S. Th. 1., q. cxii, art. 1. (*Opera omnia*... tom. xxi, p. 227, col. 1). ; — *Quaest. disput. de Veritate,* q. xii, art. 8 ad 5ᵐ ; (*ibid.* tom. xii, p. 728, col. 1).

(4) Cette référence serait complètement inexacte, si elle indiquait, comme l'a cru M. Lanéry d'Arc, que la phrase suivante mise par lui entre guillemets est empruntée à S. Augustin. — Elle vise plutôt l'assertion précédente, qui est en effet conforme à l'enseignement de l'évêque d'Hippone : (lib. 2 *de Gen. ad litt.* cap. xvii, n. 37). Migne : P. L. tom. xxxiv, col. 278.

(5) C'est la leçon de S. Thomas dans la *Chaine d'Or* (in Luc. vii) ; *Opera omnia*... tom. xvii,

ex inspiracione divina, sicut legitur de Balaam quod ei locutus sit Dominus, (*Num.* xxj°). Sed tamen, ut dicit Chrysostomus *super Matheum*: « Concessum est dyabolo interdum vera dicere, ut mendacium suum rara veritate commendet » (1); ideoque doctrina demonis, qua suos prophetas instruit, nonnumquam aliqua vera continet, per que apud alios susceptibilis redditur. Nam intellectus eo modo ad falsum deducitur per apparenciam veritatis, quo voluntas ad malum per apparenciam bonitatis.

    Secus vero est de prophetis veris, qui semper inspirantur et instruuntur a spiritu veritatis, in quo videlicet nichil falsitatis cadere potest; ideoque hii soli prophete simpliciter dicuntur, alii vero cum aliqua addicione, puta prophete falsi, prophete ydolorum, pseudoprophete, et hujusmodi. Unde Augustinus, (xij° *super Genesim ad litteram*): « Cum malus spiritus accipit hominem, aut demoniacum facit, aut arrepticium, aut falsum prophetam » (2).

    Idcirco, cum falsus propheta quandoque vera prenunciet, ut dictum est, restat, ut videtur, non modica dubietas in discernendo verum prophetam a falso; super quo ad presens notanda sunt quatuor documenta.

    Primum est, quod nullus sanctorum angelorum sive bonorum prophetarum aliquid prenunciat futurum esse quod non veraciter futurum sit, in sensu in quo ipse angelus vel propheta, et maxime ipsarum revelacionum actor Spiritus sanctus, intendunt. Quod quidem patet ex dictis sancti Thome, (2ᵃ 2ᵉ q. c. art. ultimo), et eciam ex premissis. Prophecia enim est quedam cognicio impressa ex revelacione divina intellectui prophete per modum doctrine. Est autem eadem veritas cognicionis in discipulo et in docente, quia cognicio addiscentis est similitudo quedam cognicionis ipsius docentis; sicut et in naturalibus apparet quod forma generati est similitudo quedam forme generantis. Et per hunc modum beatus Jeronimus dicit quod prophecia est quoddam signum divine presciencie. Oportet ergo eamdem esse veritatem prophetice cognicionis ac enunciacionis ejus, que est cognicionis divine, cui impossibile est subesse falsum (3).

    Sic autem non sunt prestigia demonum vel ejus ostensa, quia et fallunt et falluntur; quemadmodum contigit de quodam Anania falso et mendace propheta ac deceptore populi,

---

p. 92. Le texte de S. Ambroise se trouve (*Comment. in Ep. I ad Cor.* cap. xii), en ces termes: « Quidquid enim verum a quocumque dicitur, a sancto dicitur Spiritu ». Migne: P. L. tom. xvii, col. 245.

(1) Le texte est cité par S. Thomas dans la *Chaîne d'Or* (in Matth. vii); *Opera omnia* ... tom. xvii, p. 92. — Il y est attribué à S. Jean Chrysostôme, mais il est de l'auteur inconnu de l'*Opus imperfectum in Matth.* (hom. 19, in cap. vii, vers. 22): « Diabolus interdum verum dicit; sanctus autem Spiritus nunquam interdum mentitur. Concessum est autem diabolo et interdum veritatem dicere, ut mendacium suum rara veritate commendet. Si autem nunquam diceret verum, nec ad tentationem poterat sufficere seductio ejus ». Migne: P. Gr. tom. lvi, col. 742.

(2) S. Augustin (lib. xii *de Gen. ad litt.* cap. xxix, n. 41 versus finem) dit en effet: « Cum malus in haec arripit spiritus, aut demoniacos facit, aut arreptitios, aut falsos prophetas ». Migne: P. L. tom. xxxiv, col. 470.

(3) Les quatre phrases qui précèdent sont presque textuellement empruntées à S. Thomas; mais la référence est fautive par l'omission de quelques chiffres. Il faut lire ainsi: 2. 2, q. clxxi, art. 6; *Opera omnia* ... tom. xxi, p. 302, col. 2.

et nonnullis aliis similibus, de quibus plene scribitur (*Jeremie* xxvij° et xxviij°), ubi tandem sic habetur quod « ille est propheta quem Dominus misit, cujus verbum evenit » ; et multum expresse (*Deuteronomii* xviij°) : « Si tacita cogitacione responderis : Quomodo possum intelligere verbum quod non locutus est Dominus ? Sequitur responsio : Hoc habebis signum : Quod in nomine Domini propheta ille predixerit et non evenerit, hoc Dominus non locutus est, ; sed per tumorem animi [f° **clxxx** r°] sui propheta hoc confinxit » (1).

Sed videtur instancia de Ezechie regis morte prenunciata per Ysaiam, et de subversione Ninive predicata expresse per Jonam (2). Ad ista respondetur quod Deus, cujus prescientie, ut dictum est, iste revelaciones subjacent, secundum modum nostrum intelligendi (3) dupliciter futura intuetur, quamvis simpliciter et unite intelligat : uno modo, quasi presencialiter ut sunt in seipsis ; alio modo, ut sunt in suis causis, in quantum scilicet videt ordinem causarum ad effectus. Futura autem contingencia, prout in seipsis considerantur, sunt determinata ad unum ; non autem ut in causis suis, quia possunt aliter evenire. Unde iste intuitus Dei, unitus et simplex, quandoque distinguitur in prophetica revelacione, quia impressio agentis non semper adequatur virtuti ejus. Ideo prophetica revelacio quandoque est impressa similitudo quedam divine prescientie, prout inspicit ipsa futura contingentia in seipsis, et talia sic eveniunt sicut prophetantur, ut est illud (*Ysaie* vij°) : « Ecce virgo concipiet », etc. ; quandoque vero prophetica revelacio est quedam impressa similitudo divine prescientie, prout cognoscit ordinem causarum ad effectus, et tunc quandoque aliter evenit quam prophetetur, nec tamen prophecie subest falsum ; nam sensus prophecie est, quod disposicio inferiorum causarum, sive naturalium, sive ex arbitrio humano deppendencium, hoc habet ut talis effectus contingat. Et secundum hoc intelligitur verbum Ysaie dicentis ad Ezechiam : « Morieris et non vives » ; id est, disposicio corporis tui ad mortem ordinatur. Et similiter, quod dicitur (*Jone* iij°) : « Adhuc xl dies et Ninive subvertetur » ; id est, hoc merita ejus exigunt ut subvertatur. Hec sanctus Doctor, (2ª 2ᵉ, q. C, art. ultimo) (4).

Vel dicendum, (prout habetur in *prologo psalterii*), quod duplex est species prophecie : una predestinacionis, quam necesse est omnibus modis impleri, eciam secundum tenorem verborum ; alia est comminacionis, ut sunt ille due superius commemorate, et similes. Et ista, quamvis non ad superficiem verborum, tamen implicite, quo scilicet ad intelligencie significacionem, impletur. Et idem dicimus de prophecia promissionis, que sub ipsa continetur seu comprehenditur, quia eadem est racio veritatis in utraque (5).

---

(1) Citation faite probablement de mémoire : ce sont les mots mêmes de la Vulgate, mais avec quelques interversions et une addition de pronom.

(2) Dans le langage de l'École, *instancia* signifie une objection. — Les deux faits allégués sont mentionnés : *Isaï.* xxxviii ; et *Jon.* iii. — Au lieu de : *predicata*, on pourrait lire : *predicta*.

(3) Ici commence la citation doctrinale, qui est presque textuelle.

(4) Ici encore, comme ci-dessus, la même omission de chiffres rend la référence inexacte. Il faut lire : 2. 2, q. clxxi, art. 6 ad 2ᵐ (*Opera omnia*... tom. xxi, p. 302, col. 2). Il semble par suite que l'omission ne doive pas être attribuée au greffier, mais plutôt à une distraction de Bréhal.

(5) Cette dernière phrase est de S. Thomas : 2 2. , q. clxxiv, art. 1 ad 2ᵐ (*Opera omnia*... tom. xxi, p. 307, col. 2). — Voir aussi : *Quaest. disp. de Veritate*, q. xii, art. 10. (*Opera omnia*... tom. xii, pp. 730-731).

Sed denique, ut non appareat quod in tali prenunciante sit error aut falsitas, ideo ponitur secundum documentum, quod si illud quod angelus vel propheta predixit eo modo quo vocaliter pretendebatur non evenerit,, super hoc tandem a Spiritu sancto instructionem accipiet si hujusmodi revelacio vel prophecia conditionaliter aut mistice seu litteraliter sit intelligenda. Istud enim apparet ex dictis beati Gregorii *super Ezechielem* (1), ubi ait : « Ne ex verbo prophetarum possit error accidere, per Spiritum sanctum cicius edocti atque correcti ab eo que vera sunt statim audiunt, et semetipsos quia falsa dixerunt reprehendunt. Falsi autem prophete et falsa denunciant, et alieni a Spiritu sancto in sua falsitate perdurant ». Credendum itaque est sanctos illos prophetas Spiritus sancti magisterio de intelligencia prophecie sue tandem instructos fuisse ; alias debuissent lapidari, secundum legem positam (*Deuteronomii* xviij°), in qua habetur : « Propheta autem, qui ex arrogancia depravatus voluerit loqui in nomine meo que ego non precepi illi ut diceret, interficietur » (2).

Tercium documentum est, quod nil repugnans bonis moribus aut eciam vanum, vel maxime sinceritati fidei contrarium, angeli sancti aut prophete veri predicere seu precipere inveniuntur : quod patet, quia cognicio prophetica est per lumen divinum, ut dictum est, per quod omnia possunt cognosci tam divina quam humana, tam spiritualia quam corporalia ; et ideo revelacio prophetica ad omnia hec se extendit, sic tamen quod ea que revelata dicuntur de divinis aut humanis conveniant divine providencie que hujusmodi dispensat, et angelorum officio per quos ista administrat, quinymo et publice utilitati ecclesie atque conversacioni humane deserviant. Alias censende non essent vere revelaciones, sed pocius demonum illusiones. Nam ea que quis affirmat se ex revelacione accepisse, si dignitate, necessitate vel utilitate carent, sic profecto et veritate. Sicut eciam et de miraculis ait glosa Chrysostomi, (super illo verbo *Mathei* v° : « Si filius Dei es, mitte te deorsum »). « Miraculum, inquit, si utilitate aut necessitate careat, eo facto suspectum est aut rejiciendum, sicut fuisset Christum volare per aera » (3). Talia namque sunt omnia magorum prestigia, quorum artificium est non solum vana et utilitate vacua pretendere, sed eciam mendacibus verbis et signis a veritate pervertere ad vicia, et ad infidelitatis seu erroris interitum pertrahere. De quo expresse ita legitur, (*Deuteronomii* xiij°) : « Si surrexerit in medio tui prophetes, et predixerit sig-

---

(1) S. Grégoire le Grand dit en effet (hom. I *sup. Ezech.* n. 16 et 17) : « Sed quia sancti sunt, per sanctum Spiritum citius correcti ab eo quae vera sunt audiunt, et semetipsos quia falsa dixerint reprehendunt... Prophetae autem falsi et falsa denuntiant, et alieni a sancto Spiritu in sua falsitate perdurant ». Migne : P. L. tom. LXXVI, col. 793-794.

(2) Dans la Vulgate (*Deuter.* XVIII, 20) le mot *ex* manque.

(3) Le texte de S. Matthieu n'est pas tiré du chapitre cinquième ; c'est le verset 6 du chap. IV. Quant à la citation de S. Jean Chrysostôme, on trouve seulement quelque chose d'analogue dans l'*Opus imperfectum in Matth.* qui a été rejeté par les critiques *inter spuria*. On lit (hom. V in cap. IV, vers. 6) : « Volare per aerem non est proprium opus Dei, quia nec hoc est utile alicui, vel ad animam vel ad corpus. Si ergo nulli necessarium est, neque proficit ad salutem, volaverit autem aliquis provocatus, propter ostentationem solam hoc facit ; et est hoc ex diabolo magis quam ex Deo ». Migne : P. Gr. tom. LVI, col. 666. — C'est à peu près le texte cité par S. Thomas dans la *Chaîne d'or* (in Matth, IV) ; *Opera omnia...*, tom. XVII, p. 39.

num atque portentum, et evenerit quod locutus est, et dixerit tibi : eamus et sequamur deos alienos quos ignoras et serviamus eis ; non audies verba prophete illius ».

Sed aliquis instanciam movebit de precepto dato Abrahe per revelacionem super ymolacione Ysaac filii sui (*Genesis* xxij°) ; item, de spoliacione Egypciorum per filios Israel, similiter facta de mandato Domini, (*Exodi* xij°) ; eciam, de Osee propheta qui jussu Domini uxorem fornicariam accepit, (*Osee* primo) : que siquidem omnia legis tradicioni, necnon bonis ac honestis moribus, plane videntur repugnare.

Ad ista autem respondetur quod, interveniente precepto Dei, ista et consimilia racionem peccati non habent. Cujus racio est quia (1) omne quod prohibetur in lege ideo prohibetur, quia racionem indebiti habet ; nichil vero indebitum esse potest quod divino imperio fit. Unde quando filii Israel tulerunt spolia Egypciorum, non fuit furtum, quia hoc eis demebatur ex sentencia Dei. Similiter Osee accedens ad mulierem fornicariam vel adulteram non est mecatus aut fornicatus, quia accessit ad eam que sua erat ex mandato Dei, qui est actor institutionis matrimonii. Quando eciam Abraham consensit occidere filium, non consensit in homicidium, quia debitum erat eum occidi per mandatum Dei, qui est dominus vite et mortis. Ipse est enim qui penam mortis infligit omnibus hominibus justis et injustis pro peccato primi parentis ; cujus quidem sentencie si homo sit executor auctoritate divina, non erit homicida, sicut nec Deus.

Sed aliquis adhuc instabit dicens quod quilibet pertinax ydolatra ymmolans filios suos demoniis, aut quilibet scelerosus homo viciis suis inherens posset, ut videtur, se excusando passim dicere ita.

Ideo pro quarto documento advertendum quod revelacio angelica, sive prophetica prenunciacio, data super aliquo quod alias bonis moribus obviaret, nisi divina missio sive dispensacio interveniret, est aut debet esse ita circumstancionata quod revelacionem accipienti, seu eciam illis pro quibus fit revelacio, non liceat de ea dubitare. Oportet enim ut tam clare cognoscatur revelacio esse a Deo quam clare scitur illud quod revelatur, pensatis debite omnibus circumstanciis, conforme esse sacre scripture documentisque sanctorum ac recte racioni. Nam, (ut superius jam premissum est ex sentencia beati Thome) (2), ille qui revelacionem accipit pro certo novit quod hec sunt sibi divinitus [f° clxxx v°] revelata ; alias si de hoc certitudinem non haberet, fides que dictis prophetarum innititur certa non esset. Beatus namque Gregorius, (iiij° *dialogorum*), ait : « Sancti viri inter illusiones atque revelaciones ipsas visionum voces aut ymagines quodam intimo sapore discernunt ut sciant vel quid a bono spiritu percipiant, vel quid ab illusore paciantur » (3). Quemadmodum et sancta Monica,

---

(1) Tout ce qui suit jusqu'à la fin du paragraphe est emprunté presque à la lettre à S. Thomas : 1. 2, q. C. art. 8 ad 3ᵐ (*Opera omnia*... tom. XXI, p. 203, col. 2). Il y a seulement interversion de l'ordre des exemples, et on constate deux variantes principales : le texte imprimé de S. Thomas porte : *debebatur* au lieu de : *demebatur* ; il a aussi : *author*, au lieu de : *actor*.

(2) 2. 2., q. CLXXI, art. 5 in corp. ; (*Opera omnia*... tom. XXI, p. 302, col. 2).

(3) Texte exactement emprunté à S. Grégoire le Grand (lib. IV *Dialog*. cap. 48). Migne : P. L. tom. LXXVII, col. 412.

beati Augustini mater, de qua idem Augustinus (vj° *Confessionum*) refert quod ipsa asserebat se discernere nescio quo sapore, quem verbis explicare non posset, quid interesset inter Deum revelantem et animam suam sompniantem (1). Sic denique beatus Bernardus fatebatur se in operacione miraculorum sentire, et quasi quodam interno afflatu seu odore percipere, quando ad faciendum miracula virtus sibi aderat (2). Sicut eciam de Salvatore nostro evangelista Lucas reffert (viij° capitulo), quod dum mulier quedam ad contactum fimbrie ejus sanata esset, ait : « Nam et ego novi virtutem de me exisse ». Alioquin, nisi hujusmodi instinctus occultus seu interior esset, quomodo beatus Bernardus et alii sancti excusabiles a temeritate redderentur atque vicio temptacionis divine, dum ad faciendum miracula semetipsos frequenter et confidenter ingesserunt ? Idem autem omnino in istis divinis revelacionibus accidere credendum est quod ipsis quidem qui eas accipiunt, ex speciali dono Dei, quod discretio spirituum vocatur secundum apostolicam sentenciam, procedere dicitur.

Ut ergo ad causam Johanne, quantum ad presentem articulum spectat, descendamus, diligenter attendenda sunt que tandem ventura prenunciavit. In primis enim cum ad dominum regem venit, quasi sue missionis efficax signum de futuro tradens, predixit constanter quod, Dei interveniente auxilio, ipsa feliciter levaret obsidionem coram Aurelianis positam ; quodque ibidem ipsa lederetur, sed neque propter hoc desisteret operari ; denique quod ipse dominus rex feliciter coronaretur Remis (3). Ecce signa de futuro, que in exordio sui adventus tradidit, more Samuelis prophete qui, cum mitteretur ad ungendum regem Saül, dedit ei varia signa sibi ventura, que omnia, ut propheta dixerat, contigerunt, (ut legitur primo *Regum* x°). Similiter et hic Deo summo operante contigit, ut universis notum est.

Preterea scivit per voces se fore captivandam, sed diem vel horam ignorabat ; quia, ut dixit, si scivisset, non exposuisset se periculo. Verumptamen asseruit quod ad extremum fecisset illud quod voces ei precepissent ; et de post quod hec scivit, retulit se capitaneis de facto guerre (4).

Quippe et ipsa in judicio existens, publice ista prenunciavit : videlicet quod rex Francie restitueretur in regnum suum et ipsum tandem lucraretur, vellent nollent adversarii ; et quod hoc esset per magnam victoriam quam Dominus mitteret gallicis ; et quod anglici expellerentur a Francia, exceptis illis qui ibidem decederent ; et quod ante septennium dimit-

---

(1) A quelques variantes près, c'est une citation textuelle (lib. VI *Confess.*, cap. XIII, n. 23). Migne : P. L. tom. XXXII, col. 731.

(2) Bréhal n'indique pas à quelle source il a puisé cette déclaration de S. Bernard. Dans la vie du saint par un moine de Clairvaux, qui a été imprimée à la suite des œuvres, on lit au chap. 8 du livre quatrième (n. 44) : « Nonnullas etiam sanitates, quas in manu fidelis servi sui mirabiliter Christus effecit, per visum ei mirabilius praeostendit ; multas ipse, cum fierent, animi virtute persensit ; ad aliquas etiam, spiritu suggerente, non rogatus accessit ». Migne : P. L. tom. CLXXXV, col. 347.

(3) Cf. *Summarium*, art. II.

(4) Cf. *Summarium*, art. II.

terent majus vadium (1) quod habebant in Francia, quod nonnulli, et recte, ut credo, accipiunt de civitate parisiensi, que in eo temporis spacio fuit ad obedienciam domini regis deducta, ita quod anglici haberent majorem perdicionem seu majus dampnum quam alias habuissent coram Aurelianis. Indicavit proinde quemdam ensem absconditum in ecclesia beate Katherine de Fierboys, signatum tribus crucibus (2). Quod voces suas interrogavit si cremaretur an non; que sibi responderunt quod se refferret Deo et ipse eam adjuvaret (3). Ista autem sunt pociora que Johanna predixisse comperitur; que quidem omnia evenisse notorium est ac manifestum. Equidem quod multo dignius est, nichil in eis vanum, temerarium aut stollidum, seu etiam bonis moribus ac fidei catholice repugnans deprehendi potest. Et hoc sano mirum est quoniam hoc adeo (4) constanter se certo scire affirmabat, sicut sciebat se in judicio presentem esse.

Sed occurrit difficultas de hoc ipso quod alias dixit, videlicet quod liberaret dominum ducem aurelianensem de captivitate in qua tunc detinebatur. Dicitur quod ipsamet hoc absolvit dicens quod, si ipsa durasset per tres annos absque impedimento, utique liberasset eum; et hoc quia vel anglicos sufficienter pro redimendo eum cepisset, aut alias cum potencia transivisset mare ad eripiendum eum (5). Subdit vero quod pro hoc faciendo habuit nimis brevem terminum (Ista patent in processu fº xxxijº et fº quinquagesimo nono).

Alia autem difficultas est de eo quod in' judicio dixit, quod scilicet voces dixerint sibi quod liberaretur a carcere; quod tamen non evenit, sed, ut notum est, combusta fuit. Ad hoc dicendum, ut prius, quod ex suis verbis potest sumi hujus solucio. Nam a vocibus suis postmodum audivit, quod non curaret de martirio suo, et quod finaliter veniret in paradisum (6). Ut namque dictum est, revelaciones non semper accipiende sunt ad litteram, seu prout in superficie sonant, sed frequenter sunt ad sensum misticum trahende. Idcirco illa liberacio accipienda pocius videtur seu intelligenda de adeptione salutis quam de erep-

---

(1) Gage. — Vadium; vadimonium, pignus... fidejussio; res ipsa in pignus data. — Cf. Du Cange: *Glossarium*... tom. VI, p. 717. Cf. *Summarium*, art. II.

(2) Cf. *Summarium*, art. II. Il semble que cette phrase n'est pas ici à sa place. Le fait dont il s'agit s'est passé dans les premiers temps de la mission de la Pucelle; il serait donc plus naturel de le rapprocher des premiers signes, au lieu de le mettre parmi les prophéties faites durant le jugement. La phrase suivante commence d'ailleurs par le mot *quod* ainsi que les précédentes assertions; ce qui lui donne l'apparence d'être une simple continuation du paragraphe. Cependant nous n'avons trouvé dans le manuscrit aucun signe qui indiquât une transposition par suite d'oubli.

(3) Cf. *Summarium*, art. II.

(4) M. Lanéry d'Arc a transcrit: *quoniam a Deo constanter*. Le manuscrit porte *adeo* par une minuscule. Il est vrai que presque partout le mot *Deus* n'a pas de majuscule. Mais nous croyons que le sens de la phrase est celui qu'indique notre leçon.

(5) Nous ne pouvons nous expliquer comment M. Lanéry d'Arc a pu lire: *alias cum exercitu transivisset...* Le manuscrit a très clairement le mot *potencia* en abrégé. Pour interpréter sans hésitation, il suffisait d'ailleurs de se rappeler le procès-verbal d'un interrogatoire, où il est dit: « Interroguée comme elle eust délivré le duc d'Orléans: respond qu'elle eust assés prins de çà prinse des Angloys pour le ravoir; et se elle n'eust prins assés prinse de çà, elle eust passé la mer pour le aler querir à puissance en Angleterre ». Quicherat: *Procès*... tom. I, p. 133.

(6) Cf. *Summarium*, art. II.

tione carceris, juxta illud apostoli (*ad Romanos* vij°) : « Quis me liberabit de corpore mortis hujus » ? Et David in persona martirum dicit : « Laqueus contritus est, et nos liberati sumus » (1). Unde ad hoc proprie facit, quod semel interrogata utrum consilium suum dixerit ei quod liberaretur a carcere, ipsa quasi prophetice respondit : « Infra tres menses loquemini mecum, et ego vobis idem respondebo ». Hec autem interrogacio facta fuit prima die martii ; ipsa vero in tercio mense sequenti fuit tradita mortis supplicio, die videlicet penultima mensis maii (2). Ideoque patet premissa verba intelligi debere de liberacione a presenti miseria, que fit per mortem.

Sed neque istud videtur sufficere, quia dixit quod voces sue ei asserebant quod haberet succursum a Deo per magnam victoriam ; quod tamen minime apparuit. Ad hoc dicitur quod ipsa hoc legittime dissolvit inquiens, quod nesciebat an hoc esset per liberacionem a carcere, aut per conturbacionem judicii, vel alias.

Unde, pro solucione ampliori et ad majorem elucidacionem istorum et consimilium que ipsi Johanne fortassis objici possent, notandum quod habens revelaciones tripliciter se habere potest ad veritatem predicendam. Uno modo, quando a spiritu divino seu prophetico movetur ; et sic enunciat infallibilem veritatem juxta illud (*Johannis* xvj°) : « Spiritus veritatis docebit vos omnem veritatem » ; et de isto jam satis habitum est. Alio modo, quando cognoscit per quemdam secretum instinctum, quem humane mentes eciam interdum nescientes paciuntur, ut ait Augustinus (secundo *super Genesim ad litteram*) (3) ; unde illa que sic propheta cognoscit discernere plene non potest, utrum ea cogitaverit aliquo divino instinctu, aut per proprium spiritum. Non enim omnia que divino instinctu cognoscimus sub certitudine prophetica nobis manifestantur : unde talis instinctus est aliquid imperfectum in genere prophecie, ut dicit sanctus Doctor (4), (2ⁿ 2°, q. clxxvij, art. v°). Tercio modo, quando habens revelacionem ex humano spiritu loquitur ; et sic potest in predicendo defficere, quod eciam et prophetis Dei [f° clxxxj r°] aliquando contingit. Ait enim beatus Gregorius (*super Ezechielem*), quod « aliquando prophete sancti, dum consuluntur, ex magno usu prophetandi quedam ex suo spiritu proferunt, et hec esse ex spiritu prophecie suspicantur » (5). Sicut

---

(1) *Psalm.* cxxiii, 7.

(2) Le supplice de Jeanne eut lieu en effet le 30 mai. L'interrogatoire se faisait le premier mars. (Cf. Quicherat : *Procès* ... tom. I, p. 88). M. Lanéry d'Arc a rendu le texte inintelligible, en le transcrivant comme il l'a fait : Ipsa vero in tertia [die] mense sequenti ; ce qui n'est conforme ni à l'histoire ni au manuscrit.

Bréhal dit que la Pucelle a répondu *quasi prophetice* parce qu'elle n'avait pas encore la véritable intelligence de ses paroles, quoiqu'elles lui eussent été suggérées par ses voix.

(3) Parlant des astrologues et de leurs prédictions, S. Augustin dit (lib. 2 *de Gen. ad litt.* cap. xvii, n. 36) : « Ideoque fatendum est, quando ab istis vera dicuntur, instinctu quodam occultissimo dici, quem nescientes humanae mentes patiuntur ». Migne: P. L. tom. xxxiv, col. 278.

(4) L'indication du manuscrit est fautive ; il faut lire : 2. 2, q. clxxi, art. 5 in corpore. *Opera omnia*... tom. xxi, p. 302, col. 2.

(5) Citation textuelle de S. Grégoire le Grand (hom. I, *in Ezech.* n. 16). Migne : P. L. tom. lxxvi, col. 793. — Le dernier membre de phrase offre cette variante : « et se haec ex prophetiae spiritu dicere suspicantur ».

Cette même citation est faite par S. Thomas, dans l'argument *sed contra* de l'article indiqué

namque aer semper indiget nova illuminacione, ita mens prophete semper indiget nova inspiracione ; quoniam lumen propheticum non inest menti prophete per modum forme permanentis, sed solum per modum passionis transeuntis (1); unde non semper ei adest facultas prophetandi. Ideo dicit Gregorius, (*ubi prius*): « Aliquando prophecie spiritus deest prophetis, nec semper mentibus eorum presto est ; quatinus, cum non habent, agnoscant ex dono Dei habere cum habent ». Et rursus idem : « Quod prophetis non semper spiritus prophecie assit, vir Dei indicat qui contra Samariam missus mala que ei ventura erant denunciat ; verumptamen prohibitus a Deo in via comedere, prophete falsi persuasione deceptus est, quem fallax sermo non deciperet si prophecie spiritum presentem haberet » (2). Samuel eciam cum ad ungendum David a Domino mitteretur, respondit : « Quomodo vadam ? Audiet enim Saül et interficiet me ». Qui tamen et David unxit, sed neque a Saüle occisus fuit. Helyseus eciam de muliere Sunamite dixit, (quarti *Regum* iiij⁰) : « Anima ejus in amaritudine est, et Dominus celavit a me et non indicavit michi ». Quinymo et prophete Domini falsa quandoque enunciant, ut quando Nathan propheta regi David ait, (secundo *Regum* vij⁰) : « Omne quod est in corde tuo fac, quia Dominus tecum est ». Super quo verbo Nicholaus de Lyra dicit quod ipse Nathan credebat Deo placere ut domus Domini a David edificaretur. Ex quo, ut subdit, patet quod spiritus prophecie non semper tangit corda prophetarum, quia aliquando loquuntur instinctu aut spiritu proprio vel humano, et non divino (3).

---

tout à l'heure. La raison alléguée par Bréhal pour confirmer cette doctrine est empruntée à S. Th. 2. 2, q. CLXXI, art. 2 in corp. (*Opera omnia...* tom. XXI, p. 301, col. 1).

(1) La lumière qui éclaire l'esprit du prophète et lui fait connaître l'avenir n'existe pas dans son âme à l'état permanent. Elle n'est pas comme la lumière de la raison, un principe naturel qui appartient à la constitution même de l'être raisonnable; elle n'est pas non plus un élément stable d'activité, comme les habitudes infuses ou acquises, qui servent à la perfection des opérations intellectuelles et morales de l'homme, et dont le concours est subordonné au gré de celui qui les possède. C'est un don surnaturel et transitoire, qui agit sur l'âme du prophète par intermittence et indépendamment de la volonté humaine. De même que notre atmosphère (c'est l'exemple dont se sert Bréhal après S. Thomas) devient lumineuse par le rayonnement de la lumière physique, sans laquelle elle retomberait bien vite dans l'obscurité, ainsi l'esprit du prophète a besoin d'être soumis à l'impression passagère de cette lumière, en dehors de laquelle il serait inapte à percevoir l'avenir.

(2) Ces divers textes de S. Grégoire le Grand se trouvent dans la même homélie (I *in* Ezech.); mais à des endroits différents. Ainsi le premier passage : *Aliquando*, etc. est du n. 15 ; il offre cette variante : « quatenus cum hunc non habent, se hunc agnoscant ex dono habere cum habent ». Migne : P. L. tom. LXXVI, col. 792. Ce texte est cité dans la Somme Théologique, mais non le second passage, qui est ainsi conçu : « Quia autem prophetis prophetiae spiritus non semper adest, etiam vir Dei indicat, qui contra Samariam missus, mala que ei ventura erant nuntiavit (III *Reg.* XIII) ; qui tamen prohibitus a Domino in via comedere, prophetae falsi persuasione deceptus est (*ibid.* XVIII) ; quem fallax sermo non deciperet, si prophetiae spiritum praesentem habuisset ». (*loc. cit.* n. 15 ; col. 793). — Le troisième passage, relatif à Samuel, n'est pas allégué non plus par S. Thomas. Bréhal l'a emprunté au n. 12 ; (*ibid.* col. 791). — Les exemples d'Élisée et de la Sunamite sont également apportés par S. Grégoire, mais Bréhal n'en donne que le sens.

(3) Le texte de la Vulgate (II *Reg.* VII, 3) offre une variante : « Omne quod est in corde tuo, vade, fac,... » — Nicolas de Lyre (*Postillae in Vetus et Novum Testamentum*) commente ainsi le

Ex quibus clare patet quod si forte Johanna aliquid predixerit quod vel non sit de facto, aut non evenerit sicut dixit, quod tamen non video, nichilominus ei aut suis prenunciacionibus non derrogat, cum istud quoque sanctis et veris prophetis eciam quandoque contingat.

Patet insuper ex hiis quod falso et indebite illi imponitur quod fuerit revelacionum et apparicionum mendosa confictrix, perniciosa seductrix, presumptuosa, leviter credens, supersticiosa divinatrix, blasphema in Deum et sanctos et sanctas. Sed de hiis plene magis ac sigillatim, cum de qualificacionibus et deliberacionibus doctorum inferius agemus, videbitur.

QUARTUM CAPITULUM.

Quod illis spiritibus ei apparentibus et ipsam alloquentibus sepe reverenciam exhibuit.

Quo autem ad illud in quo Johanna asserit se illis spiritibus ei apparentibus reverenciam exhibuisse, ista sunt que ex processu tamquam precipua possunt colligi : videlicet quod, dum juvenis erat, ivit quandoque cum aliis filiabus spaciatum (1) apud quamdam arborem in parochia sue nativitatis sitam, que arbor fatalium dominarum vulgariter appellabatur (2) ; apud quam tunc temporis, ut dixit, fecit quandoque serta seu capellos (3) pro ymagine beate virginis illius parochie. Asseruit preterea quod, recedente ab ea sancto Michaele et aliis spiritibus sibi apparentibus, osculabatur terram per quam transierant ; cumque eciam ad eam venirent, aliquando caput discooperiebat, genua flectebat, illosque amplexando et osculando sensibiliter et corporaliter tangebat. Addidit tamen quod credebat certissime angelum et sanctas virgines Katherinam et Margaretam ei apparentes illosmet esse qui sunt in celis, in quorum honorem, ut dixit, offerebat quandoque munera sacerdotibus et candelas in ecclesia, faciebatque missas celebrare, et ymaginibus sanctorum aliquando in ecclesiis capellos de floribus apponebat (4). Equidem ista sunt propter que apud judicantes et alios notata fuit de supersticione et ydolatria ac eciam demonum invocacione.

---

passage de l'Écriture : « Dixitque Nathan ad regem, non spiritu prophetico sed humano. Quod patet ex hoc, quia postea retractavit verbum suum. Omne quod est in corde tuo, vade, fac ; quasi dixit : bonum propositum concepisti, impleas in opere, quia Dominus tecum est. Credebat enim Deo placere quod domus Domini a David aedificaretur. Et ex hoc patet quod spiritus prophetiae non semper tangit corda prophetarum, quia aliquando loquuntur instinctu proprio ac humano, non divino, ut patet in hoc loco et in pluribus ».

(1) Spatiari : ludere, genio indulgere. (Du Cange : *Glossarium*... tom. VI, p. 317). De ce verbe est dérivé le substantif *spatiamentum*. On le rendait jadis en français par le mot *spaciment*, qui s'est conservé seulement dans la langue monastique, chez les Chartreux par exemple. Les Italiens ont gardé la locution : *andare a spasso*.

(2) Cf. *Summarium*, art. III.

(3) Capelli : corona florea et plectilis ; gallice : *guirlande*. — (Du Cange : *Glossarium*... tom. II, p. 133).

(4) Cf. *Summarium*, art. III.

Sed procul dubio, si hec sane intelligantur, nullam ipsi Johanne suspicionem saltem de errore periculoso inducunt. Nam in primis sincere religionis est proprium, ut ait sanctus Thomas (1), reverenciam Deo exhibere propter ejus excellenciam. Que quidem reverencia (2) eciam aliquibus creaturis communicatur, non quidem secundum equalitatem, sed secundum quamdam participacionem. Et ideo alia veneracione colimus Deum, quod pertinet ad latriam, et alia quasdam excellentes creaturas, quod pertinet ad duliam. Et quia illa que exterius aguntur signa sunt interioris reverencie, ideo quedam exteriora ad reverenciam pertinencia exhibentur excellentibus creaturis, inter que maximum est adoracio. Sed tamen aliquid est quod soli Deo exhibetur, scilicet sacrificium, ut dicit beatus Augustinus (in x° *de civitate Dei*) (3). Secundum enim reverenciam que excellenti creature debetur, Nathan adoravit David, (ut legitur tercii *Regum* primo). Secundum autem reverenciam que soli Deo debetur, Mardocheus noluit adorare Aman, timens ne honorem Dei transferret ad hominem, (ut dicitur *Esther* xiij°). Et similiter, secundum reverenciam debitam creature excellenti, Abraham adoravit angelos in terra, (*Gen.* xviij°); et eciam Josue, (ut legitur *Josue* v°), quamvis possit intelligi quod adoraverint adoracione latrie Deum, qui in persona angelorum apparebat et loquebatur. Secundum autem reverenciam que debetur Deo, prohibitus est Johannes angelum adorare, (*Apocalypsis* ultimo), ad excludendum potissime occasionem ydolatrie. Unde notanter ibidem subditur : « Deum adora ».

Ex quibus manifeste apparet quod in veneracione quam Johanna spiritibus illis exhibuit, nichil culpabile aut supersticiosum reperitur. Illud siquidem quod ipsa reffert se fecisse in infancia sua, juxta arborem superius memoratam, puerile utique reputari debet. Quod autem ramos ab illa arbore seu frondes excerpsit, et ymagini beate virginis capellos fecit, quis hoc, queso, putet supersticiosum, an magis pium atque religiosum, cum istud apud catholicos commune sit et usitatum ? Nam et beatus Jeronimus, (*ad Helyodorum episcopum* hiis verbis scribens), Nepocianum commendat quod basilicas ecclesie et martirum conciliabula diversis floribus et arborum comis vitiumque pampinis adumbrarit (4).

Sed dicet quis objiciendo quod ipsa fatetur se saltim una vice audivisse voces ad fontem juxta illam arborem constitutum (5). Ad hoc dicitur quod nichil prejudicat, sive ibi sive alibi audiverit, ut superius dictum est [f° clxxxj v°] cum de loco apparicionum tractaretur, maxime cum sepius constanter affirmaverit quod non credebat aliquo modo in fatis, neque in

---

(1) Ce qui suit est emprunté à la *Somme Théologique*: 2. 2, q. LXXXIV, art. 1. (*Opera omnia*... tom. XXI, p. 161, col. 1). Le membre de phrase : religionis est proprium reverenciam Deo exhibere, est tiré du corps de l'article. Tout ce qui suit, jusqu'à la fin du paragraphe, est une reproduction à peu près littérale de la réponse ad 1m.

(2) Il devrait y avoir : que quidem excellencia ; le sens serait plus rationnel. Telle est d'ailleurs la leçon des textes imprimés. Cependant *reverencia* est encore intelligible.

(3) Voici le texte même de S. Augustin (lib. x *de Civ.* cap. 4) : « Sacrificium certe nullus hominum est qui audeat dicere deberi, nisi Deo ». Migne : P. L. tom. XLI, col. 281.

(4) Depuis : basilicas ecclesie, jusqu'à la fin de la phrase, c'est le texte même de S. Jérôme (*Epist.* LX, n. 12). Migne: P. L. tom. XXII, col. 597.

(5) Cf. *Summarium*, art. I.

sorte illius arboris vel fontis. De illis vero qui vadunt per aera in die Jovis interrogata eciam, respondit quod bene audivit alias loqui de eis, sed numquam in hoc fidem adhibuit, sed pocius, ut dixit, credidit quod esset sortilegium (1). Et ad plenius elidendum omnem supersticionis aut prestigii suspicionem multum facit quod ipsa sortilegorum et supersticiosarum personarum consorcia dictaque illorum et facta semper abhorruit, sicut patet ex processu de quadam Katherina de Ruppella, cujus maleficia ac figmenta caute explorans cuncta mox detexit, et omnino cavendam atque propellendam adjudicavit (2).

Que autem postmodum adduntur circum ipsam veneracionem, ut de detectione capitis, de genuflectione, de osculacione terre, et ipsorum spirituum sensibili contrectacione, et sic de aliis, in nullo ista prejudicant. Nam hii exteriores corporis actus et gestus et omnis alia ipsius corporis in exhibicione reverencie humiliacio refertur ad interiorem devocionem mentis, sicut signum ad signatum (3). In istis nempe signis exterioribus devote humilitatis, que per hominem corporaliter exhibentur, fit protestacio pia et religiosa debite subjectionis ad Deum ac devote reverencie ad sanctos et presertim in ordine ad Deum; quia, (ut ait Jeronimus *ad Vigilantium*) (4), « honoramus servos ut honor servorum redundet ad dominum ». Sunt

---

(1) Le texte publié par M. Lanéry d'Arc est ainsi ponctué : De illis vero qui vadunt per aera, in die Jovis interrogata etiam, respondit... La virgule, placée après le mot *aera* n'est peut-être qu'une faute d'impression, mais elle est particulièrement malencontreuse parce qu'elle modifie le sens et attribue une date inexacte à la demande. Le procès-verbal des actes préparatoires du premier jugement porte en effet que cet interrogatoire eut lieu le samedi XVII mars, et que les promenades avec les fées se font le jeudi. Voici la teneur du document. « Le samedi, xvij° jour de mars, mil cccc. trente, après disner... Interrogée s'elle sçait rien de ceulx qui vont en l'erre avec les fées : respond qu'elle n'en fist oncques, ou sceust quelque chose ; mais a bien ouy parler, et que on y aloit le jeudi ; mais n'y croist point, et croist que ce soit sorcerie ». (Quicherat : *Procès*... tom. I, pp. 181 et 187). — Le réquisitoire du promoteur l'a fidèlement reproduit en ces termes : « Item, die sabbati, xvij martii, interrogata... Item, ea die decima septima, interrogata si aliquid scit de his qui errant, gallice *qui vont en l'erre* cum Fatis: respondit quod de hoc nunquam fecit nec scivit quidquam. Bene audivit loqui quod ibatur in die jovis ; sed in hoc non credit, imo quod est sortilegium ». (Quicherat: *Procès*... tom. I, p. 211). — Induit en erreur par le fait de cette transcription fautive, le R. P. Ayroles dit à son tour. « Un jeudi, elle fut interrogée à ce sujet ». (*La vraie Jeanne d'Arc*, p. 481). Dans l'intérêt de l'exactitude historique, nous avons cru nécessaire d'indiquer cette rectification.

(2) Il fut question de Catherine de la Rochelle dans l'interrogatoire du samedi 3 mars. Jeanne déclara comment elle avait découvert la fausseté de ses prétendues visions, et elle dit, après avoir consulté ses voix, « que du fait de icelle Katherine n'étoit que folie, et estoit tout nient ». Quich. tom. I, p. 107.

(3) Par suite de l'union étroite qui existe entre l'esprit et le corps de l'homme, les impressions de l'âme ne restent pas toujours renfermées dans le sanctuaire impénétrable de la conscience. Souvent elles se traduisent au dehors et se font jour, pour ainsi dire, au travers des organes corporels. Une attitude respectueuse, certains gestes du corps sont les signes naturels de la dévotion et de l'humilité : c'est la représentation sensible d'un fait spirituel, et comme parle Bréhal avec les scholastiques, ces deux termes se correspondent de la même façon que le signe se rapporte à la chose signifiée.

(4) Dans cette indication, il y a un défaut de mémoire chez Bréhal, ou une erreur de transcrip-

enim sancti a nobis honorandi tamquam spiritualia membra Christi, tamquam filii Dei et amici, et denique tamquam patroni et intercessores nostri ; ymo et pulveres et ossa corporum ecclesia catholica rite veneratur, et non solum hec, sed et cathenas et vincla, indumenta, calceos, sepulchrorum moles et saxa, ac eciam ipsa que calcaverunt pavimenta, quoniam ipsa eorum corpora fuerunt spirituale templum seu organum Spiritus sancti in eis habitantis atque operantis. Que quidem fictilia vasa eciam Deus plerumque honorat (1) in ipsorum sepelicione, translacione, gestacione, contrectacione, visitacione aut alias, signa magna seu miracula ostendendo. Quanto magis ergo a nobis venerari illi beatissimi spiritus debent, qui nunc feliciter Deo conjunguntur, et ipso gloriosissime fruuntur, propter quos sic a fidelibus mortua eorum corpora honorantur, juxta maximam philosophi (in primo *Posteriorum*) : « propter quod unumquodque tale, et illud magis » (2).

Et ad hoc plurimum facit illud quod ipsa Johanna dixit, videlicet quod credebat angelum et sanctos spiritus ei apparentes illosmet esse qui sunt in paradiso (3), multa inducens de hoc et de sua recta credulitate efficacissima argumenta, que in parte sunt superius adducta. Quamobrem non potuit non solum, ut dixerim, digna aut sufficienti probabilitate, sed neque legittima presumpcione tamquam supersticiosa vel ydolatra denotari, quanto minus adjudicari ; quia, eciam posito quod mali spiritus essent quibus reverenciam exhibuit, condicionibus tamen suprapositis extantibus, adhuc ei non prejudicaret, vel saltim hoc ipsum errorem periculosum non induceret. Nam, (super illo verbo secunde *ad Corinthios* xj^e : « Sathanas se transfigurat in angelum lucis », etc.) ait *glosa* : « quando sensus corporis fallit, mentem vero non movet a vera rectaque sentencia qua quisque vitam fidelem gerit, nullum est in religione periculum ; vel cum se bonum fingens ea vel facit vel dicit que bonis angelis congruunt, etsi tunc credatur bonus, non est error periculosus aut morbidus » (4). Dicunt eciam aliqui,

---

tion chez le greffier. La phrase, alléguée du reste textuellement, est empruntée à S. Jérôme (*Epist.* CIX, *ad Riparium presbyterum : de Vigilantio*). Migne : P. L. tom. XXII, col. 907.

(1) Le mot : *plerumque* a été omis par M. Lanéry d'Arc.

(2) Voir S. Thomas dans son commentaire sur les ouvrages d'Aristote (lib. I *posteriorum analyticorum*, lect. VII). *Opera omnia* ... tom. I, p. 98, col. 2.

Cet aphorisme aristotélicien, qui surprend au premier abord par la singularité de son expression, n'est pourtant pas difficile à saisir, si l'on se rappelle la signification scholastique du mot *tale*, par lequel les péripatéticiens entendent la participation à une qualité, c'est-à-dire une modification accidentelle de la substance en elle-même, ou, comme parle le B. Albert le Grand, un accident qui complète et perfectionne la substance dans son être ou dans son opération. Ainsi la science est une perfection qualificative, surajoutée à l'être de celui qui la possède, destinée à parfaire les opérations de son intelligence. La formule citée par Bréhal équivaut donc, dans le cas présent, à cette affirmation plus accessible : la cause qui communique à un objet une excellence particulière possède cette même excellence à un degré plus éminent. — Cf. S. Th. I, q. LXXXVII, art. 2 ad 3^m *Opera omnia* ... tom. XXI, p. 185, col. 1.

(3) Cf. *Summarium*, art. III.

(4) Cette glose de S. Paul (II *Cor.* XI, 14) est partiellement citée par S. Thomas : 2. 2, q. X, art. 2, arg. 3 et ad 3^m (*Opera omnia* ... tom. XXI, p. 20, col. 2). Sauf quelques légères variantes, elle est de S. Augustin (*Enchirid.* cap. 60, n. 16). Migne : P. L. tom. XL, col. 260.

(prout in *postilla* sua super eodem passu refert magister Petrus de Tharentesia)(1), quod si Sathanas fingens ea que Christo congruunt faceret se ab aliquo adorari, in ipso casu talis ab errore excusaretur; quamvis alii dicant quod non deberet adorare nisi cum condicione tacita vel expressa, videlicet si tu es Christus. Preterea, idem tenet per expressum sanctus Doctor cum dicta *glosa* (in 2ª 2ᵉ q. x, art. ijⁿ), dicens quod aliquis credens malum angelum esse bonum non dissentit ab eo quod est fidei (2); et hoc propter rectitudinem voluntatis ejus qui illi adheret intendens bono angelo inherere. Denique et hoc patet clarissime ex textu *Decreti*, (in § « hiis ita », verbo *Aliter*), ubi sic legitur : « Dyabolus nonnumquam in angelum lucis se transformat; nec est periculosus error, si tunc creditur esse bonus, cum se bonum simulat. Si ergo tunc ab aliquo simplici demo [n] quereret, an sue beatitudinis vellet esse particeps, et ille responderet se in ejus consorcium velle transire; numquid dicendus esset consensisse in consorcium dyabolice dampnacionis, an non pocius in participacionem claritatis eterne? » (3). Constat enim in vitis patrum et ex diversis hystoriis seu legendis sanctorum, demones non solum in angelum, sed et quandoque in Christum se transformasse, ut apud beatum Martinum (4) et alios quamplurimos; sed nichilominus ex dono Dei figmenta dyaboli cognoverunt, et a nephario cultu ipsius gracia preservati sunt.

Quippe et possibile fuit, ymo et quod ita fuerit satis verisimile est, Johannam speciali munere Dei virtutem seu graciam discernendi spiritus habuisse; quod recte consonat quibusdam dictis ejus super hoc in processu descriptis. Quam tamen graciam etsi forte non habuerit, nichil siquidem ei derogat; quoniam spiritus illi malum non suggerebant, sed ad bonum ex toto inducebant, ut superius habitum est. Ideo non potuit in hiis perniciose seu periculose errare.

Et notandum quod a vocibus suis, prout reperitur in registro, tria potissimum in sua oracione petebat: videlicet quod Deus eam adjuvaret et liberaret, quod conservaret existentes in obediencia regis, et quod finaliter salvaret animam ejus (5). Ista autem peticio seu oracio ve-

---

(1) Outre ses *Commentaires sur le livre des Sentences*, cet illustre docteur dominicain, qui succéda à S. Thomas dans la chaire de théologie à Paris, et qui fut plus tard pape sous le nom d'Innocent V, a laissé des notes sur les *Épitres de S. Paul*. Nous n'avons pu consulter ce volume in-fº, qui a été imprimé à Cologne en 1478 sous le nom de Nicolas de Gorran. Mais nous avons trouvé son ouvrage à la Bibliothèque nationale de Paris, Ms. 15276, et nous avons pu y contrôler le texte cité ici par Bréhal. Le voici intégralement: « Item super illud dicit glossa : cum diabolus bonum se fingens dicit aut facit ea que congruunt bonis angelis, non est error periculosus. Contra ; ergo a simili si Christum se fingens facit ea que Christo congruunt jubens se adorari, non est error periculosus. Respondeo: Christo non congruit jubere se falso adorari. Quidam tamen dicunt quod in hoc casu qui adorat excusatur; alii, quod non debet adorare, nisi sub conditione tacita vel expressa, scilicet si tu es Christus; aliter non excusatur » [fº cxiiij].

(2) Ces mots sont empruntés à la réponse *ad* 3ᵐ; mais la suite de la phrase est de Bréhal.

(3) La citation est empruntée textuellement au § « hiis ita respondetur »; au mot *Aliter etiam hoc probatur*; question première de la cause XXIX, dans la seconde partie du *Décret*; p. 1917.

(4) Le fait est raconté par Sulpice Sévère (*De vita beati Martini*, cap. XXIV) Migne: P. L. tom. XX, col. 174.

(5) Cf. *Summarium*, art. III.

re sancta est ac bene ordinata ac more rethorico ascendens (1). Nam primum respicit bonum proprium seu persone; secundum respicit sinceram ad proximos caritatem; tercium vero anime sue salutem. Quis umquam, queso, prestigiosus, sortilegus, ydolatra, aut quicumque alius demonum invocator vel consors a Domino Deo hec aut consimilia petit? Enimvero stupendum est quatinus super hiis potuit de ydolatria aut demonum consorcio criminari. Nam et quodam loco processus per suum juramentum affirmavit, quod non vellet per auxilium demonis a carcere illo, in quo tamen crudelissime vexabatur, extrahi aut liberari (2).

Verumptamen duo sibi objiciuntur, que presumpcionem de ydolatria videntur inducere, saltim secundum intencionem judicantium. Primum est, quia spiritus illos invocabat; secundum, quod virginitatem suam eis devoverat. Ad ista dicendum quod utrumque istorum falso ipsi Johanne objicitur et imponitur; quamvis et si fecisset, nichil tamen derogaret.

Primum namque falsum est; quoniam interrogata quomodo angelum et sanctas prefatas requirebat, respondit sic : [f° clxxxij r°] « Ego reclamo Deum et nostram Dominam, quod ipsi mittant michi consilium et confortacionem ; et postea ipsi mittunt » (3). (Hoc patet in processu, f° lxv°, f.). Ponuntur que ibidem verba formalia, quibus Dominum precabatur dicens, ut in nomine sanctissime passionis ejus mitterent sibi consilium et auxilium. Planum vero est quoniam istud pietatem catholicam continet.

Sed eciam dato quod invocaverit angelos et sanctos et sanctas, quis hoc, queso, dampnare audebit? Nonne sancta mater ecclesia cotidianis obsecracionibus eorum presidia implorat et invocat? Unde ipsa Johanna constanter et bene illis pretensis judicibus respondit : « Ego interpellabo eos, quamdiu vivam ».

Aliud vero quod ei objicitur, videlicet quod spiritibus ei apparentibus virginitatem vovit, similiter falsum est, quia nusquam in dictis ejus sic reperitur, sed bene quod prima vice qua audivit voces illas, ipsa vovit servare virginitatem tamdiu quamdiu placeret Deo (4) ; et erat tunc etatis xiij annorum, (et hoc patet fol. xxxj°, E). Et alibi dixit quod firmiter credebat salvari, dummodo teneret juramentum et promissum quod fecerat Deo, videlicet quod bene servaret virginitatem suam corporis et anime.

Quippe et si inveniretur dixisse sicut isti pretendunt, quid illi, queso, prejudicaret? Nam, ut beatus Thomas ait, (2ª 2ᵉ, q. lxxxviij, art. v° in fine) (5) : Votum proprie etsi soli Deo fiat

---

(1) Bréhal fait allusion à la figure de rhétorique appelée gradation, ou progression ascendante. — Cf. B. Jullien : *Cours supérieur de grammaire* ; 2ᵉ partie, haute grammaire, chap. 46 : figures augmentatives. — Hachette, 1849, p. 127ᵇ.

(2) Cf. *Summarium*, art. III.

(3) Cf. *Summarium*, art. I.

(4) Cf *Summarium*, art. I.

(5) Le mot : in fine, ne signifie pas comme d'ordinaire la fin du corps de l'article ; mais il s'agit de la réponse ad 3ᵐ, où cette doctrine se trouve exposée. *Opera omnia*... tom. XXI, p. 168, col. 2.

On peut promettre à un homme de faire une bonne action : à proprement parler, ce n'est pas là un vœu, puisque le vœu est une promesse faite à Dieu seul. Mais cet engagement de fidélité peut devenir l'objet, ou comme disent les scholastiques, la matière d'un vœu, si par ce moyen on s'oblige vis-à-vis de Dieu à l'accomplissement de l'œuvre vertueuse qu'on a promise à l'homme. Voi-

tamen promissio alicujus boni potest fieri homini ; que quidem sic facta potest cadere sub voto, in quantum est quoddam opus virtuosum. Et per hunc modum debet intelligi votum quod fit sanctis vel prelatis. Nam ipsa promissio eis facta cadit sub voto materialiter, in quantum scilicet homo vovet Deo se impleturum id quod sanctis aut prelatis promittit. Et Petrus de Tharanthasia (1), (iiij°, dist. xxxviij, art. primo), dicit quod omne votum vel fit Deo immediate, scilicet in seipso, vel mediate, id est in sanctis suis; sanctis enim non fit votum nisi propter Deum (2).

Et hoc est quod Johanna quodam passu de hoc caute loquens dixit quod videlicet bene sufficiebat promittere illis qui erant missi ex parte Dei (3). Ideoque apparet quod de istis impie criminatur, ymo pocius, ut liquet, de bono opere lapidatur.

Inducuntur preterea quedam alia ab adversariis, ut majorem supersticiosi erroris ingerant suspicionem : ut de vexillo suo quod in preliis gessit, de figura in eo depicta, de panoncellis militibus distributis, de ense suo, de anulo, de nominibus istis Jhesus et Maria, que in litteris apponi faciebat seu permictebat, et si qua sunt similia (4). Sed ad omnia hec et hujusmodi adeo sagaciter prudenterque respondit, ut non solum ejus responsa omnem erroris aut prestigii suspicionem elidant, sed et plane religiosissimam pietatem super istis universa ejus verba redoleant. Ob quod ista que intulimus, ad calumpniam horum penitus refellendam, credimus sufficere.

QUINTUM CAPITULUM.

Quod a patre et a matre non licenciata clamculo (5) recessit.

Super eo vero quod a parentibus, patre scilicet et matre, clam et illicenciata recessit,

---

là pourquoi on donne le nom de vœu à la promesse faite à Dieu en l'honneur d'un saint, ou entre les mains d'un supérieur. — On dit dans le même sens qu'on érige un temple ou qu'on célèbre la messe en l'honneur d'un saint : les hommages de ce genre appartiennent aussi au culte de latrie, et sont réservés à Dieu, auquel ils se rapportent toujours en dernière analyse, avec ou sans intermédiaire.

(1) Le nom de Pierre de Tarentaise a été orthographié de deux manières différentes par le même greffier Le Comte, qui écrit tantôt Tharentesia, tantôt Tharanthasia. — Le texte cité ici est exactement emprunté au *Commentaire* sur le quatrième livre des *Sentences*, dist. XXXVIII, q. I, art. 1.

(2) Lan. : sanctis enimvero fit votum nisi propter Deum.

(3) « Interroguée se, quant elle promist à nostre Seigneur de garder sa virginité, s'elle parloit à luy : respond : il debvoit bien suffire de le promeictre à ceulx qui estoient envoyés de par luy ; c'est assavoir, saincte Katherine et saincte Marguerite ». Quich. tom. I, p. 127.

(4) Bréhal fait allusion à l'article XX du *libelle* du promoteur, exposé par Thomas de Courcelles. Jeanne avait répondu à ses juges : « Il n'y avoit ne sorcerie, ne autre mauvès art. Et du bon eur de son estaindart, dit que de l'eur, s'en rapporte à l'eur que nostre Seigneur y a envoyé ». Quich., tom. I. p. 237.

(5) Lan. : clam cubiculo.

quinymo, ut habetur in processu, sic illos ex hoc contristavit quod pene dementes effecti sunt (1), aliquid sub brevitate dicendum est.

Notandum itaque (2) quod obediencia procedit ex reverencia que exhibet cultum et honorem superiori et excellentiori. Unde, in quantum obediencia procedit ex reverencia Dei, continetur sub illa prestanti virtute quam Tullius (2º *rethorice*) religionem vocat (3); in quantum vero procedit ex reverencia parentum, proprie loquendo continetur sub illa virtute quam idem Tullius pietatem appellat (4) : quarum utraque ad virtutem justicie pertinet. Secundum ergo eminencie differenciam harum duarum virtutum ad invicem, in quantum videlicet una plus debitum justicie includit quam altera, oportet attendere debitum reverencie ac obediencie ad Deum et parentes.

Homo autem diversimode efficitur aliis debitor (5) secundum eorum excellenciam et beneficiorum ab eis susceptorum variam participacionem. Constat vero quod in utroque istorum summum locum obtinet Deus, qui quidem in se opulentissimus est ac excellentissimus, quinymo nobis primum atque precipuum non solum essendi sed et conservandi ac gubernandi universale principium est. Parentes vero nostri dumtaxat quoddam particulare principium existunt.

Unde (6) cum religio et pietas sint due virtutes, ut dictum [est] non possunt sibi invicem repugnare aut impedimentum afferre, sicut neque bonum potest bono contrariari (secundum philosophum in *predicamentis*) (7); ideoque ex debitis cicumstanciis oportet actus istarum sicut et quarumlibet aliarum virtutum limitare, quarum circumstanciarum termini si preterirentur, jam non esset actus virtutis sed vicii. Ad pietatem itaque pertinet cultum et subsidii officium impendere secundum debitum modum. Non esset autem debitus modus, si homo plus intenderet ad colendum parentes quam ad colendum Deum, quia, (ut dicit Ambro-

---

(1) Thomas de Courcelles l'affirme à l'article x du *libelle* présenté par le promoteur contre Jeanne : « Qui praedicti parentes pene perdiderunt sensum, quando recessit ad eundum ». Quich., tom. I, p. 219.

(2) Quoique Bréhal n'ait donné aucune référence, il est manifeste que toute cette doctrine est puisée dans la *Somme théologique*. Aussi nous a-t-il été facile de retrouver les enseignements mêmes de S. Thomas auxquels il emprunte son exposé et la majeure partie de ses expressions. Les deux phrases suivantes sont presque littéralement tirées de la 2. 2, q. CIV, art. 3 ad 3m. *Opera omnia*... tom. XXI, p. 199, col. 1.

(3) Voici le texte même de Cicéron (lib. II *de Inventione*, cap. LIII) : « Religio est, quae superioris cujusdam naturae, quam divinam vocant, curam caerimoniamque offert ». *Œuvres*, tom. III, p. 324.

(4) Au même chapitre du livre *de Inventione*, Cicéron dit encore : « Pietas, per quam sanguine conjunctis patriaeque benivolis officium et diligens tribuitur cultus » (*loc. cit.* p. 324).

(5) Tout ce paragraphe se retrouve à peu près littéralement dans S. Thomas 2. 2, q. CI, art. 1 in corpore. — *Opera omnia*... tom. XXI, p. 194, col. 1.

(6) Sauf la citation de S. Augustin, presque tout ce paragraphe est emprunté assez textuellement à S. Thomas : 2. 2, q. CI, art. 4. — *Opera omnia*... tom. XXI, p. 195, col. 1.

(7) Le livre d'Aristote sur les *Prédicaments* a été commenté par Boèce. La maxime philosophique citée ici est fort bien exposée (*in Categorias Aristotelis*, lib. IV *de oppositis*) Migne : P. L. tom. LXIV, col. 263, et seq.

sius *super Lucam*)(1), «necessitudini generis religionis divine pietas antefertur». Et Augustinus dicit : «Amandus est generator, sed preponendus est creator »(2). Ubi ergo cultus parentum a Dei cultu et obediencia retraheret, vacuaretur exactissimus atque saluberrimus religionis actus; unde sic parentum cultui et contra Deum existere (3) nil aliud esset quam excellentem pietatis virtutem ac debite obediencie ordinem pervertere. Ob quod dicit Jeronimus, (in *epistola ad Heliodorum*) : « Per calcatum perge patrem, per calcatam perge matrem ». Et subdit : « Summum genus pietatis est in hac re te esse crudelem » (4).

Ubi ergo divinum imperium ad hominem pervenit, jam cedit obligacionis vinculum ad parentes. Ait enim Christus ad matrem et Joseph, (*Luce* ij°) : « Quid est quod me querebatis ? Nesciebatis quia in hiis que patris mei sunt oportet me esse » ? Et hoc maxime, quia in hiis que ad interiorem motum voluntatis pertinent, nemo patri aut matri aut alicui homini subjicitur sed soli Deo, in cujus dumtaxat potestate est hominis arbitrium movere et convertere ad quodcumque voluerit, (ut dicitur *Proverbiorum* xxj°) (5), cum eciam tota mens hominis nulli alteri quam Deo sit subdita. Ait enim Seneca, (iij° libro *de beneficiis*) : « Errat si quis existimat servitutem in totum hominem descendere; pars enim ejus melior excepta est. Mens quidem est sui juris ; corpora vero obnoxia sunt et majoribus ascripta » (6). In quibus, adhuc secundum jura, quantum ad ea que ad naturam corporis pertinent, homo homini obedire non tenetur, sed solum Deo ; quia omnes homines natura sunt pares, ut ait Gregorius (7), ut puta in hiis que ad corporum sustentacionem

---

(1) La phrase de S. Ambroise a été citée par S. Thomas dans la *Chaîne d'Or* (in Luc. IX, 60) *Opera omnia*... tom. XVII, p. 104. Elle est tirée de l'*Expositio Evang. sec. Luc.* (lib. VII, n. 41). Migne : P. L. tom. XV, col. 1710.

(2) Dans le sermon CCCXLIV (*de amore Dei et amore saeculi*, n. 2), on trouve une phrase similaire, qui a probablement servi de base à la rédaction du texte que Bréhal allègue sans référence : « ma Apatrem, sed noli super dominum ; ama genitorem, sed noli super creatorem ». Migne : P. L. tom. XXXIX, col. 1512.

(3) Il faudrait plutôt : parentum cultui et contra Deum insistere; ainsi portent les textes imprimés de S. Thomas. Mais la leçon du manuscrit est manifestement : existere.

(4) S. Jérôme s'exprime ainsi (*Epist.* XIV, alias I, *ad Heliodorum monachum*, n. 2) : « Licet sparso crime et scissis vestibus, ubera quibus te nutrierat mater ostendat, licet in limine pater jaceat, per calcatum perge patrem ; siccis oculis ad vexillum crucis evola. Solum pietatis genus est, in hac re esse crudelem ». Migne : P. L. tom. XXII, col. 348.

(5) Le premier verset du chapitre allégué par Bréhal est ainsi conçu : « Sicut divisiones aquarum, ita cor regis in manu Domini : quocumque voluerit, inclinabit illud ». L'inquisiteur ne fait donc pas une citation, mais il avance une conclusion théologique à laquelle le texte des Proverbes sert de base. Voilà pourquoi nous n'avons pas mis son affirmation entre guillemets, comme l'a fait M. Lanéry d'Arc.

(6) Le texte a été probablement cité de mémoire : outre une légère variante, l'ordre de la phrase est interverti de la manière suivante : « Errat, si quis existimat servitutem in totum hominem descendere : pars melior ejus excepta est. Corpora obnoxia sunt et adscripta dominis ; mens quidem sui juris ». (lib. III *de Benefic.* cap. XX). *Œuvres*... p. 175.

S. Thomas allègue aussi ce texte de Sénèque : 2. 2, q. CIV, art. 5 in corp. C'est du même article 5 que sont tirées les deux phrases suivantes de la *Recollectio*, à partir de : quantum ad ea que ad naturam, etc. *Opera omnia*... tom. XXI, p. 200, col. 1.

(7) S. Thomas ne dit pas : ut ait Gregorius. Cependant Bréhal a raison d'ajouter cette référence ;

aut prolis generacionem spectant. Unde non tenentur servi dominis, nec filii parentibus obedire de matrimonio contrahendo aut de virginitate servanda, et ceteris hujusmodi.

Cum itaque mens hominis, ultra predictam ejus naturalem libertatem, interiore divini spiritus mocione agitatur, jam quo ad illud ad quod prosequendum seu agendum impellitur a vinculo communis legis penitus absolvitur. Lex namque spiritus lex privata est, que maximam libertatem inducit, secundum illud (prime *ad Corinthios* ij°) : « Ubi spiritus Domini, ibi libertas » ; quam quidem sequi tamquam omni alia majorem ecclesia concedit, (ut cap. « Ex parte », *De conversione conjugatorum* ; cap. « Gaudemus », *De divorciis* ; cap. « Licet », *De regularibus* ; c. « Due », xix, q. ij ; cum similibus) (1). Unde et hac lege ducti ipsi sancti et sancte Dei non solum parentes et patriam, sed viri uxores et femine viros reperiuntur passim dimisisse ; de quibus in gestis eorum multiplex induoitur narracio.

Quamobrem, quia Johanna per divinam revelacionem, ut dictum est, mandatum receperat ut ad regem Francie pro alleviacione regni veniret ; ubi verisimiliter presumere poterat quod, si missionem suam parentibus notificaret, forsan a precepti sibi divinitus facti execucione retardaretur seu [f° clxxxij v°] impediretur, non censetur deliquisse si, eis nescientibus, discessit (2).

Et idem plane judicandum est, si hoc ipsum curato suo vel alicui alteri non declaraverit, sed illis dumtaxat quibus patefacere ei injunctum fuit, et qui tante rei prodesse poterant, non obesse.

Dato nempe quod proba Judith tunc virum habuisset, dum ex Dei occulto impulsu ad castra inimicorum perrexit (3) ut per interfectionem Olofernis ei divinitus suggestam filios Israel crudeliter oppressos liberaret, quis, in primo, diceret quod, si viri sui ne factum hujusmodi attemptaret prohibicio forsan intervenisset, debuerit propterea rem adeo piam et nenessariam inausam infectamque relinquere ? An non pocius divinis monicionibus obedienter parere ac publice saluti humaniter consulere ? Exigit enim justicie equitas, et hoc ipsum divine scripture proclamat auctoritas, quoniam obedire oportet magis Deo quam hominibus (*Actuum* v°) ; et bonum gentis, quod quidem in pace et salute reipublice constituitur, divinum esse philosophus tradit (4).

---

car on trouve cette affirmation dans S. Grégoire le Grand (lib. xxi, *Moral.* cap. xv, n. 22) : « Omnes namque homines natura aequales sumus ». Migne : P. L. tom. LXXVI, col. 203.

(1) Le chapitre « Ex parte » est le neuvième du titre xxxii, au 3e livre des *Décrétales* ; p. 1263. Le chapitre « Gaudemus » est le huitième du titre xix, au 4e livre des *Décrétales* ; p. 1358. Le chapitre « Licet » est le dix huitième du titre xxxi, au 3e livre des *Décrétales* ; p. 1249. Enfin le canon « Duae » est le second de la deuxième question, cause xix, dans la seconde partie du *Décret* de Gratien ; p. 1509. — C'est principalement dans ce canon que se trouve explicitement énoncée la doctrine à laquelle l'inquisiteur fait allusion ; tandis que les trois chapitres des *Décrétales* montrent plutôt l'application du principe à des cas particuliers.

(2) Sur le secret que Jeanne a gardé vis-à-vis de ses parents, de son curé et de tous ceux qui auraient pu faire obstacle à l'exécution de son dessein, voir les déclarations très précises, qui ont été consignées au procès-verbal des interrogatoires. Quicherat. *Procès* . . . tom. 1, pp. 128-129.

(3) Lan. : pervenit.

(4) Cf. S. Th. in lib. I. *Ethicorum*, lect. ii. — *Opera omnia* . . . tom. v, p. 4.

Unde et ad hoc bene facit id quod Johanna de hoc examinata respondit quod, postquam Deus precipiebat, oportebat ita fieri ; et si habuisset centum patres, et centum matres fuissetque filia regis, nichilominus ipsa recessisset (1). Addidit que quod in cunctis aliis bene obedivit patri et matri, preterquam de illo recessu ; sed postea de hoc illis scripsit, et ipsi dederunt ei veniam. (Hec patent in processu, f° xxxj°, f.). Ex quibus plane constat quod nulla hic fuit protervia seu irreverencia in parentes, et multo minus contumacia de qua est legis speciale dictum positum (*Deuter.* xxj°) ; sed neque eciam impietas aut prevaricacio mandati de honoracione parentum, quemadmodum per emulos sibi objicitur et imponitur, ut ex eorum sentenciis apparet in registro plenius descriptis.

SEXTUM CAPITULUM.

Quod habitum virilem diu portavit, comam amputavit, et arma gestans bellis se immiscuit.

Denique ob id quod Johanna virilem habitum assumpsit et longo tempore portavit, crines ad morem virorum in rotundum sibi prescindi fecit (2), actibusque bellicis se immiscuit et accommodavit, mirum in modum ab hiis qui hunc processum intemptarunt calumpniatur ; ideoque diligenter videndum est, si in istis merito reprehensibilis fuerit.

Notandum itaque, (secundum philosophum in tercio *ethicorum*, et Tullium in *rethorica*) (3), quod actio humana potest judicari bona aut mala ex attencione et concursu circumstanciarum, et maxime finis, quia ex fine sumitur racio omnium eorum que sunt ad finem. Nam, secundum Gregorium Nicenum (4), id cujus gracia aliquid geritur est principalissim humanorum actuum circumstancia. Et sanctus Doctor in pluribus locis (5) ait quod

---

(1) « Puis que Dieu le commandoit, il le convenoit faire. Et dit oultre, puis que Dieu le commandoit, s'elle eust c pères et c mères, et s'il eust été fille de roy, si fust-elle partie ». Quich., tom. I, p. 129.

« En toutes autres choses elle a bien obey à eulx, excepté de ce partement ; mais depuis leur en a escript, et luy ont pardonné » (*ibid.*).

(2) Dans le langage du temps, on appelait chevelure *à l'écuelle* cette façon de se tailler les cheveux en rond.

(3) Bréhal fait sans doute allusion à ces paroles du livre second (*de Inventione*, cap. LVIII)': « Sunt igitur res quaedam ex tempore et ex consilio, non ex sua natura considerandae : quibus in omnibus quid tempora petant aut quid personis dignum sit, considerandum est, et non quid, sed quo quidque animo, qui cum, quo tempore, quamdiu fiat, attendendum est ». *Œuvres* . . . tom. III, p. 338.

(4) À l'exemple de S. Thomas, Bréhal attribue faussement à S. Grégoire de Nysse un traité *De natura hominis*, qui est l'œuvre de Némésius, écrivain ecclésiastique du IVᵉ ou du Vᵉ siècle. Vers la fin du troisième chapitre de ce traité, on lit : « Sunt autem potissima in his cujus gratia, et quod agitur, id est causa et factum ». Migne : P. Gr. tom. XL, col. 727.

(5) Dans la *Somme Théologique*, on peut alléguer par exemple : 1, q. XLVIII, art. 1 ad 2ᵐ (*Opera omnia* . . . tom. XXI, p. 104, col. 1) ; — 1. 2, q. I, art. 3 (p. 2, col. 1); — 1. 2, q. VII, art. 4 (p. 20, col. 2); — 1. 2, q. XVIII, art. 7 (p. 39, col. 1) ; — 1. 2, q. LXXII, art. 1 ad 1ᵐ (p. 139, col. 2); — 2. 2, q. XIX, art. 3 (p. 36, col. 1); — 2. 2, q. CX, art. 1 (p. 207, col. 2); etc.

forma specifica humanorum actuum in genere moris sumitur secundum racionem finis ; unde bonum et malum, que illorum sunt differencie essentiales et specifice, inveniuntur in eis potissime secundum racionem finis, seu in ordine ad finem.

Cum ergo finis missionis Johanne atque ordo sue intencionis fuerit, ut patuit, salus reipublice per sublevacionem regni Francie hostiliter oppressi, quod quidem dominium divinum bonum esse philosophus tradit, ut dictum est, nullatenus presumi videtur debere malum esse id quod puella ipsa ad ejus commodiorem assecucionem faciebat vel assumebat. (Argumentum ad hoc in c. « Suspicionis » § « ab ipso », et c. « Preterea », *De officio delegati ;* et lege ij. ff. *de jurisdictione omnium judicum*) (1).

Concordat maxima topicha. D. « Cujus finis bonus est, ipsum quoque bonum est » (2). Et expediens dicitur quod est secundum utilitatem ; (c. « Magne, » *De voto et voti redempcione*) (3).

Preterea valde attendenda est atque ponderanda tunc existens adeo miseranda memorati regni calamitas et tantopere urgens sibi succurrendi necessitas. Unde, ut ait Quintilianus, (libro viij° *de oratoria institucione*), « afflante fortuna, pene omnia decent » (4). Et regula est quoniam necessitas legi non subjacet : (c. ij°, « De furtis » ; c. « Sicut » *De consecracione*, dist. prima; cum similibus) (5).

Amplius, nichil prohibet aliquam actionem humanam esse moraliter bonam ex fine et circumstancia, et illam nichilominus non esse bonam simpliciter in genere moris, quia forte non omnes circumstancie seu raciones bonitatis moralis concurrunt : puta, si racione objecti disconvenientis actus deficiat, ut exempli gracia, si filius de bonis patris sui tenacis et avari

---

(1) Les deux premières citations du droit sont empruntées au même titre XXIX, *De officio et potestate judicis delegati*, au premier livre des *Décrétales*. Le chapitre « Suspicionis » est le trente neuvième (p. 332). Le chapitre « Preterea super hoc » est le cinquième (p. 330). — Quant à la troisième citation, elle est tirée du droit romain. M. Lanéry d'Arc indique en note : *Code* III, 11. 2 ; mais il n'a pas remarqué que le manuscrit porte très clairement le sigle ff. C'est donc du *Digeste* qu'il s'agit. Au second livre, on trouve en effet un titre analogue : *De jurisdictione*, auquel Bréhal ou le greffier aura ajouté par une confusion de mémoire très compréhensible les deux mots : *omnium judicum*. La seconde loi de ce titre est ainsi conçue : « Cui jurisdictio data est, ea quoque concessa esse videntur, sine quibus jurisdictio explicari non potuit » (p. 260). Il est facile d'appliquer ce texte à l'affirmation de l'inquisiteur.

(2) S. Thomas cite cette maxime de Boèce, dans l'arg. *sed contra* : 1. 2, q. XVIII, art. 4 ; *Opera omnia*... tom. XXI, p. 38, col. 1. — Voir Boèce : *Topicorum Aristotelis interpret.* lib. 3, cap. 1. Migne : P. L. tom. LXIV, col. 933.

(3) Le chapitre « Magnae » est le septième du titre XXXIV, au troisième livre des *Décrétales*, (p. 1282). On y trouve cette simple affirmation, à propos d'une affaire.

(4) L'indication du livre est inexacte. Ce texte se trouve dans Quintilien (*de oratoria institutione* lib. XI, 3, 147) ; *Opera*... tom. II, p. 307.

(5) Le chapitre second : « Fures », du titre XVIII, au cinquième livre des *Décrétales* est indiqué à tort par suite de l'omission d'un chiffre. Il faut lire : chapitre troisième « Si quis » du même titre ; car c'est dans celui-ci qu'il est question de la nécessité, qui sert d'excuse (p. 1731). — Quant au canon « Sicut » c'est le XI° *De consecratione* dist. I ; il appartient à la troisième partie du *Décret* de Gratien, et on y trouve le principe ici énoncé : « Necessitas legem non habet » (p. 2329).

ut det elemosinam furetur, hec nempe actio, etsi bona non sit simpliciter (1), quia contingit ibi singularis defectus, videlicet furtum quod est objectum dans actioni quamdam racionem mali ; nam bonum simpliciter ex integra causa consistit, ut ait Dyonisius, (iiij° capitulo *de divinis nominibus*) (2); tamen in genere moris non est censenda mala seu non bona, propter circumstanciam adjunctam et finem intentum, a quo maxime, ut dictum est, bonitas humane actionis deppendet. Unde, sicut contingit aliquam bonam operacionem ad malum finem ordinari et mala circumstancia vestiri, et inde ex hoc eam malam seu viciosam moraliter dici, ita ex opposito contingit aliquam malam operacionem ad bonum finem ordinari ac debitis circumstanciis vestiri, et ob hoc virtuosam atque bonam moraliter reputari.

Hoc autem accidit, quia actiones humane in genere moris absolutam bonitatem non habent, sed ab alio deppendentem, et maxime ex fine seu ex ordine ad finem.

Item, licet istud, videlicet mulierem assumere et induere habitum viri et econtra, non sit de se seu ex suo genere virtuosum aut laudabile, tamen non potest dici simpliciter et de se viciosum seu vituperabile, eo quod si aliquando potest hoc bene ac bona intencione fieri, sequitur quod magis sit indifferens quam de se bonum vel malum. Nam, ut ait beatus Thomas, (q. xcij, articulo ij°), tres sunt differencie humanorum actuum : quidam sunt boni ex genere, et hii sunt actus virtutum, unde quo ad illos lex precipit affirmative ; quidam sunt mali ex genere, sicut sunt actus viciosi, et respectu horum lex prohibet negative ; alii vero sunt indifferentes, et respectu horum lex habet permittere (3). Unde, secundum eumdem doctorem, possunt eciam dici indifferentes omnes illi actus qui sunt vel parum boni vel parum mali ; ideoque, quia mulierem gestare habitum viri et e converso quasi medio modo se habet inter bonum et malum, eo quod potest bono vel malo animo fieri, ideo sub legis permissione cadit. Nam, secundum Quintillianum (lib. ij° *de oratoria institucione*), « non est equum id haberi malum quo bene uti licet » (4) ; ideoque temerarium est de hujusmodi

---

(1) Pour dire d'une façon absolue et sans restriction (*simpliciter*) qu'une action est bonne, il faut qu'elle le soit pleinement (*ex integra causa*), c'est-à-dire au triple point de vue de l'objet, de la fin et des circonstances, qui sont les sources ou les causes de la moralité. Que l'une ou l'autre de ces causes soit défectueuse, l'action perd son intégrité morale et n'a plus droit à une dénomination qui manquerait d'exactitude.

Bréhal n'a pas indiqué l'endroit de la *Somme Théologique*, où se trouve exposée la doctrine contenue dans ce paragraphe ; il est vrai qu'il ne fait pas une citation littérale. Mais, en consultant le texte de S. Thomas, on peut voir combien le savant inquisiteur est pénétré de l'enseignement du maître. — Cf. 1. 2, q. xviii, art. 4 in corp. et ad 3ᵐ; *Opera omnia*... tom. xxi, p. 38, col. 1.

(2) « Ut summatim dicam, bonum ex una integraque causa exsistit, malum autem ex multis partialibusque defectibus ». (S. Dionys. lib. *de divinis nomin*. cap. iv, § 30, interprete Balthasaro Corderio). Migne : P. Gr. tom. iii, col. 806.

(3) Sauf les deux adverbes : *affirmative*, et *negative*, que Bréhal a voulu ajouter, ce sont les expressions mêmes de S. Thomas : 1. 2, q. xcii, art. 2 in corp. ; *Opera omnia*... tom. xxi, p. 184, col. 1. — Le commencement de la phrase suivante jusqu'à *ideoque*... est également emprunté au corps de l'article.

(4) Quintilien dit en effet, dans l'ouvrage indiqué (lib. II, cap. xvi, 10) : « Etiamsi in utramque partem valent arma facundiae, non tamen est aequum id haberi malum, quo bene uti licet ». (*Opera*... tom. i, p. 105).

actibus velle sinistre aut eciam facile judicare, ut dicit Augustinus, (in libro *de sermone Domini in monte*) (1).

Adhuc (2), precepta legis dantur de actibus virtutum ; ad que quidem implenda tenetur solum homo secundum quod actus sumitur in habitudine ipsius virtutis ad illud quod proprie et per se objecto competit, quoniam hoc est necessarium in omni actu virtutis : ut verbi gracia, ad objectum fortitudinis proprie et per se pertinet sustinere pericula mortis et hostes aggredi cum periculo [f° **clxxxiij** r°] propter bonum ; sed non prout sumitur secundum id quod per accidens sive consequenter se habet ad propriam racionem objecti : ut, quod homo armetur vel ense percuciat in bello justo, aut aliquid hujusmodi faciat, reducitur quidem ad objectum fortitudinis, sed per accidens.

Primum namque istorum de necessitate precepti est, sicut et ipse actus virtutis ; non autem secundum, sed solum pro loco et tempore. Qualitas ergo habitus exterioris, que ad modestiam pertinet que (secundum Tullium) pars temperancie est (3), cum non per se et necessario cadat sub propria racione objecti temperancie, sed solum consequenter et secundario, secundum quod in hoc potest per racionem quamdam (4) regula honestatis prestitui, ideo non cadit per se sub necessitate precepti.

Denique Johanna, ex vigore sue missionis actibus bellicis occupata, inter viros diu conversari habuit ; unde, quia juvenis erat, ex ipso habitu muliebri facilius potuisset viros ad libidinem provocare, quoniam ex qualitate habitus muliebris ad libidinem alii provocantur : (lege « Item apud Labeonem », § « Si quis virgines », *De injuriis*) (5).

---

(1) S. Augustin s'exprime ainsi (lib. 2 *de sermone Domini in monte*, cap. XVIII, n. 60) : « Sunt ergo quaedam facta media, quae ignoramus quo animo fiant, quia et bono et malo fieri possunt, de quibus temerarium est judicare, maxime ut condemnemus ». Migne : P. L. tom XXXIV, col. 1297.

(2) Le manuscrit porte : adhuc ; mais, selon l'usage de Bréhal, il devrait plutôt y avoir : Ad hoc. La doctrine de ce paragraphe est tirée presque textuellement de la *Somme théologique* : 2. 2, q. II, art. 5 in corp. — *Opera omnia*... tom. XXI, p. 7, col. 1.

L'exemple apporté ici par S. Thomas suffira, nous l'espérons, à faire saisir les expressions usitées dans l'École. S'exposer pour une juste cause au péril de la mort, attaquer valeureusement l'ennemi sur le champ de bataille, ce sont des actes qui ont avec la vertu de force des liens directs et étroits : ils appartiennent à l'objet propre de cette vertu, et ils sont nécessairement visés par la loi qui les commande. — Se revêtir d'une armure, porter de vigoureux coups d'épée dans une guerre légitime, rentrent aussi dans le domaine de la vertu de force, mais à titre secondaire seulement et comme des accessoires de l'acte principal de cette même vertu. Les premiers tombent directement sous l'obligation de la loi ; les seconds dépendent davantage des circonstances de lieux et de temps, ainsi que du mobile qui les inspire.

(3) Cicéron l'expose en ces termes (lib. 2 *de Inventione*, cap. LIV) : « Temperantia est rationis in libidinem atque in alios non rectos impetus animi, firma et moderata dominatio. Ejus partes sunt continentia, clementia, modestia ». *Œuvres*, tom. III, p. 326.

(4) Il nous semble que le greffier s'est trompé en écrivant : *quamdam* ; et qu'il faudrait plutôt : *quedam regula*.

(5) Ce texte du Droit romain est emprunté au *Digeste* (lib. XLVII, tit. X *de injuriis et famosis libellis* ; p. 1569). Le § 15 de la loi XV est ainsi conçu : « Si quis virgines appellasset (*glose marginale* : idest, earum pudicitiam blando sermone affectasset), si tamen ancillari veste vestitas, minus peccare videtur ; multo minus si meretricia veste fœminæ, non matrum familiarum, vestitæ

Unde et hanc causam ipsa communiter videtur allegasse, ut patet in processu. Que siquidem causa, videlicet ut suam et aliorum tueretur pudiciciam, per se ad hoc sufficiens est ut habitum virilem gestaret. Metus enim virginitatis perdende major quam mortis esse debet: (ff. *Quod metus causa*, l. « Isti quidem » ; et l. ij^a §. « Inicium », *De origine juris* (1).

Eciam et racionabilis causa est, ne videlicet alios ad concupiscenciam incitaret ; quia qui occasionem dampni dat, dampnum dedisse videtur : (c. « Cum homo », xxiij. q. v ; ff. *Ad legem Aquiliam*, l. « Cum occidit », § penultimo ; cum similibus) (2).

Ideoque illud quod prohibetur in canone illo « Si qua mulier » (xxx^a dist.) (3), ne scilicet mulier portet viri vestes, sane intelligendum est, quoniam ibi signanter additur : « suo proposito » ; *Glosa* : « id est malo seu meretricio », sicut faciunt quedam mulieres dum utuntur scissis ac virilibus vestibus ut licencius peccent. Habiliores enim sunt tunc ad prostituendum, et licencius possunt intrare ad aliquos viros et conversari cum eis. Sed, (secundum Archidiaconum post Hugucionem et alios) (4), « si aliqua mulier habeat bonum propositum, scilicet ut peregre proficiscatur, vel ut castitatem servet cum alias timeatur de ea amittenda, vel si alius casus necessitatis occurrat, non peccat, si tunc virili veste utatur ut periculum facilius possit vitare vel bonum opus et honestum perficere ».

Nam et mutacio habitus clericis permittitur, et assumpcio vestis laycalis conceditur,

---

fuissent ». Et la *glose marginale* dit à ce sujet : « Praesumitur prima facie quis, talem qualem eum indicant vestes esse ». Nous trouvons cette *glose* dans une édition du *Digeste* imprimée à Lyon en 1604, p. 1372.

(1) Ces deux lois se trouvent au *Digeste*. L'une, « Isti quidem » au quatrième livre, est la huitième du titre second : *Quod mortis causa* (c'est par distraction que le greffier Le Comte a écrit : *metus* causa) ; p. 319. Elle renferme le principe allégué par Bréhal. — L'autre, au livre premier, titre deuxième, comprend un certain nombre de paragraphes, dont le 24e, au mot : *Initium successionis*, indique ce même motif de l'action de Virginius tuant sa fille déshonorée : « quod... castitatem filiae vitae quoque ejus praeferendam putaret » (p. 233).

(2) Le canon « Cum homo » est le dix neuvième de la question v, cause XXIII ; dans la seconde partie du *Décret* de Gratien. Il y est question des mobiles très divers sous l'influence desquels une action revêt une nature fort différente.

Mais c'est au livre IX du *Digeste* qu'on trouve le principe juridique allégué par Bréhal ; il est à l'avant-dernier paragraphe de la loi xxx « Qui occidit » (et non pas : cum occidit, — distraction du greffier), titre second *Ad legem Aquiliam* (p. 456).

(3) Le canon « Si qua mulier » est le sixième de la distinction xxx, dans la première partie du *Décret* de Gratien (p. 179). Il est ainsi conçu : « Si qua mulier suo proposito utile judicans ut virili veste utatur, propter hoc virilem habitum imitetur, anathema sit ». La *glose marginale* de notre édition dit : « suo proposito, quia magis est habilis et magis parata in scissa veste quam in clausa ad meretricandum ». Mais la glose que Bréhal cite ici paraît être celle de l'Archidiacre dont il sera parlé ci-après.

(4) L'Archidiacre de Bologne, célèbre canoniste du XIIIe siècle, s'appelait Guy Basius ou de Baiso. Il a laissé des commentaires et des gloses sur le droit ecclésiastique. Dans son *Rosarium* [f° 39^b] il s'exprime ainsi à propos du canon « Si qua mulier » : « Proposito scilicet malo, scilicet meretricio ; secus, si bonum habet propositum, scilicet ut peregre proficiscatur vel castitatem servet, cum alias timeat de ea amittenda, secundum Huguc., habitum mutet ».

Uguccione était un jurisconsulte de Bologne ; il devint évêque de Ferrare en 1190, et mourut le 30 avril 1210.

ubi justa causa timoris exigit habitum transformari : (capitulo « Clerici » ultimo, *De vita et honestate clericorum*) (1).

In isto nempe, sicut et in multis similibus, non usus, sed libido culpanda est : (c. « Quisquis », xljᵃ dist.) (2), super quo ait *glosa* quod pocius consideranda est causa facti quam factum ipsum : (xxiij. q. viijᵃ c. « Occidit » ; et c. « Sciendum est », xxix dist.) (3). Proposito enim et voluntate maleficia distinguuntur : (cap. « Cum voluntate », in principio, *De sentencia excommunicacionis* ; et lege « Qui injuriis », in principio, ff. *De furtis*) (4). Absit ergo ut que propter bonum facimus nobis ad culpam imputentur : (xxiij, q. v, c. « De occidendis »)(5).

Similiter eciam racio illius precepti : « Non induetur mulier veste virili, nec vir utetur veste feminea », (*Deuteronomii* xxij°), est diligenter attendenda. Dicit enim sanctus Doctor, (1ᵃ 2ᵉ, q. cij, art. vj°), quod hoc ideo prohibitum est in lege, quia gentiles antiquitus tali mutacione habitus utebantur ad lasciviam et ydolatrie supersticionem (6). Ad lasciviam quidem, quia ipsi gentiles brutaliter viventes plurimum libidini vacabant ; et quia, (ut dicit Alexander de Hallis in tercia parte *Summe*) (7), magna provocacio libidinis viris est vesti-

---

(1) Le chapitre « Clerici » est le quinzième du titre premier, au livre troisième des *Décrétales* (p. 1000). Il détermine la forme des vêtements ecclésiastiques, et il défend aux prêtres de porter à l'église ou ailleurs des habits laïcs « nisi justa causa timoris exegerit habitum transformari ».

(2) Le canon « Quisquis » est le premier de la xliᵉ distinction, dans la première partie du *Décret* de Gratien. On y lit : « In omnibus enim talibus non usus rerum sed libido in culpa est » (p. 246). Sur le mot *libido*, la glose dit : « quasi dicat, potius considerabimus causam facti quam ipsum factum ».

(3) Le canon « Occidit » est le quatorzième de la question viii, cause xxiii, dans la seconde partie du *Décret* de Gratien (p. 1697).

Le canon « Sciendum » est le premier de la distinction xxix, dans la première partie du *Décret* (p. 175). Ces deux textes de loi recommandent de juger les œuvres d'après leurs causes et les autres circonstances.

(4) Le chapitre « Cum voluntate », cinquante quatrième du titre xxxix, au cinquième livre des *Décrétales* (p. 1927), débute précisément par les mots que Bréhal vient d'alléguer.

La même assertion est énoncée au commencement de la loi « Qui injuriae » ; (*injuriis* est une faute de mémoire). Cette loi est la cinquante troisième du titre second, au livre xlvii du *Digeste* (p. 1549).

(5) Le canon « De occidendis » est le huitième de la question v, cause xxiii, dans la seconde partie du *Décret* de Gratien. Le passage auquel Bréhal fait allusion est ainsi conçu : « Absit, ut ea quae propter bonum ac licitum facimus ; si quid per haec praeter nostram voluntatem cuiquam mali acciderit, nobis imputetur » (p. 1663).

(6) La raison est indiquée par S. Thomas dans la réponse ad 6ᵐ (1. 2, q. cii, art. 6) *Opera omnia* ... tom. xxi, p. 218, col 1. Ce n'est pas une citation textuelle.

Dans le procès de condamnation, maitre Pierre Maurice avait précisément articulé ce grief contre la Pucelle : « Es suspecta de idolatria, et exsecratione tui ipsius ac tuarum vestium, ritum gentium imitando ». Quicherat : *Procès*... tom. i, p. 433.

(7) Alexandre de Halès, ainsi nommé du lieu de sa naissance en Angleterre, fut un des plus fameux docteurs de l'université de Paris : on lui donnait le titre de *Doctor irrefragabilis*. Il était de l'Ordre des Frères Mineurs. La phrase citée ici par Bréhal est extraite de sa *Somme* (p. 202) presque littéralement.

tus muliebris et e converso, eo quod vestis illa viro circumdata refricat mulierem, et commovet vehementer ymaginacionem ejus. Ideo, ut talis occasio a populo Dei aufferretur, factum est illud preceptum. Idcirco transformare habitum ea intentione qua prohibitum est, licet viciosum sit, tamen secundum Thomam, (2ᵃ 2ᵉ, q. clxix art. ijᵒ) (1), hoc potest quandoque fieri sine peccato propter aliquam necessitatem, ut causa occultandi se ab hostibus, vel propter defectum alterius vestimenti, aut propter aliquid aliud hujusmodi.

Ad ydolatrie autem supersticionem hoc eciam gentiles potissime faciebant. Nam, ut dicit Alexander (*ubi supra*), et beatus Thomas (in 1ᵃ 2ᵒ ut prius) (2), in sacris Martis et Veneris pagani tali mutacione habitus utebantur. Nam in sacris Martis, non solum virili veste induebantur mulieres, sed eciam armabantur, ut ipsum tamquam belli et victorie datorem colerent. Simili modo, in sacris Veneris viri induebantur vestibus muliebribus, sacra Veneris exercentes per hujusmodi sacrilegum ritum mariti se illi Veneri credentes placere (3). Ideo ad hujus ydolatrie supersticionem exterminandam factum est.

Addit preterea idem Alexander aliam racionem hujus precepti : videlicet ut credulitas erronea tolleretur qua credebant ydolatre per applicaciones vestium muliebrium in sacris V[eneris] conjungi sibi amore fort[issimo] corda mulierum, propter quas illud facerent, vel que postea hujusmodi vestibus uterentur (4). Similiter mulieres id ipsum credebant de viris et virilibus vestimentis. Voluit ergo Deus hunc errorem tollere, ne per ipsum filii Israel ad nepharium cultum traherentur. Unde ex hiis causis videtur addi in ipso precepto : « Abhominabilis enim est apud Deum qui facit hoc ». Quod quidem exponens Nicholaus de Lyra dicit quod in Scriptura sacra abhominacio communiter ydolatria dicitur (5).

---

(1) C'est à peu près textuellement la réponse ad 3ᵐ (2. 2, q. CLXIX, art. 2). *Opera omnia*, tom. XXI, p. 209, col. 2.

(2) C'est-à-dire dans la réponse ad 6ᵐ (1. 2., q. CII, art. 6). Le texte ici allégué est assez exactement celui d'Alexandre de Halès.

(3) L'édition imprimée d'Alexandre de Halès donne une autre leçon, qui paraît meilleure : « pro hujusmodi sacrilego ritu Marti et Veneri se placere credentes ». Cependant notre manuscrit offre un sens acceptable.

(4) Le greffier Le Comte, distrait pendant la transcription de cette phrase, avait omis les dix mots compris entre *vestium* et *propter quas*. La collation du manuscrit par l'autre greffier, amena la découverte de cette lacune, que Ferrebouc suppléa ainsi à la marge :

muliebrium in sacris Veneris
conjungi sibi amore fortissimo
corda mulierum

Lors de la reliure, la marge du feuillet a été légèrement rognée : le mot *Veneris* de la première ligne a disparu sauf la lettre initiale ; à la seconde ligne, il n'est resté du mot *fortissimo* que les quatre premières lettres. Nous avons restitué entre crochets les deux mots mutilés.

M. Lanéry d'Arc a mis le comparatif : *fortiori* ; mais nous avons préféré le superlatif : *fortissimo*, parce que c'est le texte même d'Alexandre de Halès. Il est probable d'ailleurs que le greffier aurait écrit selon sa coutume *forciori* par un *c* ; la présence du *t* indique donc plutôt *fortissimo*.

(5) Dans ses *Postillae in Vetus et Novum Testamentum*, Nicolas de Lyre dit, entre autres gloses sur le chap. XXII du Deutéronome : « Abhominatio enim in sacra Scriptura communiter accipitur pro ydolatria, seu pro aliquo ad ydolatriam pertinente ».

Proinde advertendum quod sanctus Doctor quamdam racionem figuralem hujus precepti videtur assignare, dicens quod per hoc prohibetur ne mulier usurpet sibi officia virorum, puta doctrinam et hujusmodi, aut eciam vir declinet ad mollicies mulierum (1).

Ex quo potest colligi quod non est simpliciter morale, sed ceremoniale pocius seu legale, sicut et ill[ud de non] induendo vestem ex lan[a linoque] contextam (2), (*Levitici* xix°). Nam preceptum illud de non mutando habitum neque annumeratur decalogo, neque videtur esse conclus[i]o (3) mediate vel immediate deppendens ex illo.

Denique, si simpliciter morale esset, cum sit negativum, obligaret ad semper et pro semper, et [hoc] tamen ex premissis constat [non] esse verum (4).

Et iterum, ea que olim ad cultum Dei et pro illo tempore ordinabantur, aut eciam que sibi tamquam repugnancia prohibebantur, cerimonialia erant seu legalia ; et hoc, sive fuerint ad interiorem cultum, sive ad exteriorem corporis amictum tunc pertinencia, illa vigorem obligacionis a tempore legis gracie publicate perdiderunt, nisi forte in ipsa nova (5) ratificata fuerint : quod quidem de hoc precepto minime reperitur.

Postremo vero, quia, ut presumitur, Johanna habitum illum ex divina inspiracione accepit ; et ad hoc veniunt plene ejus responsa (6). Unde eciam, quamvis de hoc esset morale preceptum, nichilominus interveniente per revelacionem divino oraculo seu mandato de assumendo habitum illum, utique illum gestando non peccavit. Nam et precepta decalogi, licet quo ad racionem justicie immutabilia sint, verumptamen, (ut ait sanctus Doctor, 1ª 2ᵉ, q. centesima,

---

(1) Ce sont à peu près les paroles mêmes de la réponse ad 6ᵐ : 1. 2, q. cii, art. 6 ; *Opera omnia...* tom. xxi, p. 248, col. 1.)

(2) L'accident signalé plus haut s'est renouvelé ici. Ferrebouc avait transcrit en marge treize mots omis par Le Comte, de la manière suivante :

seu legale, sicut et illud de non
induendo vestem lana linoque
contextam,

La rognure du feuillet par le relieur a supprimé les syllabes que nous avons rétablies entre crochets. Le texte du *Lévitique* (xix, 19) dit seulement : « Veste, quae ex duobus texta est, non indueris ». Mais cette défense est expliquée au *Deutéronome* (xxii, 11) : « Non indueris vestimento, quod ex lana linoque contextum est ». La restitution proposée par M. Lanéry d'Arc : sicut et illud induendo vestem ex lana contextam, est manifestement incomplète ; ce qui enlève à la phrase son véritable sens.

(3) Le manuscrit porte très lisiblement *concluso*, mais il est évident que l'*i* a été omis.

(4) Ici encore, douze mots avaient été omis par le greffier Le Comte, entre : *obligaret*, et : *esse verum*. Ils ont été ainsi suppléés à la marge par Ferrebouc :

ad semper et pro semper, et hoc
tamen ex premissis constat non

Les deux mots disparus par le fait de la rognure du feuillet sont rétablis entre crochets. M. Lanéry d'Arc n'a proposé aucune restitution du texte, et la phrase se trouve dépourvue de la négation qui détermine le sens.

(5) Lan. : in ipsa non ratificata fuerint. — Il est possible que ce soit une simple faute d'impression ; mais il nous a paru nécessaire de la signaler, parce qu'elle renverserait le sens de la phrase.

(6) Cf. *Summarium*, art. iv.

art. viij°), quantum ad aliquam determinacionem vel applicacionem ad singulares actus, ut scilicet hoc vel illud sit homicidium, furtum vel adulterium aut non, hoc quidem est mutabile, presertim quo ad Deum qui horum mandatorum institutor est (1). Cujus superius posita sunt exempla de Abraham, et de filiis Israel, et de Osee propheta.

Nec obstat si quis dicat quod nichil Deus precipit aut interius suggerit quod virtuti contrarium sit, quale videtur esse illud quod videlicet mulier portet habitum viri. Ad hoc respondetur quod, sicut Deus nichil operatur contra naturam, quia illud est natura uniuscujusque rei quod in ea Deus operatur, (ut habetur in *glosa ad Romanos* xj°)(2), operatur tamen aliquid contra solitum cursum nature, ita eciam nichil potest [f° **clxxxiij v°**] precipere contra virtutem ; quia in hoc principaliter consistit virtus et rectitudo voluntatis humane quod voluntati Dei conformetur, et ejus imperium sequatur, quamvis sit contra virtutis modum consuetum (3). Ideo in talibus que sic Deus precipit non contingit ex hoc ipso peccare.

Porro, extante ipsa lege privata divine inspiracionis, ab omni lege communi eximebatur, et ab omni culpa penitus expers reddebatur ; (ut in c. « Licet », *De regularibus* ; c. « Due sunt » xix, q. ij , cum similibus)(4). Eadem namque lege Jacob fratris vestibus ad patris decepcionem et fratris supplantacionem usus est ; alias sibi non licuisset. Ipsumque excusavit a mendacio : (xxij, q. ij, § « Item opponitur »); Israelitas a furto. (xiiij, q. v, c. « Dixit Dominus »); Sampsonem ab homicidio : (xxiij, q. v, c. « Sed non licet », et q. viij, c. « Occidit »); similiter et Moysen de interfectione Egypcii, (secundum beatum Thomam, 2ᵃ 2ᵉ, q. lx, art. ultimo, et hoc innuitur *Actuum* vij°); ac etiam Phineem de occisione Zambri, (ut legitur *Numer.* xxv°); Abraham ab adulterio, (*Genesis* xxj°); et sic de aliis multis, (de quibus in capitulo « Gaudemus », *De divorciis*) (5).

---

(1) Sauf quelques variantes, c'est le texte même de S. Thomas : 1. 2., q. c, art. 8 ad 3ᵐ ; *Opera omnia*... tom. xxi, p. 203, col. 2.

(2) La *glose ordinaire*, dont l'auteur est Walafrid Strabon, dit en effet sur le verset 24 du chapitre xi de l'*Épître aux Romains* : « Dicitur id contra naturam quod est contra consuetudinem naturae, ut si surculus fructum radicis ferat. Deus tamen nihil contra naturam facit, quia id est natura quod facit ». Migne : P. L. tom. cxiv, col. 508. — Mais cette assertion a été empruntée à S. Augustin qui a dit le premier (lib. 26 *contra Faust. Manichaeum*, cap. iii): « Deus creator et conditor omnium naturarum nihil contra naturam facit : id enim erit cuique rei naturale, quod ille fecerit, a quo est omnis modus, numerus, ordo naturae ». Migne : P. L. tom. xlii, col. 480.

(3) Toute cette réponse est empruntée presque à la lettre à la *Somme théologique* : 2. 2, q. civ, art. 4 ad 2ᵐ ; *Opera omnia*... tom. xxi, p. 199, col. 2.

(4) Le chapitre « Licet » est le dix huitième du titre xxxi, au 3ᵉ livre des *Décrétales* ; p. 1249. Il cite les textes de l'apôtre S. Paul, sur lesquels s'appuie la doctrine de la liberté donnée par l'inspiration divine.

Le canon « Duae sunt » est le deuxième de la question seconde, cause xix, dans la seconde partie du *Décret* de Gratien ; p. 1509. Il expose la distinction de la loi commune et de la loi privée, avec les principes qui régissent la matière.

(5) Les exemples allégués ici sont en effet justifiés dans les textes du droit canon, de S. Thomas ou de la sainte Écriture, que Bréhal indique.

Le § « Item opponitur » se trouve à la suite du canon vingt deuxième « Quaeritur » de la seconde question, cause xxii, dans la 2ᵉ partie du *Décret* de Gratien ; p. 1571.

Et omnino idem senciendum est de incisione come et aliis quibuslibet ad habitum seu amictum pertinentibus, necnon et de armis et ceteris ad fines sue legacionis opportunis ac necessariis. Nam quod in doctrina apostolica legitur de velacione capitis in mulieribus, quippe et quod illis non permittitur tonderi aut decalvari, hoc quidem pertinet ad consuetam decenciam atque publicam sexus honestatem, sicut et ornatus excessivus aut pomposus capillorum, vestium et hujusmodi, ipsis mulieribus interdicitur ob pudiciciam et sanctitatem. Verumptamen istud in casu et cum quadam sobrietate nuptis permittitur, (ut patet prima ad *Thymotheum* ij°); et hoc videlicet ut placeant viris suis, et ne dent eis aliunde peccandi occasionem. Cur itaque illud primum non poterit mulier, presertim ut Deo inspiranti pareat et publice utilitati exacta necessitate deserviat? Legimus enim viduam Judith, ut divinum oraculum de interfectione Olofernis facilius compleret, mira figmenta, si fas sit dicere, ad sui ornatum composuisse, prioremque habitum dimisisse ac commutasse (*Judith* x°).

In istis enim exterioribus rebus quibus utimur, non inest vicium nisi ex immoderancia et abusu, ut dictum est. Quod quidem, (secundum Andronicum)(1), ex tribus consurgit : videlicet ex levitate, ex voluptate, et querendi anxietate. Sed ubi ex opposito concurrunt humilitas, castitas, et necessitas, nichil est penitus quod in hoc exteriore cultu prejudicet. Quis enim nesciat similiter apostolum, (prima ad *Corinthios* xj°), quasi legis cujusdam formam dicere : « Omnis mulier orans aut prophetans non velato capite deturpat caput suum »? Et

---

Le canon « Dixit Dominus » est le douzième de la question v, cause xiv, dans la même partie du *Décret;* p. 1321.

Le canon « Si non licet » est encore de la même partie du *Décret*, mais il est emprunté à la question v, cause xxiii; pp. 1663-1665.

Le canon « Occidit » est le quatorzième de la question viii, même cause; p. 1697.

La réponse de S. Thomas ad 2^m fait partie de l'article 6 qui est le dernier de la question LX, dans la seconde partie de la seconde; *Opera*... tom. xxi, p. 118, col. 2.

Enfin, le chapitre « Gaudemus » est le huitième du titre xix, au 4e livre des *Décrétales;* pp. 1558-1561.

(1) Le manuscrit porte assez lisiblement ce nom, que M. Lanéry d'Arc a remplacé par : *Andromeum*. Il s'agit ici du philosophe péripatéticien Andronic de Rhodes, que S. Thomas a plus d'une fois cité dans la partie morale de la Somme Théologique. C'est à lui qu'est empruntée l'indication de Bréhal sur les trois sources de désordre dans l'usage des choses extérieures ; mais elle ne se trouve pas dans son principal ouvrage intitulé : *Aristotelis Ethicorum Nicomachorum paraphrasis*, qui a été publié à Leyde avec la traduction latine de Daniel Heinsius. Il faut la chercher dans l'un des opuscules grecs [non traduits] qui sont imprimés à la suite. Celui qui a pour titre : περὶ παθῶν, renferme la définition des trois vertus opposées aux trois vices dont il est question ici. S. Thomas en fait mention sous les noms de *humilitas*, *per se sufficientia*, et *simplicitas*. — Cf. 2. 2., q. CLXIX, art. 10 ; *Opera omnia*... tom. xxi, p. 298, col. 2. — Les œuvres attribuées à Andronic par les écrivains du moyen-âge figurent dans l'édition critique des Commentateurs d'Aristote, publiée sous les auspices de l'Académie des sciences de Berlin. Elles y sont attribuées à leur auteur véritable, qui est Héliodore de Pruse. (*Commentaria in Aristotelem graeca*, tom. xix: *Heliodori Pruseni in Ethica Nicomache paraphrasis;* — Berolini, typis et impensis Georgii Reime).

tamen notum est in quibusdam partibus Francie, ut in Picardia, gra[n]diusculas feminas, crinibus in modum corone attonsis, capite prorsus detecto, in ecclesiis palam orare ; quod tamen non probibet Ecclesia, sed permittit.

Sed, ne ulterius distrahamur, constat plures sanctissimas mulieres, ejusdem private legis ac spiritus Dei auctoritate, non solum viri habitum sumpsisse comamque succidisse, sed et in eodem statu per totam vitam occulte permansisse ac inter viros conversando perstetisse. Nam in primis habetur de beata Tecla, Pauli apostoli discipula, que volens Paulum sequi comam instituit deponere et habitum viri sumere ; sed prima facie apostolus non permisit, ne forte aliqua temptatio incideret ; sed hoc tandem ipsa fecit, et longo itinere cum quibusdam viris juvenibus in ipso habitu ad ipsum perrexit ; neque tamen legitur quod de hoc eam reprehenderit. (Hoc autem reffertur secunda parte *Speculi hystorialis*, libro x°, capitulo xlviij°). Hujus preterea exemplo, beata Eugenia virgo cum duobus eunuchis Protho et Jacincto tonsa et virili habitu induta ad beatum episcopum Helenum perrexit ; cui illa votum aperiens jussit (1) ut in eo habitu persistens in monasterio inter religiosos resideret ; quod quidem longo tempore fecit, et tandem in abbatem prefecta fuit (Hoc patet habunde, eadem parte *Speculi*, libro xj°, capitulo cxvj°). Item, beata Nathalia, sancti Adriani martiris uxor, similiter se tonsorans (2) habitum virilem sumpsit, ut sanctis martiribus captivis secretius ministraret, et ad idem faciendum multas alias animavit ; (*ibidem*, libro xiij°, capitulo lxxxiij°). Denique sancta Pelagia cum religiosis reclusa in monte Oliveti in habitu viri usque post mortem incognita permansit ; (*ubi prius*, libro xij°, capitulo xcvij°). Similiter de sanctis virginibus Marina et Eufrosina, que usque in finem vite in ipso habitu virili cum monachis residentes incognite seu ignote perstiterunt ; (ut diffuse patet eadem parte *Speculi*, libro xvj°, capitulis vero lxxiiij° et lxxviij°). Quedam eciam sancta virgo, origine corinthia, clamidem viri juvenis induit, et discrimen corrupcionis evasit ; (tercia parte *Speculi*, libro xviij°, capitulo xciiij°). Et sic de multis similibus.

Non videtur itaque causa legittima subesse, cur hec puella electa tantopere ex hoc criminari debuerit ut ob id reputaretur divine ac sacre doctrine prevaricatrix, apostatrix, aut eciam de ydolatria et execratione sui suspecta haberetur, cum in eo pocius subsint omnino contrarie evidencie, ut dictum est.

Objiciunt tamen quod ipsa preelegit non recipere sacram communionem tempore statuto ab Ecclesia quam dimittere habitum virilem. Sed hoc manifeste apparet falsum esse. Constat enim ex processu quam sepe numero pecierit tunicam longuam ad modum unius filie burgensis, ut iret ad ecclesiam, audiret missam, et hujusmodi (3). Certum est tamen quod simpliciter et ex toto illud dimittere noluit, dicens quod melius faciebat obediendo Deo, a quo preceptum habebat ut illum portaret, subjungens quod bene sciebat quomodo acceperat, sed ignorabat quomodo vel quando ipsum relinquere debebat ; et ita extante cons-

---

(1) Pour la correction de la phrase, il faudrait : *illa votum aperiente*. Mais le manuscrit ne permet pas cette leçon.

(2) Tonsorare. — Voir Ducange : *Glossarium* ... tom. VI, p. 606.

(3) Cf. *Summarium*, art. IV.

ciencia sua de hujuscemodi oraculo et de re tali que ad maximum bonum ordinabatur, non debuit aliqua suggestione dimittere aut omittere : (ut in capitulo « Inquisicioni », *De sentencia excommunicacionis* ; c. « Ad aures », *De temporibus ordinandorum* ; cum similibus) (1). Sperabat siquidem aut innuebat, cum de dimittendo habitum sollicitaretur, legacionem suam forte nondum impletam esse.

Quo autem ad vexillum et arma que gestabat, et eciam prelia quibus se immiscebat, satis verisimile est quod in odium hujus potissimum et hac precise occasione processus iste adversus eam motus est. Constabat enim quoniam, suorum aggressuum industria ac virtute, tunc Anglorum fortuna tam mirabiliter corruerat. Sed si quis attendat, istud causam fidei minime concernit. Et denique ob hoc Johanna, neque proditrix, aut dolosa, crudelis, sediciosa, effundendi sanguinis sitibunda, et hujusmodi de quibus criminatur, censeri aut reputari debuit minime.

Attendendum namque quod, dum ad hoc mittebatur, humiliter se excusavit, dicens quod erat simplex puella que nesciret equitare neque arma portare. Tunc autem voces rememorabant [f° clxxxiiij r°] ei calamitatem patrie et regis magnam paciencium ; quod denique oportebat ut veniret in Franciam, et patria alleviaretur, atque Deus eam adjuvaret (2). Ecce ergo quod non stollide ad ista se ingessit, sed divino precepto, et propter regis ac regni crudelissime oppressi summopere necessariam relevacionem inducta fuit.

Quoque et non parum ponderandum videtur id quod sepius dixit, videlicet quod ipsamet in prelio vexillum portabat ne aliquem interficeret (3). Sed neque quempiam reperitur occidisse, aut eciam percussisse. Quinymo Anglicos hostes licteris semper aut verbis ad pacis tractatum noscitur commonuisse (4), in ipsosque adversarios quos captivari aut dure contrectari videbat plurimum misericors ac compaciens fuisse, quippe ex eorum numero multos absque redempcionis precio nonnumquam gratis eripuisse. Quid itaque hic inspicitur, quod juste aut digne calumpniari debeat ? Nam, ut ait Augustinus (in libro *de verbis Domi-*

---

(1) Le chapitre « Inquisitioni » est le quarante quatrième du titre XXXIX, au cinquième livre des *Décrétales* ; p. 1916. Il s'agit dans ce chapitre d'un cas analogue, qui est résolu d'après le même principe : « ne contra judicium conscientiae committat offensam ».

Le chapitre « Ad aures » est le cinquième du titre XI, au premier livre des *Décrétales* ; p. 252. Le greffier a écrit : *De temporibus ordinandorum* au lieu de : *ordinationum et qualitate ordinandorum*, qui est le titre complet.

(2) Cf. *Summarium*, art. I.

(3) Cf. *Summarium*, art. IV.

(4) Voir sa lettre aux Anglais : Quich. tom. 1, pp. 240-241. — « Premièrement elle requéroit que on feist paix, et que au cas que on ne voudroit faire paix, elle estoit toute preste de combatre » (*ibid*. p. 243). Dans le mémoire écrit en mai 1429 par Jacques Gélu archevêque d'Embrun, on lit à ce sujet : « Et quanquam circa arma versetur, nec crudelitatem tamen unquam persuasit, sed omnium miseretur ad regem dominum suum confugientium, aut inimicorum recedere volentium. Non sitit humanum sanguinem ; sed offert inimicis pacificum ad propria recessum, regno in quiete et pace dimisso, et rebellibus ad domum suam regressum per obedientiam bonam, recepta a rege veniae indulgentia ». Ce passage a été publié par Quicherat : *Procès* ... tom. III, p. 407. — Voir aussi : *Summarium*, art. IV.

ni, et allegatur in capitulo « Apud veros », xxiij, q. j): « apud veros Dei cultores ipsa bella justa sunt, que non cupiditate aut crudelitate sed pacis studio geruntur, ut mali coherceantur, et boni subleventur » (1). Et iterum idem Augustinus (*contra Faustum*) ait : « Nocendi cupiditas, ulciscendi credulitas, impaccatus atque implacabilis animus, feritas rebellandi, libido dominandi, et si qua similia, hec sunt que in bellis jure culpantur ; que plerumque ut eciam inde puniantur publice justicie repugnantes, sive Deo sive aliquo legittimo imperio jubente, gerenda ipsa bella suscipiuntur a bonis, cum in eo rerum humanarum ordine inveniuntur, ubi eos vel jubere tale aliquid, vel in talibus obedire, juste ipse ordo constringit » (2).

Sed dices : hec femina fuit ; ideo sibi non licuit. In promptu est responsio. Nam id licitum dicitur quod est secundum equitatem: (c. « Magne », *De voto et voti redemptione*)(3); equum vero quod a juris regula non discrepat, seu legi non repugnat. Itaque non memini me de hoc preceptum in lege vidisse, ne videlicet mulieres quandoque arma sumere possint, nisi forte quis accipiat in antedicto precepto : « Non induetur mulier veste virili » ; id est, armis, eo quod quedam translacio ponit *vas* ubi habetur *vestis* ; quod secundum aliquos doctores intelligitur de armis (4). Ad quod facit veritas hebrayca, que habet in isto passu : « non erit vas viri super mulierem ». Nunc vero ubi de Jonatha legitur (primi *Regum* xx°), quod tradidit puero arma sua, in hebreo ponitur : *vasa* (5).

(1) C'est le texte même du *Décret* de Gratien, canon sixième, question i, cause xxiii, de la seconde partie, (p. 1601), sauf le mot *justa*, qui y est remplacé par : *pacata*. Les diverses éditions que nous avons eues sous les yeux indiquent comme source S. Augustin (*de diversis Ecclesiae observationibus*) ; la lettre *ad Januarium* a un titre à peu près identique, mais nous n'y avons pas trouvé ce texte. Cependant, en divers endroits des œuvres de l'évêque d'Hippone, on rencontre des expressions analogues de cette même doctrine. Voir entre autres : *De Civitate Dei* (lib. xix, cap. 12, n. 1). Migne : P. L. tom. xli, col. 637 et 638.

(2) La citation est textuelle, excepté un membre de phrase que les imprimés reproduisent ainsi : « ut etiam jure puniantur adversus violentiam resistentium, sive Deo, sive aliquo... etc. ». S. Aug. (lib. xxii *contra Faustum*, cap. 74). Migne : P. L. tom. xlii, col. 447.

(3) Le chapitre « Magnae » est le septième du trente quatrième titre, au 3e livre des *Décrétales* ; pp. 1282-1283. Voici le passage auquel Bréhal fait allusion : « Tria praecipue duximus in hoc negotio attendenda, quid liceat secundum aequitatem, quid deceat secundum honestatem, et quid expediat secundum utilitatem ».

(4) Il nous semble que Bréhal a emprunté cette observation à Nicolas de Lyre ; car dans les *Postillae in Vetus Testamentum*, sur le verset 5 du chap. xxii du *Deuteronome*, on rencontre le passage suivant : « Non induetur mulier veste virili. Quod exponunt doctores aliqui, et bene ut credo, quod hoc intelligitur de armis quibus viri utuntur. Unde in hebraeo habetur : Non erit vas viri super mulierem ; et accipitur alibi in Scriptura vas pro armatura. Unde, I *Reg.* xx, dicitur de Jonatha quod tradidit puero arma sua ; in hebraeo habetur : vasa sua. Prohibetur autem hoc quod mulier non portet arma viri, tum quia indecens mulieri et praesumptuosum, tum quia pro tunc erat superstitiosum quia gentiles mulieres, in sacris Martis portabant arma viri, et in sacris Veneris viri portabant ornamenta mulierum et instrumenta earum, utpote colum, fusum et similia ». — Bréhal avait déjà cité plus haut ce fait superstitieux mentionné par Alexandre de Halès et par S. Thomas.

(5) S. Augustin (lib. v *Quaest. in Heptateuchum*, q. xxxii) dit aussi à ce sujet : « Non erunt vasa viri super mulierem : vasa bellica vult intelligi, id est arma ; nam quidam etiam hoc interpretati sunt ». Migne : P. L. tom. xxxiv, col. 761.

Sed istud non cogit: quia, eciam ad illum intellectum accipiendo, tamen racio illius precepti fuit ad vitandam ydolatrie supersticionem quam mulieres exercebant, in sacris Martis arma sumentes, ut dictum est ; ideoque ad propositum nichil facit. Nam cessante causa, cessat effectus : (c. « Cum cessante », *De appellacionibus*) ; et omnis res per quascumque causas nascitur per easdem dissolvitur, (c. primo, *De regulis juris*) (1).

Et iterum, non vanum simpliciter videtur ut, necessitatis urgente articulo, mulier ad prelia vadat, aut militarem actum pro salute reipublice exerceat. Fuit namque Debbora prophetes seu prophetissa, que cum Barach principe ivit contra Sysaram et ejus exercitum, (ut patet *Judicum* iiij°), in cujus commendacionem sequenti capitulo legitur : « Cessaverunt fortes Israel et quieverunt, donec Debbora surgeret. Nova bella elegit Dominus, et portas hostium ipse subvertit ». Super quo Petrus Comestor (in hystoriis) ait : « Nova quidem bella elegit Dominus, ut mulier de viris triumpharet » (2). Fuit et Jahel, uxor Amner Cynei, que ipsum Sysaram principem exercitus regis Jabyn, clavum tabernaculi in tempora ejus defigens dum dormiret , interfecit, (ubi prius, *Judicum* iiij°) (3) ; quod quidem, ut creditur, divino instinctu ambe iste mulieres fecerunt. Denique et Judith Olofernem, principem exercitus Nabugodonosor regis Assiriorum dormientem, divino similiter ducta oraculo, interfecit, et in lectulo corpus truncum relinquens, caput in pera sua ad victorie gloriam et adepte salutis testimonium in civitatem reportavit, (*Judith* xiij°). Ipsam quoque sub hiis verbis (in *prologo*) ita commendat Jeronimus : « Hanc enim non solum feminis sed et viris Deus immitabilem dedit, qui castitatis ejus remunerator virtutem talem ei [tribuit], ut invictum ab omnibus hominibus vinceret et insuperabilem superaret » (4). Narrant preterea hystorie miranda quo ad rem bellicam de quibusdam mulieribus que Amazones dicuntur. Reffertur eciam a Tito Livio, (libro secundo ab urbe condita), et a Valerio, (libro tercio capitulo iij°), atque Orosio, (libro secundo) (5), unum quasi prodigium de virgine romana, nomine Coclia, que Tyberis flumen transnatans e manibus hostium virgines coetaneas obsides vi et astucia eripuit, et parentibus salvas restituit ; unde et in ejus laudem sic

---

(1) Les deux axiomes juridiques invoqués ici sont exprimés en propres termes, l'un au début du chapitre « Cum cessante » qui est le soixantième du titre xxviii, au second livre des *Décrétales* (p. 963) ; l'autre, au livre cinquième, où il constitue le premier chapitre du titre xli (p. 1982).

(2) Cette phrase, où le mot *tribuit* a été omis par le greffier, est empruntée à l'*historia scholastica* (*hist. libri Judicum*, cap. vii) de Pierre Comestor, chanoine de Troyes, puis chancelier de l'Église de Paris, et enfin chanoine régulier de Saint-Victor, au xii° siècle. — Migne : P. L. tom. cxcviii, col. 1276-1277.

(3) Dans le texte de la Vulgate, Jahel est dite : uxor Haber Cinaei (*Judic*. iv. 17) ; ce qui est conforme à l'hébreu.

(4) C'est la dernière phrase de la préface de S. Jérôme au livre de *Judith*. Migne : P. L. tom. xxix, col. 40.

(5) Tite-Live raconte le fait : lib. ii, cap. xiii, 6 ; ab urbe condita 246. Opera... tom. i, p. 74. Paul Orose a ce même recit : (*historiarum libri septem*, lib. ii, cap. v) Migne : P. L. tom. xxxi, col. 754. Enfin, Valère Maxime (*Factorum dictorumque memorabilium libri novem*) dit de Clélia (dont le greffier a changé le nom en Coclia) : « Non solum obsidione, sed etiam metu patriam puella solvit ». (lib. iii, cap. 2. De fortitudine,exempla romana ; p. 618). La citation de Bréhal a été faite de mémoire, comme beaucoup d'autres de la *Recollectio*.

declamat Valerius : « Coclia non solum patriam ab obsidione, sed eciam a timore liberavit ».

Quis ergo non approbet et commendet quod per istam electam puellam preclare gestum videmus ? Presertim cum in primis per prelatos et doctores se Pictavis et alibi super qualitate sue missionis districtius examinandam prebuerit, et merito admitti eam debere voce omnium dijudicatum fuerit, more castissime Judith, que ad certamen se preparans sacerdotibus dixit : « Sicut quod loqui potui, Dei esse cognoscitis : ita quod facere proposui, probate si ex Deo est, et orate ut firmum faciat consilium meum Deus » (1). Cui responderunt : « Vade in pace, et Dominus tecum sit in ultionem inimicorum nostrorum » (*Judith* viij°).

Enimvero divine dispensacionis mira[culum] est (2), ut puella, de pascuis et post fetantes traducta, confestim grandes emissarios (3), veloces atque eciam feroces leviter seu alacriter conscenderit, quinymo et supra virorum communem industriam calcaribus adactos direxerit et compescuerit, vexillum et arma secundum exigenciam militaris actus aptissime portaverit, sed, et quod multo mirabilius est, acies exercituum ordinatissime instruxerit (4), congrediendi et aggrediendi normam et modum non tam prestituerit quam semper presens et prima audaciam ceteris et animum prebuerit, ac tandem in cunctis per eam maxime susceptis triumphos felices reportaverit, per hostes intermedios, per enses, per gladios regem Remis coronandum duxerit, et feliciter ac gloriose coronatum utique per omnia salvum tamdem reduxerit, urbes et opida absque hominum cede subjecerit, exterritos hostes solo sui nominis flatu procul fugaverit. Quid plura morer ? Haud dubie cernimus quod ad hostium confusionem et omnium superborum repressionem in manu femine salutem regni Deus constituerit.

Ad quorum denique qualemcumque probacionem (5) faciunt aliqua super istorum mirabili eventu longe ab ante prenunciata, ut imprimis illud Bede quod superius adduximus.

Quidam eciam peritus astrologus senensis, nomine Johannes de Monte Alcino (6), fertur per antea sic domino regi inter cetera scripsisse : « In consilio virgineo erit victoria tua ; prosequere victoriam tuam sine intermissione usque ad civitatem parisiensem, etc. ».

Merlinus autem vates anglicus ita cecinit : « Ex nemore canuto eliminabitur puella, ut medele curam adhibeat ; que, ut omnes arces iniverit, solo anelitu suo fontes nocivos siccabit.

---

(1) *Judith* VIII, 30-31 et 34. — Cité de mémoire : l'ordre de quelques mots est interverti ; et la Vulgate a : *disposui* au lieu de *proposui*.

(2) Le sens de la phrase exige la leçon que nous introduisons. Le greffier distrait n'a écrit que la première moitié du mot.

(3) Emissarius : equus fortis et velox... gallice, *estallon*... une manière de cheval fort, étalon, courtier ou coureur d'aucun Seigneur... — Du Cange: *Glossarium*, tom. III, p. 40.

(4) C'est le témoignage rendu par le duc d'Alençon le 3 mai 1456 : « In facto guerrae erat multum experta, tam in portu lanceae quam in congregando exercitu et ordinandis bellis, et in praeparatione *de l'artillerie*... etc. ». Quich. tom. III, p. 100.

(5) Quicherat a édité, depuis ce passage jusqu'à la fin du chapitre, tout ce qui est relatif aux prédictions qui annoncent les exploits de Jeanne d'Arc (*Procès*... tom. III, pp. 341-347).

(6) Quicherat assure qu'il s'appelait Pierre et non pas Jean. Il était médecin du pape Jean XXIII ; on lui attribue plusieurs horoscopes que l'évènement vérifia. Le texte allégué ici est emprunté à une lettre qu'il avait écrite au roi Charles VII.

I. — LE FOND DU PROCÈS. — CHAP. VI   71*

Lacrimis miserandis manabit ipsa, et clamore horrido replebit insulam. Interficiet eam cervus decem [f° clxxxiiij v°] ramorum, quorum quatuor aurea dyademata gestabunt, sex vero residui in cornua bubalorum vertentur, que nephando sonitu insulas Britanie commovebunt. Excitabitur Daneium nemus, et in humanam vocem erumpens clamabit : Accede, Kambria, et junge lateri tuo Cornubiam » (1). Hoc enim vaticinium non omnino respuendum aut despiciendum est, quoniam que iste Merlinus predixit satis commendata reperiuntur. Ait enim Sigebertus : « Multa obscura Merlinus revelavit, multa predixit ventura, quorum aliqua vix intelligi possunt, donec apparere incipiant ; solet enim spiritus Dei, per quos voluerit, misteria sua loqui, sicut per Sibillam, per Barlaam, et hujusmodi » (2). (Istud enim legitur tercia parte *Speculi hystorialis*, libro xxj°, capitulo xxx°).

In primis autem ibidem exprimitur locus originis puelle ex designacione illius nemoris canuti, de quo superius tactum est ; et dicit : *eliminabitur*, id est, e limitibus dicti nemoris nasci probabitur ; nam ab hostio paterne domus Johanne facile videtur, (ut dicitur in processu).

---

(1) Nous l'avons dit plus haut, cette prédiction est extraite de l'opuscule de Geoffroy de Monmouth, intitulé *De prophetiis Merlini*. Suivant la juste remarque de Quicherat (*Procès...* tom. III, p. 341 note), il faut beaucoup de bonne volonté pour l'appliquer à la Pucelle, même lorsqu'on la présente mutilée comme elle est ici, sous la forme qu'elle avait revêtu devant le public lettré ou non qui s'en occupait. A plus forte raison est-il impossible de l'interpréter de la sorte, si l'on examine son texte intégral.

D'abord, le titre même qu'elle porte dans le livre de Geoffroy de Monmouth indique assez qu'elle concerne la ville galloise de Winton : *de Guyntonia vaticinium*.

Le début a été altéré : au lieu de *Ex nemore canuto*, on lit : *Ex urbe Canuti nemoris*, et encore ce dernier mot (*nemoris*) ne se trouve pas dans tous les manuscrits ; il resterait donc seulement *Ex urbe Canuti*, ce qui rend le sens fort différent.

Trois phrases ont été supprimées, entre : *fontes nocuos siccabit*, et *Lacrymis miserandis*. Les voici : « Et exinde ut sese salubri liquore refecerit, gestabit in dextera sua nemus Calidonis, in sinistra vero murorum Londoniae propugnacula. Quacunque incedet, passus sulphureos faciet qui duplici flamma fumabunt. Fumus ille excitabit Rutenos et cibum sub marinis conficiet ». Il est manifeste qu'elles n'ont aucun rapport avec les exploits de Jeanne d'Arc.

Tout le reste est d'une obscurité que les explications de Bréhal, si ingénieuses qu'elles puissent être, ne sauraient parvenir à dissiper.

Malgré la réserve avec laquelle il propose son opinion, l'inquisiteur paraît avoir partagé la persuasion commune de son temps. Aux heures des grandes calamités, et particulièrement des calamités nationales, on voit les esprits en quête du merveilleux chercher la connaissance des secrets de l'avenir dans des élucubrations qui à tort ou à raison passent pour prophétiques. Les meilleurs se laissent parfois entraîner par le courant, et chacun juge d'après les affections et les désirs de son cœur, selon l'axiome de l'École : Unusquisque judicat prout est affectus.

Cependant, les déclarations expresses que Bréhal fait à ce sujet (voir le dernier paragraphe de ce chapitre VI) montrent bien qu'il n'accorde à cette sorte d'arguments qu'une valeur très accessoire.

(2) La *Chronica domni Sigeberti Gemblacensis monachi*, a été publiée par Migne : P. L. tom. CLX, col. 57 et seq. — C'est probablement dans cette compilation du moine de Gembloux que Bréhal a puisé ses dires au sujet de l'origine grecque des Francs. Mais le passage allégué ici se lit, comme il l'indique, dans le *Miroir historique* de Vincent de Beauvais.

Medele autem *cura* est regni tunc languentis per Johannam inchoata atque procurata valitudo. *Ad arces inivit*, cum regem et primores regni in exordio sue legacionis accersivit : vel cum inter prelatos et doctores sapiencia preditos longum ac districtum examen Pictavis subivit; aut eciam cum Aurelianis, Parisius et multas regni spectabiles civitates et municiones, opida que forcia, viriliter ac intrepide aggressa fuit; vel forte quando dominum regem cum proceribus regni ac exercitu multo Remis coronandum, per hostium enses, salubriter conduxit. *Anelitu suo*, id est, dure reprehensionis verbo, *fontes nocivos siccabit*, hoc est doli conspiratores et perfidos increpabit, suaque gracia et amicicia privabit. *Lacrimis miserandis ipsa manabit;* quia regni calamitatem et Francorum miserata labores, jugiter deflebit, in pauperesque valde misericors, quinymo et in hostes humiliatos plurimum compatiens erit: *Clamore valido replebit insulam* ; quoniam strepitus victoriose ejus fame universam Anglorum gentem exterrebit (1), et in conspectu ejus prelia committere pavebit. *Interficiet* vero *eam cervus decem ramorum*, id est, adolescens Henricus in regnum Francie precipiti usurpacione insiliens eam interire faciet, tunc quidem existens etatis decem annorum. *Quatuor ipsorum ramorum dyademata aurea gestabunt* ; quia annis fere quatuor ab ortu ejus dem Henrici, in subjectos suos Anglici potestatis sue imperium cum justicia competenti dispensabunt ; sed tandem, omni justicia et populi libertate spreta, per residuum temporis prescripti, *in cornua bubalorum vertentur*, quia subditos suos effrenata crudelitate seu tyrannide persequentur. Ex cujus afflictionis extreme causa, *nephando sonitu*, id est, facinorum suorum relatu et nunciorum vice populi remurmurantis conclamantium strepitu, *insulas Britanie commovebunt*, hoc est justicie omnino suppresse cum tumultu remedia implorabunt. Quibus rebus in ea clade perdurantibus, idcirco *excitabitur Daneium*, id est, Normanum, quia a Danis processit sic proprie dictum ; *Daneium* dico *nemus*, hoc est promiscuum Normanie vulgus ; *excitabitur*, quia in eadem terra, hinc inde suscitata rebellione, ad ulcionem injurie armabitur. *In humanamque vocem erumpens clamabit* ; quia indita sibi humanitate et totis animi precordiis ad naturalem suum principem adspirabit, dicens : *Accede, Kambria*, id est, Francie corona, a Sicambria civitate antiqua Pannonie, unde Franci provenere, sic dicta (2) . Nam et Clodoveo prothochristiano regi baptismum suscipienti ait Remigius: « Depone mitis colla Sicamber (3) ». *Accede*, inquam, que longe a nobis et diucius quasi proscripta secessisti, *et junge lateri tuo Cornubiam*, id est, Angliam, ut a parte una totum denominetur. *Junge* quidem *lateri tuo*, quoniam omnium nostrum votiva est fiducia, te felicium victoriarum successu tuo imperio Angliam inde conjungere posse.

In multis equidem per ingenia clariora, scio, posset et alius forsan convenientior de dicta prophecia elici intellectus ; sed in talibus satis permittitur, ut unusquisque in suo sensu habundet. Verumptamen omnia que exponendo premisimus, infallibili successu nostris diebus contigisse videmus.

---

(1) Lan.: exercebit.

(2) Bréhal a sans doute puisé cette assertion dans la Chronique de Sigebert, moine de Gembloux. Migne: P. L. tom. CLX, col. 59.

(3) Cf. S. Gregorii, episcopi Turonensis, *hist. Franc.* lib. II, cap. XXXI, Migne : P. L. tom. LXXI, col. 227.

Reperitur et alia quedam prophecia, de qua superius in primo articulo meminimus, in qua sic habetur : « O insigne lilium, roratum principibus, agris pluribus a satore in virgulto delectabili insitum, immortale floribus rosis mire redolentibusque vallatum ! Stupescat lilium, contremiscat virgultum. Nam diversa brutalia, advena alitaque in predicto virgulto, cornua cornibus adherendo, quasi penitus suffocabunt, et quasi marcescens rore privato, anguste et paulisper radices pene evellendo, aspidis anelitibus vastare putabunt. Sed a puella, oriunda unde primum brutale venenum effusum est, antecedenteque aurem retro dextram modico signo coccineo, remisse fabulante, collo modico, a virgulto triste exulabunt. Fontes irriguos dicto lilio adunando (1), serpentem extra pellendo venenumque cuilibet notificando, lilicolam Karolum, filium Karoli nuncupatum, laurea Remis non manu mortali facta fauste laureabit. Subdent se circiter fines turbidi, fontes tremebunt, clamescet populus : Vivat lilium, fugiat brutum, pullulet virgultum ! Ascendet ad campum insule, classem classibus applicando, et ibidem plurima bruta jam clade peribunt. Multorum tunc pax efficietur, multorum claves ultro suum opificem recognoscent. Cives civitatis inclite clade perjurii perimentur, singultus plurimos in se memorando, et muri plurimi ruent intrando. Tunc erit lilii virgultum sicut brutis aliquo modo, et sic florebit tempore longo ».

Continet siquidem hoc vaticinium laudem multam quo ad arma et coronam Francie, intellectam per *lilium* a satore celesti divinitus transmissum. Commendatur preterea regnum ipsum, quod per *virgultum* innuitur, et hoc maxime quantum ad principes, prelatos et sapientes, quibus regnum noscitur insignitum. Subdit denique preteritam regni concussionem ac ipsius pene totalem destructionem, partim per advenas brutos, id est, Anglicos, partim eciam per nonnullos domesticos et ibidem nutritos, ad invicem tamen in exercitio crudelitatis conjunctos, actam et procuratam ; adeo ut universum regnum longa afflictione detentum, principibus pene omnibus nunc captis nunc cesis, successive desolaretur, seu eciam serpentinis infectum conjuracionibus, quasi *rore privato*, id est, innata sibi fidelitate *marcescens*, vastatum omnino putaretur. Proinde ortum puelle introducit, miro scemate verborum illum describens : *unde*, ait, *primum brutale venenum effusum est*. Hoc autem pro modulo [f° clxxxv r°] superius exposuimus, ubi de loco originis Johanne agebatur ; sed tamen ut ibi, cum hec designacio ambigua videatur, clariori intelligencie relinquimus. Traduntur insuper quedam signacula ipsius Johanne (2) et quorumdam caracterum suorum expresse discretiva, videlicet : tabes rubea retro aurem dextram ; secundum est mollis seu remissa loquela ; tercium vero colli brevitas. Innuitur postea Anglicorum fuga et excidium, quorumdamque principum inifas [fuisse] cum rege validas confederaciones (3) innovataque pacta ; ex quibus subdole conspiraciones multorum perfidorum pa-

---

(1) Lan. . administrando.

(2) Quelle que soit la valeur plus ou moins problématique de cette prophétie, dont nous ne connaissons ni la source à laquelle on l'a puisée, ni la personne de son auteur, Engélide, fille d'un roi de Hongrie, il faut retenir les particularités caractéristiques signalées ici pour le portrait de Jeanne d'Arc. Ces détails avaient frappé les contemporains par leur vérité, et, grâce à la *Recollectio* de Bréhal, nous savons que la Pucelle avait « un mol et doux parler », que son cou était court, et qu'elle portait en arrière de l'oreille droite une petite tache de couleur écarlate.

(3) Afin que la phrase fût suffisamment correcte, il était nécessaire de suppléer l'infinitif omis

tefieri vise sunt. Exprimit tamdem multum clare domini regis coronacionem, ac nonnullorum ab ante anglicis subjectorum liberam spontaneamque dedicionem. Necnon et subsecutam ex hiis describit communem populi leticiam, pacem ac serenitatem. Parisiensium denique, ob parjurii crimen, prodit interempcionem et offense attricionem. Ad extremum autem concludit futuram regni ab hostibus puritatem atque diuturnam pacis subsequentem tranquillitatem.

In hac enim prophecia sunt multa satis obscura, quedam vero multum aperta et expressa. Aliqua vero michi videntur transposita et non simpliciter secundum ordinem harum rerum et prout successerunt collocata ; quod eciam apud prophetas Dei frequenter contigit, et salvatur per figuram quam hysteron protheron grammatici dicunt (1). Et quia forte apud multos parum authentica videretur, ideo ejus declaracioni minus insistendum placuit. Libenter tamen hic apposita est, quoniam, secundum poetam, etsi non prosint singula, multa tamen juvant (2). Et est enim hec presens questio de facto ; ideo ab omni circumstancia, secundum rei exigenciam, potest sumi argumentum. Et eciam non facile debent ista contempni (3), maxime ubi fidei catholice aut bonis honestisque moribus nichil repugnans invenitur. Nam, ut dicitur (*Johannis* tercio) : « Spiritus ubi vult spirat » ; et super llo verbo Pauli (*ad Thessal.* v⁰) : « Prophecias nolite spernere », ait quedam *glosa* : « Deus qui os asine aperuit, sepe revelat minoribus quod melius est » (4). Ista ergo sufficiant de presenti articulo.

par le greffier ; nous avons donc introduit le mot *fuisse* entre crochets. M. Lapéry d'Arc a transcrit autrement : quorumdamque principum initae cum rege validae confoederationes. Mais le manuscrit porte bien : *initas* et *validas*. D'ailleurs cette leçon ne s'accorde pas avec le verbe qui est au singulier : *innuitur*.

(1) L : ὕστερον πρότερον. Le manuscrit n'a pas de lettres grecques. Suivant l'usage du greffier, le *th* est employé pour un *t* simple.

L'hystérologie, ou histéroproton, comme l'appellent encore les grammairiens, consiste à intervertir l'ordre réel des faits, en donnant la première place au détail ou à la circonstance qui devrait être énumérée ultérieurement. Cf. B. Jullien : *Cours supérieur de grammaire* ; 2⁰ partie, table alphabétique des mots employés par les grammairiens, rhéteurs ou métriciens ; p. 234.

(2) Le poëte, dont Bréhal parle sans le désigner davantage, n'est autre qu'Ovide. On trouve en effet le vers suivant dans les *Remedia amoris* (v. 420) :

Sed, quae non prosunt singula, multa juvant.

Tel qu'il est allégué dans la *Recollectio*, il était difficile d'y reconnaître un pentamètre et la facture ovidienne. Nous inclinons à penser que l'inquisiteur aura tiré cette citation peu littérale de quelque ouvrage de jurisprudence, semblable aux gloses dont Étienne Aufreri, président de la chambre des enquêtes au Parlement de Toulouse, avait au XV⁰ siècle surchargé le texte du *Stilus Parlamenti* de Guillaume du Breuil, publié par le célèbre Dumoulin. Ces sortes de manuels renfermaient confusément, outre d'innombrables renvois au droit civil et ecclésiastique, des aphorismes plus ou moins défigurés qu'on avait extraits des auteurs latins, Stace, Ovide, Cicéron, Quintilien, Térence, Martial, etc.

(3) Lan. : et etiam non facile dentur ista contemptui.

(4) Cette glose a pour auteur Haymon, évêque d'Halberstadt ; on la trouve dans son *Expositio* in Epist. I *ad Thessal.* cap. v, vers. 20. Au lieu de *minoribus*, il dit : *juniori*. Migne : P. L. tom. CXVII, col. 776.

SEPTIMUM CAPITULUM.

Quod Johanna multa verba temeritatis et jactancie videtur protulisse, et quedam periculosa in fide asseruisse.

Quia enim in processu videtur Johanna in quibusdam dictis suis, tamquam ex eis eciam in fide reprehensibilis esset, calumpniari, ideo adducenda sunt ea verba precipue, in quibus culpabilis ex processu estimatur.

In primis est illud quod dixit, videlicet : quod certa erat voces sibi apparentes venire a Deo et ex Dei ordinacione, et, ut asseruit, ita firmiter credebat sicut credebat fidem christianam et quod Dominus noster Jhesus Christus passus sit in cruce pro redempcione nostra (1). (Et istud verbum habetur in processu, fol. xvij°, E).

Sed ad istud jam in parte responsum est. Constat enim quod eidem lumini, divine videlicet inspiracionis, innititur fides catholica et revelacio prophetica : super enim veritate immobili utrumque fundatur. Si enim revelacionem habens, ut tradit sanctus Doctor (2), certitudinem non haberet quod illa sunt sibi divinitus revelata, jam fides catholica, que ex revelacione procedit, omnino incerta esset.

Hec autem certitudo revelacionis in duobus maxime, tamquam signis manifestis, ostenditur : videlicet in prompta execucione facti et intrepida pronunciacione verbi. Quorum primum patuit in Abraham, qui in visione prophetica ammonitus prompte disposuit se ad ymolandum filium, (ut legitur *Genesis* xxij°). Aliud vero patet in Jeremia, quem cum apprehendissent sacerdotes et pseudoprophete atque omnis populus dicentes : « Morte moriatur » ; ipse paulo post propheta ait : « In veritate misit me Dominus ad vos, ut loquerer in auribus vestris omnia verba hec » ; (*Jeremie* xxvj°), ubi *glosa* : « Si quando pro necessitate nobis humilitate opus est, sic tamen illam assumamus ne veritatem et constanciam deseramus » (3).

Non obstante autem mira simplicitate, Johanna egit tamen efficaciter et prompte quod divino imperio jussum et commissum illi fuerat, ut patuit manifeste in levacione obsidionis coram Aurelianis et Domini nostri regis felici et prospera coronacione Remis ; in quibus potissimum duobus credo sue legacionis fines, et maxime, constitutas fuisse, quoniam circa hec duo presertim, ubi de suo mirabili adventu hinc inde et diversimode interrogatur, universa tendunt responsa ; que tamen ambo per ipsam miro modo operantem feliciter et perfecte completa sunt.

---

(1) Cf. *Summarium*, art. I.
(2) C'est la doctrine déjà proposée, vers la fin du second chapitre. — Cf. S. Th. 2. 2 , q. CLXXI, art. 5, in corp. ; *Opera omnia* . . . tom. XXI, p. 302, col. 2.
(3) Cette glose est de Raban Maur (*Expositio super Jeremiam* lib. x, cap. XXVI). Migne : P. L. tom. CXI, col. 1005.

Que autem proinde gessit, quasi supererogata michi viderentur, nisi ex suis dictis constaret quia et postmodum jugiter suarum vocum consolaciones habuit. Et ad hoc veniunt ea que captiva in judicio existens, non tam mirabiliter quam perseveranter et constanter, plurima eciam ventura cum certa (1) temporis designacione predixit; de quibus superius late satis discussum est.

Sed quod procul dubio, ut de Jeremia nunc dictum est, expressum signum sit de veritate revelacionis divine, dum scilicet constanter et intrepide annunciatur, plane innuit Quintillianus, (libro viij° *de oratoria institucione*), inquiens : « Prodit se quantumlibet custodita simulacio, nec umquam tanta est loquendi facultas, que non titubet et hereat quociens ab animo verba dissenciunt » (2).

Posset eciam et faciliter responderi de illo adverbio *sicut* (3), quod est nota similitudinis, non ydentitatis seu adequacionis. Unde sufficit in predicto verbo Johanne, quod sit utrobique qualiscumque similitudo cum certitudine, quamvis non fuerit aut sit in utroque similium equalis credulitas vel adhesio. Nam multa talia legimus, ut est illud in symbolo Athanasii : « Sicut anima racionalis et caro unus est homo, ita Deus et homo unus est Christus » (4). Tamen manifestum est quod utrobique magna interjacet distancia, cum Christo sit in duabus naturis sola unitas suppositi vel persone, in homine vero (5). Ad idem, prout Leo papa testatur, apostolus Petrus de Symone mago ait : « Sicut in Christo due sunt substancie, scilicet Dei et hominis, ita in Symone isto sunt due substancie, scilicet hominis et dyaboli » (6). Similiter et Aymo, (*super epistolam ad Thessalonicenses*), ait : « Sicut in Christo omnis plenitudo divinitatis habitavit, ita in antichristo plenitudo omnis malicie et iniquitatis habitabit; quia in ipso erit caput omnium malorum dyabolus » (7). Certum

---

(1) Lan. : plurima etiam ventura cuncta temporis designatione.

(2) La référence est fautive ; le passage est emprunté au livre xii *De oratoria institutione,* 1. 29, où on lit : « Prodit enim se, quamlibet custodiatur, simulatio, nec unquam tanta fuerit loquendi facultas, ut non titubet atque haereat, quotiens ab animo verba dissentiunt ». *Opp...* tom. ii, p. 321.

(3) Il s'agit de la locution employée par la Pucelle, ainsi qu'il a été dit plus haut : *sicut credebat...*

(4) Le symbole, connu sous le nom de S. Athanase, n'est pas l'œuvre de ce saint Docteur de l'Église grecque. Il a probablement été écrit en latin, mais les critiques sont partagés sur le nom de l'auteur. — Cf. *Diatribé in Symbolum Quicumque,* à la fin des œuvres de S. Athanase. Migne : P. Gr. tom. xxviii, col. 1567. — Le verset du symbole cité tout à l'heure se trouve : *ibid.* col. 1583.

(5) La phrase est incomplète, soit que le greffier ait omis le reste par distraction, soit que Bréhal lui-même ait oublié de la compléter. En tout cas, il est aisé de terminer l'exemple allégué : il suffit d'ajouter après : *in homine vero,* ce que dit S. Thomas, 3. q. ii, art. 1, ad 2m (*Opera omnia...* tom. xxii, p. 5, col. 1) : « ex anima et corpore constituitur duplex unitas, naturae et personae ».

(6) Tous nos efforts ont été vains pour retrouver cette parole de S. Pierre dans les œuvres du pape S. Léon le Grand : nous ne l'avons rencontrée ni dans les homélies qui concernent le prince des Apôtres, ni dans les lettres assez nombreuses que S. Léon écrivit à l'occasion des hérésies d'Eutychès et de Nestorius, lettres dont le sujet et l'exposition doctrinale pouvaient amener l'exemple des deux substances.

(7) Voici le texte complet d'Aimon, évêque d'Alberstadt : « Sicut in Christo omnis plenitudo di=

est autem quod in hiis magna distancia est; multaque talia in Scripturis eciam divinis reperiuntur, que quidem ad sanum intellectum trahere oportet. Et ad idem quedam exempla habentur, et ad predictum sensum exponuntur, in capitulo « Dampnamus », circa finem, *De summa Trinitate* (1). Et quidem plurimum refert inter similitudinem et ydentitatem, ut bene innuit Anselmus (in libro *de similitudinibus*) (2); nam et communiter dici solet quod similitudines semper uno pede claudicant.

Rursus, potest accipi ex dictis ejusmet alia hujusmodi responsio. Nam frequenter allegavit se ideo esse certam de bonitate illarum vocum propter bonam doctrinam et bonam confortacionem quam sibi dabant; quod quidem sufficiens est ad prebendum certitudinem. Nam, (super illo verbo 2ᵉ *ad Corinthios* xjᵒ, « Sathanas se transfigurat », etc.) ait *glosa* quod dyabolus semper ad mala sua intendit ducere (3). De istis nempe satis superius dictum est.

Aliud autem verbum, in quo Johanna calumpniatur, est quia dicebat se adeo firmiter credere quod salvaretur in paradiso, ac si jam esset ibi (4). Ad istud dicitur quod fundatur in promissione facta ei per spiritus ei apparentes, qui sibi dicebant : « Accipias totum gratanter, non cures de martirio tuo, tu venies finaliter in regnum paradisi » ; et hoc dicebant ei simpliciter et absolute, hoc est sine defectu. (Ista patent in processu condempnacionis, fol. xxxviijᵒ, A).

Certitudo enim, secundum Doctorem sanctum, nichil aliud est quam determinacio intellectus ad unum. Et tanto major est certitudo, quanto forcius est illud quod certitudinem causat (5). Spiritibus ergo illis omnino credere debuit, ut vult Augustinus, (super illo verbo : « Timuit Jacob valde », etc. ; *Genes.* xxxijᵒ) (5). Et Chrysostomus : « Quandocumque

---

vinitatis requievit, ita in illo homine, qui Antichristus appellatur eo quod sit contrarius Christo, plenitudo malitiae et omnis iniquitatis habitabit, quia in ipso erit caput omnium malorum diabolus, qui est rex super omnes filios superbiae ». : *Expositio in Epist.* II *ad Thessal.* cap. 11). Migne : P. L. tom. cxvii, col. 780.

(1) Deux exemples empruntés au Nouveau Testament (*Joann.* xvii, 11, 21 et 22 ; *Matth.* v, 48) sont allégués et expliqués vers la fin du chapitre « Damnamus », qui est le second du premier titre, au premier livre des *Décrétales* ; pp. 11-14.

(2) Le traité *De sancti Anselmi similitudinibus*, auquel Bréhal renvoie, est l'œuvre d'Eadmer, moine de Cantorbéry, disciple et ami du saint archevêque. Il est inséré dans Migne : P. L. tom. clix, col. 605 .

(3) La glose sur le verset 14 du chapitre xi de la seconde *Épître aux Corinthiens* a été probablement empruntée à S. Augustin, qui s'exprime ainsi (*Enchiridii*, cap. 60, n. 16) : « Cum vero per haec aliena ad sua incipit ducere, tunc eum dignoscere, nec ire post eum, magna et necessaria vigilantia est ». Migne : P. L. tom. xl, col. 260. — S. Thomas parle également de ce passage, dans sa réponse ad 3ᵐ (2. 2, q. x, art. 2) : « Si aliquis satanae adhaereret, cum incipit ad sua ducere, id est ad mala et falsa, tunc non caret peccato ». *Opera omnia...* tom. xxi, p. 20, col. 2.

(4) Cf. *Summarium*, art. 11.

(5) Les deux phrases précédentes sont de S. Thomas : in 3ᵐ *Sentent.* dist. xxiii, q. 2. art. 2, quaestiuncula 3, in corp. — *Opera omnia...* tom. i, p. 250, col. 2.

(6) Les trois textes de S. Augustin, de S. Jean Chrysostôme, et du Vénérable Bède ont déjà été allégués vers la fin du second chapitre de la *Recollectio*.

enim Deus aliquid indicat, oportet in fide suscipere; nam super hujusmodi disceptare contumacis est anime ». Item Beda: « Cum angelus promittit, jam dubitare non licet ».

Idcirco hec firmitas credendi in Johanna nichil aliud erat quam certitudo spei; que siquidem virtus, (ut tercio scripto ait sanctus Doctor) (1), quantum in se est, inclinat infallibiliter et ducit in vitam eternam. Sicut namque fides innititur veritati prime, que non potest decipere, ita spes ex gracia et meritis proveniens innititur largitati summe, que non potest deficere. Unde eciam, quantum ad inclinacionem habitus, magna est spei certitudo in habente spem caritate formatam. Est enim, ut idem doctor ait, quasi certitudo nature, que numquam deficit nisi per accidens (2). Unde, (super illo verbo *psalmi*: « Singulariter in spe constituisti me »), dicit *glosa*: « id est, in una spe qua singulariter unum et verum bonum speratur, non multiplicitate hujus seculi, et profecto erit quod speratur » (3). Nam et Paulus, (*ad Romanos* viij°), dicit: « Spe enim, *glosa*: id est, certa; salvi facti sumus » (4). Et ad hoc facit quod ipsa Johanna sepe dixit, videlicet quod non requisivit aliud premium a vocibus suis nisi salutacionem anime sue (5).

Est et alia responsio valde efficax ad hoc ex ejus verbis collecta: quia dixit quod certitudinem illam intelligebat, dummodo bene custodiret illud quod promiserat Deo, videlicet quod servaret virginitatem tam anime quam corporis (6). Per quam intelligitur plena et perfecta non solum illiciti actus, sed et cujuslibet inordinati consensus resecacio, (juxta illud secunde *ad Corinthios* xj°): « Despondi enim vos viro virginem castam »; ubi *glosa*: « non

---

(1) L'espérance est une vertu théologale; son objet propre et principal est Dieu lui-même considéré comme la cause efficiente et finale de l'éternelle béatitude. Elle s'appuie sur la toute puissante libéralité, dont elle attend la grâce et les mérites en ce monde, et la jouissance du souverain bien dans l'autre. A ce titre, elle est certaine comme la foi; car, de même que la foi est basée sur la vérité première qui ne peut nous tromper, ainsi l'espérance repose, non pas sur notre volonté sujette à défaillir, mais sur l'aide indéfectible de Celui qui peut et veut nous sauver. Lors donc que l'espérance est vivifiée par la charité, elle donne à l'homme, autant que cela dépend d'elle, une inclination infaillible à la vie éternelle et l'assurance de n'en être pas frustré. Sous ce rapport, et à ce point de vue objectif, elle ressemble à la certitude physique qui ne se trouve jamais en défaut, si ce n'est tout à fait accidentellement. — Cf. S. Th. 2. 2, q. XVIII, art. 4 in corp. et ad 2^m; *Opera omnia*... tom. XXI, p. 35, col. 1.

(2) La doctrine exposée dans tout ce paragraphe est empruntée en somme au commentaire de S. Thomas (in 3^m *Sentent*. dist. XXVI, q. 2, art. 4 *Opera omnia*... tom. IX, p. 290, col. 2.

(3) La *glose ordinaire* de Walafrid Strabon sur le verset 9 du *Psaume* IV a fourni les éléments de l'allégation de Bréhal: « Ego autem in pace mentis dormiam, hic oblitus mundi, et requiescam in futura; quia jam in una spe, non in multiplicitate saeculi. In pace dormiam et requiescam. Ab omnibus saeculi cum mortale hoc induet immortalitatem; et hoc vere erit, quia jam est spes, et hoc est: Quoniam tu, Domine, singulariter in spe constituisti me, et profecto erit quod speratur ». Migne: P. L. tom. CXIII, col. 850.

(4) La *glose interlinéaire* d'une Bible incunable dit sur le verset 24 du chap. VIII (*ad Rom.*): « Nam certi sumus, quasi jam salvi sumus ».

(5) Le mot « salutacionem » est probablement un *lapsus calami*, au lieu de « salvacionem ». — Cf. *Summarium*, art. I.

(6) Cf. *Summarium*, art. II.

solum integritate corporis que paucorum est, sed incorrupta fide mentis que est omnium fidelium » (1). Virginem, inquam, quia sine corrupcione mali operis et sine pravitate erroris; castam vero, quia sine estu male voluntatis. Unde et Augustinus, (libro *de sancta virginitate*) : « Servatur in fide inviolata quedam castitas virginalis, qua Ecclesia uni viro virgo coaptatur ». (2). Et ita premissum verbum in nullo prejudicat.

Item semel dixit quod noverat unum Burgundum, cui voluisset caput esse truncatum (3); quod quidem verbum videtur crudelitatem sonare, et contra caritatem esse. Ad quod dicitur, quod ipsa omnem in isto culpe notam abstulit, dum subdens ait : « Si tamen placuisset Deo ». Nam et Judith de Oloferne dixit : « Fac, Domine, ut gladio suo proprio superbia amputetur ». Ubi *glosa* : « Non hoc dicit delectacione pene, sed amore justicie, sicut prophete qui, quod in spiritu justo judicio vident futurum, in eodem spiritu predicunt faciendum, ymo per eos ipse predicit qui per eos revelat atque facit; quale est illud : « Fiat mensa eorum coram ipsis in laqueum, etc. »; et illud Pauli ad principem sacerdotum : « Percuciet te Deus, paries dealbate » (*Actuum* xxiij°) (4).

Est et illud in quo mirabiliter vexatur, videlicet de eo quod refert unum angelum de alto venisse; qui, dum pro tunc cum rex esset in castro de Chygnon, intravit per hostium camere domini regis, et Johanna erat cum eo; gradiebaturque idem angelus super terram, et ambulabat eundo ab hostio camere ; et cum pervenisset ad regem, fecit ei dictus angelus reverenciam inclinando se coram eo, et reduxit ei ad memoriam pacienciam magnam quam habuerat in suis tribulacionibus ; tradiditque ei quoddam signum opulentissimum, presentibus et hoc ipsum videntibus multis principibus ac prelatis ipsius regni, qui eciam angelum prestitum signum tradentem viderunt ; et ille angelus erat bene associatus aliis angelis, quorum aliqui habebant alas, aliqui erant coronati et alii non, et eciam in illa societate erant sancte Katherina et Margareta (5). Hec est summa ipsius assercionis, que apud quosdam

---

(1) Dans le texte de S. Paul (II *Cor.* xi, 2), le greffier a omis un mot; il faut lire : Despondi enim vos uni viro. — La *glose* est de Walafrid Strabon, dont voici le passage complet : « Virginitas carnis, corpus est intactum : haec virginitas paucorum est. Virginitas cordis fides est incorrupta : haec est omnium fidelium ». Migne : P. L. tom. cxiv, col. 566.

(2) M. Lanéry d'Arc a lu : immolata quaedam castitas. — Le manuscrit porte cependant : *inviolata*. C'est également la leçon des imprimés. Voir S. Augustin (lib. *de sancta virginitate*, cap. xlviii, n. 48). Migne) P. L. tom. xl, col. 425.

(3) « ... Respondit quod ipsa nesciebat, in illa villa, nisi unicum Burgundum, quem voluisset habere caput abscisum, tamen si placuisset Deo ». Quich. tom. i, p. 262.

(4) La Vulgate (*Judith* ix, 12) lit : « Fac, Domine, ut gladio proprio ejus superbia amputetur ». Toute la fin du paragraphe est empruntée à nous ne savons quel auteur; mais la glose marginale d'une Bible incunable est tout à fait conforme à la citation de Bréhal, hormis une légère variante. On la retrouve aussi à peu près identique dans l'Appendice de Jacques Pamelius à l'*Exposition du livre de Judith* par Raban Maur. Voir Migne : P. L. tom. cix, col. 620.— Le texte du psalmiste est le verset 23 du *psaume* lxviii. — Celui des *Actes* est le verset 3 du chap. xxiii.

(5) L'article li des griefs, articulés contre Jeanne par le promoteur, et exposés à l'audience du 28 mars par Thomas de Courcelles, renferme le résumé de ces allégations. Voir Quicherat : *Pro=*

multum absurda, et angelice proprietati atque dignitati absona, reputata fuit. Sed, si diligenter consideretur, et alia quedam, ut dignum est, adjungantur, que ad illius explanacionem faciunt, nichil profecto reperietur absurditatem aut eciam falsitatem continens.

Notum est enim quod istud concernebat misterium grande, ad dominum regem Francie et tocius regni salutem directe pertinens. Unde inter adversarios Johanna hostiliter captivata ex industria et prudencia quedam super hac interrogacione respondit, que ad terrorem inimicorum facerent, ut est quod illud signum fuit quod angelus certificavit regem, apportando ei coronam et dicendo quod ipse haberet totum regnum Francie integre cum auxilio Dei, mediante labore ipsius Johanne (1). (Hoc habetur fol. lxviij°). Et multa similia eis dixit.

Alia vero caute subticuit, vel, que de hoc quoquo modo enunciavit, sub occulto verborum scemate et quasi parabolice fuit. Unde et jurando semper protestata est, quod de illis que ibant ad dominum regem possent illi multa petere, de quibus ipsa non respondit eis veritatem (2). Quod quidem ei licitum fuit triplici racione.

Primo, quia res de se erat propter sui magnitudinem non plene seu aperte revelabilis. Etenim sacramentum regis bonum est abscondere (3), (ut habetur *Thobie* xij°). Secundo, ne perjurium incurreret: promiserat enim, ut sepius asseruit, se numquam dicturam secreta que ad dominum regem ibant (4). Tercio, quia sicut non licet mentiri seu pejerare, ita licet, caute respondendo, veritatem tacendo fingere, sicut fecit Abraham coram Pharaone (*Gen.* xij°; et allegatur in capitulo « Queritur » § « Ecce », xxij, q. ij) (5).

Sic enim quandoque prophete et sancti Dei viri frequenter sunt locuti; neque tamen in hoc propterea fuerunt mentiti. Ait enim beatus Augustinus, (in libro *de questionibus evangelii*): « Non enim omne quod fingimus mendacium est, sed quando id fingimus quod ni-

---

cès... tom. I, pp. 282-283. — On les retrouve éparses dans divers interrogatoires; mais elles sont presque toutes réunies dans l'interrogatoire du 13 mars. (Quich. tom. I, pp. 139-146).

(1) « *Item*, dit que le signe, ce fut que l'angle certiffioit à son roy en luy apportant la couronne, et luy disant que il auroit tout le royaume de France entièrement à l'aide de Dieu, et moyennant son labour... » Quich. tom. I, p. 130.

(2) Le sens de la phrase semblerait exiger : *de quibus ipsa non responderet eis veritatem;* mais le manuscrit ne permet pas cette leçon. — Lorsque Jeanne fut requise de prêter serment qu'elle dirait la vérité, à sa première comparution devant le tribunal, elle fit ses réserves au sujet de tout ce qui concernait le roi et assura qu'elle ne révèlerait rien de tout cela : « nec etiam revelaret si deberet eidem caput amputari ». Quich. tom. I, p. 45. — Et à l'audience du 22 février, elle dit encore : « Vos bene posset's mihi talem rem petere, de qua ego responderem vobis veritatem, et de alia non responderem ». Quich. tom. I, pp. 50-51. — Voir aussi *ibid.* p. 61.

(3) On lit dans la Vulgate : « Sacramentum regis abscondere bonum est » (*Tob.* XXII, 7).

(4) « Forsan vos possetis me compellere ad dicendum talem rem, quam ego juravi non dicere, et ita essem perjura, quod velle non deberetis » Quich. tom. I, p. 60.

(5) Le canon « Quaeritur » est le vingt deuxième de la question seconde, cause XXII, au 2e livre du *Décret* de Gratien. Diverses éditions indiquent que ce canon est extrait des questions de S. Augustin sur la Genèse; mais (lib. I *quaest. in Heptateuchum*, q: XXVI; Migne : P. L. tom. XXXIV, col. 554-555) l'évêque d'Hippone renvoie à son livre XXII *contra Faustum*, cap. 33 et 34, où il a traité ce sujet, et qu'il termine par ces mots : « Tacuit aliquid veri, non dixit aliquid falsi ». Migne : P. L. tom. XLII, col. 421-422.

chil significat, mendacium est (1). Cum autem fictio nostra reffertur ad aliquam significacionem, non est mendacium, sed aliqua figura veritatis. Alioquin omnia, que a sapientibus et viris sanctis vel eciam ab ipso Domino nostro figurate dicta sunt, mendacia deputabuntur, quia secundum usitatum intellectum non subsistit veritas talibus dictis » (2); sicut est parabola de filio prodigo, que sic facta reffertur ad rem quamdam significandam. « Fictio ergo que ad aliquam veritatem reffertur, figura est : que autem non reffertur, mendacium est ». Et beatus Thomas, (secundo *Sentenciarum* dist. viij art. tercio), dicit quod in methaphoricis locucionibus non est falsitas, eo quod non proferuntur ad significandas res quibus nomina sunt imposita, sed magis illas in quibus dictarum rerum similitudines inveniuntur (3). Nam et jure aliqua finguntur; (ut capitulo « Accusatus », *De hereticis*, lib. vj°; et l. dist. c. « Ferrum », cum ibi notatis) (4). Christus eciam finxit se longius ire, (*Luce* ultimo); et Judith universa verba que ad Olofernem dixit, (*Judith* xj°), sunt penitus ficta, ut patet intuenti. Ymo eciam et yronice quandoque sancti prophete loquuntur, ut Micheas quando ad regem Israel dixit : « Ascendite, cuncta enim prospere evenient » ; (tercii *Regum* ultimo, et 2ⁿ *Paralipom.* xviij°). Fictio ergo que in malum sonat proprie est, cum quis unum dicit et aliud in mente sentit ac exterius agit, (ut innuitur in *glosa Sapiencie* primo : « Spiritus discipline effugiet fictum ») (5). Et in hoc sensu loquuntur jura, (ut capitulo [f° **clxxxvj r°**] « Zizania », prima, q. prima ; et capitulo « Salvator », q. iij; ac capitulo « Ostenditur », dist. iiij. *de consecracione*) (6).

---

(1) Sauf l'adverbe *tunc* que les imprimés portent avant les deux derniers mots, et qui est omis ici, la citation est fidèle. S. Aug. (lib. II *Quaestionum Evangeliorum*, q. 51). Migne : P. L. tom. xxxv col. 1362.

(2) Le texte de S. Augustin se continue jusqu'ici. Ce qui est dit comme exemple sur la parabole de l'enfant prodigue est un simple résumé fait par Bréhal. La phrase suivante : *Fictio ergo...* etc. est de nouveau empruntée à l'endroit cité, mais un peu plus loin.

(3) Citation presque littérale de S. Thomas (in 2ᵐ *Sentent.* dist. VIII, q. I, art. 3, ad 1ᵐ) *Opera omnia...* tom. VIII, p. 80, col. 1. — L'abbréviation *methacis* doit manifestement se traduire : *metaphoricis*. Lire avec M. Lanéry d'Arc : *metaphysicis* serait un contresens.

(4) Dans le chapitre « Accusatus », qui est le huitième du second titre (*De haereticis*), au cinquième livre du *Sexte* de Boniface VIII (p. 620), il est question de divers cas où il y a fiction de droit.

Il en est de même dans le canon « Ferrum », qui est le dix-huitième de la cinquantième distinction, dans la première partie du *Décret* de Gratien ; (p. 305). La glose marginale cite également plusieurs exemples, auxquels Bréhal fait allusion quand il ajoute : cum ibidem notatis.

(5) La glose interlinéaire d'une Bible incunable (*Sap.* I, 5) dit : « id est, qui aliud dicit, et aliud facit ».

(6) Il n'existe dans le *Décret* de Gratien aucun canon, qui commence par le mot « Zizania ». Peut-être le greffier devait-il écrire : *Symonia*, car la première question de la cause première, et même la cause tout entière, roule sur les ordinations simoniaques et sur les sacrements reçus avec des dispositions feintes ; et il y est fait mention plusieurs fois du texte de la *Sagesse* : « Spiritus disciplinae effugiet fictum ». — Voir la seconde partie du *Décret*, cause I ; (pp. 617-710).

Le canon « Salvator » est le huitième de la seconde question, cause I, dans la 2ᵉ partie du *Décret* ; (pp. 723-725). Le greffier a écrit q. III.

Le canon « Ostenditur » appartient à la troisième partie du *Décret* ; il est le trente-deuxième de

In premissis itaque, cum de regravissima ageretur et per inimicos regis capitales Johanna de revelando secreto in futurum regni detrimentum acerrime molestaretur, utique sagaciter egit parabolicis scematibus apud illos utendo, ut gentem eciam reprobe supersticioni intentam ejusque prestigiosam artem prudenti arte, et in eo casu licita ac expedienti, caute deluderet. Dicamus ergo quod ipsamet angelus fuit, sicut eciam et quodam loco se declarat. Nam angelus nomen est officii, secundum Gregorium (1), et nuncius angelus dicitur, (ut patet *Malachie* ij°, et *Mathei* xj°) (2). Et istud recte consonat dictis ejus de ascensu per gradus, de ambulacione per cameram, de inclinacione et reverencia domino regi facta ; et si qua sunt similia. Quod autem de alto angelus venit, ipsa exponit se hoc intelligere, quod de precepto Dei angelus ille venit.

Neque enim absurdum aut superbum reputari debet, si se angelum de sua missione loquens nominavit. Equidem primo non absurdum : quia ipsius rei seu operis verus effectus secundum nominis proprietatem successit, ut patuit. Sed neque superbum putari debet : quia idem expresse legimus de Delbora, que in cantico suo angelum se nominavit, (ut in *Historia scolastica* magister reffert) (3) ; eciam in *glosa*, (*Judicum* v°), ubi sic habetur : « Delbora se dixit angelum, id est, nuncium Domini ». Nam et Johanna, interrogata si per meritum suum ille angelus mittebatur, humiliter ac prudenter respondit dicens, quod veniebat pro magna re, scilicet pro dando succursum bonis gentibus de Aurelianis, et eciam pro meritis sui regis et boni ducis Aurelianensis; (fol. lxviij°, F).

De signo vero illo seu corona, de qua sic moleste ipsa impeditur (4), ex ejusdem dictis aperte satis colligitur, quod nichil aliud per hoc intelligebat, nisi futuram domini regis coronacionem, quam fiducialiter illi predicebat atque promittebat. Dixit enim, de corona loquens, quod erat adeo preciosa et dives, quod non est aurifaber in mundo qui sciret eam facere, aut eciam homo vivens qui eam posset describere (5). Et consonat huic premissum dictum Engelide: « Laurea Remis non manu mortali facta fauste laureabit ». Preterea, ut dixit, si-

---

la IV° distinction *De consecratione*; (p. 2449.) Le texte de la *Sagesse* y est aussi invoqué, à propos des dispositions feintes avec lesquelles on reçoit le baptême.

(1) S. Grégoire le Grand (hom. 34 *in Evangelia*, n. 8) dit en effet : « Sciendum quoque, quod angelorum vocabulum nomen est officii, non naturae. Nam sancti illi coelestis patriae spiritus semper quidem sunt spiritus, sed semper vocari angeli nequaquam possunt ; quia tunc solum sunt angeli, cum per eos aliqua nuntiantur ». Migne : P. L. tom. LXXVI, col. 1250.

(2) L'écrivain sacré parlant du prêtre dit : « Angelus Domini exercituum est ». (*Malach*. II, 7). Et dans l'évangile de *S. Matthieu* (XI. 10), Notre Seigneur dit que S. Jean est l'ange annoncé en ces termes par le prophète : « Ecce ego mitto angelum meum ante faciem meam ».

(3) Il s'agit de maître Pierre Comestor (*hist. libri Judicum*, cap. V, 23.) : « Sequitur : Maledicite terrae Meroz, dixit Angelus Domini. Meroz fuit unus de principibus Chanaan. Debbora vero seipsam dixit angelum Domini... » Migne : P. L. tom. CXCVIII, col. 1277. — La glose citée ensuite n'est pas celle de Strabon, et nous ne l'avons pas rencontrée dans les Bibles incunables.

(4) Il faudrait plutôt : *impetitur* ; mais le manuscrit, ici et en plusieurs autres endroits, ne permet pas cette leçon.

(5) « Respond qu'elle a esté apportée de par Dieu ; et qu'il n'a orfaivre eu monde qui la sceust faire si belle ou si riche ». (Quich. tom. I, p. 145).

gnificabat quod dominus rex teneret regnum suum. Fuit autem tradita ipsa corona archiepiscopo Remensi, qui eam recipiens tradidit domino regi, ipsa Johanna presente, fuitque reposita in thesauro ejusdem domini nostri regis. Et adjecit quod signum illud durabit usque ad mille annos et ultra (1). Ex quibus omnibus manifeste colligitur quod parabolice loquebatur, intelligens ista de coronacione domini regis, que brevi tempore post, largiente Deo, feliciter est subsecuta, includens multa que ad circumstancias ipsius coronacionis, ut inde contigit, attinebant.

Per assistenciam autem angelorum et sanctarum virginum Katherine et Margarite, nil aliud intelligendum puto, nisi speciale ad rem tam miraculosam procurandam atque perficiendam illorum suffragium ; quamvis eciam non omnino diffitendum sit plures angelos et sanctos illi sacratissimo misterio, vidente Johanna, forsan astitisse, cum utique ipsa sacrosancta unctio regum Francie a Deo celitus emissa comprobetur (2). Vel forte intellexit per illos angelos habentes alas et non habentes, coronatos et non coronatos, personas notabiles diversorum statuum, condicionum et locorum ibi in multitudine copiosa existentes, ut per alatos proprie et heraldos et precones, per non alatos vero quoslibet alios intelligamus, et similiter per coronatos prelatos et quoscumque ecclesiasticos accipiamus, exponendo eciam de dictis virginibus sanctis, prout modo dicebatur (3). Et ita hujus assercionis aliqua videntur esse referenda, quam Johanna exhibuit in spe, reliqua vero quando impleta sunt, in re et veritate. Credibile tamen est, quod nonnulla fuerunt in ipso puelle primario adventu hiis secretiora, et que ceteros omnes penitus latent, quorumque dumtaxat conscii fuerunt dominus noster rex et ipsa Johanna. De hiis namque divinare non possumus ; sed neque profecto nostra interest de ipsis misteriis et occultis nimium sollicitos investigatores esse.

Denique imponitur Johanne se jactasse quod numquam fecit opera peccati mortalis. Sed istud plane falsum est. Nam interrogata capciose, utrum sciret se esse in gracia Dei, multum quidem catholice ac humiliter respondit, dicens : « Si ego non sim, Deus ponat me, et si ego sim, Deus teneat me in illa ». Asseruit tamen se nescire si esset in peccato mortali ; verumptamen addidit quod esset plus dolens de mundo, si sciret se non esse [in] gracia Dei. Non denique putat se fecisse opera peccati mortalis ; et : « Non placeat, inquit, Deo quod

---

(1) Respond, elle fut baillée à ung arcevesque, c'est assavoir celuy de Rains, comme il luy semble, en la présence du roy ; et le dit arcevesque la receust et la bailla au roy ; et estoit elle mesme présente ; et est mise au trésor du roy ». (Quich. tom. I, p. 140).

« Interroguée se ledit signe dure encore : respond : « Il est bon à sçavoir, et qu'il durera jusques à mil ans et oultre ». (ibid. p. 120).

(2) Bréhal fait allusion à la Sainte-Ampoule miraculeusement apportée à S. Remy pour le sacre de Clovis, selon le récit de l'Archevêque de Reims Hincmar (*Vita S. Remigii*, cap. XXXVIII) : « Sanctificato autem fonte, nutu divino chrisma defuit. Et quia propter populi pressuram ulli non patebat egressus ecclesiae vel ingressus, sanctus pontifex oculis ac manibus protensis in cœlum cœpit tacite orare cum lacrymis. Et ecce subito columba nive candidior attulit in rostro ampullulam, chrismate sancto plenam, cujus odore mirifico super omnes odores, quos ante in baptisterio senserant, omnes qui aderant inaestimabili suavitate repleti sunt. Accipiente autem sanctopontifice illam ampullulam, species columbae disparuit. De quo chrismate fudit venerandus episcopus in frontem sacratam ». — Migne : P. L. tom. CXXV, col 1160.

(3) Lan. : de dictis virginibus sicut prout modo dicebatur.

unquam fecerim aut faciam opera, per que anima mea sit onerata ». Credebat eciam quod nemo potest nimis mundare conscienciam suam, et quod, si esset in aliquo magno peccato, vox non veniret ad eam ; videturque sibi quod, quando audit eam aut videt, non est in peccato mortali (1). Ista sunt que ad hoc respondit : que profecto quam sana sint et pia, nemo qui sane intelligit ignorat.

Demum est quoddam aliud ejus verbum, ubi post revocacionem dixisse refertur quod se dampnaverat pro salvando vitam suam, consenciendo videlicet in eam grandem prodicionem, ut dixit, dum abjuracionem fecit (2). Istud enim sic acriter a quibusdam denotatur, ut ab eis mortiferum responsum dicatur. Sed sane accipiendo, nichil prejudicat, quoniam in primis forte dampnacionem appellavit penam mortis, quam inde ex illa revocacione incurrit. Unde hic modus loquendi satis proprius est et usitatus, juxta illud (*Luce* xxiij°) : « In eadem dampnacione es » ; *glosa* : « id est, pena ». Et (ejusdem xxiiij°) legitur de Christo : « Tradiderunt eum principes populi in dampnacionem mortis » (3). Eciam beatus Jeronimus, de se ad Eustochium scribens, ait : « Ibi ergo qui me ita dampnaveram, etc. » (4) ; que siquidem dampnacio, secundum apostolum, (2° *ad Cor.* iij°), gloriam pocius quam culpam vel ignominiam importat (5). Unde et Johanna caute videtur dicere quod se dampnaverat ; non autem dixit quod animam suam dampnaverat.

Preterea, forte dampnacionem vocat peccatum quod incurrere potuit, quia ex timore humano abjuracioni et revocacioni se submisit. Et ad hoc plane facit illud quod postea subdit, videlicet quod sese dampnaret si diceret, quod non bene fecisset id quod fecit, vel quod Deus

---

(1) Tout le contenu de ce paragraphe est la reproduction fidèle des procès-verbaux : « Interrogata an sciat quod ipsa sit in gratia Dei : respondit : « Si ego non sim, Deus ponat me ; et si ego sim, Deus me teneat in illa ». : (Quich. tom. I, p. 65).

« Dicit quod si ipsa sit in peccato mortali, hoc nescit ». (Quich. tom. I, p. 90). — « Ego essem magis dolens de toto mundo, si ego scirem me non esse in gratia Dei ». (Quich. tom. I, p. 65).

« Respondit quod nescit si fuerit in peccato mortali, et non credit de hoc fecisse opera ; « nec placeat, inquit, Deo quod ego unquam fuerim ; nec etiam sibi placeat quod ego faciam opera aut fecerim, per quae anima mea sit onerata ». (Quich. tom. I, p. 90).

« Respond qu'elle ne sçait point qu'elle ait péchié mortellement, mais s'elle estoit en péchié mortel, elle pense que saincte Katherine et saincte Marguerite la délesseroient tantost. Et croist... on ne sçait trop nectoyer la conscience ». (Quich. tom. I, p. 157).

« Et ei videtur quod quando videt eum [*S. Michel*] , non est in peccato mortali ». (Quich. tom. I, p. 89).

(2) Cf. *Summarium*, art. VI.

(3) Le premier des textes ici allégués est la parole que le bon larron sur la croix adresse à son compagnon de supplice (*Luc.* XXIII, 40). — Le mot explicatif est emprunté à une glose interlinéaire, peut-être à celle d'Anselme de Laon.

Le second texte est du même Évangéliste, (XXIV, 20).

(4) C'est le passage d'une lettre, où S. Jérôme décrit ses tentations dans le désert qu'il avait choisi pour y faire pénitence, (*Epist. ad Eustochium*, XXII, n. 7) : « Ille igitur ego, qui ob gehennae metum, tali me carcere ipse damnaveram, scorpionum tantum socius et ferarum... » Migne : P. L. tom. XXII, col. 398.

(5) S. Paul s'exprime ainsi (II *Cor.* III, 9): « Si ministratio damnationis gloria est : multo ma-

eam non miserit (1). Hoc profecto nulla ex causa aut negare aut minus revocare debuit ; quoniam, (ut ait sanctus Doctor *in questionibus de veritate*) (2), ad denunciacionem veritatis revelate requiritur audacia quedam, ut non terreatur quis loqui veritatem propter adversarios veritatis, secundum quod Dominus Ezechieli dicit, (tercio capitulo) : « Dedi faciem tuam [f° clxxxvj v°] valenciorem faciebus eorum, et frontem tuam duriorem frontibus eorum ». Sequitur : « Ne timeas eos, neque metuas a facie eorum » (3). Et (*Ecclesiastici* iiij°) : « Pro anima tua non confundaris dicere verum » (4). Et ex isto potuit peccare, quia quamvis quod naturale sit quod homo refugiat proprii corporis detrimentum, tamen quod propter illud recedat a justicia est contra racionem et veritatem ; (ut patet per philosophum in tercio *Ethicorum ;*) et, ut habetur in canone, (xxxij. q. v, in capitulo « Ita ne »), melius est omnem penam pati quam malo consentire (5). Unde eciam laudabile non est homines revereri aut timere, in quantum Deo contrariantur, secundum illud (*Ecclesiastici* xlviij°), ubi de Helya aut Helyseo dicitur : « In diebus suis non pertimuit principem » ; *glosa* : « humano vel mundano timore » (6). Forte ergo non ex toto in hac parte potest excusari Johanna, sicut neque laboramus eam simpliciter ab omni culpa, sed potissimum crimine de quo magis impeditur, reddere innocentem.

Si vero non in toto, tribus tamen modis potest a tanto (7) legitime excusari. Primo, quia longa carcerum afflictione detenta, importuna et continua examinacionum protractione vexata, capciosa interrogacionum circumvolucione temptata, ymo et gravi instante qua tunc laborabat egritudine macerata, nemini quidem debet mirum esse, si forsan in verbo quandoque deviaverit (8), cum scriptum sit, (*Jacobi* tercio) : « In multis offendimus omnes ; si quis in verbo

---

gis abundat ministerium justitiae in gloria ». Le ministère sacré de l'Ancien Testament est désigné sous le nom de *ministratio damnationis*, parce que l'apôtre considère ici la loi de Moïse comme une occasion de mort spirituelle : littera occidit. — Cf. S. Thomas : Commentaires sur les Épîtres de S. Paul (*in* 2am *ad Cor.* lect. 11). *Opera omnia*... tom. xviii, p. 284 col. 1.

(1) Cf. *Summarium*, art. vi.

(2) La phrase est fidèlement empruntée à S. Thomas (*Quaest. disp. De Veritate*, q. xii, art. 13 in corp.). *Opera omnia*... tom. xii, p. 736, col. 1.

(3) Ce sont les versets 8 et 9 du chapitre iii d'*Ézéchiel*.

(4) *Eccli.* iv. 24. La Vulgate lit : ne confundaris. La variante : non, se trouve dans plusieurs Bibles incunables.

(5) Le canon « Ita ne » est le troisième de la question v, cause xxxii, dans la seconde partie du *Décret* de Gratien ; (p. 1997). Il y est parlé du soin avec lequel il faut garder la virginité : « quum pudicitia virtus sit animi, comitemque habeat fortitudinem, qua potius quaelibet mala tolerare quam malo consentire decernat.... »

(6) Le texte de l'*Ecclésiastique* (xlviii 13), parle d'Élie et d'Élisée, mais c'est du premier qu'il dit : In diebus suis... etc. Bréhal dit : *de Helya aut Helyseo*, parce qu'il cite de mémoire.

(7) Dans le langage de l'École, une excuse est complète, *in toto*, quand elle fait disparaître toute culpabilité. On dit au contraire que l'excuse est seulement *a tanto*, lorsqu'elle n'apporte que des circonstances atténuantes, qui diminuent la faute et l'empêchent d'être aussi grave qu'elle l'aurait été par elle-même.

(8) Au lieu du mot : *demanerit*, que M. Lanéry d'Arc a mis en italiques, et qui a l'inconvénient de n'être pas latin et de n'avoir aucune signification, nous adoptons la leçon : *deviaverit*, qui nous paraît reproduire exactement les lettres et le sens du manuscrit.

non offendit, hic perfectus est vir ». Quod, secundum *glosam*, etsi non sit impossibile, tamen est vix inevitabile (1). Unde, (*Ecclesiastici* xix°) : « Quis est enim qui non deliquerit in lingua sua » ? Ideo consideranda est in Johanna sexus fragilitas, lingue prona lubricitas, ac questionum et interrogacionum sibi factarum varietas atque tediosa continuitas.

Secundo, excusari digne potest ex fraude ac decepcione sibi facta. Nam, ut patet ex informacionibus factis Rothomagi, per fictas suasiones variaque promissa fuit circumvoluta ad abjurandum (2), de qua seductione inferius magis. Unde ad hoc proprie facit, quod hoc ipsum appellat, ut premissum est, grandem prodicionem. Ait namque sapiens, (*Ecclesiastici* xxxvij°) : « A zelantibus te, id est, invidentibus, absconde consilium ». Sequitur : « Omnis consiliarius », supple talis, « prodit » (3). Et in eodem passu quedam *glosa* bene ad propositum dicit : « Consiliarius malus est, qui contra anime salutem consulit. Ideo ille diligendus est qui sibi et aliis consulit id quod Deo placet ; alias inimicum est consilium ei quod est a Spiritu sancto infusum ». Propter quod, cum Johanna in isto fuerit fraudulenter contra inspiraciones delusa, ut patet, quia in processu fatetur et asserit se numquam intellexisse aut intendisse quod sibi inspirata revocaret (4), ideo licite se excusat plangendo et conquerendo : unde et de hoc minime tenetur, quia is qui decipitur pro non volente accipitur. Nam dolosa persuasio plus est quam violenta coactio : (lege iij §. « Si quis », ff. *De libero homine exhibendo*) (5). Nec mirum, si decepta talibus suasionibus fuerit ; nam viro Dei et sancto prophete venienti de Juda in Bethel, (ut legitur tercii *Regum* xiij°), multo mirabilius accidit, quia necdum completa, ymo neque quasi incepta, sua legacione, verbis pseudoprophete delusus fuit.

---

(1) La *glose* de Walafrid Strabon sur le verset 2 du chapitre III de l'*Epitre catholique* de S. Jacques dit seulement : « Vult ostendere inevitabilem verbi offensionem, ut imperitos deterreat... ; imperiti non possunt in praedicando non offendere ». Migne : P. L. tom. cxiv, col. 675. — Le Vén. Bède dit de même : « Quotidiana est hujusmodi et inevitabilis offensio ». Migne : P. L. tom. xciii, col. 25.

(2) Dans la déposition de Guillaume Manchon à Rouen, le 12 mai 1456, il est dit que Nicolas Loyseleur conseillait à Jeanne de faire l'abjuration, en lui faisant des promesses : « Et si vos faciatis ea quae vobis dico, vos eritis salvata, et habebitis multum bonum et non habebitis malum, sed eritis tradita ecclesiae ». (Quich. tom. III, p. 146). — Guillaume de la Chambre dit aussi dans sa déposition que Guillaume Érard « eam induxit, eidem dicendo quod faceret quod sibi consulebatur, et quod ipsa esset a carceribus liberata ». (Quich. tom. III, p. 52).

(3) En citant le texte (*Eccli*. xxxvii. 7 et 8), Bréhal y a introduit quelques mots d'explication, à la manière des glossateurs. Quant à la *glose*, à laquelle il a emprunté les deux phrases suivantes, nous n'avons pu la découvrir, ni dans les Bibles incunables, ni dans les volumes de la Patrologie.

(4) Cf. *Summarium*, art. vi.

(5) La référence du manuscrit est exactement celle que nous reproduisons. Nous n'avons pu nous expliquer comment M. Lanéry d'Arc a pu lire : L. IX §. Si quis, *De liberis instituendis vel exheredandis* ; d'autant plus que cette loi IX ne contient aucune phrase qui soit applicable à un cas de déception. Au contraire, l'allégation de Bréhal trouve sa preuve au paragraphe « Si quis » dans la loi « Quod et lex », qui est la troisième du titre xxix : *De homine libero exhibendo* (le greffier a interverti les deux premiers mots), livre xliii du *Digeste* ; (p. 1431).

Tercio, valde racionabiliter excusari potest ex metu mortis sibi incusso, qui utique in constantissimum virum cadere potuisset. Terror namque, (ut ait Julius Celsus libro iiij°), hominibus consilium mentemque eripit (1); ideoque verba in hujusmodi trepidacione prolata non imputantur; (ut capitulo « Justum », xj. q. iij ; capitulo « Notificasti », xxxiij. q. v ; capitulo « Presbyteros », l. dist. ; cum multis similibus) (2). Sed de isto magis plene inferius videbitur.

Notandum tamen, pro hujus dicti et consimilium si qua sint ampliori excusacione, quod secundum Thomam, (2ª 2ᵉ questione clxxij, art. ultimo) (3), in revelacione prophetica mens movetur a Spiritu sancto. Est autem mens humana instrumentum sed valde deficiens respectu Spiritus sancti qui est principale agens ; et ideo, cum aliquis per revelacionem movetur vel ad aliquid apprehendendum aut loquendum aut faciendum, frequenter contingit cum aliquo cognitionis defectu. Si ergo contingat aliquem cognoscere se moveri a Spiritu sancto ad aliquid estimandum vel significandum verbo aut facto, hoc proprie pertinet ad prophetiam. Verbo quidem, ut patuit in David qui dixit, (secundi *Regum* xxiij°) : « Spiritus Domini locutus est per me » ; intellexit enim quid per verba sibi revelata Spiritus sanctus intenderet. Facto vero, ut patuit in Jeremia, qui intellexit quid significaret dum abscondit lumbare in Euffratem ; (*Jeremie* xiij°). Cum autem mens movetur, et non cognoscit quid per verba aut facta sibi significetur, non est perfecte prophecia, sed quidam instinctus propheticus quem interdum, ut ait Augustinus, (2° *super Genes. ad litteram*), « nescientes humane mentes patiuntur » (4).

Et iterum, magis est proprium prophecie cognicio quam operacio (5). Ideo infimus gra-

---

(1) Les ouvrages du jurisconsulte romain Julius (ou plutôt Juvencus) Celsus, qui vivait sous Trajan et Adrien, sont aujourd'hui perdus. Le *Digeste* en a conservé 142 fragments, parmi lesquels nous n'avons pas rencontré cette citation que Bréhal a dû emprunter à quelque recueil de jurisprudence.

(2) Le greffier a omis la première syllabe du mot *Injustum* ; ce canon est en effet le quatre-vingt-neuvième de la question III, cause XI, dans la seconde partie du *Décret* de Gratien ; (p. 1195). Il ne s'agit donc pas, comme l'indique en note M. Lanéry d'Arc, du canon « Justum » de la cause XXIII, q. III, qui a pour objet la nécessité de réprimer par des peines sévères les contempteurs des lois divines, tandis que le canon « Injustum » affirme l'invalidité d'une sentence injuste et prononcée sous l'empire de la crainte.
Le canon « Notificasti » est le deuxième de la question V, cause XXXIII, dans la seconde partie du *Décret* de Gratien ; (p. 2233). Il déclare nulle une permission extorquée par la violence.
Le canon « Presbyteros » est le trente-deuxième de la cinquantième distinction, dans la 1ʳᵉ partie du *Décret* de Gratien ; (p. 315). Diverses solutions y sont données sur des cas de violence.

(3) Référence absolument fautive. La doctrine exposée ici se trouve dans l'article 4ᵉ de la question CLXXIII. (*Opera omnia...* tom. XXI, p. 307, col. 1.) C'est la pensée et souvent même le langage du saint docteur.

(4) C'est l'expression même de S. Augustin (lib. 2. *de Gen. ad litt.* c. XVII, n. 37) : « Instinctu quodam occultissimo... quem nescientes humanae mentes patiuntur ». Migne : P. L. tom. XXXIV col. 278. — S. Thomas allègue à plusieurs reprises cette assertion de l'évêque d'Hippone. Voir. entre autres : 2. 2. q. CLXXI. art. 5 in corp. — *Opera omnia...* tom. XXI, p. 302, col. 2.

(5) Les deux premières phrases de ce paragraphe, y compris l'exemple de Samson (*Judic.* XV, 14), sont empruntées à S. Thomas : 2. 2. q. CLXXIV, art. 3 in corp. — *Opera omnia...* tom. XX, p. 308, col. 2.

dus prophecie est cum aliquis ex interiori instinctu movetur ad aliqua exterius facienda, sicut Sampson, de quo dicitur (*Judicum* xv°), quod « irruit Spiritus Domini in eum, et sicut solent in ardorem ignis ligna consumi, ita et vincula quibus ligatus erat dissipata (1) sunt et soluta ». Cum ergo Johanna solum perhibuerit se missam fuisse ad operandum pro instauracione ac sublevacione regni, non est mirandum si aliquod tale verbum ut premittitur, instante presertim passione timoris, vel alias, protulerit. Non enim ad predicandum aut docendum secrete aut publice se immiscuit, ad aliquid tale se transmissam fuisse jactavit (2); ideoque periculosi erroris nichil inesse planc credendum est, aut juste estimari debuit vel potuit.

OCTAVUM CAPITULUM.

Quod judicio militantis ecclesie de dictis et factis suis se submittere, ut videtur, recusavit (3).

Circa hanc submissionem majora et difficiliora interrogatoria Johanne facta potissimum versari apparent; et hac maxima tendicula ducentes processum eam illaqueare astuta et longua venacione student, pretendentes in eo, si illa recusaret aut differret se submittere, statim convinceretur in fide errare, et de auctoritate ecclesie catholice male sentire. Unde, ut appareat, non obstante questionis hujus seu interrogatorii non solum difficultate sed et capciositate, quod in isto passu Johanna pie et catholice respondendo se habuerit, ostendendum est in quibus fideles, presertim inferiores et simplices, tenentur de necessitate.

---

(1) Lan. : dispersata.
(2) Il nous semble que le greffier a omis un mot, et qu'il faut lire : neque ad aliquid tale se transmissam fuisse jactavit.
(3) Le sujet traité dans ce chapitre est particulièrement délicat et difficile à saisir par les lecteurs qui ne sont pas théologiens de profession. Il importe donc de remarquer que l'auteur de la *Recollectio* ne prétend point donner ici l'exposé complet de la doctrine catholique en matière de révélations privées. Il est l'écho fidèle des discussions qui ont eu lieu de vive voix entre les consulteurs et les commissaires apostoliques du procès de réhabilitation; il recueille et groupe les doctrines qui ont été émises dans les consultations signées par les plus célèbres théologiens et canonistes de l'Université de Paris, et dans le mémoire que le jurisconsulte romain Pontanus composa en sa qualité d'avocat consistorial pour obtenir du pape la révision de la cause de Jeanne d'Arc. Rapporteur judiciaire, il se place à un point de vue spécial et restreint. Il n'avait plus à s'occuper de la question du discernement des esprits et du droit de contrôle que l'Église peut certainement revendiquer, et que l'inquisiteur lui-même venait d'exercer dans cette cause comme délégué du Saint-Siège. Il n'avait pas davantage à rappeler le devoir de prudente soumission qui incombe aux fidèles, lorsque l'autorité compétente se prononce contre l'accomplissement d'un acte ordonné par une révélation privée. Dans l'espèce, il s'agissait de faits non dogmatiques, d'ordre purement humain, au sujet desquels l'illusion n'était pas possible, étant donnée la certitude infuse confirmée par les prophéties réalisées; et la question qui se posait au juge était celle-ci : en pareil cas, le fidèle est-il tenu, — et cela *sous peine d'être hérétique et d'être condamné comme tel*, — de se soumettre au jugement doctrinal par lequel on voudrait l'obliger à donner son assentiment contre sa conscience? La réponse de Bréhal se renferme dans ces limites étroites. On s'écarterait de la vérité en prêtant à ses expressions et à ses raisonnements un sens absolu et universel qui n'était pas dans sa pensée. Cette remarque suffira, nous l'espérons, à empêcher toute interprétation fausse et toute application à des cas dissemblables,

Sciendum ergo quod in hiis que fidei sunt maxime tenentur fideles se submittere ecclesie, ordine tamen quodam : sic videlicet quod inferiores per majores et superiores debent circa ea instrui et regulari. Cujus racio est : nam (1) explicacio credendorum fit per revelacionem divinam, quoniam credibilia ipsam naturalem racionem excedunt. [f° clxxxvij r°]. Revelacio autem divina ordine quodam ad inferiores pervenit per superiores, (ut patet per Dyonisium, vij° capitulo *celestis Jerarchie*) (2) ; et ideo, pari racione, explicacio fidei oportet quod veniat ad inferiores per majores. Unde, sicut superiores angeli qui inferiores illuminant habent pleniorem noticiam de rebus divinis, ut idem Dyonisius dicit, (xij° capitulo *celestis Jerarchie*) (3), ita eciam superiores homines ad quos pertinet alios erudire tenentur pleniorem noticiam de credendis habere et magis explicite credere ; ita quod, secundum Innocencium, (capitulo j° *De summa Trinitate*) (4), est quedam mensura fidei ad quam quilibet tenetur et que sufficit simplicibus ad salutem, et forte omnibus laycis : ut scilicet, quia oportet quemlibet discernentem et maxime adultum accedentem ad fidem credere quod Deus est, quod est punitoorum im anmrlrum, et remunerator omnium bonorum, quod est redemptor noster, et illa maxime, de quibus ecclesia precipuum festum facit (5). Alios autem articulos sufficit quod credant simpliciter et implicite, id est, quod credant verum esse quicquid credit ecclesia catholica ; et hec fides implicita sufficit ad salutem. Ymo, (ut Innocencius *ibidem*) (6), si aliquis talis, naturali racione motus, dicat quod pater est major filio vel prior, aut quod tres persone sunt tres res distincte ad se invicem, vel aliud simile, dummodo sic credat quia credit ecclesiam sic credere, et suam opinionem fidei ecclesie supponat, nec suum defendat errorem, sed paratus est

---

(1) Ici commence une citation presque littérale de S. Thomas (2. 2. q. 11, art. 6 in corp. — *Opera omnia*... tom. XXI, p. 7, col. 2. Le texte se continue jusqu'à la doctrine d'Innocent IV, que Bréhal ajoute en complément à l'explication de S. Thomas.

(2) Cette doctrine est exposée par S. Denys au §. 3 du chapitre VII : *De cælesti hierarchia*. — Migne : P. Gr. tom. III, col. 226.

(3) S. Denys l'enseigne au second paragraphe du chapitre XII : *De cælesti hierarchia*. — Migne : P. Gr. tom. III, col. 298.

(4) Tout le reste de la phrase est une allégation presque littérale du commentaire d'Innocent IV sur le chapitre « Firmiter », qui est le premier du premier titre (*De summa Trinitate*), au livre premier des *Décrétales* ; (f° 1, col. 3).

(5) La foi explicite est l'acte par lequel l'intelligence donne son assentiment à telle ou telle vérité déterminée qu'elle connaît avoir été révélée par Dieu, vérité suprême et infaillible. La foi implicite est plus générale : elle procède du même motif, mais elle embrasse la collection entière des vérités révélées sans entrer dans le détail ; elle croit simplement à la vérité de tout ce que l'Église catholique fait profession de croire. Les simples fidèles, parvenus à l'âge de discrétion, doivent, comme un moyen nécessaire d'obtenir le salut éternel, avoir la foi explicite des articles principaux que Bréhal énumère ici d'après Innocent IV. Quant aux autres articles, la foi implicite est rigoureusement suffisante. Il y a plus : la qualification d'hérétique ne saurait être attribuée à celui qui croit implicitement tout ce que l'Église catholique fait profession de croire ; car, alors même qu'il admettrait une fausseté, pourvu qu'il soit persuadé que telle est la foi de l'Église et qu'il ne cherche pas à défendre son erreur contre la doctrine véritable, il est disposé à soumettre son jugement ; et par conséquent, dans cette hypothèse, sa foi est celle de l'Église elle-même.

(6) Lan. : ut idem Innocentius [dicit]. — La citation est à peu près textuelle : elle est empruntée au même endroit du *Commentaire* d'Innocent IV sur les *Décrétales* ; (f° 1, col. 4).

sic credere sicut credit ecclesia catholica, numquam hereticus judicatur ; quia, licet sic male opinetur, non est illa fides sua, ymo fides sua est fides ecclesie: (ut capitulo ij° *De summa Trinitate*, §. penultimo ad finem ; et c. « Hec est fides », xxiiij. q. j.) (1). Et Petrus de Tharantasia ait quod « explicacio fidei fit per sacram doctrinam; unde, (*ad Romanos* primo), dicitur : « Fides ex auditu ». Ideo ei cui pauca vel nulla de fide sunt explicita, sufficit preparative etsi non completive fides implicita » (2). Et Magister sentenciarum, (tercio libro dist. xxv), dicit quod (3) « in ecclesia sunt aliqui minus capaces, qui articulos symboli distinguere et assignare non valent, omnia tamen credunt que in symbolo continentur ; credunt enim que ignorant habentes fidem velatam misterio ». In cujus exemplum Moyses cerimonias legis ac divina misteria, sub quodam figurarum velamine seu magis sub typo, rerum sensibilium representacione, rudi populo tradidit, ut sic saltim implicite cognosceret quid sub illis figuris definiret ad honorem Dei. Similiter et beatus Augustinus, (xv° libro *contra Faustum*), ait : « Turbam ecclesie non intelligendi vivacitas sed credendi simplicitas tutissimam facit » (4).

Et hujus efficacissime racionem assignat sanct[us Doct]or, (tercio scripto dist. xxv, art. primo) (5), dicens quod actus fidei hoc modo necessarius est ad salutem, quia intencionem dirigit in omnibus actibus aliarum virtutum ; et ideo tantum oportet unicuique de fide explicita habere, quantum sufficit ad dirigendum ipsum in finem ultimum. Unde non est de necessitate salutis, ut homo omnes articulos fidei explicite cognoscat ; quia sine aliquorum explicacione potest homo habere rectam intencionem in finem.

Unde et communiter ponitur casus a doctoribus de aliquo qui in silvis inter animalia mitteretur et non inter fideles (6), quam fidem posset ille habere. Respondet idem sanctus

---

(1) Le second chapitre du premier titre: *de summa Trinitate*, expose cette même raison en faveur de l'abbé Joachim, dont le pape condamne la doctrine. — M. Lanéry d'Arc a omis l'indication : §. penultimo ad finem. Il a également adopté l'usage de renvoyer en note la référence qui suit ordinairement l'énoncé des canons du *Décret* de Gratien.

Le canon « Haec est fides » est le quatorzième de la question première, cause xxiv, dans la 2e partie du *Décret* de Gratien ; (p. 1723). Il est emprunté à S. Jérôme (*ad Damasum*, *in expositione symboli*) et il affirme la rectitude de la foi en celui qui fait profession de croire ce que croit l'Église catholique.

(2) Les deux phrases sont à peu près littéralement de Pierre de Tarentaise (in III *Sentent.* dist. xxv, q. IV, art. 5; p. 195ᵃ). — M. Lanéry d'Arc a lu : propriative, au lieu de: preparative.

(3) Tout le reste de la phrase est textuellement de Pierre Lombard, le maître des sentences. Voir S. Thomas: *Opera omnia*... tom. IX, p. 167, col. 2.

(4) Sauf le mot *ecclesie*, qui a été suppléé par Bréhal, le texte est exactement de S. Augustin mais la référence est fautive : il est emprunté au traité : *Contra epistolam Manichaei*, cap. IV, n. 5. — Migne : P. L. tom. XLII, col. 175.

(5) Le greffier distrait a écrit : sanctor, fondant ainsi le commencement du mot *sanctus* avec la fin du mot *doctor*. Nous avons réparé l'omission entre crochets. — Un autre *lapsus calami* a eu lieu pour le mot scripto ; l'r a été placée avant le c. Tel est sans doute le motif qui a fait adopter par M. Lanéry d'Arc une leçon incorrecte. — Le texte est assez fidèlement extrait du commentaire de S. Thomas (in 3m *Sent.* dist. xxv, q. II, art. 1 quaestiunculae 2ᵃᵉ solut.). *Opera omnia*... tom. IX, p. 274.

(6) Bien que la doctrine contenue dans ce paragraphe se retrouve substantiellement dans le commentaire de S. Thomas allégué tout-à-l'heure (réponses ad 1m et ad 2m), nous croyons que

Doctor, quod si talis sequatur ductum racionis naturalis cum appetitu boni et fuga mali, nichilominus, etsi instructorem fidei non habuerit, salvabitur. Ad providenciam namque Dei pertinet, ut cuilibet provideat de necessariis ad salutem, dummodo ex parte sua non prestet impedimentum. Ideo certissime tenendum est quod, cum Deus faciens quod in se est et ductum racionis naturalis sequenti non deficiat in hiis que sunt necessaria ad salutem, quod Deus tali revelaret per internam revelacionem ea que sunt necessaria ad credendum, aut ad eum aliquem fidei predicatorem dirigeret, sicut Petrum misit ad Cornelium, (*Actuum* x⁰).

Hiis itaque premissis super articulo isto plenius discussiendo, tenenda est in primis ipsius quesiti Johanne facti non solum arduitas, sed et involuta ambiguitas; secundo, ejusdem Johanne manifesta simplicitas; et tercio, professa per eam et ostensa in hac parte sana credulitas.

Ista namque questio, an scilicet vellet se de dictis et factis suis submittere judicio ecclesie, plurimum deficilis et ardua in proposito videtur, attenta presertim materia de qua se submittere tam crebro infestatur. Dicta namque ejus, de quibus potissime hic querunt ut se submittat, ad suas maxime appariciones et revelaciones ac futurorum quorumdam prenuntiaciones, de quibus late superius habetur, spectant; facta vero ejus policiam civilem, hoc est regni Francie sublevacionem et adversariorum ejus depulsionem, precise concernunt. Unde mirum est cur de istis, si bene attendantur, sic molestatur, ut scilicet ecclesie judicio de hiis se submittat. Ista enim, ut manifestum est, non per se aut directe cadunt sub formali objecto fidei (1), qualia sunt prima credibilia, id est, articuli fidei quos de necessitate credere oportet secundum majorem aut minorem explicacionem, ut dictum est. Sed neque hujus puelle dicta aut facta sunt de genere eorum que per accidens et secundario se habent ad objectum fidei; ut, (secundum beatum Thomam) (2), sunt omnia que in scripturis sanctis continentur divinitus nobis tradita, aut eciam per ecclesiam determinata, que in preparacione animi saltem pro loco et tempore credere oportet. Aliqua vero sunt, que sub objecto fidei per se non cadunt, neque ad illud proprie ordinantur aut reducuntur, nisi forte ex quadam pietate seu devocione fidelium, de quibus solet proverbialiter dici quod qui ea non credit (3) dampnacionem ob illa non incurrit, ut sunt : multe hystorie non auttentice ;

Bréhal a puisé plutôt dans les *Questiones disputatae* (*De veritate* q. xiv, art. xi ad 1ᵐ); car le texte de la *Recollectio* s'en rapproche davantage. *Opera omnia...* tom. xii, p. 762, col. 2

(1) Toutes les vérités révélées par Dieu à son Église et contenues au dépôt de la Tradition écrite ou orale tombent sous l'objet formel de la foi : ainsi parle l'École pour signifier que l'intelligence doit leur donner son assentiment à raison de l'autorité infaillible du Dieu révélateur. Cependant, parmi ces vérités, il y a lieu de distinguer les articles principaux que les fidèles sont tenus de croire directement, suivant le degré d'explication doctrinale qui leur en a été faite, et les articles secondaires, consignés dans les saintes Écritures ou définis par l'Église, que l'esprit doit être disposé à confesser, mais dont la croyance directe et explicite n'est qu'accidentellement obligatoire, puisqu'elle dépend des circonstances de temps et de lieu. Les paroles et les actes de Jeanne n'appartiennent évidemment ni à l'une ni à l'autre catégorie.

(2) C'est la pensée même du saint Docteur avec quelques-unes de ses expressions : 2, 2. q. ii, art. 5 in corp. — *Opera omnia...* tom. xxi, p. 7, col. 1.

(3) En collationnant de nouveau notre texte avec le manuscrit, nous remarquons que le greffier a écrit par distraction : *qui ea non cadit non credit*. Nous avons omis les deux mots superflus qu'il aurait dû barrer.

multa eciam de quibus inter doctores habentur probleumata, ut quod individuum quodlibet in natura angelica constituit speciem, an tot sint homines salvandi quot angeli ceciderunt vel quot remanserunt (1). Ejusdem eciam ordinis sunt ille questiones que oriuntur de veneracione aliquorum sanctorum in uno vel alio loco, de indulgenciis quo ad multas circumstancias, et sic de consimilibus.

Quo autem ad prima, dicimus quod homo tenetur cam sequi de necessitate salutis et vigore legis ecclesiastice hoc precipientis, quia, ut dicit beatus Thomas, (2ª 2ᵉ q. ij articulo quinto) (2), precepta legis, que homo tenetur implere, dantur de actibus earum virtutum, que sunt via perveniendi ad salutem. Actus autem virtutis sumitur secundum habitudinem ipsius virtutis ad objectum. Sicut ergo actus virtutis per se cadit sub precepto, ita et determinacio virtuosi actus ad proprium et per se objectum est sub necessitate precepti. Objectum vero fidei per se, quod est prima veritas, est id per quod homo efficitur beatus; et sub illo primo et per se cadunt articuli fidei, qui sunt prima credibilia. Ideo de necessitate tenetur illa homo credere, sicut tenetur fidem habere. Alias, incurretur heresis; (ut capitulo primo *De summa Trinitate*, libro vjº) (3).

Alia autem que consequenter aut secundario se habent ad per se objectum fidei, ut sunt ea que traduntur in scripturis vel que pro majori fidei explicacione per ecclesiam sunt determinata, sufficit ea credere in preparacione animi. Unde, si quis crederet quod Abraham fuit filius Ysaac, aut aliquid hujusmodi, non incurreret heresim, dum tamen paratus esset credere quando ei declaretur in divina scriptura oppositum contineri. Sufficit enim in istis sequi quod docet et tenet ecclesia; (ut in capitulo « Nolite », cum ibi notatis, xj dist.; capitulo « Novit », xij dist.; cum similibus) (4).

In aliis vero, de quibus novissime tactum est, liberum est unicuique tenere quod voluerit, quando presertim ad utramque partem occurrunt raciones et apparencie que probabilitatem inducunt. Unde in istis, que ad fidem non pertinent vel fidei corrupcionem proprie afferre non possunt, si quis habeat falsam [fº clxxxvij vº opinionem, non debet talis haberi suspectus de

---

(1) On peut voir les solutions que S. Thomas donne à ces problèmes : 1. q. L, art. 4, *utrum angeli differant specie* ; et 1. q. XXIII, art. 7, *utrum numerus praedestinatorum sit certus*. — *Opera omnia*... tom. XXI, p. 109, col. 1-2 ; et p. 57, col. 1.

(2) C'est par une faute manifeste que le greffier a écrit *eam*. Le sens exige qu'on lise : homo tenetur ea sequi. — Sauf la dernière phrase de ce paragraphe, tout le reste est tiré de l'endroit indiqué par Bréhal : 2. 2. q. II, art. 5 in corpore. — *Opera omnia*... tom. XXI, p. 7, col. 1. Ce sont, pour la plupart, les paroles mêmes de S. Thomas, reproduites vraisemblablement de mémoire avec quelques variantes et les découpures nécessaires pour les adapter au sujet traité.

(3) La conséquence énoncée au commencement de la phrase est justifiée par les expressions du chapitre « Fideli », qui est le premier et unique chapitre du premier titre du *Sexte* de Boniface VIII ; (p. 8).

(4) Le canon « Nolite » est le troisième de la onzième distinction, dans la première partie du *Décret* de Gratien ; (p. 43). Il est du Pape Jules I (*Ad episcopos orientales*, epist. I) et contient la recommandation de s'en tenir à la foi de l'Église romaine. Migne: P. L. tom. VIII, col. 976.

Le canon « Novit » est le dixième de la distinction XII, même partie du *Décret* ; (p. 55). C'est une recommandation analogue à la précédente ; elle est de S. Grégoire (*ad Augustinum, anglorum episcopum*, Epist. LXIV, resp. 3) ; Migne P. L. tom. LXXVII, col. 1187.

errore in fide, presertim quia, secundum philosophum, nichil refert quedam falsa probabiliora esse quibusdam veris.

Cum ergo illa que Johanna gessit et dixit non sunt de pertinentibus ad fidem, non potuit in eo periculose errare, si se non submiserit. (Et ita notat Johannes Andree in capitulo j° *De summa Trinitate*; et Innocencius, in capitulo « Ne innitaris », *De constitucionibus*) (1). Numquam enim reperitur quod fides obliget, aut ecclesia vel scriptura divina precise inducat ad credendum tales revelaciones, quas Johanna asseruit se habuisse, quod a malignis spiritibus procedant.

Preterea, omnia de quibus sollicitatur de se submittendo judicio ecclesie, illa asserit et tenet, ex divina inspiracione processerunt (2). Sed talia inducunt libertatem, juxta illud (2ᵉ *ad Corinthios* iij°) : « Ubi spiritus Domini, ibi libertas » ; ubi *glosa* : « Spiritus Domini est lex spiritus, quam Dominus dat non litteris scriptam, sed per fidem animis intimatam » (3). Et ista lex tamquam superior eximit ab omni alia, quia per divinam disposicionem omnia vincula humana franguntur; (ut notatur in capitulo « Beatus », xxij. q. ij. Et hoc clare patet in capitulo « Due sunt », xix. q. ij, et in capitulo « Licet », *De regularibus* ; cum similibus) (4). Unde et sanctus Doctor, (1ᵃ 2ᵉ q. xciij, articulo ultimo), exponens illud apostoli (*ad Galatas* v°) : « Si spiritu ducimini, non estis sub lege » ; dicit quod hoc potest intelligi in quantum opera hominis qui Spiritu sancto agitur magis dicuntur esse opera Spiritus sancti quam ipsius hominis. Unde, cum spiritus Dei non sit sub lege, sequitur quod opera filiorum qui ab eo aguntur, (ut dicitur *ad Romanos* viij°), in quantum illa sunt a Spiritu sancto, non sunt sub lege (5).

Rursus, ut idem sanctus doctor ait, (tercio scripto dist. xxv, articulo primo), in potestatibus subordinatis non debet homo obedire inferiori potestati, nisi in quantum commensu-

---

(1) Il s'agit d'Innocent IV et de son Commentaire sur le cinquième chapitre du second titre, au livre premier des *Décrétales* ; (p. 17) — Voir : *Innocentii IV in quinque Decretalium libros apparatus* ; (f° 2, col. 2).

(2) Nous pensons que le greffier a omis un mot et qu'il faudrait : asserit et tenet quod ex divina inspiracione processerunt.

(3) On trouve cette phrase dans Raban Maur (*Enarr. in Epist. Pauli*, lib. xii, in 2ᵃᵐ *ad Cor.* iii) : « Quoniam Deus spiritus est, per Christum legem dedit spiritus, non litteris utique scriptam, sed per fidem animis intimatam ». Migne : P. L. tom. cxii, col. 177. — Mais la glose est plus ancienne, car elle se lit dans un Commentaire (in II. *Cor.* iii. 17) attribué jadis à S. Ambroise, et rejeté par la critique. Migne : P. L. tom. xvii, col. 288.

(4) Le canon « Beatus » est le cinquième de la seconde question, cause xxii, dans la 2ᵉ partie du *Décret* de Gratien ; (p. 1564). Il y est question de l'Apôtre S. Paul délié par une disposition divine de la promesse qu'il avait faite de se rendre en Espagne.

Le canon « Duae sunt » a déjà été cité plus haut ; c'est le deuxième de la seconde question, cause xix, dans la 2ᵉ partie du *Décret* de Gratien ; (p. 1509). Il parle de la loi privée et de la liberté que confère l'inspiration divine.

Il en est de même du chapitre « Licet », qui est le dix-huitième du titre xxxi *De regularibus*, au troisième livre des *Décrétales* ; (p. 1249).

(5) A deux ou trois variantes près, c'est le texte même de la réponse ad 1ᵐ : 1. 2. q. xciii, art. 6. — *Opera omnia...* tom. xxi, p. 186, col. 2. — La parole de S. Paul, à laquelle S. Thomas fait allusion, est celle-ci, (*Rom.* viii, 14) : « Quicumque enim Spiritu Dei aguntur, ii sunt filii Dei ».

ratur prime regule superioris potestatis ; quoniam in hiis, in quibus discordat inferior potestas a superiore, jam non est regula sed recti ordinis deformitas : unde prelato contra fidem predicanti non est assenciendum, quia in hoc discordat a prima regula. Unde in hoc per ignoranciam non excusaretur subditus in toto, eo quod habitus fidei inclinat ad contrarium, et eciam unctio doceat de omnibus que pertinent ad salutem, (ut habetur prima *Johannis* tercio) (1).

Ad idem, prelato precipienti contra Deum, in hiis que vel ejus lege mandantur, aut que per eum secrete inspirantur, non est acquiescendum. Primum patet per illud quod apostoli Petrus et Johannes, dixerunt pontificibus et universe synagoge Judeorum, (*Actuum* quinto) (2) : « Si justum est in conspectu Dei vos pocius audire quam Deum judicate ; neque enim possumus que vidimus et audivimus non loqui ». Et sequenti capitulo dixerunt : «Obedire oportet magis Deo quam hominibus ». Et *glosa*, (super illo verbo apostoli *ad Romanos* xiij° : « Qui resistunt ipsi dampnacionem acquirunt ») (3), dicit sic : « Si quid jusserit curator, numquid tibi faciendum est si contra proconsulem jubeat? Rursum, si quid ipse proconsul jubeat et aliud imperator, numquid dubitatur, illo contempto, proconsuli esse serviendum? Ergo si aliud imperator, aliud Deus jubeat, contempto illo, obtemperandum est Deo » (4). Et ad hoc recte tendit illud verbum Johanne, ubi dixit quod erat subdita ecclesie ac domino pape et aliis prelatis, Deo primitus servito, et quod voces non precipiebant ei quin ipsa obediret ecclesie, Deo primitus servito. Ad quod bene facit illud, quod legitur in capitulo « Que contra mores », dist. viij : « Deo regnatori universe creature ad ea que usserit absque dubitacione serviendum est ; sicut enim in humana potestate minori ad obediendum major preponitur, ita Deus omnibus » (5).

Quo autem ad ea que Deus secrete inspirat, non est eciam acquiescendum cuicumque ho-

---

(1) Ce paragraphe est une citation à peu près textuelle du Commentaire de S. Thomas (in 3m *Sent*. dist. xxv, q. ii, art. 1, quaestiuncula 4 ad 3m) *Opera omnia*... tom. ix, p. 275, col. 1 et 2.
La référence de la fin, écrite pourtant en toutes lettres, est fautive; il faut lire : I *Joan*. ii. 27. Voici le passage de l'apôtre, auquel il est fait allusion : « Non necesse habetis ut aliquis doceat vos, sed sicut unctio ejus docet vos de omnibus, et verum est, et non est mendacium ».

(2) Le greffier a mis *quinto* en toutes lettres ; mais il faut lire : *Act*. iv. 19-20. La Vulgate ne dit pas : Neque enim possumus ; mais : non enim.
Au chapitre suivant, c'est-à-dire v. 29, se trouve la parole des apôtres : Obedire oportet Deo magis quam hominibus.

(3) Lan. : Qui resistunt illi... La Vulgate de son côté (*Rom*. xiii. 2) lit ainsi : « Qui autem resistunt ipsi sibi damnationem acquirunt ».

(4) Toute cette *glose* a été citée par S. Thomas : 2. 2. q. civ, art. 5 in corp. — *Opera omnia*... tom. xxi, p. 200, col. 1. C'est de là probablement que Bréhal l'a tirée, car il se rapproche beaucoup de ce texte. Mais la *glose* elle-même a pour auteur S. Augustin (serm. 6 *de Verbis Domini*, cap. 8), qui s'exprime ainsi : « Si aliquid jusserit curator, nonne faciendum est? Tamen si contra proconsulem jubeat, non utique contemnis potestatem, sed eligis majori servire... Rursum si aliquid ipse proconsul jubeat et aliud jubeat imperator, numquid dubitatur, isto contempto, illi esse serviendum? Ergo si aliud imperator et aliud Deus, quid judicatis ? ». — Migne : P. L. tom. xxxviii, col. 421. — Voir aussi la *glose ordinaire* de Walafrid Strabon ; Migne : P. L. tom. cxiv, col. 512.

(5) La phrase se lit à peu près textuellement vers la fin du canon « Quae contra mores », qui est le second de la huitième distinction, dans la première partie du *Décret* de Gratien ; (p. 27).

mini contrarium precipienti. Dicunt enim catholici doctores quod Deo revelanti non acquiescere peccatum infidelitatis est (1); quanto magis a revelatis per inficiacionem seu abnegacionem recedere. « Cum enim aliquid Deus contra pactum societatis humane aut morem quorumlibet jubet, etsi numquam factum est, tamen faciendum est » ; (dist. capitulo preallegato « Que contra mores ») (2) ; et c. « Frustra », habetur sic : « Sequendum est quod melius a Spiritu sancto revelatum est » (3). Nam et philosophus ait (in capitulo *De bona fortuna*, prout eciam refert beatus Thomas 1ª 2ᵉ questione sexagesima octava, articulo primo), quod illis qui moventur per instinctum divinum non expedit consiliari secundum racionem humanam, sed quod sequantur interiorem instinctum, quia moventur a meliori principio quam sit racio humana (4).

Unde Ysaias propheta ait, (*Ysaie* quinquagesimo) : « Dominus aperuit michi aurem, ego autem non contradico, retrorsum non abii ». Et, (*Numeri* vicesimo secundo), ait Balaam : « Pro argento et auro non potero immutare verbum Domini Dei mei, ut plus vel minus loquar » (5). Vir eciam Domini propheta quidam veniens de Juda in Bethel et missus a Deo, (ut legitur tercii *Regum* xiij°, et secundi *Paralipomenon* ij°), noluit ad instanciam regis Jeroboam bibere aut commedere, ne mandatum Domini per revelacionem susceptum preteriret. Sed tamen, quia inde per pseudoprophetam eum decipientem mandatum preterivit, a leone in via propter inobedienciam oppressus fuit. Similiter Micheas nunciis regis Israel persuadentibus, ut cum falsis prophetis ad beneplacitum regis prophetaret, respondit : « Vivit Dominus, quia quodcumque dixerit michi Dominus loquar » (6), (tercii *Regum* ultimo). Denique et probissima Judith, (duodecimo capitulo), ait : « Que ego sum ut contradicam domino » ? (*glosa* : « id est, Deo ») (7) ; « quod erit bonum et optimum ante oculos ejus faciam.

Et ad [hoc] proprie venit illud responsum Johanne, quando dixit quod de dictis et factis

---

(1) Cette parole est de Pierre de la Palud et de Durand de Saint-Pourçain : elle a été citée plus haut, vers la fin du second chapitre de la *Recollectio*.

(2) Le canon « Quae contra mores » de la distinction vIII a été allégué tout-à-l'heure : Bréhal lui emprunte ici la phrase qui convient à son sujet.

(3) Cela se lit en effet dans le canon « Frustra » qui est le septième de la même distinction vIII ; (p. 29).

(4) C'est le texte de S. Thomas : 1. 2. q. LXVIII, art. 1. vers la fin du corps de l'article. *Opera omnia*... tom. XXI, p. 133, col. 2. — Quant à la référence du passage d'Aristote, il faut dire : lib. 7 cap. 8 *Moralium Eudemiorum*. Dans les exemplaires grécolatins que Nicolaï avait sous les yeux, les plus récents portaient : cap. XIV ; et les anciens : cap. XVIII. — Ainsi que ce savant éditeur le fait remarquer dans une note marginale : « Habetur autem ibi aequivalenter et implicite quoad sensum, non sic expresse quoad verba ».

(5) La Vulgate lit (*Num*. XXII, 18) : « Si dederit mihi Balac plenam domum suam argenti et auri, non potero immutare verbum Domini Dei mei, ut vel plus vel minus loquar ».

(6) III *Reg*. XXII, 14 : hoc loquar.

(7) Le mot ajouté par la *glose interlinéaire* (dans une Bible incunable) est une adaptation plutôt que le sens véritable de la Vulgate (*Judith*. XII, 13-14) qui lit expressément : *domino meo* ; ce qui se rapporte à Holopherne.

suis se referebat ecclesie, dum tamen non preciperet sibi aliquid impossibile (1) ; et exponens se ipsam, dixit quod erat sibi impossibile revocare ea que fecit ex parte Dei : unde quicquid, ut dixit, preciperet ei Deus, illa non dimitteret facere pro homine vivente, seu pro quacumque re. Unde ex hiis patet quod in isto minime defecit, sed rectissime dixit.

Nam illa possumus que commode possumus, (ut innuitur in capitulo ultimo, *De transactionibus*) (2). Que eciam jure facere prohibemur [f° **clxxxviij r°**] pro impossibilibus sunt habenda; (ut legé « Filius qui », ff. *De condicionibus institucionum*) (3). Et illa in moribus possibilia solum dici merentur que justa et recta sunt. Unde preceptum iniquum impossibile reputatur ; (ut in lege « Paulus », ff. *Que sentencie sine appellacione rescindantur ; et ff. De regulis juris*, lege « Impossibilium ») (4). Quinymo, et de lege idem tenendum est ; (ut in c. « Erit autem lex », dist. iiij) (5).

Proinde ad hoc multum facit certitudo quam habet revelacionem accipiens de sibi revelatis; de qua firma et indubitata certitudine superius actum est, cum de revelacionibus tractaretur. Ideoque cum ipsi Johanne de hiis constaret, et indubitatam noticiam de ipsis, ut semper et constanter asseruit, haberet, non debuit in hoc alicui homini parere ; (ut c. « Julianus », et c. « Si Dominus », xiij. q. iij) (6). Unde, talia abnegando, parjurium et mendacium incurrisset : quod divina lege fieri prohibitum est ; et contra conscienciam agens edificasset ad gehennam, (ut in c. finali *De prescripcionibus*, et c. « Litteras », *De restitucione spoliatorum*) (7). Que siquidem consciencia, discreta et probabili credulitate informata, ad consi-

---

(1) Nous avons ajouté entre crochets le mot *hoc*, que requiert la contexture même de la phrase, mais qui a été omis par le greffier.

(2) L'aphorisme allégué par Bréhal ne se trouve pas, sous cette formule, au chap. « Ex parte » qui est le onzième et dernier du titre xxxvi *De transactionibus*, dans le premier livre des *Décrétales ;* (p. 452). Il y est seulement indiqué. Une conclusion analogue ressort des deux titres *De transactionibus* que renferme le Droit Romain : *Digeste*, livre ii, titre xv (pp. 272-291) ; — et *Code*, livre ii, titre iv (pp. 117-121). La référence de la *Recollectio* n'est pas assez précise pour qu'on puisse déterminer si l'inquisiteur visait en vue les trois textes, ou l'un d'eux seulement, et lequel.

(3) La loi « Filius qui » est la quinzième du titre vii *De conditionibus institutionum*, au livre xxviii du *Digeste ;* (p. 909). On y lit ces mots : « Nam quae facta laedunt pietatem, existimationem, verecundiam nostram, et (ut generaliter dixerim) contra bonos mores fiunt ; nec facere nos posse credendum est».

(4) La loi « Paulus » est la troisième du titre viii, au livre xlix du *Digeste* ; (p. 1645). En voici la teneur : « Paulus respondit, impossibile praeceptum judicis nullius esse momenti. Idem respondit, ab ea sententia cui pareri natura rerum non potuit, sine causa appellari ».

La loi « Impossibilium » est ainsi conçue : « Impossibilium nulla est obligatio ». C'est la cent-quatre-vingt-cinquième règle juridique du titre xvii, au cinquantième livre du *Digeste* ; (p. 1730).

(5) Le canon « Erit autem lex » énumère les qualités essentielles qui constituent la loi ; il est le second de la quatrième distinction, dans la première partie du *Décret* de Gratien ; (p. 11).

(6) Ces deux canons se trouvent dans la même question iii de la cause xi, seconde partie du *Décret*. Le premier cité « Julianus » est le quatre-vingt-quatorzième (p. 1197) ; et l'autre « Si Dominus », le quatre-vingt-treizième (p. 1195). Ils rappellent, soit par des autorités, soit par des exemples, qu'il faut obéir à Dieu plutôt qu'aux hommes.

(7) Le chapitre « Quoniam omne » est le vingtième et dernier du titre xxvi *De praescriptionibus*, au 2° livre des *Décrétales* ; (p. 874). S'appuyant sur le texte de l'apôtre (*Rom*. xiv, 23) : Omne quod

lium prelati deponi non potest, sed est sequenda: (c. « Inquisicioni », *De sentencia excommunicacionis* ; c. « Ad aures », *De temporibus ordinacionum*; et habetur in c. « Per tuas », per Hostiensem et Johannem Andree ; et per Archidiaconum in § 1. xxviij. q. j) (1).

Item, de mandato domini regis, inter multos numero ac merito prelatos et doctores, in civitate pictaviensi grande et districtum per tres septimanas examen alias subierat, nilque in ea supersticiosum aut malum per eos inventum aut compertum fuerat; ut habetur in processu, et etiam aliquorum supervivencium relatione, qui in illo examine fuerunt ob quod admissa fuit et tollerata. Unde ex hoc secuntur duo. Primum est, quod in hiis que non fuerant per dictos prelatos et doctores reprobata, potuit Johanna se magis adhesive et licite firmare, neque illa deinceps ad aliorum instanciam debuit abnegare. Secundum est, quod cum ecclesia belvacensis, cujus auctoritate processus deduci fingebatur, ad ecclesiam pictaviensem superioritatem non habeat, ipsa ad illius suggestionem minime tenebatur revocare quod presertim istius circumspecta providencia non reprobatum fuerat. Par namque in parem non habet imperium: (ut in c. « Innotuit », *De electione*; ff. *De arbitris*, lege « Nam magistratus » ; et ff. *ad Trebellianum*, lege « Ille a quo », § item tempestivum) (3).

---

non est ex fide peccatum est, ce chapitre déclare que la mauvaise foi empêche la prescription. La *glose* marginale ajoute : « Quicumque facit contra conscientiam aedificat ad gehennam ».

Le chapitre « Litteras » est le treizième du titre XIII *De restitutione spoliatorum*, au 2ᵉ livre des *Décrétales* ; (p. 634). Il a trait à des causes matrimoniales, et la phrase que nous venons de citer y est énoncée deux fois.

(1) Le chapitre « Inquisitioni » est le quarante-quatrième du titre XXXIX, au 5ᵉ livre des *Décrétales*; (p. 1916). A propos d'une cause matrimoniale, il distingue deux sortes de conscience : l'une s'appuie sur des raisons sérieusement probables, il faut la suivre ; l'autre n'a pour base qu'une crédulité hasardée et téméraire, on peut la déposer d'après le conseil du prélat. Et la glose marginale ajoute : « Nota quod quis debet potius excommunicationem sustinere quam mortaliter peccare. Item, nullus contra conscientiam facere debet ; et potius debet sequi conscientiam quam sententiam ecclesiae, cum quis certus est in hoc casu ».

Le chapitre « Ad aures » est le cinquième du titre XI au premier livre des *Décrétales* (p. 252). C'est, d'après les mêmes principes, la solution d'un cas relatif à l'ordination de quelques religieux contre la volonté connue de leurs supérieurs.

Bien qu'il y ait dans les *Décrétales* une douzaine de chapitres qui commencent par les mots « Per tuas », nous n'hésitons pas à compléter la référence, en disant qu'il s'agit du chapitre trente-cinquième du titre III *De Simonia*, au livre cinquième des *Décrétales* (p. 1637), dans lequel on trouve l'expression déjà citée : « ne forte aedificet ad gehennam ».

C'est sur ce point que roulent les Commentaires de l'Hostiensis et de Jean André. La glose de l'Archidiacre vise le premier canon de la question première, cause XXVIII, seconde partie du *Décret* de Gratien.

(2) Le chapitre « Innotuit » est le vingtième du titre VI, au premier livre des *Décrétales* (p. 131). Il contient la phrase alléguée ici par Bréhal.

La loi « Nam magistratus » est la quatrième du titre VIII *De receptis qui arbitrium receperunt ut sententiam dicant*, au livre IV du *Digeste*. Elle commence précisément par les mots qui se rapportent au cas présent : « Nam magistratus superiore aut pari imperio nullo modo possunt cogi » ; (p. 348).

Sed et prefatum interrogatorium de submissione ecclesie nimis ambiguum erat et involutum. Nam hoc nomen ecclesia equivocum est, et varias habet significaciones, (ut notatur in *glosa* c. « Clerici », *De verborum significacione*) (1). Quandoque enim significat tantummodo episcopum, (ut in c. « Scire » vij. q. j); quandoque viros ecclesiasticos matricis ecclesie, (lxiij dist. c. j); quandoque ponitur pro majori parte capituli, (lvj dist. c. « Apostolica »); quandoque designat quamlibet ecclesiam provincie, (ut c. « Cum super », *De auctoritate et usu pallii*); quandoque vero significat universalem congregacionem fidelium, (c. « Ecclesia », *De consecracione* dist. j.; et sic sumitur in c. « Engeltrudam », iij. q. iiij, et in c. « Legimus », xciij dist., et in aliis multis locis) (2). Unde captiosum clare videtur personam simplicem et indoctam sub termino latentis et involute significacionis interrogare. Ideo, si Johanna distulerit aut quoquomodo subterfugerit ad hoc respondere, timens ne laqueo dubie interrogacionis dolose circumveniretur, nemini profecto mirum esse debet. Nam sub talium nominum sensu multiplices latent decepciones, sicut et secundum philosophum sub genere equivocaciones.

Sed instabit aliquis, dicens quod ei sufficienter fuit per quosdam doctores declaratum quid sit ecclesia, eidem designando quod una est militans hic inferius, alia vero superius que dicitur triumphans. Sed istud nichil est; quoniam ex hiis terminis potuit ejus intellectus confundi pocius quam erudiri. Nam simplicitati ejus magis difficile fuit capere quid sit dictu militans aut triumphans quam quid sit ecclesia; et ita hec exposicio fuit per ignociora, cum tamen, ut dicit Quintillianus, (lib. vº *De institucione oratoria*), quod rei alterius illustrande gracia assumitur clarius esse debet eo quod illuminat (3). Et beatus Augustinus, (quarto *de*

La loi « Ille a quo » est la treizième du titre premier : *Ad senatus consultum Trebellianum*, au xxxvie livre du *Digeste* ; (p. 1125). Au paragraphe 4 (*Tempestivum*), on lit : « Dicendum est praetorem quidem in praetorem, vel consulem in consulem nullum imperium habere ».

(1) Le chapitre « Cum clerici » (le mot *cum* a été omis) est le dix-neuvième du titre xl, au vº livre des *Décrétales*; (p. 1942).

(2) Tous les textes allégués ici contiennent exactement les diverses significations du mot Église. Les références sont correctes : il nous suffit de les compléter.

Le canon « Scire » est le septième de la première question, cause vii, dans la 2ᵉ partie du *Décret* ; (p. 1027).

Le canon premier « Nullus » de la lxiiiᵉ distinction est dans la première partie du *Décret* ; (p. 391).

Le canon « Apostolica » est le douzième de la lviᵉ distinction, première partie du *Décret* ; (p. 369).

Le chapitre « Cum super » est le premier du titre viii *De auctoritate et usu pallii*, au 1ᵉʳ livre des *Décrétales*; (p. 219).

Le canon « Ecclesia » est le huitième, *De Consecratione* dist. i, dans la 3ᵉ partie du *Décret* ; (p. 2327).

Le canon « Engeltrudam » est le douzième de la question quatrième, cause iii, dans la 2ᵉ partie du *Décret* ; (p. 917).

Enfin le canon « Legimus in Isaia » est le vingt-quatrième de la dist. xciii, dans la 1ʳᵉ partie du *Décret* ; (pp. 567-571).

(3) Quintilien dit en effet (*de institutione oratoria* lib. viii. 3. 73) : « Debet enim quod inlustrandae alterius rei gratia adsumitur, ipsum esse clarius, eo quod inluminat » (Opp... tom. ii, p. 82).

doctrina christiana), ait : « Qui dicit, cum docere vult, quamdiu non intelligitur, nondum existimet se dixisse quod vult ei quem vult docere; quia etsi dixit quod ipse intelligit, nondum tamen illi dixisse putandus est, a quo intellectus non est » (1).

Porro et cum predictis actendendum est, quod ista questio de submissione, in eis terminis quibus Johanne proponitur, multum dura videtur et aspera, scilicet an de casibus, criminibus et delictis sibi impositis, et de omni eo quod tangit processum suum, velit se referre ad judicium ecclesie que est in terris. (Hoc enim interrogatorium habetur circa medium processus, fol. lxvjº ect.).

Nam hec verba, ut de se patet, persone simplici et innocenti in publico foro seu consistorio proposita, rudissima sunt et dura; et, ut pro nunc omictamus terminos illos, casus, crimina et hujusmodi, valde quippe acerbum videtur et revera est, potissimum in causa fidei que simpliciter et de plano procedere exigit, (ut in c. ultimo, *De hereticis* libro vjº)(2), inducere verba illa: an velit judicio se submictere. Nam judicium, et proprie et secundum estimacionem communem, importat actum et execucionem justicie : unde istud proponere detento sufficientem metum incutit, et maxime mulieri. Nam in isto statim subintelligitur periculum persone aut rerum, qui est metus sufficiens; (ut lege prima, ff. *Quod metus causa*, in fine) (3). Neque enim hic austerus agendi et interrogandi modus est de modestia ac benignitate stilli sancte inquisicionis ab apostolica sede traditi, quem utique sequi tenentur ordinarii episcopi, quacumque potestate procedant; (ut in c. « Per hoc », *De hereticis*, lib. vjº) (4).

---

(1) A l'exception d'une très légère variante, c'est le texte même de S. Augustin (lib. IV *de Doctrina Christiana*, cap. XII n. 27). Migne: P. L. tom. XXXIV, col. 101.

(2) Le vingtième et dernier chapitre « Statuta » du titre second *De haereticis*, au cinquième livre du *Sexte* de Boniface VIII renferme ce texte que l'on a cherché plus d'une fois à exploiter contre l'Inquisition : « Concedimus, quod in inquisitionis haereticae pravitatis negotio procedi possit simpliciter et de plano, et absque advocatorum ac judiciorum strepitu et figura »; (p. 644). Sous l'empire de préjugés, qui empêchent les meilleurs esprits de percevoir nettement les objets tels qu'ils sont, on a cru découvrir dans cette concession du pape aux inquisiteurs la suppression des garanties que le droit naturel réclame en faveur des accusés. Pour peu qu'on les comprenne, les termes de la *Décrétale* ne signifient nullement une pareille énormité, et rien n'est plus opposé à la pensée du législateur. Une procédure simple et tout unie n'est pas une dérogation aux prescriptions essentielles de l'équité; c'est une marche débarrassée des subtilités de la chicane et des complications de formalités qui n'ont guère d'autre résultat que d'allonger indéfiniment le procès. Le concours tumultueux d'un grand nombre d'avocats, tel qu'il se pratiquait à cette époque dans les parlements et les tribunaux, pas plus que l'appareil extérieur des solennités judiciaires, ne constitue une des conditions essentielles de la bonne administration de la justice. Clément V a d'ailleurs pris soin de consigner au chapitre 2 *Saepe contingit*, titre XI *De verborum significatione*, au Vº livre des *Clémentines*, (p. 332-342), une interprétation authentique d'une incontestable clarté. Il n'est pas permis de l'ignorer, lorsqu'on prétend porter un jugement sur cette question de jurisprudence.

(3) La loi « Ait praetor » est la première du titre second, *Quod metus causa gestum erit*, au IVº livre du *Digeste*; (p. 318). Les derniers mots de cette loi sont: « Quodcumque vi atroci fit, id metu quoque fieri videtur ».

(4) Le chapitre « Per hoc » est le dix-septième du second titre, au 5º livre du *Sexte*; (p. 638). Vers la fin, on lit les mots suivants : « Sive autem ordinaria, sive delegata episcopi potestate procedant : illum in procedendo morem observent quem inquisitores possunt et debent per jura com-

Taceo hic de inimicicia et odio, quia de hoc posterius agetur. Satis autem est pro nunc ostendere, quod ex arduitate, ambiguitate et asperitate quesiti, Johanna digne excusabatur, si forsan respondere distulerit, vel etiam sic aut sic responderit. Et premissis iterum ac merito addendum puto, quod hec questio ad causam ipsam omnino impertinens fuit et superflua. Impertinens quidem: quia, cum non possent aliunde eam suis questionibus circumvenire, eo quod ad universa sagaciter et catholice responderet, hunc occultum et indirectum laqueum ex arte caliditatis tetenderunt; quod tamen ad inquisicionis stillum, ut prius, nullo modo pertinet; neque sic inquirere consuetum est, nam hec indirecta non nisi fraudem continent. Etiam et questio hec fuit superflua: quoniam, si ille de quo queritur hereticus est, constat quod in eo quod erroris habet, et si ecclesie auctoritatem forte contempnit, ei nichilominus subjectus plene est, et per eam secundum qualitatem facinoris puniri potest; si vero hereticus non sit, sed forte suspectus, denotatus vel alias, quanto magis per submissionem voluntatis et alias subditus ecclesie censeri debet. Unde superfluum merito reputatur inquirere a subdito, an velit domino suo se submictere, potissimum in illis in [f° clxxxviij v°] quibus debite subditus est. Quo ad alia vero in quibus non est subjectus, non solum iniquum videtur submissionem querere, sed et plane temerarium. Unde, cum Johanna palam fateretur se subditam ecclesie, ut constat ex processu, ideo sic crebro et infeste hoc quesitum iterare non tam absonum quam certe impium et inhumanum fuit.

Est autem in hoc passu maxime consideranda hujus puelle simplicitas, quoniam ex satis exiguis parentibus noscitur traducta, et more campestrium et ruricolarum puellarum ad pascua dumtaxat post gregem ire, aut aliud qualecumque pauperculum nendi vel suendi artificium exercere docta fuit; ideoque, si ad questionem ita arduam et ambiguam non plene respondisset, quemadmodum utique fecit, revera merito digne excusanda venisset. Patet autem ejus simplicitas in hac parte, quia de hac submissione quandoque interrogata respondit quod, amore Dei, daretur sibi licencia de eundo ad ecclesiam, et quod non erat talis que impediri deberet ne iret ad ecclesiam et ad missam. Ecce plane quod ex simplicitate, communi more popularium, maxime intelligebat illud quesitum de ecclesia materiali et lapidea (1). Unde et altera vice, dum ei distingueretur ecclesia in militantem et triumphantem, ait: « Videtur michi quod unum et idem est de Deo et ecclesia, et quod de hoc non debet fieri difficultas ». Et subdebat: « Quare facitis vos de hoc difficultatem » (2)?

---

munia vel per speciales concessiones seu ordinationes sedis Apostolicae observare ». C'est le meilleur commentaire de l'expression employée par Bréhal: *quacumque potestate* procedant. — Lan.: quandoque potestate.

(1) Cette observation de Bréhal n'est point, comme on pourrait le penser au premier abord, une subtilité de dialectique, pure argutie d'avocat qui veut tirer son client d'un mauvais pas. Elle est parfaitement fondée en fait, (les procès-verbaux mentionnent expressément la réponse de Jeanne), et montre bien la simplicité d'une pauvre fille des champs et le trouble d'esprit où la jettent les interrogations multipliées et pressantes de ses juges. Il fallait d'autant plus en tenir compte dans la *Recollectio* que plusieurs des consulteurs, tels que Théodore de Leliis, Robert Cybole et Thomas Basin n'avaient pas manqué de la faire valoir. — Voir le premier dans Quicherat: *Procès*... tom. II, p. 52; le second dans M. Lanéry d'Arc: *Mémoires et consultations*... p. 382; et le troisième (*ibid.* p. 232).

(2) Cf. *Summarium*, art. V.

Ex istis manifestum est ipsam Johannam bona et simplici credulitate ductam fuisse; et illa sufficit ad salutem, (ut patet in c. « Firmiter », *De summa Trinitate*) (1). Verumptamen fideliter et pie sensisse apparet ex premissis verbis de unitate ecclesie. Nam catholica veritas nullam difficultatem inducit, quin regnancium seu fruencium in celis ac militancium in terris una sit societas et unica ecclesia. Ut autem dicit sanctus Doctor, (tercia parte, questione viij^a art. iiij°), multitudo ordinata in unum secundum distinctos actus et officia unum corpus similitudinarie dicitur. Corpus vero misticum ecclesie non solum consistit ex hominibus, sed etiam ex angelis; quoniam ad unum finem, qui est gloria divine fruicionis, ordinantur et homines et angeli (2). Unde secundum statum dumtaxat accipitur hujusmodi distinctio. Secundum enim statum vie, congregacio fidelium est in qua comprehenduntur omnes homines a principio mundi usque ad finem ejus, cujuscumque condicionis sint, justi vel injusti, fideles et infideles, qui, quamdiu viatores existunt, ad congregacionem ecclesie sive actu sive potencia pertinent. Secundum autem statum patrie, est congregacio comprehendencium et fruencium, que dignior pars est, eo quod illi Deo actu uniuntur. Unde non est mirum, si Johanna, de hiis que ex inspiracione et revelacione dixit et gessit, Deo in primis et huic summe congregacioni se potissimum retulit; quoniam ex ea parte procedebant, et ideo illud summum judicatorium maxime exigebant, ut lacius postea videbitur.

Neque interea omictendum est, quomodo ejus simplicitati dolose et sepius, ut patet ex informacionibus, insidiatum fuit per quosdam fallaces clericos, qui in fraude ei suggerebant ne omnino, si mortis penam evadere vellet, ecclesie se submicteret (3), cum tamen non sit indoctorum simplicitas deludenda: (*Job*. xij, et c. « Sedulo », xxxviij dist.) (4). Unde et si pro-

---

(1) C'est le premier chapitre du premier titre, au premier livre des *Décrétales* de Grégoire IX ; (p. 7). — Voir les explications données plus haut sur la foi qui suffit aux simples fidèles.

(2) Les deux phrases précédentes sont extraites de S. Thomas: 3. q. viii, art. 4; *Opera omnia*... tom. xxii p. 25, col. 2. Ce sont les expressions mêmes du corps de l'article, mais diversement disposées. La conclusion : Unde... est de Bréhal, qui emprunte à la réponse ad 2^m les deux phrases suivantes quant à l'affirmation principale, et y ajoute une explication tirée de la doctrine de l'article 3 de la même question viii.

(3) Le fait est allégué dans la pétition écrite du procureur Prévosteau ; (Quich. tom. ii, p.175). Il est prouvé par divers témoignages. Nicolas de Houppeville dépose que telle était la rumeur publique à Rouen ; (Quich. tom. ii, p. 173 et tom. iii, p. 327). — Jean Massieu le sait aussi par ouï-dire ; (Quich. tom. ii, p. 332). Mais le greffier Guillaume Colles et son collègue Guillaume Manchon apportent des informations directes. Le premier affirme que Loyseleur « aliquando intrabat carcerem ipsius Johannae, eidem dicens quod non crederet illis gentibus ecclesiae, quia si tu credas eis, tu eris destructa » ; (Quich. tom. iii, p.162). — Le second, après avoir raconté comment Loyseleur avait su capter la confiance de la prisonnière, ajoute ce détail: « Nec communiter ducebatur ad judicium ipsa Johanna, quin ipse Loyseleur per prius cum eadem fuisset locutus » ; (Quich. tom. iii p. 141). — Il sera encore question plus loin (au chap. x de la seconde partie) du rôle infâme joué par Nicolas Loyseleur, avec la connivence sinon par l'ordre de Cauchon.

(4) Le texte de *Job* (xii. 4) est ainsi conçu : « Qui deridetur ab amico suo sicut ego, invocabit Deum, et exaudiet eum: deridetur enim justi simplicitas ».

Le canon « Sedulo » est le douzième de la trente-huitième distinction, dans la première partie du *Décret* ; (p. 235). Il contient une recommandation aux hommes instruits de ne point mépriser la simplicité du langage, et de considérer la pensée plutôt que les expressions.

pterea a rectitudine fidei deviasset, ei tamen non prejudicat, ita ut de errore periculoso ideo sit criminanda aut dampnanda. Nam, (ut dicitur xxix. q. j, § hiis ita, verbo *Aliter*): « si quis hereticorum, nomine Augustini, Ambrosii vel Jeronimi, alicui catholicorum se ipsum offerret, atque eum ad sue fidei imitacionem provocaret, si ille preberet assensum, in cujus fidei sentenciam consensisse diceretur? Profecto, non in hereticorum sectam, sed magis in integritatem fidei catholice, quam ille hereticus se menciebatur habere » (1). Unde constans est, quod talis deceptio, etiam si error intervenisset, tamen Johannam plene excusasset.

Tandem, et magis perfecte, consideranda est hujus puelle pura et sana in hac parte et sepius protestata credulitas. Nam in primis expresse dixit, quod credebat ecclesiam regi a Spiritu sancto, et quod illa non possit deficere vel errare; quod sacra scriptura est revelata a Deo; quod amabat Deum et serviebat sibi, eratque bona christiana et bene baptizata, ac ut bona christiana moreretur, et vellet adjuvare ac sustinere ecclesiam toto posse suo pro fide nostra christiana; sed, cum de submictendo se plurimum fatigaretur, expressius respondit quod sue asserciones seu responsiones examinarentur per clericos, et postea dicetur sibi si esset aliquid contra fidem christianam, ipsa bene sciret per consilium suum quid super hoc diceret. Et addebat, si tamen sit aliquid mali contra fidem christianam quam Deus precepit, ipsa non vellet sustinere, et esset bene irata de veniendo seu eundo contra. Et iterum aiebat: « Omnia opera mea sunt in manu Dei, et de hiis me refero ad ipsum ; et certifico vos quod ego non vellem aliquid facere vel dicere contra fidem christianam; et si ego fecissem vel dixissem, vel quod esset supra me, quod clerici scirent dicere quod esset contra fidem christianam (2) quam [Dominus] noster stabilivit, ego non vellem sustinere, sed illud expellerem ». Patet quam sincera et etiam expressa sit ista submissio.

Sed objiciet aliquis, quod per multos clericos, Parisius et alibi, fuerunt dicta ejus et facta diligenter examinata, et utique multipliciter reprobata; et tamen ab eis recedere noluit. Ad hoc dicitur quod illa, que sapientibus et doctoribus fuerunt ad deliberandum tradita, erant diminuta et corrupta, ut postea patebit. Denique, quod hic dicit de clericis, intelligere videtur de non suspectis et parcialibus, seu partem Anglicorum foventibus. Unde, et priusquam intraret primum examen, instanter requisivit quod adhiberentur viri ecclesiastici de parti-

---

(1) La citation est textuelle; elle est empruntée au paragraphe *His ita respondetur*, à l'endroit où on lit; *aliter etiam hoc probatur*. Voir dans la seconde partie du *Décret* la question première de la cause XXIX; (p. 1917).

(2) Par distraction, le greffier a répété deux fois la phrase: et si ego fecissem...; jusqu'à : contra fidem christianam, inclusivement. Nous avons supprimé cette superfluité fautive. — Le mot *Dominus* a été manifestement oublié: nous l'avons suppléé entre crochets.

Toutes ces réponses de Jeanne ont été consignées dans les notes du *Summarium*, art. v. Ajoutons que le procès-verbal de l'interrogatoire du 17 mars renferme l'explication donnée par les juges sur l'Église militante « laquelle Église bien assemblée ne peut errer et est gouvernée du Saint-Esprit » (Quich. tom. I, p. 175); cependant il ne fait pas mention expresse de son acquiescement à cette vérité qu'elle avait d'ailleurs confessée en d'autres circonstances. — Au sujet de la sainte Écriture, on lit aux procès-verbaux : « Interrogata an ipsa credit quod sancta Scriptura sit revelata a Deo: respondit: « Vos bene scitis, et bonum est scire quod sic». (Quich. tom. I, p. 379).

bus Francie, sicut et Anglie. Et iterum alibi peciit quod vocarentur tres aut quatuor clerici de sua parte, et coram eis responderet veritatem (1).

Sed proinde express[iss]ima apparuit et omnino legitima submissio, quando videlicet domino pape et concilio generali omnia dicta et facta sua transmicti ac referri peciit, multa super isto catholice protestans. Cum enim tempore scismatis, quod tunc vigere suspicabatur, et de tribus summis pontificibus interrogaretur cui esset obediendum (2), respondit quod erat obediendum pape in Roma existenti, et quantum ad ipsam credebat in illo; et hic erat tunc temporis ecclesiam administrans beate recordacionis dominus Martinus. Dixit ulterius se credere quod dominus papa et alii prelati ecclesie, quilibet in loco suo, instituti sunt ad corripiendum deviantes. Unde, et presenciens illa episcopi belvacensis conceptam maliciam contra eam, ad dominum papam perseveranter requisivit deduci; vel etiam, ut informaciones facte Rothomagi docent, cum ipsa intellexit quod, in concilio quod tunc celebrabatur, erant cardinales et prelati multi de parte regis Francie, confestim [f° clxxxix r°] peciit duci illuc. Sed et potissimum circa finem processus, cum de ista submissione ad extremum molestaretur, aperte respondit: « Ego satis de hoc puncto respondi vobis de omnibus operibus que ego feci, et dixi: ipsa transmictantur ad Romam penes dominum nostrum summum pontificem, ad quem et ad Deum primum ego me refero ». Et, cum sibi diceretur quod dicta et facta sua erant reprobata per clericos, ait: « Ego refero me Deo et domino nostro pape ». Tunc vero sibi fuit dictum quod non sufficiebat, et quod non poterat fieri ad querendum ita remote dominum nostrum papam, et quod ordinarii erant judices, quilibet in sua diocesi; et ideo necesse erat, ut dicebant, quod ipsa se referret sancte matri ecclesie, quodque teneret illud quod clerici et viri talia cognoscentes dixerant et determinaverant de dictis et factis suis. Ad istud nichil ulterius respondit (3).

Ex quibus possunt quatuor colligi. Primum est, quod sufficienter et debite Johanna se submisit in hiis in quibus precipue fides christiana vult eam submicti: (ut in c. « Hec est fides », xxiiij. q: j.) (4). Qui enim vult antecedens, vult que ex eo necessario consecuntur;

---

(1) Cf. *Summarium*, art. v.

(2) Bréhal fait allusion ici à l'interrogatoire public du 1ᵉʳ mars 1431. Cf. Quicherat: *Procès...* tom. 1, p. 245). — Depuis l'abdication de Clément VIII (Gilles de Munos), 26 juillet 1429, il n'y avait plus d'antipape, sauf peut-être un soi-disant Benoît XIV, qui avait été élu secrètement à Paniscola (royaume de Valence) en opposition à Clément VIII par le seul cardinal de Saint-Étienne (Jean Currer de Tharena). — Voir dom Marteno: *Thesaurus Anecdot.* tom. II ; acta varia de schismate pontificum avenionensium; col. 1714 et seqq. — Voir aussi: Baronii *Annales eccles.* ed. Theiner, 1874. tom. xxvii, p. 67; note de Mansi.

Martin V, qui venait de mourir à Rome le 20 février, mais dont la mort était encore ignorée des juges, avait été reconnu par tout l'univers catholique. Cependant Cauchon, prenant prétexte d'une lettre écrite par le Comte d'Armagnac à la Pucelle (juillet 1429), lettre dans laquelle il était question du schisme et des trois prétendants au souverain Pontificat, proposa de nouveau ce problème à la solution de l'humble fille, qu'il espérait bien embarrasser et faire tomber dans un piège habilement tendu. Son attente fut déçue. Dieu qui donne la lumière aux âmes droites assista sa fidèle servante : celle-ci répondit sans hésiter que le vrai pape était à Rome, qu'il fallait lui obéir, et qu'elle croyait en lui.

(3) La plupart des réponses que Bréhal rapporte ici ont été mentionnées dans les notes du *Summarium*, art. v.

(ut in lege ij, ff. *De jurisdictione omnium judicum*, cum similibus) (2). Secundum est, quod ab omni nota erroris legitime se purgavit; (ut c. « Dixit apostolus », xxiiij. q. iij) (3). Tercium, quia clarum est ex istis quid per ecclesiam illi intenderent, non quidem ecclesiam romanam aut universalem, sed pocius semetipsos. Se certe Johanna istis, seu ecclesie sic per eos intellecte, submictere non debuit, ut adhuc magis patebit. Quartum est, quod per istos judicium domini pape contemptui manifesto habitum est. Unde sancte sedi apostolice et ejus auctoritati gravis injuria irrogata fuit, presertim in tam ardua et ambigua fidei causa, que ad illam sanctam sedem directe pertinebat; (ut c. « Majores », *De baptismo*) ; et c. « Quociens », (xxiiij. q. j,) ubi dicitur (4) : « Quociens fidei racio ventilatur, arbitror omnes fratres nostros et coepiscopos non nisi ad Petrum, id est, [ad] sui nominis auctoritatem refferri debere ». Contra cujus auctoritatem nec Jeronimus, nec Augustinus, nec aliquis sacrorum doctorum suam sentenciam defendit. Et cum processus iste ageretur, quidam celebris utriusque juris doctor, magister Johannes Lohier, ita fieri debere omnino decrevit ; sed ab episcopo belvacensi sua sentencia delusa atque vilipensa fuit, ut patet ex informacionibus factis Rothomagi (5). Unde, quatinus ille episcopus et alii in hoc ei faventes se a malicia ma-

---

(1) Le canon « Haec est fides » est le quatorzième de la première question, cause xxiv, dans la seconde partie du *Décret* ; (p. 1723). Il ordonne la soumission à la foi enseignée par le Siège Apostolique.

(2) Il y a ici une erreur dans l'énoncé du titre. La loi alléguée par Bréhal est la seconde du premier titre au livre deux du *Digeste* ; (p. 260). Elle est ainsi conçue : « Cui jurisdictio data est, ea quoque concessa esse videntur, sine quibus jurisdictio explicari non potuit ». Le contenu de cette loi, et le sigle du *Digeste* ne laissent aucun doute à cet égard. Mais le titre est simplement : *De jurisdictione* ; tandis que le titre *De jurisdictione omnium judicum* est le XIII° du troisième livre du *Code*, dont la seconde loi (p. 173) ne se rapporte pas à l'allégation de l'inquisiteur.

(3) Le canon « Dixit apostolus » est le vingt-neuvième de la troisième question, cause xxiv, dans la seconde partie du *Décret* ; (p. 1769). On y lit « Qui sentenciam suam, quamvis falsam atque perversam nulla pertinaci animositate defendunt. . . quaerunt autem cauta sollicitudine veritatem, corrigi parati cum invenerint, nequaquam sunt inter haereticos deputandi ». C'est la preuve de l'assertion émise par l'inquisiteur.

(4) Le chapitre « Majores » est le troisième du titre xlii *De baptismo*, au 3° livre des *Décrétales* ; (p. 1382). Il réserve au siège de Pierre le jugement des causes majeures, et principalement de celles qui concernent la foi. — Cf. S. Thomas : 2. 2. q. i, art. 10, in corp. *Opera omnia*... tom. xxi p. 5 col. 2.

Le canon « Quoties » est le douzième de la première question, cause xxiv, dans la seconde partie du *Décret* ; (p . 1721). Il est cité textuellement, à une variante près : auctoritatem, au lieu de : honorem et auctorem.— S. Thomas l'allègue aussi : 2. 2. q. xi art. 2 ad 3ᵐ ; *Opera omnia*... tom. xxi p. 25 col. 1 ; et il ajoute la remarque : Contra cujus auctoritatem, que Bréhal lui a empruntée.

(5) Le greffier Manchon a déposé fort longuement à l'enquête de 1450 sur la consultation de « maistre Jehan Lohier, solempnel clerc normand » (Voir Quich. tom. ii, pp. 11-12). Il a renouvelé ses affirmations à Rouen devant le cardinal d'Estouteville, (Quich. tom. ii, pp. 299-300), puis une troisième fois devant Bréhal et Philippe de la Rose (Quich. tom. ii, p. 344 ; enfin au procès de réhabilitation (Quich. tom. ii, p. 138). Les paroles de Cauchon à six de ses assesseurs valent la peine d'être citées pour confirmer l'allégation de Bréhal : « Velà Lohier qui nous veut bailler belles interlocutoires en nostre procez ! Il veut tout calompnier, et dit qu'il ne vault rien. Qu'en le vouldroit croire, il fauldroit tout recommencer, et tout ce que nous avons fait ne vauldroit rien. . . On voit bien de quel pied il cloche. Par saint Jehan ! nous n'en ferons rien, ains continuerons nostre procez comme il est commencé ». (Quich. tom. ii, pp. 11-12).

nifesta contra ecclesiam romanam, aut etiam ab heresi, se debite excusare possent, non video (juxta tenorem capituli preallegati « Hec est fides », xxiiij. q. j).

Posset autem hic adduci de catholico et devoto exitu ipsius Johanne, ad evidentem comprobacionem integerrime fidei sue ac piissime devocionis ad sanctam ecclesiam; sed in sequenti capitulo satis comodum locum habebit.

NONUM CAPITULUM.

Quod, post abjuracionem seu revocacionem, virilem habitum ab ea dimissum resumpsit, et apparicionibus ac revelacionibus suis, quibus publice renunciaverat, iterum adhesit.

Illa vero que ipsam revocacionem concernunt suo loco reservantes, videndum est, si Johanna possit debite excusari, quod habitum virilem, quem de mandato judicum alias dimiserat, resumpsit, et etiam suis apparicionibus ac revelacionibus, quibus renunciaverat, ymo et quas publice abjuraverat, tamdem adhesit. Nam in primis, de ipso habitu quem resumpsit, tres cause sufficientes assignari possunt.

Prima est divinum oraculum, cujus solum preceptione, ut dixit semper ac tenuit, illum habitum in primis acceperat. Unde et quando dicebat interrogantibus eam se bene scire quomodo illum assumpserat, sed affirmabat se nescire quatenus vel quando ipsum dimictere deberet (1); ideoque, cum ipsum non libere aut sponte, sed neque mandato divino interveniente, tunc dimisisset, merito timuit Deum in hoc graviter offendisse. Nam sequendum est quod a Spiritu sancto revelatum est, quoniam vigor et racio divini instinctus equitati legis humane ac consuetudini antefertur; (argumentum in c. « Frustra », dist. viij; c. « Due sunt », xxix. q. ij, cum similibus) (2).

Secunda causa fuit sue pudicicie atque virginitatis tuicio. Nam in carcere existens per tres anglicos ad minus, viros armorum et, ut presumi potest, lascivos et impudicos, semper custodita fuit; a quibus multas, ut ipsa testata est, fatigaciones et molestias sustinuit; quinymo, ut ex informacionibus colligitur, (3) per quemdam comitem anglicum, cum ipsa in habitu muliebri esset, de eam opprimendo seu corrumpendo gravis violencia irrogata fuit. Unde, quia, ut superius dictum est, ex qualitate muliebris habitus ad libidinem provocantur alii, (ut in lege « Item apud Labeonem, » §. Si quis virgines, ff. *De injuriis*,) ideo sibi licitum fuit (4). Nam, et interrogata quare virilem vestem resumpserat, causam memoratam assignans dixit, quod hoc fecerat quia erat sibi magis licitum vel conveniens habere habitum virilem, dum erat inter viros, quam muliebrem; vel ideo forte quia

---

(1) Cf. *Summarium*, art. IV.

(2) Le canon « Frustra » est le septième de la VIIIe distinction, dans la première partie du *Décret*; (p. 29). On y trouve en propres termes ce que Bréhal affirme dans le premier membre de la phrase. La raison que l'inquisiteur y ajoute est déduite de l'ensemble de ce canon et du suivant, « Due sunt », qui a déjà été cité; c'est le second de la question deuxième, cause XIX (et non pas XXIX, comme l'a indiqué à tort le greffier), dans la seconde partie du *Décret*; (p. 1509).

(3) Voir ce qui a été dit à ce propos dans les notes du *Summarium*, art. IV, et art. VI.

(4) Le § 15 Si quis virgines de la loi quinzième « Item apud Labeonem », a déjà été cité par Bréhal. Il se trouve au titre X: *De injuriis et famosis libellis*, livre XLVII du *Digeste*; (p. 1569).

in veste virili habilior erat ad resistendum violenciam inferre temptantibus. Nam, si quecumque honesta causa vel necessitas sufficienter excusat mulierem ut suscipiat habitum viri, sicut premisimus, quanto magis ubi timetur de virginitate perdenda ; cujus qiusidem amictende major metus esse debet quam metus (1) sustinende : (lege « Isti quidem », ff. *Quod metus causa* ; et lege ij §. Inicium, ff. *De origine juris*). Unde et hac occasione, sancta quedam virgo Corinthia juvenis viri clamidem et vestes induit ; (ut reffert Vincentius, tercia parte *Speculi*, lib. xviij°, cap. xciiij°).

Tercia vero causa potuit esse urgens et inevitabilis purgandi ventris necessitas (2). Nam et quidam testes in informacionibus predictis asserunt hanc veram causam fuisse, dicentes quod per illos Anglicos custodes fuit de lectulo suo vestis muliebris clam et furtive sublata, et virilis superposita ; quam cum nullatenus induere vellet, et de illa surreptione gravissime conquereretur, exinde cum alias non posset necessitatem effugere, virilem superposuit. Quod actente explorantes illi anglici alta conclamacione protinus alios complices, mortis Johanne [f° clxxxix v°] anelos, concitarunt dicentes : « Ecce rea est mortis, vos videritis » (3). Ad episcopum raptim curritur, assidencium magistratus perquiritur et adducitur, vulgus in diversos et pene contrarios affectus scinditur, gens anglica quasi extatico raptu inebriata circumfertur, vel pocius, ut dixerim, effreni vesania corripitur et agitur (4). At et insons Johanna venire coram, quasi ad scenicum illusionis spectaculum compellitur, detruditur, impetitur, et multiplici ludibrio afficienda exponitur. Sed tamen a constancia solita minime dimovetur ; nam fraudem sibi illatam necessitatisque articulum ac violencie attemptate impetum virginali pudore reticens, de violacione promissorum emulos dumtaxat causatur, et quod voluntarie receperit humiliter contestatur. Sed haud dubie pacientis virtus nocentis

---

(1) C'est par une distraction manifeste que le greffier a écrit: metus; il faut lire: mortis. La loi alléguée par Bréhal est la huitième du titre IV, au livre IV du *Digeste;* (p. 319). Le § 2 Quod si dederit, renferme ces mots: viris bonis iste metus major quam mortis esse debet ».

Le § Initium fuisse successionis a déjà été cité par Bréhal. Il se trouve dans la loi seconde, « Necessarium », du titre II *De origine juris*, au premier livre du *Digeste* ; (p. 233).

(2) Cf. *Summarium*, art. vi.

(3) Qui ne croirait entendre ici un écho lointain des paroles de mort proférées par le grand-prêtre et le sanhédrin juif contre le Saint des Saints? (*Matth.* xxvi. 66). Il y a ainsi dans la passion et la mort de l'innocente Pucelle plus d'un trait de ressemblance avec l'histoire du divin Maître. Par une merveilleuse attention de la Providence, les prédestinés reçoivent parfois, jusque dans certains détails de leur vie, l'empreinte de Celui dont ils sont par leurs vertus les fidèles images. Bréhal a été sans doute frappé de ces mystérieuses coïncidences: les expressions mêmes dont il se sert çà et là l'indiquent assez. En esquissant de main de maître ce dramatique tableau, il a aussi volontairement laissé de côté les calmes allures d'une discussion juridique; mais, si passioné que soit le cri de son âme, la vérité et l'impartiale raison n'y perdent aucun de leurs droits.

(4) A l'enquête de 1450, le frère Martin Ladvenu a raconté la joie indécente de Cauchon : « Le jour que ledit évesque avec plusieurs la déclaira hérectique, récidivée et rettournée à son meffait pour cela qu'elle avoit dedans la prison reprins habit d'homme, ledit évesque sortissant de la prison advisa le comte de Warvic et grand multitude d'anglois entour lui, auxquelz en riant dist à haulte voix intelligible : *Farowelle, Farowelle*, il en est faict, faictes bonne chière, ou parolles semblables ». (Quich. tom. II, p. 8).

vicium non excludit, ac innocencie lese humilitas non accusans a culpa malicie et crudelitatis flagiciosos non excusat. Si autem hunc vel illum non incusaverit, in hoc sane non tam pacienter quam prudenter egit ; quoniam impietatem ipsorum diucius experta previdebat, quicquid in medium conquerendo produceret, in sui contumeliam solum retorquendum. Verumptamen, ut conscienciam quodammodo aperiendo levaret, se innumeras tales molestias passam suo confessori et cuidam alteri presbytero, ut ex informacionibus constat, secrete revelavit (1) ; unde, quasi judicium illorum corruptum ostendens et cognoscens, ad solam Dei justiciam tacendo recte provocavit. Neque enim possibile est, in hac resumptione habitus viri, fraudem non intervenisse ; alioquin, quomodo ipsa districtissime compedita sublatam ei alias dictam vestem extra carcerem quesisset ac invenisset ? Assenciendum itaque videtur testibus, dolum ac necessitatis articulum pro hac parte inducentibus. Quod certe Johannam plene excusat. Nam necessitas legi non subjicitur; (ut c. iij°, *De furtis*; cum similibus) (2). Quippe et alicujus malicia alterius simplicitati dampnum vel nocumentum afferre non debet : (ut ff. *De dolo*, lege prima, in principio) (3). Quod autem ista resumptio habitus viri ad relapsum quem hii pretendunt nichil agat, inferius dicetur.

Sed, quo ad appariciones et revelaciones quibus, ut dicunt, publice renunciaverat, eisque rursus adhesit, notandum quod, ut ex processu apparet (4), numquam intencionem ab eis recedere per abjuracionem, revocacionem aut alias, habuit. Nam, cum de hoc interrogaretur, allegavit tria : videlicet ignoranciam, violenciam et metum. De ignorancia vero potissimum duo dixit : scilicet quod numquam intellexit seu intendit revocare suas appariciones ; secundo, quod ea non intelligebat ea que continebantur in cedula abjuracionis. De violencia dixit, quod jussum ei fuerat revocare. De metu vero ait, quod illud totum quod fecit hoc fecit pre timore ignis, et nichil revocavit quin hoc sit contra veritatem. Et de istis sigilatim videbitur, cum de qualitate hujus revocacionis agetur ; sed sufficit pro nunc videre, quod illis revelacionibus semper adhesit, et numquam ab eis proprie recessit, sicut neque debebat, ut late superius deductum est.

Sed contra istud potest objici, quod ipsa finaliter, hoc est in die mortis sue, suis vocibus renunciavit, dicens quod per eas fuerat decepta, in eo videlicet quod sibi promiserant eam liberare a carcere, et quod ulterius non credebat eis : ista patent in quibusdam informacionibus habitis in fine processus (5). Ad hoc dicendum videtur, quod iste informaciones, quantum

---

(1) Cf. *Summarium*, art. IV.

(2) M. Lanéry d'Arc a remplacé le chiffre par le mot initial : « *Fures* », qui indique le chapitre précédent. Il s'agit du chapitre « Si quis » ; c'est le troisième du titre XVIII *De furtis*, au cinquième livre des *Décrétales*; (p. 1730). L'excuse de la nécessité y est mentionnée.

(3) La première loi du titre troisième *De dolo*, au IV° livre du *Digeste* (p. 323), commence ainsi : « Hoc edicto praetor adversus varios et dolosos, qui aliis offuerunt calliditate quadam, subvenit : ne vel illis malitia sua sit lucrosa, vel istis simplicitas damnosa ».

(4) Cf. *Summarium*, art. VI.

(5) Cela se trouve en effet dans le procès-verbal de plusieurs dépositions faites une semaine après la mort de Jeanne, c'est-à-dire le jeudi 7 juin. (Quicherat : *Procès*... tom. I, pp. 477-484). La plupart des témoins qui affirment le fait avaient été, durant le jugement, les ennemis les plus acharnés de la Pucelle, et leurs déclarations, dépourvues d'ailleurs d'authenticité, sont justement

elici potest ex pocioribus testibus earum et non suspectis, clare non habent quod ita dixerit; sed pocius usque in finem constanter asseruit, quod revelaciones et appariciones habuit. Si autem a bonis vel malis spiritibus processerint, se ut prius refferebat ecclesie; ideoque ex eo erat omnino absolvenda, et nullatenus condampnanda.

Secundo, dicte informaciones nullius roboris aut momenti sunt. Nam post latam sentenciam et ejus execucionem, in quo pretensi judices officio suo plene functi fuerant, recepte sunt, ut ex data illorum constat : unde et extra registrum processus omnino posite sunt, nulliusque cyrographo aut signo quoquomodo roborate; ideoque non prejudicant.

Tercio, quia, ut ex eisdem informacionibus patet, fuit tunc abhorrende mortis, id est cremacionis, vicinitas notificata, quam semper pre aliis generibus moriendi asseruit se formidare. Unde nemini debet mirum esse, si simplex et tenera puella, longo et crudeli hostilium carcerum atque vinculorum supplicio fatigata, necnon et voracis flamme mox sustinende ex incussa ei ymaginacione perterrita, in aliquo forsan ex humana infirmitate aut muliebri fragilitate variaverit. Nam, et si de sua liberacione ei promissa a vocibus se deceptam dixerit, utique et Christus sevam mortem presenciens se derelictum a Deo questus fuit. De quo ait Hylarius : Querela derelicti morientis infirmitas est; non ergo mireris verborum humilitatem et querimonias derelicti, cum formam servi sciens scandalum crucis videas (1).

Postremo vero, ut ab istis illa omnino resiliret, per tot et tantos, et adeo continue, non solum hortata, sed et vexata fuit, ut etiam si doctissimus vir fuisset in ea profecto sentencia vix ita diu perstitisset. Verumptamen ad Deum et ecclesiam se retulit. Ideo non probatur quod ex hoc ab eis recesserit, sed solum quod humiliter matri ecclesie se submiserit; quod ab ea dudum queri precise videbatur, sed hoc solum captiose, ut manifeste perpenditur.

Unde merito eis spiritibus semper adherere debuit; quoniam, sicut promiserant, vere Johanna per martirium et magnam paciencie victoriam a corporis ergastulo liberata fuit. Nam,

---

suspectes. Les enquêtes du procès de réhabilitation n'ont point confirmé cette prétendue renonciation de Jeanne à ses voix. Guillaume Manchon dit expressément : « Nec unquam voluit revocare suas revelationes, sed in eisdem stetit usque in finem ». (Quich. tom. III, p. 150). Et le frère Martin Ladvenu est encore plus catégorique : « Semper usque in finem vitae suae manutenuit et asseruit quod voces quas habuerat erant a Deo, et quod quidquid fecerat, ex praecepto Dei fecerat, nec credebat per easdem voces fuisse deceptam; et quod revelationes quas habuerat ex Deo erant ». (Quich. tom. III, p. 170).

(1) Bréhal n'indique pas à quel ouvrage de S. Hilaire de Poitiers il emprunte cette citation. Des pensées analogues se rencontrent dans un certain nombre de passages, soit des *Commentaires sur les Psaumes*, soit du *Commentaire sur S. Matthieu*, lorsqu'il rappelle les paroles du Christ en croix : « Deus meus, ut quid dereliquisti me » ? Mais aucun texte ne donne cette phrase intégralement. En l'attribuant tout entière à S. Hilaire, Bréhal a été mal servi par sa mémoire, ou trompé par la référence inexacte du recueil où il l'avait rencontrée. Après beaucoup de recherches, nous avons réussi à constater que la première partie de la phrase (soit les cinq premiers mots) est seule de l'évêque de Poitiers; on la trouve dans le livre X (*de Trinitate*, n. 61). Migne : P. L. tom. X col. 391. Le reste de la phrase se rencontre dans Raban Maur (*Comment. in Matth.* lib. VIII cap. XXVII) : « Nec mireris verborum humilitatem, querimonias derelicti, cum formam servi sciens scandalum crucis videas ». Migne : P. L. tom. CVII col. 1142. — Cependant Raban Maur n'en est pas l'auteur; car nous l'avons lue dans S. Jérôme (*Comment. in Evang. Matth.* lib. IV cap. XXVII vers. 46). Migne : P. L. tom. XXVI col. 212.

susceptis devotissime penitencie et eucharistie sacramentis, nomen Jhesus continue acclamando, sanctos Dei et sanctas longo tractu invocando, signaculum crucis summa cum pietate amplexando et osculando. universis qui sibi mala intulerant gratis veniam condonando, et ab universis de sua parte si quibus intulerat humillime implorando, tandem ad extremum Salvatoris nomen cum clamore inter flammarum estum vociferans, emisit spiritum (1).

---

(1) L'huissier Jean Massieu dépose que Jeanne s'est confessée et a reçu en sa présence le corps du Seigneur « devotissime et cum magna lacrymarum profusione ». (Quich. tom. II p. 334). — Le frère Martin Ladvenu atteste lui avoir administré les sacrements de pénitence et d'Eucharistie, et ajoute : « devotissime et cum maximis lacrymis, tantum quod narrare nesciret, humiliter suscepit ». (Quich. tom. III p. 168). — Tous les témoins qui avaient assisté au supplice sont unanimes pour affirmer avec les deux précédents, et avec Guillaume Manchon, que Jeanne au milieu des flammes invoquait à haute voix le saint nom de Jésus, et que ce fut là son dernier cri. Voir, entre autres, les dépositions du frère Isambard de la Pierre (Quich. tom. II, p. 303); de Jean Fave (Quich. tom. II p. 377); du fr. Jean de Lenozoles (Quich. tom. III, p. 114); de Guillaume de la Chambre (Quich. tom. III, p. 53); de Jean Marcel (Quich. tom. III, p. 90); de Pierre Cusquel (Quich. tom. III, p. 182); de Pierre Daron (Quich. tom. III, p. 202), et de l'évêque Jean Le Fèvre (Quich. tom. III, p. 177). Ce dernier raconte en outre ce détail touchant : « Rogavit [Johanna] omnes sacerdotes ibidem praesentes ut unusquisque illorum sibi daret unam missam ». Tous redisent également l'émotion et les pleurs de l'assistance, même des anglais, ses ennemis les plus acharnés. Un intérêt particulier s'attache aux dépositions du fr. Isambard de la Pierre, du fr. Martin Ladvenu, de l'huissier Jean Massieu et du greffier Guillaume Manchon, à l'enquête de 1450. Nous devons néanmoins nous borner à quelques extraits : « Elle estant au Viel-Marché, (c'est Jean Massieu qui parle), après la prédicacion, en laquelle elle eust grant constance, et moult paisiblement l'oyt, monstrant grans signes et évidences et clères apparences de sa contrition, pénitence et ferveur de foy, tant par les piteuses et dévotes lamentacions et invocations de la benoiste Trinité, et de la benoiste glorieuse Vierge Marie, et de tous les benoistz sainctz de Paradis, en nommant expressément plusieurs d'iceulx sainctz ; ès quelles dévocions, lamentacions et vraie confession de la foy, en requérant aussi à toutes manières de gens de quelques condicions ou estat qu'ilz feussent, tant de son party que d'autre, mercy très-humblement, en requérant qu'ilz voulsissent prier pour elle, en leur pardonnant le mal qu'ilz lui avoient fait, elle persévéra et continua très longue espace de temps, comme d'une demye heure, et jusques à la fin ». (Quich. tom. II, p. 19) . . . « Quant elle fut délaissée par l'Église . . . à grande dévocion demanda à avoir la croix ; et ce oyant un Anglois qui estoit là présent, en feit une petite de boys du bout d'un baston qu'il lui bailla ; et dévotement la recent et la baisa, en faisant piteuses lamentacions et recognicions à Dieu nostre rédempteur qui avoit souffert en la croix pour nostre rédempcion ; de laquelle croix elle avoit le signe et représentacion, et mit icelle croix en son sain, entre sa chair et ses vétements » ; (ibid. p. 20). — Fr. Isambard atteste de même les merveilleux sentiments de foi catholique et de piété que Jeanne manifesta à ses derniers moments, et il ajoute que « la piteuse femme lui demanda, requist et supplia humblement, ainsi qu'il estoit près d'elle en sa fin, qu'il allast en l'église prouchaine, et qu'il lui apportast la croix pour la tenir eslevée tout droit devant ses yeux jusques au pas de la mort, afin que la croix où Dieu pendist, fust en sa vie continuellement devant sa vue. Dit oultre, qu'elle estant dedans la flambe, oncques ne cessa jusques en la fin de résonner et de confesser à haulte voix le saint nom de Jhésus, en implorant et en invocant sans cesse l'ayde des saincts et sainctes de Paradis ; et encores, qui plus est, rendant son esprit et inclinant la teste, proféra le nom de Jhésus en signe qu'elle estoit fervente en la foy de Dieu ; ainsi comme nous lisons de saint Ignatius et plusieurs autres martyrs ». (Quich. tom. II. pp. 6-7).

Asseritur vero celebri ac gloriosa fama exitum ejus adeo pium, catholicum, devotumque fuisse, ut astantes numero fere viginti milium omnes ad lacrimas et planctum compassionis, etiam anglicos hostes, provocaverit. Retulerunt etiam quidam se in flammarum medio nomen Jhesus litteris aureis scriptum conspexisse (1). Alii autem columbam candidam in ejus decessu de flammis egredientem vidisse testati sunt (2). Visi sunt preterea quidam anglici, perprius sui acres et crudeles emuli, qui a veritate coacti palam confitebantur injustum ac indignum tam bonam et innocentem personam supplicio mortis dampnasse. Multa hiis consimilia vulgariter feruntur, que usquequaque parvipendenda esse non credimus ; sed tamen, quia aliunde reperiri facile poterunt, illa pro nunc silencio transigimus. Patet itaque, quoniam juxta sapientem Cathonem correspondent ultima primis, id est, si malignis spiritibus agitata delusaque fuisset, vix numquamve hujuscemodi catholicus finis intercessisset. Nam qualis est unusquisque, talis et finis debetur ei, secundum philosophum (3) ; et presertim quia quos dyabolus phytonica seu prestigiosa arte deluserit vel deceperit male facit finire, et in eternam dampnacionem procurat adducere, [f° cxc r°] (ut vult Augustinus, et legitur in c. « Nec mirum », c. xxvj. q. v) (4).

Et ista sufficiunt pro materia processus, que juxta exiguam facultatem pro nunc inducere decrevimus, omnia et singula reverenter submictentes correctioni domini nostri pape ac universalis ecclesie, ymo etiam et caritative emendacioni cujuslibet melius sensientis.

Et sic clauditur primum punctum, seu prima pars hujus exilis consilii.

---

(1) Le bénédictin Dom Thomas Marie, prieur de Saint-Michel près Rouen, dépose : « quod audivit a multis quod visum fuit nomen Jhesus inscriptum in flamma ignis, in quo fuit combusta ». (Quich. tom. II, p. 372).

(2) Le fr. Isambard de la Pierre le rapporte d'après le témoignage d'un homme d'armes anglais, qui haïssait Jeanne au point d'avoir juré qu'il poserait de sa main le premier fagot pour la brûler : « Viderat ipse anglicus in emissione spiritus dictae Johannae, quamdam columbam albam, exeuntem de Francia ». (Quich. tom. II, p. 352). Le mémoire de l'avocat consistorial Pontanus dit : « exsilientem de flamma ». (Quich. ibid, p. 63).

(3) Cet aphorisme d'Aristote est bien connu des scholastiques, mais sous une forme différente que S. Thomas allègue assez fréquemment à propos des actes humains, et qui se trouve dans le Stagyrite (lib. 3. Ethicorum, cap. v a medio) : « Qualis unusquisque est, talis finis videtur ei ». Voir le Commentaire de S. Thomas (lect. III); Opera omnia ... tom. v, p. 99.

(4) Le canon « Nec mirum », rédigé avec des passages de divers traités de Saint Augustin, est le quatorzième de la question v, cause xxvi, dans la seconde partie du Décret ; (p. 1815). Dans ce texte, il est longuement parlé des magiciens et de leurs prestiges, dont Satan se sert pour tromper et perdre les hommes.

II. — LA FORME DU PROCÈS. — CHAP. I   111*

Secundum punctum, sive secunda pars, concernens directe formam processus, et continebit duodecim capitula : (1)
Primum, de incompetencia judicis, presertim episcopi belvacensis.
Secundum, de severitate ejus ac inordinato affectu.
Tercium, de incomoditate carcerum et custodum.
Quartum, de recusacione judicis, et sufficienti provocacione seu appellacione ad papam.
Quintum, de subinquisitore, ac ejus diffugio, et metu sibi illato.
Sextum, de corrupta articulorum composicione.
Septimum, de qualitate revocacionis seu abjuracionis.
Octavum, de pretenso relapsu.
Nonum, de interrogantibus, ac dificilibus interrogatoriis Johanne factis.
Decimum, de assistentibus, defensoribus, exhortatoribus, ac etiam predicantibus processui intervenientibus.
Undecimum, de deliberantibus in causa, seu determinacionibus eorum quoad capitula cause.
Duodecimum, de qualitate sentencie et diffinicione processus.

PRIMUM CAPITULUM

Est de incompetencia judicis, maxime episcopi qui processum deduxit.

In hoc enim suscepto opere, non videtur plene sufficere, [ni]si aliquatenus et pro exiguitate ostenderimus non infuisse sufficientem materiam, ut de errore in fide aut heresis crimi-

---

(1) Quicherat n'a publié de cette seconde partie que le préambule, ou énoncé des chapitres, le commencement du chapitre premier, c'est-à-dire les trois premières phrases jusqu'à : aliquid in primis dicendum est, et enfin la phrase terminale avec l'*Explicit* de la *Recollectio*. (*Procès*... tom. III, pp. 347-349).
Le promoteur de la cause, Simon Chapitault, après avoir affirmé la nullité du procès par défaut de juridiction (art. xxi de l'interrogatoire) ajoutait que les juges« n'avaient d'ailleurs observé aucun point du droit tel qu'il doit être gardé ». Ainsi formulée, cette dernière allégation était excessive. Il y avait eu en effet de la part de Cauchon et consorts un souci pharisaïque de donner à leurs actes les apparences de la justice : leur procédure n'est pas dépourvue de formes légales ; elle est assez conforme à l'ordre juridique, comme s'exprimait le dominicain fr. Isambard de la Pierre dans sa réponse à cet article, « satis observabant judices ordinem juris ». (Quicherat: *Procès*... tom. II, p. 354). Cela ne veut pas dire pourtant que le témoin n'y trouvait rien à reprendre : sa déposition elle-même prouve le contraire. C'est exagérer singulièrement la portée du mot *satis* que d'y voir en germe l'apologie de la procédure, et « le commentaire de cette parole trop peu remarquée » (Voir Quicherat: *Aperçus nouveaux* ... p. 148) dépasse de beaucoup les limites d'une juste interprétation. Les préjugés du savant professeur de l'École des Chartes contre les tribunaux ecclésiastiques et les notions fausses qu'il avait du droit inquisitorial (Voir : *Aperçus nouveaux* ... p. 108 et suivantes) l'ont entraîné à des appréciations absolument inadmissibles. N'aurait-il pas dû se rappeler d'ailleurs que Cauchon lui-même, malgré son affectation de sauver les apparences, avait plus d'une fois reconnu implicitement la violation des prescriptions

ne contra Johannam impingeretur, aut sic rigide procederetur; nisi etiam aliquid de defectibus ac viciis processus et judicii contra eam habiti pro modulo tetigerimus. At, quia magis proprie alterius facultatis est, et de hiis etiam nonnulli peritissimi juriste reperiuntur doctissime pertractasse, ideo, sub brevitatis compendio, hec a nobis transeunda videntur.

De incompetencia ergo judicis, presertim illius episcopi belvacensis, domini videlicet Petri Cauchon, coram quo et per quem ille qualiscumque processus noscitur precipue deductus, aliquid in primis dicendum est.

Notandum itaque quod, (ut dicit sanctus Doctor, 2ª 2º q. lx art. ijº), actus judicis, in quantum est judex, dicitur proprie judicium. Judex enim dicitur quasi jus dicens: (ut c.« Negocium » § « causa », *De verborum significacione*). Unde judicium, secundum primam nominis imposicionem, justi sive juris determinacionem sive diffinicionem importat; et propter hoc, (ut dicit philosophus in vº *ethicorum*), homines ad judicem confugiunt sicut ad quamdam justiciam animatam (1). Ideoque in tantum judicium est licitum, in quantum est actus justicie. Ut autem judicium sit actus justicie, tria potissimum requiruntur, in eo scilicet qui assumit exercere judicium. Primum est, quod procedat ex auctoritate jurisdictionis, seu presidencie. Secundum est, quod agat et moveatur ex certitudine, et secundum rectam racionem prudencie. Tercium est, quod inducatur ex inclinacione justicie. Unde, si quodcumque horum defuerit, judicium utique viciosum erit et illicitum.

---

canoniques, lorsqu'il s'irritait contre ceux qui alléguaient les lois de l'Église, et leur répondait qu'il fallait abandonner les Décrets aux décrétistes? « relinquerent decreta decretistis ». (Cf. Quicherat : *Procès* ... tom. I, p. 325 et tom. III, p. 138).

La note vraie sur les irrégularités et les vices de forme a été donnée par Bréhal, dans cette seconde partie de son mémoire. Pour présumer quelle était sa compétence en pareille matière, il suffit de savoir qu'il était Grand-Inquisiteur de France. Mais la lecture des discussions juridiques de la *Recollectio* fournit la preuve incontestable du fait. Si, avec une modestie qui ne dépare pas la science véritable, il suspend parfois son jugement sur quelques points douteux et déclare soumettre sa manière de voir à l'opinion des jurisconsultes, il ne laisse pas de se montrer fort instruit et expérimenté dans la connaissance et la pratique du droit commun et de la législation spéciale du Saint-Office. Maître à la Faculté de Théologie, il a étudié à fond la jurisprudence civile et ecclésiastique. Les docteurs de la Faculté de Droit ne désavoueraient pas son mérite. Ses appréciations ont donc une valeur de tous points supérieure à une opinion acquise en feuilletant à la hâte et sans le bien comprendre le *Directorium inquisitorum* de Nicolas Eymeric.

(1) Hormis la référence canonique, ici introduite par Bréhal, les trois premières phrases de ce paragraphe sont empruntées à S. Thomas : 2. 2. q. LX, art. 1 in corp. et non pas à l'article 2, comme l'a écrit le greffier, dont l'indication est exacte seulement pour les phrases suivantes, que l'inquisiteur a rattachées par l'*ideoque*. — *Opera omnia*... tom. XXI, p. 116 col. 2 et p. 117 col. 1. Mais elles ne sont pas une citation textuelle.

Nous avons exactement transcrit l'allégation du Droit. Au cinquième livre des *Décrétales*, le titre XL, *De verborum significatione*, contient un chapitre « Forus » (le dixième), dont deux paragraphes commencent par les mots : « Negotium », et : « Causa ». On y lit une phrase ainsi conçue : « Judex dictus quasi jus dicens populo, sive qui jure disceptet ». C'est donc bien l'endroit visé par Bréhal. — Cependant M. Lanéry d'Arc a cru qu'il s'agissait d'une loi du *Digeste*, et il indique le titre : *De verborum obligationibus*, du livre XLV. Nous n'y avons point trouvé de loi « Negotium », ni de §. « causa », ni rien qui ait rapport à l'étymologie du mot *judex*. Le changement de leçon n'est pas justifié.

Nam in primis, quando quis judicat in hiis in quibus non habet auctoritatem, dicitur judicium usurpatum. Dicitur enim (in *glosa* super prima lege, ff. *De jurisdictione judicum*) (1), quod jurisdictio est potestas de publico introducta cum necessitate juris dicendi et equitatis statuende. Itaque, secundum beatum Thomam (2), qui facit judicium legis edictum quodammodo interpretatur, ipsum videlicet applicando ad hoc vel illud particulare negocium. Cum autem ejusdem auctoritatis sit legem condere et legem interpretari, ideo sicut lex condi non potest nisi publica auctoritate, ita judicium fieri non potest nisi per eum qui publica fungitur auctoritate, que quidem solum se extendit ad subditos. Et ideo, sicut injustum esset quod aliquis constringeret alium ad legem servandam, que non esset publica auctoritate sancita; ita etiam injustum est, si quis aliquem compellat subire judicium quod publica et legitima auctoritate non fertur. Unde, (ad *Romanos* xiiij°) : « Tu quis es, qui judicas alienum servum » ?

Alia racio hujus est etiam secundum beatum Thomam (3), et omnino similis predicte. Sentencia namque judicis est quasi quedam particularis lex in aliquo particulari facto ; et ideo, sicut lex generalis debet habere vim coactivam, (ut ait philosophus quarto *ethicorum*), ita et sentencia judicis debet habere vim coactivam, ut astringat ad servandum ejus sentenciam : alioquin judicium non esset efficax. Sed in rebus humanis non habet licite potestatem coactivam, nisi ille qui fungitur publica potestate ; qua qui funguntur superiores reputantur respectu eorum in quos potestatem accipiunt, sive illam habeant ordinarie, sive per commissionem. Ideoque manifestum est, quod nullus potest judicare aliquem, nisi sit aliquo modo subditus sibi vel per commissionem vel per potestatem ordinariam. Et hoc est quod dicit beatus Gregorius, (super illo verbo *Deuteronomii* xxiij° : « Si intraveris segetem, etc. ») : « Falcem judicii mictere quis non potest in eam rem que alteri videtur esse commissa » (4). (Argumentum efficax ad hoc : c. « At si clerici », *De judiciis* ; et in c. « Quod autem », *De penitenciis et remissionibus* ; et c. « In primis », ij^a q. j ; cum similibus) (5).

---

(1) Le mot : *judicum* a été ajouté à tort par Bréhal ou par le greffier. Le titre authentique est simplement : *De jurisdictione*. La loi « Jus dicentis » est la première du premier titre, au livre II du *Digeste* ; (p. 259). Elle énumère les pouvoirs du juge, et la glose donne la définition alléguée ici.

(2) Tel est en effet le sens de la doctrine exposée dans la *Somme théologique* : 2. 2. q. LX art .6 in corp. — *Opera omnia*... tom. XXI p. 118 col. 2.

(3) Bien que Bréhal n'ait pas indiqué l'endroit, il est manifeste que cette doctrine est celle de la *Somme théologique* : 2. 2. q. LXVII art. 1 in corp. — *Opera omnia*..... tom. XXI, p. 132 col. 1.

(4) Cette phrase est tirée d'une lettre de S. Grégoire le Grand, (*Epist.* lib. XI, epist. 64, resp. IX *ad Augustinum Anglorum episcopum*). Migne : P. L. tom. LXXVII col. 1192. — Au lieu de : in eam rem, le texte imprimé porte : in eam segetem.

(5) Au lieu de : argumentum, on peut lire avec M. Lanéry d'Arc : articulus ; car l'abbréviation du manuscrit permet les deux leçons.

Le chapitre « At si clerici » est le quatrième du premier titre : *De judiciis*, 2e livre des *Décrétales* ; (p. 523). Il y est question du jugement des clercs, et, à ce propos, il est dit : « Sententia a non suo judice lata non tenet ».

Le chapitre « Quod autem » est le quatrième du XXVIII° titre, au cinquième livre des *Décrétales* ; (p. 1865). On y lit ces mots : « Cum a non suo judice ligari nullus valeat... »

On trouve une sentence similaire dans le canon « In primis », qui est le septième de la question première, cause II, de la seconde partie du *Décret* ; (p. 779).

Permictunt tamen jura, ut aliquis sorciatur alterius forum racione delicti, ut videlicet per eum judicem quis puniatur in cujus districtu deliquit : (ut in q. vij, c. primo ; vj. q. iij, « Placuit »; et *De raptoribus*, c. primo, cum notatis ibidem ; c. « Postulasti », *De foro competenti; C. Ubi de crimine agi oportet*, leg. prima et ij^a)(1). Unde tunc episcopus, vel alius judex, in cujus diocesi vel territorio aliquis deliquit, efficitur ejus superior racione delicti ibidem perpetrati, (ut dicit sanctus Doctor, 2^a 2° q. lxvij, art. j^o) (2).

In hoc itaque proposito nostro, cum diocesanorum episcoporum sint certi ac determinati limites positi sue jurisdictionis exequende [f^o cxc v^o] quos transgredi non decet : (ut xiij. q. j. c. j^o ; et *De sepulturis*, c. j^o) (3) ; alias confunderetur maxime ordo ecclesiasticus, si non unicuique sua jurisdictio servaretur : (ut in c. « Pervenit, xj. q. j) (4). Itaque non apparet justum fuisse aliquo modo, quod iste episcopus belvacensis, obtentu sue jurisdictionis ordinarie, in Johannam ipsam judicium subripuerit. Constat autem, quod in predicta ejus diocesi neque alias moram aliquo modo traxerat, neque illic domicilium habebat, sed pocius in loco proprie originis ; quia unde quis oriundus fuit, ibi domicilium habere dicitur: (ff. *De senatoribus*, lege penultima) (5). Et etiam, ut aliqui magni bene notant, tunc

---

(1) Le canon « Placuit » est le troisième de la dist. vi *de Poenitentia* (dans la question III de la cause XXXIII) seconde partie du *Décret* ; (p. 2223). Bien qu'il concerne le for de la pénitence, ses principes sont applicables au for extérieur.

Le chapitre premier « De illis autem » du titre xvii *De raptoribus*, au Ve livre des *Décrétales* (p. 1725), donne à l'évêque du lieu où le crime a été commis le droit d'excommunier le coupable ; et la glose marginale ajoute : « Quia ratione delicti facti sunt de foro illius, et ibi possunt conveniri ». — On trouve aussi dans le livre IX du *Code* un titre analogue, le treizième : *De raptu virginum seu viduarum* ; dont la première loi « Raptores » (p. 598), confère aux juges de toutes les provinces le droit de saisir les ravisseurs et de les condamner, « sine fori praescriptione » ; et la glose marginale donne la même raison que tout-à-l'heure : « Nam et hic ratione delicti forum habet ».

Le chapitre « Postulasti » est le quatorzième du titre xv, *De foro competenti*, au second livre des *Décrétales* ; (p. 552). On y lit cette déclaration expresse : « Per episcopum in cujus diocesi deliquit, sententia promulgari poterit in eumdem ». Les gloses marginales, tant de ce chapitre que des autres cités dans cette note, allèguent des textes nombreux pour établir la compétence du juge, *ratione delicti*.

Enfin le *Code* (et non pas le *Digeste*, comme l'indique à tort M. Lanéry d'Arc, puisque le sigle ff ne se trouve pas à la référence) renferme dans son troisième livre le titre xv : *Ubi de criminibus agi oporteat*, dont les deux premières lois décident des cas particuliers d'après le même principe général ; (p. 174).

(2) La plupart des expressions sont empruntées à la réponse ad 3^m de l'art. 1 : 2. 2. q. LXVII ; *Opera omnia*..... tom. XXI, p. 132 col. 1. — Bréhal a simplement ajouté : vel alius judex..., vel territorio, pour faire une application plus générale.

(3) Le canon « Ecclesias », premier et unique de la première question, cause XIII, dans la seconde partie du *Décret* (p. 1281), détermine la juridiction des curés, d'une façon générale.

Le chapitre « Nos instituta », qui est le premier du titre XXVIII *De sepulturis*, au troisième livre des *Décrétales* (p. 1199), règle leurs droits en particulier par rapport aux sépultures.

(4) Le canon « Pervenit » est le trente-neuvième de la première question, cause XI, dans la seconde partie du *Décret* ; (p. 1145). La dernière phrase de ce canon exprime l'inconvénient que Bréhal vient de signaler.

(5) Telle est la leçon exacte du manuscrit. Il existe en effet au premier livre du *Digeste*, titre IX, *De senatoribus*, une loi qui est la onzième et avant-dernière (p. 249), où le principe énoncé par

in exercicio imposite sibi legacionis erat; ideo vetus ac proprium domicilium suum minime censetur mutasse : (ut lege « Cives », C. *De incolis*, lib. x°) (1).

Preterea, ut dictum est, per multos prelatos regni olim fuerat examinata et admissa, aut saltim permissa seu tollerata. Unde injustum videtur, quod iste episcopus, cum in alios superioritatem non haberet, judicare in ea re presumpserit. Nam reputare debuit tot et tantorum prelatorum atque doctorum rectum et integrum fuisse judicium, juxta illud : Integrum est judicium, quod plurimorum sentenciis comprobatur : (c. « Prudenciam », *De officio judicis delegati*) (2). Ideo in causa hac judicandi auctoritatem nullam habuit; par enim in parem non habet imperium : (c. « Innotuit », *De electione*; et lege « Adversus », C. *Si adversus rem judicatam*) (3).

Denique, racione delicti ibi commissi, non est sortita ejus forum ; quoniam si de criminibus, de quibus accusabatur, in nullo alio loco reperiatur deliquisse, quanto minus ibi, cum numquam illic fuisset, nisi dumtaxat in eo exitu quando fuit capta. Nec sufficit allegare quod in armis et in virili habitu fuit deprehensa; quoniam ista non sunt graviora, de quibus per illos dampnatur ut errans in fide, scismatica, heretica et hujusmodi. Nunc vero episcopus solum cognoscit de criminibus commissis in sua diocesi ; (in c. « Cum contingat », *De foro competenti*) (4).

Neque etiam valet, si quis dixerit quod hereticus ubique potest puniri, quoniam, secundum leges, in celo et in terra delinquit, ymo et ipsa elementa offendit. Dicendum quod hic presupponitur quod probari debet : videlicet quod ipsa fuerit heretica; et hoc non apparet, ut jam probatum est; et adhuc magis plene inferius apparebit. Item, propter hoc quod hereticus totum universum quodammodo offendit, non confunduntur ex eo ecclesiastice jurisdictiones, ut videlicet per quemlibet ordinarium episcopum possit hereticus indifferenter puniri, sed dumtaxat regulariter per suum, ut notat Johannes Andree (super verbo *Ubique*, c. « Ut officium », *De hereticis*, lib. vj°); et allegat c. « Si episcopus »,(*De officio judicis ordi-*

Bréhal se trouve en propres termes. Nous ne pouvons donc comprendre comment M. Lanéry d'Arc a cédé à la malencontreuse idée de substituer ici : Lege « De jure omnium incolarum »; et d'indiquer en note: *Digeste*, L. 1. 37.

(1) La loi « Cives » est la septième du titre XXXIX *De incolis*, au livre x du *Code* ; (p. 658). Voici le passage, auquel se rapporte l'allégation de Bréhal : « In eodem loco singulos habere domicilium non ambigitur, ubi quis larem, rerumque ac fortunarum suarum summam constituit, unde rursus non sit discessurus, si nihil avocet; unde cum profectus est, peregrinari videtur; quod si rediit peregrinari jam destitit ».

(2) Sauf le dernier mot: comprobatur, que les imprimés remplacent par: confirmatur, cette sentence est textuellement empruntée au chapitre « Prudentiam », qui est le vingt et unième du titre XXIX : *De officio et potestate judicis delegati*, au premier livre des *Décrétales* ; (p. 342).

(3) Le chapitre « Innotuit » est le vingtième du titre VI, au premier livre des *Décrétales*; (p. 131). L'aphorisme juridique invoqué par Bréhal y est exprimé en propres termes.

La loi « Adversus » est la troisième du titre XXVII, au second livre du *Code* ; (p. 144). La décision qu'elle contient émane du même principe.

(4) Le chapitre « Cum contingat » est le treizième du second titre: *De foro competenti*, au second livre des *Décrétales* ; (p. 551). Il déclare en termes exprès le principe ici allégué par Bréhal.

narii, libro vj°), ubi cavetur quod episcopus potest sedere pro tribunali et causas audire in omni loco sue diocesis. (Et ad hoc bene facit cap. « Ut commissi », circa medium, eodem titulo et libro, ibi : « Cum prelatis quorum subsunt jurisdictioni », etc.) (1). Ideo, concesso quod in premissis Johanna etiam alibi deliquisset, tamen non debuit iste episcopus de illis cognoscere ; quoniam ubi grave crimen est, remictitur ubi quis deliquit : (lege « Desertorem », ff. *De re militari* ; et lege « Si cui », §. finali ff. *De accusacionibus*) (2).

Amplius, quare hic episcopus, queso, cum procedere instituisset, non processit in proprio loco sue civitatis aut diocesis? Respondebit, quod non ausus fuisset propter alteritatem obediencie, sub qua tunc civitas belvacensis a Francis detinebatur. Ideo, ut videtur, sibi licuit aliunde procedere per *Clementinam* « Quamvis », *De foro competenti* (3). Sed procul dubio istud plus accusat eum quam excusat. Nam *Clementina* illa loquitur de episcopo violenter et injuste a sua sede expulso. Iste autem cum esset lingua et nacione, quinymo et ob causam ecclesie sue (4), gallicus regique Francie subditus, quis prohibuit eum in ecclesia sua, principi suo legitimo et naturali debitam fidelitatem prestando et servando, pacifice residere, sicut et alii quamplures prelati circumvicini fecerant, ut Remensis, Senonensis, Trecensis, et hujusmodi, qui alias sub Anglorum servitute extiterant? Restat ergo quod non debuerit censeri expulsus, ut dicta constitucio in hoc ei suffragetur, sed pocius ex concepta infidelitate ad suum verum principem infidus voluntariusque transfuga reputetur.

Ulterius, dato quod vere esset expulsus secundum mentem dicte *Clementine*, tamen non debuit secundum intencionem ipsius constitucionis ad alienam civitatem judicium transferre, quamdiu locum insignem et opportunum in propria diocesi reperire potuit. Satis autem presumendum est quod tunc erant loca multa in sua diocesi obediencie anglicorum subjecta.

---

(1) Le chapitre « Ut officium » est le onzième du titre II *De haereticis*, au Ve livre du *Sexte* de Boniface VIII. Voir la glose de Jean André dans l'édition du *Sexte* (Lugduni 1559; p. 342, col. 2).

L'allégation « Si episcopus » tient probablement à une erreur de mémoire. Il faut lire: « Cum episcopus » ; c'est le septième chapitre du titre XVI: *De officio ordinarii* (il n'y a point: *judicis*, mot ajouté par Bréhal ou par le greffier) au premier livre du *Sexte;* (p. 268). C'est en effet dans ce chapitre que se trouve la déclaration mentionnée par l'inquisiteur.

Enfin, le chapitre « Ut commissi » est le douzième du titre II *De haereticis*, au cinquième livre du *Sexte;* (p. 631). — Les gloses de Jean André, tant sur le chapitre « Ut officium », que sur le chapitre « Ut commissi », ont été reproduites par Eymeric dans la seconde partie de son *Directorium inquisitorum* (pp. 186[b]-188[a]). Nous donnons cette indication pour faciliter le contrôle des textes.

(2) La loi « Desertorem » est la troisième du titre XVI: *De re militari*, au livre XLIX du *Digeste;* (p. 1660). Il y est dit que les soldats déserteurs doivent être punis « ubi facinus admissum est ».

La loi « Si cui » fait une déclaration analogue, relativement aux esclaves. C'est la septième loi du titre II *De accusationibus*, au livre XLVIII du *Digeste;* (p. 1585).

(3) Le chapitre unique de la *Clémentine* « Quamvis » (au titre second du deuxième livre, pp. 89-95) concède aux évêques expulsés de leur siège le droit de procéder en dehors de leur diocèse contre les expulseurs, et d'y juger leurs propres sujets.

(4) Ainsi que Bréhal l'indique au chapitre suivant, l'évêché de Beauvais conférait la dignité de pair de France à celui qui en devenait le titulaire.

Adhuc, posito quod non esset alius locus, tamen potuit comode per alium subrogatum in propria civitate procedere ; ideo non potuit aliunde, (ut notat Johannes Andree, in dicta *Clementina*, in verbo « Per alium ») (1).

Demum, exigitur quod locus sit citato securus, ut etiam notat Bonifacius de Amanatis (2) post alios, in dicta constitucione. Nunc vero constat quod civitas belvacensis, que sub obediencia regis tunc erat, magis secura Johanne fuisset quam rothomagensis, que tyrannidi anglicorum suberat. Neque etiam repperitur quod aliam causam preter istam solam titulo sue ordinarie jurisdictionis ibidem deduxerit. Ex quibus evidenter apparet hoc judicium non solum corruptum, sed etiam ob defectum legitime seu competentis potestatis temere et injuste per dictum episcopum usurpatum fuisse.

Secundo, debet judex procedere ex certitudine rei de qua agitur, et secundum rectam racionem prudencie. Cum enim deest certitudo racionis, puta cum aliquis judicat de hiis que sunt dubia vel occulta per aliquas leves conjecturas aut presumptiones, tale judicium dicitur suspiciosum seu temerarium ; (hoc ponit sanctus Doctor, ubi supra) (3). Sciendum ergo, quod sicut jurisdictiones sunt limitate secundum loca et personas, ita ut quis possit judicium exercere hic et non alibi, et in hanc personam et non in aliam ; ita etiam limitate sunt quo ad negocia et causas, ita quod quilibet judex non potest indifferenter in causam quamcumque occurrentem.

Et iterum, cum judex sit interpres justicie, ut dictum est, interpretacio autem fit per nota et certa, sequitur quod de hiis que excedunt facultatem jurisdictionis, aut non possunt actingi certitudine probacionis, non debet aliquis talium sibi assumere judicium. Sunt autem aliqua, que sui magnitudine ac incertitudine fugiunt et excedunt lege communi humanum ingenium, de quorum genere sunt inspiraciones ac divina oracula. Unde talia, quia alta sunt et occulta, non sub humano, sed solum sub divino cadunt judicio, (primi *Regum* xvj°) : « Homines vident ea que patent, Deus autem intuetur cor » ; (et bene expresse in c. « Si omnia », vj. q. j ; c. « Erubescant », dist. xxxij ; et c. « Christiana », xxxij. q. v, cum similibus) (4). Nam

---

(1) C'est la remarque faite par Jean André, à propos des mots *per alium*, dans la *Clémentine* « Quamvis », au titre second du deuxième livre.

(2) Boniface Ammanati, de Pistoie, jouissait au XIVᵉ siècle d'une certaine réputation parmi les canonistes. Créé en 1397 cardinal-diacre, du titre de Saint-Adrien, il mourut deux ans après, à Aigues-Mortes. Il a laissé sur diverses parties du droit ecclésiastique, et spécialement sur les Clémentines, des commentaires dont Bréhal invoque l'autorité. La Bibliothèque nationale de Paris possède plusieurs manuscrits de cet auteur, entre autres : *Allegationes coram D. Rege Castelle et toto consilio apud Medinam del Campo, super facto schismatis* (ms. 1469) ; *Determinatio quod Fratres minores possunt heredes instituere, et legata sibi relicta exigere* (ms. 4591). Mais nous n'y avons rencontré, ni aux manuscrits, ni au département des imprimés, l'ouvrage allégué dans la *Recollectio*. Cet ouvrage n'existe pas non plus, à notre connaissance, dans les grandes bibliothèques de Lyon et de Rome.

(3) A partir de « secundum rectam racionem prudencie », c'est à peu près littéralement le texte de S. Thomas : 2. 2. q. LX art. 2 in fine corp. — *Opera omnia*... tom. XXI, p. 117 col. 1.

(4) Le texte de la Vulgate (I *Reg.* XVI. 7) est celui-ci : « Homo enim videt ea quae parent ; Dominus autem intuetur cor ».

Le canon « Si omnia » est le septième de la question première cause VI, dans la seconde partie

cum de istis non possit ecclesia divinare: (c. « Ut nostrum », *Ut ecclesiastica beneficia*); ymo judicium ecclesie sepe in hiis falli et fallere potest ; (c. « A nobis », *De sentencia excommunicacionis*) ; ideo de ipsis non judicat : (« c. Sicut tuis », in fine ; et c. « Tua nos », *De symonia*, Et notanda est *glosa* in dicto c. « Erubescant ») (1).

Nam, etiam de mediocribus, incertis seu indifferentibus, homini prohibetur judicium. Ait enim Augustinus, (in libro *de sermone domini in monte*) : « Ea facta, que dubium est quo animo fiant, in meliorem partem interpretemur. De hiis autem que non possunt bono animo fieri, sicut sunt stupra, blasphemie, et hujusmodi, nobis judicare permictitur. De factis autem mediis, que possunt bono et malo animo fieri, temerarium est judicare, maxime ut condampnemus ». Hec ille (2). Sed et valde ad propositum ait beatus Hylarius (super *Matheum*) : Sicut vetat Dominus [ne] judicia ex incertis rebus inter homines sumantur, ita ne judicium de divinis rebus ex ambiguitate [f° **cxcj** r°] suscipiatur, hoc penitus a nobis repellit, sed ut constans fides pocius retineatur ; quoniam sicut ex incertis rebus peccatum est perperam judicare, sic in hiis rebus de Deo judicium inire fit criminis » (3).

Unde et hac racione beatus Augustinus, (primo libro *de civitate Dei*, cap. xxv°), non audet improbare, quin ab ecclesia debite venerari possint quedam virgines, que ne violaren-

---

du *Décret* ; (p. 1003). Le commencement se rapporte à l'assertion de Bréhal ; il est ainsi conçu Si omnia in hoc saeculo vindicata essent, locum divina judicia non haberent ».

Le canon « Erubescant » est le onzième de la trente-deuxième distinction, dans la première partie du *Décret* ; (p. 199). Il y est dit : « De manifestis quidem loquimur ; secretorum autem et cognitor Deus et judex est ».

Le canon « Christiana » est le vingt-troisième de la question v, cause xxxii, dans la seconde partie du *Décret* ; (p. 2009). On y trouve ces mots : « non habent latentia peccata vindictam ».

(1) Le chapitre « Ut nostrum » est le premier et unique du titre xii, au troisième livre des *Décrétales* ; (pp. 1104-1108). Vers le milieu, c'est-à-dire p. 1106, le pape allègue la raison suivante : « quoniam, etsi locum Dei teneamus in terris, non tamen de occultis potuimus divinare ».

Le chapitre « A nobis » est le vingt-huitième du xxxix° titre, au cinquième livre des *Décrétales* ; (p. 1895). On y trouve ces mots : « Judicium Dei veritati, quae non fallit nec fallitur, semper innititur ; judicium autem Ecclesiae nonnunquam opinionem sequitur, quam et fallere saepe contingit, et falli ».

Les chapitres « Sicut tuis », et « Tua nos » sont les trente-troisième et trente-quatrième du titre iii : *de Simonia* au cinquième livre des *Décrétales* ; (pp. 1634-1637). Dans le premier, il est dit : « non judicat de occultis [ecclesia] ». L'autre déclare : « Nobis datum est de manifestis tantummodo judicare ». La glose du canon « Erubescant » (cité plus haut) met précisément en lumière cet aphorisme juridique.

(2) Ce passage de S. Augustin est extrait du second livre *De Sermone Domini*, cap. xviii, n. 59 et 60. Les trois phrases, dont il se compose, ne sont pas juxtaposées dans le texte : elles ont été arrangées et groupées par Bréhal, qui s'est seulement servi des expressions de l'évêque d'Hippone. — Migne : P. L. tom. xxxiv, col. 1296 et 1297.

(3) Bréhal citait probablement de mémoire, car le texte de S. Hilaire (*in Evang. Matth. Commentarius*, cap. v n. 14) est assez différent : « Judicari de sponsionibus suis vetuit, quia ut judicia ex incertis rebus inter homines sumuntur, ita et hoc judicium adversum Deum ex sentiendi atque opinandi ambiguitate suscipitur, quod penitus repellit a nobis, ut constans potius fides retineatur, quia non sicut in rebus caeteris peccatum sit perperam judicasse, sed in his rebus tantummodo de Deo judicium initum esse sit criminis ». Migne : P. L. tom. ix, col. 950.

tur se in flumen precipitaverunt, quia nescit an id ex inspiracione divina fecerunt (1). Ad idem, magister Jacobus de Vitriaco, episcopus tusculanus (2), scribens ad Fulconem tholosanum, commendat quasdam mulieres que, ne in vastacione civitatis leodiensis sue castitatis dampnum incurrerent, se ipsas in flumen precipitaverunt, aut in sentinas stercorarias ultro prosilierunt. Estimat enim illas hoc instinctu divino fecisse, (ut narrat frater Vincencius, quarta parte *Speculi hystorialis*, lib. xxxj°, cap. xiij°). Supra tales ergo ecclesia judicium non assumit, sed divino pocius judicio ac proprie eorum consciencie relinquit : (ut c. « Inquisicioni », *De sentencia excommunicacionis* ; et c. « Nisi cum pridem », infine, *De renunciacione*) (3).

Cum itaque in presenti causa ageretur de divinis revelacionibus, que omnem legem superant, (ut c. « Ex parte », *De conversione conjugatorum*) (4), temerarium plane fuit huic episcopo, ac etiam collaterali suo, de hac re altissima et secretissima velle judicare, summoque Dei judicio, cui specialiter ac expresse hujusmodi cause reservantur, presumere derogare, cum lex superioris per inferiorem tolli non possit : (c. « Ne romani, » *De electione*, lib. vj°) (5). Ideoque judex fuit incompetens, et judicium per consequens nullum ; quia ad ipsum non spectabat cognicio aut diffinicio talis ac tante cause. (Argumentum : c. « Inferior », xxj dist ; c. « Cum inferior, » *De majoritate et obediencia*) (6).

---

(1) Lan. : ex inspiratione Domini.
S. Thomas a cité le passage même où S. Augustin expose le fait et l'apprécie de la sorte : 2. 2. q. cxxiv, art. 1, arg. 2 et ad 2⁰¹. — *Opera omnia*... tom. xxi, p. 228 col. 2 et p. 229 col. 1.
Le greffier a omis un chiffre dans sa référence : il fallait chapitre xxvi au lieu de xxv. — Migne : P. L. tom. xli col. 39.

(2) Maître Jacques de Vitry a été l'un des plus célèbres prédicateurs du XIIJ° siècle. Chanoine régulier, il fut nommé évêque de Saint-Jean d'Acre (*Ptolemaïs*), puis cardinal-évêque de Frascat (*Tusculum*). Il écrivit la lettre, dont il est ici question, à Foulques, évêque de Toulouse, appelé aussi Folquet de Marseille, qui fut l'ami et le protecteur de S. Dominique.

(3) Le chapitre « Inquisitioni », quarante-quatrième du titre xxxix, au 5° livre des *Décrétales*, (p. 1916), a déjà été cité pour montrer qu'il faut agir selon le jugement de la conscience sérieusement formée.
Le chapitre « Nisi cum pridem » est le dixième du titre ix *De renuntiatione*, au livre premier des *Décrétales* ; (pp. 232-238). A propos de la demande faite par un évêque qui voulait renoncer à son siège, le pape examine si cette demande provient de l'esprit de Dieu ; car, dans ce cas, la liberté de renoncer viendrait de Dieu lui-même.

(4) Le chapitre « Ex parte », quatorzième du titre xxxii, au troisième livre des *Décrétales* (pp. 1266-1267), donne la solution d'un cas difficile, en faisant toutefois une réserve : « nisi forte secus ficiret ex revelatione divina, quae superat omnem legem ; sicut a quibusdam sanctis legitur esse factum ».

(5) Le chapitre « Ne Romani » est le second du titre iii : *De electione* au premier livre des *Clementines* ; (p. 26). Il renferme l'aphorisme allégué par Bréhal. C'est donc par une erreur de mémoire, ou par un *lapsus calami*, qu'il a ajouté à la référence : libro sexto. On trouve, il est vrai, dans le *Sexte* un titre *De electione*, mais il n'y a point là de chapitre « Ne Romani ».

(6) Les deux textes que Bréhal indique à l'appui de son affirmation sont aussi explicites que possible. Le canon « Inferior » est le quatrième de la xxi distinction, dans la première partie du *Décret* ; (p. 117).
Le chapitre « Cum inferior » est le xvi° du titre xxxiii, au premier livre des *Décrétales* ;) p. 435).

Prostremo, requiritur quod judex procedat ex inclinacione justicie. Justicia enim est, ex qua procedit disposicio et ydoneitas ad recte judicandum; que quidem si defuerit, ex eo redditur judicium perversum, corruptum et injustum. Sed, quia istud videtur potissimum affectionem seu disposicionem animi ipsius judicantis concernere, ideo in proximo capitulo locum oportunum habebit.

SECUNDUM CAPITULUM

De judicantis episcopi inordinato et corrupto affectu, ac ejusdem severitate.

Ad plenius declarandam incompetenciam pretensi judicis, videlicet episcopi belvacensis, satis congruit aliquid adducere de sui animi manifesta et vehementi passione seu corruptione, ac ejusdem severitate in procedendo ostensa. Nam, ut supra immediate dicebatur, ad verum judicium et competentem ac saltem bonum et legitimum judicem requiritur, quod procedat ex inclinacione justicie ; alias non est judex : (c. « Negocium » §. « causa », *De verborum significacione* ; et xxiij. q. ij, c. « Justum ») (1). Et ad hoc facit ubique non solum scriptura, sed eciam leges et canonica jura, quorum tediosa foret et onerosa allegacio. (Sed hoc precipue deducitur xj. q. iij per totum ; et bene expresse in c. « Cum eterni», *De sentencia et re judicata*, libro vj°) (2).

Circa vero judicium in Johannam factum, quantum maxime ad partem episcopi judicantis spectat, ex multiplici evidencia patet favor corruptus. In primis enim quia, suo naturali et vero principe derelicto, ymo et sede sua episcopali spreta, cujus gracia inter pares Francie annumerari debuerat (3), maluit tamen, ut dictum est, quasi vagus cum anglicis residere quam suo legitimo regi debitam fidelitatem prestare et servare, quamvis nulla subesset causa digna, ut regis Francie obedienciam subterfugeret.

Secundo, quia regis Anglie, hostis manifesti ac invasoris corone Francie, hic episcopus

---

(1) La première référence est exacte, comme nous l'avons déjà expliqué, au commencement du chapitre précédent, et les changements introduits par M. Lanéry d'Arc ne sauraient être justifiés. Ici encore nous trouvons dans le titre XL *De verborum significatione*, au V° livre des *Décrétales* (pp. 1934-1936), le passage auquel Bréhal fait allusion : « Non est ergo judex, si non est in eo justicia».

Le canon «Justum» contient cette même phrase. Il est le premier de la question II, cause XXIII, dans la seconde partie du *Décret* ; (p. 1603).

(2) Un bon nombre de canons de la question III, cause XI, dans la seconde partie du *Décret* de Gratien, (pp. 1151-1207), se rapportent à l'obligation qui incombe au juge de rendre une juste sentence. — La même recommandation est faite solennellement dans le chapitre « Cum æterni », qui est le premier du titre XIV, au deuxième livre du *Sexte* de Boniface VIII ; (pp. 372-375).

(3) Dans les Additions ou gloses d'Étienne Auffréri, publiées par Dumoulin à la suite du *Stylus Parlamenti*, on lit ce passage relatif aux Pairs de France : « Sciendum est duodecim esse pares Franciae, sex clericos et sex laicos : ex quibus sex sunt duces, et sex comites. Clerici sunt : archiepiscopus et dux Remen., episcopus et dux Lingonen., episcopus et dux Laudunen., episcopus et comes Belvacen., episcopus et comes Noviomen., et episcopus et comes Cathalaunen., Laïci autem sunt duces Burgundiae, Normandiae et Aquitaniae, et comites Campaniae, Flandriae. et Tholosae ». (part. 2 cap. 2. — p. 133).

quasi primus et potissimus usque ad mortem semper consiliarius fuit, et sub ejus stipendiis continue vixit (1).

Tercio, et magis specialiter, quia in hac causa se nimis parcialem ostendit ; nam ipse in propria ad dominum ducem Burgundie et dominum Johannem de Lucemburgo militem, qui exercitum et castra ante Compendium tenebant, illis et ut sibi dictam Johannam quam captivam tenebant expedirent multa et magna dona offerens, longa stipulacione cum eis disceptavit, votaque regis Anglie quo ad hoc et sua per cedulam artificiose confectam explicans, tandem precio decem mille francorum, ymo et multo majore, tradi sibi ac expediri obtinuit (2).

Quarto, quoniam non sibi directe, seu primo et immediate, sed pocius regi Anglie, ipsius Johanne hosti capitali, eam expediri requisivit, sicut et de facto expedita fuit (3) ; (ista patent in processu, folio primo et folio iiij°).

Quinto, quia undecumque dictam summam habuerit, id est, vel de se aut de suo acceperit, seu a rege predicto eam exegerit, hoc tamen corruptum favorem ostendit (4) : quia ne-

---

(1) Quicherat (*Procès* ... tom. I, p. 4) dit à ce sujet : « Depuis qu'il se fut retiré à Rouen, il devint l'âme damnée des princes de Lancastre, qui exploitèrent à leur profit son ambition désordonnée et son ressentiment contre Charles VII ». — Dans sa déposition, le frère Martin Ladvenu dit expressément : « Episcopus belvacensis tenebat partem anglicorum, et erat de consiliariis ipsius regis ». (Quich. tom. II, p. 307).

(2) Au lieu de : *illis et*, M. Lanéry d'Arc propose de lire : *litteras misit*. Cette interprétation nous a paru s'écarter trop du manuscrit pour être acceptée. D'ailleurs, bien que la phrase soit un peu embrouillée, un examen plus attentif de sa contexture permet, croyons-nous, de la trouver correcte et complète, et d'en saisir le sens. L'expression *in propria* signifie manifestement : dans une lettre adressée par Cauchon lui-même. L'addition *litteras misit* devient dès lors superflue.

La lettre de Cauchon au duc de Bourgogne et à Jean de Luxembourg a été insérée parmi les pièces de la première audience du procès de condamnation (9 janvier 1431). Voir Quicherat : tom. I pp. 13-14. — Le greffier Manchon confirme le fait devant les commissaires apostoliques : « Dominus Petrus Cauchon, tunc episcopus belvacensis... totis viribus procuravit ut sibi redderetur, scribendo regi Angliae et duci Burgundiae a quibus finaliter eam obtinuit, mediante tamen summa mille librarum seu scutorum et trecentum librarum annui reditus, quam rex Angliae tradidit cuidam homini armorum ducis Burgundiae, qui eam ceperat ». (Quich. tom. III p. 134). — Le médecin Guillaume De la Chambre, appelé pour visiter Jeanne malade dans sa prison, apprit du comte de Warwick « quia pro nullo rex volebat quod sua morte naturali moreretur ; rex enim eam habebat caram et care emerat, nec volebat quod obiret nisi cum justicia, et quod esset combusta ». (Quich. tom. III, p. 51). — Un document important, publié par Quicherat (tom. V, pp. 178 et suiv.), constate qu'un impôt fut voté par les trois états de Normandie en septembre 1430, « c'est assavoir dix mil livres tournois, au paiement de l'achapt de Jehanne la Pucelle, que l'on dit estre sorcière ».

(3) Le fait est constant, d'après la lettre même de Cauchon ; (Quich. tom. I p. 13). Le protocole du procès de condamnation mentionne aussi que la Pucelle a été expédiée directement au Roi d'Angleterre ; (*ibid.* p. 4).

(4) Quicherat a publié une quittance signée de Cauchon, attestant qu'il a touché 765 livres tournois pour ses voyages « pour le fait de Jehanne que l'on dit la Pucelle ». (Quich. tom. V pp. 194-195).

que ex jure, neque ex more est, quod qualicumque etiam minimo precio prelati aut principes suspectos in fide habeant redimere.

Sexto, quia cum ad Rothomagum per eumdem episcopum adducta esset, et coram anglicis suam legacionem exponeret, visus est palam voce, vultu, manuumque applausu, ac ceteris motibus corporis, magnam exultacionem pretendere (1), cum tamen dicat lex « Observandum », (ff. *De officio presidis*) : « Id non est constantis ac recti judicis, cujus animi motum vultus detegit (2). Sed et poeta eleganter ait :
« Heu ! quam dificile est crimen non prodere vultu » (3).

Septimo, quia cum omni admiracione et stupore divinam legacionem Johanna, prout tunc vulgatissima fama erat, exercens militares actus strenuissime peregisset, mirasque victorias ubique reportasset, absque dubio iste processum propter fame repugnanciam intemptare formidasset, nisi inordinatus favor mentis sue noticiam superasset, ac racionis integritatem plene violasset.

Octavo, ad majorem commoditatem, propinquiorem consuetudini juris rectionem (4), equitatem, dignioremque et ampliorem sapientum assistenciam, necnon et tranquilliorem ac securiorem cause deductionem (5), poterat Parisius procedere quam Rothomagi, ubi tunc Anglorum universa cohors ac impetuosus fragor strepitusque versabatur.

IX°, (6) quia hic episcopus protestatur se ideo velle Rothomagi procedere, quoniam ibi copia doctorum ac sapientum aderat : quare ergo de Parisius et aliunde tot numero venire fecit, et fere per medium annum tot doctores ad suas vel anglicorum expensas tenuit, sicut patet ex informacionibus et etiam ex processu (7).

---

(1) Dans sa déposition à l'enquête de 1452, maître Nicolas de Houppeville dit que l'évêque de Beauvais avait entrepris de bon cœur le procès contre la Pucelle, et il le montre par le fait dont il a été témoin : « quem vidit reverti de quaerendo eam et referentem legationem suam regi et domino de Warvic, dicendo laetanter et exultanter quaedam verba quae non intellexit ». (Quich. tom. II, p. 325).

(2) Citation littérale de la loi « Observandum » ; c'est la dix-neuvième du titre XVIII *De officio præsidis*, au livre premier du *Digeste* ; (p. 257).

(3) Ovide : *Metamorph.* lib. II, vers. 447.

(4) L an. : propinquiorem et secundum juris rectionem.

(5) Le tumulte causé par la présence des Anglais n'était pas seulement dans la ville, mais dans la chapelle même du château où eurent lieu les premiers interrogatoires. Le greffier Manchon rapporte en effet que: « in primis interrogationibus factis Johannae fuit factus maximus tumultus in prima die suae interrogationis in cappella castri Rothomagensis, et interrumpebantur quasi singula verba ipsius Johannae, dum loqueretur de suis apparitionibus ». (Quich. tom. III, p. 133). — A cause de cela, le lieu des séances fut changé, mais il y avait deux anglais qui gardaient la porte.

(6) Jusqu'ici le greffier avait écrit en toutes lettres : primo, secundo, etc. Désormais il emploie les chiffres. Nous l'imiterons, pour l'exactitude scrupuleuse de notre transcription.

(7) Dans le protocole du procès (Quich. tom. I, p. 5), Cauchon parle avec affectation du grand nombre de docteurs qu'il pouvait consulter à Rouen : « grandem et maturam deliberationem cum litteratis et peritis in jure divino et humano, quorum in hac civitate rothomagensi, Dei gratia, copiosus numerus erat, recipere duximus ». Il n'en est pas moins vrai, comme l'attestent les feuilles d'audience, qu'on fit venir au procès beaucoup de docteurs de Paris et qu'ils vaquèrent aux opérations de la procédure pendant les cinq premiers mois de l'année 1431. Des indemnités leur furent

X°, quia anglicis expresse affectos doctores specialiter convocavit, alios vero non affectos respuit ac expulit, et processui adesse minime permisit (1).

XI°, quia maximis anglicorum expensis processus omnino deductus fuit ; quod quidem absque favore esse non potest, cum in causis fidei sic fieri alias minime compertum sit.

XII°, quoniam cum in exercitu regis Francie capta fuisset, et nullas contra eam informaciones saltim legitimas haberet quod illa in fide [f° cxcj v°] aliquando deliquisset, quoniam verissimile est quod de eis in processu constaret, mirum est, ymo certe perversum et iniquum ut contra eam in causa fidei procedere temptaverit. Unde ex eo restat accipere quod hoc ipsum, ut eam prorsus exterminaret ac regem Francie pro posse infamaret, fecit.

XIII°, quia totum processum deduxit infra castrum rothomagense tunc ab anglicis usurpatum et occupatum (2), et per consequens ad talem causam non solum incomodum, sed etiam evidenter suspectum ; et hoc maxime quia locum ecclesiasticum (3) inibi accomodari sibi pecierat ob hanc causam, et obtinuerat bonum utique et oportunum.

---

payées : les pièces publiées par Quicherat (tom. v, pp. 196-209) fournissent le détail des sommes allouées à cet effet. Plusieurs des témoins au procès de réhabilitation déclarent en termes exprès comme un fait notoire que : « omnia fiebant expensis regis Angliae et ad prosecutionem anglicorum ». C'est, entre autres, la déposition de Guillaume Colles (Quich. tom. III, p. 161), et de Nicolas Taquel (ibid. tom. II, p. 317).

(1) Nous avons mentionné plus haut la conduite de Cauchon vis-à-vis de maître Jean Lohier ; voir cette note vers la fin du chapitre VIII de la première partie de la *Recollectio*. Ce n'est pas le seul fait de ce genre à la charge de l'évêque de Beauvais, qui, comme le dit ici Bréhal, a recherché les avis des hommes disposés à entrer dans ses vues, en même temps qu'il écartait ou s'efforçait d'intimider ceux dont les opinions ne lui étaient pas favorables. Maître Nicolas de Houppeville fut, pour ce motif, cité à comparaître devant Cauchon, publiquement admonesté, menacé de bannissement, et même emprisonné. Voir sa déposition devant les commissaires apostoliques ; (Quich. tom. III, p. 171). Ce témoin, après avoir fait le récit de ses vexations, ajoute que les délibérations de Pierre Monier, de Richard de Grouchet et de Pierre Pigache « non fuerunt receptae quia non placebant et quia erant allegationes Decreti » ; (ibid. p. 173). Il est vrai que leurs délibérations déplurent à Cauchon, cependant elles ont été insérées au dossier, et Quicherat les a publiées (tom. I, pp. 369-370). On avait cherché à terroriser les consulteurs ; Richard de Grouchet l'a déclaré à l'enquête. Parlant de la pression exercée sur plusieurs des docteurs, il dit : « Inter caeteros, magister Nicolaus de Houppevilla fuit in magno periculo ; necnon magistri Johannes Pigache et Petrus Monerii: ut audivit ab eis, et ipsemet loquens qui cum eis manebat, metu ac minis et terroribus tradiderunt opiniones suas, et adstiterunt processui, et fuerunt in proposito fugiendi » ; (Quich. tom. II, pp. 356-357). — Jean Massieu rapporte aussi ce qui arriva à maître Jean de Châtillon, archidiacre d'Évreux : « Aliquando reperiens quod fuerunt factae eidem Johannae nimis difficiles quaestiones, impugnabat modum procedendi, dicendo quod non debebat sic procedi in materia... ; propter quam causam fuit sibi inhibitum... ne amplius ibi veniret nisi mandatus ». (Quich. tom. II, p. 329).

(2) Toutes les séances où Jeanne comparut furent tenues au château de Rouen, soit dans la chapelle, soit dans la grande salle ou dans une chambre voisine, soit dans la grosse tour et dans la prison même de la Pucelle.

(3) On appelait ainsi les prisons spécialement destinées aux coupables, clercs ou laïques, justiciables des officialités diocésaines et des tribunaux ecclésiastiques. — Voir M. Ch. De Beaurepaire : *Recherches sur les anciennes prisons de Rouen*, pp. 19 et suivantes.

XIIII°, quia quemdam celebrem doctorem, magistrum videlicet Johannem Lohier, tunc auditorem rote in romana curia, fideliter super hoc atque veridice deliberantem quod processus ille iniquus esset ac nullus, sic minis exterruit, ut confestim et occulte fugam peteret ; hoc patet in informacionibus (1).

XV°, quia non simpliciter et de plano, ut res expostulat et juris disposicio tradit, processit, sed cum quanta figura et solempnitate potuit, non quidem, ut de se patuit, ut ex assistencium plurium informacione seu directione judic[i]um consultius seu rectius faceret (2), sed pocius ut ex subdola fictione tante celebritatis magnitudinem cause pretenderet, et partem regis Francie velamine apparentis justicie infamaret ; sicut et pontifex Cayphas scidit vestimenta sua sedens pro tribunali adversus Christum. De quo ait Chrisostomus (3): « Hoc fecit, ut accusacionem redderet graviorem, et quod verbis dicebat factis extolleret ».

XVI°, quia dum ad extremum Johanna comperta fuit habitum viri resumpsisse, idem episcopus immodeste applaudens anglicis cum multa exultacione fertur palam dixisse : Ecce capta nunc est. Hoc similiter patet ex informacionibus (4).

XVII°, quoniam verissimile est, quod ad ejus suggestionem maxime ac procuracionem, et ut ex illo judicio gloriam sibi undeque (5) vindicaret, quinymo ut nota quasi generalis ac extreme infamie partem regis Francie vulneraret, scripsit rex Anglie diffinicionis ipsius cause gratulatorias licteras ad papam et cardinales, ad imperatorem, ac etiam ad universos Francie prelatos, quarum tenores de verbo ad verbum in fine registri ipsius processus habentur (6).

Unde ex hiis manifeste apparet quod ille, ex favore corrupto et inordinato, et ut precise anglicis complaceret, causam hanc assumpsit, atque eo perverso ordine processit.

Denique et ex eadem radice, videlicet ex fomite odii ad personam Johanne, clare advertere possumus ipsius episcopi feritatem in procedendo multipliciter ostensam. Et, eo enim quod ipse totis precordiis partem anglicorum fovebat, puellam ipsam pro jure regni et veri regis francorum felicem victricem, tanquam illis hostibus admodum contrariam et obnoxiam,

---

(1) Nous avons rapporté, à la fin du chap. VIII de la *Recollectio*, cet incident significatif, d'après les dépositions recueillies aux enquêtes.

(2) Bien que le manuscrit porte assez clairement *judicum*, nous estimons que le sens de la phrase demande plutôt : *judicium*. L'*i* omis par le greffier est donc suppléé entre crochets.

La présence de nombreux assesseurs est constatée par l'énumération de leurs noms qui figurent en tête de chaque procès-verbal d'audience.

(3) Le texte allégué par Bréhal est entièrement conforme à la citation faite par S. Thomas dans la *Chaîne d'Or* (*in Matth*. XXVI, 57) ; *Opera omnia*... tom. XVII p. 292. — Il est donc vraisemblable que l'inquisiteur l'a emprunté à cet ouvrage de son Maître. — Dans l'édition de S. Jean Chrysostôme (*in Matth. hom.* LXXXIV, alias LXXXV, n. 2), il est ainsi traduit: « Hoc porro fecit, ut crimen gravius efficeret, et ex re gesta verba firmaret ». Migne : P. Gr. tom. LVIII col. 754.

(4) C'est la déposition même du dominicain Isambard de la Pierre : « Vidit et audivit dictum episcopum cum aliis anglicis exsultantem et dicentem, palam omnibus, domino de Warwic et aliis : Capta est » ! (Quich. tom. II, p. 305).

(5) Telle est bien la leçon du manuscrit. Il nous semble toutefois que c'est un *lapsus calami* ; et qu'il devrait y avoir *undique*, ou bien *undequaque*.

(6) Cf. Quicherat : *Procès*... tom. I, pp. 496-500.

ut presumi potest, ymo et ex effectu clare patet, odiebat. Et ad hoc veniunt fere omnes testium Rothomagi examinatorum deposiciones ; et utique ex serie processus hoc idem elici potest (1).

In primis itaque memorati episcopi impia severitas ex eo patuit quia, cum isti episcopo per supradictos dominos Johanna expedita fuisset, eam protinus anglicis ipsius Johanne capitalibus inimicis exhibuit et tradidit (2).

Secundo, quia licet contra eam intenderet procedere in causa fidei, nichilominus permisit eam, contra omnem juris formam et cause exigenciam, detrudi in carceribus castri rothomagensis (3), quamvis, ut premissum est, ecclesiasticos carceres ibidem implorasset et impetrasset.

Tercio, quia statim fecit eam inhumanissime compeditari, et cathena ferrea cuidam posti

---

(1) Parmi les nombreuses dépositions, qui attestent que tels étaient réellement les mobiles de Cauchon, il nous suffira de citer ici celles de Nicolas de Houppeville, de maître Guillaume Manchon, du frère Martin Ladvenu et de l'huissier Jean Massieu. — Nicolas de Houppeville s'exprime ainsi à ce sujet : « Nunquam habuit aestimationem quod ipse episcopus contra eamdem Johannam incoeperit processum in materia fidei pro bono fidei aut zelo justitiae, ad eamdem Johannam reducendum ; sed ex odio quod contra eam conceperant, quia favebat partem regis Franciae ». (Quich. tom. III, p. 170). — Le greffier Manchon ne doute pas davantage : « A son advis, tant de la partie de ceulx qui avoient la charge de mener et conduire le procez, c'est assavoir monseigneur de Beauvais et les maistres qui furent envoyés quérir à Paris pour celle cause, que aussi des Anglois à l'instance desquels les procez se faisoient, on procéda plus par haine et contempt de la querelle du roy de France ». (Quich. tom. II, p. 10). — Le dominicain fr. Martin Ladvenu dit de même : « Credit quod ex odio plus quam ex caritate processerunt ; nec credit ipsam sic fuisse judicatam, si partem anglicorum tenuisset, vel contra eos non fuisset ». (Quich. tom. II, p. 308). — Enfin Jean Massieu affirme que : « quam plures habebant magnum odium contra eamdem, et maxime anglici, qui eam multum timebant... Et audivit tunc dici quod omnia episcopus belvacensis faciebat ad instigationem regis Anglie et sui consilii tunc existentis Rothomagi ; et credit quod ipse episcopus non faciebat zelo justitiae motus, sed ad ipsorum anglicorum voluntatem ». (Quich. tom. III, p. 152).

(2) C'est le reproche que Jeanne adressa à l'évêque de Beauvais, comme l'atteste fr. Martin Ladvenu : « Dum ipsa Johanna percepit eumdem episcopum, eidem dixit quod ipse erat causa suae mortis, et quod sibi promiserat quod eam poneret in manibus Ecclesiae, et ipsa eam dimiserat in manibus suorum inimicorum capitalium ». (Quich. tom. III, p. 163).

(3) A l'enquête de 1450, le fr. Martin Ladvenu déposa sur ce point dans les termes suivants : « Quant le dit evesque se portoit pour juge, commanda ladicte Jehanne estre gardée ès prisons séculières, et entre les mains de ses ennemis mortelz ; et quoy qu'il eust bien peu la faire détenir et garder aux prisons ecclésiastiques ; toutes fois si a-t-il permis depuis le commencement du procez jusques à la consommacion icelle tormenter et traictier très cruellement aux prisons séculières. Dit oultre davantaige ce tesmoing qu'en la première session ou instance, l'evesque allégué requist et demanda le conseil de toute l'assistance, assavoir lequel estoit plus convenable de la garder et détenir aux prisons séculières ou aux prisons de l'Église ; sur quoy fut délibéré qu'il estoit plus décent de la garder aux prisons ecclésiastiques qu'aux autres ; fors, respondit cest evesque, qu'il n'en feroit pas cela, de paour de desplaire aux anglois » (Quich. tom. II, pp. 7 et 8). — Plusieurs autres dépositions attestent les protestations de Jeanne contre cette décision de l'évêque, et sa demande d'être « rendue entre les mains de concierges ecclésiastiques compétents et convenables ».

affixa districtissime vinciri; ymo, ut ex informacionibus colligitur, gabiam (1) ferream, ut in illa continue stans erecta captivaretur et amplius cruciaretur, fieri fecit.

Quarto, quia, priusquam citacione eam convenisset atque causam ipsam seu processum incepisset, sic ut premictitur in arcto carcere et penali ac duro poni precepit, aut saltim permisit; quinymo in eo statu vincta et captivata jussu ejusdem citata fuit (2).

V°, quoniam per anglicos viros armorum, non solum ipsi Johanne, ut ille bene noverat, inimicos et odiosos, sed certe, ut verissimile est, lascivos et discolos, illam precise custodiri voluit, instituit et decrevit (3).

VI°, quia hujusmodi custodes instituens, de alimonia per eos sufficienter ac debite ministranda, de violencia non inferenda, et hujusmodi, non admonuit; sed solum quod illam bene et diligenter custodirent, quodque nemo loqueretur cum ea nisi de ejus expressa licencia, juramento solemni astrinxit, de quo sane opus non erat, cum ad hoc nimium voluntarii essent (4). Unde ex hoc presumitur quod non solum multis necessitatibus illa subcubuit, sed et plurimas vehementes molestias pertulit.

VII°, quia dum citata fuit, tres pias et racionabiles supplicaciones per ipsam factas idem episcopus crudeliter repulit ac denegavit: prima, quod missam audire posset et divino quandoque interesse officio; secunda, quod vellet una secum viros ecclesiasticos de partibus

---

(1) Gabia: cavea, unde vocis etymon; Italis *gabia* et *gabbia*; nostris *cage*... (Du Cange: *Glossarium*... tom. III, p. 451).

Plusieurs témoins, notamment les dominicains Isambard de la Pierre et Martin Ladvenu, le médecin Tiphaine, Pierre Cusquel, Pierre Daron, Pierre Miget, Nicolas Taquel, le greffier Manchon et l'huissier Massieu ont vu Jeanne dans sa prison « ferratam et compeditam ». Voir Quich. tom. II pp. 301, 302, 306, 307, 318, et tom. III, pp. 48, 140, 154, 167, 200. L'huissier ajoute: « Et scait de certain celluy qui parle que de nuyt elle estoit couchée ferrée par les jambes de deux paires de fers à chaaine, et attachée moult estroitement d'une chaaine traversante par les pieds de son lict, tenante à une grosse pièce de boys de longueur de cinq ou six pieds, et fermante à clef; parquoy ne pouvoit mouvoir de la place ». (Quich. tom. II, p. 18).

Quant à la cage de fer, Jean Massieu dit: « Audivit a Stephano Castille, fabro, quod ipse construxerat pro eadem quamdam gabiam ferri, in qua detinebatur correcta et ligata collo, manibus et pedibus; et quod fuerat in eodem statu a tempore quo adducta fuerat ad villam rothomagensem usque ad initium processus contra eam agitati. Eam tamen non vidit in eodem statu, quia, dum eam ducebat et reducebat, erat semper extra compedes ». (Quich. tom. III, p. 155). — Pierre Cusquel atteste aussi: « quod fuit facta una gabea ferri ad detinendum eam erectam; quam ipse vidit ponderari in domo sua ». (Quich. tom. II, p. 346, et tom. III, p. 180).

(2) Guillaume Manchon l'affirme comme témoin oculaire: « Vidit quod antequam dictus episcopus inciperet cognoscere de causa, jam esset ferrata dicta Johanna. Sic ferrata, fuit tradita ad custodiendum... et crudeliter tractabatur ». (Quich. tom. II, p. 298).

(3) Jean Massieu, après avoir parlé des chaines de fer qu'on mettait à la prisonnière dans son cachot, dit encore: « Et habebat quinque anglicos miserrimi status, gallice *houcepailliers*, qui eam custodiebant, et multum desiderabant ipsius Johannæ mortem, et de eadem saepissime deridebant ». (Quich. tom. III, p. 154).

(4) Cauchon avait choisi trois anglais pour être les geôliers titulaires; il le dit lui-même dans une pièce officielle du procès: « Commisimus ad tutam custodiam ipsius Johannae, nobilem virum Johannem Gris, scutiferum corporis domini nostri regis, et cum ipso Johannem Berwoit ac Willermum Talbot, iisdem injungentes quod bene et fideliter ipsam Johannam custodirent, nul

Francie sicut et Anglie in ea materia convocare; tercia fuit conquerendo et humiliter petendo quod non ulterius sic dure in compedibus ferreis ac vinculis detineretur. Sed in nullo istorum fuit exaudita, sed pocius per ipsum episcopum asperrime repulsa. Ista patent clarissime circa inicium registri seu processus (1).

VIII°, quia per illos anglicos ad custodiam ejus deputatos ad locum examinis semper duci et ad carcerem reduci, et non per alios, idem episcopus voluit et instituit (2).

IX°, quia tres illorum anglicorum custodum in eodem carcere continue stare, quinymo et singulis noctibus ibidem jacere, voluit et permisit (3).

X°, quoniam ex ipsius episcopi ordinacione nullus cum ea poterat loqui, nisi de illorum anglicorum licencia ac in eorum presencia; ymo ad eam duriciam atque seviciam inde res ipsa pervenit, ut neque ipsemet episcopus, aut etiam subinquisitor conjudex, cum ea libere et absque illorum assensu vel presencia loqui [potuerit]. Ista patent ex dictis informacionibus (4).

XI°, quia in singulis examinacionibus compulit eam de dicendo veritatem, quantum ad

---

los cum ea permittendo colloqui, nisi de licentia nostra. Qui de hoc faciendo tactis sacrosanctis evangeliis solemniter juraverunt ». (Quich. tom. I pp. 47-48). Au rapport des témoins, les geôliers s'acquittèrent rigoureusement de la seule consigne qui leur avait été donnée. Jeanne se plaignit maintes fois de leurs insolences, comme le rapporte le greffier Guillaume Colles : « Habebat custodes anglicos, de quibus conquerebat multotiens, dicens quod eam multum opprimebant et male tractabant ». (Quich. tom. III p. 161). Voir aussi la déposition de Jean Massieu, à l'enquête de 1450. (Quich. tom. II p. 18).

(1) Deux de ces demandes ont été fidèlement transmises aux juges par l'huissier Jean Massieu, dans la pièce où il atteste avoir exécuté l'ordre de citation. Voir Quicherat : *Procès*... tom. I, p. 43. La prisonnière avait demandé qu'on lui permît d'entendre la messe avant de comparaître ; mais le promoteur conclut à ce qu'on ne lui donnât point l'autorisation d'assister aux divins offices ; (Quich. *ibid*). Jeanne réitéra plus d'une fois ses instances au cours du procès, comme l'atteste Guillaume Manchon : « Saepe durante processu, audivit eam petentem audire missam, videlicet diebus dominicis, in Ramis Palmarum et Pascha, petendo ipsa die Pascha confiteri et recipere corpus dominicum ; et multum conquerebatur quod sibi denegabatur ». (Quich. tom. III, p. 136). On n'écouta pas davantage sa prière de convoquer au jugement non seulement des ecclésiastiques du parti anglais, mais aussi du parti français. — Sa troisième demande est consignée au procès-verbal de la première audience publique (21 février) : « Deinceps conquesta fuit quod in vinculis et compedibus ferreis detinebatur ». (Quich. tom. I, p. 47). On lit aussi dans le procès de relaps : « Respondit quod praediligit mori quam esse in compedibus ferreis ». (Quich. *ibid*. p. 456).

(2) Le témoin, André Marguerie, l'affirme très nettement : « Bene scit quod dicta Johanna... custodiebatur, ducebatur et reducebatur per anglicos ». (Quich. tom. II, p. 357).

(3) « Demoura en garde au dit lieu entre les mains de cinq anglois, dont en demouroit de nuyt trois en la chambre, et deux dehors, à l'uys de la dicte chambre ». Déposition de Jean Massieu. (Quich. tom. II, p. 18).

(4) Les ordres donnés par Cauchon sur ce point ont été rigoureusement exécutés. D'après la déposition de Nicolas Taquel, « erat unus anglicus, qui habebat custodiam ostii camerae et carceris, sine cujus licentia nemo poterat, nec etiam judices poterant, ad eam accedere ». (Quich. tom. II, p. 318). Pierre Bouchier parle de même (*ibid*. p. 322).

omnia que ab illa peterentur, super evangelia jurare : super quo nimium gravari valde conquesta est. Patet ex processu (1).

XII°, quoniam dificilia, subtilia, obscura, captiosa et truncata interrogatoria, non obstante sexus ipsius puelle atque sensus fragilitate, injecit, fierique fecit ac permisit : unde etiam multi assistencium sepius murmurabant ; verumptamem illos ex eo dure increpabat. Patet ex processu et informacionibus (2).

XIII°, quia ut dolosus insidiator et perfidus calumpniator, multa impertinencia sibi interrogatoria fieri fecit : que quidem ad fidei causam, quam ille inaniter gloriabatur se prosequi, minime actinebant, sed pocius regni ac corone Francie misteria pocius et archana concernebant. Unde ipsa velut circumspecta, vel magis divino spiritu ducta, respondebat dicens : « Hoc non est de processu vestro » ; aut dicebat : « Transeatis ultra » ; vel aliquid hujusmodi, subjungens frequenter quod mallet abscindi sibi caput quam ea revelare que ad dominum regem ibant. Hoc totum constat ex processu (3).

XIV°, quia non obstante sexus fragilitate, carceris et vinculorum longa et [f° cxcij r°]

---

(1) Le procès-verbal des cinq premières et de la septième séances mentionne les exigences de Cauchon pour obliger la prisonnière à renouveler le serment de dire la vérité. — Cf. Quicherat : *Procès...* tom. I, pp. 45, 50, 60, 70, 81, 93, 113, 125, etc.

(2) Il suffit de parcourir les procès-verbaux pour reconnaître la vérité de ce que dit ici l'inquisiteur. Aussi les témoins sont-ils unanimes à constater, avec le fr. Isambard de la Pierre, que « l'on demandoit et proposoit à la povre Jehanne interrogatoires trop difficiles, subtilz et cauteleux, tellement que les grands clercs et gens bien lettréz qui estoient là présens, à grant peine y eussent sçeu donner response ; par quoy plusieurs de l'assistance en murmuroient ». (Quich. tom. I p. 5). Nicolas de Houppeville rapporte avoir entendu dire au sous-inquisiteur Jean Le Maistre que Jeanne s'était plainte « super difficilibus interrogatoriis quae sibi fiebant, et quod nimis vexabatur ex interrogatoriis » ; et il ajoute : « fiebant sibi fracta, captiosa et semi-interrogatoria ». (Quich. tom. II, pp. 326-327). Guillaume Manchon déclare également que « in tam difficili causa, non erat ex se sufficiens ad se defendendum contra tantos doctores, nisi fuisset sibi inspiratum... fiebantque sibi per examinatores quam subtiliores questiones quas facere poterant ». (Quich. tom. II p. 342). L'évêque Jean Fabri dit de son côté : « In aliquibus valde profunde quaerebant... et aliquando interrumpebant interrogatoria, transeundo de uno ad aliud, ad experiendum an ipsa mutaret propositum ». (Quich. tom. II p. 368). L'huissier Jean Massieu insiste à plusieurs reprises sur ce même détail. « Quant monseigneur de Beauvais, qui estoit juge en la cause, accompaigné de six clercs, c'est assavoir, de Beaupère, Midy, Morisse, Touraine, Courcelles, et Fueillet, ou aucun autre en son lieu, premièrement l'interroguoit, devant qu'elle eust donné sa réponse à ung, ung autre des assistants lui interjectoit une autre question ; par quoy elle estoit souvent précipitée et troublée en ses responses ». (Quich. tom. II p. 15). Dans une autre déposition, il disait encore : « Bene recolit quod frequenter fiebant eidem Johannae fracta interrogatoria, et concurrebant interrogatoria difficilia a pluribus ; et priusquam uni respondisset, alius faciebat aliam interrogationem ; unde erat male contenta, dicendo : faciatis unus post alium. Et mirabatur loquens qualiter poterat respondere interrogationibus subtilibus et captiosis sibi factis, et quod homo litteratus vix bene respondisset ». (Quich. tom. II, p. 332). Et plus tard, devant les juges apostoliques, il rappelait les expressions mêmes dont la Pucelle s'était servie en pareille occurrence : « Beaux seigneurs, faictes l'un après l'autre ». (Quich. tom. III, p. 155).

(3) L'inquisiteur avait déjà blâmé l'insistance des juges à interroger la Pucelle sur les secrets du roi de France. Ici il fait remarquer la non-pertinence de pareilles questions avec une cause de

gravi perpessa accerbitate, victus et alimonie parcitate, ac etiam vehementi qua plerumque laborabat infirmitate, continuis tamen et fere cotidianis examinacionibus ab inicio januarii usque ad finem maii eam non cessavit vexare ; et denique ad cumulum sue impie feritatis non parum facit, quod de mane singulum examen per tres horas protrahebatur, et sepe eadem die tantumdem post prandium. Patet ex informacionibus (1).

XV°, quia per promotorem cause non pauciora quam lxx capitula uno contextu adversus eam proposita fuerunt, ad que sigillatim et per se ipsam absque directore responderet ; in quo quidem conflictu per quatuor dies integros et continuos incredibiliter molestata fuit, ut patet ex processu (2)

XVI°, quia contra simplicem, indoctam et minorem annis puellam tot numero prelatos ac in omni facultate doctores seu sapientes pro sibi assistendo convocavit, ita ut quandoque ultra quinquaginta affuerunt, aliquando vero et communiter quadraginta, coram quibus nunc per istum nunc per illum et plerumque per diversos inordinate et confuse simul fuit

---

foi. Il aurait pu apporter plus d'un autre exemple. Le greffier Guillaume Colles exprimait cette même pensée dans sa déposition, lorsqu'il rappelait les justes plaintes de Jeanne à cet égard : « Durante processu, ipsa Johanna saepissime conquesta est quod sibi fiebant subtiles quaestiones et *impertinentes* ». (Quich. tom. III, p. 163). — Les procès-verbaux mentionnent fréquemment les deux réponses que Bréhal rappelle. Voir : Quich. tom. II, pp. 56, 57, 87, 94, 95, 98, 253, 307, 311, 312. — Dès le début du procès, Jeanne avait manifesté sa résolution bien arrêtée de taire ce qui concernait le roi : « nec etiam revelaret, disait-elle, si deberet eidem caput amputari ». (Quich. tom. I, p. 45).

(1) Le registre du procès de condamnation ne nous semble pas contenir la preuve rigoureuse de cette assertion de Bréhal ; nous croyons donc qu'il ne faut pas l'entendre à la lettre, bien qu'elle soit parfaitement justifiée quant au fond. En effet, les dates des interrogatoires paraissent avoir été consignées exactement au dossier. Or le procès commença bien le 9 janvier, mais aucun interrogatoire n'est mentionné avant le 21 février, jour de la première audience publique. Nous ignorons s'il y en eut auparavant dans la prison où Jeanne était détenue. A partir du 21 février, les interrogatoires furent continus et *presque* quotidiens jusqu'au cinq avril inclusivement ; puis il y eut interruption des séances jusqu'au 18 avril et ensuite jusqu'au 2 mai, après quoi on ne compte plus que huit audiences. Quant à l'examen répété le matin et le soir, il n'est signalé au registre que les 12, 14 et 17 mars. Il peut se faire néanmoins que les greffiers aient rédigé la suite des interrogatoires, sans noter toujours cette double séance de la même journée. — Quoiqu'il en soit, voici ce qu'on lit dans les dépositions des témoins, d'après lesquelles Bréhal allègue le fait. Le fr. Isambard de la Pierre s'exprime ainsi : « Aliquando examen dictae Johannae durabat per tres horas de mane ; et aliquando fiebat examen tam de mane quam post prandium ». (Quich. tom. II, p. 350). Le fr. Martin Ladvenu dépose de même : « Durabantque interrogationes per tres horas vel eo circa, et fiebant eum prandium et post ». (Quich. tom. II, p. 365). Le greffier Guillaume Manchon avait rendu un témoignage identique, et il ajoutait : « Multum defatigabatur in interrogationibus ». (Quich. tom. II, p. 342).

(2) Les soixante-dix articles que le promoteur d'Estivet alléguait contre Jeanne ont été publiés par Quicherat : *Procès* . . . tom. I, pp. 204-323. La lecture de ces nombreux griefs, auxquels l'accusée répondait sans y être aidée par un conseil judiciaire, commença le mardi-saint 27 mars, se poursuivit le mercredi 28, et fut complétée le 31, jour du samedi-saint. Les expressions de Bréhal « per quatuor dies integros et continuos » donneraient lieu de penser que des interrogatoires ont eu lieu aussi le jeudi et le vendredi-saints ; cependant le registre ne donne pas ces dates, est-ce par oubli ou intentionnellement ? Il est vraisemblable que le tribunal ne s'est pas réuni ces jours-là.

JEAN BRÉHAL. — 9*.

prefato tempore examinata, in quorum haud dubie conspectu etiam vir doctissimus examinandus merito erubuisset atque expavisset. Hoc partim ex processu, partim ex informacionibus apparet (1).

XVII°, quia idem episcopus elegit, ac ex industria, ut verissimile est, designavit officiarios in causa, non solum astutos, sed et parti anglicorum evidenter affectos, presertim promotorem et interrogatorem, etiam et quosdam notarios subdolos instituit, qui in absconso et occulto scribentes omnia dicta Johanne falsitatis crimine corrumpere studebant; nisi eorum fraudem et maliciam precipuus cause notarius, dominus videlicet Guillermus Manchon, viriliter obsistendo detexisset seu interrupisset. Et hoc similiter patet ex registro et informacionibus (2).

XVIII°, quia cum Johanna mirum in modum vexaretur de se submictendo judicio ecclesie, et quidam religiosus in publico examine suggessisset eidem quod se submicteret concilio generali, quod tunc actu celebrabatur, quodque ibidem erant prelati etiam de obediencia regis Francie, ac ipsa cito ac hylariter annuisset, mox ipse episcopus prefatum religiosum durissime increpavit dicens quod taceret in nomine dyaboli, nolens preterea idem episcopus quod illa submissio in scriptis poneretur (3). Hoc patet in informacionibus.

XIX°, legitimos ac benivolos directores seu defensores, sicut cause arduitas et persone

---

(1) L'huissier Jean Maxsieu atteste que, dès le début du procès, Jeanne avait demandé un conseil qui la dirigerait dans ce qu'elle aurait à répondre, « cum diceret se esse simplicem ad respondendum ; cui responsum fuit quod per seipsam responderet sicut vellet, et quod consilium non haberet ». (Quich. tom. II, p. 334). Tel est aussi le témoignage de Guillaume Manchon (Quich. tom. II, p. 343), et du fr. Martin Ladvenu, (ibid. p. 366). — Et pourtant, comme disent les témoins, « sapientior homo mundi cum difficultate respondisset » ; (Déposition de l'évêque Jean Fabri, Quich. tom. III, p. 176) « Unus magister in theologia cum difficultate respondisset » ; (Déposition de Jean Monnet; Quich. tom. III, pp. 63-64). — Plus de cinquante assistants sont nommés au procès-verbal d'audience : Quich. tom. I, pp. 381 et 404.

(2) Les dépositions déjà citées dans les notes de ce chapitre et des précédents nous ont fait connaître les noms de plusieurs clercs employés au procès par Cauchon : ils appartenaient notoirement au parti anglais, et avaient été choisis pour ce motif. Bréhal rappelle ici spécialement le promoteur d'Estivet et l'interrogateur Thomas de Courcelles, qui se sont signalés par leur haine contre la Pucelle. Entre autres dépositions, nous citerons seulement celle du greffier Guillaume Colles : « Ipse de Estiveto erat promotor, et in hac materia erat multum affectatus propter anglicos, quibus multum complacere volebat. Erat etiam malus homo, quaerens semper, durante hujusmodi processu, calumniare notarios et illos quos videbat pro justitia procedere. Et eidem Johannae plures injurias inferebat, eam vocando paillardam, etc. ». (Quich. tom. III, p. 162). — Le fait des greffiers apostés est ainsi raconté par Guillaume Manchon : «Furent mis deux hommes du commandement de monseigneur de Beauvais en une fenestre près du lieu où estoient les juges ; et y avoit une sarge passant par devant la dicte fenestre, affin qu'ils ne feussent veus. Lesquelz deux hommes escripvoient et rapportoient ce qu'il faisoit en la charge d'icelle Jehanne, en taisant ses excusacions ». (Quich. tom. II, p. 12). Dans une nouvelle déposition, Guillaume Manchon ajoute : « Facto prandio, cum legeretur et fieret collatio in praesentia aliquorum doctorum, in domo episcopi belvacensis, de scriptura dicti loquentis facta de mane, dicebatur ipsi loquenti quod per alios aliter fuerat scriptum, inducendo eum quod scriberet ad modum aliorum. Quibus respondebat loquens fideliter scripsisse, et quod nihil mutaret, prout nec mutavit, imo fideliter scripsit ». (Quich. tom. II, p. 340).

(3) Il s'agit ici du fait rapporté par le dominicain fr. Isambard de la Pierre, dans sa déposition

qualitas quo ad sexum, etatem et sensum requirebat, non ministravit (1), cum tamen non solum juris canonici, sed et civilis legis benignitas hoc velit et jubeat.

XX°, quia cum de assensu subinquisitoris aliqui ivissent ad consolandum eam ac exhortandum, ab eodem episcopo gravissimas minas de submersione perpessi sunt ; et ob hanc causam quidam magister Johannes de Fonte, quem suum in hac parte vicarium alias instituerat, fugam latenter peciit, duoque fratres predicatores ob id, nisi obstitisset memoratus subinquisitor, in maximo discrimine vite sue fuerunt ; quippe et multi alii similes terrores de exilio, submersione et hujusmodi substulerunt, ut patet in informacionibus (2).

XXI°, quia quidam falsi et ficti suasores ad ipsam, illo episcopo ut verissimiliter presumitur sciente, ymo forsan ad hoc mictente, hortante et suggerente, introducebantur, simulantes se de parte regis Francie, et eam in dolo adhortantes ne ullo modo, si evadere mortem vellet, ecclesie se submicteret ; quorum unus ex informacionibus magister Nicholaus Loiseleur nuncupatur (3).

XXII°, quia absque legitima et sufficienti comprobacione rei, cum utique tocius processus

---

comme témoin juré à l'enquête préparatoire du procès de révision, le 5 mars 1450 (nouveau style). Un jour, à l'audience, ce digne religieux avait suggéré à Jeanne de se soumettre au jugement du concile général, alors réuni à Bâle, et Jeanne ayant accueilli avec joie ce conseil d'un ami dévoué, « tout incontinent, par grant despit et indignacion, l'évesque de Beauvais commença à crier : Taisez-vous, de par le diable ! et dist au notaire qu'il se gardast bien d'escrire la submission qu'elle avoit faicte ». (Quicherat : *Procès*... tom. II, pp. 4-5). — Voir la déposition de Guillaume Manchon, du lundi 8 mai 1452, (Quicherat : *ibid.* p. 343) ; et celle faite le lendemain par le fr. Isambard, (Quicherat : *ibid.* p. 349).

(1) On a vu dans les notes précédentes la preuve de cette allégation. L'huissier Jean Massieu le disait à l'enquête de 1450 : « La dicte Jehanne n'eut oncques aucuns conseils ; et luy souvient bien que ledit Loyseleur fut une fois ordonné à la conseiller, lequel luy estoit contraire, plustost pour la decevoir que pour la conduire ». (Quich. tom. II, p. 15).

(2) Le dominicain Guillaume Duval raconte ainsi le fait à l'enquête de 1450 : « Laquelle session faicte, cellui qui parle et frère Isambart, avecques maistre Jehan de la Fontaine, furent députés juges pour la visiter et conceiller ledit jour après disner. Lesquelz vindrent ensemble au château de Rouen pour la visiter et admonester. Là trouvèrent le comte de Warvic, lequel assaillit par grand despit et indignation, mordantes injures et opprobres contumélieux ledit fr. Isambart en luy disant : « Pourquoy souches-tu le matin ceste méchante, en lui faisant tant de signes ? Par la morbleu ! Vilain, si je m'aperçois plus que tu mettes peine de la délivrer et advertis de son prouffit, je te ferai gecter en Seine ». Pourquoy les deux compagnons dudit Isambart s'enfouirent de paour en leur couvent ». (Quich. tom. II, p. 10). Guillaume Manchon dépose de son côté ce qui se passa au tribunal, quand l'évêque de Beauvais apprit d'un garde de la prison qu'ils avaient conseillé à Jeanne de se soumettre au pape et au concile : « En l'absence d'iceulx de Fonte et religieux, ledit evesque se courrouça très fort contre maistre Jehan Magistri, vicaire de l'inquisiteur, en les menassant très fort de leur faire desplaisir. Et quant ledit de Fonte eut ce congnoissance, et qu'il estoit menacé pour icelle cause, se partist de ceste cité de Rouen, et depuis n'y retourna ; et quant aux deux religieux, se n'eust été ledit Magistri, qui les excusa et supplia pour eulx, en disant que se on leur faisoit desplaisir, jamais ne viendroit au procès, ils eussent été en péril de mort ». (Quich. tom. II, p. 13).

(3) Nous avons allégué plus haut, dans une note du chapitre VIII de la *Recollectio*, plusieurs dépositions qui établissent le fait mentionné ici de nouveau par Bréhal.

materia saltim pocior incerta esset et occulta, ac in omni recto judicio ad partem humaniorem trahenda, ymo pocius absque diffinicione penitus relinquenda, nichilominus adjudicavit eam, et compulit coram multis milibus personarum utriusque sexus publice exponi, atque in scafaldo (1) sublevatam cum extrema ignominia predicari, et tandem, nisi quedam enormia atque execrabilia, sibi per cedulam quam minime previdit aut intellexit exhibita, nedum revera per eam numquam perpetrata, sed et neque excogitata, revocaret et abjuraret, de illam statim comburendo fecit per predicantem aspere comminari (2) ; et denique, cum illa merito resisteret, jussit sentenciam diffinitivam de relinquendo eam brachio seculari pro majori parte legi. Ista similiter constant ex processu et informacionibus.

XXIII°, quia cum ipsa, de vigore hujuscemodi abjuracionis ignara, suadencium instanciis simpliciter et humiliter paruisset, quippe et supplicasset quatinus a tetris et prophanis illis carceribus et a vinculis ipsis crudelibus quibus tamdiu afflicta exstiterat absolveretur, virisque probis et ecclesiasticis custodienda traderetur, eligens pocius concito mori, ut lacrimabiliter asserebat, quam ulterius sic detineri, nichilominus, eodem episcopo volente, fuit per manus gladiatorum anglicorum ad pristinos carceres contumeliose reducta, et crudelius quam ante detenta, ymo et de violacione sue pudicicie vehementer impetita. Hec, ut prius, ex processu et informacionibus (3).

XXIIII°, quia precise ob causam resumpcionis habitus viri modo premisso, et etiam constantissime adhesionis ad suas revelaciones, prefatus episcopus non acquiescens deliberacioni et consilio sanioris partis assistencium super ea causa per eum convocatorum (4), cito et precipitanter ad diffinitivam sentenciam processit, brachioque seculari cremendam (5) reliquit. Hoc ex processu.

---

(1) Scafaldus : tabulatum altius adductum, theatrum ; Gallis, eschafaud. — Du Cange : *Glossarium* . . . tom. VI, p. 85.

Le procès-verbal du 24 mai raconte les détails de la prédication faite par Erard au cimetière de Saint-Ouen, pendant laquelle Jeanne demeura exposée sur un échafaud à la vue d'une multitude de peuple, devant le cardinal de Winchester et les trois évêques de Thérouenne, de Noyon et de Nordwick, accompagnés de huit abbés et d'un grand nombre de docteurs. — Cf. Quicherat, *Procès* . . . tom. I, pp. 443 et suiv. — Voir aussi les notes du *Summarium*, art. VI.

(2) D'après la déposition de Jean Massieu, « ledit Erard, à la fin du preschement, leut une cédulle contenant les articles de quoy il la causoit de abjurer et révoquer » ; il ajouta que « s'elle alloit à l'encontre d'aucuns desditz articles, elle seroit arse . . . Tu les abjureras présentement, ou tu seras arse ». (Quich. tom. II, p. 17).

(3) Presque tous ces détails se retrouvent dans les passages des dépositions précédemment citées, surtout au *Summarium*, art. IV et VI. — Guillaume Manchon a rapporté à l'enquête de 1450 la demande que Jeanne fit après son abjuration. « Au partement du preschement de Saint-Ouen », elle dit : « Or ça entre vous gens d'Église, menez-moi en vos prisons, et que je ne soye plus en la main de ces anglois ». Sur quoy, monseigneur de Beauvais respondit : « Menez-la où vous l'avez prinse ». Pourquoy fut remenée au chasteau, duquel estoit partie ». (Quich. tom. II, p. 14).

(4) Bréhal fait allusion à la délibération du 29 mai où l'abbé de Fécamp dit qu'il fallait, avant de rendre la sentence, lire de nouveau et expliquer à Jeanne la formule d'abjuration. La plupart des consulteurs présents c'est-à-dire trente-trois d'entre eux, se rangèrent à cet avis, dont Cauchon ne tint pas compte. Cf. Quicherat : *Procès* . . . tom. I, pp. 463-467.

(5) Au lieu de *cremandam*.

XXV°, quia ad extremum, ut ex tenore registri circa finem patet, fuit per istum Johanna omni communione (1) et gracia judicialiter reputata penitus indigna, quamvis penitencie et eucharistie sacramenta percipere devotissime requisiverit ; ut constat ex informacionibus.

XXVI°, quia per unam et eamdem sentenciam fuit Johanna pronunciata excommunicata, neque tamen reperitur quod exinde beneficium absolucionis reportaverit, sicut ex stillo inquisicionis et moris et juris est ; sed confestim post pronunciacionem igni tradita fuit, tamquam non solum corporis sed etiam anime, quantum potuit et sua interfuit, ille ad cumulum vindicte impius judex perdicionem sicieret. Hoc in processu ex tenore sentencie perpenditur (2).

XXVII°, quia non obstante devotissimo atque piissimo ejusdem Johanne exitu, cujus gracia etiam ille episcopus coacta compassione impulsus uberrime lacrimari visus est (3), nichilominus adhuc quod supererat sue ferocitatis non omictens, quippe et mortuam persequi volens, jussit flamme reliquias, utpote cineres et pulveres, colligi et in flumen ex toto projici. Hoc ex fama publica patet (4).

XXVIII°, quia quemdam religiosum ordinis predicatorum, eo quod dixerat omnes qui sepe dictam puellam dampnaverant seu judicaverant male fecisse, compulit judicialiter re-

---

(1) Lan. : commutatione. — Ce fut après avoir autorisé l'administration des sacrements de pénitence et d'eucharistie, que Cauchon prononça la sentence qui déclarait Jeanne excommuniée. La remarque en fut faite à l'enquête de 1450 par le fr. Isambard de la Pierre. (Cf. Quich. tom. II, p. 6). Un procédé si étrange méritait assurément une flétrissure spéciale.

(2) La teneur même de la sentence suffit sans doute à établir ce fait, sur lequel néanmoins les commissaires apostoliques portèrent leur attention dans l'interrogatoire des témoins. La déposition de Guillaume Manchon est aussi explicite que possible : « Interrogatus... qualiter sibi tradiderunt Eucharistiae sacramentum, attento quod eam declaraverunt excommunicatam et haereticam, et si eam absolverint in forma Ecclesiae : dicit quod super hoc fuit deliberatum per judices et consiliarios, an sibi petenti deberet dari Eucharistiae sacramentum, et quod absolveretur in foro poenitentiali ; non tamen vidit aliam absolutionem sibi exhiberi ». Déjà pareille détermination avait été prise lorsque Jeanne, gravement malade dans son cachot, demanda « avoir confession et son Sauveur aussi ». Le juge impitoyable répondit : « Si perseveraret in illo proposito de non submittendo se ecclesiae, non poterant sibi ministrari sacramenta quae petebat, excepto sacramento poenitentiae, quod semper eramus parati exhibere » (Quich. tom. I, p. 377).

(3) En rapportant, à la fin du dernier chapitre de la première partie, les détails de la pieuse mort de la Pucelle, nous avons dit que tous les témoins s'accordaient à parler de l'émotion et des pleurs de l'assistance. Cauchon lui-même ne put s'empêcher de verser des larmes. Voir, entre autres, la déposition du fr. Isambart de la Pierre. (Quich. tom. II, p. 352).

(4) Bréhal parle ici d'après le bruit public, comme il a soin de le noter. Il ne pouvait pas en effet baser son affirmation sur les dépositions des témoins entendus au procès. A part André Marguerie, qui attribue au cardinal d'Angleterre l'ordre de jeter à la Seine les cendres de la Pucelle (Quich. tom. III, p. 185), Pierre Cusquel, Laurent Guesdon et Pierre Daron (Quich. tom. III, pp. 182, 188, et 202) racontent seulement le fait sans préciser par qui il a été commandé. L'huissier Jean Massieu ne paraît pas mieux renseigné sur ce point. Voici son témoignage d'ailleurs intéressant : « Audivit etiam tunc dici a Johanne Fleury, clerico baillivi et graphario, quod tortor retulerat quod, igne cremato et in pulvere redacto, remansit cor illaesum et sanguine plenum. Et sibi fuit dictum quod pulveres et quidquid ex ea remaneret, congregaret et in Sequanam projiceret ; quod et fecit ». (Quich. tom. III, pp. 159-160).

vocare, et carceri fere per annum in pane et aqua presumpsit condempnare. Hoc expresse habetur in fine registri (1).

Et ita ejusdem episcopi manifesta severitas ac persone affectatum odium ex premissis evidenter comperitur, cum tamen in judice, etiam secundum dictamina civilium legum, hoc ad summum execrabile censeatur, quoniam semper ad humanitatem inclinant ; (ff. *De legibus et senatusconsultis*, lege « Nulla », in qua dicitur) : [f° cxcij v°] « Nulla juris racio aut equitatis benignitas patitur, ut que salubriter pro utilitate hominum introducuntur, ea nos duriore interpretacione contra ipsorum comodum producamus ad severitatem » (2). Et (ff. *De officio presidis*, lege « Observandum »), dicitur : Jus reddens in recognoscendo excandescere, scilicet ira, odio aut indignacione, non debet adversus eos quos malos putat (3). Quanto magis ergo secundum canonica jura in ecclesiastico judice aut prelato, causam potissimum fidei deducente, severitas ac impietas dampnabilis perhibetur, cum promptiora semper sint ad absolvendum quam ad condempnandum, (ut c. « Ex litteris », *De probacionibus ;* et ad hoc in *glosa* allegantur ibidem multe concordancie) (4). Sed et in premissa fidei causa, que pocius ad reducendum devios quam puniendum ex communi et sincere (5) intencione ecclesie agitur, omne odium, omnis rigor, omnisque impia severitas tam prelatis quam inquisitoribus contra hereticam labem deputatis districtissime et sub gravissimis penis interdicitur : (ut clare patet in *Constitucione* « Multorum », cum notatis ibidem per doctores, titulo *De hereticis* libro vij°) (6).

---

(1) Après les actes du procès de Jeanne d'Arc, y compris l'information et les dépositions illégales qui eurent lieu dans la semaine consécutive à l'exécution, le registre contient encore les pièces concernant le fait que Bréhal allègue en dernier lieu pour manifester l'animosité de Cauchon et l'énormité de sa conduite. Un dominicain, Pierre Bosquier, avait traité de méfait le jugement rendu contre la Pucelle. L'évêque de Beauvais, sans juridiction sur l'inculpé, osa le traduire à sa barre et l'obliger à faire amende honorable. Non content de lui avoir imposé une humiliante rétractation, il rendit un arrêt par lequel il infligeait au soi-disant coupable la peine de la prison au pain et à l'eau jusqu'au jour de Pâques de l'année suivante. La sentence fut rendue le 8 août 1431, et en 1432 Pâques tombait le 20 avril. — Cf. Quich.: *Procès*... tom. I, pp. 495-496.

(2) C'est le texte entier de la loi, qui est la vingt-cinquième du titre III, *De legibus, senatusque consultis, et longa consuetudine* au livre premier du *Digeste* ; (p. 237).

(3) Ici Bréhal s'est contenté d'emprunter à la loi « Observandum » quelques-unes de ses principales expressions, qu'il a disposées à son gré, en y ajoutant une petite glose pour expliquer le mot : *excandescere*. — La loi est la dix-neuvième du titre XVIII, au premier livre du *Digeste* ; (p. 257).

(4) La raison alléguée par Bréhal : cum promptiora semper, etc. est extraite du chapitre « Ex litteris », qui est le troisième du titre XIX, au second livre des *Décrétales* ; (pp. 684-682). — Sur le mot *promptiora* la *glose* marginale cite un grand nombre de dispositions légales, qui démontrent la vérité de cette affirmation.

(5) Il faudrait évidemment . *sincera* ; mais l'*e* du manuscrit est bien formé.

(6) Les divers paragraphes du chapitre I « Multorum », titre III *De haereticis*, au v° livre des *Clémentines* (p. 263), contiennent à cet égard les recommandations les plus expresses, et les gloses des plus célèbres canonistes appellent l'attention sur ce point d'une importance capitale. Dans son *Directorium*, Nicolas Eymeric cite le texte de la *Clémentine* « Multorum » et la *glose ordinaire* de Jean André, pp. 111 et 215.

Nec sufficit ad excusacionem hujus, quia frequenter iste episcopus videtur protestari se zelo fidei et affectu justicie dumtaxat ad procedendum moveri. Nam vicia plerumque se virtutes minus provide menciuntur : (c. « Nisi cum pridem », *De renunciacione*, circa medium ; et c. « Sepe », xlj dist.) (1) ; et specialiter crudelitas zelus justicie vult apparere, (ut ibi dicitur). Ideo in proposito ait Crisostomus : « Prohibet Christus me (2) per jactanciam justicie christiani christianos ledant ac despiciant, ut solis plerumque suspicionibus sunt quidam ceteros odientes et condempnantes, ac sub specie pietatis proprium odium exequentes » (3). Et Tullius, (libro primo *de officiis*), ait : « Tocius injusticie nulla capitalior, quam eorum qui, cum maxime fallant, ita agunt ut boni viri videantur » (4). Et rursus : « Existunt sepe injurie quadam nimis callida sed maliciosa juris interpretacione ; ex quo illud factum est jam tritum proverbium : Summum jus summa injuria est » (5) ; et illud : Simulata equitas duplex est iniquitas.

Et hoc sufficiat de presenti capitulo.

TERCIUM CAPITULUM

De incommoditate carcerum ac custodum ejus.

Ex premissis jam quodammodo apparet, quod carceres, in quibus Johanna detenta per longum illius qualiscumque processus fuit, non erant competentes, nec respectu detente

---

(1) Vers le milieu du titre IX *De renuntiatione*, au premier livre des *Décrétales*, se trouve le chapitre sixième « Nisi cum pridem », (pp. 232-238) dans lequel le pape fait une remarque analogue à propos d'une renonciation sous prétexte d'humilité.

Le canon « Saepe », sixième de la XLI distinction, au premier livre du *Décret* (p. 249), est plus explicite ; il est ainsi conçu : « Saepe se vitia esse virtutes mentiuntur, ut tenacitas parcimonia, effusio largitas, crudelitas zelus justitiae, remissio pietas velit videri ».

(2) Au lieu de : Prohibet Christus *me*, qui est une faute de copiste, il faut lire : *ne*....

(3) Ce passage se trouve dans l'*Opus imperfectum in Matth.* hom. XVII in cap. VII. 4, parmi les œuvres faussement attribués à S. J. Chrysostôme. L'auteur inconnu dit : « Dominus hoc mandato non prohibet christianos ex benevolentia corripere alios christianos dignos correptione : sed ne aut per jactantiam justitiae suae christianos despiciant peccatores, derogantes frequenter de multis, et ex solis plerumque suspicionibus odientes caeteros et condemnantes, et sub specie pietatis proprium odium exequentes ». Migne : P. Gr. tom. LVI col. 725. — Bréhal l'a probablement emprunté à la *Chaine d'or* de S. Thomas (*in Matth.* VII) — *Opera omnia*.... tom. XVII, p. 84.

(4) La citation est textuelle, hormis une légère variante (lib. I *de Officiis*, XIII). — Œuvres de Cicéron : tom. XXVII, p. 314.

(5) Ce passage est emprunté au même ouvrage (lib I *de Officiis*), mais au chap. X : « Existunt etiam saepe injuriae calumnia quadam et nimis callida sed malitiosa juris interpretatione. Ex quo illud : summum jus, summa injuria, factum est jam tritum sermone proverbium ». Œuvres de Cicéron : tom. XXVII, p. 304.

Le proverbe suivant n'est pas de Cicéron, à notre connaissance du moins ; mais nous l'avons rencontré dans S. Augustin, où la forme caractéristique de l'expression nous avait suggéré de le chercher. Commentant le 7ᵉ verset du *Psaume* 63, l'évêque d'Hippone parle ainsi à son peuple : (*Enarrat. in Ps.* 63 n. 11) : « Simulata aequitas non est aequitas, sed duplex iniquitas, quia et iniquitas est et simulatio ». Migne : P. L. tom. XXXVI, col. 765.

persone ; quia mulier erat et juvenis, de qua legis civilis edictum sic habet : Nulla mulier, neque in causa civili neque in criminali, in carcere mictatur, aut viris custodienda tradatur, ne ejus castitati injurietur; sed si de gravissimo crimine accusetur, in monasterium vel assisterium immictatur, aut mulieribus tradatur a quibus custodiatur, donec causa manifestetur (1); (in *Autentica* novo jure, C. *De custodia et exhibicione reorum*). Unde, etiam in carcere prohibetur fieri commixtio sexuum tamquam indecens et periculosa : (lege iij, C. *De custodia reorum*). Nam in isto favetur mulieri : (lege j, C. *De officio diversorum judicum*) (2).

Racione vero cause, nullatenus decuit quod in tali carcere, videlicet prophano, squalido, obscuro, crudeli, hostili atque privato, id est, ubi capti ex bello ponebantur, ipsa manciparetur et detineretur. Fingebat enim iste episcopus se contra Johannam super crimine heresis et in causa fidei procedere. Ideo, cum sit crimen mere ecclesiasticum : (c. « Ut inquisicionis », §. « Prohibemus », *De hereticis*, libro vj°) (3), non debuit in carcerem prophanum et secularem detrudi, et presertim cum in civitate rothomagensi sint ecclesiastici carceres boni et opportuni, quos, ut premissum est, idem episcopus imploraverat, et pecierat cum territorio sibi ob hanc causam signanter accommodari, et obtinuerat, sicut expresse patet ex serie lictere prefate accommodacionis.

Unde, circa detencionem hereticorum seu hereticales carceres, per providenciam ecclesie et ex jure inveniuntur quedam specialia introducta, que tamen iste nullo modo observavit ; (de quibus clare legitur et notatur in *Clementina* « Multorum », *De hereticis*) (4). Nam, ubi non sunt speciales pro hoc crimine carceres, qui in quibusdam regionibus muri dicuntur, tunc vigore legis ecclesiastice carceres episcopales debent dyocesanis et inquisitoribus esse

---

(1) Le manuscrit de la *Recollectio* porte : *assisterium*, au lieu du mot d'origine grecque : *ascoterium*, qui se lit dans les éditions imprimées. D'après Du Cange (*Glossarium*... tom. 1, p. 428) le latin *assisterium* dériverait d'*assistere*.

Dans la référence, qui suit la citation du Droit, il y a une erreur de mémoire, provenant de la similitude des titres. Le greffier a écrit : *De custodia et exhibicione reorum*, qui se trouve au *Digeste*, tandis que le véritable titre (quatrième du neuvième livre du *Code*) est seulement : *De custodia reorum*. C'est là (p. 588) que se trouve le texte du droit nouveau allégué par Bréhal. — L'édition que nous avons sous les yeux renvoie ensuite au titre XVII *Ut nulli judicum* ; Novella Constitutio de Vicariis §. necessarium, cap. IX in collatione IX *Authenticarum* ; (p. 1039).

(2) C'est la loi troisième « Quoniam unum » du titre IV *de custodia reorum*, au IX° livre du *Code*, (p. 587), qui interdit le mélange des prisonniers et prescrit une habitation séparée pour les femmes.

La loi première « Nemo judex » du titre XLVIII *De officio diversorum judicum*, au premier livre du *Code* (p. 104), favorise les mères de famille par une disposition spéciale.

(3) Dans le paragraphe « Prohibemus », du chapitre XVII, titre II *De haereticis*, au cinquième livre du *Sexte* de Boniface VIII (pp. 639-642), défense est faite aux seigneurs temporels et à leurs officiers de connaître du crime d'hérésie. La raison est donnée dans les termes mêmes cités par Bréhal :« cum sit crimen mere ecclesiasticum ».

(4) Cette *Clémentine*, déjà citée par Bréhal, sera encore plus d'une fois alléguée dans la suite. Elle se trouve au V° livre des *Clémentines*, titre III *De haereticis* ; le chapitre premier (pp. 263-269) renferme les dispositions relatives aux prisons spéciales des hérétiques.

II. — LA FORME DU PROCÈS. — CHAP. III   137*

communes. Ideo iste non debuit aut potuit licite alios assumere. Unde et Johanna merito, de eo quod non erat in ecclesiasticis carceribus, conquerebatur ; et ille utique veniebat de manifesta temeritate increpandus : (ut in c. « Si decreta », xx dist.) (1).

Preterea, eam duro tradere carceri et arto, longo tempore priusquam inquisitorem requireret, presumpsit. Ideo, juxta prefatam constitucionem, nulliter et indebite, presertim ante citacionem et cause cognicionem, processit. Unde et lex dicit : Nullus incarcerari debet, ut ligetur in carcere, antequam convincatur (2).

Amplius, non solum duro et arto (3), sed etiam terribili et penali carceri eam tradidit, contra expressum tenorem dicte *Clementine ;* et iterum secundum leges, cum carcer pocius inventus sit ad custodiam quam ad penam : (ff. *De penis*, « Aut dampno » §. « Solent ») (4). Nam et ipsarum legum humanitas vult, quod etiam reus capitalis criminis exhibitus non debeat pati manicas ferreas inherentes ossibus ; sufficit enim ut talis tute custodiatur, et nullatenus crucietur : (C. *De custodia et exhibicione reorum*, lege j) (5). Que etiam lex non

---

(1) Le canon « Si decreta » est le second de la vingtième distinction, dans la première partie du *Décret* ; (p. 109). Il est conçu en ces termes : « Si decreta Romanorum Pontificum non habetis, de neglectu atque incuria estis arguendi. Si vero habetis et non observatis, de temeritate estis corripiendi et increpandi ».

(2) Bréhal n'indique pas où il a pris ce texte, qu'il cite probablement de mémoire. Il nous semble qu'il avait en vue la loi « Nullus », qui est la seconde du titre III : *De exhibendis et transmittendis reis*, au neuvième livre du *Code*, (p. 587). Elle s'exprime ainsi : « Nullus in carcerem, priusquam convincatur, omnino vinciatur ».

(3) Lan : arduo. — La *Clementine* citée tout à l'heure défend expressément les agissements dont Cauchon s'est rendu coupable.

Au chapitre précédent, nous avons cité les dépositions relatives au traitement qu'on infligeait à Jeanne dans son cachot. Il ne nous reste à noter ici que certaines particularités propres à donner une connaissance plus complète du lieu. Laurent Guesdon dit : « Erat in carceribus castri rothomagensis, non in carceribus communibus ». (Quich. tom. III, p. 187). Mauget Leparmentier ajoute : « in grossa turri » ; (*ibid.* p. 186). Le fr. Isambard de la Pierre : « in quadam camera satis tenebrosa. » (Quich. tom. II, p. 302). Pierre Cusquel : « in quadam camera sita subtus quemdam gradum, versus campos.... versus portam posteriorem ». (Quich. tom. III, pp. 180 et 305). Enfin l'huissier Massieu : « in quadam camera media, in qua ascendebatur per octo gradus ». (Quich. tom. III, p. 454).

(4) La raison alléguée par Bréhal se trouve, quant au sens, au paragraphe « Solent » de la loi « Aut damnum », qui est la huitième du titre XIX *De poenis* dans le livre XLVIII du *Digeste*; (p. 1623).

(5) Nous avons déjà fait remarquer qu'il y a, au *Digeste*, livre XLVIII, un titre III *De custodia et exhibitione reorum* ; (p. 1587). La première loi de ce titre laisse au juge la libre appréciation de ce qu'il convient de faire de l'accusé suivant la qualité de la personne ou la gravité du crime. Bien que ce texte puisse être allégué dans le sens que Bréhal avait en vue, nous n'hésitons pas à affirmer qu'il y a eu ici, de la part de l'inquisiteur ou du greffier, une confusion avec le titre similaire du *Code*. En effet le manuscrit ne porte pas le sigle du Digeste (ff), mais le C. placé avant le titre, selon son usage pour indiquer le *Code*. Il faut donc lire : *Code* (livre neuvième), *De Custodia reorum* (titre IV), loi première « In quacumque causa » ; (p. 587). C'est là qu'on retrouve les passages auxquels Bréhal fait allusion dans son texte. On y lit : « Interea vero reum exhibitum, non per ferreas manicas et inhaerentes ossibus mitti oportet.... ut cruciatio desit ». Puis, après avoir fait mention de la lumière du jour, dont on ne doit pas priver l'accusé, la loi ajoute ces paroles, qui sont manifestement indiquées dans la phrase subséquente de la *Recollectio* : « Ne pœnis carceris perimatur ; quod innocentibus miserum, noxiis non satis severum esse dignoscitur ».

patitur hujusmodi reum in obscuro diei luce privari ; quanto magis, ait, innocenti miserum esset. Unde, cum ex hujusmodi penoso carcere se intollerabiliter cruciari frequenter palam et in judicio Johanna conquesta sit, protestans pocius velle mori quam ulterius sic torqueri (1), ex hoc plane irritatur, si quid contra se confessa fuerit, quia « qui in carcerem detrusit aliquem, ut ab eo aliquid extorqueret, quicquid ob hanc causam factum est nullius est momenti » (2) ; (ff. *Quod metus causa*, lege penultima). Et etiam ultro mori appetens ut penam questionis effugiat non est audiendus : (ff. *De questionibus*, lege j §. « Si quis ») (3). In verbo autem questionis, non solum intelliguntur tormenta corpori exhibita, sed etiam fames, sitis, squalor carceris, et quilibet alius dolor quo quis afficitur, donec objectum crimen confiteatur. Ymo sordidus carcer potest convenienter questio appellari : (ff. *De injuriis*, lege « Apud Labeonem », §. « questionem », et §. « questionis ») (4).

Denique, quantum ad custodes qui commentarienses in jure civili vocantur, est per constitucionem ecclesie superius allegatam, quantum ad causas fidei pertinet, lex specialis ad providenciam et exactam cautelam posita : videlicet, quod deputentur duo, unus ex parte episcopi, alter ex parte inquisitoris, quorum quilibet ipsius carceris seu conclavis differentem clavem debet habere, ita ut secundum communem episcopi et inquisitoris ordinacionem universa detentis necessaria ministrentur et singula peragantur ; quod hic per istos nullo modo reperitur observatum.

Ceterum ipsi custodes, per constitucionem predictam, debent esse discreti, industriosi atque fideles, ut constat ex textu ejusdem ; que minime presumi possunt de istis ad custodiam Johanne deputatis. Nam hii erant viri [f° **cxciij r°**] bellicis dediti, et per consequens de viciis multis suspecti, juxta illud quod de beatissimo Martino ait Severus Sulpicius, de tempore milicie ejus loquens : « Integer tamen ab illis viciis, quibus illud hominum genus implicari solet » (5). Nam tironibus, id est militibus, non debet facile hujusmodi custodia commicti, eo quod nimis carnales sunt ; (ff. *De tironibus*, lege prima, in fine) (6). Et ita

---

(1) Cf. *Summarium*, art. vi.

(2) C'est presque à la lettre la loi vingt-deuxième « Cui in carcerem », c'est-à-dire l'avant dernière du titre iii *Quod metus causa*, au livre vi du *Digeste* ; (p. 323).

(3) La loi « In criminibus » est la première du titre xviii *De quaestionibus*, au livre XLVIII du *Digeste* ; (pp. 1618-1619). Le paragraphe 27 « Si quis » débute ainsi : « Si quis ultro de maleficio fateatur, non semper ei fides habenda est. Nonnunquam enim aut metu, aut qua alia de causa, in se confitetur ».

(4) C'est le sens des deux paragraphes « Quaestionem » et « Questionis » (§. 41) de la loi « Item apud Labeonem », qui est la quinzième du titre x *De injuriis*, au livre XLVII du *Digeste* ; (p. 1569).

(5) Sulpice Sévère : *De vita beati Martini*. — Migne : P. L. tom. xx col 161. D.

(6) Il y a manifestement une confusion ou une omission dans cette référence. La première loi du titre xliv *de tironibus* appartient au XII livre du *Code*, (p. 751) ; et non au *Digeste*, dont le sigle [ff] a pourtant été fort clairement tracé par le greffier. Il nous paraît vraisemblable que le texte original de l'inquisiteur alléguait deux lois à ce sujet : l'une du *Digeste*, la quatorzième du titre iii : *De custodia et exhibitione reorum*, au livre XLVIII ; (p. 1588.), dans laquelle on lit précisément l'assertion de Bréhal : « Non est facile tironi [*glossa* : id est, novo militi] custodia credenda » ; l'autre serait empruntée au *Code* : *De tironibus*, lege prima, in fine.

nullo modo Johanna, que juvencula erat, debuit istis commicti, (juxta auctoritatem premissam, novo jure) (1).

Licet non digne opus sit hic plurimum allegare, aut dicta fulciri argumentis vel auctoritatibus, quoniam manifesta ibi patet iniquitas, rursus juxta eamdem *Clementinam*, ipsi custodes de fidelitate prestare debent juramentum. Sed hic omnino presumi poterat quod hii erant in proposito, scilicet ad eam custodiendum, malefidi; sicut et de facto patuit in violenta actemptacione pudicicie ejus, et in variis afflictionibus sibi in ipso carcere illatis. Quinymo idem episcopus plene noverat quod illi, quia anglici genere ac subjectionis lege, erant de inimicicia in Johannam ad hoc non permictendi. Ad hoc etiam constabat cuilibet manifeste, cum evidens esset, eos hostes capitales esse; ideoque primo opere cavere debuit, ne ad eorum manus deveniret, cum indubitanter animadvertere posset quod, et per se ipsos et alios effrenatos hostilesque complices, plurimas molestias Johanne inferrent, cum tamen dicat lex (prima C. *De custodia reorum*) (2) quia observatores reorum cum humanitate quadam debent tractare incarceratos, nec debent accusatoribus crudelitatem suam vendere precio vel gracia, astringendo incarceratos fame, vel angustia aut siti, vel trahendo eos a loco audiencie unde neminem audiant, vel clamantes a nemine audiantur. Si autem hoc fecerint, debet judex eis imponere penam capitalem; alioquin infamatur ipse judex, et periculum subit pro arbitrio superioris. Hec verba in forma ponit Azo (in *Summa*, rubrica predicta).

Ex informacionibus nempe factis Rothomagi clare habetur, quod innotuerunt dicto episcopo plurime enormes violencie ac molestie ipsi simplici ac miti puelle irrogate. Nichilominus illos custodes perfidos non punivit; et certe satis presumitur quod non fuisset ausus, cum etiam, ut asseritur, ingressum ad dictos carceres nonnisi per magnam difficultatem ipse haberet, et quam captivam suam dicebat in potestate libera non teneret. Ideo consequenter patet, quod de clavibus, juxta providenciam dicte constitucionis, nichil penitus fuit observatum, similiter neque de actencione et sollicitudine circa administracionem victus et aliorum necessariorum, cum tamen lex etiam civilis decernat quod episcopi tenentur subvenire diligenter de victu necessario incarceratis : (C. *De episcopali audiencia*, lege « Judices ») (3).

Patet ergo evidenter incomoditas carceris et custodum, seu commentariensium, et per consequens non solum iniquitas, sed et maxima impietas judicis.

---

(1) L'autorité invoquée par Bréhal est celle de la *Novelle* 134, *Ut nulli judicum*, (p. 1040), que nous avons mentionnée plus haut.

'(2) La loi première « In quacumque causa » du titre IV au livre neuvième du *Code*; (p. 587). — Bréhal allègue ci-après le sens, et même en grande partie le texte du commentaire fait sur cette loi par Azzon, célèbre jurisconsulte du XII° siècle, professeur à Bologne et à Montpellier, mort vers la fin de 1220, qu'on avait surnommé le *Maître du droit* et la *source des lois*. — Voir : *Summa Azonis in jus civile*, p. 236, col. 2.

(3) La loi « Judices » est la neuvième du titre IV, au premier livre du *Code*; (p. 46). Elle entre dans le détail des fournitures à faire pour les vivres des détenus.

QUARTUM CAPITULUM.

De recusacione judicis, et sufficienti provocacione seu appellacione ad papam.

Ex hiis que de impietate et affectu inordinato, deque incompetencia judicis, ac de incomoditate carcerum, et hujusmodi, proxime deducta sunt, satis apparet quod Johanna illum judicem pretensum merito recusare debuit, et a gravaminibus sibi illatis vel inferendis appellacionem interponere legitime potuit. Commune est enim et vulgatissimum in jure, quod suspecti et capitales inimici judices esse non possunt aut debent : (ut late deducitur in c. « Quia suspecti », iij. q. v) (1). Nam, secundum Tancredum, recusacio est a jurisdictione judicum declinacio per excepcionem suspicionis appositam (2). Coram enim judice suspecto non debet quis compelli litigare : (c. « Ad hec », *De rescriptis* ; c. « Cum sicut », *De eo qui mictitur in possessionem causa rei servande*)(3). Hoc enim periculosum est : (c. « Cum inter », *De excepcionibus*) (4). Que tamen sint cause recusandi judicem non multum invenitur expressum, sed pro manifesta causa suspicionis : (ut c. « Quia vero », *De judiciis*) (5). Pos-

---

(1) Le canon « Quod suspecti » (et non : Quia) est le quinzième de la question vi (le greffier a omis un chiffre), cause iii, dans la seconde partie du *Décret*, (p. 923). Il débute par ces mots : « Quod suspecti et inimici judices esse non debeant, et ipsa ratio dictat, et plurimis probatur exemplis. ». Puis il expose ces diverses preuves tout au long ; *late deducitur*, comme dit Bréhal.

(2) Tancrède, né à Bologne, fut chanoine, puis archidiacre de la cathédrale de cette ville en 1226. Il avait suivi les cours d'Azzon et d'autres professeurs. Il a laissé un *Ordo judiciarius*, qui est un traité de procédure d'après les principes du droit romain et du droit canonique. — Sa définition de la récusation est adoptée par plusieurs auteurs. Elle se trouve dans son livre 2, *De recusationibus judicum* ; f⁰ 52 col. 3.

(3) Le chapitre « Ad haec » est le dixième du titre iii *De rescriptis*, au premier livre des *Décrétales* ; (pp. 38-39). Le pape y déclare sans valeur certaines lettres qu'on prétendait émaner de la chancellerie pontificale, d'après lesquelles il aurait été loisible de choisir des juges « sibi propitios, et parti adversae suspectos ».

Le chapitre « Cum sicut » est le deuxième du titre xv, au livre second des *Décrétales* ; (p. 666). Il y a peut-être ici quelque erreur de référence ; car rien dans ce chapitre ne nous paraît s'appliquer à la question.

(4) Le chapitre « Cum inter » est le cinquième du titre xxv, au V⁰ livre des *Décrétales* ; (pp. 838-839). On y lit la raison qui vient d'être alléguée ici par Bréhal.

(5) Le titre i *De judiciis*, du second livre des *Décrétales*, renferme un chapitre *Quia* V. (initiale d'un nom propre) ; mais il n'y est pas question de récuser le juge pour cause de suspicion. — Au chapitre xix du même titre, on trouve un §. « Quia vero » (pp. 357-359) ; il n'est pas davantage applicable à la citation de Bréhal. — Le second livre des *Décrétales* contient cependant un titre *De appellationibus* (xxix), où il fait mention expresse de la récusation du juge pour ce motif.

Il est possible que l'inquisiteur ait en vue le titre similaire *De judiciis*, qui est le premier du troisième livre du *Code* ; car on y rencontre une loi « Apertissimi juris », qui est la seizième (p. 165), dans laquelle le législateur donne aux parties le droit de récuser des juges : « quia sine suspicione omnes lites procedere nobis cordi est, liceat ei qui suspectum judicem putat, antequam lis inchoetur, eum recusare... » Et à la suite de cette loi, on renvoie au §. « Si vero contigerit » des *Authentiques* (*Novell*. 86 : *Ut differentes judices audire interpellantium allegationes cogantur* tit. xv, coll. vi ; p. 941).

sunt tamen designari sex cause : scilicet, ambicio laudis, timor, ira, amor, odium, cupiditas. Hiis enim corruptus judex veritatem male examinat. Versus : Omnis laus, timor, ira necant, amor, odium, dataque cecant ; (ut c. « Nichil », lxxxiij dist. ; « Accusatores » iij. q. v ; et xj. q. iij per totum) (1).

Manifestum autem est ex predictis, quod hec omnia corrupte suspicionis judicia apparuerunt in hoc episcopo judicium istud usurpanti. Nam clarum est, quod venalis ambicio laudis, et ut ab anglicis vane glorie atque gratuite premia commendacionis seu acceptacionis reportaret, eum maxime induxit et movit ; (quod summe dampnatur in c. « Cum eterni » *De sentencia et re judicata*, §. « Si quis », libro vj) (2). Unde hoc videtur persone accepcionem includere ; de qua dicitur, (*Proverbiorum* xviij) : « Accipere personam in judicium non est bonum (3) ».

Fuit etiam, ut premissum est, in ipso processu justissimus (4) metus ipsi Johanne multipliciter illatus, quoniam detinebatur in potestate et districtu inimicorum suorum capitalium quod erat sufficiens inductivum, non solum recusacionis, sed etiam appellacionis (ut notatur in verbo « Sub districtu », c. « Accedens », *Ut lite non contestata*)(5). Nam ad officium judicis pertinet partibus cum securitate locum assignare : (c. « Cum locum » *De sponsalibus* ; c. « Hortamur » iij. q. ix ; c. « Ex parte, » *De appellacionibus* ; ff. *De judiciis*, lege « Si longius » ;

---

(1) Le canon « Nihil illo » est le sixième de la LXXXIII distinction, dans la première partie du *Décret* ; (p. 505).

Le canon « Accusatores » est le huitième de la question v, cause III, dans la seconde partie du *Décret* ; (p. 924).

Dans ces deux canons, ainsi que dans un certain nombre de ceux de la question III, cause XI, il est question des passions diverses qui peuvent corrompre la rectitude du jugement.

Quant aux vers mnémotechniques allégués ici par Bréhal, nous ignorons à quel recueil l'inquisiteur les a empruntés. Une citation, probablement faite de mémoire, doit en avoir altéré la teneur ; car ils sont dépourvus de la quantité prosodique, et ne conservent qu'un certain rhythme avec la consonance des hémistiches.

(2) Le chapitre « Cum aeterni », premier du titre XIV, au second livre du *Sexte* (pp. 372-375), a déjà été cité. Il expose les conditions essentielles d'une sentence juste ; et dans son paragraphe « Si quis », il condamne sévèrement les juges qui agissent en dehors de ces conditions.

(3) Le texte de la Vulgate (*Prov.* XVIII. 5) est assez différent : « Accipere personam impii non est bonum, ut declines a veritate judicii ».

(4) Le manuscrit porte bien « justissimus », et nous le reproduisons tel quel. On peut, à la rigueur, entendre cette expression dans un sens acceptable, si l'on traduit que la crainte subie par la Pucelle en maintes occasions durant sa cruelle captivité était trop justifiée, puisqu'elle se savait au pouvoir de ses ennemis mortels. Néanmoins, nous croyons que Bréhal avait écrit : *injustissimus metus*, et que, par inadvertance du greffier la particule négative a été omise dans la transcription du texte original. Cette leçon en effet cadre mieux avec le contexte, qui a précisément pour but de montrer que la crainte infligée à Jeanne au mépris de toute justice lui donnait le droit de récuser ses juges et même de faire appel. Elle est d'ailleurs plus conforme au langage usité parmi les théologiens et les canonistes, qui nomment la crainte juste ou injuste, suivant qu'elle est le résultat d'une action juste ou injuste.

(5) Le chapitre « Accedens » est le quatrième du titre VI, au second livre des *Décrétales* ; (p. 573). Il y est fait droit à la requête d'un vicomte, qui récuse ses juges parce qu'ils sont sur le territoire et sous la domination de son ennemi mortel.

ff. *De arbitris*, lege « Si cum dies » §. « Si arbiter »)(1). Etiam et in istorum potestate simpliciter erat ; ex quo consurgebat maximus metus ; quoniam istud de jure timetur, hoc refugit racio, hoc de more vitatur, hoc abhorret natura : (ut in *Clementina* « Pastoralis », §. « Esto igitur,», *De sentencia et re judicata*) (2). Et hoc est, secundum Hostiensem, justa causa recusacionis ; quia quis potest timere propter se, propter parentes et propter bona. (Argumentum : in cap. « Visis. », xvj. q. ij. circa medium) (3).

Preterea, iracundie passionem hic episcopus in multis, ut dictum est, ostendit, et prosequens (4) legitime recusabilem ac suspectum se reddidit. (Argumentum efficax, in lege « Observandum », ff. *De officio presidis*) (5).

Item apparuit corruptus favor in multis, ut habitum est: quoniam hic pretensus judex partem anglicorum mirabiliter fovebat, et eis summe familiaris erat, ideoque in hoc judicio veniebat legitime recusandus : (ut in dicto c. « Accedens », *Ut lite non contestata* ; et c. « Insinuante », *De officio delegati* ; c. « Postremo », *De appellacionibus* ; c. « Quia suspecti », iij. q. vj : c. « Placuit ». ij. q. v) (6).

---

(1) Le chapitre « Cum locum » est le quatorzième du titre premier *De sponsalibus*, au quatrième livre des *Décrétales* ; (p. 1429). Il dit : « Necesse est ut, ubi assensus cujusquam requiritur, coactionis materia repellatur » ; raison facilement applicable à l'affirmation de Bréhal.

Dans le canon « Hortamur », qui est le vingtième de la question IX cause III, seconde partie du *Décret*, (p. 955), le pape recommande aux juges de procurer la sécurité des témoins.

Le titre XXVIII *De appellationibus*, au deuxième livre des *Décrétales*, renferme deux chapitres « Ex parte ». L'un est le quarante-septième (p. 942) ; l'autre est le soixante-septième (p. 973). Tous les deux parlent du défaut de sécurité.

La loi « Si longius », qui est la dix-huitième du premier titre, au Ve livre du *Digeste*, (p. 361) a trait plutôt à la sécurité du juge qu'à celle des parties ; elle est applicable indirectement à la question.

Enfin on trouve au *Digeste* : livre IV, titre VIII : *De receptis qui arbitrium receperunt*, une loi, la vingt-et-unième, dont deux paragraphes (5 et 10) commencent par les mots « Si cum dies » et « Si arbiter » ; (p. 351). Mais elle nous semble avoir peu de rapport avec les précédentes citations.

(2) Ce sont les expressions même du second chapitre, titre X, au second livre des *Clémentines* ; (p. 134).

(3) Le canon « Visis » est le premier de la seconde question, cause XVI, dans la seconde partie du *Décret* ; (p. 1411). — Voir le commentaire de l'Hostiensis (Henri de Suze).

(4) Telle est la leçon du manuscrit. N'est-ce pas une faute de copiste, au lieu de : *per consequens* ?

(5) Loi déjà citée, dix-neuvième du titre XVIII, au premier livre du *Digeste* ; (p. 357).

(6) Le chapitre « Accedens » est le quatrième du titre VI, au second livre des *Décrétales*, (p. 573). Il y est déclaré qu'un des juges est récusé, parce qu'il était trop favorable à la partie adverse.

Le chapitre « Insinuante » est le vingt-cinquième du titre XXIX : *De officio et potestate judicis delegati*, au livre premier des *Décrétales* ; (pp. 352-353) ; il y est parlé de la récusation d'un juge suspect de partialité.

Le chapitre « Postremo » est le trente-sixième du titre XXVIII, au second livre des *Décrétales* ; (p. 928). Le pape admet la récusation du juge délégué, qui serait suspect à cause de sa parenté.

Le canon « Quod suspecti » (le greffier a encore mis : Quia) est, nous l'avons déjà noté, le quinzième de la question VI, cause III, dans la seconde partie du *Décret* ; (p. 923).

De odio autem ac inimicicia capitali ipsius episcopi ad Johannam evidenter patuit : idcirco juste eum recusavit. Nam capitali inimico nullus tenetur se submictere : (ut in preallegata *Clementina* « Pastoralis», et in sepe dicto capitulo « Accedens »). Si enim quis propter inimicicias capitales repellitur a testificando : (ut c. « Cum oporteat, » *De accusacionibus;* et c. « Per tuas », *De symonia*) (1) ; quanto magis a judicando repelli debet, quia minor causa repellit judicem quam testem : (xj. q. iij, « Quicumque ») (2). Cujus racio assignatur, quia plures judices facilius inveniuntur quam unus bonus testis. Ut enim dicit Hostiensis, modica causa [fº cxciij vº] repellit judicem, ut lis sine suspicione procedat : (argumentum, C. *De judiciis*, lege « Apertissimi » ; et c. « Secundo requiris », *De appellacionibus*) (3). Notat etiam Johannes, (in dicto capitulo « Quia suspecti »), quod sufficit protestari aliquam suspicionem, et quicquid post illam protestacionem fit non tenet, ac si post appellacionem factum esset : (c. « Cum sicut », *De eo qui micticur in possessionem causa rei servande*) (4). Ymo, etsi non protestetur, si tamen postea probet suspicionem, cassatur quod fit contra eum : (ut in sepius allegato capitulo « Accedens »). Ideo, cum hic non solum fuerit privatum odium, sed evidens persecucio, ex consequenti fuit justa recusacio : (ad quod facit optime lex « Si pariter », ff. *De liberali causa*) (5).

Idem concluditur ex eo quod iste episcopus erat inimicus regis Francie et veri ac legitimi domini ipsius Johanne ; quia propter dominum tota familia recusat jurisdictionem alicujus : (lege j. C . *Si quacumque preditus potestate*) (6). Quippe et inimicus reputatur judex

---

Quant au canon « Placuit », la référence doit être fautive : il n'existe pas de canon commençant ainsi dans la cause II. Nous avons vainement cherché parmi les nombreux canons « Placuit » quel pourrait être celui auquel Bréhal renvoie.

(1) Le chapitre « Cum oporteat » est le dix-neuvième du titre I, au Vᵉ livre des *Décrétales* ; (p. 1588). Il y est question de récuser des témoins, et le pape déclare qu'il n'accepte pas le témoignage d'ennemis manifestes.

Il en est de même dans le chapitre « Per tuas », trente-deuxième du titre III, même livre ; (pp. 1630-1634).

(2) Le canon « Quicumque » est le soixante-dix-neuvième de la question III, cause XI, dans la seconde partie du *Décret* ; (p.1189). Il ne donne pas la raison alléguée ici par Bréhal, mais il montre la perversité du juge, lorsqu'il agit par des motifs d'amitié ou d'inimitié, etc.

(3) La loi « Apertissimi » est la seizième du titre premier, au livre troisième du *Code* ; (p. 465).
— La phrase de l'Hostiensis (Henri de Suze) est formée d'après ce texte du Droit civil.

Le chapitre « Secundo requiris » est le quarante-et-unième du titre XXVIII *De appellationibus* au second livre des *Décrétales* ; (p. 932). Il se termine par ces mots : « Ipsa namque ratio dictat, quod suspecti et inimici judices esse non debent » ; (p. 933). — Voir la note de Jean André, que Bréhal allègue ci-après.

(4) Le chapitre « Cum sicut » est le second du titre XV, au deuxième livre des *Décrétales* ; (p. 666). Du cas résolu dans ce chapitre, à propos d'une mise en possession contre laquelle une protestation a été faite, Jean André et les commentateurs déduisent le principe invoqué par l'inquisiteur.

(5) La loi « Si pariter » est la neuvième du titre XII, au quarantième livre du *Digeste*, (p. 1324). On y lit : « Ad eumdem judicem mittetur, nisi justam causam adferat quare ad eum mitti non debent, forte si eum judicem inimicum sibi esse adfirmet ».

(6) La première loi « Si quis ordinaria » du titre VII, au Vᵉ livre du *Code*, (p. 295), vise le cas

oriundus de terra ubi adversarius jurisdictionem habet, aut si est subditus ejus; (ut notatur in dicto capitulo « Accedens », super verbo « Inimicorum »).

Demum, quo ad precium et munus, satis notum est quod iste episcopus episcopium lexoviense (1) ob hanc causam vindicavit et obtinuit ; cum tamen dicat canon : « Is qui recte judicat, et premium remuneracionis expectat, fraudem in Deum perpetrat, (xj. q. iij) (2) ; conclude : quanto magis ergo ille qui inique judicat. Et (ibidem, c. « Pauper »), dicitur quod ergo munere cito justicia violatur (3).

Et ita ex omni parte Johanna justam causam recusandi habuit. Nam a principio interrogacionum et sessionum, prefato episcopo in hunc modum dixit : « Ego dico vobis, advertatis bene de hoc quod dicitis vos esse meum judicem, quia vos accipitis unum grande onus, et nimium oneratis me ». Et iterum ibidem : « Vos dicitis quod estis judex meus, advertatis de hoc quod facitis, quia in veritate ego sum missa ex parte Dei, et ponitis vos ipsum in magno periculo, seu dangerio » (4); (folio xvjº c, et folio xvijº b). Rursus alibi dixit eidem episcopo : « Vos dicitis quod estis meus judex ; ego nescio si vos sitis, sed advisetis bene quod non male judicetis, quia poneretis vos in magno dangerio, et ego adverto vos ad finem quod si vos Deus inde castiget, ego facio debitum meum de dicendo vobis » ; (fº xxxvjº F) (5). Ex informacionibus vero clare habetur quod nullo modo voluit se submittere judicio illius episcopi, allegans quod ipse erat inimicus ejus capitalis (6). Et ita, recusacione ista interveniente, debuit omnino hic assertus judex a deductione cause cessare, maxime quia ubi etiam secundum

---

d'un juge qui abuse de son pouvoir pour contraindre une femme à l'épouser, et, à ce propos, elle déclare qu'il est loisible à cette femme « cum sua suorumque domo jurisdictionem ejus evitare ».

(1) Cauchon fut nommé à l'évêché de Lisieux, le 29 janvier 1430. Il aurait, dit-on, souhaité l'archevêché de Rouen qui lui avait même été promis comme récompense de ses services dans l'affaire de Jeanne d'Arc. Il dut se contenter de faire valoir ses droits au siège épiscopal de Lisieux, et sur les instances du roi d'Angleterre, sa nomination fut confirmée par Eugène IV le 8 août 1432. — Cf. *Gallia christiana*, tom. xi, col. 793. — Voir aussi Quicherat : *Procès*... tom. i, p. 2, note.

(2) Hormis le mot *Is* qui ne se trouve pas dans les éditions imprimées, et la suppression du mot *inde* au second membre de la phrase, c'est le texte même du soixante-sixième canon de la question troisième, cause xi, dans la deuxième partie du *Décret* ; (p. 1183).

(3) Le canon « Pauper » est le soixante-douzième de la même question iii, cause xi ; (p. 1187). On y lit cette déclaration expresse : « Cito violatur auro justitia ; nullamque reus pertimescit culpam, quam redimere nummis existimat ».

(4) Dangerium : incommodum, difficultas, mira contentio ; nostris, *Dangier*, eodem sensu. — Du Cange : *Glossarium* ... tom. ii, p. 144.

Les feuillets indiqués par Bréhal sont ceux du registre authentique du procès de condamnation. On peut lire ces mêmes réponses aux interrogatoires publiés par Quicherat : *Procès*... tom. i, pp. 60 et 62.

(5) Renvoi au registre du procès de condamnation. — Voir Quicherat : *Procès*... tom. i, p. 154.

(6) « Nolebat se submittere illis praesentibus, saltem dicto episcopo Belvacensi, cum essent inimici ejus capitales ». Déposition du fr. Isambart de la Pierre. — Voir Quicherat : *Procès*... tom. ii, p. 349).

leges appellacio est remota, recusacio tamen est permissa : (C. *Ut non liceat in una eademque causa*, lege una « Si quis in quacumque » ; ij. q. vj) (1).

Proinde et ipsa legitime ad summum pontificem censenda est appellasse, et hoc potissimum duplici racione : videlicet, propter gravamen justicie et persone ; secundo vero, propter arduitatem seu magnitudinem cause.

Ex namque superius deductis clare perpenditur, quod Johanna intollerabiliter in hoc processu contra justiciam gravabatur. Unde ex tot oppressionibus et gravaminibus, sibi per procedentes illatis, potuit non solum verissimiliter suspicari, sed evidenter pocius concludere, quod in diffinicione cause tandem magis ipsa gravaretur. Constat vero, quod appellacionis beneficium ad relevamen injuste oppressorum introductum est : (ut c. « Omnis oppressus », ij. q. vj ; c. « Licet », *De appellacionibus* ; cum similibus) (2). Cujus etiam gracia legimus, (*Actuum* xxv°), a Festo preside Paulum apostolum Cesarem appellasse. Hec vero puella, ab episcopo sepe dicto et aliis coassistentibus se nimium onerari seu gravari, sepius in judicio conquesta est, et judicium illorum causando recusavit, ut dictum est. (Pro quo bene facit c. « Non ita », in fine, ij. q. vj ; et §. « Oppressi », *ibidem*) (3).

Nec obstat, quod propriis terminis non est usa dicens : appello, aut provoco, vel hujusmodi ; quia, (ut notatur in c. « Dilecti »), gaudet jus simplicitate sua (4). Unde etiam secundum leges, in causis spiritualibus subtilitates reprobantur ; (ut ff. *De religiosis*, lege « Sunt

---

(1) Ici Bréhal fait deux renvois. L'un, au livre VII du *Code*, titre LXX, dont la loi unique commence par les mots : « Si quis in quacumque » ; (p. 515). A l'occasion de cette loi qui défend un troisième appel, les commentateurs font cette remarque : « Recusatio judicis non numeratur in numero appellationum ».

L'autre renvoi se rapporte à la question VI de la cause II, dans la seconde partie du *Décret* ; (pp. 825-829). Cette cause pour objet de régler les conditions et les formes légales des appels.

(2) Le canon « Omnis oppressus » est le troisième de la question VI, cause seconde, dans la deuxième partie du *Décret* ; (p. 825). On y déclare que tous les opprimés peuvent librement faire appel.

Le chapitre « Licet » est le douzième du titre XV, au second livre du *Sexte* ; (p. 420). Bien que Bréhal ait omis d'indiquer : *libro sexto*, cette référence n'est pas douteuse ; car il n'existe pas de chapitre « Licet » dans les titres *De appellationibus*, soit des *Décrétales*, soit du Droit romain. D'ailleurs, la teneur de ce chapitre est très applicable à l'affirmation de l'inquisiteur.

(3) Le canon « Non ita » est le dix-huitième de la question VI, cause II, dans la seconde partie du *Décret* ; (p. 833). Il se termine ainsi : « In ecclesiasticis vero [negotiis], dicta causa, recedere licet, si necesse fuerit, aut si se praegravari viderit ».

Quant au §. « Oppressi », l'indication *ibidem* montre qu'il s'agit du canon III déjà cité tout à l'heure, de la même cause et de la même question.

(4) C'est la remarque d'un glossateur, au sujet des expressions du chapitre « Dilecti ». Bréhal ne donne pas de référence ; mais, après lecture des nombreux chapitres du droit canon qui commencent par le même mot, il nous semble que l'allégation concerne le sixième du premier titre *De judiciis*, au second livre des *Décrétales* (p. 526), où l'on trouve la recommandation suivante : « Provideatis attentius, ne ita subtiliter, sicut a multis fieri solet, cujusmodi actio intentetur inquiratis, sed simpliciter et pure factum ipsum et rei veritatem, secundum formam canonum et sanctorum patrum instituta, investigare curetis ».

persone ») (1). Simplicitati equidem partitur in multis articulis juris: (ut c. « Tanta nequicia », lxxxvj dist. ; ff. *De jurisdictione judicis,* lege « Si quis » §. « Doli » ; ff. *De in jus vocando,* lege ij §. j) (2). Nam et expressus est casus (in c. « Ad audienciam », *De appellacionibus*) (3), ubi quidam presbyter protectioni sedis apostolice, eo quod a suo episcopo gravabatur, se submisit, quamvis verbum appellacionis ex simplicitate non expresserit, nichilominus decernitur, quod sentencia postmodum lata non teneat, sed pro legitima appellacione censeatur, quoniam pocius ad intencionem et sensum quam ad verba recurrendum est : (c. « Marcion », j. q. j ; et c. « Sedulo », xxxviij dist.) (4). Sermo namque rei subjectus est, non e contra : (c. « Intelligencia », *De verborum significacione*). Unde et plus reputatur facto quam verbo provocare : (ut c. « Dilecti filii », *De appellacionibus*) ; sicut et plus est factis demonstrare quam verbis dicere : (ff. *De edilicio edicto*, lege « Si tamen », §. « Ei qui ») (5). Ex quibus patet, quod a solemnitatibus in appellando de jure communi observandis censetur Johanna legitime excusata.

Secundo autem, non parum ad vigorem et valorem sue appellacionis facit arduitas seu magnitudo materie de qua agebatur, videlicet de visionibus et revelacionibus sibi factis. Et dimisso quod causa ipsa dominum regem Francie, qui tamen vocatus non fuit, satis proxime tangebat, de quo jurisperitus multas raciocinaciones ad fundandum veritatem appellacionis

---

(1) Cette déclaration se trouve en effet vers la fin de la loi « Sunt personae », qui est la quarante-troisième du titre VII, *De religiosis et sumptibus funerum,* au onzième livre du *Digeste*; (p. 505.)

(2) Le canon « Tanta nequitia » est le vingt-quatrième de la dist. LXXXVI, dans la première partie du *Décret*; (p. 523). — Le pape y adresse à un vieillard les reproches les plus sévères, et déclare qu'il aurait mérité un châtiment : « sed quia simplicitatem tuam cum senectute novimus, interim tacemus... » Par distraction, le copiste a écrit *partitur*, au lieu de *parcitur*.

Le greffier a ajouté au titre *De jurisdictione,* le mot *judicis*, qui ne se trouve pas dans les éditions imprimées. M. Lanéry d'Arc a surajouté : *omnis* : il y a en effet dans le *Code* un titre : *De jurisdictione omnium judicum* ; mais il ne contient ni loi « Si quis » ni §. « Doli ». D'ailleurs le manuscrit porte manifestement le sigle du *Digeste* (ff). La loi « Si quis » est la septième du titre premier : *De jurisdictione*, au second livre du *Digeste*; (p. 260). Au paragraphe « Doli » se trouve mentionnée l'excuse de la simplicité : « ... si per imperitiam vel rusticitatem ... fecerit, non tenetur ».

La loi seconde, paragraphe 1, du titre IV: *De in jus vocando*, au second livre du *Digeste*, ne contient rien qui se rapporte à l'affirmation de Bréhal. La référence est fautive, et l'erreur tient à une confusion avec le titre suivant : *Si quis in jus vocatus non ierit* ; car au §. 1 de la loi II « Ex quacumque causa » (p. 265) on lit ces mots : « rusticitati enim hominis parcendum erit ».

(3) Le chapitre « Ad audientiam » est le trente-quatrième du titre XXVIII : *De appellationibus,* au livre second des *Décrétales* ; (p. 927). Bréhal en donne le résumé fort exact.

(4) Le canon « Marcion » est le soixante-quatrième de la question première, cause première, dans la seconde partie du *Décret* ; (p. 663). Il y est dit de l'Écriture qu'il faut regarder le sens plutôt que les mots.

Le canon « Sedulo » est le douzième de la XXXVIIIe distinction, dans la première partie du *Décret* ; (p. 235). Il déclare : « ita esse praeponendas verbis sententias, ut praeponitur animus corpori ».

(5) Le chapitre « Intelligentia » est le sixième du titre XL : *De verborum significatione,* au Ve livre

forsan induceret, solum materiam in hiis revelacionibus comprehensam pro nunc actendimus. Constat enim ex processu, quod hii pretensi judices miro modo Johannam infestabant, ut illa suas revelaciones abnegaret; quod quidem, ut deductum est, nullo modo debuit. Unde et beatus Paulus (loco preallegato) de causa jam interposite appellacionis loquens, ad visionem sibi factam cum coram rege Aggripa, et multa sibi revelata misteria fidei narrans, pervenisset, statim adjecit : « Unde, rex Aggripa, non fui incredulus celesti visioni ». Cui siquidem, ita racionem de objectis reddenti, cum dixisset subsannatorie preses Festus : « Insanis, Paule » ; respondit constanter beatus Paulus : « Non insanio », inquit, « optime Feste, sed sobrietatis et veritatis verba eloquor » (1). Sic et in proposito : electa hec puella, cum super firma et constanti assercione suarum revelacionum multum frequenter et diu infestata fuisset, et de quibus poterat varias raciones eleganter disseruisset, tamdem cum molestie gravamina alias evadere non posset, ad romanum pontificem de universis dictis et factis suis, illa ei submictendo, se plene retulit, et ad eum duci per eumque judicari crebro et instanter peciit seu requisivit, aut etiam ad generale concilium ; ut patet ex informacionibus (2). Ideo sue appellacioni debuit omnino deferri ; quoniam, secundum omnem catholicam doctrinam et secundum jura, hujusmodi secreta et ignota Deo soli reservantur : (ut c. « Si omnia », vj. q. j ; c. « Erubescant », xxxiij dist. ; c. « Christiana », xxxij. q. v ; cum similibus) (3).

Que vero circa fidei veritatem ardua aut obscura emergunt, ad sedem apostolicam refferri debent etiam per appellacionem, (ut optime expressum est in c. « Vel ex malicia », §. « Si vero », De appellacionibus) (4). Ardua quidem, ut in c. « Quotiens », (xxiiij. q. j), ubi dicitur : « Quotiens fidei racio ventilatur, debent omnes fratres et coepiscopi nostri non nisi ad

des Décrétales ; (p. 1933). Il renferme les mots allégués par Bréhal : « ... Non sermoni res, sed rei via sermo subjectus ».

Le chapitre « Dilecti filii » est le cinquante-deuxième du titre xxviii, au deuxième livre des Décrétales ; (p. 947). On y trouve expressément la raison que Bréhal invoque : « Cum autem plus sit ad sedem Apostolicam facto provocare quam verbo ... »

Enfin, la loi « Si tamen » est la quarante-huitième du premier titre, au XXI° livre du Digeste ; (p. 744). Le paragraphe « Ei qui » contient cette phrase, à laquelle l'inquisiteur fait allusion : « multo amplius est id facere quam pronunciare ... »

(1) La Vulgate a : loquor. — Cf. Act. xxvi. 19, 24 et 25.

(2) Nous avons noté, à l'article v du Summarium, plusieurs passages des interrogatoires de Jeanne d'Arc et quelques dépositions des témoins à ce sujet.

(3) Ces canons déclarent expressément réservée à Dieu la connaissance des choses secrètes. Le canon « Si omnia » est le septième de la première question, cause vi, dans la seconde partie du Décret ; (p. 1003).

Le canon « Erubescant » est le onzième de la trente-troisième distinction, dans la première partie du Décret ; (p. 199).

Le canon « Christiana » est le vingt-troisième de la question vi (le greffier a omis le dernier chiffre), cause xxxii, dans la seconde partie du Décret ; (p. 2009). — Les textes similaires abondent, et il est facile de les rencontrer. Aussi, pour ne pas surcharger davantage nos annotations, nous nous contentons de dire avec Bréhal : cum similibus.

(4) La référence est inexacte : il n'existe pas de chapitre commençant par ces mots.

Petrum, id est, nominis sui auctoritatem referre debere » (1). (Ad quod etiam faciunt multi alii canones, ut ij. q. vj, fere per totum). Obscura denique, id est, de quibus dubia emergit questio, similiter debent ad prefatam sedem pro determinacione referri : (ut c. « Multis », xvij dist. ; et c. « Hec est fides », xxiiij. q. j; cum multis similibus) (2).

Unde non valet instancia, si quis dicat quod beneficium appellacionis in hac parte, tam secundum ecclesiasticam ordinacionem quam etiam secundum legem imperialem, dicitur criminosis in fide [f°.cxciiij r°]seu hereticis interdictum : (c. «Ut inquisicionis » *De hereticis*, libro vj°) (3). Hoc enim facile eliditur etiam ex serie textus premisse *Decretalis*. Ut enim dicit Archidiaconus : si bene videatur, loquitur de illis de quibus constat quod sunt heretici, nam dicit hereticis, credentibus, etc. (4). Istos quidem paulo ante vocat nequicie filios : unde hii, secundum leges et jura, non gaudent proclamacionis beneficio, aut etiam aliquo juris beneficio. Idcirco a contrario sensu, ubi non constat aliquem esse hereticum, tale juris beneficium ei denegari non debet. Ad quod etiam, secundum prefatum Archidiaconum, coadunat (5), quia in tam gravi crimine cum multa oportet cautela procedi : (c. « Ut officium », §. «Verum», eisdem titulo et libro) (6).

---

(1) La citation est exacte : c'est le canon « Quoties », douzième de la première question, cause XXIV, dans la seconde partie du *Décret*; (p. 1731). Mais il y a eu ici une distraction, qui a fait répéter : *debent debere*. Si cet infinitif est supprimé, la phrase devient correcte ; si au contraire on le conserve parce qu'il se trouve dans les textes imprimés, il faudrait alors, comme dans ceux-ci, remplacer le mot : *debent* par *arbitror*, et par suite mettre *coapiscopos nostros*, à l'accusatif.

Presque toute la question VI de la cause II, dans la seconde partie du *Décret* (pp. 825-859), traite de l'appel au Saint-Siège : Voir les canons 4, 5, 6, 7, 8, 10, 15, 16, 17, etc.

(2) Le canon « Multis » est le cinquième de la XVIIe distinction, dans la première partie du *Décret* ; (p. 85). Il rappelle que l'autorité du pontife romain est nécessaire pour la célébration des conciles ; et il ajoute expressément : « Majores et difficiliores quaestiones... ad sedem Apostolicam semper referantur ».

Le canon « Haec est fides », quatorzième de la question première, cause XXIV, dans la seconde partie du *Décret* (p. 1723), déclare qu'on ne craint pas de faire naufrage dans la foi, lorsqu'on est attaché au Saint-Siège. — Un grand nombre de textes similaires se lisent dans le *Corpus juris*.

(3) Le chapitre « Ut inquisitionis », dix-huitième du titre second : *De haereticis*, au Ve livre du *Sexte* (p. 639), contient cette clause importante, dont l'inquisiteur va exposer le sens, en s'appuyant sur l'autorité de l'Archidiacre, Gui de Baiso : « Non obstantibus appe.lationibus, seu proclamationibus, praedictorum nequitiae filiorum : cum tam secundum ordinationem praedecessorum nostrorum, quam secundum legem imperialem, appellationis et proclamationis beneficium expresse sit haereticis, et credentibus, ac eorum receptatoribus, fautoribus et defensoribus interdictum ».

(4) La citation est à peu près textuelle : elle est empruntée au commentaire de l'Archidiacre sur le *Sexte*, titre *De haereticis*. — Il en est de même des deux dernières phrases de notre paragraphe, à partir de *ubi non constat*... Le reste est de Bréhal.

(5) Le greffier a mal lu le texte qu'il copiait. Il faut lire : *coadjuvat*, comme l'avait probablement écrit Bréhal, d'après le manuscrit de l'Archidiacre.

(6) C'est de ce même livre du *Sexte*, titre *De haereticis*, que l'Archidiacre a extrait les derniers mots : « quia in tam gravi crimine... » Voir le chapitre onzième « Ut officium », au §. « Verum »; (p. 628).

Dicitur etiam quod hoc intelligitur, ubi jam data est sentencia diffinitiva; quod quidem plane demonstrat littera precedens, ubi exprimit de condempnatis et relictis. (Ad quod facit lex « Constituciones, » ff. *De appellacionibus*) (1).

Ex hiis etiam patet, quod non prejudicat si quandoque illis assertis judicibus et ad eorum interrogatoria responderit; quia et metus, seu coactio, ac etiam simplicitas digne eam excusant. Nam, ubi quis viribus preture seu jurisdictionis ad respondendum compellitur, ubi resistencia seu recusacio legitima non audiretur, nulla est jurisdictio, etiam ipso jure: (ut legitur et notatur in libro ij. ff. *De judiciis*); sicut etiam in definicione de dote per metum promissa, (ff. *Quod metus causa*, lege « Si mulier », §. « Si dos ») (2).

Patet ulterius, quod graviter isti erraverunt qui, post interjectam appellacionem, potissimum de tanta questione ad summum pontificem directe pertinente, ipsius cognicionem, ymo et judicium, usurpare presumpserunt ; (de qua temeritate plene legitur in sepe allegato c. « Hec est fides », xxiiij. q. j.).

QUINTUM CAPITULUM

De subinquisitore, ac ejus diffugio, et metu sibi illato.

Consequenter vero, an subinquisitor, qui in ipso processu pro magna parte concurrit, judex competens in ea causa fuerit an non, subtilioribus ac in jure pericioribus disceptandum relinquo. Colliguntur tamen aliqua ex registro et informacionibus, que totum discursum ac exitum judicii pro parte hujus, et quantum capere possum, reddunt suspectum, et, ut puto, annullandum.

In primis autem quodam modo ponderandum videtur quod, dum iste fuit per sepedictum episcopum de concurrendo sibi in processu seu adjungendo requisitus, quamvis protestaretur se in ea causa non habere legitimam potestatem, allegans quod dumtaxat in civitate et dyocesi rothomagensi erat substitutus, nunc vero processus ille auctoritate ordinaria belvacensis ecclesie deducebatur, nichilominus voluit idem episcopus et illum impulit, ut omnino processui se adjungeret : (hoc clare patet in registro, fol. xij° etc.).

Ex quo quidem possunt duo elici. Primum est, vehemens ardor seu aviditas ad procedendum istius episcopi, utpote non actendentis seu curantis, an ille subinquisitor sufficientem

---

(1) Telle est en effet la déclaration formelle de la loi « Constituciones », qui est la seizième du titre premier, au XLIX livre du *Digeste*; (p. 1639).

(2) La première référence du droit romain est fautive, par l'inadvertance manifeste du greffier, qui a écrit très lisiblement : li° ij; au lieu de l. ij, c'est-à-dire: *lege secunda*. La remarque, dont il s'agit, se trouve en effet dans la loi « Consensisse », qui est la seconde du titre premier *De judiciis*, au V° livre du *Digeste*; (p. 359).

La seconde référence est exacte: elle se rapporte à la loi : « Si mulier », qui est la vingt-et-unième du titre II *Quod metus causa*, au IV° livre du *Digeste* ; (p. 322). Le paragraphe troisième, allégué par Bréhal, est ainsi conçu : « Si dos metu promissa sit, non puto nasci obligationem ; quia est verissimum nec tamen promissionem dotis ullam esse ».

haberet virtutem vel ne : et sic in fundamento patet error, et per consequens in residuo. Nam, ubi fundamentum non est, superedificari non potest : (c. « Cum Paulus », j. q. j.) (1).

Aliud vero est ex parte subinquisitoris, qui quantum potuit et sibi licuit assensum de, dit quod ille episcopus procederet, cum tamen antea recte protestatus fuisset se nullam in ea causa habere auctoritatem. Itaque assensus iste nullus fuit : hoc patet ubi prius. Nam requiritur de jure, quod ipse talis fuerit qui mandare potuerit ut suo nomine fieret ; (prout notat Bernardus in c. « Cum nos », *De hiis que fiunt a prelato sine consensu capituli*) (2).

Et si quis objiciat quod valuit per ratihabicionem et vigore auctoritatis sibi postmodum ab inquisitore transmisse, de qua constat in processu ; nam ratihabicio retrotrahitur (3), (ut in c. « Ratihabicionem », *De regulis juris*, lib. vj°) : ad hoc patet responsio ex dictis. Non enim potest fieri ratihabicio, nisi ab eo qui mandare potuit. Unde proconsul si ante ingressum provincie mandavit legato suo jurisdictionem, quam ipsemet non habuit nisi postquam ingressus fuit provinciam, mandatum non tenuit ; tamen si postea ratum habeat quod mandavit, legatus tunc habebit jurisdictionem, non quidem a tempore quo mandavit, sed quo provinciam intravit : (ff. *De officio proconsulis*, lege « Observare », in fine) (4). Unde et in lege xij (§. « Sive quis », ff. *Rem ratam haberi*), dicitur ad idem quod ratihabicio non est sufficiens nisi fiat ab eo qui ab inicio mandare potuit, ita ut ejus nomine fiat ; et (c. « Auditis », *De electione*), dicitur sic : Quod non valet a inicio ex post facto convalescere non potest (5), id est, per subsequentem consensum ratifficari non potest ; (similiter omnino in lege « Que ab inicio », ff. *De regulis juris*) ; preterea dicit Bernardus, (in *glosa* super

---

(1) Le canon « Cum Paulus », vingt-sixième de la première question, cause I, dans la seconde partie du *Décret* (p. 641), s'exprime ainsi : « Ubi Christus non est fundamentum, nullum boni operis est superaedificium ». Bréhal en fait ici une application d'un sens plus général.

(2) Dans le chapitre « Cum nos », qui est le troisième du titre x: *De his quae fiunt a praelatis*, etc. au troisième livre des *Décrétales* (p. 1091), il s'agit d'une concession faite par l'évêque malgré les réclamations du Chapitre : elle est déclarée nulle *de vigore juris... nisi eam ratam postmodum habuisset [capitulum]*. La glose marginale, qui est de Bernard Bottoni, ou de Botono, originaire de Parme et chanoine de Bologne, canoniste fameux du XIII° siècle, s'exprime ainsi sur le mot *ratam* : « Ejus ratihabitione potest res rata haberi ab eo qui talia ab initio mandare potuit, si ejus nomine factum est ».

(3) C'est sans doute par suite d'une faute d'impression que le texte de M. Lanéry d'Arc porte : retrohabitio retrotrahitur. — Le chapitre « Ratihabitionem » est le dixième du dernier titre : *De regulis juris*, au cinquième livre du *Sexte* ; (p. 793). Voici cette règle : « Ratihabitionem retrotrahi, et mandato non est dubium comparari ».

(4) La loi « Observare » est la quatrième du titre XVI, au premier livre du *Digeste* ; (p. 253). A la fin, c'est-à-dire au 6° et dernier paragraphe, elle donne tout au long l'explication que Bréhal vient de résumer.

(5) La loi XII : « Quo enim », du titre VIII : *Rem ratam haberi*, au livre XLVI du *Digeste* (p. 1534), renferme au paragraphe « Sive quis » une déclaration, dont l'inquisiteur donne le sens, et non pas le texte. Mais il cite de plus près les expressions du chapitre XXIX, « Auditis » du titre VI *De electione*, au livre premier des *Décrétales*, (p. 154) ; et il ajoute la glose qui suit : *id est*, etc.

La loi « Quae ab initio », deux-cent-dixième du titre *De diversis regulis juris antiqui* (XVII) au livre L du *Digeste* (p. 1732), s'exprime de la même façon. Quant à la glose marginale, elle est, comme nous l'avons déjà signalé, de Bernard Bottoni, ou de Botono.

c. preallegato « Cum nos »), quod in hiis que ipso jure nulla sunt, ratificacio fieri non potest.

Denique ex processu constat, quod a die nona mensis januarii usque ad xiij marcii antedictus episcopus varias examinaciones solus fecit, et ad plurimos substanciales actus per se processit; siquidem, ut verissimile est, et ex informacionibus etiam satis aperte conjicitur (1), iste subinquisitor, magnitudinem cause et processus ineptitudinem perpendens, quantum potuit diffugia quesivit. Et ita quicquid actum est in ea causa redditur suspectum; quippe et omne id quod in ipsa causa postmodum fecit videtur contra conscienciam egisse: quod tamen nullo modo debuit, (ut c. « Litteras », *De restitucione spoliatorum;* c. « Per tuas », *De symonia*, et §. « Ex hiis », xxviij. q. v) (2). Proinde, ut testes deponunt, iste subinquisitor fuit variis sommacionibus vocatus et pulsatus, neque ausus fuisset contradicere: unde et in procedendo multos terrores ac metus ab anglicis perpessus est, ut ex informacionibus apparet (3).

Ex quibus sane redduntur processus et sentencia nulli atque invalidi, vel saltim merentur annullari; quoniam pervertitur timore humanum judicium, dum scilicet metu potestatis alicujus veritatem loqui pertimescimus: (c. « Quatuor », et « Quisquis », xj. q. iij), ac multum expresse statim post, (in c. « Injustum ») (4), ubi dicitur: Injustum judicium et diffinicio injusta, regio metu et jussu, aut cujuscumque episcopi seu potentis, a judicibus ordinata vel acta, non valeat. Tenent enim communiter doctores, quod sentencia lata vi aut metu, potissimum cadente in virum constantem, non valet. (Argumentum ad hoc: c. « Imprimis », ij. q. j; c. « Si sacerdotibus », xv. q. vj; c. « Lotharius », xxxj. q. ij; cum aliis concordanciis) (5). Tenet tamen Johannes (in predicto c. « Quatuor », super verbo « Timore »), quod

---

(1) Les lettres du manuscrit ne sont pas bien nettes: nous croyons pouvoir lire ainsi. M. Lanéry d'Arc admet comme leçon: *committitur;* ce qui nous semble moins en harmonie avec les caractères que nous déchiffrons, sans offrir d'ailleurs un sens acceptable.

(2) Les textes du droit que Bréhal invoque ici sont la solution de différents cas particuliers; mais tous allèguent la même raison, c'est-à-dire qu'on ne doit pas agir contre la conscience.

Le chapitre « Litteras » est le treizième du titre XIII, au second livre des *Décrétales*; (p. 634).

Le chapitre « Per tuas » est le trente-cinquième du titre III, au cinquième livre des *Décrétales*; (p. 1637).

Quant au §. « Ex hiis », la référence est évidemment fautive: la cause XXVIII dans la seconde partie du *Décret* n'a pas de question cinquième.

(3) Entre autres dépositions, il suffit de citer celle du frère Isambard de la Pierre: « aliqui de assistentibus in processus deductione procedebant.... ex timore ducti, ut praefatus subinquisitor et nonnulli alii ». (Quich. tom. II, p. 348).

(4) Les trois canons allégués se trouvent dans la seconde partie du *Décret*, question troisième de la cause XI. Le canon « Quatuor » est le soixante-dix-huitième, (p. 1189); le canon « Quisquis » est le quatre-vingtième, (p. 1189); et le canon « Injustum » est le quatre-vingt-neuvième, (p. 1195). Ils ont rapport aux actes faits par crainte. Le troisième est cité presque à la lettre.

(5) Bréhal cite seulement trois canons, empruntés à la seconde partie du *Décret*, pour prouver la nullité des actes judiciaires accomplis sous l'empire de la violence ou de la crainte; mais il y en a un grand nombre d'autres, qui sont concordants.

Le canon « In primis » est le septième de la première question, cause II; (p. 775).

sentencia metu lata valet, sed elidi potest per excepcionem : (xxv. q. j, c. « Omne quod »)(1). Ideo saltim venit irritanda et annullanda. Primum tamen istorum securius videtur et verius, cum a simili electio facta per metum nulla sit ipso jure; (ut c. « Quisquis », *De electione*) (2). Id namque quod per metum agitur, licet non sit ex toto involuntarium in casu, ut dicit beatus Thomas (3), in quantum videlicet quis agit aliquid ex causa ut vitet malum quod timet; coacta enim voluntas est voluntas, (c. « Merito », xv. q. j): tamen quod per metum agitur non potest dici liberum, maxime ubi metus intervenit [f°cxciiij v°] ex impressione potentis, cui comode resisti non potest nisi cum periculo; (ut c. « Hoc consultissimo » §. « Laici », *De rebus ecclesie non alienandis*, libro vj°) (4). Liberum nempe est quod suimet causa est, (ut dicitur in principio *methaphisice*) (5), seu quod alieno arbitrio non reservatur : (c. « Super eo », *De condicionibus appositis in desponsacione*) (6). Unde cum opporteat, secundum Cathonis sentenciam, quod animus in consulendo sit liber (7), multo magis hoc exigitur in judicando, et presertim ubi de causis fidei agitur, in quibus debet quorumcumque hominum metus divino timori postponi : (c. « Ut officium », circa principium, *De he-*

Le canon « Si quandoque a sacerdotibus » (le greffier a omis les deux mots intermédiaires) est le premier de la question vi, cause xv ; (p. 1349).

Le canon « Lotharius » est le quatrième de la question seconde, cause x xxi ; (p. 1959).

(1) C'est, à très peu de chose près, le texte de la *glose* de Jean André, y compris la citation du canon « Omne quod », qui est le huitième de la première question, cause xxv, dans la seconde partie du *Décret*; (p. 1781).

(2) Le chapitre « Quisquis » est le quarante-troisième du titre vi, au premier livre des *Décrétales*; (p. 182).

L'argument de Bréhal est, comme il le dit lui-même dans le langage de l'École, un argument *a simili*. On peut en effet assimiler le jugement à une élection, puisqu'il s'agit du choix à faire entre diverses sentences. Or, l'élection faite par crainte est nulle de plein droit : « ipso jure irritam esse censemus », dit le texte allégué. Donc le jugement rendu par crainte l'est aussi.

(3) S. Thomas expose très clairement cette doctrine par des exemples; voir 1. 2. q. vi. art. 6, in corp. — *Opera omnia* ... tom. xxi, p. 18, col. 1. — Bréhal ne fait pas une citation : il reproduit seulement la pensée du saint Docteur.

(4) Le canon « Merito » est le premier de la question première, cause xv, dans la seconde partie du *Décret*; (p. 1331). C'est la glose marginale de ce canon qui dit : « coacta voluntas est voluntas ».

Le chapitre « Hoc consultissimo » est le deuxième du titre ix, au troisième livre du *Sexte* ; (pp. 521-523). Il annulle la soumission forcée des églises ou des biens ecclésiastiques à la puissance séculière.

(5) Ce principe d'Aristote, souvent cité par S. Thomas, se trouve lib. i *Metaphysicorum*, lect. iii. C. — Voir S. Th. *Opera omnia* .... tom. iv, p. 12, col. 1.

(6) Le chapitre « Super eo » est le cinquième du titre v, au quatrième livre des *Décrétales*; (p. 1468).

(7) Bréhal n'indique pas de quel ouvrage il a tiré cette sentence de Caton. Nous avons été renseignés sur ce point par le mémoire de Thomas Basin. (M. Lanéry d'Arc : *Mémoires et consultations*... p. 192). On y lit ces paroles : « ... juxta illud Marci Catonis in sua oratione quam recitat Sallustius in Catilinaria ». C'est en effet dans le *Bellum Catilinarium*, cap. lv, de Salluste, qu'on rencontre un discours de Caton, dans lequel il s'exprime ainsi : « Animus in consulendo liber, neque delicto, neque lubidini obnoxius ». *Œuvres*, tom. i, pp. 413-414.

reticis, libro vj°); et inquisitoribus eas prosequentibus debet expedita et inviolabilis adesse facultas, (*ibidem* §. « Denique ») (1).

Et hoc sufficiat de presenti capitulo.

SEXTUM CAPITULUM

De articulorum falsitate, et corrupta eorum composicione (2).

Reperiuntur autem articuli, ad deliberandum seu qualificandum prelatis et doctoribus hinc inde transmissi, in multis viciose et non fideliter recollecti seu compositi. Dissonant enim plurimum, si quis diligenter actendat, dictis et assertis Johanne: et hoc per ampliacionem ibi factam, per diminucionem, id est multorum substancialium callidam suppressionem, per verborum confusam transposicionem, per intencionis dictorum et assertorum sive sensus variacionem, perque superfluam et ineptam effusi sermonis protractionem. Sed, ut clarius ipsorum articulorum defectus appareant, expedit discursive asserta per Johannam illis capitulis fideliter et diligenter comparare, sub tali tamen compendio ut necessitas in superfluitatem non exeat, et veritati brevitas non noceat.

Nam primus articulus multas falsitates dictis Johanne superadditas continet: ut videlicet quod sanctos apparentes ei osculata fuit; quod illorum capita vidit, et, juxta arborem et fontem in loco prophano sitos, illos sanctos pluries venerata fuit; quod dicti sancti apparentes promiserunt ei quod, ejus auxilio et laboribus, suus princeps vi armorum magnum dominium temporale et honorem mundanum recuperaret; quod malet mori quam habitum viri relinquere, et quod hoc quandoque simpliciter dixit; quod preelegit etiam non interesse missarum officiis et carere sacra communione eucharistie in tempore per ecclesiam fidelibus ordinato ad hujusmodi sacramentum recipiendum, quam habitum muliebrem resumere et virilem relinquere; quod nocte et die cum armatis conversabatur, raro aut numquam secum mulierem habens; quod militanti ecclesie se suaque facta et dicta submictere recusavit; quod de hiis que fecit se tantummodo retulit judicio Dei; quod salvaretur in gloria beatorum, si virginitatem quam sanctis sibi apparentibus vovit servaverit; quod asserit se certam de sua salute.

Hec enim omnia falsa esse, seu falsificata, evidenter apparent eorum etiam pretensorum judicum processum perscrutanti, sed quidem mendose et calumpniose adinventa, et huic articulo primo dolose inserta et apposita; ymo quasi totus articulus manifesta falsitate videtur corruptus, quoniam premissa, nec simpliciter, nec sic, aut aliquo modo, reperitur

---

(1) Le chapitre « Ut officium » est le onzième du titre II, au cinquième livre du *Sexte*; (pp. 626-631). Vers le commencement, il est recommandé aux inquisiteurs de tenir plus de compte de la crainte de Dieu que de la crainte des hommes. Le §. « Denique » du même chapitre revendique pour eux une autorité « expedita et inviolabilis ».

(2) Le texte de ces douze articles se lit dans le procès de condamnation : Quich. tom. I, pp. 414 et suivantes. La plupart des rectifications signalées ici par Bréhal sont faciles à contrôler, à l'aide des citations que nous avons faites dans les notes du *Summarium*.

Johanna saltem in pluri parte dixisse. Nam de osculo illo superius tacto, de capitibus, de prophano loco, de frequenti veneracione ibidem facta, de magno dominio temporali et honore mundano, de simpliciter eligendo pocius mori, aut non recipere sacram communionem, seu divino interesse officio, quam virilem vestem dimictere, de nocturna conversacione cum viris absque alia muliere, de recusacione se submictendi ecclesie, sed tantummodo judicio Dei, de voto virginitatis sanctis sibi apparentibus emisso, ac de certitudine salutis, nulla penitus in ipso eorum registro fit mencio, sed pocius apposita relacio, ut patet intuenti. Quod si forte alicui de premissis aliquo modo vel apparenter consonum quidpiam in ipso processu invenitur, aut illud est per addicionem mendaciter et inique aggravatum, ut dictum est, aut [per] suppressionem veritatis sublevantis (1) dolose falsificatum. Constat enim manifeste, quod articulus tacet quam instanter et sepe illa requisiverit, etiam ab inicio processus et per longum ejusdem, audire missam atque divino interesse officio et in habitu muliebri, ut in variis passibus registri patet. Tacetque de multiplici et legitima submissione sepius per eam facta ecclesie, domino pape, concilio generali, ymo etiam et clericis secundum formam superius designatam. Tacet quidem de illa salutis certitudine, (licet verbo certitudinis nusquam usa in eo passu fuerit, sed pocius credulitatis, ut dictum est), quid adjecerit et quam condicionem apposuerit, dicens quod credebat firmiter illud quod voces sibi dixerant, videlicet quod salvaretur, ac si jam esset; quod dictum sic se intelligere exposuit, dummodo teneret promissionem quam fęcit Deo, videlicet quod servaret bene virginitatem suam tam corporis quam anime; que condicio, quamvis videatur poni in articulo nono, tamen est variata secundum formam et substanciam, ymo etiam cum admixtione falsi; nam in eo dicitur sic: « Si bene servaret virginitatem quam eis vovit tam in corpore quam in anima »; nunc vero minime repperitur sic dixisse, et constat quod ille et iste modus dicendi seu loquendi varii ac diversi sint.

Quo ad secundum vero articulum, etiam falsum est quod dixerit sanctum Michaelem fuisse, qui apportavit signum sue missionis ad regem; sed quod unus et idem est angelus qui numquam sibi defecit. Residuum vero ejusdem articuli sonat de adventu et accessu Johanne ad regem, in quo videtur de angelo illo, ut superius deductum est, fictione parabolica fuisse partim locuta. Unde, cum ad eorum intencionem non deserviret, superfluum fuit apponere.

In tercio autem, ubi in principio dicitur certa, secundum verba Johanne debet poni quod ad credendum fuit mota propter bonum consilium, etc. Et in fine ejusdem articuli additum est, ac in registro processus non habetur ex dictis Johanne, istud videlicet : « et dicta ejusdem Michaelis et facta vera sunt et bona ».

Quod autem in quarto positum est, quod galici facient in sua societate pulchrius factum quod umquam fuit factum pro tota christianitate : istud quidem assumptum est, non ex

---

(1) La falsification que Bréhal relève en cet endroit échappe plus aisément à une lecture superficielle. Le texte du procès rapporte bien les expressions même dont Jeanne s'est servie; mais il en aggrave la portée, soit par l'addition d'une parole inventée, soit par la suppression d'un mot vrai qui serait à sa décharge. —Nous avons suppléé entre crochets la préposition omise par le greffier.

assertis per eam durante illo processu, sed ex quibusdam litteris longe ante per ipsam Johannam ad anglicos directis coram Aurelianis castrametantes. Ideo ad articulos hoc minime pertinebat, sicut neque ad processum, et presertim fidei. Que quidem littere per ipsos anglicos fuerunt corrupte et viciate, ut patet ex registro, in quo etiam et premissa verba reperiuntur evidenti abrasione fuscata, et per consequens non mediocriter suspecta, ymo etiam neque proprie in forma qua in dicto articulo referuntur.

Quo autem ad quintum, totum illud quod explicatur de qualitate sui habitus, puta de capucio, gippone, brachis, et hujusmodi (1), falsum est neque habetur ex dictis ejus, ut ipsi mendose fingunt. Similiter, quod noluerit aut maluerit pocius mori quam dimictere habitum viri simpliciter non est verum ut premissum ; et in fine ejusdem ponitur de [f° cxcv r°] *maximis*, ubi dictum est Johanne, habet de *magnis* : quod in aggravationem adhibitum est.

Conformiter in sexto, ubi agitur de apposicione horum nominum Jhesus, Maria, et impressione crucis in suis litteris, mendose ibi additur, quod in aliis scribi fecit quod interfici faceret illos qui non obedirent licteris aut monicionibus suis.

In septimo vero, ubi primo tangitur de recessu a parentibus, tacetur omnino quod ad plenam ejus excusacionem facit, de quo superius loco suo egimus. Additur denique, quod ad suam requestam habuit unum ensem a capitaneo Valliscoloris, cum tamen non sic repperiatur in processu. Et id quod tandem ibi subditur omnino falsum est : videlicet, quod promisit domino regi in suo accessu illum ponere in magno dominio ; quod constat, ut prius, ex textu processus.

Cum vero in octavo agitur de precipicio turris, ibidem dicitur quod illud non potuit evitare ; cum tamen sobrie magis magis (2) locuta fuerit dicens quod nesciebat aut poterat de hoc se tenere. Residuum vero articuli omnino superfluum videtur, et non prejudicat.

Quo ad nonum jam dictum est, quod ibi est falsitas in addicione, cum dicitur : *vovit* ; ubi habetur : *promisit* ; quorum differenciam superius posuimus. Item non dixit, ut isti referunt, quod voverit sanctis virginitatem in corpore et anima, sed pocius quod promiserit Deo et sanctis virginitatem servare anime et corporis. Similiter, ut prediximus, falsum est quod dixerit se esse certam de salute, sed magis quod firmiter credebat, cum illa tamen condicione quam apposuit. In residuo autem ejusdem articuli multa fraudulenter subpromuntur, que ad salvacionem dictorum et Johanne commendacionem plurimum faciunt.

In decimo vero, ubi dicitur quod assueruit Deum diligere aliquas personas plus quam ipsam, tacetur id quod addidit, videlicet pro ediis corporis sui (3) ; et hoc solum dixit de domi-

---

(1) Capucium : capitis tegumentum, quod capae assutum erat. — Du Cange : *Glossarium*... tom. II, p. 166. — Le *capucium*, ou chaperon, était un vêtement propre aux campagnards et au bas-peuple.

Gipo : *porpoent*, gallice et britannice... Expressit nostrum *Jupon*. — Du Cange, *ibid*... tom. III, p. 523.

Bracae : femoralia, vestis species qua crura teguntur. — Du Cange, *ibid*. tom. I, p. 751.

(2) Il est évident que cette répétition du mot *magis* est due à l'inadvertance du greffier.

(3) D'après Du Cange : *Glossarium*... tom. III, p. 40, le mot *acdia* signifie *aide*, *auxilium*. Il im-

no rege, ac de duce aurelianensi. Circa autem articuli finem, de dilectione quo ad Burgundos, similiter multa dolose tacentur, quoniam per ea que addidit clare demonstravit se intelligere de favore, quem ad partem domini nostri regis ipsa gerebat ; quam quidem partem Burgundi tunc non tenebant. Unde frivolum fuit istud articulo inserere, aut saltem debuit dicti sui sensum verius explicare.

Quantum ad undecimum, sicut jam dictum est, quod Johanna sanctis sibi apparentibus virginitatem voverit, falsum est illud quod ibi ponitur, scilicet quod invocaverit, sicut late superius deductum est. Denique, in reliqua parte articuli subticentur omnia que ad declaracionem et excusacionem faciunt, sed crude et profecto maliciose solum producuntur que suspicionem inducere videntur.

Sed quo ad duodecimum et ultimum, ubi iterum replicatur de submissione, evidens falsitas, sicut et in primo articulo dicebatur, reperitur. Nam expresse falsum est, quod noluerit se referre ad determinacionem ecclesie militantis, sed ad solum Deum ; quoniam expressissime se retulit de universis domino pape et ecclesie, ut in multis locis registri patet ; similiter et concilio generali valde explicite, ut constat ex informacionibus (1). Sed maliciose omnia hec silencio transiguntur ; in quo enormiter plane deprehenditur errasse qui articulos ipsos condidit, et non minorem reatum quam falsitatis videtur incurrisse : (ut ff. *Ad legem Corneliam de falsis*, lege j, §. « Qui in racionibus » ; et lege « Paulus »)(2). Unde et per hoc fuerunt in primis consultores decepti, quoniam in deliberando exhibita sibi secuti sunt, cum alias de actis processus divinare non possent ; licet tamen in causa fidei specialiter institutum reperiatur, quod illis, de quorum consilio debet procedi ad sentenciam et condempnacionem, debet totus processus super quo deliberandum est seriose manifestari, ac integraliter explicari : (ut c. ultimo circa principium, *De hereticis*, libro vj°) (3) ; cujus oppositum constat hic fuisse factum. Unde, ex sola actorum imperfectione seu veri subpressione, decernitur sentencia statuto juris irritanda : (ut et c. « Cum Bertoldus », *De sentencia et re judicata*) (4). Ergo quanto magis per expressionem falsi seu admixtionem, in quo maxime delu-

porte de remarquer que le sens est un peu différent dans ce passage de la *Recollectio*. Jeanne d'Arc s'était servi du mot *aises*, que le greffier a traduit par *aediis*. Voici le texte de l'interrogatoire du mercredi 28 mars, tel qu'il est rapporté dans le réquisitoire du promoteur : « Item dit qu'elle sçait bien que Dieu ayme mieux son roy et le duc d'Orléans qu'elle, pour l'aise de son corps ; et dit qu'elle le sçait par révélation ». — Quicherat : *Procès*... tom. I, p. 257.

(1) Cf. *Summarium*, art. v.

(2) Les deux lois citées appartiennent au livre XLVIII du *Digeste*, et au même titre x : *De lege Cornelia de falsis* (et non pas *ad legem Corneliam*, comme l'a écrit le greffier). Elles concernent les faussaires. La loi première « Poena legis » contient plusieurs paragraphes, dont le quatrième commence par les mots : *Qui in rationibus* ; (p. 1604).

La loi « Paulus » est la seizième ; ou, pour parler plus exactement elle forme le premier paragraphe de la loi xvi : « Instrumentorum » ; (p. 1607).

(3) Les quatre mots : *seriose manifestari, integraliter explicari*, se retrouvent expressément dans le chapitre « Statuta » ; qui est le vingtième et dernier du titre II, *De haereticis*, au V° livre du *Sexte* ; (p. 644).

(4) Dans le chapitre « Cum Bertoldus », qui est le dix-huitième du titre XXVII, au second livre des

ditur justicia, venit sentencia annullanda. Nam ex mente actorum sentencia robur habet, sicut contractus ex mente contrahencium (1) ; (ut notat Chynus in lege unica, *De errore calculi*. Et hoc satis probatur per legem « Illicitas » §. « Veritas » ff. *De officio presidis*) (2). Unde et secundum litteras apostolicas, in quibus fuit impetrando suggesta falsitas aut subpressa veritas, mandat papa non debere procedi : (ut in *Extravaganti* Alexandri tercii, que incipit « Intelleximus », *De officio judicis delegati* ; sed et bene expresse, c. « Super litteris », *De rescriptis*) (3).

Preterea dicti articuli superflua verborum protractione partiumque suarum inordinata collacione mirabiliter videntur confusi, et ad verum sensum secundum cause exigenciam reddendum prorsus inepti. Nam, (ut dicit beatus Thomas, 2^a 2^e q. j. art. vj^o), articulus constat ex distinctis partibus coaptacionem ad invicem habentibus, sicut et particule çorporis invicem coaptate dicuntur articuli (4) ; sed tamen non [e]quale[s] partes, ymo breviores seu minores, et que non dividuntur in alias, articuli dicuntur. Ideoque stillus inquisicionis contra

---

Décrétales, (p. 891), le pape annulle les actes d'un procès pour les deux causes mentionnées ici.

(1) Cette phrase est littéralement empruntée au commentaire de Cynus sur le *Code*, livre second, titre v *De errore calculi*, qui n'a qu'une seule loi « Errorem », dans laquelle sont déterminées les circonstances où une erreur de calcul peut être préjudiciable. Le texte de Cynus (*super Codicem*) est à la page 70 verso de l'édition que nous avons sous les yeux. — Guittone Cino, de la noble famille des Singibaldi, de Pistoie, était un jurisconsulte du XIVe siècle ; son ouvrage le plus estimé est précisément son commentaire sur le Code, qu'il acheva en 1314. Après avoir pris le grade de Docteur à Bologne, il enseigna à Trévise, à Sienne, à Pérouse et à Florence. Il existe, à la Bibliothèque de Lyon, un exemplaire manuscrit du XIVe siècle (n° 302), intitulé : *Lectura Domini Cyni de Pistorio super Codicem*. — On y trouve le texte cité au f° 39 v°. C'est le même commentateur dont l'autorité est invoquée à la fin du LI° article des demandeurs : voir Quicherat, tom. II, p. 238. Mais, par suite de la ressemblance extrême que présentent souvent les *t* et les *c* minuscules des manuscrits, Quicherat a lu *Thinus* au lieu de *Chinus*, et il suppose à tort que c'est une abréviation mal écrite de Tindarus Alphanus, jurisconsulte bolonais, frère d'Accurse. Il s'agit tout simplement de Cynus et de son commentaire sur le *Code*.

(2) Dans la loi « Illicitas », qui est la sixième du titre XVIII, au premier livre du *Digeste* (p. 255), le premier paragraphe dit expressément : « Veritas rerum erroribus gestarum non vitiatur ; et ideo praeses provinciae id sequatur, quod convenit eum ex fide eorum quae probabuntur sequi ».

(3) Les premiers chapitres du titre XIX *De officio et potestate judicis delegati*, au premier livre des *Décrétales* (p. 32), sont du pape Alexandre III.— Il nous semble que Bréhal a surtout en vue le second chapitre « Sane si a nobis », où il est question de la conduite à tenir, lorsqu'il y a production de diverses lettres apostoliques.

Le chapitre « Super litteris », de son côté, est une décision d'Innocent III sur la nullité des lettres apostoliques obtenues « tacita veritate, vel suggesta falsitate ». C'est le chapitre vingtième du titre III, au premier livre des *Décrétales* ; (pp. 52-54).

(4) Bréhal a formé sa phrase avec la plupart des expressions employées par S. Thomas: 2. 2. q. I, art. 6 in corp. — *Opera omnia* ... tom. XXI, p. 3. col. 2.

Le greffier a mal transcrit les mots qui suivent. D'après le manuscrit de la *Recollectio*, que M. Lanéry d'Arc reproduit ici fidèlement, la phrase devrait se lire ainsi : sed tamen non quale partes, imo breviores seu minores. Il nous a paru nécessaire de substituer entre crochets les deux lettres omises, sans lesquelles le texte n'est pas intelligible.

hereticos, qui ab istis observandus erat (juxta c. « Per hoc », *De hereticis*, libro vj°), habet et tenet, quod clari et breves, fideliterque extracti, ac debite coordinati, sunt formandi articuli in negocio fidei (1).

Taceo de nugacione, et crebra ejusdem rei in dictis articulis superflua reiteracione, qua non solum fastidium, sed et quodammodo ridiculum, videtur induci ; quod quidem articulorum racioni nullo modo convenit, presertim in tam gravi causa. Sed et maxime actendo eorum ex industria obmissam veritatem expressamque falsitatem, verborum superfluam prolixitatem, atque indebite particulas ordinandi seu collocandi intricatam sensus perplexitatem, ut premissum est ; que omnia processus et sentencie manifestum errorem ostendunt.

SEPTIMUM CAPITULUM

De qualitate revocacionis seu abjuracionis, quam Johanna facere impulsa fuit.

Quia ex serie processus apparet, quod Johanna inducta aut compulsa fuit per prefatos qualescumques judicantes heresim abjurare ac publice multa revocare, bene se habet videre aliquid de qualitate hujusmodi abjuracionis : et primo, quibus ex causis debeat de jure fieri ; deinde, de ista, quomodo et qualiter facta sit, et utrum fuerit legitima.

Fit autem in primis abjuracio, et principaliter, quando quis deprehensus fuerit in errore, ut qui de articulis fidei et ecclesiasticis sacramentis aliter senciunt, aut docere non metuunt, quam sacrosancta romana [f° **cxcv v°**] ecclesia predicat et observat : (ut in c. « Ad abolendam », *De hereticis*) (2). Ecce duo que hic potissimum innuuntur : videlicet, quod talis erret male senciens de fide catholica ; secundo, quod in tali errore deprehendatur.

Nam in primis, non quilibet error est error in fide. Quodlibet namque peccatum error quidem dicitur, juxta illud (*Proverbiorum* xiiij°) : « Errant qui operantur malum ». Ymo et fomes peccati error quandoque vocatur, secundum illud (*Ecclesiastici* xj°) : « Error et tenebre peccatoribus concreata sunt ». Iste autem error peccati seu culpe non subjacet abjuracioni, de qua hic loquimur, sed per virtutem sacramentorum expiatur.

Neque preterea quilibet error in fide, vel circa ea que fidei sunt, heresim continet. Quoniam potest quis errare in fide, aut circa ea que fidei sunt, absque tamen heresis impietate seu pravitate, juxta illud beati Augustini : « Errare potero, sed hereticus non ero » (3).

---

(1) Le chapitre « Per hoc » est le dix-septième du titre II *De haereticis*, au cinquième livre du *Sexte* ; (p. 638) . Vers la fin, se trouve la prescription adressée aux évêques d'observer les règles de la procédure inquisitoriale.

(2) Dans ce chapitre, qui est le neuvième du titre VII *De haereticis*, au V° livre des *Décrétales*, p. 1672), on déclare hérétiques ceux qui, en matière de foi, « aliter sentire aut docere non metuunt, quam sacrosancta Romana Ecclesia praedicat et observat » ; et on détermine les peines qui sont dues à ceux « quicumque manifeste fuerint in haeresi deprehensi ».

(3) Bréhal n'indique pas de quel livre il a extrait cette sentence de l'évêque d'Hippone. Après l'avoir inutilement recherchée dans un certain nombre d'ouvrages, où nous pensions la rencontrer parmi les explications sur la signification des mots, *hérésie*, *hérétique*, *erreur* etc. , nous inclinons

Puta, si quis ex ignorancia et simplicitate, aut indebilitate (1) et ex scrupulo consciencie, dubitet de aliquo pertinente ad fidem, talis dubitacio est pocius pena quam culpa, et debilitas proprie ymaginacionis quam peccatum, (ut notat Henricus Bohic, in c. « Dubius », De hereticis) (2). Unde licet hujusmodi dubitacio sit abjicienda, tamen non est heretica : (c. « Per tuas » De symonia). Et hoc est quod dicitur (ad Rom. xiiij°) : « Infirmum in fide assumite » ; et (Marci ix°) : « Credo, Domine, adjuva incredulitatem meam ». Tales enim scrupulosi, ut frequencius, contra voluntatem suam hesitant. Unde, si talibus motibus bene resistant, et se firment in fide, pocius merentur quam peccent, ad instar stimulorum carnis : (c. « Pensandum », et c. « Testamentum », vj, dist.).

Si autem dubitacio erronea procedat ex deliberacione animi et cum quadam complacencia, presertim si adjungatur pertinacia, talis heretica est (3). Heresis enim, ut dicit Ysidorus, electionem importat, (et habetur in c. « Heresis », xxiij. q. iiij) (4). Nam, quemadmodum qui recte fidelis est hiis que ad fidem Christi et ecclesie pertinent voluntarie assentit, et illa sequi credendo eligit; sic hereticus, proprie loquendo, pocius ea voluntarie eligit ; et illis credit, seu assentit, que sibi propria mens suggerit, aut que ex perverso alicujus dogmate forsan suscepit, quam illa que ecclesia tradit, et credenda tenendaque precipit ; de quibus superius late satis habitum est. Nam et Petrus de Tharentesia, (iiij° scripto Sentenciarum, dist. xiij. art iij°)(5), valde convenienter dicit quod a disposicione nichil simpliciter denominatur,

---

à croire que la formule ici alléguée est une simple et exacte reproduction de la pensée de S. Augustin, plutôt qu'un texte proprement dit.

(1) Le greffier a mis en un seul mot cette expression, qui serait à la rigueur intelligible si on séparait la préposition du substantif. Mais la confrontation avec le texte de Bohic, auquel Bréhal renvoie, montre assez bien qu'il aurait fallu écrire : indeliberate et ex scrupulo ...

(2) Depuis « si quis ex ignorancia » ... jusqu'à la fin du présent paragraphe, le texte, y compris les citations du droit, est littéralement emprunté à Henri Bohic, dont les commentaires sur les Décrétales, le Sexte et les Clémentines jouissaient, au temps de Bréhal, d'une légitime réputation. Né en 1310 à Saint-Matthieu (Finistère), Henri Bohic compte parmi les professeurs célèbres de l'université de Paris ; il mourut dans les dernières années du XIVe siècle.

Le chapitre « Dubius » est le premier du titre VII au cinquième livre des Décrétales ; (p. 1669).
Le chapitre « Per tuas » est le trente-cinquième du titre III, au même livre ; (p. 1637).
Les deux textes de l'Écriture sont : le premier verset du chap. XIV (ad Rom.) et le vingt-troisième du chapitre IX de saint Marc.
L'auteur termine en citant deux canons, le premier « Testamentum », (p. 19), et le second « Pensandum », (p. 21), de la sixième distinction, dans la première partie du Décret.
Le passage de Bohic se trouve au tome II, p. 19 v°.

(3) Cette phrase appartient encore à peu près intégralement, à Henri Bohic (loc. cit.), mais elle est placée en tête du passage allégué dans le précédent paragraphe de la Recollectio.

(4) « Haeresis graece ab electione vocatur, quod scilicet unusquisque id sibi eligat quod melius sibi esse videtur ». S. Isidori hispal. episc. lib. 8 Etymolog. cap. III, n. 1. — Migne : P. L. tom. LXXXII, col. 296.
Le texte de saint Isidore est à peu près littéralement reproduit dans le canon « Haeresis », qui est le vingt-septième de la troisième question, cause XXIV, dans la seconde partie du Décret ; (p. 1767).

(5) Le passage que Bréhal va alléguer est emprunté textuellement au Commentaire de Pierre

sed a perfecto habitu (1). Ideo non quicumque deviat a communi fide, sed qui pertinaciter deviat, hereticus proprie vocatur. Unde ad racionem heretici duo concurrunt : unum est error in racione, quod est heresis inicium; alterum vero est pertinacia in voluntate, quod est heresis complementum : (c. « Nulli fas », xix dist. ; c. « Dubius », *De hereticis*) (2). Et ita intelliguntur omnia jura, que hereticis quamcumque penam infligunt, aut abjuracionis, aut immuracionis, vel alias.

Et si quis objiciat (per legem «Omnes», C. *De hereticis*) (3), quod levi seu tenui argumento vel articulo quis censetur hereticus, respondetur, quod hoc intelligitur de eo qui elective ac pertinaciter errat circa aliquem de articulis fidei in symbolo comprehensis ; quia, sicut racio fidei primo et principaliter circa ipsos, sic ex opposito heresis contra illos proprie consistit, adeo quidem et ita precise ut qui discredit unum articulum omnino careat habitu fidei, et censeri debeat hereticus, (ut habunde tractat sanctus Doctor, 2ª 2ᵉ q. v. art. tercio) (4).

Proinde, ex serie lictere illius premisse decretalis clare demonstratur, quod oportet eum qui heresim abjurare compellitur in errorem dampnatum incidisse manifeste deprehendi ; et hoc, secundum *glosam*, verbi aut facti evidencia, puta quia heresim manifeste dogmatizat, (ut ff. *De ritu nupciarum*, lege « Palam », §. ultimo) (5) ; aut probacione legitima. Alias depre-

---

de Tarentaise sur le quatrième livre des *Sentences*, (dist. xiii. q. unica, art. 3) — tom. ii, p. 141. Il comprend depuis les mots : a disposicione nichil simpliciter denominatur ... jusqu'à : quod est haeresis complementum.

(1) Une dénomination absolue, c'est-à-dire sans explication ni restriction, manque d'exactitude, lorsqu'on attribue une qualité à un sujet qui ne la possède qu'imparfaitement, ou qui manifeste seulement des dispositions à la posséder. Ainsi, par exemple, on n'appelle pas un homme savant, parce qu'il est bien doué pour acquérir la science, ni même parce qu'il étudie et fait preuve de certaines connaissances élémentaires ; on ne décerne pas le titre d'ivrogne à celui qui est tombé une fois dans l'ivresse par surprise. Il en est de même pour la qualification d'hérétique. A proprement parler, elle ne convient qu'à celui chez lequel on trouve réunis les deux caractères constitutifs de l'hérésie, la déviation de l'intelligence, et l'opiniâtreté de la volonté.

(2) Le canon « Nulli fas » est le cinquième de la xixᵉ distinction, dans la première partie du *Décret* ; (p. 99). Il défend de transgresser les dispositions du siège Apostolique.

Le chapitre « Dubius » est le premier du viiᵉ titre, au livre cinquième des *Décrétales* ; (p. 1669). Il commence ainsi : « Dubius in fide infidelis est ».

(3) La loi « Omnes » est la seconde du titre v : *De hereticis et manichaeis*, au premier livre du *Code* ; (p. 56). A la fin de cette loi, on lit la définition suivante : « Haereticorum autem vocabulo continentur, et latis adversus eos sanctionibus succumbere debent, qui vel levi argumento a judicio catholicae religionis et tramite detecti fuerint deviare ». Il importe de remarquer que la glose marginale, au mot *levi argumento*, donne l'explication suivante : id est, levi articulo, qui manifeste debet sciri, quia pertinaciter illud adserit.

(4) Bréhal ne donne ici qu'un résumé succinct de la doctrine largement exposée par S. Thomas : 2. 2. q. v, art. 3 in corp. — *Opera omnia*... tom. xxi, p. 14, col. 1.

(5) La loi « Palam » est la quarante-troisième du titre ii, au XXIIIᵉ livre du *Digeste* ; (p. 746). Elle ne se rapporte pas, — comme on pourrait le croire d'après le texte de la *Recollectio*, — à la profession publique de l'hérésie ; mais elle explique comment l'évidence de certains faits suffit à infliger la note d'infamie, même sans condamnation par jugement public. C'est un argument *a simili*.

hensio non sufficit; (argumentum ad hoc, c. « Si quis dyabolus », 1. dist.) (1). Non enim levis aut vehemens suspicio pro probacione suscipitur, sed solum violenta: (c. « Fraternitatem », in fine, liiij . dist. ; c. « Licteras », *De presumptionibus;* lege « Similiter », ff. *De rebus dubiis*) (2). Quinymo, neque omnis violenta sufficit, ubi potest probari seu probatur contrarium : (c. « Nec aliqua », xxvij. q. j; c. « Proposuisti », *De probacionibus;* cum similibus) (3).

Cum itaque Johanna, ut satis ostensum est, in aliquem dampnatum errorem incidisse, aut alicui inhesisse pertinaciter, aut alias minime deprehensa fuerit, patet quod omnino injuste et impie compulsa fuerit abjurare.

Sed forte instarent hii dicentes, quod fama publica laborans violentam presumptionem inducebat : (argumentum ad hoc, c. « Inter sollicitudines, » *De purgacione canonica*) (4). Ad istud dicitur, quod duplex est fama : una que habetur de homine, alia autem que habetur inter homines. Fama enim que habetur de homine sic diffinitur : Fama est illese dignitatis

---

(1) Le canon « Si quis diaconus » (par une singulière distraction, le greffier a écrit *dyabolus*) est le vingt-neuvième de la cinquantième distinction, dans la première partie du *Décret;* (p. 313). Il y est question de clercs qui auraient été « in adulterio deprehensi ». Sur ce mot, la glose marginale dit : « Videtur ergo quod sola deprehensio sufficit... Sed non est ita, nisi sint convicti vel confessi... Vel intellige : *deprehensi*, ita quod factum sit notorium ex facti evidentia ».

Pour l'intelligence de ce qui suit dans le texte de la *Recollectio*, il est utile de prévenir que le droit ecclésiastique distingue trois sortes de suspicion en matière d'hérésie. La première s'appelle *légère*, parce qu'elle a peu de poids : ne reposant que sur de faibles conjectures, elle est facilement écartée par une défense quelconque. La seconde porte le nom de *véhémente*. Son importance est plus grande : basée sur des raisons et des indices d'une assez grande valeur, elle ne peut être repoussée que par de sérieux moyens de défense. La troisième est dite *violente*, parce qu'elle s'impose à l'esprit par des preuves convaincantes, qui font impression sur le juge lui-même, et ne lui permettent pas de tergiverser. Cf. Nicolas Eymeric : *Directorium inquisitorum...* 2ᵃ p. q. LV ; pp. 376-377.

(2) Le canon « Fraternitatem » est le quinzième de la cinquante-quatrième distinction, dans la première partie du *Décret;* (p. 351). Bréhal fait allusion ici, non pas tant au canon lui-même, qu'à la *glose* des derniers mots ; c'est pour cela qu'il renvoie *in fine,* où l'expression « sibi dicitur comparasse » est interprétée de la présomption du droit.

Le chapitre « Litteras » est le quatorzième du titre XXIII, au second livre des *Décrétales ;*(p. 792). Il y est question d'un homme suspect d'hérésie, et le pape donne cette décision à son sujet : « Cum propter solam suspicionem (quamvis vehementem) nolumus illum de tam gravi crimine condemnari... etc. »

Au titre v *De rebus dubiis,* du livre XXXIV du *Digeste* (p. 1075-1079), il n'existe pas de loi « Similiter ». M. Lanéry d'Arc a corrigé cette faute de copiste, en mettant: L. « Si inter ». C'est la VIIIᵉ loi du même titre ; et il est possible que Bréhal l'ait eu en vue, à cause des gloses qui examinent les diverses présomptions de droit.

(3) Le canon « Nec aliqua » est le quatrième de la première question, cause XXVII, dans la seconde partie du *Décret;* (p. 1839). Il s'agit probablement ici de la *glose* relative à ces mots du canon : « cum et manus obstetricum, et oculi saepe falluntur ».

Le chapitre « Proposuisti » est le quatrième du titre XIX au second livre des *Décrétales ;* (p. 683). Il a trait à l'examen requis pour établir l'existence d'un empêchement canonique au mariage.

(4) Le chapitre « Inter sollicitudines » est le dixième du titre XXXIV, au Vᵉ livre des *Décrétales ;* p. 1841). On y voit qu'il faut tenir compte de l'infamie notoire d'un accusé.

status, vita et moribus comprobatus, et in nullo diminutus : (ff. *De variis et extraordinariis co-gnicionibus*, lege « Cognicionis », §. « Estimacio ») (1). De qua cum dubitatur, inquiritur ab hiis inter quos conversatus fuit ; (ut c. « Postquam », et c. « Innotuit », §. « Multa », *De electione*, et c. « Scriptum est », xiij. q. ij) (2). Unde, contra famam vite laudabiliter acte non facile presumitur : (c. « Cum in juventute », *De purgacione canonica* ; et c. « Ex studiis », et c. « Mandata », *De presumptionibus*) (3). Alia vero fama que habetur inter homines sic describitur : Fama est publica seu famosa insinuacio, communisque proclamacio ex sola suspicione et incerto auctore proveniens ; (c. « Sanctum est », *De consecrat.* dist. iiij). Et ista per se nichil probat ; unde dicitur : Fama volat. Ideo non est ei maxime in judicio de facili credendum : (c. « Si quis de quocumque », lxxxvj dist.) (4). Nam et secundum leges, vane voces populi non sunt audiende. Talis namque fama non est certa : (argumentum, c. « Cum causam », *De testibus*) ; eo quod dictum unius facile sequitur multitudo : (c. « Cum in juventute », §. primo, *De purgacione canonica*) (5).

Unde ex hiis patet, quod cum Johanna, et in patria originis et ubicumque alibi conversata fuerat, de bone ac laudabilis vite sinceritate fideique religiositate commendata exstiterit, non est verum quod isti contra eam de infamia inducunt.

Vel potest dici quod, ubi quis infamatus est apud bonos et graves, talis (6) videlicet infamia que nimis frequens sit et scandalum inducat, et per consequens vehementem presump-

---

(1) La définition donnée par Bréhal est extraite du paragraphe « Existimatio » de la loi « Cognitionum », qui est la cinquième du titre XIII : *De extraordinariis cognitionibus*, au livre cinquantième du *Digeste* ; (p. 1694).

(2) Les trois chapitres allégués par l'inquisiteur appartiennent au même titre VI *De electione*, dans le premier livre des *Décrétales* ; et dans tous les trois il est parlé de l'enquête faite ou à faire sur la renommée de la personne. Le chapitre « Postquam » est le troisième (p. 110) ; le chapitre « Innotuit » est le vingtième (p. 131), et le §. « Multa » se lit à la page 132 ; le chapitre « Scriptum est » (pp. 174-177) est le vingtième. C'est par erreur que la référence indique la question seconde de la cause XIII.

(3) Le chapitre « Cum in juventute » est le douzième du titre XXXIV, au V⁰ livre des *Décrétales*; (p. 1843). Les deux chapitres « Ex studiis », troisième (p. 786),« et Mandata », sixième (p. 787) appartiennent au titre XXIII du second livre des *Décrétales*. Il y est question de la bonne renommée acquise par une vie louable.

(4) Le canon « Sanctum est » est le trente-sixième de la dist. IV *De consecratione*, dans la troisième partie du *Décret*; (p. 2453). Ce texte confirme les mots de la définition alléguée par Bréhal : « incerto auctore proveniens ».

Le canon « Si quid (et non pas *Si quis*) vero de quocumque » est le vingt-troisième de la quatre-vingt-sixième distinction, dans la première partie du *Décret* ; (p. 523). Il y est recommandé de ne pas croire aisément à la rumeur publique contre un clerc.

(5) Le chapitre « Cum causam » est le trente-septième du titre XX *De testibus et attestationibus*, au second livre des *Décrétales* ; (p. 735). Il y est question des qualités que doivent avoir les témoins.

La raison alléguée à la suite par Bréhal est empruntée au premier paragraphe du chapitre « Cum in juventute », qui a été cité plus haut.

(6) Pour la correction de la phrase, il faudrait évidemment : tali videlicet infamia ; par inattention, le greffier a mis très lisiblement *talis*.

tionem inferat, tunc, quamvis etiam crimen heresis fuerit de quo est suspicio, non est tamen ex hoc abjuracio heresis indicenda, sed dumtaxat purgacio canonica: (argumentum ad hoc in c. « Licteras », *De presumptionibus* ; et multum expresse in c. « Ad abolendam », §. « Qui vero » ; et « Excommunicamus », §. j°, *De hereticis*) (1). Ad quod etiam requiritur quod talis infamacio ab emulis et inimicis non procedat ; alias nulla est purgacio indicenda : (c. « Cum in juventute », *De purgacione canonica*) (2). Unde, si Johanna quamcumque infamiam de heresi habuerit, hoc solum fuit ab anglicis ejus capitalibus inimicis et inter eos dumtaxat. Ideo purgacioni etiam subjici non debuit ; quanto minus ergo abjuracionem seu revocacionem (3).

Sed iterum objiciet aliquis, quod propter infamiam heresis compellitur quis abjurare ; (ut per casum expressum in c. « Inter sollicitudines », *De purgacione canonica*, apparet) (4). Ad hoc dicitur quod ex textu ejusdem *Decretalis* clare deprehenditur solucio. Nam propter vulgatam infamiam, grave scandalum, et vehementem suspicionem ex dictis testium abortam, indicitur purgacio, sed in penam familiaritatis ex certa sciencia [f° **cxcvj r°**] habite cum hereticis infligitur abjuracio. Unde casus iste nullo modo Johannam concernit ; quia, sicut prediximus, suspectos de sortilegio aut heresi semper abhorruit, et a se repulit.

Propter quod ulterius sciendum est, quod per Johannam tria allegantur, que hujusmodi pretense abjuracionis, etsi aliunde vigorem haberet, illum tamen penitus elidunt : videlicet ignorancia, coactio et metus ; hec enim tria veri confessus racionem aufferunt.

Primo enim allegat ignoranciam, dicens quod non intelligebat revocare, et quod illud quod continebatur in cedula abjuracionis ipsa non intelligebat (5) : (hoc patet folio cxiij, d). Quod quidem probabile est, ut ex multis apparet : tamen (6) quia, cum mirabili ignominia et confusione, tunc assistente populi innumerabili turba, in spectaculo publico predicanda exposita erat atque producta, ibidemque insperate abjurare tumultuosis instanciis exstitit compulsa, ideo non mirum si ejusdem cedule tenori actendere non potuit ; tum quia dicta cedula ob-

---

(1) Le chapitre « Litteras », quatorzième du titre xxiii, au second livre des *Décrétales* (p. 792), expose la procédure suivie dans un cas particulier, pour cause de suspicion véhémente d'hérésie.

Dans le chapitre « Ad abolendam », qui est le neuvième du titre vii, au V° livre des *Décrétales* (p. 1672), le pape trace la ligne de conduite à suivre dans les cas d'hérésie prouvée ; et, au §. « Si vero », il est question de la purge canonique pour démontrer l'innocence des accusés suspects. — Les mêmes décisions sont formulées au chapitre « Excommunicamus », treizième du même titre et du même livre ; (p. 1682).

(2) Dans ce chapitre déjà allégué par Bréhal, le pape invoque ce même motif de rivalité et de jalousie pour se mettre en garde contre la demande de purge canonique.

(3) Pour la correction de la phrase, il devrait y avoir : *abjurationi seu revocacioni ;* mais le greffier a très lisiblement mis l'accusatif, ce qui demanderait un autre verbe que *subjici*.

(4) Ce chapitre du V° livre des *Décrétales* (p. 1841) a déjà été cité plus haut. Bréhal fait bien connaitre la solution de la difficulté, en alléguant les expressions mêmes qui s'y rencontrent.

Nous ferons remarquer que le greffier a écrit *abortam*, tandis que les éditions imprimées des *Décrétales* portent : *obortam*.

(5) Cf. *Summarium*, art. vi.

(6) Le greffier s'est trompé en écrivant *tanem*. Il faut lire : *tum quia*...

scuris, inusitatis, suspensivis, involutis, ac ex aliis dependentibus terminis confecta fuit, neque tamen invenitur quod ab ante, ut dicebat, sibi lecta et declarata, aut etiam ad momentum ostensa fuerit; tum denique quia ex vexacione carcerum, molestia et inquietudine custodum, ac severitate judicantium et aliorum assistancium diucius fatigata, gravi egritudine laboraverat, et adhuc laborabat. Unde verissimiliter presumitur, quod animum turbatissimum habebat. Nam, et quod ipsam abjuracionem non intellexerit, satis consentit major et sanior pars deliberancium post abbatem Fiscampnensem (1); (ut patet folio cxiij, d, et cxv per totum fere). Ex quo concluditur quod non fuerit valida, eo quod non fuit propter obstaculum ignorancie ex toto voluntaria. Secundum enim Gregorium Nicenum, Damascenum et Aristotelem, voluntarium est, cujus principium est intra, cum addicione sciencie (2). Unde, (ut dicit sanctus Doctor, 1ª 2ᶜ q, vj, art. viijº), ignorancia habet causare voluntarium ea racione qua privat cognicione, que requiritur ad voluntarium (3). Non enim potest esse volitum quod est ignoratum. Unde, si quis ignorat aliquam circumstanciam actus, presertim quam scire non tenetur, et ex hoc agit aliquid quod non faceret si sciret, talis ignorancia causat [in] voluntarium simpliciter (4). Et, secundum Damascenum, id quod ex tali ignorancia agitur non debet imputari agenti (5). Et istis plene consenciunt leges et jura. Ait enim lex, quoniam nichil est tam contrarium consensui quam error vel ignorancia; et hoc, quia consensus etiam ex vi nominis sensum seu intellectum presupponit. Et istud apparet ex serie verborum, (in *regula juris* qua dicitur: « Scienti et consencienti », etc. libro vjº), ubi debito ordine sciencia consensui premictitur. Unde hec ignorancia simpliciter Johannam excu-

---

(1) Nous avons rappelé l'avis donné par l'abbé de Fécamp et adopté par la plupart des consulteurs; Cauchon ne voulut pas le suivre. Voir les notes du second chapitre de la deuxième partie de la *Recollectio*.

(2) Cette définition du volontaire, qui sert de principe au raisonnement de Bréhal sur ce point, a été manifestement extraite de S. Thomas: 1. 2. q. VI, art. 1, à la fin du corps de l'article. — *Opera omnia*... tom. XXI, p. 16, col. 2. — Il faut néanmoins remarquer que S. Grégoire de Nysse n'est pas l'auteur du traité auquel renvoie S. Thomas. Le livre *de Natura hominis* est de Némésius; on y lit au ch. 32.: « Definivimus sponte factum, cujus principium in ipso est, sciente singula in quibus est actio ». Migne: P. Gr. tom. XL, col. 727.

S. Jean Damascène, de son côté, s'exprime ainsi (lib. 2 *de Fide*, c. 24): « Voluntarium dicitur, cujus principium sive causa in ipso est qui agit, ut ipse noscat omnia singulatim per quae actio geritur, et in quibus versatur ». Migne: P. Gr. tom. XCIV, col. 954.

La définition donnée par Aristote (lib. III *Ethicorum*) est celle-ci: « Cujus principium est in ipso sciente singularia, in quibus est operatio ». C'est le texte commenté par S. Thomas, lect. IV. — *Opera omnia*.... tom. V, p. 82, col. 1.

(3) Cette phrase est une citation presque textuelle de S. Thomas: 1. 2. q. VI, art. 8, au commencement du corps de l'article. — *Opera omnia*...tom. XXI, p. 19, col. 1.

(4) Cet exemple est emprunté à peu près littéralement à l'article de S. Thomas cité tout-à-l'heure; il se trouve à la fin du corps de l'art. 8.

Une distraction des plus malencontreuses a fait omettre au greffier la particule négative, que nous avons rétablie entre crochets pour empêcher un contre-sens qui rendrait le raisonnement inintelligible.

(5) Bréhal cite la pensée de S. Jean Damascène, dont voici le texte (lib. 2 *de fide*, cap. 24):

sat : scienciam enim, non ignoranciam, ligari volumus ; (lege « Generali », C. [*de*] *Tabulariis*, libro x°; et lege ultima, ff. *De decretis ab ordine faciendis;* c. « Ut animarum », *De constitucionibus*, libro vj°) (1).

Deinde, coactionem Johanna allegavit dicens, quod jussum sibi fuerat revocare (2) ; (patet folio cxiij°, d). Jussum autem imponit necessitatem, juxta illud Tullii (in *veteri rethorica*) : « Quod imperatur necessarium, quod vero permictitur voluntarium est ». (Ad idem facit lex prima, §. « Si ego quero », ff. *Quod jussu* ; c. « Salonitane », lxiij dist. ; c. « Si episcopus », xviij dist. ; c. « De rebus », xij. q. ij) (3). Etiam alibi in ipso processu habetur, (scilicet folio xcvij°, etc), quod gentes ecclesiastice fortiter urgebant eam (4) ; que omnia coactionem seu vim important. Est autem vis impetus majoris rei cui resisti non potest (5), scilicet comode : (ff. *Quod metus causa*, lege j et ij). Quod intelligendum est, secundum doctores, de vi compulsiva per quam cogitur quis ad id faciendum quod non faceret si esset liberi arbitrii.

« Non voluntarium fit per ignorantiam, cum nos ignorantiae causam non praebemus, sed casu res ita contingit . . . Si quispiam, in eum quem consueverat locum sagittas mittens, praetereuntem patrem peremerit, ob inscitiam facinus hoc invite patrasse dicitur ». Migne: P. Gr. tom. xciv, col. 954.

(1) La règle juridique : « Scienti et consentienti », etc . . . est la vingt-septième du titre *De regulis juris*, qui est le dernier du *Sexte* ; (p. 810).

La loi « Generali » est la troisième du titre lxix *De tabulariis* (le greffier avait omis la préposition que nous avons rétablie entre crochets), au X° livre du *Code* ; (p. 674). On y lit ces mots quelque peu différents de l'allégation de Brébal: « Consensum enim, non ignorantiam, volumus obligari ».

La sixième et dernière loi « Municipii », du titre ix, au livre cinquantième du *Digeste* (p. 1680), contient cette sentence : « Respondit, et hujusmodi poenas adversus scientes paratas esse ».

Une déclaration analogue se trouve dans le chapitre « Ut animarum », qui est le deuxième du second titre, au premier livre du *Sexte* ; (p. 13).

(2) Cf. *Summarium*, art. vi. — Rappelons aussi la menace faite par Guillaume Erard lorsqu'il donnait à Jeanne l'ordre de signer la formule d'abjuration : « Facias nunc, alioquin tu per ignem finies dies tuos hodie ». Et tunc ipsa Johanna respondit quod malebat signare quam cremari ». Ainsi parle Jean Massieu dans sa déposition devant les commissaires apostoliques. (Quich. tom. iii, p. 156).

(3) Le mot de Cicéron : « Nam id quod imperatur necessarium ; illud quod permittitur voluntarium est » se trouve (lib. ii *De inventione*, cap. xlix). — Œuvres . . . tom. iii, p. 310.

Le §. « Sed (et non pas *si*) ego quaero » est le deuxième paragraphe de la loi première « Merito », du iv° titre *Quod jussu*, au XV° livre du *Digeste*; (p. 586).

Le canon « Salonitanae » est le vingt-quatrième de la soixante-troisième distinction, dans la première partie du *Décret* ; (p. 405).

Le canon « Si episcopus » est le treizième de la dix-huitième distinction, première partie du *Décret* ; (p. 93).

Enfin le canon « De rebus » est le vingt-deuxième de la seconde question, cause xii, dans la seconde partie du *Décret* ; (p. 1239). — Tous ces textes offrent des applications du principe énoncé par Tullius.

(4) Haimond de Macy dit dans sa déposition : « Fuit multum oppressa de se revocando; quae tamen dicebat ista verba : «Vos habetis multam poenam pro me seducendo ». (Quich. tom. iii, p. 12).

(5) Cette définition de la violence est le texte même de la seconde loi du titre ii *Quod metus causa*, au IV° livre du *Digeste* (p. 318) ; sauf le verbe *resisti*, qui est remplacé par *repelli*.

Constat autem, (secundum beatum Thomam, 1ª 2ᵉ q. vj, art. vᵒ), quod violencia causat involuntarium, quoniam sicut in rebus que cognicione carent violencia aliquid facit contra naturam, ita in rebus cognoscentibus violencia facit aliquid esse contra voluntatem. Commune est enim tam naturali quam voluntario, quod utrumque sit a principio intrinseco. Et ideo, sicut violencia directe opponitur naturali, ita et voluntario (1); ut, sicut quod est violentum est innaturale, ita quod fit per coactionem dicitur esse involuntarium. Et ideo, in *glosa* (super c. « Ita ne », xxxij dist.) (2) habetur, quod non debet dici quis perpetrasse quod nolens fecit, nec debent imputari que per coactionem violentam fiunt : (argumentum, c. « Presbyteros », Iª dist.).

Allegavit preterea frequenter timorem ac metum, protestans quod quecumque dixit, seu revocavit, hoc solum fecit et dixit pre timore ignis (3) ; et hoc verbum sepius publice iteravit, (ut patet in registro, folio cxiijᵒ, fere per totum). Et rursus, cum alias longe ante ostensa fuissent sibi tormenta quibus, ut ei dicebatur, ad statim exponenda erat, respondit : « Veraciter, si vos deberetis michi facere membra distrahi, et facere animam meam recedere a corpore, ego tamen non dicam vobis aliud ». Et addidit : « Si aliquid de hoc vobis dicerem, postea semper dicerem quod per vim michi fecissetis » (4). (Hoc patet folio xcvijᵒ, etc.). Ista autem protestacio voluntatis ab ante facta per totum presumitur durare ; (ut c. « Lotharius », xxxj. q. ij), ubi ponitur casus valde expressus de Teberga regina, que, vi coacta, adversum se composuit piaculum, et tandem dixit : « Si amplius compulsa fuero, scitote non veritate, sed timore mortis et evadendi studio, quod aliter non possum, quod volueritis dicam » (5).

Est autem metus, tam secundum leges quam secundum jura, trepidacio mentis causa periculi instantis vel futuri. Sufficientemque metum inducit, non solum periculum persone, sed etiam rerum: (ff. *Quod metus causa*, lege prima in fine) (6). Habetque metus in se justam ignoranciam, (ut eadem rubrica, lex « Si tamen », §. « In hac ») (7). Unde et Julius Celsus, (libro

---

(1) Les trois phrases qui précèdent jusqu'ici sont presque littéralement de S. Thomas, mais elles sont disposées par Bréhal dans un ordre absolument inverse à celui qui a été suivi par le saint docteur : 1. 2. q. vi, art. 5 in corp. — *Opera omnia* .... tom. xxi, p. 17, col. 2.

(2) La référence est manifestement fautive ; il faut lire : xxxii. q. v. Le canon « Itane » est en effet le troisième de la question v, cause xxxii, dans la seconde partie du *Décret*, et la *glose* marginale (p. 1999) dit exactement ce que Bréhal rapporte ici.

L'application de ce même principe fournit la solution du cas proposé dans le canon « Presbyteros », qui est le trente-deuxième de la cinquantième distinction, dans la première partie du *Décret*; (p. 315).

(3) Cf. *Summarium*, art. vi.

(4) Séance du mercredi 9 mai. Cf. Quicherat : *Procès* ... tom. i, p. 400.

(5) Bréhal résume fidèlement le canon « Lotharius », qui est le le quatrième de la seconde question, cause xxxi, dans la seconde partie du *Décret*; (p. 1959). Il cite textuellement les paroles de la reine.

(6) La référence aurait été mieux placée à la suite de la définition que Bréhal donne de la crainte ; car cette définition est précisément empruntée au texte de la loi : « Ait praetor », qui est la première du titre ii *Quod metus causa*, au IVᵉ livre du *Digeste*; (p. 318).

(7) L'abbréviation du manuscrit signifie certainement : *rubrica*, et non pas *registrata* comme lit M. Lanéry d'Arc. Il s'agit probablement ici de la loi « Si cum exceptione » (et non, *si tamen*),

quarto), ait : « Terror hominibus consilium mentemque eripit, et membra debilitat » (1). Tullius etiam, (primo libro *Tusculanarum*), dicit : « Inest homini sepe omnis animi contractio ex metu mortis » ; et ideo, juxta eumdem Tullium), libro primo *De officiis*), « in illis promissis standum non est, que quis metu coactus vel dolo deceptus promisit » (2). Omnia namque verba, metu mortis prolata, omnem effectum propter inherens vicium reddunt nullum : (c. « Justum », xj. q. iij ; c. « Notificasti », xxxiij. q. v ; cum multis similibus) (3). Unde etiam, qui incarceratus aut obsessus tenetur quicquid facit per justissimum metum facere dicitur : (ff. *Qui metus causa*, lege « Qui in carcerem » ; et c. « Accedens ». *De procuratoribus*) (4). Ymo, quicquid fit aut dicitur metu durante, per metum fieri aut dici presumitur : (C. j, *De hiis que vi metusve causa fiunt*) (5).

Preterea, non prejudicat ei qui per metum aliquid facit, neque quidem ad penam, neque ad infamiam. Unde beatus Augustinus ad Severum episcopum ita scribit, (et habetur c. « Inter cetera », xxij. q. iiij.) : « Non enim ullo modo ad obprobrium coacte voluntatis trahitur quod illicita condicio necessitatis extorsit » (6). Et (c. « Cum per bellicam », xxxiiij. q. j), dicitur : « Inculpabile judicandum est quod necessitas intulit ». (Idem etiam in c. « Merito », xv. q. j ; c. « Ille autem », xxxij. q. v ; c. « Nunc autem », xxj dist. ; c. « Eos quos ». et c. « Inter ceteras », *De consecracione* dist. iiij) (7). Sed et textus valde expressus est Alexandri pape (in c. « Si sacerdotibus », xv. q. vj.) [f° **cxcvj v°**] ubi sic dicitur :

---

qui est la treizième du même titre II, au IV° livre du *Digeste* ; (p. 321). Car le paragraphe troisième : « in hac actione », renferme les mots allégués par Bréhal : « cum metus habeat in se ignorantiam ...»

(1) Le texte du jurisconsulte romain a déjà été cité, vers la fin du chap. VII de la première partie de la *Recollectio*.

(2) Tullius (lib. I *Tusculan.* XXXVII) : « Quanquam hoc quidem nimis saepe, sed eo quod in hoc inest omnis animi contractio ex metu mortis ». Œuvres de Cicéron ... tom. XXIV, p. 98.

Tullius (lib. I *De Officiis*, X) : « Jam illis promissis standum non esse, quis non videt, quae coactus quis metu, quae deceptus dolo promiserit » ? — Œuvres ... tom. XXVII, p. 304.

(3) Les deux canons allégués sont extraits de la seconde partie du *Décret* : l'un, « Injustum » (ici encore le greffier a omis la particule négative) est le quatre-vingt-neuvième de la question troisième, cause XI (p. 1195); l'autre, « Notificasti » est le deuxième de la question V, cause XXXIII ; (p. 2233).

(4) La loi « Qui in carcerem » est la vingt-deuxième du second titre ; *Quod* (et non pas *Qui*) : *metus causa*, au IV° livre du *Digeste* ; (p. 323).

Le chapitre « Accedens » est le dixième du titre XXXVIII *De procuratoribus*, au livre premier des *Décrétales* ; (p. 468).

(5) Il s'agit de la première loi « Persecutionem » du titre XX, au second livre du *Code* ; (p. 139).

(6) Cette phrase se lit en effet textuellement dans le canon « Inter caetera », qui est le XXII de la quatrième question, cause XXII, dans la seconde partie du *Décret* ; (p. 1581). Mais nous ne l'avons pas rencontrée dans la lettre de S. Augustin à laquelle Bréhal renvoie.

(7) Le canon « Cum per bellicam » est le premier de la question première, cause XXXIV, dans la seconde partie du *Décret* ; (p. 2245). A cette même seconde partie sont empruntés les canons « Merito », premier de la question première, cause XV (p. 1331) ; et « Illac autem », quatorzième de la question V, cause XXXII ; (p. 2005).

«Confessio non compulsa, sed spontanea fieri debet. Omnis enim confessio, que fit ex necessitate, fides non est. Pessimum itaque est de suspicione aut extorta confessione quemquam judicare » (1). Et sequitur : « Scripture quocumque modo per metum aut fraudem aut per vim extorte fuerint, vel, ut se liberare possint, quocumque ab eis scripte vel roborate fuerint ingenio, ad nullum eis prejudicium aut nocumentum valere eis censemus, neque ullam ex eo debere infamiam vel calumpniam referre ». Et hiis etiam addendum est, quod minor metus excusat feminam quam virum : (c. « Cum locum », *De sponsalibus* ; argumentum : c. « Indignantur », xxxij. q. vj) (2).

Concluditur itaque, quod hec revocacio non solum nulla, sed et iniqua fuit, cum hec omnia concurrerint, videlicet fraus, vis ac metus, que secundum canones equiparantur, (ut notat Archidiaconus super verbo « Non vi », c. « Quamvis », *De pactis*, libro vj° ; argumentum ad hoc, c. « Reintegranda », iij. q. j) (3).

OCTAVUM CAPITULUM

Hujus secunde partis est de pretenso relapsu contra Johannam.

Pretenderunt denique hii judicantes Johannam in heresim fuisse recidivam, seu in errorem pristinum relapsam. Et quamvis hoc esse falsum ex precedentibus aliquo modo appareat, tamen circa hoc duo pro nunc videnda sunt : videlicet, quomodo et quando dicitur quis relapsus in heresim ; et secundo, unde isti fingunt Johannam fuisse relapsam. Non intendi-

---

Le canon « Nunc autem » est le septième de la xxi° distinction dans la première partie du *Décret*; (p. 119).

Enfin le canon « Eos quos » est le cent-dix-huitième, *De consecratione* ; dist. iv, dans la troisième partie du *Décret* ; (p. 2487).

(1) Lan. : quemcumque judicare. — Sauf de légères variantes, c'est le texte même du canon « Si quandoque a sacerdotibus », premier de la sixième question, cause xv, dans la seconde partie du *Décret* ; (p. 1349).

Toute la phrase citée après : « Et sequitur », est également empruntée à ce canon ; seulement elle se trouve au commencement, et non pas à la suite de celles qui viennent d'être alléguées.

(2) Le chapitre « Cum locum » est le quatorzième du premier titre, au quatrième livre des *Décrétales* ; (p. 1429). Il y est question d'une cause matrimoniale, où le consentement serait vicié par la crainte ou la violence à l'égard d'une jeune fille.

Bréhal allègue en outre comme preuve de son assertion le canon « Indignantur », qui est le quatrième de la sixième question, cause xxxii, dans la seconde partie du *Décret* ; (p. 2011). Il fait allusion aux paroles qu'on y lit : « magis ad eos [viros] pertinet et virtute vincere, et exemplo regere foeminas ».

(3) Dans ses gloses sur le *Sexte*, l'Archidiacre fait cette remarque sur le mot : *Non vi* : « Nota quod Canon ista tria aequiparat, scilicet vim, metum et fraudem » (f° 56, col. 3).

Le chapitre « Quamvis », sur lequel l'Archidiacre a fait cette remarque, est le second du titre xviii, au premier livre du *Sexte* ; (p. 276).

Le canon « Redintegranda » est le troisième de la première question, cause iii, dans la seconde partie du *Décret* ; (p. 901). Il décide qu'on doit rendre leurs biens aux évêques dépouillés par ruse, violence, ou tout autre cause injuste. — A l'exemple de l'Archidiacre, Bréhal l'allègue comme preuve de sa conclusion.

mus autem hic loqui de recidivo in peccatum, sed appropriare pocius secundum modum juris de relapsu in heresim, seu in errorem periculosum perprius abjuratum.

Sciendum itaque, (secundum Archidiaconum et Johannem Andree, in c. « Accusatus », *De hereticis*, libro vj°), quod non potest dici vere relapsus de quo non constat quod ante fuerit lapsus, sicut dicit canon quod non potest dici renatus qui prius non fuerit natus, sicut neque potest dici regeneracio in quo generacio non precessit : (*De consecracione*, dist. iiij, c. « Qui in maternis ») (1). Secundum hoc autem, ex verbis premisse *Decretalis* potest elici, quod tribus modis dicitur aliquis relapsus.

Primo, cum quis accusatus de heresi, vel suspectus contra quem fuit vehemens suspicio, heresim in judicio abjuravit, postea commictit, in ipsam censeri debet quadam juris fictione relapsus, licet ante abjuracionem plene probatum non fuerit crimen heresis contra ipsum. Si autem levis et modica fuit suspicio, tunc non debet puniri pena relapsorum. In hoc ergo primo, ad hoc quod aliquis proprie et vere dicatur relapsus, requiruntur aliqua, etiam secundum Archidiaconum, videlicet : quod sit violenta presumptio ; quia propter suspicionem non sufficienter probatur hoc crimen : (per c. «Litteras », *De presumptionibus* ; ad quod etiam multum facit quod legitur et notatur in c. « Inter sollicitudines », *De purgacione canonica*) (2). Requiritur etiam, quod ex dictis testium ipsa suspicio orta sit, que faciat plenam criminis probacionem ; alias, si non fuerit plena et talis per quam potuisset condempnari, (juxta c. « Veniens », *De testibus*,) sola juris fictione censebitur relapsus, (ut in dicto textu exprimebatur). Unde, (super verbo « Fictione »), notat Archidiaconus, quod caute dicit, quia secundum rei veritatem, ubi de relapsu accusati non constitit a principio, (ut xv. q. ultima, c. ultimo in fine), etiam postquam abjuravit heresim de qua erat infamatus, sive canonice se purgavit, debuit nichilominus denunciari vir boni testimonii : (xv. q. v. c. j. ; ad idem, ij. q. v. c. « Habet hoc », et c. « Omnibus » in fine ; *De purgacione canonica*, c. « Ex tuarum »). Neque enim potest dici iste vere relapsus : (argumentum optimum, *De consecratione*, dist. iiij, c. « Si baptizata », verbo « Sacramentum » ; et c. « Qui in maternis ») (3).

---

(1) Le chapitre « Accusatus » est le huitième du second titre, au V° livre du *Sexte* ; (p. 620). — Il s'agit de la fiction de droit, par laquelle un accusé qui était suspect d'hérésie est censé relaps, s'il a abjuré pendant le jugement et commis ensuite le péché d'hérésie.

Le canon « Qui in maternis » est le cent-quinzième de la IV° distinction *De consecratione*, dans la troisième partie du *Décret* ; (p. 2487). La *glose* de Jean André lui emprunte textuellement la comparaison citée ici.

Toute cette phrase de la *Recollectio* est une reproduction fidèle du commentaire fait par Jean André ; Voir : *Liber sextus Decretalium*... p. 339, col. 2. — La glose de Jean André se trouve aussi dans Nicolas Eymeric : *Directorium*... p. 185, col. 1.

L'archidiacre s'exprime dans le même sens, et c'est principalement son texte qui est cité dans le cours de cette discussion sur le relaps. Voir son ouvrage sur le *Sexte*, pp. 111-114. — Plusieurs passages sont reproduits aussi dans Nicolas Eymeric : *Directorium*... pp. 200. col. 2, et 201 col. 1.

(2) Le chapitre « Litteras » est le quatorzième du titre XXIII *De praesumptionibus*, au second livre des *Décrétales* ; (p. 792). Le chap. « Inter sollicitudines » est le dixième du titre XXXIV, au V° livre des *Décrétales* ; (p. 1841).

(3) Tout ce passage, y compris les références du droit, est littéralement extrait de l'Archidiacre,

Secundo, dicitur relapsus qui in una heresis specie vel secta commisit, aut in uno fidei articulo vel sacramento erravit, et postea heresim simpliciter vel generaliter abjuravit, et post in aliam speciem heresis vel sectam incidit, censetur relapsus. Et idem est, secundum Archidiaconum, si tantum unam speciem abjuravit, et deinde in aliam speciem heresis incidit. Sciendum tamen, quod formaliter et per se dicitur relapsus, qui in eumdem errorem. quem alias detestando abjuravit, postmodum reincidit. Alio autem modo dicitur quasi per consequenciam et materialiter relapsus, qui unam heresis speciem abjuravit, et in aliam speciem postea labitur. Nam talis quasi consecutive dicitur relapsus, et hoc propter unitatem fidei ac medii ejus et racione connexionis articulorum ad invicem ; quia qui errat in uno, aut unum discredit, cadit a tota fide infusa. Et etiam hoc dico propter convenienciam hereticorum, qui habent, ut vulpes Sampsonis, caudas ad invicem colligatas, et conveniunt de vanitate in idipsum : (c. « Excommunicamus », circa principium, *De hereticis*) (1).

Tercio, potest dici relapsus ille, de cujus heresi ante abjuracionem constiterat, vel modo constat, et post illam hereticos receptat vel associat, munera eis dat, seu favorem impendit qui excusari non possit. Etiam sine abjuracione merito debet judicari relapsus, quoniam dubium non est quin ex approbati prius a se erroris consequencia id faciat.

Hii namque tres modi expresse leguntur in predicta *Decretali* « Accusatus » ; nec inveniuntur secundum canones alii preter ipsos. Et istud, cum sit novum jus, videtur declarare illud antiquum, (in c. « Ad abolendam », §. « Illos vero », *De hereticis*) (2), ubi in quadam generalitate agitur de pena reincidentium in heresim.

Si quis vero actente consideret nullo modo poterit invenire quod Johanna, secundum aliquem predictorum modorum, non solum vere aut realiter, sed neque aliqua ju-

---

(*loc. cit.*). Nous n'avons donc qu'à compléter les indications à l'aide desquelles on pourra contrôler les textes.

Le chapitre « Veniens » est le dixième du titre xx, au second livre des *Décrétales* ; (p. 709).

Le dernier canon, cinquième de la dernière question (IV), cause xv, dans la seconde partie du *Décret* (p. 1361), se termine par ces mots : « Non statim qui accusatur reus est ; sed qui convincitur, criminosus ».

Au canon premier de la question v, cause xv, dans la seconde partie du *Décret* (p. 1347), on trouve les mots auxquels l'Archidiacre fait allusion : « Secreto juramento se purificet ; et tu deinceps boni testimonii eum annuntia ».

La question cinquième de la cause seconde, dans la deuxième partie du *Décret*, renferme les deux canons : « Habet hoc », qui est le sixième (p. 807) ; et « Omnibus », qui est le dix-neuvième.

Le chapitre « Ex tuarum » est le huitième du titre xxxiv, au Ve livre des *Décrétales* ; (p. 1839).

Dans la troisième partie du *Décret*, De consecrat. dist. IV, on trouve les deux canons : « Si baptizata », qui est le cent-trente-deuxième (p. 2499) ; et « Qui in maternis », qui est le cent-quinzième ; (p. 2487).

(1) Il y a deux chapitres « Excommunicamus », le treizième et le quinzième, au titre VII *De haereticis* du cinquième livre des *Décrétales* ; (pp. 1680 et 1686). Tous les deux parlent des hérétiques : « facies quidem diversas habentes, sed caudas ad invicem alligatas ».

(2) Le chapitre « Ad abolendam » est le neuvième du titre VII, au cinquième livre des *Décrétales* ; (p. 1672). — Le paragraphe dont il est ici question commence par les mots : *Illos quoque* ; le greffier a mis *vero* par inadvertance.

ris fictione potuerit censeri relapsa ; quia ex premissis manifeste apparet, quod in omnibus etiam supra communem modum femine talis condicionis, pericie aut etatis, maxime catholica et fidelis semper et usque ad supremum vite spiritum reperta fuit. Sed, quod multo mirabilius est, licet arduis et difficilibus quesitis per longum processus impetita fuerit, in nullo tamen responso invenitur a fidei rectitudine deviasse ; dicuntque qui presentes fuerunt, quod vix etiam doctissimus ac peritissimus homo scivisset, aut potuisset, tantis et tam subtilibus questionibus adeo solide ac constanter respondere.

Quod si forte quis objiciat : si non erravit, cur ergo abjuravit, sive abjuracioni se submisit, ymo et abjuracionis licteram cyrographo suo obsignavit ? Ad hoc satis jam responsum est in precedenti capitulo. Et ulterius dicitur, quod impericia eam salvat ; quia ignorancia facti etiam prudentissimos fallit : (lege « In omnibus », [f° **cxcvij r°**] ff. *De regulis juris*) ; ac etiam etatis inferioritas, quoniam minoribus xxv annorum jus ignorare permissum est : (ff. *De juris et facti ignorancia*, lege « Regula ») (1).

Et absque ulteriori allegacione sufficere satis credo ad qualitatem hujus pretensi relapsus inducere ea que in registro processus et in informacionibus super isto relapsu inveniuntur ; quod erat secundum in hoc capitulo adducendum. Nam, si quis actendat, solum super duobus hunc relapsum isti fundare pretendunt, videlicet super resumptione habitus virilis, et ad suas visiones atque revelaciones constanti inhesione (2). Sed ex hiis quis, oro, concludet recidivam in heresim, cum ista ad fidem catholicam de se non pertineant, aut neque etiam dependeant, ut late superius deductum est ? Absurdum namque est heresim convincere velle, ubi in fide nullum imminet periculum. Unde, cum in istis nichil omnino reperiatur a catholica veritate repugnans, ymo pocius e diverso, ut probatum est, omne illud quod ex istis ejus assertis habetur, est miro modo christiane pietati consonans ac publice utilitati cooperans, non potest siquidem circa ea nisi maliciose in heresim lapsus aut relapsus fingi.

Et dico ulterius, quod si Johanne responsa, quo ad hec duo habita seu data, pie ac sobrie pensentur, nedum ex illorum pietate ipsa ab errore in fide penitus absolvetur, sed etiam a noxa saltim mortalis culpe immunis reddetur. Dixit enim sepius, quod non ex humano consilio virilem vestem assumpserat, sciebatque modum quo illam susceperat, sed quatenus dimictere deberet, aut quando, ignorabat, inferens quod habitus ille finibus sue legacionis congruebat, quam necdum, ut apparet, peractam credebat. Et de hiis satis superius diximus.

Sed hoc loco causam habitum viri resumendi adjecit, dicens quod ideo fecit, quia non fuerat sibi observatum promissum, presertim quo ad carceres quos requisiverat deinceps habere graciosos et ecclesiasticos, et ob hoc maxime quia magis licitum seu conveniens sibi erat inter viros existens vestem viri habere quam mulieris (3). Et ad istam responsionem

---

(1) La loi « In omnibus » est la soixante-huitième du titre XVII *De diversis regulis juris antiqui*, au cinquantième livre du *Digeste* ; (p. 1722).
La loi « Regula » est la neuvième du titre VI, au livre XXII du *Digeste*; (p. 741).
(2) Cf. Quicherat : *Procès* ... tom. I, pp. 454 et seqq.
(3) Cf. *Summarium*, art. VI. — La correction grammaticale demanderait : *existenti*.

comprobandam plane faciunt testium deposiciones dicencium, quod per aliquos etiam magnates anglicos fuerat in eo carcere sua pudicicia vehementissime intemptata. Quis ergo eam, nisi vesanus sit aut certe delirus, ex hoc reprehensibilem, an non pocius summe commendabilem existimabit, quia, ut possibili virtute virginitatem tutaretur, vestem defensioni comodiorem et a concupiscencia excitanda detractionem corripuit et induit ? Absit, ut que propter bonum facimus nobis ad culpam imputentur : (c. « De occidendis », xxiij. q. v) (1).

Superadditur denique ex informacionibus et altera hujus legitima causa (2), quia videlicet fuerat ei per custodes muliebris vestis sublata et virilis superposita ; de quo licet querulose causaretur, nichilominus purgandi ventris necessitate compulsa, utque in secessum pergeret, amictum virilem ibi in dolo appositum supervestiens, ex eo in heresim relapsa insolenter proclamata et impie adjudicata fuit. Sed quam stollidum hoc sit, nemo qui sapit ignorat.

Aliud autem, quo eam finxerunt relapsam, fuit causa inhesionis ad suas revelaciones, que tamen, si secundum universas earum circumstancias debite actendantur, profecto ille non solum reales, solide et vere, sed et sane atque sancte deputabuntur. Propter quod, si ipsis constanter atque perseveranter adhesit, laudi non crimini, virtuti non temeritati, religioni non errori, pietati non pravitati, pocius ascribendum est.

Sed de hujusmodi revelacionibus ea, que superius dicta sunt, credimus sufficere.

NONUM CAPITULUM
De interrogantibus, ac difficilibus interrogatoriis Johanne factis.

Porro, antequam veniamus ad qualitatem sentencie, satis congruit aliquid sub brevitate videre de interrogantibus, de consulentibus in causa, atque de deliberantibus; quoniam ex hoc magis patebit equitas aut iniquitas istius judicii.

Et in primis, quo ad interrogantes Johannam et interrogatoria sibi facta, satis apparet ex registro et informacionibus iniquitas cause (3). Reperitur namque, quod in consistorio numerosissimi cetus prelatorum ac doctorum vicissim et per varios fuit interrogata ; ferturque quod nonnumquam confuse plurimum, plurimum ac inordinate examinabatur, sic utpote quod multi et uno impetu simul diversa questionum jacula immicterent, et priusquam uni eorum simpli[ci]ssima puella partim respondisset, alter alterum quesitum, aut catervatim pariterque multi responsa interrumpentes, hinc inde adversus eam missilia questionum importuna contorquebant, ita etiam ut a quibusdam melioribus animi ingens et publica de im-

---

(1) La phrase est empruntée au canon « De occidendis », qui est le huitième de la question v, cause XXIII, dans la seconde partie du *Décret* ; (p. 1061).
(2) Cf. *Summarium*, art. VI.
(3) Nous avons cité plus haut (voir les notes du second chapitre, deuxième partie de la *Recollectio*) un certain nombre de témoignages relatifs aux interrogatoires. Nous y renvoyons le lecteur.

portunitate murmuracio suscitaretur. Sic equidem per semestre tempus (1) pudica virgo et mansueta certatim aggressa fuit; quod sane quam inhumanum sit ac iniquum, quippe et a debita tante rei sobrietate atque interrogancium exacta gravitate dissonum et insulsum, evidens quidem est ac manifestum. Nam ex modestia et suavitate querendi surgit plerumque intelligencia quesiti et firmior auctoritatis respondendi (2). Unde Origenes : « quippe doctrine fonte manat et interrogare et respondere sapienter ». Sed ne forte in aliquem videar invector contumeliosus, pocius ad interrogatoriorum qualitatem venio, de quibus series registri indubiam fidem facit : quorum quedam nimis subtilia seu difficilia sunt, quedam autem involuta seu captiosa, quedam namque ad rem ipsam impertinentia, ymo frivola penitus atque superflua.

Reperiuntur enim aliqua sibi facta interrogatoria adeo difficilia et ardua, ut etiam vir non mediocriter doctus vix scivisset in promptu respondere, ut est : an credat quod Deus formaverit spiritus angelicos in effigie corporali, prout sibi apparebant; quid senciebat de papa, et quem credebat esse verum papam; an crederet sacram scripturam esse revelatam a Deo; an crederet quod ecclesia non possit errare; an crederet quod esset aliqua ecclesia militans in terris; an sciret se esse in gracia Dei, et numquam peccasse mortaliter; et multa similia. Istud autem clarum est discrepare et a rectitudine et a temperancia veri judicii, ut scilicet quis ultra capacitatem interrogacionibus vexetur aut honeretur, presertim in foro ecclesiastico et in causis spiritualibus, ubi omnino subtiliter vel astute inquirendum prohibetur, sed pure ac simpliciter : (ad quod facit optime capitulum « Dilecti filii », *De appellacionibus*)(3). Quinymo, etiam et secundum leges civiles, in causis [f° cxcvij v°] spiritualibus subtilitates reprobantur : (ut lege « Sunt persone », ff. *De religiosis* ; ff. *Ad legem Aquiliam*, lege « Ita vulneratus », §. ultimo) (4). Cum enim de bona fide agitur, non est de legis apicibus

---

(1) L'expression « pendant un semestre » ne doit pas être prise à la lettre. Bréhal l'emploie dans le sens académique comme on dit le premier ou le second semestre de l'enseignement scolaire, sans se préoccuper de l'exactitude rigoureuse des dates. En réalité, Jeanne d'Arc fut amenée prisonnière à Rouen vers la fin de décembre 1430. Le procès, commencé quelques jours après, se termina le 30 Mai 1431 par le martyre de la Pucelle.

(2) C'est par une faute manifeste que le greffier a écrit: auctoritatis. On doit lire le mot au nominatif : firmior auctoritas.

Le texte d'Origène (*hom.* 19 *in Luc*.) doit être lu ainsi : « Ex uno quippe doctrinae fonte manat et interrogare et respondere sapienter ». Migne : P. Gr. tom. XIII, col. 1851. — Le greffier a omis les deux premiers mots, ce qui rend la citation moins intelligible.

Il est vraisemblable que Bréhal a emprunté ce passage à la *Chaîne d'Or* de S. Thomas (sur le deuxième chapitre de S. Luc) : *Opera omnia* ... tom. XVII, p. 32, col. 1 .

(3) Au second livre des *Décrétales*, le titre XXVIII *De appellationibus* renferme trois chapitres qui commencent par les mots « Dilecti filii » : le premier (p. 905) ; le cinquante-deuxième (p. 947), et le cinquante-sixième (p. 972). Aucun d'eux ne paraît se rapporter à l'assertion de Bréhal. Nous croyons qu'il s'agit plutôt du chap. « Dilecti filii », du titre I *De judiciis*, au second livre des *Décrétales* ; car on y trouve la recommandation expresse : « Ne ita subtiliter... inquiratis, sed simpliciter et pure».

(4) La loi «Sunt personae» est la quarante-troisième du titre VII, au livre onzième du *Digeste*; (p.505).

La loi « Ita vulneratus » est la cinquante-et-unième du titre III, au livre IX du *Digeste* ;

disputandum : (ff. *Mandati*, lege « Si fidejussor », §. « Quedam ») (1). Sed et maxime derogat negocio sancte inquisicionis, in quo, (secundum beatum Thomam, 2ª 2ᵉ q. ij, art. vjº) non sunt examinandi simplices de subtilitatibus fidei, nisi quando habetur suspicio quod sint ab hereticis depravati, qui in hiis que ad subtilitatem fidei pertinent solent fidem simplicium depravare ; qui tamen, si inveniuntur non pertinaciter perverse doctrine adherere, si in talibus ex simplicitate deficiant, non eis imputatur (2). Unde etiam, quod simplices accusati de heresi examinantur per ecclesiam de articulis fidei, non ideo est, secundum eumdem doctorem (3), quia teneantur omnes articulos fidei explicite credere, sed quia tenentur non assentire pertinaciter contrario alicujus articulorum. Und et tales simplices, si deviantes reperiantur, non ideo dampnantur quia nesciunt articulos, sed pocius si pertinaciter defendant ea que sunt contraria articulis ; quod non facerent, nisi per heresim fidem corruptam haberent. Ex quibus patet, quia de articulis fidei simplices examinantur, ut scilicet probetur si aliquid contrarium teneant, sed non de subtilitatibus fidei et articulorum, nisi vehemens presumptio esset quod circa hujusmodi essent ab hereticis corrupti ; quod certe hic locum non habebat, ut facile perpendi poterat, et satis ostensum est. Quanto ergo minus super premissis et consimilibus debuit Johanna examinari (4), que non solum nimis subtilia dignoscuntur, sed etiam neque articulos fidei in pluri parte, aut dependencia ex illis, respicere comperiuntur, ut de se patet.

Fuerunt etiam interrogatoria plura involuta et captiosa sibi facta, puta : si spiritus ei apparentes loquebantur ydioma gallicum vel anglicum ; an Deus odio haberet anglicos et burgundos ; an illi de parte Francie firmiter crederent eam esse missam a Deo ; an cognosceret animos illorum de parte Francie qui osculabantur manus ejus ; si preeligeret non audire missam, vel recipere sacram communionem, quam dimictere habitum virilem ; si de omnibus dictis et factis suis vellet se submictere judicio ecclesie ; et plurima hujuscemodi, que si actente considerentur, valde quidem saltim tali persone dubia erant et obscura, ymo certe captiosa et perplexa. Quod nimirum, ut prius, plane indignum est et iniquum ; quoniam veritatis amica simplicitas nullis verborum fallaciis, nullis appetit ambiguitatum involucris obfuscari : (*De jurejurando*, c. « Veritatis ») ; et potissimum in causa fidei, in qua expresse mandatur procedi simpliciter : (c. ultimo, *De hereticis*, libro vjº) (5). Simpliciter quidem,

---

(p. 459). Elle n'apporte dans son dernier paragraphe qu'une preuve indirecte à l'assertion de Bréhal, que la loi « Sunt personae » confirme directement.

(1) On lit en effet au §. 4 : *Quaedam*, la règle juridique alléguée par Bréhal. La loi « Si fidejussor » est la vingt-neuvième du premier titre, au livre XVII du *Digeste* ; (p. 610).

(2) C'est à peu près la lettre même de la réponse ad 2ᵐ : 2. 2. q. II, art 6. *Opera omnia*.... tom. xxi, p. 7, col. 2.

(3) Ici Bréhal cite probablement de mémoire, et sans avoir le souvenir précis de l'endroit où il a puisé cette doctrine. On retrouvera non seulement la pensée, mais la plupart des expressions de S. Thomas dans les *Questiones disputatae* (*De Veritate*, q. xiv, *de fide*, art. xi ad 5ᵐ). *Opera omnia*... tom. xii, p. 763, col. 1. — Voir aussi : in 3ᵐ *Sentent.* dist. xxiv, q. 2, art. 1 ad 1ᵐ quaestiunculae 3... tom. ix, p. 275, col. 1.

(4) Lan.: interrogari.

(5) Le chapitre « Veritatis », quatorzième du titre xxiii *De jurejurando*, au second livre des *Dé-*

(ut notat Bonifacius, in *Clementina* « Sepe » *De verborum significacione*), id est, clare et lucide, absque omni involucione seu intricacione, quemadmodum et simpliciter credere tenemur : (ut c. « Firmiter », *De summa Trinitate*) (1). Simplicibus quippe verbis fides est proponenda : (c. « Qui episcopus », xxiij dist.) ; et generaliter numquam per extranea verba aut quesita est res proponenda, sed pro veritate mota : (c. « Relatum », xxxvij. dist.) (2). Unde per hunc modum simplicibus in dolo laqueus pararetur ; quod esse non debet : (c. « De viduis », xxvij. q. j) (3). Unde et beatus Jeronimus ait quod prima virtus respondentis est interrogancium mentes cognoscere (4). Judex namque ecclesiasticus, sic ex astucia procedens, videtur non tam ignorancium simplicitati insidiari quam illorum saluti calumpniose emulari. Nam ex hujuscemodi ambiguis interrogatoriis, dum simplices obscuram intelligenciam illorum non perciperent, possent facilime in responsis deviare : unde malignus et iniquus judex mox contenderet quasi pro impietatis errore innocentum simplicitatem crudeliter dampnare ; quod sub magnis penis fieri, presertim in causa fidei, districtissime prohibetur (in *Clementina* « Multorum », *De hereticis*), ideoque omnis interrogacio captiosa de jure reprobatur, (juxta notata per Speculatorem, titulo *De positionibus*, §. vij°, verbo « Considerandum ») (5).

---

crétales (p. 806), commence précisément par les mots : « Veritatis amica simplicitas », que Bréhal vient d'alléguer.

Le vingtième et dernier chapitre « Statuta » du titre II *De haereticis*, au V° livre du *Sexte*, (p. 644) est expliqué ici, quant au mot *simpliciter*, d'une manière qui répond par avance à la fausse interprétation des adversaires de l'inquisition et du droit ecclésiastique.

(1) C'est probablement le texte même de la *glose* de Boniface Amanati, dont nous n'avons pu voir l'ouvrage. Le chapitre « Saepe » est le second du titre XI *De verborum significacione*, au V° livre des *Clémentines* ; (p. 332).

Le Chapitre « Firmiter » est le premier du premier titre, au premier livre des *Décrétales* ; (p. 7).

(2) Le canon « Qui episcopus » est le premier de la XXIII° distinction, dans la première partie du *Décret* ; (p. 129). Il recommande d'examiner les qualités de celui qui doit être élevé à l'épiscopat, et, entre autres choses, « si fidei documenta verbis simplicibus asserat ».

Le canon « Relatum » est le quatorzième de la XXXVII° distinction, dans la première partie du *Décret* ; (p. 229). Il expose comment il faut rechercher et expliquer le sens véritable des Écritures.

(3) Le canon « De viduis » est le treizième de la première question, cause XXVII, dans la seconde partie du *Décret* ; (p. 1861). Il y est déclaré qu'il ne faut pas tendre des pièges aux âmes simples.

(4) Cette parole est textuellement empruntée à S. Jérôme, dans ses *Commentaires* sur l'évangile de S. Matthieu (lib. IV, cap. XXII, vers. 18). Migne : P. L. tom. XXVI, col. 163.

(5) C'est au §. « Verum quia » du chapitre premier « Multorum », titre III, livre V des *Clémentines* (p. 263), qu'on trouve la défense mentionnée par Bréhal. On y lit en effet (p. 268) : « Grave est quoque et damnatione dignissimum malitiose insontibus eamdem imponere pravitatem, etc ... »

Les annotations du Spéculateur à l'endroit indiqué sont trop développées pour que nous puissions les reproduire ici : on les trouvera dans le *Speculum juris*, ... tom. II, p. 111 ; c'est-à-dire dans le grand ouvrage qui a valu à Guillaume Durant le surnom de Spéculateur. Né en 1237 à Puimisson, qui faisait alors partie du diocèse de Béziers, il avait étudié sous Henri de Suze (Hostiensis) à Bologne, où il fut reçu docteur. Il occupa ensuite une chaire de droit à Modène, devint

Alia denique fuerunt interrogatoria plurima ad causam per istos susceptam minime pertinencia, in quibus adolescentula Johanna mirabibiter exstitit vexata, ut est de adventu ejus ad dominum regem, et de signo eidem domino regi dato, atque etiam corona illi oblata. Et in hiis questionibus, quia regni misteria concernebant, ut versutissimi interrogatores ac malignissimi insidiatores, plurimum ac diu institerunt. Sed, secundum jura, nullus innocens adversariorum debet patere insidiis : (ut ij. q. j §. « In manifestis »); et etiam : « Sacramentum regis abscondere bonum est », (*Thobie* xij°) (1). Ex hiis tamen ipsius puelle integerrimam constanciam superare, sua etiam quavis importunitate, non valuerunt. Multum preterea actente inquisierunt, de vexillo suo et pictura sua, atque ejusdem vexilli fortuna, de pannoncellis (2) ad ejus instar factis, de ensibus illius, de anulis, de licteris quibus inscribi faciebat hec nomina Jhesus Maria, de insultibus ejus coram Parisius et coram villa de Caritate, de ingressu ejus ad villam Compendii, de egressu de eadem, de saltu cujusdam turris, de equo episcopi silvanectensis, quid denique sentiret de morte domini ducis burgundie, et aliis pene innumeris, que plane ad causam fidei quam isti se deducere jactabant nullatenus spectare videntur, ideoque superflua omnino fuerunt et frivola, necnon ad rem ipsam prorsus impertinencia ; cum tamen notum sit, quod fidei negocium limites prefixos habeat, quos sane inquirendo egredi non licet, ne ipsi fidei ac etiam fidelibus per hujusmodi impertinencia offendiculum preparetur : (ut c. « Accusatus », §. « Sane »; et §. sequenti, *De hereticis*, libro vj°) (3). Alias enim, ultra metas potestatem extendendo, ipsa inquisicio, de qua pro argumento fidei salubriter provisum est, cederet plane ad detrimentum fidelium et gravamen innoxiorum; quod omnino fieri prohibetur (in *Clementina* « Multorum », circa principium, *De hereticis*, cum notatis ibidem per Johannem Andree) (4).

DECIMUM CAPITULUM

De defensoribus, de exhortatoribus, deque accessoribus, atque de predicantibus, processui intervenientibus.

Bene etiam se habet aliquid sub paucis videre, si qui oblati fuerint aut dati deffensores

---

évêque de Mende vers 1285, et mourut à Rome le 1 novembre 1296. Échard croit qu'il était dominicain. Cf. *Scriptores Ord. Praed.*... tom. I, pp. 480-483.

(1) Le paragraphe : « In manifestis enim calliditate accusantium non opprimitur reus,... etc. » se trouve dans la seconde partie du *Décret* de Gratien, à la suite du canon XVI, question première de la cause II ; (p. 787). — Le texte de *Tobie* est au verset 7 du chapitre XII.

(2) *Pannoncellus*. Du Cange renvoie à *Pannus*, 5, où on lit : « Vexillum, signum bellicum, Gallice bannière, quod prae se ferre in expeditionibus militaribus consueverunt nobiliores ». (*Glossarium*... tom. v, p. 62). — Voir aussi *Pennones*... (*ibid.* tom. v, p. 187).

(3) Le chapitre « Accusatus » est le huitième du titre II, au cinquième livre du *Sexte* ; (p. 620). Au paragraphe *Sane* (p. 622), le pape défend aux inquisiteurs de juger les faits de sortilège, qui ne seraient pas manifestement empreints d'hérésie, parce que : « negotium fidei... per occupationes alias non debet impediri ». Et au paragraphe suivant, il dit de même par rapport au crime d'usure : « ne per causas hujusmodi offendiculum negotio fidei praeparetur ».

(4) Bréhal cite le sens de la *Clémentine* « Multorum », au début du chapitre premier, titre III

[f° cxcviij r°] ac directores, aut etiam exhortatores in causa tam ardua, et denique qui assessores, qualesque predicantes ad proponendum populo capitula cause, intervenerunt.

Nam in primis, minime reperitur quod ipsa ad respondendum tot et tantis sibi objectis articulis directores seu deffensores habuerit, licet per testes reperiatur quod frequenter pecierit (1) ; cum tamen generaliter et de jure nulli sit legitima defensio deneganda : (ut c. « Cum inter », *De exceptionibus*, ac c. « Litteras », *De presumptionibus*) (2). Et hoc maxime de jure conceditur ignaris ritus judiciorum, seu simplicibus ac etiam etate seu annis minoribus. Ait enim lex, quod in omnibus fere penalibus, etati et imprudencie succurritur : (ff. *De regulis juris*, lege « Fere ») (3). De illis autem qui etate minores sunt, etiam legis benignitas decrevit, ut illis legitimi defensores, presertim in causa criminali, dentur : (ut bene expresse in lege « Clarum », C., *De auctoritate prestanda*) ; ubi racio efficax talis assignatur, ne videlicet ex sua impericia vel juvenili calore aliquid vel dicant vel taceant, quod si fuisset prolatum vel non expressum, prodesse eis poterat, et a deteriore calculo, id est sentencia, eos eripere (4).

Nec istis obstat tercium (« Ad abolendam », §. « Illos vero », titulo *De hereticis*), ubi audiencia seu defensio videtur omnino hereticis interdicta, sicut et appellacio seu proclamacio :(c. « Ut inquisicionis », eodem titulo, libro vj°). Nam, ex serie lictere et ex notatis per doctores, expresse colligitur hoc debere solum intelligi de confessis et manifeste convictis super crimine heresis, et presertim de illis qui in pristinum errorem dampnatum, et alias per eos abjuratum, reinciderunt. Tales enim non admictuntur ad se defendendum, maxime super ipso crimine heresis, quia circa hujusmodi pestilentes personas nichil restat nisi condempnacio et execucio facienda : (C. *De confessis*, lege unica ; ij. q. j, « Nos ») (5).

De haereticis, livre cinquième des *Clémentines* ; (p. 263). Les notes de Jean André se trouvent dans l'édition de Venise : *Constitutiones Clementis V . . . una cum apparatu Domini Joannis Andreae.*

(1) Les passages des dépositions, qui prouvent la vérité des allégations de Bréhal, ont été mentionnés dans les notes du chap. deuxième de cette seconde partie de la *Recollectio*.

(2) Le chapitre « Cum inter » est le cinquième du titre xxv, au second livre des *Décrétales* ; (p. 838). On y lit ces mots : « Legitima defensio in judicio reservatur, et maxime judicis recusatio, etc . . . »

Le chapitre « Litteras », déjà cité par Bréhal, est le quatorzième du titre xxiii, au second livre des *Décrétales* ; (p. 792).

(3) La loi « Fere » est la cent-huitième du titre xvii *De diversis regulis juris antiqui*, au cinquantième livre du *Digeste* ; (p. 1898). La citation serait absolument textuelle, si le greffier n'avait omis le mot : *judiciis*.

(4) La loi « Clarum » est la quatrième du titre lix, au cinquième livre du *Code* ; (p. 1229). Bréhal cite à peu près littéralement la raison qu'elle exprime relativement à la prescription de donner un défenseur aux accusés qui auraient moins de vingt-cinq ans.

(5) Le chapitre « Ad abolendam », §. « Illos quoque » (et non pas : *illos vero*), du V° livre des *Décrétales*, (p. 1672) ; et le chapitre « Ut inquisitionis », du V° livre du *Sexte* (p. 641), ont déjà été cités plus d'une fois.

La loi unique du titre cinquante-neuvième, au VII° livre du *Code*, (p. 501), dit expressément : « Confessos in jure pro judicatis haberi placet ... »

Secus autem, secundum Henricum post alios, (in capitulo « Si adversus », *De hereticis*), qui dicit quod, ubi crimen est occultum et convinci non potest, non est audiencia seu legitima defensio deneganda, cum ecclesia non judicet de occultis : (c. « Sicut tuis », et c. sequenti, *De symonia* ; c. « Christiana », xxxij. q. v). Quinymo, ubi etiam crimen non est penitus occultum, antequam tales sint legitime confessi seu convicti de heresi, non est eis in processu inquisicionis defensio deneganda ; in quo quidem, si contra jura gravarentur, possent appellare : (ij. q. vj, c. ij et iij, et c. « Non ita »). Non tamen admictuntur ad defendendum crimen heresis, aut substinendum aliquam speciem ejus vel sectam : (argumentum, c. « Non vos », xxiij. q. v) (1). Et ita in proposito nostro hec instancia non valet, ut ex superius deductis evidenter patuit.

Si autem aliquis dicat, (quod ex registro habetur fol. xlvj°), quod ipsi Johanne fuerunt oblati directores ; ad hoc dicitur quod, ut ibidem patet, hoc non recusavit, sed pocius cum graciarum repensione acceptavit, protestans tamen quod non intendebat recedere, aut separare se, a consilio Dei. Nichilominus, quod aliquem habuerit minime reperitur, ymo pocius per testes habetur quod nullus audebat eam dirigere, nisi sub periculo mortis. Satis vero comperitur quod nonnulli ficti et falsi suasores atque seductores ad eam plerumque introducti sunt (2), qui illam, si possent, a constancia et rectitudine veritatis abducerent, cum

---

Enfin le canon « Nos », premier de la question première, cause II, dans la seconde partie du *Décret* (p. 773), fait une déclaration analogue.

(1) Bréhal cite ici presque textuellement un long passage du commentaire de Henri Boich sur le cinquième livre des *Décrétales* : tom. II, p. 22. Les références elles-mêmes sont empruntées à cet auteur.

Le chapitre « Si adversus » est le onzième du titre VII, au V° livre des *Décrétales* ; (p. 1676).

Les chapitres « Sicut tuis » et le suivant « Tua nos » sont les trente-troisième et trente-quatrième du titre III *De simonia*, au même livre V ; (pp. 1634 et 1636).

Le canon « Christiana » est le vingt-troisième de la question V, cause XXXII, dans la seconde partie du *Décret* ; (p. 2009).

Les trois canons allégués ensuite appartiennent à la question VI de la cause II, dans la seconde partie du *Décret* : le second « Appellantem » et le troisième « Omnis, (p. 825) ; le dix-huitième « Non ita », (p. 833).

Enfin, le canon « Non vos » est le quarante-deuxième de la question V, cause XXII, dans la seconde partie du *Décret*, (p. 1675).

(2) A l'enquête de 1452, parmi les vingt-sept articles sur lesquels les témoins furent interrogés à Rouen par maître Philippe de la Rose, délégué du Cardinal d'Estouteville, et par l'inquisiteur, le X° était ainsi conçu : « Item, quod dicti anglici, ejus mortem sitientes, de nocte ibant juxta carceres, fingentes se ex revelationibus loqui, et eam hortantes quod, si volebat mortem evadere, nullo modo se submitteret judicio Ecclesiae ». (Quich. *Procès*... tom II, p. 313). Plusieurs des témoins entendus déclarent ne savoir le fait que par ouï-dire : c'était le bruit public à Rouen. — Voir la déposition de maître Nicolas de Houppeville, (Quich. tom. II, p. 327) ; celle de l'huissier Jean Massieu, (tom. II, p. 332) ; celle du frère Isambard de la Pierre, (tom. II, p. 350) ; celle de Pierre Migiet, (tom. II, p.361). — Le greffier, maître Guillaume Manchon, est mieux informé : « Dicit quod audivit a magistro Nicolao Loysseleur, qui se fingebat de partibus dictae Johannae, quod ipse solus accedebat ad eam, et inquirebat ab ea de multis, et postea referebat judicibus et consilio ». (Quich. tom II, p. 342). La perfidie de maître Nicolas Loiseleur (*Aucupis*) se trouve

tamen non sit ignorancium simplicitas deludenda, (*Job.* xij°). (Et bene facit quod legitur et notatur in c. « Cum ex injuncto », *De hereticis*, in verbo « Simplicitatem », et c. « Sedulo », xxxviij dist.) (1).

Sed quo ad exhortatores, quoniam forte quibusdam sufficere videretur absque alia defensione in causa, quod per duos scientifficos viros super pocioribus capitulis processus, spacio temporis seu dierum multorum interjecto, sigillatim ac distincte admonita exhortataque fuerit, (ut patet in registro, fol. xciiij° et cvij°); ideo actendendum est quales fuerunt hujusmodi exhortaciones. Sunt namque due in eo registro seriatim descripte, que prima fronte et in superficie multum dulces et caritative possent estimari, sed in rei veritate, si debite pensentur, fallaces sunt et dolose (2).

Primo, racione ibidem apposite seu intermixte falsitatis. Innituntur enim precise articulis de processu mendose et corrupte elicitis, de quorum falsitate superius actum est, ideoque Johanna merito eis prout sonabant assentire recusavit. Nam, quia vir Dei missus a Deo in Bethel pseudoprophete et, secundum doctores, summo pontifici falso et cum fraude eum adhortanti pocius quam Deo eum mictenti acquievit, a leone in via, Deo vindicante, oppressus fuit, (tercii *Regum* xiij°) (3). Ideo multum bene ait apostolus, (*ad Galatas* v°):

---

ainsi révélée d'une façon plus explicite et assez convaincante, mais qui laisse encore quelque chose à désirer au point de vue juridique. La déposition faite en décembre 1455 et en mai 1456 devant les commissaires apostoliques par le même greffier et par son collègue Guillaume Colles est beaucoup plus catégorique. Manchon ajoute que le comte de Warwick et l'évêque de Beauvais avaient, d'accord avec Loiseleur, imaginé cette supercherie; il raconte avec les détails les plus précis que le traître venait à la prison en habit court, c'est-à-dire vêtu en laïque, et qu'il entretenait la captive, hors de la présence des gardes, tandis que, par un trou pratiqué à cet effet dans le mur de la chambre contigüe, les deux greffiers entendaient toute la conversation; il termine par cette déclaration : « nec communiter ducebatur ad judicium ipsa Johanna quin ipse Loyseleur per prius cum eadem fuisset locutus ». (Quich. tom. III, pp. 140-141). — De son côté, Guillaume Colles dit que Loiseleur « fingens se sutorem et captivum de parte regis Franciae, et de partibus Lotharingiae, aliquando intrabat carcerem ipsius Johannae, eidem dicens quod non crederet illis gentibus Ecclesiae, « quia si tu credas eis, tu eris destructa ». Il déclare en outre que le promoteur d'Estivet « similiter intravit carcerem, fingendo se esse prisionarium, sicut et fecerat ipse Loyseleur ». (Quich. tom. III, pp. 161-162). — Il y a là sans doute de quoi se faire une conviction sur la vérité des faits allégués. L'inquisiteur néanmoins mesure ses expressions avec la prudence du juge, et il se borne à dire : *Satis comperitur* ».

(1) Bréhal renvoie aux gloses de plusieurs canonistes sur le mot *Simplicitatem*, qui se trouve dans le chapitre « Cum ex injuncto », douzième du titre VII, au cinquième livre des *Décrétales*; (p. 1677).

Le canon « Sedulo » est le douzième de la dist. XXXVIII, dans la partie première du *Décret* ; (p. 235).

Le texte de *Job* (XII. 4) est celui-ci : « Qui deridetur ab amico suo, sicut ego, invocabit Deum, et exaudiet eum : deridetur enim justi simplicitas ».

(2) Il s'agit des exhortations faites à la Pucelle, l'une par Cauchon lui-même dans la prison, durant la maladie de Jeanne, le mercredi 18 avril 1431, l'autre par le chanoine Pierre Maurice, dans une chambre du château voisine du cachot et en présence des juges, le mercredi 23 mai. — Voir Quicherat : *Procès*... tom. I, pp. 374-381, et 429-442.

(3) La Bible ne dit point que ce fut un faux prophète; elle l'appelle simplement *prophetes qui*

« Nemini consenseritis ; persuasio enim hec non est ex eo qui vocat vos » (1).

Proinde, racione adjuncte dubietatis ac subtilitatis in illis exhortacionibus. Agitur namque ibi de ecclesia militante et triumphante, ac de auctoritate utriusque, de jurisdictione concessa beato Petro apostolo et aliis succedentibus ei summis pontificibus, et specialiter inter alia multa ambigui sensus semper illud captiosum interserunt, quod de omnibus dictis et factis suis debeat se submictere judicio ecclesie ; ad quod sane, quantum universalem ecclesiam et summum pontificem concernebat (2), ipsa semper assensit, sed ad eorum intellectum qui de se ipsis hoc intendebant, omnino se submictere juste recusavit. Patet enim manifeste, quod hiis exhortacionibus in modo loquendi inerat dolus et captiositas ; ob quod non solum ex simplicitate excusatur, sed etiam propter verborum obscuritatem ipsa respondere minime tenebatur, quoniam ad id quod quis non intelligit non potest congruum dare responsum : (lege « Ut responsum », C., *De transactionibus*) (3). Et etiam de tali obscura, subtili et ambigua, exhortacione tanquam sufficienti illi non debent gloriari, quia, (ut ait beatus Augustinus, iiij° *De doctrina christiana*) : « Qui dicit, cum docere vult, quamdiu non intelligitur, nondum existimet se dixisse ei quod vult docere ; quia, etsi dixerit quod intelligit, non tamen illi dixisse putandus est, a quo intellectus non est » (4). Et iterum idem : « Sunt quedam que vi sua ab aliquibus non intelliguntur, aut vix intelliguntur, quantumlibet planissime dicentis versentur eloquio, que in populi audienciam aut raro aut numquam omnino mictenda sunt » (5).

Item, nulle aut frivole videntur dicte exhortaciones, racione nimis artificiose seu composite loquacitatis earum. Nam, si quis stillum advertat, pocius constabit eas dicencium ostentacionem quam Johanne directionem seu edificacionem pretendere, contra illud Senece notabile dictum : « Infirmus non querit medicum eloquentem, sed curare scientem » (6) ; (et

---

dam senex (III *Reg.* xiii. 14), mais bon nombre d'exégètes déclarent qu'il s'agit d'un faux prophète. On lit en outre dans la *glose ordinaire* de Walafrid Strabon : « Iste pseudopropheta princeps erat sacerdotum, et valde a rege colebatur tanquam divinus ». Migne : P. L. tom. cxiii, col. 604. Telle était l'opinion de Flavius Josèphe, et plusieurs commentateurs l'ont adoptée.

(1) La Vulgate (*Gal.* v, 7-8) donne une leçon différente : « Currebatis bene : quis vos impedivit veritati non obedire ? Persuasio haec non est ex eo qui vocat vos ». Les mots : Nemini consenseritis, ne sont pas dans la Vulgate, mais ils se trouvaient dans le manuscrit de la Bible, dont S. Thomas se servait et qu'il a commenté. — Dans la *glose ordinaire* de Walafrid Strabon, on lit à propos du verset 7 : « Ne illis consentiant monet ». Migne : P. L. tom. cxiv, col. 583.

(2) Lan.: continebat.

(3) La loi « Ut responsum » est la quinzième du titre iv, au second livre du *Code* ; (p. 118). Elle fournit la preuve de ce que Bréhal vient d'affirmer.

(4) Ce texte se trouve avec quelques variantes dans l'ouvrage de S. Augustin ; (lib. iv *De doctrina christiana*, cap. xii, n° 27). — Migne : P. L. tom. xxxiv, col. 101.

(5) Ce second texte de S. Augustin est également emprunté au quatrième livre *De doctrina Christiana*, mais au chap. ix, n. 23. — Migne : P. L. tom. xxxiv col. 99.

(6) La phrase de Sénèque est ainsi conçue : « Non querit aeger medicum eloquentem, sed sanantem. » (*Epist. ad Lucilium* ; epist. xxxv) — Œuvres ... p. 675. — Nous ne savons à quelle glose renvoie l'indication de Bréhal ; aucune de celles que nous avons consulté sur le canon « Sedulo » déjà cité plus haut ne nous a offert le texte de Sénèque.

habetur in *glosa* c. « Sedulo », xxxviij dist.). Unde ad hoc bene facit illud (quod legitur xliij dist. §. ultimo) : « Auctorem suum loquacitas inquinat, que servire auditoribus ad usum profectus ignorat » (1). Et rursus, (xlvj dist. §. primo) : « Qui enim docet ea que ab auditoribus intelligi non valent, non eorum utilitatem, sed sui ostentacionem facit » (2).

Postremo autem, dicte exhortaciones inepte et inefficaces censende sunt, causa videlicet non solum nimis effuse, sed et plurimum confuse, prolixitatis seu nugacitatis in eis comprehense, cujus gracia non modo ejus intelligenciam opprimebant, [f° cxcviij v°] sed et tot uno contextu enarrata ipsi juvencule omnem memorie virtutem subripiebant. Nam, ut ait Tullius, (in primo *Rethorice*) : « Considerandum est, ne quid perturbate, ne quid contorte dicatur : res enim sepe parum est intellecta longitudine magis quam obscuritate narracionis » (3). Unde ipsi Johanne non datur (4) locus ad puncta dictarum exhortacionum sigillatim et ordinate, in subsidium memorie ac etiam intelligencie, respondendi, sed solum ad extremum post longissimam, ut dixerim, tragedie protractionem, ut dumtaxat si vellet, absque alia dictorum seriosa resumptione, quasi in globo perplexe intricacionis responderet ; cum tamen, secundum philosophum, contingat unum solum uno actu intelligere (5), et multorum simul concurrens implicacio soleat memoriam contundere. Ideo parvi ponderis michi videntur sepedicte exhortaciones.

Preterea, quo ad assessores, duo precise sunt videnda, videlicet eorum numerus et zelus. Reperitur autem ex tenore processus, quod plerumque judicio atque examini ipsius Johanne adstiterunt prelati, doctores et alii in diversis facultatibus et dignitatibus promoti atque graduati ultra quinquaginta quinque, aut quadraginta, aut quadraginta quinque, vel eo circa, raro autem minus triginta, qui ob hanc causam dumtaxat, de Parisius et aliis pluribus hujus regni locis, quantum pro tunc anglorum obediencia continebat, invitati fuerunt et vocati, ac per anglicos magnis donis honorati, ut quasi videretur contra beatissimam Katherinam per tyrannum Maxencium, vel similis, rursum initus conflictus, de quo admirans unus oratorum exclamavit dicens : « O magnum imperatoris consilium, qui ob unius puelle conflictum tot sapientes de remotis partibus convocavit, cum unus ex nostris clientulis eam poterat lenissime confutare » (6). Et certe hoc non solum indecens et ipsi cause

---

(1) Ce sont les mots qui terminent le dernier paragraphe du canon « Sit rector » de la distinction quarante-troisième, dans la première partie du *Décret* ; (p. 253).

(2) Bréhal résume la pensée, sans citer les expressions, du premier paragraphe du canon « Hoc habet » de la quarante-sixième distinction, dans la première partie du *Décret* ; (p. 275).

(3) Ces deux phrases se trouvent à peu près littéralement dans le livre premier (*De Inventione*, cap. xx). Œuvres de Cicéron ... tom. III, p. 60.

(4) Il faudrait plutôt : non dabatur ; mais le manuscrit ne porte aucun signe d'abbréviation.

(5) S. Thomas cite fort souvent dans la *Somme* et ailleurs cet aphorisme aristotélicien, qu'il emprunte au second livre des *Topiques* (cap. 4, lec. 33) : « Scire habitu contingit multa simul, sed intelligere actu unum tantum ».

(6) Bien que Bréhal ne cite pas la source où il a puisé, nous avons trouvé un texte fort semblable dans les Œuvres de notre illustre S. Antonin, archevêque de Florence : « Unus ex illis indignatus stomachanti voce respondit : O magnum imperatoris consilium, qui ob unius puellae conflictum tot sapientes de tam remotis partibus advocavit, cum unus ex clientulis nostris eam

dissonum videtur; sed et neque judicium ob hoc per ipsos factum, si bene ponderetur, magis justum aut rectum censetur. Unde et quodammodo pretensis judicibus, qui in convocacione tanti cetus plus apparenciam quam justiciam videbantur querere, competit illud Crisostomi (*super Matheum*) : « Convenerunt, ut multitudine vincerent, vel saltim convincisse pretenderent quam utpote equitatis racione superare non poterant ; a veritate enim nudos se esse professi sunt, qui multitudine se armaverunt » (1).

Sed quantum ad zelum, pretereo quod in pluri parte, ut comperitur, erant anglicis isti expresse affecti ; solum vero ad presens animadverto, quod hii non fuerunt, ut decebat, justicie ac rectitudinis zelo muniti, quoniam in decursu processus, cum Johanna frequenter ad objecta impertinencia diceret : « Hoc non pertinet ad processum vestrum ; petatis, inquiebat, ab assistentibus si pertineat ad processum » ; quod cum fleret, pene universi dicebant quod sic, quamvis manifestum esset quod nullo modo tale interrogatorium ad causam fidei pertineret, ut est de signo quod fuit datum regi, de illo an sciret se liberandam a carcere per consilium suum, et sic de similibus (2). Unde cum eorum intencio recta non fuerit, tanta astancium spectabilis multitudo plus aggravat quam excusat, juxta illud Remigii : « Condempnantur isti, et quia congregati sunt, et quia principes et sacerdotes fuerunt. Quanto enim plures ad aliquod malum peragendum conveniunt, et quo sapienciores, sublimiores ac nobiliores fuerunt, eo deterius habetur malum quod commictitur, et eo major pena illis debetur » (3).

Tandem, quia ex processu apparet, quod duo doctores, vicissim et aliquo dierum interposito spacio, per ordinacionem judicum Johanne imposita facinora in publico sermone propalaverunt, ideo aliquid de hoc sub brevibus dicendum est (4). Unde notandum est quod

---

facillime confudisset ». *Divi Antonini Opera...* tom. I, p. 553. — Voir aussi Métaphraste, vie de Sⁱᵉ Catherine, vierge et martyre, chap. VIII. — Migne : P. Gr. tom. CXVI, p. 283.

(1) Bréhal a vraisemblablement emprunté ce texte à la *Chaîne d'Or* de S. Thomas (in cap. XXII Matth.) : « Vel convenerunt in unum Pharisaei, ut multitudine vincerent, quem rationibus superare non poterant : a veritate se nudos professi sunt, qui multitudine se armaverunt ». — *Opera omnia...* tom. XVII, p. 237. — Mais il est tiré d'un commentaire dont l'auteur est incertain, et qui a été faussement attribué à S. Jean Chrysostôme sous ce titre : *Opus imperfectum in Matth.* On le lit à l'homélie XLII, sur le verset 35 du chapitre XXII. — Migne : P. Gr. tom. LVI, col. 872.

(2) Cf. Quicherat : *Procès...* tom. I, pp. 88 et 90.

(3) Il est vraisemblable que ce texte de Remi d'Auxerre a été extrait par Bréhal de la *Chaîne d'Or* de S. Thomas, où il sert de commentaire au verset 3 du chapitre XXVI de S. Matthieu : *Opera omnia...* tom. XVII, p. 275. Quant à l'ouvrage original, auquel il a été emprunté par S. Thomas, c'est sans doute le *Commentarius vastus in Matthaeum* ; mais nous croyons qu'il n'a pas été imprimé. Bernard Pez (*dissert. isagogica* ad tom. I, *Thesauri novi Ancedotorum*, p. 23) dit qu'il en existe un manuscrit à Munich, dans la Bibliothèque de l'Électeur de Bavière. Possevin (*Apparatus*, tom. II, p. 320) mentionne deux autres manuscrits, l'un conservé à la bibliothèque de Vienne, et l'autre à celle de S. Giorgio Maggiore, à Venise.

(4) Bréhal parle ici des deux admonitions publiques faites à Jeanne : l'une eut lieu au château de Rouen et devant une assistance restreinte, le deux mai, par l'archidiacre d'Évreux, maître Jean de Châtillon ; l'autre par maître Guillaume Érard au cimetière de Saint-Ouen, où le peuple était rassemblé le 24 mai, en présence de Jeanne exposée sur un échafaud. — Voir Quicherat : *Procès...* tom. I, pp. 384-398 et 442-445.

uterque istorum duorum se fundavit super articulis sepedictis et eorum qualificacione, de quorum falsitate constat evidentissime. Nam et de altero eorum Johanna in pleno judicio ait, quod ille erat falsus predicator, et quod plura dixerat eam fecisse que ipsa non fecerat (1) ; (quod patet fol. cxiij°). Istud autem valde iniquum erat. Ad quod facit *glosa*, (super illo verbo, *Mathei* xxij° : « Magister, scimus quia verax es »). « Tripliciter enim contingit aliquem non docere veritatem: aut in ordine ad se, quia scilicet veritatem non novit, vel non amat ; aut in ordine ad Deum, cujus timore postposito, veritatem quam novit non pure annuntiat ; vel in ordine ad proximum seu ad alterum, cujus timore aut odio vel favore quis veritatem tacet » (2).

Quod sane, quatenus in proposito isto contigerit, satis perspicuum est. Unde et maxime ponderandum, seu pocius admirandum, ymo haud dubie execrabiliter detestandum apparet illud quod per alterum horum duorum in sermone publico, (ex informacionibus evidenter constat) (3), in contumeliam enormem domini nostri regis ac etiam importabile vituperium sacratissime corone Francie exclamatum est sic, videlicet (4) : « O regnum Francie, olim reputatum et dictum christianissimum, regesque tui ac principes christianissimi ! Nunc vero parte, o Johanna, rex tuus qui se dicit regem Francie, tibi adherendo et dictis tuis credendo, effectus est hereticus et scismaticus ». Et istud, prout asserit quartus testis (5), per ipsum predicantem trina vice repetitum est. Ad quem tamen Johanna constanter ait : « Salva reverentia non est verum ut dicitis ; quia volo vos scire quod non est inter christianos viventes melior catholicus eo ».

Quam profecto ignominiosa atque contumeliosa sint hec precedencia verba, non facile dixerim ; et quodammodo etiam stupendum est, quatenus anglici, presertim nobiles, hujuscemodi fedissimos sermones ob regie majestatis honorem et sui denique regis, qui regi Francorum sanguine affinis est, pacienter tulerunt. Sed de alio eis cura non erat, nisi ut illa extingueretur, et dominus noster rex pro nutu et arbitrio loquencium diffamaretur.

---

(1) Cf. Quicherat : *Procès*... tom. i, p. 457.

(2) Nous ignorons quel est l'auteur de cette glose, et nous ne savons pas davantage dans quel commentaire elle a été trouvée par S. Thomas, qui la cite, plus au long que Bréhal, dans la *Chaine d'Or*, sur le chap. xxii, verset 16 de S. Matthieu. *Opera omnia*... tom. xvii, p. 233.

(3) Le fait est raconté par maître Guillaume Manchon et maître Jean Massieu, à l'enquête de 1450. Voir Quicherat : *Procès*... tom. ii, pp. 15, 16 et 17. — Ces deux témoins importants l'ont répété devant Bréhal et Philippe de la Rose, à l'enquête commencée par le légat en 1452. — Voir Quicherat : *Procès*... tom. ii, pp. 335 et 345. — Le texte allégué dans la *Recollectio* est emprunté littéralement à la déposition de Jean Massieu (*loc. cit.* p. 335). Le récit a été confirmé par d'autres témoins, entre autres, par le fr. Isambard de la Pierre (Quich. tom. ii, p. 303 et 353), et par le fr. Martin Ladvenu (*loc. cit.* p. 367).

(4) A la marge de gauche, le greffier Le Comte a écrit en forme de manchette et avec un renvoi : execrabilis contumelia in dominum regem.

(5) Cette particularité de l'exclamation trois fois répétée se lit dans la déposition de l'huissier Jean Massieu. Les trois autres témoins que nous avons cités tout à l'heure ne mentionnent pas ce détail.

Sed, dimissis aliis, ad istos predicantes me solum ad presens reduco. Nam predicacionis actus, cum sit precipuus in ecclesia : (c. « Cum ex injuncto », *De hereticis*), ad fructum animarum et Dei honorem dumtaxat retorqueri debet : (c. « Nisi cum pridem », *De renunciacione*) (1). Ideo predicatori convenit solum divina et vera predicare, (argumentum : c. « Cum multa », lxxxvj dist.) (2); utilia et edificatoria cum sobrietate proferre, sic videlicet quod aliquos corripiendo ad speciem non descendat, et nichil inordinate aut indiscrete proferat : (c. « Sit rector », xliij dist.) (3). Alias enim sequitur digna et gravis punicio, quia qui inconsiderate loquitur senciet mala ; (v. q. v. §. « Sed aliud ») (4). Mirandum ergo valde est, qua temeritate aut qua pocius effrenata demencia hii presumpserint regiam majestatem in tali et adeo exactissime sobrietatis actu, in tantoque et tam numeroso cetu, hac execrabili contumelia blasphemare. Nam in lege scriptum est : « Principi populi tui non maledices », (*Numeri* xxij°); et iterum apud sapientem, (*Ecclesiastes* x°) ; « In cogitatione tua regi ne detrahas » (5). Quod si detrahendi regali celsitudini [f° **cxcix** r°] etiam interdicitur cogitacio, quanto magis sacrilega censetur in turba populi tam sacre majestatis publica vituperacio Unde, (super illo verbo, prima *Petri* ij°, « Sive regi tamquam precellenti »), ait quedam *glosa* : « Ne possit in hoc christiane religioni detrahi, et ex eo turbentur jura condicionum » (6). In eodem etiam capitulo, postquam idem apostolus precepit dicens : « Deum

---

(1) Le chapitre « Cum ex injuncto», douzième du titre VII, au V° livre des *Décrétales* (p. 1667), parlant de la prédication comme d'une fonction que les laïques ne doivent pas usurper, donne la raison alléguée par Bréhal.
Le chapitre « Nisi cum pridem » est le dixième du titre IX, au premier livre des *Décrétales* ; (p. 232). Le pape donne à un évêque le conseil de suppléer à l'imperfection de la science par la perfection de sa charité, dans le ministère de la prédication.
(2) Le canon « Cum multa » est le cinquième de la quatre-vingt-sixième distinction, dans la première partie du *Décret* ; (p. 515). Le pape y réprimande un évêque qui négligeait la prédication pour enseigner la littérature, et il ajoute : « In uno se ore cum Jovis laudibus Christi laudes non capiunt ».
(3) Le canon « Sit rector » a trait également à la prédication ; il est le premier de la quarantième distinction dans la première partie du *Décret*; (p. 253).
(4) Le greffier a omis l'indication précise du paragraphe. Il s'agit certainement d'un canon de la question cinquième, cause v, dans la seconde partie du *Décret*. Toute cette question est relative à la correction fraternelle ; et il nous semble que les expressions du canon cinquième, (p. 995), s'accordent assez bien avec l'affirmation de Bréhal qui d'ailleurs renvoie à ce paragraphe non pas comme à une preuve de la réflexion qui précède, mais pour confirmer la doctrine générale ici exposée.
(5) Bréhal a été mal servi par sa mémoire ; le texte de l'Écriture, qu'il attribue au livre des *Nombres*, se trouve dans l'*Exode* (XXII. 28).
Le second texte est bien de l'*Ecclésiaste* (x. 20).
(6) La Vulgate (I *Petr.* II. 13) lit : « Sive regi quasi praecellenti ». Sur ce verset du chap. II, le Vén. Bède dit dans son *Expositio super epistolas catholicas* : « Docet ergo fideles, famulos videlicet aeterni Regis, etiam mundi potestatibus subdi, ne vel in hoc fidei et religioni Christianae possit detrahi, quod per eam humanae conditionis jura turbentur». Migne: P. L. tom. XCIII, col. 52.

timete »; statim subjunxit: « Regem honorificate »; ubi *glosa*: « Quasi precellentem ampliori honore veneramini » (1).

Et ita, ut breviter perstringamus, hec omnia non tam evidens quam enorme vicium continent et includunt.

UNDECIMUM CAPITULUM

Secunde partis : De deliberantibus in causa, seu determinacionibus eorum quo ad capitula cause.

Et quia, secundum juris disposicionem, non debet procedi ad sentenciam vel condempnacionem, presertim in negocio fidei, nisi processus super quo deliberandum est viris providis, honestis ac religiosis prius integraliter et seriose manifestetur seu explicetur : (c. « Statuta », *De hereticis,* libro vj°) (2) ; ideo, priusquam ad qualitatem sentencie in hac causa date veniamus, expediens est (3) aliquid de deliberantibus super isto processu datis dicere.

Sciendum vero quod, si vicium in eis contigit aut defectus, forte non irracionabiliter plerique deliberancium apponent, dicentes quod secuti sunt tenorem et sentenciam capitulorum sibi transmissorum ; in quibus, si falsum aut viciosum quid fuerit, ipsis deliberantibus imputari non debet. Quippe et ipsis non fuit integraliter et seriose explicatus processus, quemadmodum tanta causa requirit, ut modo dicebatur. Sed, hiis non obstantibus, dico, citra tamen injuriam cujuscumque loquendo, quod aliquorum et in majori parte deliberaciones nimis austere sunt et, dure, ymp et, in fallor, videntur ipsi (4) negocio non parum indigne. Et quamvis multi numero sint, qui in ea causa determinando scripserunt, ut constat ex registro, tamen, quia inexplebile esset singulorum dicta prosequi, ad duas solum determinaciones parisiensium doctorum, videlicet theologorum ac juristarum, me ipsum succincte reducam, quia etiam ad illas fere omnes alii se inclinasse comperiuntur (5).

Nam theologorum in primis determinacio, circa omnes articulos sigillatim discurrens, terribilia profecto, etiam si Manicheus, vel Arrius, aut heresiarcharum aliquis esset, sepe-

---

(1) Au lieu de : subjunxit, M. Lanéry d'Arc lit : subinduxit.

La *glose* interlinéaire du verset 17 de l'*Epitre de S. Pierre* (chap. 2) se trouve exactement dans une édition de la Bible, (Lyon 1589), mais sans indication de l'auteur.

(2) Ce sont les termes mêmes du chapitre « Statuta » vingtième du titre II, au V° livre du *Sexte*; (p. 644).

(3) Lan. : conveniens est.

(4) Ne faudrait-il pas lire à l'ablatif: ipso negocio ?

(5) Les déterminations des Docteurs de l'Université de Paris ont été publiées par Quicherat: *Procès...* tom. I, pp. 414 et 417. La première est celle des théologiens en douze articles ; la seconde, celle des juristes, en six articles seulement. Ce sont de très courtes conclusions, de deux ou trois pages au total, dont les motifs sont à peine indiqués, et qu'on ne saurait comparer aux mémoires consultatifs présentés aux commissaires apostoliques lors du procès de réhabilitation.

dicte Johanne apponit predicata. Sed, quia in precedenti de aliquibus punctis in ipsa deliberacione comprehensis satis discussum est, et etiam quia plurima eorum aut non multum gravia, aut omnino falsa sunt, ideo solum de duobus, que isti mirabiliter detestantur, eorum dicta tangentibus agemus, videlicet de apparicionibus seu revelacionibus, et de submissione ad ecclesiam.

De ipsis enim apparicionibus dicunt quod, pensatis sive modo et materia ipsarum revelacionum, qualitate etiam persone, locoque cum aliis circumstanciis : vel sunt ficta mendacia, seductoria, et perniciosa ; vel sunt revelaciones supersticiose, a malignis spiritibus et dyabolicis Belyal, Sathan et Behemoth procedentes (1). Sed de circumstanciis harum visionum satis late disseruimus, excepto eo quod ponunt de qualitate persone. Nam per hoc vel intelligunt sexum, aut genus, aut vivendi modum.

Non est autem facile credendum, quod per hoc denotent sexum, quasi notum non sit quod spiritus divinus ac propheticus communis est viris ac mulieribus, ut notatur in *glosa* super illo verbo (prime *ad Corinthios* xijº) : « Idem autem spiritus, dividens singulis prout vult » ; et (*Joelis* ijº) : « Effundam de spiritu meo super omnem carnem, et prophetabunt filii vestri et filie vestre » ; et paulo post : « Super servos meos et ancillas meas in diebus illis effundam spiritum meum » ; et Paulus, (prime *ad Corinthios* xjº) : « Mulier orans aut prophetans » (2). Constat enim quod sexui femineo non repugnat spiritus etiam propheticus, quemadmodum legimus in sacris scripturis plures mulieres spiritum prophecie habuisse : ut Maria, soror Aaron, (*Exodi* xvº); Debbora, (*Judicum* iiijº) ; Anna, Samuelis mater, (primi *Regum* ijº) ; Olda, uxor Sellium, (quarti *Regum* xxijº) ; Elysabeth, mater Johannis Baptiste, (*Luce* jº) ; beatissima virgo Maria, (*ibidem*); Anna, filia Fanuel, (*Luce* ijᵘ) ; et quatuor filie Philippi dyaconi, (*Actuum* xxjº) (3). Similiter et in diversis hystoriis multe mulieres leguntur prophetasse, ut Sibilla de Christo multa predixit prout refert beatus Augustinus, (in viijº libro *De civitate Dei*) (4). Alie etiam novem sibille vates fuerunt, ut ait Jeronimus (*contra Jovinianum*) (5), et Ysidorus (libro viijº *ethimologiarum*) (6). Ad idem, secundum

---

(1) Les deux derniers membres de cette phrase constituent ce que dans le style de l'École on appelle une *disjonctive*, c'est-à-dire une proposition composée de deux ou plusieurs hypothèses, indépendantes les unes des autres, comme l'indique la particule placée entre elles : *ou*, *soit*, et autres semblables. Chacune des assertions qu'elle contient sera successivement discutée plus loin.

(2) Le texte de la Vulgate (I *Cor.* xii, 11) est celui-ci : « Haec autem omnia operatur unus atque idem Spiritus, dividens singulis prout vult ».

Dans la Vulgate, le texte de *Joël* (II, 28-29) est : « Effundam spiritum meum ». Mais cette prophétie est citée, aux *Actes des Apôtres* (II, 17) : « Effundam de spiritu meo ». Il se peut donc que Bréhal ait confondu les deux passages dans sa mémoire.

Le texte de S. Paul (I *Cor.* xi, 5) est : « Omnis autem mulier orans aut prophetans ».

(3) Toutes ces références sont exactes.

(4) Le greffier a omis un chiffre ; car c'est au XVIIIᵉ livre *De Civitate Dei* (et non pas au VIIIᵉ), chapitre xxiii, n. 1, que S. Augustin fait mention des prédictions de la Sibylle. — Migne : P. L. tom. xli, col. 579.

(5) S. Jérôme (lib. i. *adv. Jovinianum*, cap. 41). — Migne: P. L. tom. xxiii, col. 270.

(6) S. Isidor. hispalensis episc. (lib. viii. *Etymolog.* c. viii, *de Sibyllis*). — Migne : P . L. tom. lxxxii, col. 309-310.

fratrem Vincencium in speculo hystoriali, de multis mulieribus, quas superius memoravimus.

Si denique per qualitatem persone accipiant genus ac parentes, miro quidem modo seipsos impediunt. Quis enim nesciat excellenciores prophetas, ymo etiam et apostolos, media de plebe et infimo genere ut communius traductos et a Deo electos esse, ut patet ex scripturis divinis ? Et hoc habunde tradit apostolus, (prime *ad Corinthios* j°) (1). Et in hoc maxime, juxta beatum Bernardum, magnificatur Dei virtus, et singularis relucet operacio miraculi, ut etiam notant Hostiensis et Johannes Andree (in c. « Venerabilis », *De prebendis*) (2).

Magis itaque puto, quod per qualitatem persone notant ipsius Johanne vivendi seu conversandi ritum quem ipsa habebat, videlicet habitum viri et arma gestando, bellis et arduissimis rebus supra condicionem femine seipsam immiscendo. Sed haud dubie divinis oraculis atque revelacionibus ista minime prejudicant ; ymo pocius quandoque Dei occulto nutu hec et multo majora atque mirabiliora fiunt. Itaque, salva eorum pace, pie magis actendere debuissent ipsius Johanne vitam, etiam non obstante sue missionis admirabili exercicio, innocentissime actam, utpote simplicitatem ipsius, modestiam, humilitatem, tolleranciam, virginitatem ac pudiciciam, sed, et quod multo prestancius est, ad Deum, ad fidem et ecclesiam summam religionis pietatem, quippe et ad omnes mansuetudinem et caritatem.

Quod vero si dicant : hec neutiquam audivimus, ista non cognovimus, aut etiam eorum aliquod vel simile quandoque nobis de illa innotuit, ut debite patefactis nobis viciis pretactas virtutes divinare pocius debuerimus. Dicitur quod, celebri et publica fama currente, et multo hiis majora de ipsa electa puella undeque tunc predicante, quatenus, queso, ista eos latere potuit? Nam dumtaxat apud manifestos hostes culpe notam habuit ; erga vero alios quoslibet semper virtuosa, innocens et pudica proclamata fuit. Unde, quid in contrarium clarissime fame agendo istorum consciencia dictaret, seu etiam illorum determinacioni quale testimonium ad intra redderet, novit ille qui nichil ignorat, quique solus cordium penetrator [f° cxcix v°] est et arbiter inobliquabilis.

Ut tamen multa istud concernencia, et quidem in processu luculenter expressa, ductus sobrietate transeam, hoc permaxime admiror professores divine scripture ac celestis sapiencie precones sic faciliter et aspere de exili persona, hujuscemodi negocia inaudita et cunctis admiranda feliciter gerente, malum pocius quam bonum etiam contra famam publicam dijudicasse, presertim cum sciencia theologie, non modo summe gravitatis, sed et rectissime equitatis ac piissime caritatis censeatur esse. Unde ejus autor filius Dei in evangelio leve, temerarium, suspiciosum ac presumptuosum prohibet judicium, (*Mathei* vij° et *Johannis* vij°) (3). Plurimum etiam egregie ait sanctus doctor, (2ᵃ 2ᵉ q. lx, art. iiij°) (4), quod ubi judi-

---

(1) Voir surtout I *Cor.* 1. 25-29.

(2) Le texte de S. Bernard, ou plutôt de Guigues, cinquième prieur de la Grande Chartreuse, a été cité par Bréhal, au second chapitre de la première partie de la *Recollectio*, ainsi que les annotations faites à ce sujet par Henri de Suze et Jean André, sur le chapitre « Venerabilis ». Nous y renvoyons pour les références.

(3) Cf. *Matth.* vii, 1-2 ; *Joan.* vii, 24.

(4) Tout en citant à peu près littéralement S. Thomas, l'inquisiteur dispose à sa manière les extraits

catur de persona, precipue actenditur bonum vel malum circa ipsum quod judicatur: quoniam in hoc ipso quis honorabilis habetur quod judicatur bonus, ex opposito autem contemptibilis si judicetur malus. Et ideo ad hoc pocius tendere debemus, quod hominem judicemus bonum, nisi manifesta racio in contrarium appareat. Quoniam ex eo quod aliquis absque sufficienti causa habet malam oppinionem de altero, contrariatur ei et contempnit ipsum, cum tamen nullus debeat alium contempnere, aut nocumentum aliquod inferre absque causa cogente. Et ideo, ubi non apparent manifesta indicia de malitia alicujus, debemus eum bonum habere, semper in meliorem partem interpretando quod dubium est. In quo etiam si aliquis erret, bonum scilicet judicando de aliqua persona mala, hoc non pertinet ad malum intellectum (1), sicut nec ad ejus perfectionem secundum se pertinet cognoscere veritatem singularium quorumlibet contingencium ; sed sic judicando magis pertinet ad bonum affectum ejus. Unde, et melius est frequenter falli habendo bonam opinionem de persona mala, quam minus sepe falli habendo malam opinionem de persona bona ; quia ex isto fieret injuria alicui, et non ex primo. Hec idem doctor. Nam et quod semel malus semper presumatur malus, hoc procedit ex corrupta natura presumentis, ut notat Johannes Andree (in *regula juris*: « Semel malus », libro vj°); eo quod natura humana prona est ad delicta : (c. « Omnis etas », xij. q. j.). Facilius itaque debet quis presumi bonus quam malus : (c. « Miramur », lxj dist. ; c. « Mandata », *De presumptionibus*) (2).

Denique, hii deliberantes ponunt istas revelaciones sub quadam expressa disjunctione, cum tamen sint res excedentes, et que non cadunt sub certa hominis cognicione. Nam, (ut dicit sanctus Thomas in *questionibus De veritate* (3)) revelacio est manifestacio alicujus veritatis supra hominem existentis, ideoque non potest esse certa sciencia de ipsa, nisi per no-

---

du texte. Il commence par emprunter une partie de la réponse ad 2^m; puis, à partir de *Ex eo quod aliquis absque sufficienti causa*.., il prend le texte du corps de l'article, jusqu'à : *interpretando quod dubium est*. Il se sert ensuite de la pensée exprimée par son maître à la fin de la réponse ad 2^m. Enfin la conclusion : *Unde et melius est frequenter falli*, est extraite de la réponse ad 1^m. — Cf. *Opera omnia*... tom. xxi, p. 118, col. 1.

(1) Il faudrait, pour la vérité du sens philosophique : ad malum intellectus. Le greffier n'y a pas pris garde et a mis le participe au lieu du substantif.

(2) La règle «. Semel malus » est la huitième du dernier titre *De regulis juris* », à la fin du cinquième livre du *Sexte*, (p 791). — La *glose* de Jean André est ainsi conçue : « Et procedit haec praesumptio, tum ex præsumentis natura corrupta, tum quia natura humana prona est ad delicta » ; (p. 419, col. 1). Ce sont les deux raisons alléguées par Bréhal, et la seconde est expressément confirmée par les premiers mots du canon « Omnis aetas » de la question première, cause v, dans la seconde partie du *Décret* ; (p. 1207).

Le canon « Miramur » est le cinquième de la soixante-et-unième distinction, dans la première partie du *Décret*; (p. 379). Il est indiqué par les commentateurs comme une preuve de la règle alléguée par Bréhal.

Il en est de même du chapitre «Mandata » qui est le sixième du titre xxiii *De praesumptionibus*, au second livre des *Décrétales* ; (p. 787).

(3) Bréhal n'emprunte pas le texte de S. Thomas ; il donne seulement le sens de la doctrine exposée : *Quaest. disp. De Veritate*, q. xvi *de fide*, art. 9 in corp. — *Opera omnia*... tom. xii, p. 759, col. 1.

ticiam superiorem a qua inspiracio procedit, sicut neque de hiis que fidei sunt potest haberi clara evidencia. Ait enim sapiens, (*Proverbiorum* xvj°) : « Spirituum ponderator est Dominus ». Propterea, temerariam circa hujusmodi inspirata et revelata sentenciam, ymo et curiosam eorum investigacionem, uno verbo apostolus repercutit dicens, (prime *ad Corinthios* j°) : « Que Dei sunt nemo cognoscit nisi spiritus Dei » ; et paulo post : « Animalis homo non percipit que spiritus Dei sunt, nec est qui sensum Domini noverit » (1). Ut enim ait Theophilus, « spiritus Domini propria potestate, et ubi vult, et qualiter vult, operatur » (2). Nescis tamen, juxta evangelicam veritatem, unde veniat, aut quo vadat ; quia, etsi te presente quempiam repleverit (3), non potest videri quomodo in eum intraverit, vel quomodo redierit, quia natura est invisibilis.

Neque tamen, ex eo quod hujusmodi revelaciones racione humana non facile concipiuntur, sunt ideo existimande false vel male ; quoniam, (ut ait beatus Thomas in *Summa contra gentiles*, lib. j° cap. iij°), sicut maxime amencie aliquis ydiota esset, qui ea que a philosopho proponerentur falsa esse assereret, propter hoc quod illa capere non posset ; ita multo amplius mirabilis stulticie homo esset, si ea que divinitus angelorum ministerio revelantur falsa esse suspicetur, ex hoc quod racione scientium investigari non possunt (4). Propter quod

---

(1) Le texte des *Proverbes* (xvi. 2) est exactement cité ; mais plus loin le greffier a omis un chiffre dans la référence de l'*épître aux Corinthiens*. C'est en effet au chapitre ii que se trouvent les paroles alléguées par Bréhal. Il est vraisemblable que l'inquisiteur les a citées de mémoire. Le verset 11 est peu différent : on y lit dans la Vulgate : *cognovit*, au lieu de *cognoscit*. Quant au verset 17, voici la leçon de la Vulgate : « Animalis autem homo non percipit ea quae sunt Spiritus Dei : stultitia enim est illi, et non potest intelligere » ; et plus loin, verset 16 : « Quis enim cognovit sensum Domini, qui instruat eum » ?

(2) Lan. : propria parte. — Le greffier a écrit *Theophilus* au lieu de *Theophylactus*. Cette phrase est citée par S. Thomas dans la *Chaîne d'Or* (*in Joan*. iii), d'où Bréhal l'a extraite probablement. *Opera omnia*... tom. xvii, p. 30. On la trouve un peu différente dans les œuvres de Théophylacte (*Enarratio in Evang. Joan.* cap. iii, vers. 8.) : « Ventus quo vult spirat ; multo igitur magis Spiritus sanctus liberiorem habet motionem, et quo vult, et sicut vult operatur ». Migne : P. Gr. tom. cxxiii, col. 1206.

(3) Lan. : impleverit.
Bien que Bréhal n'ait pas indiqué à quel auteur il a emprunté le reste du paragraphe, et laisse croire qu'il appartient aussi à Théophylacte, il est certain qu'il faut chercher la suite de ce texte ailleurs que dans l'écrivain grec. Nous avons pu en effet le rencontrer dans le Vénérable Bède et dans Alcuin. — Le Vénérable Bède dit dans son *Expositio in Joan. Evang.* c. 3 : « Sed nescis unde venit et quo vadat, quia etiam si te praesente quempiam spiritus ad horam impleverit, non potes videre quomodo intraverit, vel quomodo redierit, quia natura est invisibilis ». Migne : P. L. tom. xcii, col. 669. — Alcuin, à son tour, s'exprime ainsi dans son *Commentaire sur S. Jean* (lib. ii, cap. v) : « Spiritus ubi vult spirat, quia ipse habet in potestate cujus cor gratia suae visitationis illustret. Et vocem ejus audis, cum te praesente loquitur is qui Spiritu sancto repletus est ; sed non scis unde veniat aut quo vadat, quia etiamsi te praesente quempiam Spiritus ad horam impleverit, non potest videri quomodo eum intraverit, vel quomodo redierit ; quia natura est invisibilis ». Migne : P. L. tom. c, col. 779-780.

(4) La citation de S. Thomas est presque littérale. *Opera omnia*... tom. xiii, p. 7, col. 1.
M. Lanéry d'Arc a omis le mot *scientium* du manuscrit ; il s'est contenté de lire ainsi : rationes investigari non possunt.

beatus Paulus recte ait, (prime ad *Thessalonicenses* v°) : « Spiritum nolite extinguere » ; et: « Prophecias nolite spernere » (1). Ubi ait quedam *glosa* : « Deus, qui os asine aperuit, sepe revelat minori quod melius est ». Unde et beatus Augustinus, (iij° libro *Confessionum*), de suo statu ante conversionem, quatenus circa hec temerarius fuit, ita profitetur : « Reprehendebam, inquit, cecus pios patres, non solum sicut Deus juberet atque inspiraret utentes presentibus, verum quoque sicut Deus revelaret futura prenunciantes » (2). Et paulo post : « Multa facta, que improbanda hominibus videntur, testimonio Dei approbata sunt, et multa laudata sunt ab hominibus, que Deo teste dampnantur ; cum sepe aliter se habeat species facti, et aliter facientis animus, atque articulus occulti temporis. Cum ergo Deus aliquid repente inusitatum et improvisum imperat, etiamsi hoc aliquando vetaverit, quamvis causam imperii sui pro tempore occultet, et quamvis etiam contra pactum sit societatis aliquorum hominum, quis dubitet esse faciendum ? Sed beati qui sciunt Deum imperasse. Hec ego nesciens irridebam sanctos servos et prophetas Dei. Et quid agebam, cum irridebam eos, nisi ut a Deo irriderer » ? Hec Augustinus de seipso. Beatus Paulus etiam, (prime ad *Corinthios*, xiiij°), dicit : « Si aliquid revelatum fuerit sedenti, prior taceat »; *glosa:* « id est, detur ei locus, quia aliquando datur minori quod non majori, et inferiori quod non superiori ; aliquando enim sapiencior instruitur de aliquo quod nesciebat per minorem subito inspiratum » (3). Cum ergo non sit data vel dabilis ab homine aliqua regula, qua de bonitate aut veritate hujusmodi revelacionum discerni possit, ideo manifeste presumptuosum apparet in ea re certum dare judicium, (ut c. « Grave », xj. q, iij) (4). Unde et quidam, sed pauci, alii de deliberantibus hec omnino sub dubio reliquerunt.

Quippe isti parisienses dicunt in prima parte disjunctive quia vel sunt ficta mendacia, seductoria et perniciosa ; quod certe dicere indignum michi videtur, et hoc quadruplici racione :

Primo, causa simplicitatis ipsius Johanne ac ipsius parentum, qui nulla prorsus artis pe-

---

(1) Ce sont les versets 19 et 20 du chapitre v. — La glose alléguée ci-après est celle d'Aimon, évêque d'Alberstadt, déjà citée dans la *Recollectio* à la fin du sixième chapitre de la première partie. Le mot *minori* du manuscrit pourrait être lu : *juniori*, si l'on ne tient compte que du nombre des jambages, identique pour les deux mots.

(2) Cette phrase se lit au 3e livre des *Confessions* de S. Augustin (chap. vii, n. 14). Migne : P. L. tom. xxxii, col. 690. Bréhal emprunte le passage qui suit au chap. ix, n. 17, sauf la dernière phrase de la citation, qui est du chap. x, n. 18. (Migne : *ibid.* col. 691). — La forme a été modifiée pour remplacer les expressions qui s'adressaient directement à Dieu par manière de colloque.

(3) Le texte de la Vulgate (I *Cor.* xiv. 30) diffère un peu : « Quod si alii revelatum fuerit sedenti, prior taceat ». La glose alléguée par Bréhal a été empruntée à plusieurs auteurs. Celle de Walafrid Strabon dit seulement : « Datur inferiori, quod non superiori ». Migne : P. L. tom. cxiv, col. 545.

De son côté, Raban Maur (*Enarratio in Epist. Pauli*, lib. xi in Epist. I *Cor.* cap. xiv) s'exprime ainsi : « id est, permittat potior inferiori, ut si potest dicat ; neque aegre ferat, quia potest et illi dari donum ut dicat, cum videtur inferior, quod potiori concessum non est ». Migne : P. L. tom. cxii, col. 435.

(4) Le canon « Grave » est le soixante-quatorzième de la troisième question, cause xi, dans la seconde partie du *Décret* ; (p. 1187). Il confirme la conclusion de Bréhal.

ricia fulti erant. « Cor enim machinacionibus tegere, sensum verbis velare, que falsa sunt vera ostendere, que vera sunt falsa demonstrare, hec et hiis similia ficte simulare, ad astuciam seu mundanam sapienciam pertinet » ; (beatus Gregorius in *Moralibus,* exponens illud *Job* xij° : « Derídetur justi simplicitas ») (1). Unde incredibile est, quod Johanna tot et tanta que gessit et dixit fingere potuerit.

Secundo, racione infallibilitatis effectuum et eventuum illorum que predixit. Nam, juxta poetam (2), « Exitus acta probant » ; (c. « Quod ait », xxij q. ij), et precedencia probantur per sequencia, (ut ibi notatur. Ad quod facit c. primum, q. j, circa finem) (3).

Tercio, racione perseverancie et continuitatis in suis mirabilibus agendis. Quod enim humana arte seu adinvencione confictum est diu consistere non potest, juxta illud peritissimi scribe Gamalielis verbum, (quod legitur *Actuum* v°) : « Si ex hominibus est consilium hoc [f° cc r°] aut opus, dissolvetur ; si autem ex Deo est, non poteritis illud dissolvere, ne forte et Deo repugnare videamini » (4). Unde Tullius, (libro ij° *De officiis*) : Omnia ficta celeriter tamquam flosculi decidunt, nec simulatum quidquam potest esse diuturnum (5). Et Seneca, (primo libro *De clemencia*) : « Nemo potest diu personam ferre fictam. Cito quidem in naturam suam recidunt, quibus veritas non subest ; que autem ex solido nascuntur, tempore in melius proficiunt » (6).

---

(1) Le texte de S. Grégoire le Grand est emprunté à l'ouvrage indiqué par Bréhal, (lib. x *Moral.* in cap. xii *Job.*, cap. xxix n. 48). Il est probablement cité de mémoire, car il offre une certaine différence de disposition : « Hujus mundi sapientia est, cor machinationibus tegere, sensum verbis velare, quae falsa sunt vera ostendere, quae vera sunt fallacia demonstrare ». Migne : P. L. tom. lxxv, col. 947.

(2) C'est le commencement d'un vers d'Ovide (*Heroid.* ep. ii, vers. 85) ; mais le poète dit au singulier : « Exitus acta probat ».

(3) Le canon « Quod autem ait » est le dix-huitième de la seconde question, cause xxii, dans la deuxième partie du *Décret* ; (p. 1567). On y trouve ces mots : « Non serio, sed joco dictum est, ut exitus docuit ». Et la *glose* marginale sur le mot *exitus* fait cette remarque : « arg. quod per consequentia probantur praecedentia ».

Quant à la citation : c. primum, q. j, nous ignorons pourquoi M. Lanéry d'Arc l'a remplacée par c. « Achatius », qui est, comme il l'indique en note, le premier canon de la première question, cause xxiv, dans la seconde partie du *Décret* ; (p. 1715). Le manuscrit ne donne pas le chiffre de la cause, et nous ne trouvons à l'endroit supposé rien qui se rapporte au texte de Bréhal. Il nous semble au contraire que le premier canon de la cause première fournit dans sa dernière phrase un exemple du raisonnement dans lequel, comme dit l'inquisiteur, *praecedentia probantur per sequentia*. Nous adoptons donc cette référence qui nous paraît s'accorder avec l'allégation du manuscrit : canon « Gratia », q. i, cause i, dans la seconde partie du *Décret*.

(4) Le texte des *Actes* (v. 38-39) a été probablement cité de mémoire ; car l'ordre de plusieurs mots est interverti ; et Bréhal a écrit : videamini, au lieu de : inveniamini.

(5) Sauf l'interversion des mots, c'est exactement le texte de Cicéron (lib. ii *De officiis*, cap. xii) : « Ficta omnia celeriter, tanquam flosculi, decidunt, nec simulatum potest quidquam esse diuturnum ». Œuvres... tom. xxvii, p. 472.

(6) Sénèque (lib. i *De Clementia*, cap i). Le texte de l'édition que nous avons sous les yeux présente quelques différences notables : « Nemo enim potest personam diu ferre. Ficta cito in naturam

Quarto, racione integerrime constancie et firmitatis in responsis hinc inde super hoc datis : et hoc Pictavis, ubi per tres septimanas districtissime fuit primo examinata; tandem, per multos regni proceres ac nobiles, dum negocia bellica cum eis strenue ac feliciter gereret ; ad extremum vero Rothomagi, in quo per semestre temporis spacium fuit super hiis miro modo impetita, sed nec repertum est quod in verbo variaverit. Quod quidem fictionis presumptionem excludit. Ait enim Quintillianus, (libro viij° *De institucione oratoria*) : « Prodit se quamtumlibet custodita simulatio, nec umquam tanta est loquendi facultas que non titubet et hereat, quociens ab animo verba dissenciunt » (1). Ad idem Franciscus patriarcha, (in libro *De vita solitaria*, circa principium) : « Ut enim immortalis est veritas, sic fictio et mendacium non durant. Simulata illico patescunt, et magno studio compta cesaries vento turbatur exiguo. Argutum quoque mendacium vero cedit, coramque pressius intuenti diaphanum est ». Sequitur : « Latere diucius, magnus est labor. Nemo sub aquis diu vivit : erumpat oportet, et frontem quam celabat apperiat » (2).

Addunt preterea : vel ipse revelaciones sunt supersticiose, a dyabolicis spiritibus procedentes. Et in hac siquidem parte magis resident, quamvis multo deterior sit; cum tamen Seneca (in *Epistola*) eleganter dicat : « Semper enim quicquid dubium est humanitas inclinat ad melius » (3) ; et denique jura instituunt ea que dubia sunt semper in meliorem partem debere interpretari : (ut c. « Estote », *De regulis juris*, cum multis similibus) (4).

Sed et non solum mirum, ymo et procul dubio valde durum videtur, has revelaciones ponere a demonibus procedere, cum multo plures subsint non modo conjecture, sed etiam aperte evidencie, ad bonum quam ad malum, ut satis superius deductum est, cum de hiis ageretur.

Quod autem adjiciunt hec nomina demonum Belyal, Sathan et Beemoth, in aggravacionem suspicionis contra Johannam, et quo ad illos affectionis corrupte ostensionem, subjectum est ; cum tamen istud, nec gravitati actus hujuscemodi quem susceperant, neque ipsi rei de qua agebatur seu cause que deducebatur, quomodolibet competere videatur. Nam Belyal sine

---

suam recidunt; quibus veritas subest, quaeque (ut ita dicam) ex solido enascuntur, tempore ipso in majus meliusque procedunt ». *Œuvres*... p. 330.

(1) Quintilien (*De oratoria institutione*, lib. XII, 1. 29). Nous avons déjà mentionné ce texte et sa véritable référence, à propos de la citation que Bréhal en a faite une première fois, au septième chapitre de la première partie de la *Recollectio*.

(2) Après de longues et inutiles recherches dans les œuvres du patriarche S. François d'Assise, qui ne renferment aucun traité *De vita solitaria*, et dont le style ne nous parait pas en harmonie avec celui du passage que le greffier lui attribue, nous avons conjecturé qu'il devait y avoir une faute du copiste trompé par une similitude de nom. Le manuscrit 5970 porte bien : *franciscus patriarcha*, mais il est certain que la minute de Bréhal devait avoir : *franciscus petrarcha*. Le texte allégué se trouve en effet tout au long dans la préface de Pétrarque aux livres *De vita solitaria*, p. 224 de ses Œuvres.

(3) Sénèque (*Epist. ad Lucilium*, ep. LXXXI) s'exprime ainsi: « Quemadmodum reus sententiis paribus absolvitur, et semper, quidquid dubium est, humanitas inclinat in melius ». — *Œuvres*... p. 699.

(4) Le chapitre « Estote » est le deuxième du titre XLI au cinquième livre des *Décrétales* ; (p. 1962). La citation de Bréhal est à peu près textuelle.

jugo, Sathan contrarius, Beemoth vero animalis seu bestialis dicitur (1); ac si per hec vocabula innuere vellent Johannam, suarum apparicionum vi aut suggestione, jugum bonorum morum, obediencie, virtutis ac discipline, sprevisse atque confregisse, catholice religionis, politice atque pacifice communionis federa dissolvisse aut impedivisse; et per reliquum quasi videntur inducere, eam intemperate, sensualiter atque libidinose se habuisse, necnon pudicicie, sobrietatis atque feminee honestatis jura violasse. Sed, ut patuit, universa hec et consimilia sunt penitus a conversacione hujus puelle aliena. Unde, quod ad istam partem pocius declinantes dicunt has appariciones supersticiosas esse, et per consequens periculosas in fide, est contra *glosam* ordinariam (super illo verbo positam : « Sathanas se transfigurat in angelum lucis », secunde *ad Corinthios* xj°) (2) ; ubi dicitur quod, quando ipse demon sensus corporis fallit, mentem vero non movet a vera rectaque sentencia qua quisque vitam fidelem gerit, nullum est in religione periculum ; vel cum se bonum spiritum fingens ea vel facit vel dicit, que bonis angelis congruunt, si tunc credatur bonus, non est error periculosus aut morbidus ». (Idem ponit sanctus doctor, 2ᵘ 2ᵉ q. iiij art. ij° ; et simile legitur in §. « Hiis ita », verbo « Aliter », xxix. q. j) (3). Et ita cum revelaciones, quas Johanna asseruit habuisse, nonnisi ad virtutem ac fidei pietatem eam inducerent, ut dictum est, nichil sane potuit supersticiosum, aut in religione christiana periculosum, in eis judicari.

Ceteris autem punctis dimissis, tandem de submissione ad ecclesiam dicunt isti deliberantes, Johannam esse scismaticam, de unitate et auctoritate ecclesie male sencientem, apostatricem, ac in fide pertinaciter errantem. Licet enim in articulis, ut premisimus, istis doctoribus traditis multe falsitates et manifesta vicia reperiantur, durum tamen videtur quod, etiam stante veritate articuli de quo hic agitur, talia predicata ei actribuerint : tum quia, si refugit aut distulit se submictere, satis causam expressit in eo quod judicium illius episcopi tamquam manifesti inimici exhorrescens recusabat, quod quidem isti vel nosse vel

---

(1) Les noms hébreux attribués ici aux démons sont empruntés à la sainte Écriture ; par leur signification littérale, ils indiquent divers caractères de l'esprit du mal. *Satan*, c'est l'adversaire par excellence, celui qui tend des embûches et poursuit de ses hostilités. (Voir Gesenius : *Thesaurus*... pp. 1327-1328). *Behemoth*, substantif pluriel, désigne sous cette forme grammaticale une bête de grande taille et d'une force brutale peu commune, que Gesenius (*Thesaurus*... pp. 182-183) et la plupart des interprètes croient être l'hippopotame ; cette appellation s'adapte bien au tentateur qui pousse à la prédominance des appétits animaux et des instincts charnels. Enfin *Bélial*, c'est la malice personnifiée, le *malin* (comme parle le texte sacré). Laissant de côté l'étymologie vraie (beli, iaal, *sine utilitate* ; voir Gesenius, pp. 209-210), l'inquisiteur préfère celle qui est fournie par un passage du livre des *Juges* (xx. 22), où on lit: « *filii Belial, id est, absque jugo* ». En conformité avec l'interprétation de la Vulgate, il y voit l'esprit de désobéissance et de révolte contre la loi de Dieu et contre toute vertu.

(2) Ce passage de la *glose*, emprunté à S. Augustin (*Enchirid.* c. LX), a déjà été cité par Bréhal au quatrième chapitre de la première partie de la *Recollectio*.

(3) La référence de S. Thomas est fautive ; il faut lire : 2. 2. q. x, art. 2, arg. 3 et ad 3ᵘᵐ, *Opera omnia*... tom. XXI, p. 20, col. 2.

Le §. « His ita » de la première question, cause XXIX, dans la seconde partie du *Décret* (p. 1917), a également été cité par Bréhal au quatrième chapitre de la *Recollectio*.

facile excogitare poterant ; tum quia constabat eisdem quod per ecclesiam obediencie domini nostri regis, post debitam sue fidei comprobacionem, admissa fuerat et permissa ; tum quia materiam de qua potissimum impetebatur, asserebat constanter ex inspiracione processisse ; quod quidem soli judicio Dei ecclesia reservat, (ut c. « Erubescant », xxxij dist. cum similibus), et etiam consciencie illius qui se inspiratum asserit pocius relinquit, quam tamen, si probabili credulitate informatam habeat, ad consilium prelati deponere non debet, (c. « Inquisicioni », *De sentencia excommunicacionis*, cum aliis concordanciis) ; tum quoque quia lex privata, ut superior, a vinculo humane legis absolvit, (ut c. « Due sunt », xix. q. ij ; c. « Licet », *De regularibus*) (1).

Proinde, in ipso registro habetur determinacio juristarum ipsius inclite universitatis parisiensis, que profecto exiguitati mee temperacior atque mitior videtur quam illa theologorum. Nam isti signanter duo presupponunt, et tandem duo precipue dicunt.

Presupponunt autem quippe et racionabiliter, quod Johanna compos sui affirmaverit pertinaciter contenta et declarata in articulis, et facto seu opere adimpleverit. Secundo protestantur quod, si caritative exhortata et debite monita a judice competenti fuerit, tunc currit secundum eos illorum deliberacio. Ista namque duo ab sublevacionem Johanne satis bene faciunt ; quia, longa in primis afflictione contrita, quasi continue processu durante infirma fuit, et exinde satis presumi potest, quod ad tot et tanta respondere, nisi spiritus Dei suppleret, non plene compos animi fuerit. Etiam constat ex premissis, quod neque pertinaciter aliquid devium a fide asseruit, aut insolenter quitquam prout sibi imponitur fecit. De exhortacionibus autem sibi factis, et de incompetencia judicis, satis habitum est superius.

Sed, istis quasi presuppositis, interea in deliberando potissimum duo dicunt, videlicet : quod Johanna separabat se ab unitate ecclesie, et errabat in fide contradicendo illi articulo fidei : *Credo unam sanctam ecclesiam catholicam ;* secundo, quia se a Deo missam non ostendebat [f° cc v°] per operacionem miraculi, aut ex sacre scripture testimonio speciali.

Sed primum istorum manifeste apparet ex processu nullo modo subsistere, eo quod ipsa semper et continue summo pontifici et universali ecclesie, multa de ejus sanctitate atque auctoritate pie ac religiose profitens, se submisit ; illi vero ecclesie, seu judicio pocius episcopi belvacensis, merito recusavit se submictere, (juxta *Clementinam* « Pastoralis », §. « Esto igitur », *De sentencia et re judicata*) (2). Ideo hii juste concludere non possunt eam contradixisse predicto fidei articulo, in quo notanter ponitur catholicam, id est universalem sive ge-

---

(1) Toutes ces diverses allégations du droit ecclésiastique ont déjà été mentionnées par Bréhal dans la discussion de la première partie de la *Recollectio*. Nous rappellerons seulement ici les références.

Le canon « Erubescant » est le onzième de la xxxiie distinction du *Décret* ; (p. 199).

Le chap. « Inquisitioni » est le quarante-quatrième du titre xxxix, au Ve livre des *Décrétales* ; (p. 1916).

Le canon « Duae sunt » est la deuxième de la question ii, cause xix du *Décret* ; (p. 1509).

Le chapitre « Licet » est le dix-huitième du titre xxxi, au IIIe livre des *Décrétales* ; (p. 1249).

(2) Le chapitre « Pastoralis » est le second du titre xi, au second livre des *Clémentines*. Le §. » Esto igitur » se trouve à la page 133.

neralem, ut ait Ysidorus. (Et idem habetur c. «Prima», *De consecrat.* dist. iiij)(1). Fides enim, quam tenet ecclesia, non est fides hujus particularis ecclesie vel illius; sicut neque ecclesia, que in symbolo vocatur catholica, est particularis ecclesia hujus gentis vel illius, aut hujus diocesis vel illius, sed pocius una universalis, continens omnem populum, maxime qui vult esse in statu salutis, unum habens caput sub Christo, videlicet papam cui omnes tenentur obedire. Unde in eo sensu et conformiter ad articulum locuntur canones : (c. « Firmiter » §. «Una», *De summa Trinitate;* c. «Loquitur», c. «A recta», c. «Alienus», xxiiij. q. j, cum similibus) (2). Unde, sic intelligendo ecclesiam, certum est, (ut dicit Petrus de Palude, quarto scripto, dist. xiij, art. iij°), « quoniam aliquis, ex electione et non simplici ignorancia, dividit se a fide catholica in quocumque articulo quem explicite tenetur scire, vel aliquo alio per ecclesiam determinato, cum pertinacia, ille est vere hereticus. Dico autem per ecclesiam, sed universalem vel romanam ; quia ad particularem ecclesiam non pertinet de fide universaliter judicare : (c. « Majores », *De baptismo*). Unde dicens contra articulos unius episcopi excommunicacionem potest incurrere, sed non heresim » (3) ; hec ille. Et rursus, etiam loquendo de universali ecclesia, sane intelligendus est predictus articulus ; quoniam, (ut ait sanctus doctor, 2ª 2ª q. j, articulo nono), « si dicatur in sanctam ecclesiam catholicam, hoc est intelligendum secundum quod fides nostra refertur ad Spiritum sanctum qui sanctificat ecclesiam, ut sit sensus: Credo in Spiritum sanctum sanctificantem ecclesiam. Sed melius est, et secundum communiorem usum, ut non ponatur ibi *in*, sed simpliciter dicatur : unam sanctam ecclesiam catholicam, sicut etiam Leo papa dicit » (4).

---

(1) S. Isidor. hispal. episc. (lib. VIII *Etymologiarum*, cap. 1). Migne : P. L. tom. LXXXII, col. 293.

Le canon « Prima » est le soixante-treizième de la distinction IV *De consecratione*, dans la troisième partie du *Décret* ; (p. 2471). Il y est question du sens que l'on doit donner aux mots : *Credo sanctam ecclesiam catholicam.*

(2) Le chapitre « Firmiter » est le premier du titre premier *De summa Trinitate et fide catholica*, au premier livre des *Décrétales*. Le §. « Una » est à la page 10 ; on y lit : una vero est fidelium universalis ecclesia, extra quam nullus omnino salvatur ».

Les trois canons allégués ensuite contiennent des déclarations analogues. Ils sont empruntés à la première question de la cause XXIV, dans la seconde partie du *Décret*. Le canon « Loquitur » est le dix-huitième (p. 1725) ; le canon « A recta » est le neuvième (p. 1724), et le canon « Alienus » est le dix-neuvième (p. 1727).

(3) Tout ce passage de Pierre de la Palud, y compris le renvoi au droit ecclésiastique, est extrait fidèlement de son *Commentaire* sur le quatrième livre des *Sentences*, dist. XIII, q. III. *De haereticis.*

Le chapitre « Majores » est le troisième du titre XLII *De baptismo et ejus effectu*, au troisième livre des *Décrétales* ; (p. 1382).

(4) Tel est en effet l'usage adopté par l'Église dans les Symboles qu'elle propose à la récitation publique ou privée. Le Symbole des Apôtres dit : Credo in Spiritum sanctum, sanctam ecclesiam, etc. Le symbole de Nicée emploie la même forme de locution et supprime la préposition *in.*

Le passage que Bréhal vient de citer est emprunté entièrement à S. Thomas : 2. 2. q. 1 art 9 ad 5ᵐ. *Opera omnia*... tom. XXI, p. 5, col. 1. A propos des derniers mots qui invoquent l'autorité du

Propterea, in nullo potest deprehendi, quod circa articulum puella ista erraverit: tum quia omnia dicta et facta sua summo pontifici et ecclesie romane humiliter submisit ; unde qui hoc culpant incurrere videntur crimina posita in capitulo «Hec est fides», (xxiiij. q. j.) (1), quod tamen capitulum contra Johannam inducere perpenduntur ; tum denique, quia Deo semper et precipue de universis dictis et factis suis se retulit, juxta beatum Augustinum, qui exponens illud (*Johannis* xiiij°) : « Creditis in Deum et in me credite », ait : « Petro aut Paulo credimus, sed non dicimur credere nisi in Deum » (2).

Secundum vero est illud quod asserebat, videlicet missam fuisse a Deo. Super quo hii doctores dicunt, quod illa sufficienter non ostendebat, neque videlicet quod (3) operacionem miraculi, neque per testimonium scripture. Et ista eorum deliberacio super hoc passu sumitur ex c. « Cum ex injuncto », *De hereticis* (4). Sed, si quis diligenter aspiciat, illud capitulum non facit ad presentem casum. Loquitur enim de eo qui dicit se invisibiliter missum ad regendum populum per auctoritatem seu prelacionem, aut ad eum instruendum per doctrinam et predicacionem. Racione primi, Moyses dux populi Israhelitici constitutus missionem probat per evidenciam miraculi, (ut legitur iiij° et vj° capitulis in *Exodo*). Racione vero secundi, Johannes Baptista in approbacionem sue missionis profert testimonium scripture dicens : « Ego vox clamantis in deserto : dirigite viam Domini, sicut dicit Ysayas propheta » ; (*Johannis* j°). Unde [illi] qui ad ista duo, vel alterum eorum, se asserit invisibiliter missum non est leviter acquiescendum, et maxime illi qui se dicit taliter missum ad predicandum, quia est precipuum opus in ecclesia, (ut in preallegato capitulo « Cum ex injuncto »), et maxime privilegiatum : (c. « Quod Dei timorem », *De statu monachorum*) (5). Per ipsum enim veritas fidei traditur fidelibus et declaratur : (c. « Interrogo », j. q. j.) ; ideo maxime

---

pape S. Léon, le savant éditeur Nicolaï a fait en marge la remarque suivante : « An forte in Tractatu de symbolo Nicaeno, quem ab eo editum Trithemius recenset ? Sed non exstat. Haec autem in expositione symboli Apostolorum habet Rufinus ». Voir : Tyrannii Rufini *Comment. in symb. Apost.* n. 36. Migne : P. L. tom. xxi, col. 373.

(1) Ce canon, déjà cité, est le quatorzième de la première question, cause xxiv, dans la seconde partie du *Décret* ; (p. 1723).

(2) Bréhal a fort probablement emprunté ce passage de S. Augustin à la *Somme théologique*, dans laquelle S. Thomas l'emploie pour servir de base à une objection : 2. 2. q. i. art. 9. arg. 5. — *Opera omnia*... tom. xxi, p. 5, col. 1. — Quoiqu'il en soit, il donne une référence qui n'est pas exacte ; car ce n'est pas le chapitre xiv de S. Jean qui fait l'objet du commentaire de S. Augustin, mais l'évêque d'Hippone s'exprime ainsi à propos du verset 29 du chapitre vi, et voici le texte que nous lisons (*Tractatu* xxix *in Joan*. n. 6) : « De Apostolis ipsius possumus dicere : Credimus Paulo ; sed non : credimus in Paulum. Credimus Petro ; sed non : credimus in Petrum ». Migne : P. L. tom. xxxv, col. 1631.

(3) Par une inadvertance manifeste, le greffier a écrit *quod*, au lieu de *per*. Le sens de la phrase exige qu'on lise ainsi : neque videlicet per operacionem miraculi.

(4) Ce chapitre du livre cinquième des *Décrétales*, (douzième du titre vii) p. 1677, a déjà été cité plusieurs fois. Bréhal se borne à en donner ici un résumé très exact, pour en expliquer le véritable sens, et montrer qu'il ne s'applique pas au cas présent.

(5) Le chapitre « Quod Dei timorem », cinquième du titre xxxv, au troisième livre des *Décrétales* (p. 1294), dit expressément : « praedicationis officium, quod privilegiatum est ».

periculosum reputatur : (c. « Hereticus », xxiiij. q. iij) (1). Propterea non omni statui vel condicioni hominum competit, sed maxime prelatis et ab eisdem missis vel commissis : (capitulo « Inter cetera », *De officio judicis ordinarii* ; et dicto c. « Cum ex injuncto ») (2). Neque etiam omni sexui, sed solum virili congruit, (ut tradit apostolus, prime *ad Corinthios* xiiij°) (3).

Secus autem, si quis affirmet se missum ad aliquid agendum pro mundana policia, aut civili hominum disposicione et hujusmodi. Nam, (ut dicit beatus Thomas, 2ª 2ᵉ q. clxxiiij° art. iij°), magis proprium est divine revelacioni cognicio quam operacio. Et ideo infimus gradus prophecie est, cum aliquis ex interiore instinctu mictitur aut movetur ad aliqua facienda exterius, sicut de Sampsone dicitur, (*Judicum* xv°), quod « Irruit spiritus Domini in eum, et sicut solent in ardorem solis ligna consumi, ita et vincula, quibus ligatus erat, dissipata sunt et soluta » (4). Hujus verò generis videtur esse missio puelle, videlicet ad operandum pro regni oppressi sublevacione. Ideo non requirebatur ostensio alicujus signi, sicut neque Samuel, cum a Deo missus est ad ungendum Saul in regem Israel et postmodum David, de sua missione signum tradidit. Similiter Nathan, David regi paradigma proponens, absque alio signo penitenciam indixit. Helyseus etiam, tribus regibus miranda predicens et eorum necessitati consulens, nullum signum dedit (5). Multaque talia in divinis scripturis leguntur. Unde Beda ait (super illo verbo Zacharie, *Luce* primo : « Unde hoc sciam » ?) « Si homo esset qui mira promicteret, impune signum flagitare liceret ; at vero cum angelus promictit, jam dubitare non licet » (6).

(1) Le canon « Interrogo » est le quatre-vingt-quatorzième de la question première, cause première, dans la seconde partie du *Décret* ; (p. 681).
Le canon « Haereticus » est le vingt-huitième de la troisième question, cause xxiv ; (p. 1760).
(2) Le chapitre « Inter caetera » est le quinzième du titre xxxi, au premier livre des *Décrétales* ; (p. 414).
(3) Bréhal renvoie ici aux règles tracées par S. Paul pour l'ordre que les fidèles doivent observer dans leurs assemblées. Le passage relatif aux femmes est ainsi conçu (I *Cor.* xiv. 34-35) : « Mulieres in ecclesiis taceant ; non enim permittitur eis loqui, sed subditas esse, sicut et lex dicit. Si quid autem volunt discere, domi viros suos interrogent. Turpe est enim mulieri loqui in ecclesia ».
(4) Citation textuelle de la *Somme théologique* : 2. 2. q. clxxiv, art. 3 in corp.—*Opera omnia...* tom. xxi, p. 308, col. 2.— Le greffier a écrit : in ardorem solis. Est-ce par distraction ? Est-ce conformément à une variante adoptée par Bréhal ? Toujours est-il que la leçon de la Vulgate (*Judic.* xv. 14.) est celle-ci : ad ardorem ignis. — Le texte hébreu dit : tanquam lina quae combusta sunt in igni.
(5) Les faits indiqués ici par Bréhal sont racontés dans les livres des *Rois* : l'onction royale conférée à Saül par Samuel (I *Reg.* ix et x), l'onction royale de David par le même prophète (I *Reg* xvi), la parabole de Nathan au roi David pour le faire rentrer en lui-même (II *Reg.* xii), et les prédictions et les conseils d'Élisée aux trois rois d'Israël, de Juda et d'Édom (IV *Reg.* iii). Dans les trois derniers faits, le prophète ne donna aucun signe de sa mission. Relativement au premier, on peut admettre l'assertion de Bréhal, pourvu qu'on l'entende seulement de ce qui se passa avant l'accomplissement de la mission de Samuel ; car, après avoir répandu l'huile sur le front de Saül, le prophète l'instruisit de l'autorité divine qu'il avait reçue, et scella pour ainsi dire son témoignage par l'annonce des évènements futurs.
(6) Ce texte du Vén. Bède a déjà été cité dans la *Recollectio*, vers la fin du second chapitre de la première partie. Voir Migne : P. L. tom. xcii, col. 313.

Preterea, ad regem Francie Johanna missa erat, non autem ad anglicos vel alios, qui eam hostiliter detinebant et signum ab ea querebant, juxta illud (*Luce* xj°) : « Generacio hec nequam est, signum querit » (1); quod tamen ipsa eis dare minime tenebatur.

Denique, qui se a Deo missum asserit, aut dicit ex revelacione et affirmat debere fieri quod omnino et de se malum est, et tunc censetur procedere ex malo spiritu : (ita dicit c. « Nec mirum », xxvj. q. v; et sic intelligitur « c. Nisi », §. « Sed dices » ; *ibi* : quia contra veritatem, etc., *De renunciacione*) (2) ; aut asserit flendum quod de se bonum est aut indifferens, et tunc secus est. Quod statim convinci potest, si videlicet plures concurrant ad bonum conjecture efficaces, ut hic. In certis enim, non certis non est locus conjecturis : (c. « A nobis », *De sentencia excommunicacionis* ; [f° ccj r°] c. ij°, *De renunciacione*, libro vj° ; lege « Continuus », §. « Cum ita », ff. *De verborum obligacionibus*) (3).

Ceterum, non incongrue possumus hic allegare multiplicem miraculi ostensionem : ut, quod simplex fragilisque puella, numquam ab ante armis aut bellis assueta, docta vel experta, tot admirabiles victorias reportaverit, regnum ab oppressione crudeli relevaverit, futura infallibiliter prenunciaverit, et similia.

Et notandum, quod has deliberaciones isti doctrinam appellant. Sed, quemadmodum ait Tullius, (lib. j° *De officiis*), sicut animus paratus ad periculum, si sua cupiditate non communi utilitate impellitur, audacie pocius nomen habet quam fortitudinis, sic sciencia vel doctrina, que remota est a justicia, calliditas pocius quam sapiencia est appellanda (4). Precepit namque Dominus ut in racionabili judicii poneretur doctrina et veritas, (ut legitur *Exodi* xxviij° et *Levitici* viij°) (5), super quo ait Jeronimus : « In racionabili judicii veritas doc-

---

(1) Le texte de la Vulgate (*Luc*. xi. 29) est celui-ci : « Generatio haec, generatio nequam est ; signum quaerit, et signum non dabitur ei ».

(2) Le canon « Nec mirum » est le quatorzième de la question v, cause xxvi, dans la seconde partie du *Décret* ; (pp. 1815-1819). Il y est expressément recommandé de ne point obéir aux prescriptions des devins.

Le chapitre « Nisi » est le dixième du titre ix *De renunciatione*, au premier livre des *Décrétales* ; (pp. 232-238). L'endroit indiqué par Bréhal : quia contra veritatem, etc. se trouve dans le paragraphe « Sed dices ».

(3) Chacun de ces textes renferme quelques mots, d'où l'on peut déduire l'aphorisme juridique allégué par Bréhal. — Le chapitre « A nobis » est le vingt-huitième du titre xxxix, au V° livre des *Décrétales* ; (p. 1895). — Le chapitre « Si te », second du titre xii *De renunciatione*, est au premier livre du *Sexte* ; (p. 199).

La loi « Continuus » est plus explicite que les deux textes précédents, surtout au §. « Cum ita ». Elle est la cent-trente-septième du premier titre, au livre XLV du *Digeste* ; (p. 1484).

(4) Bréhal citait probablement de mémoire, et il a renversé peut-être intentionnellement l'ordre de la proposition, dont voici le texte tel qu'il se trouve dans Cicéron (lib. i *De officiis*, cap. xix) : « Praeclarum igitur Platonis illud : non solum, inquit, scientia, quae est remota a justitia, calliditas potius quam sapientia est appellanda ; verum etiam animus paratus ad periculum, si sua cupiditate, non utilitate communi impellitur, audaciae potius nomen habet quam fortitudinis ». Œuvres... tom. xxvii, pp. 332-334.

(5) Dans les textes de l'Écriture, allégués ici par Bréhal (*Exod*. xxviii. 30 et *Levit*. viii. 8), il est question des vêtements sacerdotaux, parmi lesquels est énuméré le Rational du jugement.

trine superponitur, ut non astruat quis quod proprio cogitaverit ingenio, sed quod veritas habet ». Unde in doctrina illa ad quam persone judicium sequitur, si veritas favore, metu vel alias, supprimitur, nulla excusacione potest digne tollerari. Nam et beatus Augustinus (exponens illud *Mathei* v⁰ : « Si sal evanuerit, in quo salietur ? ») dicit : « Si vos, per quos condiendi sunt quodammodo populi, metu temporalium persecucionem (1) amiseritis regna celestia, qui erunt homines per quos errores aufferat ceterorum » ? Veritas enim doctrine ac justicie, etsi quandoque ex causa potest omicti, numquam tamen potest legitime vel excusabiliter perverti. (Ad quod bene facit c. « Nemo », xj. q. iij) (2).

In istis verumptamen que premissi, nullus credat me tam celebri tamque famose universitati voluisse aut velle in aliquo detrahere, cujus quidem inclite glorie neque laus mea prodesset, neque certe probrum si, quod absit, inducerem obesset. Sed dignum pocius credo secundum canonicas sancciones, ut culpe obnoxios et auctores sceleris pena dumtaxat teneat, innocentibus vero nichil ad crimen alienum facilius redundet. Itaque satis puto paucissimos numero, parti anglicorum nimis affectos, hujuscemodi deliberaciones viis obliquis non tam exegisse aut extorsisse, quam per se ipsos egisse seu edidisse, et de hoc ipso impietatis artificio parum vel minime toti corpori universitatis constitisse (3).

DUODECIMUM CAPITULUM

De qualitate sentencie, et diffinicione processus.

Postremo vero, de sentencia contra Johannam lata, ac de diffinicione processus, etiam aliquid disserendum est. Satis autem manifestum est ex predictis, quod in eo processu, quo ad multa substantialia, magna et evidens patet iniquitas ; ideoque facile convincitur quod

---

La Vulgate et les écrivains ecclésiastiques en général ont adopté la dénomination de *Rationale* plutôt que celle de *Rationabile* qui est employée par le copiste de notre manuscrit.

(1) Le greffier a fait erreur, en écrivant : persecucionem ; il faut *persecucionum*. Le texte de S. Augustin se lit au premier livre (*De sermone Domini in monte*, cap. vi, n. 16). Bréhal a sans doute abrégé le dernier membre de phrase, qui est ainsi conçu dans les œuvres imprimées de l'évêque d'Hippone : « qui erunt homines, per quos a vobis error auferatur, cum vos elegerit Deus, per quos errores auferat cneterorum ? » Migne : P. L. tom. xxxiv, col. 1237.

(2) Le canon « Nemo » est le quatre-vingt-unième de la troisième question, cause xi, dans la seconde partie du *Décret* ; (p. 1191). Il déclare qu'il n'est pas moins dangereux d'employer la langue à mentir que les mains à verser le sang.

(3) En lisant ce paragraphe final d'une discussion où les actes des docteurs de l'Université de Paris ont été appréciés avec la sévère impartialité de la justice, on peut penser avec quelque vraisemblance qu'il a été rédigé sous l'empire d'une préoccupation étrangère au procès. Le rapprochement des dates paraît autoriser cette supposition. Le 22 mai 1456, les jalousies de l'Université contre les privilèges accordés par Nicolas V aux Ordres Mendiants avaient éclaté dans un manifeste qui était une véritable déclaration de guerre. Bréhal, prieur du grand couvent dominicain de Saint-Jacques à Paris, devait tenir tête à l'orage et défendre les droits des religieux.

sentencia viciis non caret. Ut autem subtiliora peritioribus relinquamus, potissimum videtur ad presens, quod sentencia ipsa nulla fuerit, aut saltim annullanda veniat, propter sex causas.

Prima est, propter defectum legitime jurisdictionis, seu propter incompetenciam judicum. Ostensum est enim supra, episcopum belvacensem nullo jure auctoritatem competentis judicis habuisse in hac causa; et exinde non potuit esse judicium ratum, sed precise violenter ac indebite usurpatum. Unde quitquid per istum in procedendo aut diffiniendo gestum est, irritum censeri debet et inane; (ut late deducit beatus Thomas, 2ᵃ 2ᵉ q. lx, art. ultimo, et lxvij, articulo primo (1); ut etiam patet, c. « At si clerici », *De judiciis ;* c. « Ad nostram » *De consuetudine ;* c. « In primis », ij. q. j; C. « Si a non competente judice », lege ultima) (2). Quo autem ad alterum conjudicem, etsi sentencia fortassis aliunde teneret, racione tamen metus ac terroris sibi multipliciter illati, non valet: (ut c. « Justum », xj. q. iij; c. « Cum eterni », *De sentencia et re judicata*, libro vjᵒ ; cum similibus) (3).

Secunda causa est, propter alterius judicis, scilicet episcopi, manifestam corruptionem. In eo namque, ut visum est, multipliciter apparuit in hujus rei deductione affectus corruptus et plane inordinatus. Unde merito venit sentencia retractanda : (c. « Venales », ij.

Or il composait la *Recollectio* vers cette même époque. La prudence lui faisait donc un devoir de ne pas donner prise au soupçon d'hostilité, qu'on aurait pu exploiter d'une part pour mettre les juges en défiance contre ses conclusions, d'autre part pour entraver les négociations engagées avec le corps universitaire. Voilà, autant du moins qu'il est permis de le conjecturer, et sans préjudice des raisons d'un autre ordre que suggère l'étude logique du texte, l'un des motifs qui ont amené l'Inquisiteur à formuler de la sorte une protestation de ses sentiments.

(1) Bréhal a déjà exposé la doctrine de ces deux passages de la *Somme Théologique*, dans le premier chapitre de la seconde partie ; il ne fait ici que les rappeler, à l'appui de ses conclusions. — Voir : 2. 2. q. lx, art. 6 (dernier), et q. lxvii, art. 1. — *Opera omnia*... tom. xxi, p. 118, col. 2, et pp. 131-132.

(2) Ces différents textes de lois déclarent expressément l'invalidité d'une sentence rendue par un juge sans juridiction. — Le chapitre « At si clerici » est le quatrième du premier titre, au second livre des *Décrétales*; (p. 523). — Le chap. « Ad nostram » est le troisième du titre iv, au premier livre des *Décrétales*; (p. 86).

Le canon « In primis » est le septième de la première question, cause ii, dans la seconde partie du *Décret* ; (pp. 775-779). C'est vers la fin que se trouve la déclaration qui sert de preuve à l'affirmation de Bréhal.

Enfin le septième livre du *Code* renferme, au titre xlviii *Si a non competente judice*, la loi « Et in privatorum », qui est la dernière ; (p. 495).

(3) C'est par erreur que le greffier indique le canon « Justum », il faut lire c. « Injustum » ; la référence qui suit ne laisse aucun doute à cet égard, puisqu'il se trouve à la question troisième de la cause xi, dans la deuxième partie du *Décret*, (p. 1195), et qu'il contient la déclaration expresse de l'invalidité d'une sentence rendue par crainte. Au contraire, le canon « Justum » ne s'applique pas au sujet, et il appartient à la question deuxième de la cause xxiii; ce qui est en désaccord avec les chiffres du greffier.

Le chapitre « Cum aeterni » est le premier du titre xiv, au second livre du *Sexte*, (p. 372) ; il énumère la crainte parmi les défauts dont les juges doivent être exempts.

q. vj ; et c. « Cum eterni », cum notatis *ibidem*, ubi prius). Notatque ibi Archidiaconus (super verbo « Graciam »'), quod si in judicio preces interveniunt, potest sentencia rescindi : (ff. *Ad Trebellianum*, lege « Servo invito », §. « Cum pretor ») (1).

Tercia, quia post legitimam recusacionem seu appellacionem lata est ; ideo non tenet : (C. *De precibus*, lege « Imperatum ») (2).

Quarta causa, ob actorum et capitulorum cause falsitatem ac surrepcionem. Ex eo vero debet sentencia in melius refformari : (c. « Cum ex licteris », et c. « Cum olim », *De restitucione in integrum*) (3).

Quinta, ob suspicionem ex qua dumtaxat hec sentencia processit ; cum tamen, (ut ait beatus Thomas, $2^a \ 2^e$ q. lx. art. iij), omne judicium procedens ex suspicione seu presumptione sit illicitum, quoniam suspicio, secundum Tullium, importat oppinionem mali de aliquo ex levibus indiciis. Nam, ex eo quod aliquis afficitur male ad alterum, scilicet quando odit aut contempnit eum, aut etiam irascitur vel invidet ei, statim ex levibus signis oppinatur mala de ipso, quia unusquisque faciliter credit quod appetit. Ideo, cum quis ex levibus indiciis estimat malum de alio, presertim si sit de aliquo gravi, est peccatum mortale, quia non est sine contemptu proximi temere judicare de eo (4). Quanto magis vero eadem habitudine

---

(1) Le chapitre, ou pour parler plus exactement le paragraphe « Venales », qui se trouve sous le numéro 7 à la suite du canon XLI de la question VI, cause II, dans la seconde partie du *Décret*, (p. 858), décrète l'infirmation des sentences vénales. — Le chapitre « Cum aeterni » vient d'être cité : il énumère les défauts dont les juges doivent être exempts. Vers la fin du chapitre (p. 374), on lit le mot *per gratiam*, sur lequel porte la glose de l'Archidiacre : « gratiam, id est, preces ; quo casu sentencia potest rescindi ». (Archidiac. in *Sextum Decretal.* fº 71, col. 3).

C'est à la même glose de l'Archidiacre que Bréhal emprunte l'allégation suivante du droit civil. Au livre XXXVI du *Digeste*, titre premier *Ad senatusconsultum Trebellianum*, il existe en effet une loi « Servo, invito domino » dont le second paragraphe commence par les mots « Cum praetor » ; (p. 1140).

(2) Nous ne connaissons pas de loi qui commence par le mot « Imperatum ». Il est vraisemblable que le greffier a mal lu la citation de Bréhal : car celui-ci renvoyait sans doute au titre *De precibus Imperatori offerendis*, qui est le premier du premier livre du *Code* ; (p. 80). Les différentes lois de ce titre ne se rapportent pas directement à l'affirmation de l'Inquisiteur ; mais les commentateurs, raisonnant par analogie, appliquent aux appels les principes qui régissent la matière des suppliques à l'empereur.

(3) Le chapitre « Ex litteris » est le quatrième du titre XLI, au premier livre des *Décrétales* ; (p. 494). Mais ce titre ne renferme aucun chapitre « Cum olim ». — M. Lanéry d'Arc croit qu'il s'agit du chapitre « Olim » du titre XIII *De restitutione spoliatorum*, au second livre des *Décrétales*. Il existe en effet dans ce titre trois chapitres « Olim », le douzième (p. 631), le seizième (p. 648) et le dix-septième (p. 644). Mais aucun d'eux ne nous paraît se rapporter au sujet.

(4) Les trois phrases précédentes sont empruntées, au moins quant au sens, à l'endroit cité par Bréhal : 2. 2. q. LX, art. 3. — *Opera omnia*... tom XXI, p. 417, col. 2. Mais elles sont dispersées dans le corps de l'article, et l'inquisiteur les a disposées à sa façon, avec quelques modification des termes pour les mieux approprier à son sujet.

Les éditions de S. Thomas renvoient, pour l'allégation de Cicéron, au second livre *de Inventione* ; mais on n'y trouve pas de texte ainsi conçu. Cela ressort seulement de ce qui est exposé par l'orateur romain au sujet des lieux communs et des conjectures. — Cf. lib. 2 *de Inventione*. c. IX et seqq. — Œuvres... tom. III, p. 194 et suiv.

sentencias diffinitivas sobrie continere debemus, (ut habetur in *glosa* super illo verbo prime *ad Corinthios* iiij° : « Nolite ante tempus judicare »). Sed et hoc maxime cavendum est, ut scilicet ex suspicionibus judex procedat ad condempnandum, et presertim de tam gravi crimine ut est crimen heresis, (per capitulum « Licteras, *De presumptionibus*) (1). Unde, cum Johanna minime, ut patuit, de heresi fuerit per probacionem sufficientem aut confessionem convicta, ideoque censeri omnino debet istud judicium nullum contra eam habitum, et signanter quoniam principalis materia, scilicet de revelacionibus, erat prorsus dubia et incerta, etiam secundum oppiniones deliberancium, ut patet ex registro. Propter quod, actenta dubietate materie, debuissent pocius ad superiorem sedem, prout ipsa Johanna petebat, causam remictere. Nam, secundum Bernardum (in libro *De precepto et dispensacione*), « homines facile falli in Dei voluntate de rebus dubiis percipienda, et in precipienda fallere possunt. In hujusmodi autem nec preceptor est expectandus, nec prohibitor auscultandus. Sed quod ita latere aut obscurum esse cognoscitur, ut in dubium venire possit utrumnam Deus sic aut aliter forte velit, si non de labiis custodientibus scienciam et ore angeli Domini exercituum certum reddatur : a quo denique pocius divina consilia requirentur, quam ab illo cui credita est dispensatio misteriorum Dei ? Ipsum enim quem pro Deo habemus, tamquam [f° ccj v°] Deum in hiis que aperte non sunt contra Deum audire debemus ». Hec ille (2). Que siquidem verba videtur de summo pontifice signanter intelligere. Grave quoque satis est et indecens, ut in re dubia certa detur sentencia : (c. « Grave », xj, q. iij). Ymo etiam, licet quedam vera sint, non sunt tamen a judice credenda, nisi certis indiciis demonstrentur : (eisdem causa et questione, c. « Quamvis ») (3). Unde (in c. « Ad abolendam », super verbo « Hereticos », *De hereticis*), notat Innocencius, quod episcopus cognoscit de illis, qui precise in heresim jam dampnatam et indubitatam noscuntur incidisse ; et Hostiensis (*ibidem*) ait: Episcopi sunt, ubi de fide agitur, ordinarii. Si tamen aliquod dubium incidat, etsi illud possint examinare, non tamen sine romane ecclesie licencia diffinire, cujus est diffinicio talium dubiorum : (xxiiij, q. j. « Quotiens » ; xij dist. « Preceptis »); etiam quandoque si indubitatum vertatur in dubium : (C. *De summa Trinitate et fide*, lege finali) (4). In causa itaque fidei, ubi de-

---

(1) Le chapitre « Litteras » est le quatorzième du titre XXIII, au second livre des *Décrétales* ; (p. 792). Il défend de condamner pour le seul soupçon l'accusé d'un crime aussi grave que l'hérésie.

(2) La citation de S. Bernard (lib. *de praecepto et dispensatione*, cap. IX. n. 21) est à peu près textuelle, à part quelques légères variantes, et la suppression d'une allégation biblique et d'une phrase incidente. Migne : P. L. tom. CLXXXII, col. 873.

(3) Le canon « Grave » est le soixante-quatorzième de la question III, cause XI, dans la seconde partie du *Décret* ; (p. 1187). Bréhal cite le texte même de ce canon, ainsi que celui du canon « Quamvis », qui est le soixante-quinzième de la même cause et de la même question ; (p. 1187).

(4) L'annotation d'Innocent IV se trouve dans son *Commentaire sur les Décrétales*, à l'endroit indiqué par Bréhal, c'est-à-dire au mot « Haereticos » du chapitre « Ad abolendam ».

Le texte de l'Hostiensis est emprunté à la *Somme* de ce canoniste sur le même endroit du V° livre. Ed. de Venise, fol. 36, col. 2. — Il est allégué aussi dans le *Directorium* de Nicolas Eymeric, p. 148, n. 3, col. 2.

Les références indiquées sont également de l'Hostiensis, et elles ont été copiées par Bréhal telles qu'elles étaient sous ses yeux, c'est-à-dire d'une façon un peu différente de celle qu'il em-

bet cum summa cautela procedi, hic ordo per providenciam juris traditur, (prout legitur et notatur in c. « De contumacia », *De hereticis*, libro vj°), quod propter suspicionem heresis quis citatur ut veniat responsurus de fide; si autem contumax est, jam dicitur vehementer suspectus, tuncque excommunicatur; et si in sentencia per annum steterit, eo ipso suspicio que vehemens erat transit in violentam ; inde, ex tunc velut hereticus condampnatur (1).

Ideo, cum hic processus super re incerta et omni homini dubia, saltim quo ad partem condempnacionis, fundatus fuerit, et premissa juris disposicio observata non extiterit, colligitur quod, quemadmodum processum est per solam et qualemcumque suspicionem, ita conclusum est et diffinitum, seu sentenciatum, per precipitacionem, hoc est gradibus istis et aliis, quitquid judicantes apparenter finxerint, legitime non observatis, ymo etiam, et opinionibus meliorum atque pociorum deliberancium negglectis aut despectis, ut patet de lectura et ulteriori declaracione cedule abjuracionis, et quam pluribus aliis. Ex quo patet quod hujusmodi sentencia, non a discretione matre virtutum, sed a noverca justicie, voluntaria scilicet vindicantis precipitacione, processit ; ideoque nulla est, (ut expresse tradit *Clementina* « Pastoralis», «*De sentencia et re judicata*). Unde super « Vindicantis » (2) ait Paulus : « id est judicantis contra illud »; (xj, q. iij «Quatuor »); et super verbo « Precipitacione» inquit Bonifacius de Amanatis, hoc est effrenata voluntate, que est dum quis deviat a tramite justicie. Hoc namque dicimus precipitare quod credere (3) facimus festine de summo ad infimum : (lege« Si diuturno», in fine, ff. *De penis*) (4). Et licet voluntas principis pro lege servetur :(ut

---

ploie d'ordinaire. Ainsi, il s'agit du canon « Quotiens », qui est le douzième de la question première, cause XXIV, dans la seconde partie du *Décret*, (p. 1721) ; et du canon « Praeceptis », qui est le second de la douzième distinction, dans la première partie du *Décret*,(p. 51). Quant à la dernière référence, nous pensions d'abord qu'il fallait traduire de la sorte les abbréviations du manuscrit : *cap. de summa Trinitate et fide catholica*, libro vj° ; c'est en effet dans le *Sexte* et à cet endroit qu'on trouve un passage se rapportant à l'assertion de l'auteur. Mais de nouvelles recherches nous ont convaincu qu'il s'agit plutôt de la dernière loi du titre *de Summa Trinitate*, au premier livre du *Code*. Dans la lettre de l'empereur au pape, lettre insérée dans cette même loi « Inter claras », on lit la phrase suivante à laquelle Bréhal fait manifestement allusion : « Nec enim patimur quicquam, quod ad ecclesiarum statum pertinet, quamvis manifestum et indubitatum sit, quod movetur, ut non etiam vestrae innotescat sanctitati, quae caput est omnium sanctarum ecclesiarum ». (p. 10).

(1) Ici Bréhal emprunte à peu près le texte du chapitre « Cum contumacia », qui est le septième du titre second, au V° livre du *Sexto*, (p. 619); mais il l'arrange de façon à faire un corps de doctrine.

(2) Il faut lire : super verbo « Vindicantis » . L'auteur de cette glose est sans doute Paul de Castro, jurisconsulte très renommé du XV° siècle [† 1439].. Avignon, Florence, Sienne, Pérouse et Padoue eurent tour à tour l'honneur de le posséder parmi leurs docteurs. Il a laissé huit volumes in-f° de Commentaires sur le droit, dont Cujas disait : « Qui non habet Paulum de Castro tunicam vendat et emat ».

(3) Par un singulier *lapsus calami*, le copiste a mis : *credere* au lieu de *cadere*.

(4) La *Clémentine* « Pastoralis », au chapitre II du titre XI (pp. 128-137) renferme le passage qui vient d'être cité. — Le canon « Quatuor » est le soixante-dix-huitième de la III° question, cause XI, dans la seconde partie du *Décret*, (p. 1189). Comme nous l'avons déjà dit, nous n'avons pu

lege prima, ff. *De constitucionibus principum*) (1), et dicatur magna et justa causa, (ut notatur in lege « Relegati », in fine, ff. *De penis*), tamen est intelligendum de ea que non deviat a tramite justicie racionalis et naturalis, (ut in dicta *Clementina* « Pastoralis ») (2).

Sexta causa quare hec sentencia nulla est vel annullanda, ideo est quia continet manifestam iniquitatem et intollerabilem errorem. Nam plane iniquum est et omni juri repugnans, ut sub pretextu justicie innocentes graventur, aut eis crimina sub colore prosequendi ac dispensandi judicii falso imponantur ; quia non debent procedere injurie unde jura nascuntur, et maxime repperitur cautum in jure, ne heresis crimen, quod sua enormitate maximum est, insontibus quoquomodo imponatur : (quod expresse legitur in *Clementina* « Multorum », *De hereticis*) (3).

Tres autem sentencie habentur in registro processus contra Johannam habiti, (4) quarum una, que diffinitiva erat et dimissionem justicie seculari continebat, fuit ante abjuracionem pronunciata per medium ; cumque vero importunis astancium suasionibus ipsa revocacioni se submisisset, fuit alia quedam pronunciata perpetui carceris penam sibi infligens ; et tandem post dies aliquot, ob causam conficti ac pretensi relapsus, fuit altera publice lata, totalem ac extremam derelictionem continens. In hiis vero universis sentenciis, si debite ex suo tenore pensentur, maxima patet iniquitas.

---

rencontrer les gloses de Boniface Amanati.

La loi « Si diutino » (au lieu de *diuturno*) est la xxv du titre xix *De pœnis* au XLVIII° livre du *Digeste*; (p. 1626). Elle renferme à la fin le mot : « de saxo præcipitetur » dont la *glose* donne l'explication.

(1) Cette première loi du titre iv, au premier livre du Digeste (p. 238), est le célèbre principe du droit césarien : « Quod principi placuit legis habet vigorem. »

(2) La loi « Relegati », quatrième du titre xix au XLVIII° livre du *Digeste*, (p. 1622), déclare à la fin que l'empereur seul peut accorder *ex aliqua causa* le retour d'un exilé ; et la *glose* dit à ce propos : « Magna et justa causa est ejus voluntas ».

Dans la *Clémentine* « Pastoralis », sur laquelle s'appuient les assertions de Bréhal, on lit ces mots (p. 136) : « Cum illa Imperatori tollere non licuerit, quæ juris naturalis existunt. »

(3) On y lit en effet les paroles suivantes : « Grave est quoque ac damnatione dignissimum malitiose insontibus eamdem imponere pravitatem », c'est-à-dire la perversité hérétique. Voir, au V° livre des *Clémentines*, le premier chapitre « Multorum » du titre III ; (pp. 263-270).

(4) La première sentence fut prononcée le 24 mai au cimetière de Saint-Ouen après la prédication publique. Le procès-verbal mentionne le fait en ces termes : « Deinceps, cum dicta mulier aliud dicere non vellet, nos episcopus praedictus incoepimus proferre sententiam nostram definitivam. Quam cum pro magna parte legissemus, eadem Johanna incoepit loqui ». (Quich. tom. I, p. 446). En marge du registre, le greffier a écrit : « Dicta sententia est scripta in fine hujus libri. » C'est celle qu'on lit au procès-verbal du 30 mai, après la sentence de relaps (*ibid.* p. 473), comme le constate l'annotation marginale du manuscrit : « Ista sententia fuit in parte pronuntiata ante abjurationem ».

La seconde sentence lue au cimetière de Saint-Ouen, immédiatement après l'abjuration, est enregistrée au procès-verbal du 24 mai. (Quich. tom. I. pp. 450-452.)

La troisième, prononcée le 30 mai sur la place du Vieux Marché, contient deux parties : l'une concerne la cause de relaps (*ibid.* pp. 471-472) ; l'autre est la condamnation primitive dans son texte intégral (*ibid.* pp. 473-475,)

Nam prima illarum, que partim lecta fuit, ita de ipsa innocente puella continebat : « Dicimus et decernimus te revelacionum et apparicionum divinarum mendosam conflctricem, perniciosam seductricem, presumptuosam, leviter credentem, supersticiosam, divinatricem, blasphemam in Deum et sanctos et sanctas, ac ipsius Dei in suis sacramentis contemptricem, legis divine, sacre doctrine ac sanctionum ecclesiasticarum prevaricatricem, sediciosam, crudelem, apostatricem, scismaticam, in fide nostra multipliciter errantem, atque in Deum et sanctam ecclesiam modis predictis temere delinquentem ». Et subditur in eadem sentencia, quod Johanna, per nonnullos scientifficos et expertos doctores seu magistros, salutem anime sue zelantes, sepe et sepius admonita, seipsam disposicioni, determinacioni, et emendacioni sancte matris ecclesie submictere non curavit aut voluit. Quinymo, ut ibidem asseritur expresse, indurato animo, obstinate atque pertinaciter denegavit, ac etiam expresse ac vicibus iteratis domino nostro pape [et] sacro generali concilio se submictere recusavit. Hec in prima sentencia formaliter continentur.

In secunda vero, continuo post abjuracionem prolata, habetur sic : « Dicimus et decernimus te gravissime deliquisse, revelaciones et appariciones divinas mendose confingendo, alios seducendo, leviter et temere credendo, supersticiose divinando, blasphemando Deum et sanctos, prevaricando legem, sacram doctrinam et canonicas sanctiones, contempnendo Deum in suis sacramentis, sediciones moliendo, apostatando, crimen scismatis incurrendo, et in fide catholica multipliciter errando ».

In tercia autem et ultima seu diffinitiva sentencia, ita legitur et reperitur : « Te in varios errores variaque crimina scismatis, ydolatrie, invocacionis demonum, et alia permulta incidisse reperimus ; deinceps vero, post hujuscemodi tuorum errorum abjuracionem, irruente et seducente cor tuum auctore scismatis et heresis, te in eosdem errores et in prefata crimina ex tuis confessionibus spontaneis et assercionibus iterum, proh dolor ! incidisse, velut canis ad vomitum reverti solet, sufficienter et manifeste constat ; pocius te corde ficto quam animo sincero et fideli tuas adinvenciones erroneas antea verbo tenus abnegasse clarissimis indiciis habuimus comprobatum. Hinc est, quod in sentencias excommunicacionis, quas primitus incurreras, et in errores pristinos reincidisse declarantes, te relapsam et hereticam decernimus, ac per hanc sentenciam nostram quam pro tribunali sedentes in hiis scriptis proferimus et pronunciamus, te tamquam membrum putridum, ne cetera membra pariter inficias, ab ipsius ecclesiae unitate rejiciendam et ejus corpore abscindendam, necnon potestati seculari relinquendam decernimus, prout rejicimus et abscindimus [f° ccij r°] et relinquimus ».

Ecce que et qualia in hiis sentenciis continentur, profecto ipsi Johanne atque cause sue minime competencia, sed pocius, ut dictum est et declaratum, falso sibi objecta et imposita, ymo quod majus est, neque deliberacionibus a doctoribus super hoc habitis quasi in modico consona. Quod si de predictis adeo extraneis et terribilibus terminis sigillatim racionem elicere temptaremus, maximum codicem labor ipse exigeret. At vero sub compendio in precedentibus satis deductum est, quatenus hujuscemodi predicata insonti puelle nullatenus congruunt ; quinymo, si comprehensa in illis sentenciis diligenter actendantur, in multis excedunt deliberaciones consultancium, ut modo dicebatur. Quod quidem repugnat speciali super hoc tradite provisioni juris (in capitulo ultimo *De hereticis*, libro vj°, cum notatis ibidem per Johannem Andree, in *Novella* ubi allegat canonem illum« Estote », j, q. j)(1).

Ex hac itaque manifesta iniquitate, in qua persone innocencia enormiter leditur falso sibi heresim imponendo, juri etiam plane contradicitur, consiliaque prudentum exceduntur, despiciuntur ac transgrediuntur, redditur sentencia nulla. (Ad quod bene facit capitulum « Inter ceteras », et capitulum primum, *De sentencia et re judicata*) (2).

Quippe et pretereundum non est, quod in hiis sentenciis, presertim in ultima, error intollerabilis seu inexcusabilis reperitur.

Primo, in hoc quod fuit pronunciata excommunicata, cum tamen per informaciones constet quod eodem mane et parum ante horam judicii, de expressa illorum judicancium licencia, devotissime perceperat sacramenta penitencie et eucharistie, et hoc ad suimet instanciam et requisicionem ; que duo manifeste repugnant et errorem evidentem continent.

Secundo, quia judicialiter decreverant eam omni gracia et communione seu omni sacramentorum perceptione privandam, (3) (ut patet in registro, folio cxvj°) ; et hoc contra piam et providam juris disposicionem, (ut in c. « Super eo », *De hereticis*, libro vj°). Et videantur notata per Henricum Bohyc (in c. « Si adversus »), dicentem quod numquam denegatur audiencia in foro interiori seu consciencie, (per c. « Quemadmodum », in fine, *De Jurejurando* ; C. *De summa Trinitate*, « Inter claras » ; cum similibus) (4).

Tercio, quia non constat per sentenciam vel alias, quod a pretensa illa excommunicacionis sentencia eam absolverint ; quod est contra equitatem et expresse contra stillum inquisitoribus traditum et semper observatum, quoniam qui potestati seculari relinquuntur mo-

---

(1) Le chapitre « Statuta » qui est le vingtième du second titre, au V° livre du *Sexte* (p. 644), contient les prescriptions relatives à la communication des pièces aux consulteurs. — Il en est de même dans le canon « Estote » qui est le cent-dix-neuvième de la question première, cause I, dans la seconde partie du *Décret*; (p. 703). La glose de Jean André, à l'endroit allégué par Bréhal, contient là-dessus de nombreuses annotations.

(2) Ces deux chapitres, empruntés au titre xxvii du second livre des *Décrétales*, déclarent expressément la nullité d'une sentence manifestement injuste : chap. ix « Inter caeteras » (p. 880) ; et alors même qu'elle n'est pas frappée d'appel : chap. v « Sententia » ; (p. 376).

(3) Avant de procéder à la lecture de la 3° sentence, Cauchon manifesta publiquement que telle était bien son intention, car il déclara que Jeanne était indigne de recevoir les sacrements : « et obstinatam, incorrigibilem et hæreticam, ac in haeresim relapsam, omni gratia et communione per nos in priori sentencia misericorditer oblatis, penitus indignam. » (Quich. tom. I, p. 471.)

(4) Le chapitre « Super eo », quatrième du titre II, au cinquième livre du *Sexte* (p. 616), renferme une disposition très précise au sujet de l'administration des sacrements aux hérétiques condamnés comme tels, qui manifestent leur humble repentir.

Bréhal renvoie aussi au passage de Henri Boich qui a été allégué plus haut.

Le chapitre « Si adversus » est le onzième du titre VII, au V° livre des *Décrétales* ; (p. 1676).

Le chapitre « Quemadmodum » est le vingt-cinquième du titre XXIV *De juramento*, (le greffier a écrit *De jurejurando*), au second livre des *Décrétales* ; (pp. 817-820).

Enfin au premier livre du *Code* se trouve une loi « Inter claras », huitième du premier titre *De summa Trinitate et fide catholica*; (p. 9) C'est une lettre du pape à l'empereur Justinien, vers la fin de laquelle (p. 12) on lit : « quia gremium suum nunquam redeuntibus claudit Ecclesia ».

nentur suaviter ac instanter, ut absolucionis beneficium requirant, quibus petentibus publice impartitur : et hoc quidem sentencie tenor exprimere debet (1). Sed ex supradictis verbis luculenter constat, cum videlicet dicunt ac decernunt eam omni gracia et communione privandam, quod decreverant omnino sibi non conferre hoc absolucionis beneficium, ymo et neque offerre ; quod quidem non solum evidentis erroris, sed et crudelitatis extreme fuit ostensivum.

Quarto, declarant et pronunciant eam hereticam ; quod sane, premissis actentis, omnino falsum est, cum semper catholica et fidelis, non solum populari seu publica estimacione, sed etiam multiplici, longa atque districta circa eam facta examinacione, reperta fuerit. Preterea confitentes seu protestantes fidem non sunt heretici reputandi, ymo etiam neque redeuntes ad fidem, quia non sunt tales : (ut c. « Hec est fides », xxiiij, q. j ; et q. ultima, « Dixit apostolus », et c. « Qui in ecclesia ») (2). Ideo evidentem errorem in hoc continet prefata sentencia. Unde summopere cavendum est, ne illi qui fuerunt heretici aliquando tales in sentencia pronuncientur, quia nec est modus pronunciandi sic in jure : (ut in sua *Consultacione ad inquisitores* tradit dominus Guido Fulcodii, qui fuit postmodum papa Clemens quartus. Et hoc notat Archidiaconus (in c. « Ut commissi », *De hereticis*, libro vj°) (3). Quanto minus ergo vel actu esse tales censendi aut judicandi sunt, qui fideles semper existentes aut ad fidem redeuntes eam devote profitentur.

Denique et quinto, errorem ideo continet quia post crebras, publicas atque legitimas recusaciones lata fuit; de quo satis premissum est.

Unde ex hiis patet error non solum probabilis, (juxta c. « Fraternitatis », *De frigidis et maleficiatis*), sed etiam intollerabilis, (secundum c. « Per tuas », *De sentencia excommunicacionis*) (4) ; ob quod sentencia nulla, vel saltem annullanda, omnino videtur.

---

(1) La seconde sentence, c'est à dire celle qui suivit immédiatement l'abjuration, est la seule qui soit assez conforme aux dispositions du droit sur ce point. Mais la première et la troisième déclarent expressément Jeanne excommuniée, sans contenir aucune parole d'exhortation à se faire absoudre.

(2) Ces trois canons se trouvent dans la cause XXIV, seconde partie du *Décret* : « Haec est fides » est le quatorzième de la question première, (p. 1723) ; les deux autres sont les vingt-neuvième et trente-et-unième, de la troisième et dernière question ; (p. 1769).

(3) Guy le Gros-Fulcodi, né à Saint-Gilles, après avoir été successivement évêque du Puy, archevêque de Narbonne, et cardinal évêque de Sabine, devint pape en 1265 sous le nom de Clément IV. La *Consultation aux inquisiteurs*, dont Bréhal fait ici mention, a pour titre : *Consilium Domini Guidonis Fulcodii de quibusdam dubitabilibus in negotio Inquisitionis*. On la trouve dans le traité de Carena sur le Saint-Office , (p. 326).

La glose de l'Archidiacre sur le chapitre « Ut commissi », qui est le douzième du titre II, au V° livre du *Sexte* (p. 631), s'exprime ainsi : « Et hoc nota quod in sententiis ferendis, seu potius pœnitentiis injungendis, eos qui redire volunt non debet judex pronuntiare haereticos... quia non sunt tales ». On la trouve aussi dans Nicolas Eymeric : *Directorium*... p. 208 n. 18.

(4) Le chapitre « Fraternitatis » qui est le sixième du titre XV, au quatrième livre des *Décrétales*, (p. 1521), réforme une sentence rendue « per errorem licet probabilem ». Le chapitre « Per tuas », quarantième du titre XXXIX, au V° livre des *Décrétales* (pp. 1910-1913), a trait à une sentence d'excommunication basée sur une erreur intolérable.

Et ita concluditur ex predictis qualitercumque deductis, quod processus quo ad materiam et formam, similiter et sentencia contra hanc electam puellam, habiti manifestam injusticiam continent ; quod pro nostra exiguitate et sub premissis protestacionibus susceperamus declarandum.

Explicit recollectio super difficultatibus circa materiam atque formam ipsius primi processus contra dictam Johannam agitati, et super elucidacione questionum in dicta materia et forma processus incidencium facta per inquisitorem predictum ex ordinacione predictorum dominorum delegatorum et consiliariorum ab eis evocatorum.

LIVRE CINQUIÈME

LA RÉHABILITATION

LIVRE CINQUIÈME

LA RÉHABILITATION

CHAPITRE I

DERNIÈRES AUDIENCES.

A Paris, les commissaires pontificaux, y compris l'évêque de Coutances revenu de son ambassade (1), avaient consacré le mois de juin à l'examen de toutes les pièces et notamment de la *Recollectio*, qui donnait vraiment le dernier mot de l'affaire : désormais la cause était entendue. Le 18, ils admirent en leur présence Jean d'Arc, l'un des frères de la Pucelle, qui, profitant de son séjour dans la capitale, s'était fait accompagner par Guillaume Prévosteau et par le promoteur, et voulait par ses instances personnelles hâter, s'il était possible, le dénoûment de la cause. Agréant sa requête, les juges l'assurèrent que les atermoiements n'avaient plus de raison d'être, et que l'organe du ministère public présenterait ses conclusions à la prochaine audience, pour laquelle ils comptaient se transporter à Rouen sous peu de jours.

Le jeudi 1ᵉʳ juillet, le tribunal se réunit selon sa coutume dans la grande salle du palais archiépiscopal. On avait comme précédemment cité les contradicteurs à comparaître (2). Aucun ne se présenta. Le défaut constaté, on prorogea la séance solennelle au lendemain.

Le 2 juillet, maître Chapitault, promoteur de la cause, prit d'abord la parole. Son discours, inspiré par le zèle de la justice et l'amour de la vérité, résumait, avec la

---

(1) Bien que l'évêque de Coutances ait été absent jusqu'alors, il eut part aux libéralités du roi comme les juges et autres officiers judiciaires employés au procès, ainsi que nous le verrons plus loin. En outre, mention spéciale de sa coopération aux travaux est faite au Registre des Comptes, sous la rubrique : *Dons et récompensations* : « Monseigneur l'évesque de Coustances pour ses peines et salaires de ce qu'il avoit besongné l'année passée avec et en la compagnie de maître Guillaume Bouillé, docteur en théologie, et inquisiteur de la foy, et autres commissaires au fait du procès de feue Jehanne la Pucelle, CCLXXV livres ». (Extrait du 2ᵉ Compte de M. Robert Demolins... pour l'année finie en septembre 1458. — Bibliothèque nationale, Cabinet des titres, volume relié 685, fº 198 recto).

(2) La citation pour l'audience du 1ᵉʳ juillet fut donnée le 18 juin à Paris, et affichée le 24 aux portes des églises de Rouen. Cf. Quicherat : *Procès*... tom. III, pp. 262-265.

fidélité exigée par le serment qu'il avait prêté, les documents de la procédure et les motifs de fait et de droit qui l'engageaient à se rallier sans réserve aux conclusions des demandeurs (1). A son tour, maître Prévosteau, procureur de la famille d'Arc, développa les raisons à l'appui de sa requête ; il termina par une éloquente supplication aux juges de prononcer, au nom du Saint-Siège, l'iniquité et la nullité du procès de condamnation, et de réhabiliter la mémoire de la Pucelle (2). Sur la demande unanime du ministère public et des parties, le tribunal donna encore défaut contre les intimés non comparants, contre lesquels la forclusion avait été prononcée depuis un mois, et décida qu'il rendrait prochainement sa sentence. La date du 7 juillet fut fixée pour cet acte de justice si impatiemment attendu.

Durant cet intervalle de quatre jours, on fit à Rouen même une nouvelle révision de toutes les pièces du dossier déjà examinées à Paris (3) ; on conféra derechef avec un certain nombre de docteurs et de conseillers, surtout avec les survivants du premier procès, auxquels on donna communication pleine et entière des actes et des délibérations, pour avoir aussi leur avis. Il ne faut point se lasser de le redire à la louange des juges, et à la défense de la vérité : rarement on vit plus *beau procès*.

Enfin l'aube du 7 juillet se leva radieuse : elle devait éclairer le triomphe de l'innocence. Dès le matin, à huit heures, la grande salle du palais archiépiscopal présentait un aspect imposant. L'archevêque de Reims Jean Juvénal des Ursins occupait le siège de la présidence. A ses côtés se tenaient l'évêque de Paris Guillaume Chartier, l'évêque de Coutances Richard Olivier, et l'inquisiteur général de France Jean Bréhal. Le promoteur de la cause, maître Simon Chapitault, avait pris place à son banc. L'un des frères de la Pucelle, Jean d'Arc, était à la barre, assisté de l'avocat et du procureur de sa famille, maîtres Pierre Maugier et Guillaume Prévosteau. Dans la partie réservée au public, il y avait un groupe assez considérable de prêtres et de laïques, dont l'attitude indiquait l'intérêt qu'ils prenaient à la cause (4). Un certain nombre de clercs avaient été convoqués pour entendre, en qualité de témoins jurés (5), la

---

(1) Quicherat : *Procès*... tom. III, pp. 265-275.
(2) Quicherat : *Procès*... tom. III, pp. 275-297.
(3) Quicherat : *Procès*... tom. III, p. 350.
(4) Les documents ne mentionnent pas la présence de maître Guillaume Bouillé. Ce silence nous surprend beaucoup. Nous avons peine à croire que le doyen de Notre-Dame de Noyon, si dévoué qu'il n'a cessé depuis son enquête de 1450 de travailler avec Bréhal au succès de la cause, ait renoncé, sauf empêchement majeur, à la satisfaction d'assister aux dernières audiences et spécialement à celle qui devait couronner ses efforts. Quoiqu'il en soit du fait, il est certain par le libellé des comptes royaux qu'il a, conjointement avec l'inquisiteur dominicain dont il fut le compagnon de voyage en cour de Rome, et aussi avec l'évêque de Coutances et les autres commissaires « vacqué et besogné, du commandement du Roy, au fait du procès de feue Jehanne la Pucelle ». — Voir : Cabinet des titres, vol. relié 685, f° 188 verso, f° 195 recto, et f° 198 recto.
(5) L'énumération faite par les greffiers sur la feuille d'audience qui, dans le registre, précède le texte de la sentence (Quicherat : *Procès*... tom. III, p. 353) est différente de celle qui est insérée au paragraphe final de l'arrêt (*ibid.* p. 362) et que nous reproduisons plus loin. La première donne quatorze noms : c'est celle que M. de Beaucourt a suivie (*Hist. de Charles VII*, tom. v, p. 382). La seconde ne contient plus que onze noms, et nous remarquons en outre qu'il y a désaccord sur trois ou quatre, entre les deux textes officiels.

lecture de la sentence définitive et certifier la légalité de la procédure. Parmi eux on remarquait le dominicain, frère Martin Ladvenu. Ce charitable et compatissant religieux avait été le dernier confesseur de Jeanne d'Arc; il l'avait quelquefois, à la grande colère de Cauchon, « souchée » (aidée de ses conseils) pendant les interrogatoires, lui suggérant par signes ou à demi-voix ce qu'elle devait faire ou répondre; il avait pleuré avec la pauvre captive dans son cachot, et, après lui avoir procuré les secours et les consolations de la foi, il l'avait assistée jusque sur l'échafaud. Témoin de son martyre, il convenait qu'il le fut aussi de l'honneur rendu devant les hommes à l'innocence de la sainte fille. Bréhal avait tenu sans doute à lui ménager une joie qu'il ressentait lui-même profondément.

L'audience s'ouvrit selon les formes usitées. A la requête concordante du ministère public et des demandeurs, une dernière et irrévocable déclaration de contumace fut prononcée contre les intimés qui avaient été spécialement assignés à comparaître pour ouïr les jugement et arrêt définitifs à ce qu'ils n'en ignorent, mais qui n'avaient point répondu à l'appel de justice. Puis, l'archevêque de Reims, en son nom et au nom de ses collègues de la commission pontificale, promulga la sentence, dont les termes, préalablement délibérés et fixés d'un commun accord, avaient été mis par écrit (1).

Le texte, enregistré par les greffiers à l'intrument authentique du procès, a été édité par Quicherat (2). Le R. P. Ayroles l'a inséré aux pièces justificatives de son consciencieux travail (3). Il nous a paru superflu de recommencer une publication si bien faite : nous nous contenterons donc de traduire ici ce précieux document, en lui conservant, autant que nous le pouvons, l'allure solennelle mais peu élégante de la langue judiciaire.

CHAPITRE II

LA SENTENCE.

« Au nom de la sainte et indivisible Trinité, Père, Fils et Saint Esprit. Ainsi soit-il.

La providence de l'éternelle majesté, le Christ Sauveur, Seigneur, Dieu et hom-

---

(1) Nous avons tenu à rappeler ce menu détail pour manifester une fois de plus avec quel soin méticuleux les prescriptions légales ont été observées. « Sententiam vero diffinitivam, — citatis ad id licet non peremptorie partibus, — in scriptis et (prout magis sibi placuerit) stans vel sedens proferat ». Ainsi s'exprime le chap. II « Saepe contingit « du titre XI de verborum significatione, au livre V des Clémentines; p. 339.

(2) Quicherat : Procès... tom. III, pp. 355-362.

(3) R. P. Ayroles: La vraie Jeanne d'Arc... pp. 683-634. — Voir aussi (ibid. pp. 639-646) les explications très compétentes, dont le même auteur accompagne sa traduction pour en faciliter l'intelligence aux lecteurs peu familiarisés avec le langage spécial du palais.

me, a institué le bienheureux Pierre et ses successeurs dans la chaire apostolique, guides principaux pour régir son Église militante, avec la charge d'enseigner à tous, en leur découvrant la lumière de la vérité, à marcher dans les sentiers de la justice, y retenant tous les bons entre leurs bras, soulageant les opprimés, et ramenant au droit chemin par le jugement de la raison ceux qui seraient dévoyés.

Investis de cette autorité apostolique par nos fonctions dans la cause présente, Nous, par la grâce de Dieu, archevêque et évêques, Jean de Reims, Guillaume de Paris, et Richard de Coutances, et Jean Bréhal, de l'Ordre des Frères Prêcheurs, maître en sacrée théologie, l'un des deux inquisiteurs de la perversité hérétique au royaume de France, juges par une délégation spéciale de notre très-saint seigneur le pape actuellement régnant ;

Vu le procès solennellement débattu devant nous, en vertu du mandat apostolique à nous adressé et par nous respectueusement accepté, au nom d'honnête veuve Isabelle d'Arc, mère, et de Pierre et de Jean d'Arc, frères germains naturels et légitimes de feue Jeanne d'Arc, communément appelée la Pucelle, de bonne mémoire, ainsi que de leur parenté, demandeurs, d'une part ; — contre le sous-inquisiteur de la perversité hérétique établi au diocèse de Beauvais, contre le promoteur des affaires criminelles de la cour épiscopale de Beauvais, et aussi contre le révérend père dans le Christ, le seigneur Guillaume de Hellande, évêque de Beauvais, et généralement contre tous et chacun de ceux qui se croiraient intéressés dans cette cause, respectivement intimés, tant ensemble que séparément, d'autre part ;

Vu d'abord la citation péremptoire et dûment exécutée, décrétée par nous, à l'instance des susdits demandeurs et aussi du promoteur de la cause, créé selon notre devoir et institué par nous après serment, contre les dits intimés, pour voir mettre le rescrit du pape à exécution, y contredire, répondre, et faire toute procédure que de raison ;

Vu la requête des mêmes demandeurs, et les faits, raisons et conclusions par eux écrits et rédigés sous forme d'articles, tendant à la déclaration de nullité, iniquité et dol d'un prétendu procès en matière de foi, fait jadis et exécuté dans cette ville par feu le seigneur Pierre Cauchon, alors évêque de Beauvais, feu Jean le Maistre, sous-inquisiteur prétendu dans le même diocèse de Beauvais, et feu Jean d'Estivet, promoteur ou agissant comme promoteur au même lieu ; — tendant tout au moins à la cassation dudit procès, à l'annulation des abjurations, des sentences et de toute leurs conséquences ; ainsi qu'à la réhabilitation de ladite défunte, et aux autres fins exprimées dans les écritures ;

Vu, lu, et examiné maintes fois les livres originaux, instruments, pièces à l'appui, et les actes, minutes et protocoles du procès susdit, à nous produits et livrés par les greffiers et autres en vertu de nos lettres compulsoires ; vérification faite en notre présence de leurs seings et écritures ; après avoir longuement conféré à leur sujet avec lesdits notaires et officiers employés audit procès, et avec ceux d'entre les conseillers appelés pour ce même procès dont nous avons pu obtenir la présence ; après collation et comparaison desdits livres et des notes abrégées ;

Vu aussi les informations préparatoires faites, soit par le révérendissime père dans le Christ le seigneur Guillaume, cardinal-prêtre du titre de Saint-Martin-des-Monts, alors légat du Saint-Siège dans le royaume de France, de concert avec l'inquisiteur, après examen des mêmes livres et instruments à lui présentés, soit par nous-mêmes et par nos commissaires au début du présent procès ;

Vu aussi et considéré divers traités de prélats, docteurs et praticiens célèbres et très autorisés, qui, après un long examen des livres et instruments du procès susdit, en ont tiré les points douteux pour les élucider, traités composés et mis au jour tant sur l'ordre du même révérendissime père que sur le nôtre ;

Vu encore les articles et interrogatoires susdits, à nous présentés au nom des demandeurs et du promoteur, et admis à la preuve après plusieurs assignations de contradicteurs ;

Attendu les dispositions et attestations des témoins, soit sur la conduite de la dite défunte au lieu de son origine et sur son départ d'icelui, soit sur l'examen subi par elle itérativement à Poitiers et ailleurs, en présence d'un grand nombre de prélats, docteurs et hommes compétents, et surtout de très révérend père Regnault (1), alors archevêque de Reims et métropolitain du dit évêque de Beauvais ; soit sur l'admirable délivrance de la ville d'Orléans, la marche vers la ville de Reims, et le couronnement du roi ; soit enfin sur les circonstances dudit procès, les qualités des juges, et leur façon de procéder (2) ;

Vu aussi, outre les dites lettres, dépositions et attestations, d'autres lettres, pièces, et preuves à l'appui, remises et produites au terme fixé pour leur présentation, ainsi que la forclusion prononcée d'y contredire ;

Ouï ensuite notre promoteur, qui, sur le vu des mêmes preuves produites par écrit et verbalement, s'est pleinement adjoint aux demandeurs, et, au nom et en vertu de notre office, a reproduit pour son compte tous les documents ci-dessus déjà produits, aux fins exprimées dans les écritures desdits demandeurs, avec certaines déclarations ; vu les autres requêtes et réserves, faites de sa part et de celle des demandeurs et admises par nous, en même temps que certains motifs de droit, brièvement allégués par écrit, propres à frapper notre attention, et par nous reçus ;

Après quoi, la conclusion de la cause prononcée au nom du Christ, et ce jour d'hui fixé pour entendre notre sentence ; vues, mûrement repassées et considérées toutes et chacune des choses exprimées ci-dessus, en même temps que certains articles commençant par les mots : « *Certaine femme* », articles qu'après ledit premier procès les juges prétendirent être extraits des aveux de ladite défunte et qu'ils transmirent à un très grand nombre de personnages autorisés pour avoir leur opinion ; articles

---

(1) Il s'agit de Regnault de Chartres, chancelier de France au temps de Jeanne d'Arc. Les commissaires insistent sur sa présence à l'examen de la Pucelle pour mettre en relief l'incompétence spéciale de Cauchon, suffragant de l'archevêque de Reims, dans une cause déjà jugée par son supérieur.

(2) Il faut lire : « qualitates *judicum* et procedendi modum », au lieu de : « qualitates, *judicium*, et procedendi modum ».

que le promoteur et les demandeurs susdits ont attaqués comme iniques, faux, différant desdits aveux, et mensongèrement fabriqués ;

Afin que notre présent jugement émane de la face même de Dieu, qui pèse les esprits, qui seul connaît parfaitement ses révélations et en est le juge très véridique, qui souffle où il veut et choisit parfois les faibles pour confondre les forts quels qu'ils soient, n'abandonnant point ceux qui espèrent en lui, mais venant à leur aide dans leurs nécessités et dans la tribulation ;

Après avoir mûrement délibéré, tant sur les actes préparatoires que sur la décision de la cause avec des hommes aussi compétents que probes et timorés ; vu leurs déterminations autorisées, soit dans les traités mis au jour à grand renfort de livres, soit dans l'assemblage qui a été fait d'un bon nombre (1) ; vu les opinions, fournies et données de vive voix aussi bien que par écrit tant sur la forme que sur la matière dudit procès, par lesquelles ils estiment les actes de ladite défunte dignes d'admiration plutôt que de condamnation, extrêmement étonnés d'ailleurs du jugement réprobatoire et catégorique porté contre elle, à raison de sa forme et de sa matière et disant qu'il est très difficile de donner sur de tels faits un jugement bien arrêté, puisque le bienheureux Paul dit de ses propres révélations, qu'il ignore s'il les a eues dans son corps ou en esprit, et qu'il s'en rapporte à Dieu là-dessus ;

En premier lieu,

Nous disons, et par obligation de justice nous décidons que les articles commençant par les mots « *Certaine femme* », transcrits au prétendu procès et à l'instrument des prétendues sentences rendues contre ladite défunte, ont été et sont vicieusement, par dol, calomnie, fraude et malice, extraits du même prétendu procès et des aveux prétendus de ladite défunte ; que la vérité y a été dissimulée, et qu'on y a exprimé des faussetés sur plusieurs points substantiels, d'après lesquels l'esprit des délibérants et des juges pouvait être entraîné à une décision tout autre, qu'on y a indûment ajouté de nombreuses circonstances aggravantes, non contenues dans lesdits procès et aveux, en même temps qu'on y passait sous silence quelques circonstances atténuantes ou justificatives pour la plupart, et qu'on altérait la forme des paroles de manière à changer le sens ;

En conséquence, nous cassons, annulons et mettons à néant lesdits articles, comme faux, calomnieusement et dolosivement extraits, non conformes aux aveux mêmes ; et nous décrétons que le texte desdits articles, que nous avons fait arracher dudit procès, sera lacéré ici judiciairement (2).

---

(1) Nous pensons qu'il faut traduire ainsi le membre de phrase: « et compositionibus multorum », par lequel, à notre avis, les juges désignent la récapitulation de Bréhal. C'est en effet le seul endroit de la sentence où soit rappelé le travail de condensation et de groupement ordonné par le tribunal à l'inquisiteur. Cependant d'autres traducteurs adoptent une version différente que, par amour de l'exactitude, nous nous faisons un devoir de signaler ici. M. Marius Sepet (*Jeanne d'Arc*, p. 522) dit: « la comparaison sagement pesée de nombre de points ». De son côté, le R. P. Ayroles (*La vraie Jeanne d'Arc*... p. 643) traduit plus simplement: « dans de nombreux travaux ».

(2) Le procès-verbal de l'audience constate que cette mutilation eut lieu conformément à l'arrêt (Quicherat: *Procès*...

En second lieu,

Après avoir soigneusement examiné les autres parties dudit procès, et surtout les deux prétendues sentences contenues en icelui, que les juges appellent de *laps* et de *relaps* ; après avoir aussi longuement pesé la qualité desdits juges et de ceux en et sous la garde desquels ladite Jeanne était détenue;

Vu les récusations, soumissions, appels, et requêtes multiples, par lesquelles ladite Jeanne a demandé fort souvent et avec beaucoup d'instances qu'elle-même, ainsi que toutes ses paroles et actions, et le procès fussent renvoyés au Saint-Siège apostolique et à notre très saint seigneur le souverain pontife, lui soumettant sa personne et toutes les choses susdites ;

Attendu, au sujet de la matière dudit procès, une certaine abjuration prétendue, entachée de fausseté et de dol, extorquée par la violence, la crainte, la présence du bourreau, et la menace du supplice du feu, abjuration nullement prévue ou comprise par ladite défunte ;

Attendu aussi les susdits traités et avis de prélats et de docteurs autorisés, également versés dans le droit divin et humain, affirmant que les crimes imputés à ladite Jeanne et exprimés dans lesdites prétendues sentences n'ont pas de liaison avec la suite du procès, ou ne peuvent en être déduits, développant et déterminant avec le plus grand discernement la nullité et l'injustice de ce point et d'autres encore ;

Toutes et chacune des autres considérations à voir et à étudier dans cette cause ayant été l'objet d'une diligente attention ;

Nous, siégeant à notre tribunal et ayant Dieu seul devant les yeux, par cette sentence définitive que nous portons du haut de notre tribunal, assis et lisant cet écrit,

Nous disons, prononçons, décrétons et déclarons que lesdits procès et sentences, entachés de dol, de calomnie, d'iniquité, de contradiction, et d'erreur manifeste en fait et en droit, y compris l'abjuration susdite, les exécutions et toutes leurs conséquences, ont été et sont nuls, sans valeur, sans effet, et mis à néant ;

Et néanmoins, autant que besoin serait, et comme le veut la raison, nous les cassons, annulons, mettons à néant, et leur enlevons toute force; déclarant que ladite Jeanne, ainsi que les demandeurs et les parents d'icelle, n'ont contracté ni encouru, à l'occasion des sentences susdites, aucune note ou tache d'infamie ; qu'elle est et sera exempte de tout cela, la délivrant tout-à-fait, si besoin est;

Ordonnant que notre présente sentence aura de suite son exécution ou promulgation dans cette ville, en deux endroits: à savoir, l'un ici-près, sur la place Saint-Ouen, à la suite d'une procession publique et dans un sermon général; l'autre demain, au Vieux-Marché, c'est-à-dire au lieu même où ladite Jeanne a été étouffée par

---

tom. III, p. 352). Il s'agit sans doute de l'exemplaire que Guillaume Manchon avait remis aux commissaires apostoliques le 15 décembre 1455. C'était, comme le dit Quicherat (*ibid.* tom. v, p. 388) l'une des cinq expéditions authentiques du procès de condamnation. Il est vraisemblable que le manuscrit, qui avait ainsi perdu son intégrité, fut ensuite totalement détruit. Les quatre autres copies originales n'ont pas été mutilées par exécution de la sentence : l'une, qui se trouvait à Orléans en 1787, a disparu au commencement de la Révolution ; les autres, après avoir passé par bien des mains, existent aujourd'hui à Paris, deux à la Bibliothèque nationale, et une à la Bibliothèque de la Chambre des Députés.

l'horrible et cruel supplice du feu, avec une prédication solennelle et la plantation d'une belle croix pour en perpétuer le souvenir et pour obtenir son salut et celui des autres trépassés;

Réservant à notre décision et pour cause l'exécution et promulgation ultérieure de notre dite sentence dans les cités et autres lieux insignes de ce royaume, selon qu'il nous semblera expédient, et, s'il y a lieu, tout ce qui pourrait rester à faire ».

Le texte officiel ajoute simplement ces mots : « Cette sentence a été portée, lue et promulguée par les seigneurs juges. Étaient présents : le révérend père dans le Christ le seigneur évêque de Démétriade ; Hector de Coquerel, Nicolas Du Boys (ou Dubosc), Alain Olivier, Jean du Bec, Jean de Gonnys, Guillaume Roussel, et Laurent Surreau, chanoines; Martin Ladvenu, Jean Roussel, et Thomas de Fanouillières ». Puis, il mentionne la demande d'une copie authentique à délivrer au promoteur et aux parties, et il se termine par la formule ordinaire : « Fait au palais archiépiscopal, l'an du Seigneur MCCCCLVI, le septième jour du mois de juillet » (1).

CHAPITRE III

CONCLUSION.

Les greffiers ont négligé de nous dépeindre, comme ils l'avaient fait pour le compte rendu de l'introduction solennelle de la cause à Notre-Dame de Paris, la physionomie de l'assistance. Ils ne songeaient guère aux érudits de l'avenir qui déchiffreraient leurs grimoires et voudraient y trouver toutes les satisfactions d'une légitime curiosité : on ne saurait leur en faire un crime. Il est aisé d'ailleurs d'imaginer quels sentiments remplissaient l'âme de tous ceux qui, à des titres divers mais avec un désir unanime, avaient pris le parti de la victime et de la martyre contre l'injustice de ses bourreaux.

La rédaction primitive (manuscrit de d'Urfé) contient néanmoins la courte mention suivante : « Après la sentence définitive rendue dans le palais archiépiscopal de Rouen, l'exécution publique suivit. Par les processions générales et les prédications qui eurent lieu avec grande solennité et très dévotement, l'abomination et l'iniquité du premier procès fut révélée hautement au peuple tout entier » (2). Ainsi, l'arrêt qui

---

(1) Les deux greffiers, Le Comte et Ferrebouc, ont clos le manuscrit 5970 par une assez longue formule déclaratoire de l'authenticité de cette expédition, formule dont le texte a été reproduit par Quicherat: Procès... tom. III, pp. 362 et 363. Leurs signatures sont accompagnées, suivant l'usage, d'un paraphe compliqué et fort curieux. Ils affirment avoir suspendu au registre les sceaux des seigneurs juges; mais il n'en reste aucune trace, et nous avons vainement cherché à quelle place ils avaient pu les apposer.

(2) Cf. Quicherat: Procès... tom. III, p. 367.

venait d'être prononcé fut, le jour même, promulgué sur la place Saint-Ouen, et le lendemain sur le Vieux-Marché, au milieu d'un concours considérable de fidèles qui voulurent participer dans l'allégresse religieuse et patriotique de leurs cœurs à ce témoignage de réparation. La croix expiatoire fut érigée au lieu fixé par les juges, près du chevet de l'église Saint-Sauveur, vis-à-vis de l'emplacement ordinaire des exécutions (1).

Les mêmes cérémonies devaient avoir lieu « dans d'autres cités et lieux insignes du royaume (2) ». A Orléans notamment, la ville à jamais reconnaissante des hauts faits d'armes que l'héroïne avait accomplis en sa faveur, on célébra des fêtes solennelles. Les comptes de la ville font une mention expresse du salaire donné à « six hommes qui le xxj juillet portèrent les six torches de la ville à une procession qui fut faicte ledit jour en l'église de Saint-Sanxon par l'ordonnance de mes diz seigneurs l'évesque de Coutences et l'inquisiteur de la Foy, au pris de chacun 8 deniers parisis et pour le fait de Jehanne la Pucelle (3) ». Jean Bréhal eut la joie d'y présider. On l'a fait remarquer avec beaucoup de raison : « C'était à la fois le couronnement de son œuvre et la récompense méritée par sa passion pour la justice (4) ».

Charles VII fut bientôt informé de l'heureuse issue du procès (5). Il était alors dans l'un des châteaux du Bourbonnais, et venait de temps à autre à Gannat, où résidait son conseil. Après les fêtes d'Orléans, maître Guillaume Bouillé et Jean Bréhal, qui paraissent avoir toujours travaillé et voyagé ensemble par le commandement et avec les subsides du roi depuis l'enquête du Cardinal d'Estouteville, — car leurs noms se trou-

_____

(1) Il ne reste aucun vestige de ce signe sacré, qui devait perpétuer la mémoire de Jeanne et attester qu'elle avait été associée aux souffrances du Dieu Rédempteur. Au commencement du XVIe siècle, la municipalité rouennaise fit élever, non plus au Vieux-Marché, mais dans le voisinage, sur la place du Marché-aux-Veaux (aujourd'hui place de la Pucelle), un monument de style Renaissance en forme de fontaine, au sommet de laquelle était placée une statue de la vierge de Domremy sous des arcades que surmontait la croix. Détruit en 1754, cet édicule a été remplacé deux ans après par la construction actuellement existante, dont la destination est identique : rien de plus banal que ce lourd triangle en marbre blanc flanqué d'un jet d'eau sur chaque arête, et couronné d'une statue dans le costume pompeux de la Bellone mythologique. Au mois de juillet dernier (1892) un monument plus digne de la noble et généreuse cité normande a été érigé sur la colline de Bonsecours par l'archevêque, Monseigneur Thomas, si dévoué à la cause de notre sainte héroïne.

(2) Une note fort intéressante de M. Fabre (*Procès de réhabilitation*, tom. II, p. 207) nous apprend que « dans la forêt de Saint-Germain, un peu avant d'entrer à Poissy, entre la grande route et le chemin Saint-Joseph, on peut voir encore une croix élevée en 1456 après la réhabilitation de Jeanne d'Arc. La croix, ainsi que son piédestal massif, est en pierre. Au sommet, on lit cette inscription gravée à l'origine dans la pierre : CROIX-PUCELLE. 1456. Au point de jonction des deux bras de la croix, une autre petite croix est incrustée. Une tradition attribue à Dunois l'érection de la Croix-Pucelle ».

(3) Cité par Quicherat: *Procès...* tom. v, pp. 277-278. — Les délégués pontificaux avaient reçu grand accueil. La municipalité voulut contribuer au banquet du 20 juillet — c'est encore Quicherat qui nous fournit cet extrait des comptes; — « dix pintes et choppine de vin [furent] présentées de par la dicte ville au disner à mondit seigneur l'évesque de Cotences et à l'Inquisiteur de la Foy », ainsi que « douze poussins, deux lapperaulx, douze pigons et un levrat, achectez le mardi xxe jour de juillet MCCCCLVI par Cosme de Commy et Martin de Maubondet, qui le dit jour furent présentez de par la dicte ville à monseigneur l'évesque de Cotences ». Les deux bourgeois d'Orléans nommés ici avaient été entendus comme témoins à l'enquête du mois de mars précédent.

(4) R. P. Chapotin : *Études hist. sur la prov. dom. de France*, p. 285.

(5) Durant le cours de l'année 1457, versement fut fait aux commissaires apostoliques et aux employés du tribunal —

vent souvent accolés dans les registres des comptes (1), — allèrent sans doute de compagnie, comme ils l'avaient fait en 1452, rendre compte au souverain d'une chose qui touchait « grandement son honneur et estat ». Les délégués pontificaux avaient déjà député de Paris un courrier au cardinal d'Avignon (2), légat du Saint-Siège, qui séjournait en ce moment à Gannat, pour le mettre au courant de l'exécution pleine et entière du rescrit de Calixte III. Ce fut un dominicain, frère Robert Roussel, qui fut chargé de cette honorable commission (3).

Mais il convenait que le pape fût directement instruit du parfait accomplissement de son mandat. Personne ne pouvait mieux s'acquitter de ce devoir que l'inquisiteur au zèle infatigable, qui avait su mener la cause à bonne fin. Un voyage en cour de Rome fut donc décidé. Bréhal s'adjoignit encore cette fois son dévoué collaborateur, maître Guillaume Bouillé, et deux religieux dominicains, frère Pierre Sohier (ou Soyer) et frère Pierre Polet ; tous les quatre partirent aux frais du trésor royal (4).

On devine l'accueil qu'ils reçurent de Calixte III. Le vénérable pontife, qui avait si volontiers prêté l'oreille aux humbles requêtes des suppliants, ne pouvait se montrer insensible à l'œuvre entreprise et heureusement terminée par son autorité. Il se

---

parmi lesquels est compris maître Guillaume Bouillé, — des assignations faites par le roi à titre de *Dons et récompensations* de leurs travaux. Voici l'énumération que nous trouvons à l'Extrait du 2e compte de Robert Demolins pour l'année finie en septembre 1458 :

« Monseign. l'archevesque de Reims   CC livres.
Monseigneur l'évesque de Paris...   CC livres.
Monseign. l'évesque de Coustances   CG livres.
L'inquisiteur de la Foy   C livres.
Maître Guillaume Bouillé   VIXXXVII livres X sous.
                           [six-vint dix-sept livres, dix sous].
Maître Pierre Maugier, conr }
Maître Simon Chapitault, » } LXVIII livres XV sous.
Maître Denis Le Comte...   }
Maître Fr. Ferrebourg [sic] } not. LXVIII livres XV sous.
Les dits Le Comte et Ferrebourg
ordonnés à escrire les procès et
sentence en six volumes ou livres CCC livres »

« Tous commissaires ordonnés par le Roy pour le fait du procès de feue Jehanne la Pucelle, pour leurs peines et salaires d'avoir vacqué et besongné audit procès en la ville et citté de Rouen pour la justification de ladite feue Jehanne la Pucelle à l'encontre des Anglois anciens adversaires du Royaume, et mesmement pour ledit procès faire notablement escrire et multiplier en six livres ou volumes, desquels les deux seront pour le Roy et les autres quatre pour les quatre juges ».

Un arriéré de compte fut encore réglé en 1458, sous la rubrique : *Voyages et chevauchées*, à l'Extrait du 3e compte de maître Robert Demolins pour l'année finie en septembre 1459 : « Maître Jehan Bréhal, Inquisiteur de la Foy, pour voyages par lui faits touchant le procès de Jehanne la Pucelle... LXX livres ». (Cab. des titres, vol. relié 685, f° 201 verso).

(1) Voir : Cabinet des titres, vol. relié 685, f° 188 recto, f° 195 recto, f° 198 recto.

(2) Alain de Coëtivy, né en 1407, de la noble famille bretonne de ce nom, évêque de Dol, puis de Quimper et enfin d'Avignon, fut créé (1448) par Nicolas V cardinal-prêtre du titre de Sainte-Praxède. Calixte III l'avait envoyé auprès de Charles VII pour le solliciter à la Croisade contre les Turcs. Il est mort à Rome le 22 juillet 1474. — Cf. *Gallia Christiana*, tom. I, col. 828-830 ; Ciaconius et Oldoinus : *Vitae Pontificum*, tom. II, col. 971-972.

(3) On lit en effet, sous la rubrique *Voyages et grosses messageries*, à l'Extrait du 1er compte de maître Robert Demolins pour l'année finie en septembre 1457 : « frère Robert Roussel, dudit Ordre [des Frères Prescheurs], pour un voyage fait de Paris à Gannat par ordre de Messeigneurs de Reims, de Paris et autres commissaires sur ledit procez [de feue Jehanne la Pucelle] par devers Monsieur le cardinal d'Avignon pour aucunes besognes touchant ledit procez,... CX sous » (Cab. des titres, vol. relié 685, f° 195 recto).

(4) Cinq cents livres furent accordées à cet effet aux deux ambassadeurs principaux, que le roi voulait en outre dédommager de plusieurs autres dépenses et voyages à l'intention du procès. Le paiement des deux cents premières livres

réjouit comme un bon père de la joie de ses enfants, autant que de l'honneur qui en revenait au siège apostolique, perpétuel gardien de la vérité et de la justice, défenseur de l'innocence et de la faiblesse opprimée. Songea-t-il à exercer la vindicte publique contre les juges prévaricateurs, qui avaient abusé d'un pouvoir que l'Église confère à ses prélats pour procurer le bien des fidèles, et non pour servir d'instrument à l'iniquité et à une passion de parti ? Quelques historiens l'ont assuré : sur la foi de quels documents, nous l'ignorons. En l'absence de toute preuve convaincante, il nous paraît plus conforme à la vraisemblance de tenir le fait pour non avenu. Jean Bréhal et Guillaume Bouillé connaissaient trop bien les intentions de Charles VII, non seulement pour solliciter le pape à une action de son autorité souveraine contre des coupables que la mort avait soustraits à la justice des hommes, mais pour ne pas les dissuader d'une mesure sinon inutile, du moins inopportune. Au moment où la Normandie était rentrée sous l'obédience de la couronne, le roi de France avait octroyé une amnistie, que les héritiers de Cauchon avaient pris soin de rappeler, — on l'a vu plus haut, — lorsqu'ils demandèrent à être mis hors de cause. L'intérêt politique, aussi bien que la fidélité à la parole donnée, exigeait que le souverain suivît cette ligne de conduite. On pouvait craindre aussi les turbulences de l'université de Paris, si compromise dans l'affaire par l'attitude d'un certain nombre de ses membres, et toujours prête à se révolter contre la puissance royale et contre l'autorité du Saint-Siège, chaque fois qu'elle se prétendait, à tort ou à raison, lésée dans son honneur ou ses prérogatives. D'ailleurs, par une conséquence naturelle de la réhabilitation de Jeanne d'Arc, et des déclarations faites au cours du procès, notamment des considérants de la sentence relatifs aux agissements déloyaux des premiers juges, une flétrissure ineffaçable était infligée à leur mémoire, sans qu'il fut besoin de la prononcer et d'y adjoindre la sanction des censures ecclésiastiques.

L'heure marquée dans les desseins de la Providence n'était pas encore venue d'accorder l'honneur des autels à l'humble paysanne de Domremy, envoyée par le ciel au secours de la France en détresse, et fidèle jusqu'à la mort à son Dieu et à son roi. Le peuple par son enthousiasme attestait, même du vivant de Jeanne, l'opinion qu'on avait de sa sainteté, et il ne craignait pas de lui décerner une sorte de culte, que méritaient sans doute ses merveilleux exploits. Mais, quelle que soit la valeur de cette conviction humaine, l'Église seule a le droit de nous garantir contre

---

est ainsi mentionné sous la rubrique Dons, récompensations et bienfaits, à l'extrait du 8ᵉ compte de Matthieu Beauvarlet pour l'année finie en septembre 1457 : « maîtres Guillaume Bouillé, doyen de l'église de N.-D. à Noyon, et Jehan Bréhal, inquisiteur de la Foy, cc livres, sur ccccc, pour avoir vacqué et besongné, du commandement du Roy, au fait du procès de Jehanne la Pucelle ». (Cab. des titres, vol. relié 685, fᵒ 188 verso). — Le complément de la somme promise a été versé par Robert Demolins, qui l'a inscrit sous la rubrique : Voyages et grosses messageries, à l'extrait de son premier compte pour l'année finie en septembre 1457 : « maîtres Guillaume Bouillé et Jehan Bréhal, inquisiteurs de la foy, maîtres en théologie, pour leurs peines et salaires d'avoir voyagé et travaillé par plusieurs fois pour le fait du procez de feue Jehanne la Pucelle, ccc livres ; — fr. Pierre Soyer, de l'ordre des Frères Prescheurs à Paris, pour avoir esté avec lesdits inquisiteurs en cour de Rome pour ledit fait, xxvii livres x sous ; ... — fr. Pierre Polet, dudit ordre, pour ledit fait et avoir fait un voyage en cour de Rome, xxvii livres x sous » (Cab. des titres, vol. relié, 685, fᵒ 195 verso).

l'erreur et de nous faire connaître la ratification divine. Inspirée par l'Esprit de sagesse, elle se tient en garde contre les entraînements fugitifs et la précipitation : il lui faut des bases plus solides pour asseoir son jugement. Les pièces du double dossier que frère Jean Bréhal a déposé devant le siège de Pierre, le procès de condamnation aussi bien que celui de réhabilitation, si on les examine à fond avec la maturité et la conscience qu'y apporte la Sacrée congrégation des Rites, fournissent les détails les plus authentiques et les plus précieux d'une vie où la vertu se manifeste constamment pratiquée.

L'inquisiteur dominicain, dont nous avons entrepris de redire les œuvres en faveur de la Pucelle, aura ainsi travaillé pour la cause de béatification. Ses cendres tressailleront d'allégresse au fond de leur tombeau ignoré, lorsque, dans un avenir prochain que nous appelons de tous nos vœux, les cloches de France sonneront leurs plus joyeuses volées à l'honneur de Sainte Jeanne d'Arc.

JHESUS MARIA

TABLE DES MATIÈRES

PRÉFACE I

LIVRE I. — LES PRÉLUDES DU PROCÈS.

CHAPITRE I. — ENQUÊTE DE 1450.

Supplice de Jeanne d'Arc. — Quelques analogies avec la passion du Sauveur. — En 1450, les circonstances permettent l'ouverture d'une enquête. — Le roi Charles VII donne commission à maître Guillaume Bouillé. — Sept témoins sont entendus. — Guillaume Bouillé rédige un mémoire. — Démarches du parti anglais pour s'emparer de l'opinion générale. — Le pape Nicolas V envoie un légat en France. — Le Cardinal d'Estouteville. — Le légat entreprend une nouvelle enquête. — Il requiert le concours de l'inquisiteur. 1.

CHAPITRE II. — JEAN BRÉHAL.

Son origine. — Sa profession religieuse. — Son doctorat. — Il est nommé inquisiteur de France. — Élu prieur de Saint-Jacques, il représente les Ordres mendiants dans la querelle avec l'Université de Paris. — Sa conduite à l'assemblée réunie pour la conciliation. — Il compose un traité sur les privilèges concédés aux Mendiants pour la confession des fidèles. — Il écrit l'*Epithema montium*. — Son intervention dans l'affaire des Vaudois d'Arras. — Il s'intéresse à la bibliothèque du couvent d'Évreux. — Son nom est mentionné dans les registres de l'Echiquier. — Déchargé en 1474 des fonctions d'inquisiteur, il travaille à la réforme de son couvent d'affiliation. — Le général de l'Ordre lui donne des pouvoirs de Vicaire pour le maintien de cette réforme. — Le chapitre général de Pérouse loue son œuvre. . . . . 8.

CHAPITRE III. — ENQUÊTE DE 1452.

L'enquête s'ouvre à Rouen. — Théodore de Leliis et Paul Pontanus y assistent. — Guillaume Bouillé prête son concours. — Cinq témoins sont interrogés d'après un formulaire en 12 articles. — Dix-sept nouvelles citations sont faites le 6 mai. — Le légat, obligé de quitter Rouen, se substitue Philippe de la Rose. — Rédaction d'un nouveau questionnaire en 27 articles. — Les témoins sont entendus. — Bréhal rentre à Paris pour soumettre les actes au cardinal. — Lettre du légat à Charles VII. — Voyage de Bréhal et de Bouillé. — Le légat concède à Orléans des indulgences pour la fête traditionnelle de Jeanne d'Arc. — Les résultats de l'enquête sont communiqués au roi. — Assemblée à Bourges. — Bréhal y compose son *Summarium*. . . . . 22.

CHAPITRE IV. — LE SUMMARIUM.

Les manuscrits de la Bibliothèque nationale. — Le codex ottobonien est une copie fautive et incomplète. — Reproduction du texte d'après le manuscrit signé par Bréhal. — Articles du *Summarium* : 1. Visions et révélations. — 2. Prédictions. — 3. Hommages rendus aux esprits. — 4. Port de l'habit d'homme. — 5. Soumission à l'Église. — 6. Conduite après l'abjuration. . . . . 26.

CHAPITRE V. — LES JURISCONSULTES ROMAINS.

Théodore de Leliis et Paul Pontanus composent leurs mémoires. — Les manuscrits de Paris et de Rome. — Dans quel ordre et dans quelles circonstances ils ont été rédigés. — Le cardinal d'Estouteville retourne à Rome . . . 40.

CHAPITRE VI. — LA LETTRE AU FR. LÉONARD.

Bréhal réside quelque temps à Lyon. — Parmi les savants étrangers, il consulte un dominicain autrichien. — Biographie du fr. Léonard de Brixenthal. — Manuscrits de Rome, de Vienne et de Paris. — Texte latin de la lettre. — Fixation de la date par les synchronismes. — Réponse inconnue. . . . . 51.

CHAPITRE VII. — LES MÉMOIRES.

Consultations écrites de Robert Cybole ; — d'Élie de Bourdeilles ; — de Thomas Basin ; — de Pierre l'Hermyte ; — de Gui de Vorseilles ; — de Jean de Montigny. — Consultations de vive voix. . . . . 59.

CHAPITRE VIII. — NÉGOCIATIONS AVEC ROME.

Informations transmises à Rome. — L'affaire reçoit une nouvelle direction. — La famille d'Arc adresse une supplique au pape. — Voyage de Bréhal à Rome. — Voyage de Bréhal à Rouen. — Mort de Nicolas V. — Élection de Calixte III. — Le pape délègue trois commissaires. — L'archevêque de Reims. — L'évêque de Paris. — L'évêque de Coutances. — L'inquisiteur leur est adjoint. . . . . 65.

LIVRE II. — LES ACTES DU PROCÈS.

CHAPITRE I. — LES PREMIÈRES AUDIENCES.

Le procès de réhabilitation est un *beau procès*, dans toute l'acception du mot. — Première audience solennelle, le 7 novembre 1455, à Notre-Dame de Paris. — Seconde audience, le 17, à l'évêché. — La famille d'Arc constitue des procureurs. — Assignations générales publiées à Rouen. — Sommations particulières à l'évêque, au promoteur et au vice-inquisiteur de Beauvais. — Audiences du 12 et du 15 décembre. — Requête des demandeurs pour faire entendre des témoins. — Dépositions reçues les 16, 17 et 19 décembre. — Audience du 18 : lecture du mémoire des demandeurs. — Audience du 20 : les héritiers de Cauchon envoient un fondé de pouvoirs. — Les juges ordonnent une enquête au pays natal de Jeanne . . . . 75.

CHAPITRE II. — LES DÉPOSITIONS DES TÉMOINS.

Quatre témoins sont entendus à Paris, en janvier 1456. — Trente-quatre témoins sont entendus en Lorraine, du 28 janvier au 11 février. — Audience du 16 février : les assignés de Beauvais se présentent. — Enquête à Orléans du 22 février au 16 mars. — Atermoiements réclamés par les demandeurs pour faire entendre de nouveaux témoins. — Enquête à Paris, du 2 avril au 11 mai. — Audition de témoins et séances à Rouen du 10 au 14 mai. — Déposition de Jean d'Aulon, à Lyon, le 28 mai . . . . 85.

CHAPITRE III. — L'ÉTUDE DU DOSSIER.

Les commissaires étudient les pièces du dossier, à Paris. — Mémoires de Gerson ; — de Jacques Gélu ; — de Martin Berruyer ; — de Jean Bochard. — Audiences reprises à Rouen, et tenues du 1ᵉʳ juin au 10 par les juges sous-délégués, en présence de Bréhal. — Composition du dossier. — Conclusions qui se dégagent de son étude. — Bréhal est chargé de faire une récapitulation générale des consultations. . . . . 91.

LIVRE III. — ANALYSE DE LA RECOLLECTIO.

CHAPITRE I. — INTRODUCTION ET DIVISION.

Valeur historique et doctrinale du mémoire de l'inquisiteur. — La publication par M. Lanéry d'Arc et le R. P. Ayroles. — Exorde : l'auteur rend hommage à la vérité, qui est la tendance naturelle de l'esprit humain, en même temps que le devoir du juge et du docteur. — Division en deux parties : l'objet et la procédure . . . . . . 99.

CHAPITRE II. — LE FOND DE L'AFFAIRE.

§. 1. — Les apparitions . . . . 102.
§. 2. — Les révélations . . . . 105.
§. 3. — Les prédictions . . . . 108.
§. 4. — Les hommages rendus aux esprits . . . . 112.

§.5. — La conduite vis-à-vis des parents. . . . . 114.
§ 6. — Les habits d'homme. . . . . 116.
§.7. — Les paroles répréhensibles. . . . . 119.
§.8. — La soumission à l'Église. . . . . 122.
§.9. — La récidive. 126.

CHAPITRE III. — LA PROCÉDURE.

§. 1. — Incompétence du juge . . . . 129.
§. 2. — Animosité du juge. . . . . 130.
§. 3. — Prison et geôliers. . . . . 131.
§. 4. — Causes de récusation et d'appel. . . . . . . 132.
§. 5. — Le sous-inquisiteur . . . . 134.
§. 6. — Altération des articles . . . . 135.
§. 7. — L'abjuration. . . . . 136.
§. 8. — La récidive. . . . . 138.
§. 9. — Les interrogatoires. . . . . 139.
§. 10. — Défenseurs et assesseurs . . . . 140.
§. 11. — Qualificateurs de la cause . . . . 143.
§. 12. — La sentence. . . . . 147.

CHAPITRE IV. — ÉTUDE CRITIQUE DU MANUSCRIT.

Qualités de l'œuvre personnelle de Bréhal. — Nombreuses citations vérifiées. — Explications. — Le manuscrit 5970 de la Bibliothèque nationale . . . . 149.

LIVRE IV. — TEXTE DE LA RECOLLECTIO.

Exordium et partitio 3*
Primum punctum:
CAPITULUM I. — De visionibus et apparicionibus quas Johanna pretendit se habuisse. . 5*
CAPITULUM II. — Quod multas revelaciones et consolaciones a spiritibus sibi apparentibus Johanna se habuisse asseruit. 25*
CAPITULUM III. — Quod aliqua futura et contingentia prenunciare seu predicere visa fuit. 36*
CAPITULUM IV. — Quod illis spiritibus ei apparentibus et ipsam alloquentibus sepe reverenciam exhibuit. 46*
CAPITULUM V. — Quod a patre et a matre non licenciata clanculo recessit. 52*
CAPITULUM VI. — Quod habitum virilem diu portavit, comam amputavit, et arma gestans bellis se immiscuit 56*
CAPITULUM VII. — Quod Johanna multa verba temeritatis et jactancie videtur protulisse, et quedam periculosa in fide asseruisse 75*
CAPITULUM VIII. — Quod judicio militantis ecclesie de dictis et factis suis se submittere, ut videtur, recusavit 88*
CAPITULUM IX. — Quod, post abjuracionem seu revocacionem, virilem habitum ab ea dimissum resumpsit, et apparicionibus ac revelacionibus suis, quibus publice renunciaverat, iterum adhesit 105*
Secundum punctum:
CAPITULUM I. — De incompetencia judicis, maxime episcopi qui processum deduxit. . 111*
CAPITULUM II. — De judicantis episcopi inordinato et corrupto affectu, ac ejusdem severitate. 120*
CAPITULUM III. — De incommoditate carcerum ac custodum ejus. 135*
CAPITULUM IV. — De recusacione judicis, et sufficienti provocacione seu appellacione ad papam. 140*
CAPITULUM V. — De subinquisitore, ac ejus diffugio, et metu sibi illato. 149*
CAPITULUM VI. — De articulorum falsitate, et corrupta eorum composicione. 153*

CAPITULUM. VII. — De qualitate revocacionis seu abjuracionis, quam Johanna facere impulsa fuit. 158*
CAPITULUM VIII. — De pretenso relapsu contra Johannam. 168*
CAPITULUM IX. — De interrogantibus, ac difficilibus interrogatoriis Johanne factis. . . . 172*
CAPITULUM X. — De defensoribus, de exhortatoribus, deque acsessoribus, atque de predicantibus, processui intervenientibus. 176*
CAPITULUM XI. — De deliberantibus in causa, seu determinacionibus eorum quo ad capitula causae. 185*
CAPITULUM XII. — De qualitate sentencie, et diffinitione processus. . . , ... 199*

LIVRE V. — LA RÉHABILITATION.

CHAPITRE I. — DERNIÈRES AUDIENCES.

Les juges, réunis à Paris, fixent la date de la reprise des audiences. — Le 1er et le 2 juillet, ils siègent à Rouen, pour entendre les conclusions. — Nouvelle révision du dossier. — Audience solennelle du 7 juillet 1456. . . 155.

CHAPITRE II. — LA SENTENCE.

Autorité des juges, déléguée par le Saint-Siège. — Les parties : demandeurs et intimés. — Objet de la cause. — Pièces du dossier examinées par les juges pour motiver leur sentence. — Réprobation des XII articles du procès de condamnation. — Les considérants de la sentence. — Déclaration de nullité des procès de *laps* et de *relaps*. — Annulation de leurs effets et de toute note infamante. — Ordonnance de promulgation solennelle et de réparation. 157.

CHAPITRE III. — CONCLUSION.

Exécution de la sentence à Rouen, et à Orléans. — Le roi et le légat du pape Alain de Coëtivy sont informés de l'issue du procès. — Voyage de Bréhal à Rome pour rendre compte au souverain Pontife. — Sentiments de Calixte III. — L'heure de la Providence. . . . . 162.

TABLE DES OUVRAGES CITÉS [1]

Adon (S¹). — Migne: *Patrologie Latine*.
Aimon d'Halberstadt. — Migne: *Patrologie Latine*.
Alcuin (B^x), *Albinus Flaccus*. — Migne: *Patrologie Latine*.
Alexandre de Halès, *Halle, Alès*. — *Summa theologica*; Venetiis, 1575.
Amanati (Boniface), *Bonifacius de Amanatis*. — *Commentaires sur les Clémentines*.
Ambroise (S¹). — Migne: *Patrologie Latine*.
Andrea (Jean d'), *Joannes Andreae*. — *Constitutiones Clementis V, una cum apparatu domini J. Andreae*; Venetiis, 1480.
— *Sextus Liber Decretalium, cum epitomis, divisionibus et glossa ordinaria domini J. Andreae*; Lugduni, 1559.
Andronic de Rhodes. — *Aristotelis Ethicorum Nicomachorum paraphrasis, cum interpretatione Danielis Heinsii*; Lugduni Batavorum, 1617.
Anselme (P.). — *Histoire généalogique et chronologique de la maison royale de France*; Paris, 1726-1733.
Antonin (S¹) Forciglioni. — *Divi Antonini Chronicorum Opus*; Lugduni, 1586.
Archidiacre. — Voir: Guy de Baiso.
Aschbach (D¹ Joseph). — *Geschichte der Wiener Universitaet im ersten Iahrhunderte ihres Bestehens*; Wien, 1865.
Athanase (S¹). — Migne: *Patrologie Grecque*.
Augustin (S¹). — Migne: *Patrologie Latine*.
Authentiques. — Voir: *Corpus juris*.

Ayroles (R. P. Jean-Baptiste, S. J.). — *La vraie Jeanne d'Arc. La Pucelle devant l'Église de son temps*; Paris, 1890.
Azzon (Portius?). — *Summa in jus civile*; Lugduni, 1564.

Baronius (César). — *Annales ecclesiastici*; Barri-Ducis, 1864-1877.
Beaucourt (G. du Fresne de). — *Histoire de Charles VII*: Paris, Alph. Picard, 1881-1892.
Beaurepaire (Charles de). — *Recherches sur les anciennes prisons de Rouen*; Rouen, 1861.
— *Recherches sur le procès de condamnation de Jeanne d'Arc*; Rouen, 1869.
— *Notes sur les juges et les assesseurs du procès de condamnation de Jeanne d'Arc*; Rouen, 1890.
Bède (Vén.) — Migne: *Patrologie Latine*.
Bernard (S¹). — Migne: *Patrologie Latine*.
Biblia sacra *vulgatae editionis*. — Taurini, Marietti, 1851.
Biblia vetera *cum glossis*. — Incunable, n° 5287, de la bibliothèque de Lyon.
Bibliorum sacrorum . . . *cum glossa ordinaria Strabi Fuldensis... et postilla Nicolai Lyrani*; Lugduni, 1589.
Boèce, *Anicius Manlius Torquatus Severinus*. — Migne: *Patrologie Latine*.
Boich (Henri), *Boick, Bohic*. — *Distinctiones in V libros Decretalium*; Lugduni, 1520.

---

[1]. Nous donnons ici, avec la liste alphabétique des auteurs, le titre des ouvrages auxquels nous renvoyons dans les notes. Nous indiquons aussi l'édition qu'il nous a été possible de consulter, bien qu'elle ne soit pas toujours la meilleure.

Boulay (Egasse du), *Bulaeus. — Historia universitatis parisiensis*; Paris, 1665-1673.
Brunner (Sébastien). — *Der Prediger-Orden in Wien und Œsterreich*; Wien, 1867.
Bullarium *Ordinis Fratrum Praedicatorum.* — tom. III, *ab anno 1430 ad 1484*; Romae, 1731.
Bzovius (Abraham, O. P.). — *Annales ecclesiastici*, tom. XV et XVII; Coloniae Agrippinae, 1622 et 1625.

Calmet (Dom). — *Histoire de Lorraine*; Nancy 1728.
Cassiodore, *Magnus Aurelius.* — Migne: *Patrologie Latine.*
Celsus, *Julius. — Commentaires sur le Digeste.*
Chapotin (R. P. M-Dominique, O. P.) — *Études historiques sur la province dominicaine de France*; Paris, 1890.
Ciaconius (M.-Alphonsus, O. P.) — *Vitae et res gestae summorum pontificum et cardinalium*; Romae, 1601.
Ciaconius et Oldoinus (Aug. S. J.) — *Vitae et res gestae summorum pontificum et cardinalium*; Romae, 1677.
Cicéron, *Marcus Tullius. — Œuvres*, éd. Le Clerc Paris, 1821-1824.
Clément IV. — *Consilium. Domini Guidonis Fulcodii de quibusdam dubitabilibus in negotio Inquisitionis*; — apud Carena : *Tractatus de officio S. Inquisitionis.* Bononiae, 1678.
Clémentines. — Voir: *Sextus liber Decretalium.*
Clercq (Jacques du). — *Mémoires*; édition du *Panthéon littéraire.*
Code. — Voir: *Corpus juris.*
Comestor (Petrus). — Migne: *Patrologie Latine.*
Constitutiones *Ordinis Fratrum Praedicatorum.* Romae, 1566.
Corpus juris *civilis academicum parisiense.* — Ed. Galisset, Paris, 1878.
Crevier. — *Histoire de l'Université de Paris depuis son origine jusqu'en l'année 1600*; Paris, 1761.
Cynus. — *Commentaria super Codicem*; Francoforti-ad-Moenum, 1578.

Decretales *D. Gregorii Papae IX, suae integritati una cum glossis restitutae*; Paris, 1585.
Decretum *Gratiani emendatum et notationibus illustratum, una cum glossis...*; Paris, 1585.
Denys (St) l'Aréopagite. — Migne: *Patrologie Grecque.*
Digeste. — Voir: *Corpus juris.*
Doinel (Jules). — *Jeanne d'Arc telle qu'elle est*; Orléans, 1892.
Douais (chan. C.) — *Essai sur l'organisation des études dans l'Ordre des Frères-Prêcheurs au XIIIe et au XIVe siècle*; Paris, 1884.
Du Cange. — *Glossarium mediae et infimae latinitatis*; éd. Didot, Paris, 1840-1846.
Dumoulin. — *Stylus Parlamenti, cum annotationibus D. Caroli Molinaei... et additionibus D. Stephani Auffrerii*, etc.; Parisiis, 1558.
Durand de St-Pourçain. — *Durandi a S. Porciano, O. P. et meldensis episcopi, in Petri Lombardi sententias theologicas Commentariorum libri* IV; Venetiis, 1686.
Durand (Guillaume) le Spéculateur. — *Durandi, mimatensis episcopi, Speculum juris*; Lugduni, 1577.

Escouchy (Matthieu d'). — *Chronique*, publiée par M. G. du Fresne de Beaucourt; Paris, 1863.
Eymeric (Nicolas, O. P.) — *Directorium inquisitorum, cum commentariis Francisci Pegnae*; Romae, 1587.

Fabre (Joseph). — *Procès de condamnation de Jeanne d'Arc*; 2e éd., Paris, 1884.
— *Procès de réhabilitation de Jeanne d'Arc*; Paris, 1888.
Ferrari (Sigismond, O. P.) — *De rebus hungaricae provinciae Ordinis Praedicatorum*; Viennae, 1637.
Fleury. — *Histoire ecclésiastique*, tom. XXIII; Bruxelles, 1726.
Floquet. — *Histoire du parlement de Normandie*; Rouen, 1840.
Fontana (Vincent-Marie, O. P.) — *Monumenta*

dominicana; Romae, 1675.
Fournier (Marcel). — *Statuts et privilèges des universités françaises;* Paris, 1892.
Fulcodi (Guy). — Voir: Clément IV.

Gallia Christiana. — tom. I, Paris, 1870; tom. III, Paris, 1876; tom. VII, Paris, 1744; tom. IX, Paris, 1751; tom. XI, Paris, 1874.
Gesenius (G.) — *Thesaurus philologicus criticus linguae hebraeae et chaldaeae Veteris Testamenti;* Lipsiae, 1835.
Grégoire (St) **de Nysse**. — Migne: *Patrologie Grecque.*
Grégoire (St) **de Tours**, *Georgius Florentius*. — Migne: *Patrologie Latine.*
Grégoire (St) **le Grand**. — Migne: *Patrologie Latine.*
Gui (Bernard). — *Practica inquisitionis heretice pravitatis;* Paris, 1886.
Guillaume d'Auvergne. — *Guillelmi Alverni, episcopi parisiensis... Opera omnia;* Paris, 1674.
Guy de Baiso. — *Archidiaconi... Rosarium;* Venetiis, 1601.
— *Glossa super VI° libro Decretalium;* Venetiis, 1606.

Haymon. — Voir: Aimon.
Heliodorus Prusenus. — Voir: Andronic de Rhodes.
Henri de' Bartolommei, de Suze. *Summa super Decretales;* Lugduni, 1568; - tom. II, Venetiis, 1581.
Hilaire (St) **de Poitiers**. — Migne: *Patrologie Latine.*
Hincmar, archevêque de Reims. — Migne: *Patrologie Latine.*
Historiens (Recueil des) des Gaules et de la France, tom. XX; Paris, 1840.

Ignace (St) **d'Antioche**. — Migne: *Patrologie Grecque.*
Innocent IV, Sinibaldo Fieschi. — *In V Decretalium libros apparatus seu commentaria;* Lugduni, 1578.

Innocent V. — Voir: Pierre de Tarentaise.
Jean (St) **Chrysostome**. — Migne: *Patrologie Grecque.*
Jean (St) **Damascène**. — Migne: *Patrol. Grecque.*
Jérôme (St). — Migne: *Patrologie Latine.*

Lanéry d'Arc (Pierre). — *Mémoires et consultations en faveur de Jeanne d'Arc par les juges du procès de réhabilitation;* Paris, 1889.
Léon (St) **le Grand**. — Migne: *Patrologie Latine.*

Malbrancq (J.). — *De Morinis et Morinorum rebus;* Tornaci, 1647.
Martene (Dom). — *Thesaurus anecdotorum;* Paris, 1717.
Masetti (R. P. Pie-Thomas, O. P.). — *Monumenta et antiquitates veteris disciplinae Ordinis Praedicatorum;* Romae, 1864.
Métaphraste. — Migne: *Patrologie Grecque.*

Némèse. — Migne: *Patrologie Grecque.*
Nicolas de Lyre (O. M.). — *Postillae in Vetus et Novum Testamentum;* Romae, 1471.
Nider (Jean, O. P.) — *Formicarium;* Augustae, Ant. Sorg, (incunable).

Origène. — Migne: *Patrologie Grecque.*
Orose (Paul). — Migne: *Patrologie Latine.*
Ovide. — *Œuvres;* éd. Nisard, Paris, 1876.

Palud (Pierre de la). O. P. — *Petri de Palude,... patriarchae Jerosolymitani, scriptum super tertium librum Sententiarum;* Parisiis, 1517.
Paul de Castro. — *Commentaires sur le droit.*
Pétrarque (François). — *Petrarchae florentini, philosophi, oratoris et poetae clarissimi, Opera quae extant;* Basileae, (sans date).
Pierre (St) **Chrysologue**. — Migne: *Patrologie Grecque.*
Pierre de Tarentaise. — *Commentaria in libros Sententiarum;* Tolosae, 1652.
Pommeray (Dom). — *Histoire des archevêques de Rouen;* Rouen, 1667.

Quétif et Echard. — *Scriptores Ordinis Praedicatorum recensiti;* Paris, 1719-1721.
Quicherat. — *Procès de condamnation et de réhabilitation de Jeanne d'Arc;* Paris, 1849.
— *Aperçus nouveaux sur l'histoire de Jeanne d'Arc;* Paris, 1850.
Quintilien.— *Opera;* éd. Teubner, Lipsiae, 1869.

Raban Maur (Bx). — Migne: *Patrologie Latine.*
Remy d'Auxerre. — Migne: *Patrologie Latine.*
Rufin, *Tyrannius.* — Migne: *Patrologie Latine.*

Salluste, *C. Crispus.* — *Sallustii quae extant..,* cura Sigeberti Havercampi; Amsterdam, etc., 1742.
Sénèque. — *Opera omnia;* éd. Nisard, Paris, 1838.
Sepet (Marius). — *Jeanne d'Arc;* 3e éd. Tours, Mame 1891.
Sextus liber Decretalium *Bonifacii Papae VIII, suae integritati una cum* CLEMENTINIS *et* EXTRAVAGANTIBUS, *earumque glossis, restitutus;* Paris, 1585.
Sigebert de Gembloux.—Migne: *Patrologie Latine.*
Strabon. — Voir: Walafrid.

Stylus Parlamenti. — Voir: Dumoulin.
Sulpice Sévère. — Migne: *Patrologie Latine.*

Tancrède. — *De ordine judiciorum Tancreti.* tractatuum celeberrimorum utriusque juris consultorum, tom. III; Venetiis, 1584.
Théophylacte. — Migne: *Patrologie Grecque.*
Thomas (St) **d'Aquin.** — *Opera omnia;* éd. Nicolai, Parisiis, 1660-1663.
Tite-Live. — *Opera;* Hanniae, 1873.

Valère Maxime. — *Factorum dictorumque memorabilium libri* IX; éd. Nisard, Paris, 1871.
Vallet de Viriville. — *Histoire de Charles VII.*
Villerabel (André du Bois de la). — *Les procès de Jehanne la Pucelle;* Saint-Brieuc, 1890.
Vincent de Beauvais, O. P. — *Speculi historialis libri* XXXI; Duaci, 1624.

Wadding (Luc). — *Annales Minorum;* tom. VI, Lugduni, 1648.
Walafrid Strabon. — Migne: *Patrologie Latine.*
Wappler (Dr Anton). — *Geschichte der theologischen Facultaet der KK. Universitaet zu Wien;* Wien, 1884.

TABLE DES NOMS PROPRES

Aaron. — 186*.
Abacuc. — 11*.
Abraham. — 117, 120.
— 8*, 11*, 15*, 17*, 21*, 33*, 35*, 41*, 47*, 64*, 75*, 80*, 92*.
Accurse. — 157*.
Actes des Apôtres. — 11*, 13*, 16*, 17*, 18*, 32*, 55*, 64*, 79*, 91*, 94*, 145*, 147*, 186*, 191*.
Adon. — 7*.
Adrien. — 87*.
Adrien (S¹). — 66*.
Agabe. — 32*.
Agar. — 11*.
Agnès (Ste). — 7*, 15*.
Agonac. — 60.
Agrippa. — 134.
— 147*.
Aigues-mortes. — 117*.
Ailly (Pierre d'). — 91.
Aimon d'Alberstadt. — 74*, 76*, 190*.
Alain de Lille. — 12*.
Albert le Grand (Bx) — 49*.
Albert VI. — 53, 58.
Alcuin. — 35*, 189*.
Alençon. — 19.
Alençon (Duc d'). — 89.
— 70*.
Alexandre de Halès. — 16, 117.
— 61*, 62*, 68*.
Alexandre III. — 157*, 167*.
Alexandre IV. — 10.
Alpaix de Cudot. — 32*.
Alphanus Tindarus. — 157*.
Aman. — 47*.

Amanati (Boniface). — 117*, 175*, 203*, 204*.
Amanati (Jacques), card. de Pavie. — 149.
Ambroise (S¹). — 7*, 15*, 16*, 20*, 21*, 28*, 29*, 37*, 38*, 53*, 54*, 93*, 102*.
Amelgard. — 61.
Amner. — 69*.
Ananie. — 38*.
André (fr.) — 53.
Andrea (Jean d'). — 16, 135, 144.
— 28*, 93*, 97*, 115*, 116*, 117*, 134*, 143*, 151*, 152*, 169*, 176*, 177*, 187*, 188*, 206*.
Andronic de Rhodes. — 65*.
Angleterre (Roi d'). — 5, 49.
— 72*, 120*, 121*, 123*, 124*, 125*, 144*.
Anne, fille de Phanuel. — 186*.
Anne, mère de Samuel. — 186*.
Anselme de Laon. — 84*.
Anselme (le P.). — 7.
Anselme (S¹). — 77*.
Antechrist. — 77*.
Antoine (S¹). — 21*.
Antonin (S¹). — 181*, 182*.
Apocalypse. — 13*, 25*, 47*.
Apocryphes. — 7*.
Arc (Jean et Pierre d'). — 66, 77, 79, 82, 84, 86, 89, 94, 155, 156, 158.
Arc (Jeanne d'), La Pucelle. — 1, 2, 3, 4, 5, 7, 8, 13, 14, 18, 21, 23, 24, 25, 26, 28, 33, 34, 39, 40, 41, 44, 45, 47, 48, 49, 51, 58, 59, 61, 62, 63, 65, 68, 69, 70, 71, 72, 75, 77, 78, 81, 82, 84, 85, 86, 88, 89, 90, 92, 95, 96, 99, 100, 101, 102, 103, 104, 105, 106, 107, 108, 109, 110, 111, 112, 113, 114, 115, 116, 117, 118, 119, 120, 121, 123, 124, 125, 126, 127, 128,

129, 131, 132, 133, 134, 136, 137, 138, 139, 140, 141, 142, 143, 144, 145, 146, 148, 151, 155, 156, 157, 158, 159, 160, 161, 162, 163, 164, 165, 166.
— 5*, 6*, 8*, 11*, 12*, 13*, 14*, 15*, 17*, 18*, 19*, 20*, 21*, 22*, 23*, 24*, 25*, 28*, 30*, 42*, 43*, 44*, 46*, 47*, 48*, 49*, 50*, 51*, 52*, 53*, 55*, 56*, 57*, 59*, 61*, 63*, 66*, 67*, 70*, 71*, 72*, 73*, 75*, 76*, 77*, 78*, 79*, 80*, 82*, 83*, 84*, 85*, 86*, 88*, 91*, 93*, 94*, 95*, 96*, 97*, 98*, 99*, 100*, 101*, 102*, 103*, 104*, 105*, 106*, 107*, 108*, 109*, 110*, 111*, 112*, 114*, 116*, 117*, 120*, 121*, 122*, 123*, 124*, 125*, 126*, 127*, 128*, 129*, 130*, 131*, 132*, 133*, 134*, 135*, 136*, 137*, 138*, 139*, 140*, 141*, 143*, 144*, 145*, 146*, 147*, 153*, 154*, 155*, 156*, 158*, 161*, 162*, 163*, 164*, 165*, 168*, 170*, 171*, 172*, 173*, 174*, 176*, 178*, 179*, 180*, 181*, 182*, 183*, 186*, 187*, 190*, 191*, 192*, 193*, 194*, 196*, 198*, 199*, 202*, 204*, 205*, 207*, 208*.

Archidiacre (l') — Voir: Guy de Baiso.
Aristote. — 101, 115, 142.
— 3*, 4*, 5*, 10*, 19*, 27*, 49*, 53*, 55*, 56*, 57*, 65*, 85*, 93*, 95*, 98*, 110*, 112*, 113*, 152*, 164*, 181*.
Arius. — 143.
— 185*.
Armagnac (Comte d'). — 103*.
Arras. — 17, 18.
Arthur, comte de Richemont. — 14.
Artus de Bretagne. — 12*.
Aschbach. — 52, 53, 58.
Athanase (St). — 21*, 22*, 76*.
Aubert (St). — 24*.
Aucupis. — Voir: Loiseleur.
Auffreri (Etienne). — 74*, 120*.
Augsbourg. — 53.
Augustin (St). — 101, 105, 109, 116, 120, 121, 124, 130, 142, 144, 145, 147.
— 3*, 13*, 14*, 16*, 17*, 18*, 32*, 33*, 35*, 37*, 38*, 42*, 44*, 47*, 49*, 53*, 54*, 59*, 64*, 67*, 68*, 77*, 79*, 80*, 81*, 87*, 90*, 94*, 98*, 99*, 102*, 104*, 110*, 118*, 119*, 135*, 158*, 167*, 180*, 186*, 190*, 193*, 196*, 199*.

Aulon (Jean d'). — 90, 94.
Aureolus. — 16.
Auribelli (Martial). — 58.
Aurillac. — 21*.
Authentiques. — 136*, 140*.
Auxerre. — 79.
Averroés. — 27*.
Avignon. — 16, 164.
— 103*, 203*.
Avranches. — 93.
— 24*.
Ayroles (R. P. Jean-Bapt.) — 4, 23, 47, 49, 52, 55, 59, 60, 61, 62, 64, 68, 69, 79, 82, 85, 86, 91, 92, 93, 94, 101, 157, 160.
— 9*, 48*.
Azzon (Portius?). — 139*, 140*.

Bacqueville-le-Martel. — 24.
Balaam. — 27*, 38*, 71*, 95*,
Balac. — 95*.
Bâle. — 131*.
Balthazar — 13*, 25*.
Barach. — 69*.
Baronius. — 6.
— 103*.
Bartolommei. — Voir: Henri de Suze.
Basin (Thomas). — 61, 62.
— 100*, 152*.
Batiffol (Louis). — 18.
Bayeux. — 71.
Beaucourt (G. du Fresne de). — 2, 7, 18, 25, 26, 46, 50, 51, 64, 65, 66, 70, 76, 156.
Beaudricourt (Robert de). — 34.
Beaufort (Seigneur de). — 18.
Beaupère (Jean). — 4, 88.
— 128*.
Beaurepaire (Charles de). — 2, 4, 10, 20, 22, 23, 24, 67, 75, 81, 85.
— 123*.
Beaurevoir. — 33.
Beauvais. — 4, 35, 41, 42, 67, 70, 75, 80, 81, 83, 84, 85, 86, 87, 124, 126, 129, 130, 131, 133, 135, 146, 147, 158, 159.
— 97*, 103*, 111*, 112*, 116*, 117*, 120*,

121*, 122*, 123*, 125*, 128*, 130*, 131*, 132*, 134*, 144*, 149*, 179*.
Beauvarlet (Mathieu). — 51, 66, 68, 165.
Bec (Jean du). — 162.
Bède (Vén.). — 104, 119, 120.
— 4*, 7*, 8*, 9*, 16*, 17*, 20*, 35*, 70*, 77*, 78*, 86*, 184*, 189*, 197*,
Behemoth. — 144, 145.
— 186*, 192*, 193*.
Belial. — 144, 145.
— 186*, 192*, 193*.
Benedicite. — Voir: d'Estivet.
Benoît XIV (antipape). — 103*.
Bérard (Pierre). — 25.
Berlin. — 65*.
Bernard (St). — 109, 144, 147.
— 21*, 26*, 28*, 29*, 30*, 33*, 42*, 187*, 202*.
Bernis (Card. de). — 27.
Berruyer (Martin). — 92, 93, 94.
Berwoit (Jean). — 126*.
Besançon. — 4, 53.
Bessarion. — 22, 149.
Bethel. — 35*, 86*, 95*, 179*.
Béthulie. — 10*.
Béziers. — 7.
— 175*.
Bochard (Jean). — 93, 94.
— 24*.
Boéce. — 4*, 53*, 57*.
Boich (Henri). — 141.
— 159*, 178*, 206*.
Bologne. — 2, 3, 22, 47, 50, 52, 63.
— 29*, 60*, 139*, 140*, 150*, 157*, 175*.
Bonaventure (St). — 16.
Boniface VIII. — 8.
— 81*, 92*, 99*, 116* 120*, 136*.
Borgia (Alphonse). — Voir: Calixte III.
Boscguillaume. — Voir : Colles.
Bosquier (Pierre). — 134*.
Bottoni (Bernard). — 150*.
Bouchier (Pierre). — 24.
— 127*.
Bouillé (Guillaume). — 2, 3, 4, 5, 22, 24, 25, 39, 61, 62, 79, 82, 87, 88, 91, 92, 151, 155, 156, 163, 164, 165,

Bouix. — 4*.
Boulay (Egasse du). — 6, 7, 13, 14, 15, 93. 85,
Boule (André). — 16.
Bourdeilles (Elie de). — 60, 151.
Bourgeauville. — 24.
Bourges. — 25, 50, 51.
Bourgogne (Duc de). — 41, 77.
— 120*, 121*, 176*.
Boys (Nicolas du). — 162.
Bredouille (Réginald). — 81, 86, 87.
Bréhal (Jean). — 2, 5, 8, 9, 10, 12, 13, 14, 15, 16, 17, 18, 19, 20, 21, 22, 23, 24, 25, 26, 27, 28, 46, 47, 48, 49, 50, 51, 54, 56, 58, 60, 62, 63, 64, 65, 67, 68, 71, 72, 76, 77, 79, 80, 81, 84, 86, 87, 88, 90, 91, 92, 93, 94, 95, 96, 99, 100, 101, 102, 103, 104, 105, 106, 107, 108, 109, 110, 111, 112, 113, 114, 115, 116, 117, 118, 119, 121, 122, 123, 125, 126, 127, 129, 130, 131, 133, 134, 135, 136, 137, 138, 139, 140, 141, 142, 143, 144, 145, 146, 147, 148, 149, 150, 151, 152, 156, 157, 158, 160, 163, 164, 165, 166.
— 3*, 5*, 6*, 7*, 8*, 9*, 10*, 11*, 12*, 13*, 14*, 15*, 16*, 18*, 20*, 21*, 23*, 24*, 25*, 26*, 27*, 29*, 30*, 31*, 33*, 34*, 35*, 36*, 39*, 42*, 44*, 45*, 48*, 49*, 50*, 51*, 52*, 53*, 54*, 56*, 58*, 59*, 60*, 61*, 64*, 65*, 68*, 69*, 71*, 72*, 73*, 74*, 76*, 77*, 78*, 79*, 81*, 83*, 85*, 86*, 87*, 88*, 89*, 90*, 91*, 92*, 94*, 95*, 96*, 97*, 100*, 101*, 103*, 104*, 105*, 106*, 108*, 112*, 113*, 114*, 115*, 116*, 117*, 118*, 119*, 123*, 124*, 129*, 130*, 131*, 133*, 134*, 135*, 136*, 137*, 138*, 139*, 140*, 141*, 142*, 143*, 144*, 145*, 146*, 147*, 148*, 150*, 151*, 152*, 153*, 154*, 157*, 158*, 159*, 160*, 161*, 162*, 163*, 164*, 165*, 166*, 167*, 168*, 173*, 174*, 175*, 176*, 178*, 179*, 181*, 182*, 183*, 184*, 186*, 187*, 188*, 189*, 190*, 191*, 192*, 193*, 194*, 195*, 196*, 197*, 198*, 199*, 200*, 201*, 202*, 203*, 204*, 206*, 207*.
Bréquigny. — 12*.
Breteuil (Baron de). — 27.
Breuil (Guillaume du). — 74*.
Brixen. — 52.

Brixenthal. — 52.
Brunner (Sébastien). — 52.
Bruno (Claude). — 20.
Brut. — 12*.
Bzovius. — 22, 61, 149.

Caen. — 19.
Caïphe. — 27*, 124*.
Calais. — 90.
Calixte III. — 13, 14, 15, 17, 48, 54, 66, 69, 70, 71, 76, 79, 80, 81, 82, 94, 164, 165.
Calmet (Dom). — 9*.
Carena. — 207*.
Cassiodore. — 25*, 34*.
Castille (Étienne). — 126*.
Castro (Paul de). — 203*.
Catherine (Ste). — 29, 30, 31, 32, 33, 34, 35, 36, 37, 38, 45, 110, 142.
— 46*, 52*, 79*, 83*, 84*, 181*, 182*.
Caton. — 110*, 152*.
Cauchon. — 3, 4, 24, 48, 62, 66, 67, 70, 75, 79, 81, 83, 84, 85, 86, 89, 95, 129, 131, 132, 133, 135, 147, 157, 158, 159, 165.
— 101*, 103*, 104*, 106*, 111*, 112*, 121*, 122*, 123*, 125*, 126*, 127*, 128*, 130*, 132*, 133*, 137*, 144*, 164*, 179*, 206*.
Caudebec. — 61.
Caux. — 19.
Caval (Nicolas). — 24, 83.
Cécile (Ste). — 15*.
Celsus (Julius). — 87*, 166*.
Ceretto. — 22.
César. — 133.
— 145*.
Châlons. — 20.
Chambre (Guillaume de la). — 43, 85.
— 86*, 109*, 121*.
Chapitault (Simon). — 82, 84, 155, 156, 164.
— 111*.
Chapotin (R. P. M-Dominique). — 9, 51, 86, 163.
Charité (La). — 176*.
Charles V. — 6.
Charles VI. — 70.
Charles VII. — 2, 3, 6, 7, 8, 22, 24, 25, 32, 40, 50, 59, 61, 62, 65, 70, 71, 84, 90, 92, 143, 146,

151, 152, 156, 163, 164, 165.
— 8*, 10*, 70*, 73*, 80*, 121*, 125*, 130*, 146*, 198*.
Charlier (Jean). — Voir: Gerson.
Chartier (Alain). — 71.
Chartier (Guillaume). — 14, 18, 71, 79, 84, 86, 88, 156, 158.
Châtillon. — 120*.
Chaussetier (Jacques). — 86.
Chiché (Girard de). — 85.
Chichery (Réginald de). — 84.
Chinon. — 35, 41.
— 79*.
Chissay. — 25.
Christine (Ste). — 7*.
Ciaconius. — 6, 7, 22, 60, 69, 71, 149, 164.
Cicéron. — Voir : Tullius.
Clélie. — 69*, 70*.
Clément IV. — 10.
— 207*.
Clément V. — 99*, 177*.
Clément VIII (antipape). — Voir : Munos.
Clémentines. — 8, 9, 130, 157.
— 99*, 116*, 117*, 119*, 134*, 136*, 137*, 139*, 142*, 143*, 159*, 175*, 176*, 177*, 194*, 203*, 204*.
Cleppé. — 51.
Clerq (Jacques du). — 18.
Clermont. — 7.
Clovis. — 72*, 83*.
Code. — 133, 137.
— 57*, 96*, 104*, 114*, 115*, 136*, 137*, 138*, 139*, 140*, 143*, 145*, 157*, 160*, 165*, 167*, 177*, 180*, 200*, 201*, 202*, 203*, 206*.
Coëtivy (Alain de). — 15, 164.
Colles (Guillaume). — 83.
— 101*, 123*, 127*, 129*, 130*, 179*.
Cologne. — 52, 53.
— 50*.
Comestor (Pierre). — 69*, 82*.
Commentateur (le). — Voir: Averroès.
Commy (Cosme de). — 163.
Compiègne. — 33.
— 121*, 176*.
Constance. — 92.

TABLE DES NOMS PROPRES

Constantinople. — 54, 65.
Contes (Louis de). — 88.
Coquerel (Hector de). — 94, 162.
Corneille. — 91*.
Cotentin. — 19.
Courcelles (Thomas de). — 85.
— 52*, 53*, 79*, 128*, 130*.
Coutances. — 23, 71, 77, 79, 82, 89, 93, 155, 156, 158, 163, 164.
Crevier. — 7, 10, 13, 14, 15.
Croix-Pucelle. — 163.
Cruisy (de). — 79.
Cujas. — 203*.
Cultificis (Engelbert). — 16.
Currer (Jean) de Tharena. — 103*.
Cusquel (Pierre). — 23, 83.
— 109*, 126*, 133*, 137*.
Cybole (Robert). — 59, 71.
— 100*.
Cynus. — 157*.
Cyprien (St). — 29*.

Daniel. — 3.
Daniel (le prophète). — 6*, 7*, 10*, 11*, 13*, 18*, 21*, 23*, 24*, 25*.
Daron (Pierre). — 89.
— 109*, 126*, 133*.
David. — 110, 122.
— 11*, 44*, 45*, 46*, 47*, 87*, 197*.
Débora. — 119.
— 69*, 82*, 186*.
Décret de Gratien. — 113, 117, 118, 126, 133, 135.
— 4*, 6*, 7*, 18*, 29*, 30*, 31*, 50*, 55*, 57*, 60*, 61*, 64*, 65*, 68*, 80*, 81*, 85*, 87*, 90*, 92*, 93*, 94*, 96*, 97*, 98*, 101*, 102*, 103*, 104*, 105*, 110*, 113*, 114*, 118*, 119*, 120*, 135*, 137*, 140*, 141*, 142*, 143*, 144*, 145*, 146*, 147*, 148*, 149*, 150*, 151*, 152*, 159*, 160*, 161*, 162*, 165*, 166*, 167*, 168*, 169*, 170*, 172*, 175*, 176*, 178*, 179*, 181*, 184*, 188*, 190*, 191*, 193*, 195*, 196*, 197*, 198*, 199*, 200*, 201*, 202*, 203*, 206*, 207*.
Décrétales. — 133, 135, 137, 138, 141, 144, 146, 147.

— 4*, 28*, 55*, 57*, 61*, 64*, 65*, 67*, 68*, 69*, 77*, 89*, 93*, 96*, 97*, 98*, 99*, 101*, 104*, 107*, 112*, 113*, 114*, 115*, 118*, 119*, 120*, 134*, 135*, 140*, 141*, 142*, 143*, 145*, 146*, 147*, 148*, 150*, 151*, 152*, 156*, 157*, 158*, 159*, 160*, 161*, 162*, 163*, 167*, 168*, 169*, 170*, 173*, 174*, 175*, 177*, 178*, 179*, 184*, 187*, 188*, 192*, 194*, 195*, 196*, 197*, 198*, 200*, 201*, 202*, 206*, 207*.
Demolins (Robert). — 87, 88, 152, 155, 164, 165.
Denys (St). — 19*, 25*, 58*, 89*.
Déert (Guillaume du). — 24.
Desprès (Jean). — 90.
Deutéronome. — 115, 117, 119.
— 39*, 40*, 56*, 61*, 62*, 63*, 68*, 113*.
Digeste. — 133, 135, 139.
— 57*, 59*, 60*, 61*, 86*, 87*, 96*, 97*, 98*, 99*, 104*, 105*, 106*, 107*, 112*, 113*, 114*, 115*, 116*, 122*, 134*, 136*, 137*, 138*, 141*, 142*, 143*, 145*, 146*, 147*, 149*, 150*, 156*, 157*, 160*, 161*, 162*, 165*, 166*, 167*, 171*, 173*, 174*, 177*, 198*, 201*, 203*, 204*.
Digne. — 7.
Doinel (Jules). — 3, 4.
Dol. — 164.
Domremy. — 37, 72, 84, 85, 86, 90, 104, 163, 165.
— 11*, 30*.
Douais (chan. C.). — 9, 10, 12.
— 18*.
Dubosc. — Voir: Boys (Nicolas du).
Du Cange. — 11*, 43*, 46*, 66*, 70*, 126*, 132*, 136*, 144*, 155*, 176*.
Dumoulin. — 74*, 120*.
Dunois (Comte de). — 88, 163.
Durand de Saint-Pourçain. — 16.
— 35*, 95*.
Durand (Guillaume). — 175*.
Duval (Guillaume). — 3, 82.
— 131*.

Eadmer. — 77 *.
Ecclésiaste. — 184 *.
Ecclésiastique. — 85 *, 86 * 158 *.
Echard. — 5, 9, 12, 16, 17, 20, 52, 53, 57, 58.

— 176*.
Elie. — 13 *, 28 * 85 *.
Elisabeth. — 186 *.
Elisabeth de Saxe. — 32 *.
Elisée. — 111, 146.
— 13 *, 27 *, 28 *, 45 *, 85 *, 197 *.
Embrun. — 92.
— 67 *.
Engelida. — 119.
— 12 *, 73 *, 82*.
Erard (Guillaume). — 86 *, 132 *, 182 *.
Esaü. — 35 *.
Escouchy (Matthieu d'). — 18.
Esther. — 47 *.
Estivet (Jean d'). — 66, 67, 81, 83, 86, 158.
— 129 *, 130 * 179*.
Estouteville (Guillaume d'). — 6, 7, 12, 22, 23, 24, 25, 26, 39, 46, 50, 51, 59, 65, 67, 68, 96, 159, 164.
— 104 *, 178 *.
Etienne de Bourbon. — 32 *.
Etienne (St.) — 17 *.
Eugène IV. — 6, 10, 13, 60.
— 144 *.
Eugénie (Ste). — 66 *.
Euphrate. — 87 *.
Euphrosine (Ste). — 66 *.
Evreux. — 9, 10, 19, 20, 21, 24, 59, 72, 86, 87.
— 123 *, 182 *.
Exode. — 41 *, 184 *, 186 *, 196 *, 198 *.
Eymeric (Nicolas). — 10, 11, 68, 95.
— 112 *, 116 *, 134 *, 161 * 169 *, 202 *, 207*.
Ezéchias. — 39 *.
Ezéchiel. — 16 *, 21 *, 25*, 31 *, 85 *.

Fabre (Joseph). — 7, 56, 59, 64, 65, 66, 67, 68, 72, 75, 76, 77, 79, 93, 99, 163.
— 11 *.
Fabri. — Voir: Le Fèvre (Jean).
Fanouillières (Thomas de). — 162.
Fave (Jean). — 24.
— 109 *.
Fécamp. — 132 *, 164 *.
Feltre. — 22.
Ferrare. — 60 *.

Ferrari (Sigismond). — 52, 53.
Ferrebouc (François). — 79, 82, 151, 152, 162, 164.
— 34 *, 62 *, 63 *.
Festus. — 133, 134.
— 145 *, 147 *.
Feurs. — 50.
Fierbois. — 35.
— 43 *.
Flamosset (Guy). — 57.
Fleury. — 13.
Fleury (Jean). — 133 *.
Floquet. — 19.
Florence. — 6, 58.
— 29 *, 157 *, 203 *.
Fontaine (Jean de la). — 3.
— 131 *.
Fontana (Vincent-Marie). — 52, 57, 58.
Foucques (Jacques). — 81.
Foulque. — 119 *.
Fournier (Marcel). — 10.
François d'Assise (St). — 192 *.
Frascati. — Voir: Tusculum.
Frédéric III. — 52, 53.
Frocourt (Jean de). — 80.
Fueillet. — 128 *.
Fulcodi (Guy). — Voir: Clément IV.

Gabriel. — 31, 88.
— 7 *, 14 *, 18 *, 22 *.
Gabrinius. — 7 *.
Gallia Christiana. — 3, 7, 65, 70, 71, 81, 93, 164.
— 144 *.
Gamaliel. — 191 *.
Gannat. — 163, 164.
Gédéon. — 14 *, 15 *, 17 *, 18 *.
Gélu. (Jacques) — 92.
— 67 *.
Genèse. — 8 *, 11 *, 14 *, 15 *, 18 *, 21 *, 25 *, 35 *, 41 *, 47 *, 64 *, 75 *, 77 *, 80 *.
Geoffroy de Monmouth. — 12 *, 71 *.
Gergolium, Gergona, Gergneau. — Voir: Jargeau.
Gerson. — 91, 92.
Gesenius. — 193 *.
Gianni (Dominique). — 57.

TABLE DES NOMS PROPRES 181

Gisors. — 19.
Godefroy. — 51.
Gonnys (Jean de). — 84, 162.
Gran. — Voir: Strigonium.
Gratien. — Voir: Décret.
Graverend (Jean). — 81.
Grégoire de Nysse (St). — 56 *, 164 *.
Grégoire de Tours (St). — 72 *.
Grégoire-le-Grand (St). — 53, 109.
— 20 *, 22 *, 23 *, 29 *, 40 *, 41 *, 44 *, 45 *, 54 *, 82 *, 92 *, 113 *, 191 *.
Gris (Jean). — 126 *.
Grouchet (Richard de). — 24, 43.
— 123 *.
Guesdon (Laurent). — 133 *, 137 *.
Gui (Bernard). — 10, 11 12.
— 18 *.
Guigues. — 20 *, 187 *.
Guillaume de Paris. — 21 *, 22 *, 23 *.
Guiraud (Jean). — 28.
Guy de Baiso. — 16, 117, 134.
— 60 *, 97 *, 148 *, 168 *, 169 *, 170 *, 201 *, 207 *.

Haber. — 69*.
Hain. — 5.
Harcourt (Marguerite d'). — 6.
Heinsius (Daniel). — 65*.
Helenus. — 66*.
Héliodore de Pruse. — 65*.
Hellande (Guillaume de). — 81, 86, 158.
Henri de Suze. — 144.
— 28*, 29*, 97*, 142*, 175*, 187*, 202*.
Hermyte (Pierre l'). — 62, 64.
Hervé (Noël). — 16.
Heudicourt. — 24.
Hilaire (St). — 128, 130.
— 108*, 118*.
Hildegarde. — 33*.
Hincmar. — 83*.
Historiens des Gaules. — 19.
Holcot (Robert). — 16.
Holopherne. — 115, 120.
— 55*, 65*, 69*, 79*, 81*.
Hostiensis. — Voir: Henri de Suze.

Houppeville (Nicolas de). — 24, 83.
— 101*, 122*, 123*, 125*, 128*, 178*.
Hugucion. — 117.
— 60*.
Hunyade (Jean). — 53.
Huntpüchler (Léonard). — 27, 47, 49, 51, 52, 53, 54, 55, 58, 65.

Ignace (St). — 7*, 109*.
Innocent IV. — 10, 123.
— 89*, 93*, 202*.
Innocent V. — Voir: Pierre de Tarentaise.
Isaac. — 41*, 92*.
Isaïe. — 30*, 37*, 39*, 95*, 196*.
Isambard. — Voir: (de la) Pierre.
Isidore (St). — 144.
— 159*, 186*, 195*.
Ivoy. — 92.

Jabin. — 69*.
Jacintus. — 66*.
Jacob. — 11*, 14*, 18*, 35*, 64*, 77*.
Jacobilli. — 22.
Jacques de Vitry. — 33*, 119*.
Jacques (St). — 7*, 85*, 86*.
Jacquier (Nicolas). — 90.
Jahel. — 119.
— 69*.
Jargeau. — 40.
Jean (St). — 100, 105, 114.
— 6*, 7*, 11*, 13*, 17*, 18*, 19*, 25*, 27*, 32*, 34*, 44*, 47*, 74*, 77*, 94*, 104*, 187*, 196*.
Jean-Baptiste (St). — 36, 146.
— 82*, 186*, 196*.
Jean Chrysostome (St). — 120, 142.
— 10*, 20*, 27*, 35*, 38*, 40*, 77*, 124*, 135*, 182*.
Jean Damascène (St). — 164*.
Jean de Châtillon. — 123*, 182*.
Jean de Luxembourg. — 121*.
Jean de Paris. — 16.
Jean XXIII. — 92.
— 70*.
Jérémie. — 1, 122.
— 25*, 34*, 39*, 75*, 76*, 87*.

Jéroboam. — 95*.
Jérôme (St). — 112, 144, 147.
— 7*, 20*, 21*, 23*, 25* 28*, 29*, 31*, 32*, 36*, 38*, 47*, 48*, 49*, 54*, 69*, 84*, 90*, 102*, 104*, 108*, 175*, 186*, 198*.
Jersey. — 12.
Jésus. — 1, 26, 50, 55, 56, 62.
— 52*, 75*, 81*, 109*, 110*, 155*, 176*.
Joachim (Abbé). — 90*.
Job. — 101*, 179*, 191*.
Joël. — 186*.
Jonas. — 39*.
Jonathas. — 68*.
Joseph (fils de Jacob). — 25*.
Joseph (St). — 11*, 54*.
Josèphe (Flavius). — 180*.
Josué. — 47*.
Jouvenel (Jean). — 18, 70.
Judas. — 4*.
Judith. — 104, 115, 118, 119, 120.
— 10*, 55*, 65*, 69*, 70*, 79*, 81*, 95*.
Juges. — 14*, 15*, 17*, 18*, 24*, 69*, 82*, 87*, 88*, 186*, 193*, 197*.
Jullien. — 51*, 74*.
Jumièges. — 3.
Jupiter. — 184*.
Juvénal des Ursins (Jean). — 14, 18, 70, 79, 84, 87, 156, 158.

Ladislas V. — 58.
Ladvenu (Martin). — 2, 3, 23, 40, 43, 83, 157, 162.
— 106*, 108*, 109*, 121*, 125*, 126*, 129*, 130*, 183*.
Lamy (Nicolas). — 5.
Lanéry d'Arc. — 4, 27, 28, 29, 30, 32, 37, 38, 39, 40, 42, 43, 44, 46, 48, 49, 50, 59, 60, 62, 63, 64, 92, 93, 94, 96, 100, 151.
— 3*, 4*, 6*, 8*, 12*, 13*, 15*, 16*, 17*, 19*, 21*, 22*, 23*, 24*, 27*, 30*, 31*, 34*, 37*, 43*, 44*, 48*, 49*, 52*, 54*, 55*, 62*, 63*, 65*, 72*, 73*, 74*, 76*, 79*, 81*, 83*, 85*, 86*, 87*, 88*, 89*, 90*, 94*, 100*, 107*, 112*, 113*, 114*, 115*, 119*, 120*, 121*, 122*, 133*, 134*, 137*, 146*,

150*, 151*, 152*, 153*, 161*, 166*, 168*, 174*, 180*, 185*, 189*, 191*, 201*.
Langres. — 120*.
Laon. — 120*.
Laporte (R. P. Vincent). — 54.
Laurent Justinien (St). — 29*.
Laxart (Durand). — 86.
Le Comte (Denys). — 79, 82, 151, 152, 162, 164.
— 34*, 52*, 60*, 62*, 63*, 183*.
Lecoy de la Marche. — 32*.
Le Febvre (Guillaume). — 17, 18.
Le Févre (Jean). — 24, 83, 94, 162.
— 109*, 128*, 130*.
Leliis (Théodore de). — 5, 22, 26, 27, 46, 47, 48, 49, 50, 51, 54, 68, 93, 149.
— 100*.
Lemaire (Jean). — 83.
Le Maistre (Jean). — 3, 67, 81, 87, 134, 135, 147, 158.
— 128*, 131*, 149*.
Lenozoles (Jean de). — 109*.
Léonard de Brixenthal. — Voir : Huntpüchler.
Léonard d'Udine. — Voir : Mattei.
Léon-le-Grand (St). — 76*, 195*.
Lévitique. — 63*, 198*.
Leyde. — 65*.
Liège. — 119*.
Lisieux. — 24, 61, 62, 79, 133.
— 144*.
Lodéve. — 7.
Lohier (Jean). — 126.
— 104*, 123*, 124*.
Loiseleur (Nicolas). — 86*, 101*, 131*, 178*, 179*.
Lombard (Pierre). — 52, 123.
— 23*, 90*.
Londres. — 71*.
Longueil (de). — Voir : Olivier.
Loth. — 11*, 15*.
Louis (St). — 9, 19.
Louis XI. — 60, 61, 71, 152.
— 24*.
Louvain. — 61.
Luc (St). — 146.
— 11*, 16*, 18*, 20*, 21*, 35*, 42*, 54*, 81*,

84*, 173*, 186*, 197*, 198*.
Lucie (Ste). — 40.
Lucien. — 17*.
Lyon. — 7, 15, 46, 51, 57, 70, 90, 91, 94.
— 20*, 60*, 117*, 157*, 185*.

Machabées. — 10*.
Machet (Gérard). — 59, 92.
Macy (Haymond de). — 165*.
Mailly (Jean de). — 85.
Maître des Sentences. — Voir : Lombard.
Malachie. — 82*.
Malbrancq. — 17.
Manchon (Guillaume). — 4, 23, 43, 82, 83, 95, 161.
— 86*, 101*, 104*, 108*, 109*, 121*, 122*, 125*, 126*, 127*, 128*, 129*, 130*, 131*, 132*, 133*, 178*, 179*, 183*.
Mans (le). — 92.
Mansi. — 103*.
Mansuetis (Léonard de). — 20, 21.
Manue. — 17*, 18*.
Marc (St). — 11*, 16*, 159*.
Marcel (Jean). — 109*.
Mardochée. — 47*.
Marguerie (André). — 24, 83.
— 127*, 133*.
Marguerite (Ste). — 29, 30, 31, 32, 33, 34, 36, 37, 38, 45.
— 19*, 46*, 52*, 79*, 83*, 84*.
Marie (la B. V.). — 26, 34, 37, 41, 112.
— 7*, 11*, 18*, 21*, 22*, 33*, 46*, 47*, 51*, 52*, 53*, 109*, 155*, 176*, 186*.
Marie (sœur d'Aaron). — 186*.
Marie d'Oignies. — 33*.
Marine (Ste). — 66*.
Mars. — 62*, 68*, 69*.
Marseille. — 119*.
Martène (Dom). — 103*.
Martial. — 74*.
Martin (Jean). — 88.
Martin (St). — 33.
— 50*, 138*.
Martin V. — 92.
— 103*.

Masetti. — 58.
Massieu (Jean). — 4, 24, 44, 83.
— 101*, 109*, 123*, 125*, 126*, 127*, 128*, 130*, 131*, 132*, 133*, 137*, 178*, 183*.
Mattei (Léonard). — 52.
Matthieu (St). — 11*, 16*, 18*, 27*, 28*, 32*, 40*, 77*, 82*, 106*, 118*, 175*, 182*, 183*, 187*, 199*.
Maubondet (Martin de). — 163.
Mauget Leparmentier. — 137*.
Maugier (Pierre). — 77, 79, 82, 156, 164.
Maurice, ou Morisse (Pierre). — 8*, 61*, 128*, 179*.
Maurienne. — Voir : Saint-Jean-de-Maurienne.
Maxence. — 142.
— 181*.
Mehun. — 25.
Melun. — 36.
Mende. — 176*.
Merlin. — 119.
— 12*, 70*, 71*.
Meroz. — 82*.
Messmaker. — Voir : Cultificis.
Métaphraste. — 15*, 182*.
Metz. — 9*.
Michée. — 81*, 95*.
Michel (St). — 9, 29, 30, 31, 37, 38, 57, 106.
— 14*, 23*, 24*, 46*, 84*, 154*.
Michel (Francisque). — 12*.
Midy. — 128*.
Miget ou Migier (Pierre). — 23, 83.
— 126*, 178*.
Migne. — 3*, 4*, 7*, 10*, 13*, 14*, 15*, 16*, 17*, 18*, 19*, 20*, 21*, 22*, 23*, 25*, 26*, 27*, 28*, 29*, 30*, 31*, 32*, 33*, 34*, 35*, 36*, 37*, 38*, 40*, 41*, 42*, 44*, 45*, 47*, 49*, 50*, 53*, 54*, 55*, 56*, 57*, 58*, 59*, 64*, 68*, 69*, 71*, 72*, 74*, 75*, 76*, 77*, 79*, 80*, 81*, 82*, 83*, 84*, 86*, 87*, 89*, 90*, 92*, 93*, 94*, 99*, 108*, 113*, 118*, 119*, 124*, 135*, 138*, 159*, 164*, 165*, 173*, 175*, 180*, 182*, 184*, 186*, 189*, 190*, 191*, 195*, 196*, 197*, 199*, 202*.
Modène. — 175*.
Moïse. — 146.
— 33*, 64*, 85*, 90*, 196*.

Monier (Pierre). — 123*.
Monique (Ste). — 41*.
Monnet (Jean). — 88.
— 130*.
Mont-Alcin (Pierre ou Jean de). — 70*.
Montefiascone. — 11.
Montigny (Jean de). — 63, 64, 65.
Montpellier. — 139*.
Moreau (Jean). — 89.
Morlaines (Germain de). — 81, 86.
Munich. — 182*.
Munos (Gilles). — 69.
— 103*.

Nabuchodonosor. — 25*, 69*.
Nantes. — 56, 57, 58.
Narbonne. — 207*.
Nathalie (Ste). — 66*.
Nathan. — 111, 146.
— 45*, 46*, 47*, 197*.
Némésius. — 56*, 164*.
Népotien. — 112.
— 47*.
Nicolaï. — 20*, 29*, 36*, 95*, 195*.
Nicolas V. — 6, 13, 23, 25, 50, 57, 58, 65, 68, 69, 71, 164.
— 199*.
Nicolas de Gorran. — 50*.
Nicolas de Lyre. — 45*, 62*, 68*.
Nider (Jean). — 5.
Ninive. — 30*.
Nombres. — 27*, 38*, 64*, 95*, 184*.
Nordwich. — 132*.
Noyon. — 3, 4, 24, 61, 85, 156, 165.
— 120*, 133*.

Olda. — 186*.
Oldoinus. — 22, 60, 71, 149, 164.
Olivier (Alain). — 162.
Olivier (Richard). — 23, 71, 77, 156, 158.
Origène. — 20*, 21*, 173*.
Orléans. — 25, 31, 35, 36, 40, 77, 79, 84, 86, 87, 88, 90, 91, 92, 109, 110, 159, 161, 163, 164.
— 8*, 42*, 43*, 72*, 75*, 82*, 155*.

Orléans (Duc d'). — 110.
— 43*, 82*, 156*.
Ornan. — 11*.
Orose (Paul). — 69*.
Osée. — 117.
— 41*, 64*.
Ostie. — 7.
Ottoboni. — 27, 28, 30, 37, 41, 44, 47, 48, 49, 51, 54, 55.
Ourches. — 59.
Ovide. — 74*, 122*, 191*.

Padoue. — 203*.
Palud (Pierre de la). — 16.
— 35*, 95*, 195*.
Paniscola. — 69.
— 103*.
Papin (Guillaume). — 15.
Paralipomènes. — 11*, 81*, 95*.
Paris. — 2, 3, 10, 13, 14, 18, 19, 20, 23, 24, 26, 36, 55, 58, 59, 60, 71, 77, 78, 79, 80, 82, 83, 84, 85, 86, 87, 88, 89, 90, 91, 92, 93, 94, 95, 110, 126, 142, 143, 155, 156, 158, 161, 162, 164.
— 30*, 43*, 50*, 69*, 72*, 102*, 117*, 122*, 125*, 176*, 181*, 185*, 190*, 199*.
Parme. — 150*.
Paschasius. — 40.
Pasquerel (Jean). — 89.
— 30*.
Patin (Jean). — 87, 88.
Paul (St). — 110, 118, 120, 133, 141, 144, 160.
— 5*, 10*, 13*, 15*, 16*, 25*, 27*, 31*, 44*, 49*, 55*, 64*, 65*, 66*, 74*, 77*, 78*, 79*, 84*, 85*, 90*, 93*, 94*, 96*, 113*, 145*, 147*, 159*, 179*, 180*, 186*, 187*, 189*, 190*, 193*, 196*, 197*, 202*.
Paul (diacre). — 29*.
Pavie. — 22, 61, 71, 149.
Payer (Jean). — 16.
Pegna. — 10.
Pélagie (Ste). — 66*.
Pennafort (St Raymond de). — 15.
Périgueux. — 59, 60.
Pérouse. — 21, 71.
— 157*, 203*.

Pétrarque (François). — 192*.
Pez (Bernard). — 182*.
Phanuel. — 186*.
Pharaon. — 5*, 25*, 33*, 80*.
Philippe. — 32*, 186*.
Philosophe (le). — Voir: Aristote.
Phinée. — 64*.
Pie II. — 22, 71.
Pierre (Isambard de la). — 2, 3, 23, 40, 43.
— 109*, 110*, 111*, 124*, 126*, 128*, 129*, 130*, 131*, 133*, 137*, 144*, 151*, 178*, 183*.
Pierre (St). — 141, 158.
— 11*, 13*, 16*, 17*, 18*, 31*, 76*, 91*, 94*, 104*, 148*, 180*, 184*, 185*, 196*.
Pierre Chrysologue (St). — 29*.
Pierre de Tarentaise. — 16, 113, 114, 123.
— 50*, 52*, 90*, 159*, 160*.
Pigache (Jean). — 123.
Pistoie. — 117*, 157*.
Platon. — 198*.
Podiebrad (Georges). — 22.
Pointlasne. — Voir: Jean de Paris.
Poissy. — 163.
Poitiers. — 44, 70, 71, 89, 90, 124, 145, 159.
— 70*, 72*, 97*, 108*, 192*.
Polet (Pierre). — 164, 165.
Pommeray (Dom). — 7.
Pontanus (Paul). — 5, 22, 25, 26, 27, 28, 46, 49, 50, 51, 61, 62, 63, 64, 68, 93, 94.
— 88*, 110*.
Pont-l'Évesque. — 36.
Porto et Sainte-Rufine. — 7.
Possevin. — 29*, 182*.
Prévosteau (Guillaume). — 80, 82, 83, 94, 155, 156.
— 101*.
Prisca (Ste). — 7*.
Protus. — 66*.
Proverbes. — 14*, 28*, 32*, 54*, 141*, 158*, 189*.
Psaumes. — 8*, 10*, 18*, 25*, 26*, 31*, 44*, 78*, 79*, 135*.
Ptolémaïs. — Voir: Saint-Jean d'Acre.
Pucelle (La). — Voir: Arc (Jeanne d').
Puimisson. — 175*.
Pulchripatris. — Voir: Beaupère.

JEAN BRÉHAL. — 16.

Pungens-asinum. — Voir: Jean de Paris.
Puy (le). — 207*.

Quétif. — 9, 16, 52, 57.
Quicherat. — 2, 4, 5, 6, 8, 18, 19, 20, 21, 22, 23, 24, 25, 26, 27, 28, 29, 30, 31, 32, 33, 34, 35, 36, 37, 38, 39, 40, 41, 42, 43, 44, 45, 46, 47, 48, 49, 51, 52, 55, 56, 59, 60, 61, 63, 64, 66, 69, 70, 72, 75, 76, 77, 78, 79, 80, 81, 82, 83, 84, 85, 86, 87, 88, 89, 90, 92, 93, 94, 95, 96, 99, 100, 101, 152, 155, 156, 157, 161, 162, 163.
— 6*, 8*, 10*, 11*, 12*, 19*, 30*, 43*, 44*, 48*, 52*, 55*, 56*, 61*, 67*, 70*, 71*, 79*, 80*, 82*, 83*, 84*, 86*, 100*, 101*, 102*, 103*, 104*, 106*, 107*, 108*, 109*, 110*, 111*, 112*, 121*, 122*, 123*, 124*, 125*, 126*, 127*, 128*, 129*, 130*, 131*, 132*, 133*, 137*, 144*, 151*, 156*, 157*, 165*, 166*, 171*, 178*, 179*, 182*, 183*, 185*, 204*, 206*.
Quimper. — 164.
Quintilien. — 116, 124.
— 57*, 58*, 74*, 76*, 98*, 192*.

Raban Maur. — 35*, 75*, 79*, 93*, 108*, 190*.
Raphaël (St). — 18*.
Raymond (St). — Voir: Pennafort.
Recollectio. — Analyse. 97-152.
Texte. 1*-208*.
Regnault de Chartres. — 159.
Reims. — 14, 35, 70, 71, 77, 78, 80, 83, 86, 87, 88, 89, 90, 94, 109, 156, 157, 158, 159, 164.
— 42*, 72*, 73*, 75*, 82*, 83*, 116*, 120*.
Remy d'Auxerre. — 142.
— 35*, 182*.
Remy (St). — 70, 104.
— 11*, 72*, 83*.
Rethel. — 91.
Richemont. — Voir: Arthur.
Richer (Edmond). — 99.
Riquier (Jean). — 24.
Rivel (Jacques de). — 84.
Rivet (Guillaume). — 13.
Rochelle (Catherine de la). — 112.
— 48*.

Rodez (Card. de). — 54.
Rois. — 122.
— 11*, 13*, 17*, 19*, 27*, 28*, 33*, 35*, 42*, 45*, 47*, 68*, 81*, 86*, 87*, 95*, 117*, 179*, 180*, 186*, 197*.
Rome. — 5, 7, 21, 22, 43, 46, 49, 50, 57, 65, 67, 68, 69, 71, 72, 78, 156, 164, 165.
— 103*, 117*, 176*.
Romée (Isabelle). — 7, 66, 77, 78, 79, 80, 81, 158.
Roschin (Pierre). — 57.
Rose (Philippe de la). — 23, 71.
— 104*, 178*, 183*.
Rouen. — 1, 2, 3, 4, 5, 7, 8, 13, 19, 20, 22, 23, 24, 40, 46, 65, 67, 68, 71, 80, 81, 82, 83, 84, 85, 86, 88, 89, 90, 91, 94, 95, 130, 132, 135, 145, 155, 156, 163, 164.
— 30*, 86*, 103*, 104*, 110*, 117*, 121*, 122*, 123*, 125*, 131*, 136*, 139*, 144*, 149*, 178*, 182*, 192*.
Roussel (Guillaume). — 162.
Roussel (Jean). — 162.
Roussel (Robert). — 164.
Rousset (Raoul). — 22.
Rufin. — 196*.

Sabatier. — Voir: Chaussetier.
Sabine. — 207*.
Sagesse. — 1.
— 6*, 28*, 81*, 82*.
Saincte-Maréglise (R. de). — 83.
Saint-Amour (Guillaume de). — 45.
Saint-Germain. — 163.
Saint-Gilles. — 207*.
Saint-Jean d'Acre. — 119*.
Saint-Jean-de-Maurienne. — 7.
Saint-Lô. — 93.
Saint-Matthieu. — 159*.
Saint-Omer. — 90.
Salluste. — 152*.
Salzbourg. — 52, 53, 55, 58.
Samarie. — 45 *.
Samson.— 122, 146.
— 17 *, 18 *, 64 *, 87 *, 88 *, 170 *, 197 *.
Samuel. — 110, 111, 146.

— 17 *, 42 *, 45 *, 197 *.
Satan. — 46, 113, 144, 145.
— 49 *, 50 *, 77 *, 110 *, 186 *, 192 *, 193 *.
Saül. — 110.
— 42 *, 45 *, 197 *.
Saussaye (La). — 24.
Savoie (Duc de). — 50.
Scot. — 16.
Seguin (Seguin de). — 89.
Sellum. — 186 *.
Sénèque. — 142.
— 54 *, 180 *, 191 *, 192 *.
Sens. — 116 *.
Sepet (Marius). — 2, 47, 100, 160.
Sexte. — 8, 134, 143.
— 81 *, 92 *, 99 *, 115 *, 116 *, 119 *, 120 *, 136 *, 141 *, 148 *, 150 *, 152 *, 153 *, 156 *, 158 *, 159 *, 164 *, 165 *, 168 *, 169 *, 174 *, 175 *, 176 *, 177 *, 185 *, 188 *, 198 *, 200 *, 201 *, 203 *, 206 *, 207 *.
Sibylle. — 71 *, 186 *.
Sienne. — 157 *, 203 *.
Sigebert. — 71 *, 72 *.
Sigismond. — 5, 51, 54.
Simon le Magicien. — 76 *.
Sisara. — 69 *.
Sixte IV. — 60.
Soissons. — 79.
Sophronius. — 29 *.
Sorg (Antoine). — 5.
Soyer (Pierre). — 164, 165.
Speculator. — Voir: Durand (Guillaume).
Stace. — 74 *.
Strabon. — Voir: Walafrid.
Strigonium. — 53.
Sulpice-Sévère. — 50 *, 138 *.
Summarium. — 26, 27, 28, 29, 30, 31, 32, 33, 34, 35, 36, 37, 38, 39, 40, 41, 42, 43, 44, 45, 46, 47, 49, 54, 94.
— 6 *, 8 *, 11 *, 13 *, 14 *, 17 *, 18 *, 20 *, 21 *, 23 *, 28 *, 29 *, 30 *, 42 *, 43 *, 46 *, 47 *, 49 *, 50 *, 51 *, 63 *, 66 *, 67 *, 75 *, 77 *, 78 *, 84 *, 85 *, 86 *, 100 *, 102 *, 103 *, 105 *, 106 *, 107 *, 132 *, 138 *, 147 *, 153 *, 156 *, 163 *, 165 *, 166 *, 171 *, 172 *.

Sunamite. — 45 *.
Surreau (Laurent). — 162.
Suzanne. — 7 *.
Suze. — 29 *, 175 *, 187 *.

Talbot (Guillaume). — 126 *.
Tancrède. — 140 *.
Taquel (Nicolas). — 24, 89.
— 123 *, 126 *, 127 *.
Teberga. — 166 *.
Teramo. — 22.
Térence. — 74 *.
Tertullien. — 29 *.
Thècle (Ste). — 66 *.
Théodoret. — 7 *.
Théodose. — 32 *.
Théophylacte. — 189 *.
Thérage (Geoffroy.) — 2.
Thérouenne. — 132 *.
Thibault (Gobert). — 88.
Thierry (Wautrin). — 84.
Thomas d'Aquin (St). — 16, 39, 105, 106, 107, 109
111, 112, 113, 114, 116, 117, 120, 121, 122,
123, 124, 125, 129, 130, 135, 137, 138, 140,
144, 145, 146, 147, 150.
— 3 *, 6 *, 10 *, 13 *, 14 * 15 *, 16 *, 17 *, 19 *,
20 *, 21 *, 23 *, 24 *, 25 *, 26 *, 27 *, 28 *, 29 *,
30 *, 31 *, 32 *, 34 *, 35 *, 36 *, 37 *, 38 *, 39 *,
41 *, 44 *, 45 *, 47 *, 49 *, 50 *, 51 *, 53 *, 54 *,
55 *, 56 *, 57 *, 58 *, 59 *, 61 *, 62 *, 63 *, 64 *,
65 *, 68 *, 75 *, 77 *, 78 *, 81 *, 85 *, 87 *, 89 *,
90 *, 91 *, 92 *, 93 *, 94 *, 95 *, 101 *, 104 *,
110, 112 *, 113 *, 114 *, 117 *, 119 *, 124 *,
135 *, 152 *, 157 *, 160 *, 164 *, 165 *, 173 *,
174 *, 180 *, 181 *, 182 *, 183 *, 187 *, 188 *,
189 *, 193 *, 195 *, 196 *, 197 *, 200 *, 201 *.
Thomas-Marie. — 24.
— 110 *.
Tiburce. — 15 *.
Tiphaine (Jean). — 85.
— 126 *.
Tite-Live. — 69 *.
Tobie. — 11 *, 15 *, 18 *, 80 *, 176 *.
Tombe. — 24 *.
Tombelaine. — 24 *.

Tonnerre. — 32 *.
Toul. — 84, 85.
Toulouse. — 10, 12.
— 119 *, 120 *.
Touraine (Jacques de). — 128 *.
Tours. — 8, 35, 60, 62, 63, 92, 100.
Toutmouillé (Jean). — 3, 39, 82.
Trajan. — 87 *.
Trèves. — 92.
Trévise. — 22.
— 157 *.
Trithême. — 52.
— 196 *.
Troyes. — 69 *, 116 *.
Tulle. — 7.
Tullius. — 142, 147.
— 10 *, 53 *, 56 *, 59 * 74 *, 135 *, 165 * 167 *,
181 *, 191 *, 198 * 201 *.
Tusculum. — 119 *.

Uguccione. — Voir: Hugucion.
Université de Caen. — 10.
Université de Paris. — 3, 5, 6, 10, 12, 13, 14, 15,
49, 59, 61, 64, 91, 92, 93, 147, 165.
— 61 *, 88 *, 159 *, 185 *, 199 *.
Urbain IV. — 11.
Urfé (d'). — 4, 77, 162.
Utrecht. — 61.

Valence. — 69.
Valère-Maxime. — 69 *, 70 *.
Vallet de Viriville. — 14, 17, 18, 91.
Vaucelles. — 93.
Vaucouleurs. — 34, 84, 85, 86.
— 155 *.
Velletri. — 7.
Venise. — 177 *, 182 *.
Vénus. — 62 *, 68 *.
Vérel (Thomas). — 88.
Vieil (Jean). — 89, 94.
Vienne. — 27, 46, 47, 48, 49, 52, 53, 54, 55, 58.
— 182 *.
Villeneuve-sur-Yonne. — 32 *.
Villerabel (André du Bois de la). — 2. 3, 22, 47,
50, 63.

Vincent de Beauvais. 118, 130, 144.
— 32 *, 66 *, 71 *, 106 *, 119 *, 187 *.
Vincent Ferrier (St). — 69.
Virginius. — 60 *.
Vorseilles (Guy de). — 63.

Wace (Robert). — 12 *.
Wadding. — 13.
Walafrid Strabon. — 5 *, 21 *, 34 *, 35 *, 64 *, 78 *, 79 *, 82 *, 86 *, 94 *, 180 *, 190 *.
Wappler (Dr Anton). — 52, 53.
Watat (Jean). — 20.
Waten (mont). — 17.
Warwick (Comte de). — 3.
— 106 *, 121 *, 122 *, 124 *, 131 *, 179 *.
Wellen (Pierre). — 53, 55.
Winchester. — 132 *.
Winton. — 71 *.
Wilzkehet Léonard). — 51, 54, 56, 58. — Ce personnage dont le nom a été défiguré dans la lettre de Bréhal, et même — chose plus surprenante — dans les copies faites par les compatriotes de l'ambassadeur autrichien, s'appelait Leonhard von Velseck. Issu de la noble et ancienne famille tyrolienne des chevaliers de Velsegg ou Tiersch, il fournit une brillante carrière au service de son pays. En 1436, il était chargé d'accompagner le Comte Frédéric le Jeune durant son voyage en Palestine. Bientôt après (1439), il fut le délégué de la chevalerie pour la tutelle du Comte Sigismond, que la mort de son père laissait à douze ans héritier du pouvoir. De nombreux documents le montrent tour à tour conseiller, procureur, caution, médiateur et homme de confiance dans les affaires délicates, chancelier et ambassadeur. Marié avec Amélie de Wolkenstein, il mourut sans postérité, et le nom de sa race s'est éteint avec lui (1470). Son tombeau est à Brunecken, en Tyrol. — Nous devons ces détails à une obligeante communication de Mr le Dr A. Gœldlin von Tiefenau, conservateur de la Hofbibliothek de Vienne, auquel nous sommes heureux d'adresser tous nos remerciements.

Zacharie. — 11 *, 18 *, 20 *, 21 *, 197 *.
Zambri. — 64 *.

Typ. M. SCHNEIDER, 185, rue de Vanves — Paris.

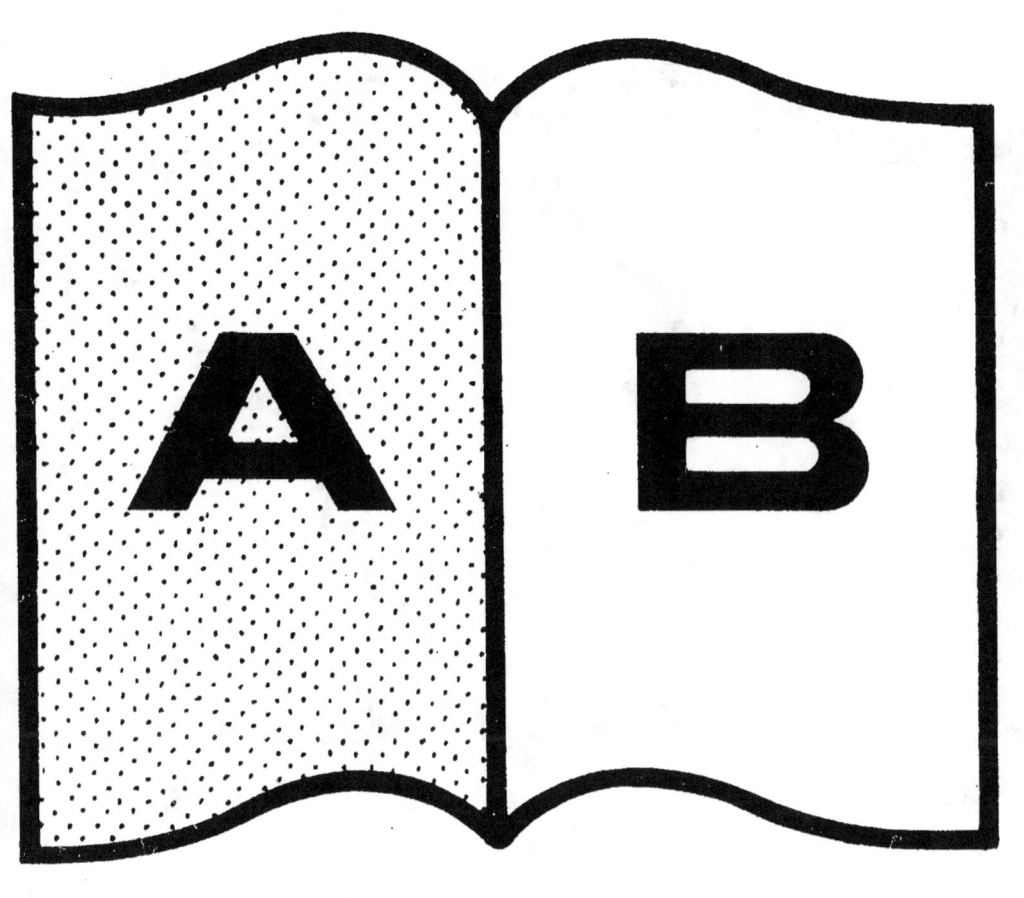

Contraste insuffisant

NF Z 43-120-14

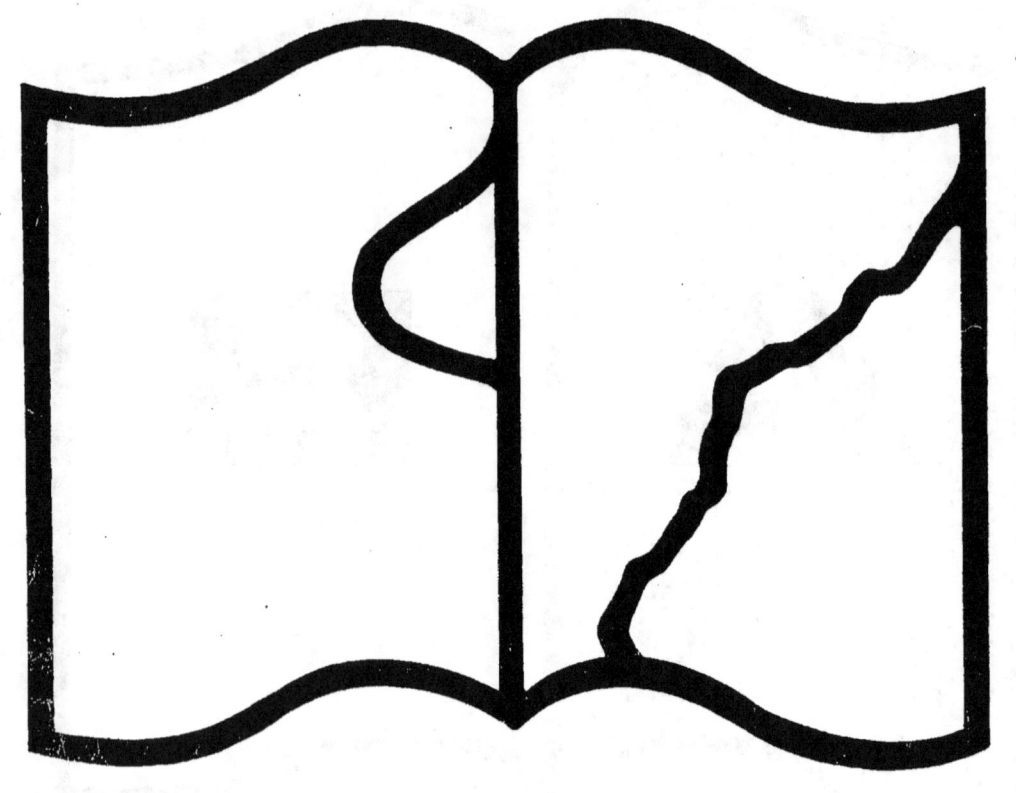

Texte détérioré — reliure défectueuse

NF Z 43-120-11

www.ingramcontent.com/pod-product-compliance
Lightning Source LLC
Chambersburg PA
CBHW052136230426

43671CB00009B/1273